中國紀

淮海战役

原国民党高级将领的战场记忆

全国政协文化文史和学习委员会 编

中国文史出版社

国民党徐州"剿总"上将总司令刘峙

国民党徐州"剿总"中将副总司令兼前进指挥部主任杜聿明

美国飞机帮助国民党军往徐州地区运兵

美国军官帮助国民党军训练

国民党徐州“剿总”前进指挥部旧址（现为徐州市第三中学校舍）

国民党第十六兵团中将司令官孙元良

率部起义的国民党第三绥靖区中将副司令官张克侠（右）、何基沣（左）

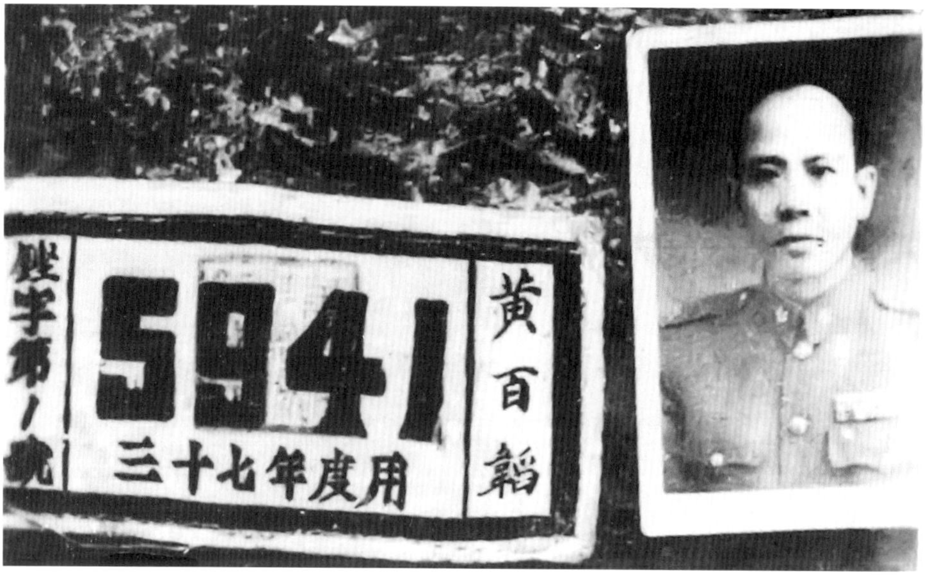

国民党第七兵团中将司令官黄百韬

解放军突击部队攻入碾庄圩黄百韬兵团司令部

在包围圈中的国民党军靠剥榆树皮充饥

被围困的国民党军挖棺木做燃料

国民党军无柴烧，老百姓房屋遭殃

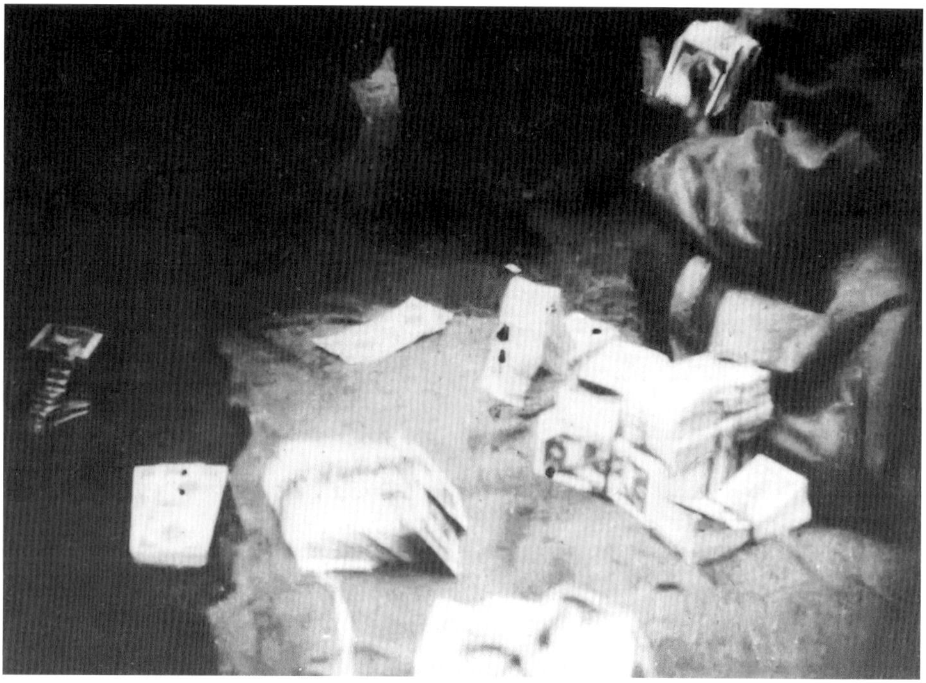

蒋介石靠空投金圆券鼓舞士气，国民党兵渴望的却是一顿饱饭

国民党军用降落伞搭的野战医院

率国民党军第一一〇师起义的少将师长廖运周

杜聿明集团在陈官庄地区被解放军全歼

国民党第七兵团在碾庄圩地区全军覆没

国民党徐州“剿总”前进指挥部旧址（河南省永城县陈官庄，现为小学校）

国民党军被解放军围困在陈官庄地区，靠宰杀骡马充饥

国民党军的空投补给品很多落在解放军阵地上

国民党第十二兵团中将司令官黄维

国民党第十二兵团中将副司令官胡琏

国民党第十二兵团中将副司令官吴绍周

国民党军施放毒气，解放军被迫戴上了防毒面具

黄维兵团的野战医院

国民党军的榴弹炮成了解放军的战利品

国民党军的装甲汽车也做了“俘虏”

解放军缴获的国民党军用飞机之一部

周恩来总理和黄埔军校师生在一起（一九六〇年十月十九日于颐和园介寿堂）

前排左起：周恩来、陈赓、邵力子、张治中、郑洞国

中排左起：李奇中、黄雍、唐生明、覃异之、侯镜如、杜聿明、周振强

后排左起：王耀武、杨伯涛、郑庭笈、周嘉彬、宋希濂

李宗仁（右二）和夫人郭德洁（左二）与杜聿明（右一）亲切交谈（一九六五年八月）

全国政协原委员杜聿明（左）会见新被特赦的黄维（中）和李九思（右）（一九七五年三月）

一九七五年三月，周开成（左）、吴汝成（中）和武之棻（右）被特赦时穿上了人民政府发给的新服装

杜聿明（前左四）和夫人曹秀清（前左三）陪同黄维（前左二）等特赦人员畅游颐和园（一九七五年四月）

一九七五年夏，杜聿明（左六）、黄维（左五）、文强（左七）、覃异之（左四）、陈此生（左三）、沈醉（左二）、李俊龙（左一）和溥杰夫人嵯峨浩子（左八）等参观延安宝塔山

前排左起：黄淑、黄维、林伟俦　后排左起：文强、罗历戎、李以劻

全国政协原常委赵子立（左）、黄维（中）和全国政协原文史资料研究委员会文史专员文强（右）在一起研究文史资料

一九七九年冬，全国政协原常委黄维到沪西北罗店访问，与当地群众畅谈抗日战争时在此战斗经过

前　言

淮海战役（国民党称之为徐蚌会战）是中国人民解放战争中三大战役之一。

淮海战役是在以徐州为中心，东起海州，西抵商丘，北自临城（今薛城），南达淮河的广大地域内进行的。

国民党军在这个战役中先后投入的兵力计有：徐州“剿总”总司令刘峙、副总司令兼前进指挥部主任杜聿明指挥下的四个兵团（第二、七、十三、十六兵团）和三个绥靖区（第三、四、九绥靖区，战役中第四绥靖区改编为第八兵团，第九绥靖区改编为第六兵团），以及第十二兵团，总共为七个兵团一个绥靖区，三十个军七十五个师，另外还有数量较大的直属部队，总兵力号称八十万人。这些部队分布在津浦、陇海两铁路相交的“十字架”上。

中国人民解放军参战部队计有：华东野战军十六个纵队（相当于军的战力）、中原野战军七个纵队，加上豫皖苏军区、豫西军区、陕南军区、冀鲁豫军区和江淮军区的地方武装，总共六十万人左右。

国民党军的战役意图一直是摇摆不定，几经演变：在战役开始之前犹疑于“将主力退守淮河作河川防御”和“以主力集中于津浦路徐蚌段”两个方案之间，直至十一月五日才按“集中兵力作决战防御配备，待机决战”的意图下达命令，把兵力集中于津浦铁路徐州至蚌埠段两侧地区；由于第三绥靖区主力部队的起义，第七兵团的被歼、第十二兵团的被阻以及津浦线徐蚌段的被截断，国民党军的这个战役意图发生了动摇，而改为放弃徐州，保存兵力，绕道南撤，退守江淮；但在主力撤退过程中，又突然改变决心，妄图以决战挽回败局。

两个小战斗揭开了战役的序幕：一个是国民党第一八一师米文和部在商丘以东马牧集附近被中国人民解放军中原野战军歼灭，一个是国民党山东保安团队王洪九部在郯城被华东野战军歼灭。紧接着何基沣、张克侠等率领第三绥靖区主力部队起义，在国民党军的防线中打开了一个缺口。解放军乘胜南下，截断了黄百韬兵团西撤的退路，形成合围态势，威胁徐州，迫使邱清泉、李弥两兵团不敢全力援救黄百韬兵团。不久孙良诚的第一〇七军又被迫于徐州东南的大王集投降，敞开了徐州的东南大门。

战役自一九四八年十一月六日开始，到一九四九年一月十日结束，历时六十五天。战役进程分为三个阶段：第一阶段，自一九四八年十一月六日起至同月二十二日止，解放军在碾庄圩地区，全歼国民党第七兵团黄百韬部并孤立了徐州；第二阶段，自一九四八年十一月二十三日（黄维兵团是十八日在蒙城与解放军发生全面战斗）起至同年十二月十五日止，解放军在蒙城、双堆集地区，全歼国民党第十二兵团黄维部，在孟集以西地区，歼灭国民党第十六兵团孙元良部并合围了杜聿明集团；第三阶段，自一九四八年十二月十六日（杜聿明集团是十二月一日从徐州全面撤退），在徐州西南、永城东北的青龙集、陈官庄地区，杜聿明亲自率领的第二兵团邱清泉部、第十三兵团李弥部以及直属部队等被解放军全歼。

战役结果是：全歼国民党精锐部队五个兵团二十二个军（计五十六个师，其中有四个半师起义）约五十五万五千人，另外还击退了两个兵团的增援部队。战役的实际指挥者杜聿明被俘，被歼灭的国民党五个兵团司令官中，有两个战死，两个化装逃跑，一个被俘。解放军消灭了国民党军南线的主力并解放了长江以北豫皖苏的大部分地区，构成了横渡长江、解放全国的有利态势，迫使蒋介石宣告引退，而南京国民党政权也随之陷于土崩瓦解的危局。

淮海战役是国共双方武装斗争中决定全局胜负的一个规模最大的战役。这个战役充分反映了国民党发动反共反人民战争之不得人心，其失败乃是历史发展的必然规律，同时也从另一面显示了毛泽东军事思想的伟大和英明。为了研究这段历史，我们收集、整理了有关资料并编纂此书，以供兵家和史学家参考。收入本书的资料，均为参加淮海战役的原国民党军将领所提供，是他们亲身经历的记录。为了如实地反映淮海战役中国民党军的实际状况，在编审过程中，我们对有分歧的重要问题，一时难于核实的，则多说并存，以待研究；各个军的史料，只选登有代表性的，以免重复。

为了便于阅读和研究，我们特地搜集了一些历史资料图片，编写了《淮海战役国民党军大事记》，核定了《淮海战役国民党徐州“剿总”参战部队战斗序列表》《国民党徐州“剿总”直辖部队及有关单位表》和《淮海战役国民党参战和被歼部队军、师番号表》，绘制了淮海战役各个阶段的要图。

本书的问世，曾得到许多单位和个人，特别是中国人民解放军军事科学院、中国人民革命军事博物馆和中国人民政治协商会议江苏省徐州市委员会的大力支持，谨此一并致谢！

由于时间仓促和编者水平所限，难免有疏漏或错误之处，请批评指正。

中国人民政治协商会议全国委员会

文史资料研究委员会《淮海战役亲历记》编审组

一九八二年十二月

目录

第一章 全战役概述 1

第二章　第三绥靖区　117

第三章　第七兵团　157

第四章　第十三兵团　205

第五章　第二兵团　259

第六章　第十六兵团　355

第七章　第六、第八兵团　401

第八章　第十二兵团　421

淮 海 战 役

第一章

全战役概述

淮海战役始末

杜聿明*

一　淮海战役前国民党军的幻想

——“对山东共军攻击计划”

回忆自一九四六年蒋介石撕毁停战协定，向解放区大举进攻以来，经过一年的战争，解放军即打垮蒋介石的攻势，迫使国民党军采取“全面防御”。经过第二年的战争，解放军又打破国民党军的“全面防御”，到处深入国民党统治区作战，迫使国民党军采取所谓“重点防御”，即将兵力集结于各战略重要点线，加强工事，持久固守。

一九四八年春，我向蒋介石提供反人民作战计划的要旨是：集中强大的机动兵团，吸引共军攻击某一据点久攻不下，待其攻击顿挫时，出动机动兵团与之决战，如果我军已整补完成而对方尚未发动攻势时，即争取主动，发动攻势，寻求共军之一部而歼灭之，以挽回我军连年惨败之颓势。

一九四八年下半年，蒋介石决定采用这一作战方针。以徐州方面来说，决定仅守郑州、徐州、济南三大战略要点，加强工事，独立固守，徐州附近的其他城市均可以随时放弃，以集中一切可集中的力量与解放军决战。又将原郑州指挥所取消，改为“徐州‘剿总’前进指挥部”，指挥各机动兵团与解放军作战。

至一九四八年九月底，国民党军在徐州附近的部队虽已整补完毕，济南守军却已被解放军全部围歼，可以说国民党军的“重点防御”计划已被击破。这时解放军的总兵力已由一九四六年的一百二十万人上升到

* 作者当时系国民党徐州“剿总”中将副总司令兼“前进指挥部”主任。

二百八十万至三百万人；国民党军的总兵力已由战争开始时的四百三十万人下降到三百六十万人左右（实际上空额甚多，老兵不到半数）。

可是这时的我，还未意识到蒋介石统治集团所代表的阶级已经腐朽透顶，经济基础即将崩溃，还是十分自高自大，认为别人不行，自己还行，认为“要打开国民党军到处挨打被消灭的危局，必须争取主动，先发制人”。于是拟了一个“对山东共军攻击计划”，幻想集中徐州国民党部队的主力，乘解放军二野、三野[①] 东西分离之际，企图歼灭三野的一部分，以振奋国民党军士气。这个计划的主要内容如下。

（一）情况判断

甲、双方兵力

1. 共军方面：三野所属十六个纵队，二野所属七个纵队，加上华东、中原军区及冀鲁豫军区的地方武装共六十余万人。

2. 我军方面：经过两年多的作战，总兵力已有极大的消耗，士气低落。在徐州、蚌埠一带，有三个绥靖区的五个军（李延年第九绥靖区之第四十四军，冯治安第三绥靖区之第五十九、七十七军，刘汝明第四绥靖区之第五十五、六十八军），四个兵团的十二个半军（第二兵团邱清泉部三个半军：第五、七十、七十四军和第十二军之于一凡师及米文和师[②]，第七兵团黄百韬部四个军：第二十五、六十三、六十四、一〇〇军；第十三兵团李弥部两个军：第八、九军；第十六兵团孙元良部三个军：第四十一、四十七、九十九军），牵制二野之第十二兵团黄维部有四个军（第十、十四、十八、八十五军），还有直属部队第七十二军余锦源、第一〇七军孙良诚、第一一五军司元恺（由安阳空运徐州后编入第十三兵团），以及交警总队、炮兵、工兵、通讯、辎重、战车等。以上共计二十四个军七十余万人（蚌埠、安徽、苏北第一绥靖区等部队及华中其他部队未列入）。

由以上双方兵力，可以看出共军在数量上少于我军，装备也劣于我军，特别是火炮少，飞机、坦克没有。但共军手榴弹、迫击炮则与我军相等，局部使用上又极机动灵活，往往集中兵力火力消灭我军后即脱离战场，实行整补。如我军争取主动，先发制人，在二野未东来以前，先集中

① 当时解放军第二野战军也叫中原野战军，第三野战军也叫华东野战军，下同。本书注解除注明“作者注”外，均是编者注。

② 米文和之第一八一师原属第四绥靖区，战役开始前归第二兵团指挥。

绝对优势兵力击破三野之一部，即可以振奋士气。

乙、双方态势

1. 共军：自一九四八年七月初豫东攻势结束后，二野主力在豫西整补，三野主力在鲁中及鲁西南兖州、济宁以北地区整补，并于九月二十四日攻陷济南，此时尚无发动攻势的行动，在共区并无防御阵地及据点工事。但据谍报称：在共区内已有“消灭黄百韬，再打邱清泉”等口号标语。预料再过二十天或一个月之后，共军势将发动攻势。

2. 我军：自一九四八年七月初，区寿年兵团在豫东被吃掉后，我军主力已集中于徐州、商丘、新安镇、海州、台儿庄、枣庄、韩庄间地区，一部在郑州防守，华中之机动兵团集结于遂平、驻马店附近。经过将近三个月的整补，虽然这时济南失陷，而徐州我军并未来得及参加战斗，仍然保有充沛的力量。在徐州附近并设有坚固据点工事，不怕共军少数部队扰乱攻击。

根据以上双方态势、阵地情况及整补情形，我得出了结论：在第二、三野战军东西分离之际（由豫西到徐州附近行程约十日）我军可能集中绝对优势兵力，争取主动，包围“消灭”三野之一部。

丙、双方战略战术

1. 共军：根据在豫东战役中获得的共军文件《目前形势和我们的任务》，得知其战略战术的要点是：集中绝对优势兵力，先打分散孤立之敌，后打集中和强大之敌；四面包围敌人，力求全歼，不使漏网；围点打援，力求在运动战中歼灭敌人，力求避免打得不偿失的或得失相当的消耗战。这样，往往在一个局部战役或每一战役的一方面，共军取得了绝对优势。共军又发扬连续作战的精神和运用“人海战术”消灭我军。自济南失守以后，共军已开始对我军重点防御的大城市进行攻击，而且一攻即破，全获胜利。

2. 我军：自同共军作战以来，攻击未能集中绝对优势兵力，包围消灭共军，反而形成处处薄弱、处处防御、到处挨打的态势。防御则是全面防御，既不能坚守据点，又以不足之兵力增援，恰恰为共军在野战中所消灭。自本年（一九四八年）下半年以来，放弃全面防御，变被动为主动，改为“重点防御”，并集中强大的机动兵团，以一定的兵力坚守重要的战略要点，吸引共军攻击，待其攻击受顿挫时，以强大的机动兵团由外线增援，包围共军，配合守备兵团内外夹击，消灭共军。济南的失陷已经证明我军这一战略战术不能成功，在现在的情况下，也不可能与共军决战。

根据以上双方的战略战术和战法，我认为想多守若干战略要点，以攻势防御击破共军的攻势已有问题，势必仍被共军各个击破。而每失一城市被消灭一些队伍，丧师失地，士气日衰，无法挽救战局；相反地，共军则愈战愈强愈大，将使我军无法应战。只有在目前我军已经整补完毕，共军东西分离之际，我军放弃可放弃的据点，如郑州、开封、商丘等城市，集中一切可集中的兵力，主动攻击，寻求共军之一部击灭后，才可以逐渐改变目前挨打被消灭的情况，变被动为主动，从而逐渐恢复士气。实行这种战略战术，必须战略正面要大，使共军摸不清我军两翼；部队间的协同要密切，使共军无隙可乘，无虚可击；迂回包围共军的部队要大胆机动神速，有独断专行达成任务的能力，抓住共军则迅速消灭，状况不利，则迅速撤退；正面攻击部队则应在优势的炮兵、战车掩护下，奋勇突击，协同迂回包围部队一举将共军歼灭。

丁、交通通信运输补给方面

1. 共军：交通不便，除靠两条腿走以外，铁路公路皆不能完全利用。通信仅凭无线电，我军可以侦察判断其行动。他们部队中的有线电话也不十分普遍完整，粮食弹药全靠民夫运送及就地补给。特别在其未完成作战准备以前，较为困难。但共军的民众组织极为严密，消息灵通，每一战役都发动群众大力支援，并以游击队截断我军后路。

2. 我军：交通便利，有铁路、公路、火车、汽车担任运输。通信有有线电和无线电相辅并用。粮弹补给虽然全靠远在后方的南京，但只要津浦路南段护路安全，可以源源补给。万一津浦路被截断，亦可以利用徐州机场空运接济。只是进入共区后，则群众皆倾向共军，虽有地主及倾向国民党的人可以利用，但为数甚少，而且这些人往往捕风捉影，扩大或谎报情况，使我军上当。这是不利于我军作战的。

从这一方面说，我军向共军主动攻击，利害参半。

综合以上情况判断，我军如主动攻击，有可能抓住共军之一部消灭之；即或不能，亦可收复若干城市，振奋舆论，激励士气。万一态势不利，亦可以主动进退，较之消极困守有利得多。

（二）方针任务及指导要领

甲、方针

在第二、三两野战军东西分离之际，集结主力寻求三野之一部，一举歼灭，进而击破其主力，达到收复泰安、济南之目的。以华中我军主力在豫西方面牵制二野，以徐州我军主力向三野主动攻击。

乙、任务

1. 华中我军，以主力多方牵制二野，阻止其东进，但不与其作真面目的作战。

2. 徐州我军应以一个绥靖区守备徐州既设工事；以一个绥靖区担任徐、蚌间护路，并不断对铁路两侧进行扫荡，确保津浦路的安全；另以一个绥靖区为总预备队。

3. 徐州前进指挥部指挥四个兵团，以迅速奇袭之战法包围三野之一部而歼灭之，进而击破其主力，一举收复泰安、济南。置攻击重点于左侧方（约三个兵团）。

丙、指导要领

1. 对华中方面：如二野绕道东进，应适时选择捷径，迎头痛击，将其阻止于平汉路以西地区；如二野已越平汉路东进，威胁徐州，则应日夜尾追之，协同徐州我军，将二野包围于徐州以西地区而击破之。

2. 对徐州方面：如已在兖州、济宁、大汶口间捕捉三野之一部，应迅速包围歼灭，不可旷日持久，与之对峙，坐失良机。如对方避免决战，第一步应将之压迫于东平、大汶口以北及泗水以东地区，不再深入，第二步作战计划即实行“钓鱼”战法（即以一个最坚强的军选择一最适宜坚守的据点，留足粮弹，独立固守，主力骤然撤退，诱惑三野来攻受挫后，再由外线包围击破之）。如在我军攻击期间二野已东进威胁徐州（判断此种可能较小，但也不是不可能），即以有力之一部依据韩、枣既设阵地及东平湖、南阳湖间的运河沿岸占领阻击阵地，阻止三野南下及西进，以主力回师协同华中我军将二野包围于徐州以西地区歼灭之。如二野企图通过微山湖向济宁、兖州增援，威胁我方攻击军侧背（判断此种可能较大，但也可能向别的方向），攻击军应依据东平湖、南阳湖间之运河沿岸阻击二野并迅速击破三野之一部，再回师击破二野。如二、三野会合东西夹攻徐州，攻击军右翼兵团以内线作战转运于徐州，加强徐州防务，左翼各兵团即协同华中我军击破二野后，再集中主力击破三野。

3. 我方攻击军各兵团及各军间接连部应特别注意加强兵力，以免共军乘隙钻入。左右各兵团应特别注意远距离搜索警戒及侧背掩护。

（三）军队区分（从略）

我的这一计划拟订后，徐州“剿总”总司令刘峙及其参谋长李树正原则上同意对解放军采取主动攻击，但他们认为我使用的兵力过多，使总部控制部队太少，对冯治安部守徐州不放心，怕徐州出意外。经过双方激烈的争论，最后刘峙勉强同意，并决定以第十三兵团守备徐州，调出冯治安的第三绥靖区部队参加攻击。计划决定后，刘峙即令第十三兵团的一部强迫接替冯治安部徐州的防务，立即引起冯部的怀疑和不满。

大概是九月三十日，我携计划到南京去，请参谋总长顾祝同核定，顾以蒋未在京，不敢决定，命我到北平请示蒋介石。我于十月二日到北平，当晚蒋介石在东城圆恩寺官邸接见。蒋听了我的报告后，并未马上决定，只说：“待研究以后再说。”

十月三日，蒋再次找我谈话。他说：“徐州的计划，可以照你的计划实施，你回去同顾总长商量着办。”我说：“我已见过顾总长，总长说请委员长批准后才可以实施。”蒋当即批了“此案可行，交顾总长核办”十个大字。我当日飞南京，四日见了顾祝同。顾见到蒋的批示后有点踌躇不决，一再问我：“你们发动攻击，有无把握？”我向顾说：“关键在于华中黄维兵团是否能将二野牵制住。如果能牵制住的话，徐州方面打三野各纵队是有胜算把握的。”顾又问：“万一刘伯承窜过来又怎么办呢？”我介绍了计划中的各项指导要领后，又对顾说：“我们采取稳扎稳打的战法，即将主力集中，形成一个圆形态势，使敌人钻不了空子，吃不掉部队，一旦抓住敌人一部，即迅速放胆猛攻，将其包围消灭。万一敌人狡猾，主动先打撤退，我军亦不为敌人所迷惑，改变原定计划深入敌区，而是按原定计划实行‘钓鱼’战法，诱敌攻击顿挫时，再行包围消灭敌人。只有将敌人主力击破后，我军才可以继续北进，收复泰安、济南。万一在这期间二野窜到徐州附近，我军即将三野阻止于微山湖以东地区，先集中主力，协同黄维兵团击破二野后，再看情况击破三野。”顾见我谈的也有道理，尚属稳当（其实也是送死），就说：“这样的稳扎稳打是可以的，等我同白健生（即白崇禧）商量后再同你说。”

第二天（大概是十月五日），顾对我说：“白健生同意这样打，你回去照计划实行好了。”当日我返徐州向刘峙汇报，即决定将郑州第十六兵团孙元良部开往柳河附近集结。七日，我召集邱清泉、李弥、黄百韬等将领开会，商讨各种情况下国民党军的战法。大家对于机动出击及守备徐州的战略战术一致同意，并决定十月十五日开始行动。

十五日清早，我正上车出发到前方指挥时，忽然蒋介石从南京来电，叫我不要执行这一计划，在飞机场等他一同到东北去。于是这个作战计划由于东北人民解放军发动声势浩大的辽沈战役，打乱了国民党军的战略部署而未实施。

徐州国民党军此后二十一天（至十一月六日）一直停止于原来状态未动。

二 所谓“徐蚌会战计划”

一九四八年十月下半月，蒋介石本人坐镇北平，指挥东北国民党军做垂死的挣扎。这时，徐州附近国民党军已整补完毕，停止于柳河、商丘、徐州、海州、峰县、临城、贾汪及宿县间陇海路两侧地区。此时的国民党军统帅机关明知解放军一旦发动攻势，即束手无策。打乎？守乎？退乎？议论纷纷，毫无决策。而华中白崇禧在这期间曾为配合徐州国民党军对三野的攻击（如前说未实施）向豫西发动一次“扫荡”，又完全扑空。

十月三十日，蒋介石见东北廖耀湘兵团全军覆没，沈阳已甚混乱，危在旦夕，即慌忙飞返南京，拟了一个“徐蚌会战计划”。我回忆其主要内容如下。

（一）方针

我军为集中兵力于蚌埠附近，击破共军攻势，达成“戡乱建国”之目的，着将徐州“剿总”所属各兵团及绥靖区各部队主力移至淮河南岸蚌埠东西地区（包括临淮关、怀远、凤台之间地区），占领阵地，以攻势防御击退对方之攻击，相机转为攻势，予以歼灭。

（二）任务及行动

1. 以某兵团之一部守备徐州、贾汪，掩护主力转移。

2. 各部队行动：（1）新安镇附近之第七兵团经五河、临淮关附近转进。（2）徐州附近之第十三兵团、第三绥靖区经褚兰、固镇向蚌埠转进。（3）徐州以西黄口、虞城附近之第二兵团经涡阳向怀远附近转进。（4）柳河、商丘附近之第十六兵团及第四绥靖区经蒙城向海河街、风台间地区转进。（5）总部及直属部队经津浦路向蚌埠转进。

3. 各部队到达目的地后，应迅速占领阵地构筑工事。

（三）指导要领

1. 各部队在行动期间自派警戒搜索，掩护主力安全撤退。如遇小部队袭击，应迅速击破，继续向目的地转进。

2. 如遇共军大部队来犯，则以一部掩护主力迅速向目的地转进。

3. 徐州、贾汪守备部队在主力转进期间，如遇攻击，应利用既设工事，努力抵抗，争取时间，待主力脱离威胁后再行撤退。如我军主力撤退后对方尚无攻击行动，仍应继续守备并确保徐蚌间铁路交通。①

以上计划，蒋介石在南京指示国防部拟订后，于十一月三日上午派国防部第三厅（作战厅）副厅长许朗轩乘专机飞葫芦岛征求我的意见，并携有蒋介石的一封亲笔信："如果吾弟同意这一案，请即到蚌埠指挥……"我看了这一计划后，基本上同意将主力集中于蚌埠附近与解放军决战，但感到计划过于笼统，对于各兵团的行动部署不明确，即向许朗轩提出，各兵团任务行动必须明确规定，分路同时撤退，行动必须迅速，否则有被解放军发现，各个击破的危险。许也同意我的意见。我当时即给蒋介石复了一封信：我同意将主力集结于蚌埠附近与共军决战的计划，但须待葫芦岛部队撤退完毕后再去蚌埠。徐蚌会战部署，请刘总司令指挥，迅速按计划实施，否则有被共军牵制无法撤退的可能……

以当时的情况来说，也是徐蚌会战的准备工作重于葫芦岛的撤退，我应该马上到蚌埠去。可是我怕背放弃徐州之罪名，受国民党舆论的指责，对于个人不利，所以就想借指挥葫芦岛部队的撤退来推卸放弃徐州之责。预计在葫芦岛国民党军撤退完毕时，徐州附近的国民党军亦可以撤到淮河附近，然后我再到蚌埠去指挥。

许朗轩于十一月三日午后飞回南京后如何向蒋介石回报，我不了解，可是从以后淮海战役发展的经过来看，蒋当时并未毅然决然地实行这一方案。据事后了解，南京政府国防部在淮海战役之前，曾由何应钦召集

---

① 作者注：原计划对海州第九绥靖区如何指导撤退，现完全记不清；其他各兵团撤退路线等仅凭回忆，与原计划或有出入。

会议，提出“守江必守淮”的方针。但对于守淮有两种不同的方案：第一案，徐州“剿总”除以一至两个军坚守徐州据点外，将所有陇海路上的城市放弃，集中一切可以集中的兵力于徐州、蚌埠间津浦路两侧地区，作攻势防御，与共军决战；第二案，退守淮河南岸，凭河川防御，待共军攻击顿挫时，机动转移攻势，击破共军。研究结果，决定采纳第一案。

但是我对第一案内容全无印象，而对第二案则有较深刻的印象。是否许朗轩将两案一并携来交我参加意见，也回忆不起来了。假如照国防部第一案决定的话，则自徐州到蚌埠间二百多公里的铁路两侧，摆了数十万大军，既弃置徐州既设永久工事而不守（徐州那样庞大纵深的据点工事，只留一两个军，几乎等于不守），又将各兵团摆于铁路两侧毫无既设阵地的一条长形地带，形成鼠头蛇尾、到处挨打的态势。据我了解，古今中外的战史中还找不到这样一种集中会战的战略先例。在蒋介石集团中集合何应钦、顾祝同等军事首脑和萧毅肃、郭汝瑰等主管作战的高级幕僚，竟然在“守江必守淮”的方针下，拟出了这样一个出奇的方案（实际上是会战准备部署）！

就是这个出奇的方案，蒋介石亦未照它的计划及时实施。除十一月三日令第十六兵团孙元良部（欠第九十九军）向涡阳、蒙城集结，令第九十九军及第四绥靖区刘汝明部向蚌埠、固镇集结外，对于其他各主力兵团则仍置于陇海路沿线未动。听说顾祝同曾于十一月四日亲到徐州指示，是根据第一案的原则，但也未能当机立断，及时实施。这说明蒋介石集团对于徐蚌会战计划，并未作全盘考虑，对于军之“生死之道存亡之地”（古兵法语）亦未加慎重考虑，而只在人事上疑神疑鬼、钩心斗角，怕刘汝明、冯治安等将领有异心、不稳妥，急电召刘、冯二人到南京加以笼络，指使其发表反共拥蒋的通电（冯的通电我未看到，刘的通电我看到过）。

到十一月六日，发现解放军已发动声势浩大的淮海战役时，刘峙在徐州坐卧不安，连电告急，蒋介石始照第一案下达正式命令，令各部队开始行动。但又错误地判断解放军将先消灭海州李延年绥靖区：先令第一〇〇军星夜开海州，增加海州、连云港防务[1]；后又令中途返回，改令李延年向徐州龟缩，并令黄百韬兵团及李弥兵团之一部在运河以东、陇海路以北掩护李延年绥靖区的撤退。另一说顾祝同顾虑到李延年部从海上撤退

---

① 据查，第一〇〇军是在十一月四日向海州前进，增加海、连防务的。

困难，所以临时改令黄兵团掩护撤退。不管什么原因，都说明这时解放军的声威已经吓得国民党统治集团慌乱一团，手足无措。

据说，黄百韬六日晚接到命令后，为了掩护第九绥靖区李延年部的撤退，在新安镇等了两天，并未考虑到运河上仅有一座桥，这样大的兵团（五个军加上各直属部队）如何能够迅速安全撤退，也未在运河上另外架桥。解放军察觉李延年及黄百韬的行动后，及时捕捉战机，以雷霆万钧之势将黄的掩护部队打得落花流水。黄的部队边打边退，损失惨重。同时，解放军于八日策动了第三绥靖区冯治安部何基沣、张克侠等起义，迅速由枣庄、贾汪南下，楔入徐州以东至碾庄圩间的曹八集附近，将第七和十三兵团之一部消灭，占领了纵深广大的阻击阵地。而黄百韬渡过运河的残部，惊魂未定，即被解放军四面八方重重包围于碾庄圩附近；该兵团第六十三军到达窑湾镇后亦被北进之解放军包围。

这样，在淮海战役序战一开始，由于蒋介石集团的基础腐朽透顶，未能实施预定计划（哪怕是最不好的计划），及时集中兵力应战，在解放军变化莫测、运用极妙的战略战术下，就形成了打被动战的局面，使国民党军内部慌乱一团，手足无措。加以蒋介石的个人独裁指挥，不论大小情况的分析、大小部队的调动，都要通过蒋的决定指示。而蒋本人又不能集中精力掌握全盘情况，每日仅凭一次所谓“官邸会报”来决定指挥部署，或凭他本人“灵机”一动，乱下手谕。因之一切指示到了前方，不是过时失策，即是主观武断。前方部队长不遵从，即有违命之罪；遵从则自投罗网。蒋介石集团中封建派别关系互相掣肘，任何一种情况出现，都是只顾小集团不顾整体；只想救自己，不顾全局。结果每一战役都是因小失大，决策一再变更。这种矛盾斗争贯穿着国民党军作战全部过程，加速了国民党军的灭亡，同时也大大缩短了解放战争的过程。从解放军方面来看，淮海战役的发展比预计的更为顺利，因而胜利也比预计的更快更大。

三　以赴刑场之心情上战场

一九四八年十一月八日，我从葫芦岛指挥国民党军撤退完毕，回到北平。九日正午，傅作义约我到华北“剿总”司令部吃饭，席间傅说，八日冯治安部何基沣、张克侠等率部“叛变”了。我听到这个消息后，思想上非常混乱，马上问傅："徐州各部队的情况如何？"傅说："大概都还在徐州附近，详细情形我也不太清楚。"我听了既诧异又恐慌，心想蒋介石为什么决定将主力撤到蚌埠附近，而到今天仍未实行，这么说"徐蚌会战计划"已失败了。这时我的恐惧心理一直上涌，觉得徐州战场好像一个"刑场"，我一到徐州，不是被打死，即是被俘，思想上萦绕着去不去徐州的问题：去则大势已去，处处被动挨打，毫无办法；想称病到医院去治病，既怕对蒋介石失信（十一月三日复信给蒋介石，同意到蚌埠去指挥），又怕已准备好即将起飞，忽然不去，别人也会笑我胆怯避战。同时又料定：东北解放军马上入关，共产党将在一年内统一中国，我的事业生命也将随着蒋介石的完蛋而完蛋，活下去也没有什么希望。于是决心还是"从一而终"，愿意牺牲自己为蒋介石"效忠到底"，先到南京再说。

九日晚，我到了南京。为了了解徐州全面情况，立刻到顾祝同家中。这时顾祝同正同刘峙通话，我听到顾说："叫黄百韬在碾庄圩待命，等明天午后官邸会报决定后再通知你。"又说："光亭在这里，你同他讲话吗？"顾把电话交给我，等了一下，刘峙在电话中说："光亭！你快点来吧，我们等着你！"我说："等见老头子后再说。"我又问："黄百韬的情况如何？"刘说："现在主力已退到碾庄圩，敌人已到运河以东，黄兵团过运河桥损失很大，现在稳定一点……"其实这一天晚上，解放军已渡过运河及不老河，将黄百韬重重包围，而刘峙和顾祝同尚在梦中。我把电话放下后，顾祝同对我谈了何、张"叛变"，徐州险被"共军"乘虚而入，他今天一天就忙于将临、韩等地李弥兵团的部队调回徐州巩固防务，并令邱兵团且战且退，向徐州集中等情况。

顾说完后，我以惊奇的口气问顾："为什么徐州附近我军主力不照徐蚌会战计划及早撤退到蚌埠呢？"顾似乎觉得我在质问他，很生气地说："你讲得好！时间来不及啊！李延年未撤退回来，共军就发动攻势了。"我感到不好再向顾追问下去了，把话转到葫芦岛撤退的方面。顾一再委婉地劝我明天参加会报后，就到徐州去指挥，我答了句"明天再说"，就回到中山北路我的办事处。

我在汽车上想：今天到南京，看到听到的都是不祥之兆；南京大街小巷到处都在抢米、抢面，警察看着不敢过问。徐州的军事部署又未照原计划执行，形成未战而先溃乱丧师的局面。我想不去徐州，又不敢擅自离开南京，怕触怒了蒋介石。希望我的老婆今晚由上海赶到南京，明天由她出来打掩护，就说我腰腿疼得不能起床，不能去徐州。一到办事处，就问我的弟弟杜子丰："秀清（我老婆的名字）什么时候可以到？"子丰说："三嫂说她不来。"我觉得又失望又难过，坐着胡思乱想，不知如何摆脱这一厄运。我弟弟见我坐着发呆，一言不发，想打破这沉默的局面，就同我谈了一些东北国民党军覆灭后各方面的看法，认为蒋氏王朝已朝不保夕，劝我也不要再为蒋介石卖命了。我觉得他的意见有道理，但是想来想去就是想不出脱身之计，怕落个对蒋介石"不忠不孝"，只好还是一言不发。子丰又说："听说张长官[①]来南京，同邵力子先生主张和谈，你明天见文白先生探探情况。"我说："好！你打电话约好时间后我去。"

十日，张治中约我下午三点钟谈话，"总统府"武官处通知我四点钟参加官邸会报。我上午见了何应钦，谈了东北国民党军覆没完全是蒋介石一意孤行的结果。何应钦对此也慨叹不已，但仍力劝我到徐州指挥，并支持我的一切作战主张。我碍于何的私人情面，无法推卸，就请何拨我一辆新吉普车，供战场上指挥之用（其实是想在逃走时用，免得抛锚被俘）。何也马上应允，后来将他自己的包车给了我。

午后三时，我见了张治中，陈述了东北国民党军惨败的概略经过，徐州也搞得十分混乱，我说国民党军不能再战。张也认为不应该再战。然后我问张："听说长官和邵先生主张和谈，不知谈的结果如何？"张说："邵先生和我对蒋谈过这个问题，分析了全国民意及政治经济军事等情况，认为到了和谈的时候了。谈了几个钟头，最后蒋说'那么就是要我下野了'，我们见这种情形，似乎再无法谈下去了。"我说："既不能战，又不欲和，怎么办呢？"张动气地说："他要打呀！"我觉得我的希望又落空了。一看表，官邸会报的时间已到了，就急急忙忙告别而去。

四 蒋介石改变决策，黄百韬被歼

十一月十日午后四时，蒋介石在黄埔路官邸召集军事会报。我到时，郭汝瑰、侯腾等人已到会。大家知道黄百韬兵团及李弥兵团一部在策应李延年部撤退时，被解放军打得落花流水，伤亡惨重，被围于碾庄圩，感到十分恐慌，异口同声地说："未料共军行动这样迅速！"四点钟

① 即张治中，其字文白。

刚过，顾祝同、蒋介石先后来到，正式会报开始。

首先，由国防部第二厅厅长侯腾报告战况。侯腾说："三野主力已占领贾汪，迫近运河以东地区，一部渡过不老河插进曹八集、薛家湖附近，截碾庄圩后路。二野主力（其实是一部）及三野一部在徐州以西黄口附近与邱兵团接触中。我黄百韬兵团主力及第四十四军已退过运河西岸，在碾庄圩附近被围，在抢过运河桥时受三野火力封锁阻击，伤亡甚重。李延年本人已到徐州取得联系。第六十三军到达窑湾镇后，尚未渡过运河。西路邱兵团与共军接触后，且战且退，正由黄口向徐州转进中。孙元良兵团昨日已到宿县附近。刘汝明绥靖区已到固镇以南，今日向蚌埠前进。判断：敌人将以有力之一部（实际是半数以上）牵制我军，主力（实际不到一半）有包围歼灭黄兵团之企图。目前徐州情况吃紧，南京后方秩序也极混乱。昨今两日满街到处抢粮，警察袖手旁观，粮店大部关门不敢营业……"侯的报告未完，蒋介石即怒气大发，手指着侯腾说："你造谣！胡说！胡说！哪里有这回事？"其实我一到南京也发现类似的情况，本来也想提出这个问题，见蒋介石这样的发怒，眼里露出一股杀气，我也不敢说了。

接着，第三厅厅长郭汝瑰报告作战计划，大意说："（一）以目前情况判断，共军有包围攻击黄兵团的企图。我军空军及炮兵的绝对优势，以内线作战原则，陆、空、步、炮、战车协同，先将运河西岸徐州以东之共军击灭，以解黄兵团之围；（二）以黄兵团死守碾庄圩，第六十三军守窑湾镇待援；（三）以李弥兵团附第七十二军守备徐州；（四）以邱兵团、孙兵团（现已到达宿县附近，令即返回徐州）迅速东调，击破徐州、碾庄圩间之共军，以解黄兵团之围……"蒋介石听了郭汝瑰的报告后说："一定要解黄百韬的围。"又问，"墨三（顾祝同）有什么意见？"这时我见徐州搞得这样糟，蒋介石没有指责任何人不遵照他的命令，就料到有关国民党军生死存亡的"徐蚌会战计划"的决策是蒋本人改变的。我昨天到南京，他一直未召见我，也是怕我因为他改变了决策而不去徐州指挥，就先叫顾祝同、何应钦劝我到徐州去，等到我应承去的时候，他就在会议上将这个任务硬套到我的头上。这时，我心中忐忑不安，觉得上了蒋介石的当，并认为蒋介石、顾祝同是完全听信郭汝瑰这个小鬼（因他是军校五期毕业生，人又矮小，所以我称他小鬼）的摆布，才造成这种糟糕的局面。我想质问郭汝瑰为什么不照原定计划将主力撤到蚌埠附近，正在犹豫不决之际，见顾祝同等人都同意郭汝瑰报告的这一案，觉得争亦无益，一个人孤掌难鸣，争吵起来，反而会失了蒋介石的宠信。正在这时，蒋介石转身问我："光亭还有什么意见？"我思考了一下说："敌情和各兵团的实际情况我都不了解，到徐州后，向刘总司令请示，看如何可以抽调部队解黄百韬之围。"蒋介石说："好！好！你到徐州，一定要解黄百韬之围。我已经把飞机替你准备好了，你今晚就去。"

蒋介石走了之后，顾祝同拉住我说："你们两个人都在徐州指挥，有些不大方便。叫刘经扶（峙）到蚌埠去指挥，好吗？"我说："指挥这样大兵团作战，情报补给是一项极其复杂的业务，总部一离徐州，我的机构不健全，势必形成瘫痪，影响作战。请总长放心，我同刘老师不会发生摩擦的。"又对顾说："请总长允许我一个要求，就是解黄百韬之围的战略战术、兵力部署，我不一定照今天会议决定的去做。"顾了解我的意思，连称："可以，可以，你怎么决定，就怎么办好了。"

当晚我带了必要的幕僚人员邓锡洸、冯石如、张干樵等，飞向徐州。说也奇怪，南京到徐州的飞机是经常飞的，可是这一次却迷失了方向，沿途找不到徐州。一直飞到黄河边，驾驶员才发现飞过了，急忙回头，一直弄到十二时前后还未找到徐州。驾驶员发出警报说："再过一小时找不到的话，油就完了。"正在紧急关头，左侧方发现灯光，飞机转身而去，就是徐州。降落后已经一点多钟了。我当时想，真是天要灭蒋，情况这样吃紧，飞机又误了点。

到徐州后，才知道蒋介石的命令头一天（十日）晚上已到，但徐州"剿总"并未实施，理由是：（一）邱清泉兵团被二野牵制，无法东调；（二）孙元良兵团十一日晚始可到达徐州以南之三堡附近；（三）黄百韬兵团渡运河桥时损失甚重，碾庄圩粮弹两缺，攻既不可能，守亦成问题；（四）李弥兵团第三师之一部掩护第七兵团后退到曹八集，被共军消灭，现共军已在不老河以南曹八集、薛家湖一带占领阵地；（五）不老河北岸共军有大部队集中，对徐州压力极大；（六）黄维兵团现到达阜阳附近[①]，因之无法抽调兵力解黄百韬兵团之围。昨晚黄百韬电话尚通，今日（十一日）起电话不通，仅有无线电可联络。

这时徐州总部非常混乱，刘峙、李树正对解放军的作战企图并无全面分析判断，只是被各方面的情况所迷惑，束手无策。我这时对于情况

---

① 据查，黄维兵团是十一月十五日到达阜阳的。

也极模糊，一时无法做具体判断和决心处置。我看到了“剿总”的一份“敌我态势图”。除徐州东南褚兰、八义集间尚无情况发现外，其他外围解放军已重重包围牵制，要抽调某一方的兵力解黄百韬之围，诚属不易，加以“剿总”的情报机构腐朽，除直接收集第一线部队的情报外，并未收集直接的战略情报。在这种情况下，第一线部队长总是夸大他当面的敌情，而使高级指挥官无从正确判断。

“知己知彼，百战不殆。”国民党军这时恰恰相反，既不知己，又不知彼，怎么能制胜呢？而国民党军之所以全军覆没，固然是由于它本身腐朽，指挥机构无能，其最重要的原因之一，就是国民党军丧尽民心。在淮海战役之始，徐州附近人民对于国民党军实行了严密封锁，国民党军的特务只能派出，无法返回。徐州四周密布的特务电台完全失了作用，甚至有许多地区人民以虚报实，或以实报虚，迷惑国民党军。如丰县、黄口间仅有解放军二、三野之一部，而国民党军从人民方面得来的情报是二野主力，又如二野主力已先到涡、蒙地区阻击黄维兵团，而国民党军得来的情报则是这方面没有解放军的野战军。刘峙及其参谋长每天骂黄维行动迟缓，按兵不进。

我考虑很久之后，觉得解放军总有主次之分，绝不会到处都是主力，于是根据自己的经验判断：

（一）华东共军目前还不是直接攻徐州，而是集中主力（实际不到一半）先消灭黄百韬，以有力之一部打援（实际是一半以上兵力）；

（二）徐州以西黄口亘九里山以北至不老河北岸之共军，只有极少之一部，甚至是游击队，用以牵制国民党军，因之可以大胆抽调兵力，以解黄兵团之围。

我做了以上判断之后，刘峙、李树正很怀疑，仍然不敢抽调邱兵团。当我与邱清泉通了电话后，了解黄口附近之解放军主力有南移模样，但尚未证实。米文和师已失联络，情况不明。根据这一情况，一面令邱清泉迅速搜索清楚二野行动，一面判断二野主力可能南下阻止黄维兵团北进。

根据以上判断，我提出两个方案：

第一案：以黄百韬兵团坚守碾庄圩七至十天，以第十三兵团守备徐州，以第七十二军为总预备队，以第二兵团、第十六兵团会合第十二兵团先击破二野六个纵队，然后回师东向，击破三野以解黄百韬之围。

理由：这一案我军可从现有态势迅速攻击，并可集中绝对优势兵力

（将近十个军，计：邱兵团三个半军，黄维兵团四个军，孙元良兵团两个军），以击破二野六个纵队。但此案能否实施，关键在于黄百韬是否可以坚守一定时期。

第二案：以第十六兵团守备徐州，以第二兵团、第十三兵团之全力解黄百韬兵团之围，同时令第十二兵团向徐州急进，以第七十二军为总预备队。

理由：这一案可以安定黄百韬部心理，稳扎稳打，徐州不受威胁。但如黄维兵团被二野牵制，不能及时到达徐州以东参加战斗，则感击破三野之兵力不足。

我的第一案提出后，刘峙、李树正坚决反对，认为黄百韬绝不能久守，坐视黄百韬被吃，太冒险。而且这时对二野情况尚未完全明了，万一二野主力不在涡、蒙附近，西路扑空，东路黄兵团被歼，简直闹成笑话。我对二野情况也不明，万一扑空，黄百韬又被吃，蒋介石向我追究责任，别人骂我见危不救，难以逃避责任。心中虽认为第一案是战略决战的上策，也不敢坚持。

对于第二案，刘、李认为符合蒋介石的命令，但对邱兵团能否不受牵制东调，以及东调后解放军尾追到徐州如何对付，仍有极大顾虑，李树正不表示意见，刘峙犹疑不定，于是决定先召邱清泉来徐商讨。

十一日中午前后，邱清泉到徐州，这时侦察证明二野主力南下（其实原来即非主力），当面仅有两广纵队。同时邱清泉认为米文和向解放军投降，以后事实证明是被解放军包围消灭。

到十一日午后，刘峙才决心将第二兵团东调，协同第十三兵团解黄百韬之围，但仍留了一个尾巴，令第七十四军位于九里山附近为预备队，以防二野向徐州攻击。刘峙当日命令要旨如下：

（一）二野主力（其实是一部）与邱清泉兵团在黄口附近激战后，已向宿县、涡阳、蒙城间地区转移，三野主力已渡过运河及不老河将黄百韬兵团包围于碾庄圩附近，正激战中。

（二）军以击破三野主力解黄兵团围之目的，即以有力之一部守备徐州既设工事，以主力展开于团山以西南北地区，以空、炮、战车掩护，迅速向碾庄圩攻击前进。

（三）着第十六兵团附第七十二军守备徐州机场、云龙山、九里山一带既设阵地，并特别注意徐州以西萧县及西南符离集方面之搜索警戒。

（四）着第二兵团（欠第七十四军附独立骑兵旅）、第十三兵团归前进指挥部指挥，展开于团山以西南北地区，迅速向碾庄圩攻击前进。

（五）着第七十四军为总预备队，控制于九里山附近。

（六）陆、空、炮、战车协同计划由前进指挥部拟订。

（七）交通、通信、补给计划。（从略）

刘峙和我共同下了决心之后，我令邱清泉兵团主力（第五、七十军，第十二军之一个师）星夜向徐州东南张楼附近集结，李弥兵团将徐州防务交给第十六兵团，集结于徐州以东东贺村附近，预定十二日集中完毕，十三日开始以空、步、炮、战车联合向解放军攻击，并请空军协同步兵侦察解放军的动态。待全部情况明了后，再决定攻击部署。

这时我主张寻求解放军之一翼实行迂回包围击破后，再以全力向其主力攻击，但苦于情况不明，无法决定。刘峙等深恐主力远离徐州，反为解放军所乘，坚决反对。待十二日午前十时左右，空军侦察到渡过不老河之解放军有若干小部队陆续经曹八集南进，午后并发现有大部队通过曹八集、薛家湖等地南进，第十三兵团始终对不老河北岸及曹八集间之情况搞不清。及黄昏前后，得第二兵团骑兵旅报告："在徐州机场以东白楼附近发现共军，正驱逐该敌掩护集中。"鉴于解放军的行动神速，阻援部队的兵力强大，战略战术部署的变幻莫测，几使国民党军寻求不到他们的弱点，同时又感到徐州会战全靠空运补给，现解放军已威胁到机场的安全，迫使我不能不放弃一翼包围解放军的战术，而实行正面攻坚。当晚即决心把主力展开于古山南北地区，十三日开始攻击前进。其命令要旨如下：

（一）三野主力在徐州以东渡过运河、不老河，现正与黄百韬兵团激战，其有力之一部已进至白楼、薛家湖、曹八集、周庄附近占领阵地，企图阻止我东进。徐州以西二野之主力已南移，九里山、萧县以西间仅有两广纵队及二野之一部进行牵制。

（二）军以击破三野之一部，进出碾庄圩附近解黄兵团围之目的，明（十三）日在空、炮、战车掩护下攻击前进。

（三）着第二兵团（欠第七十四军）展开于大坝南北之线至陇海铁路（不含）地区，明（十三）日拂晓在空军、炮兵掩护下，攻击前进。

（四）着第十三兵团以一个师沿不老河南岸占领阵地，掩护军之左侧背，主力展开于陇海铁路（含）以北、古山以东南北之线，明（十三）日拂晓在空军、炮兵掩护下与战车团协同攻击前进。

（五）战车团配属第十三兵团协同作战。（步战协同计划另订）

（六）陆空协同作战计划另订。

（七）第七十四军为总预备队，位置于九里山附近。

（八）通信补给计划。（从略）

战斗经过概要：

十二日晚，邱兵团在白楼、崔楼附近与解放军有局部战斗。李兵团在古山以北某村之一部被解放军袭击，一度混乱。

十三日两兵团因夜间均有战斗，到九时左右始完成攻击准备，九时后在空、步、战、炮协同下开始攻击。空军以轻重炸弹及燃烧弹更番投掷，山、野、重炮齐发，一时乌烟弥漫天空，村落尽成瓦砾。国民党军步兵协同向前猛冲，各兵团进展尚属顺利。忽然因解放军以远射程炮弹射击机场，打到机场东北跑道附近，空军起飞受到威胁，一时陆空联络中断，地面部队亦受意外损失。经侦察后，发现解放军炮兵是由不老河北岸打来。这时从安阳空运第三十九师（师长司元恺）已到徐州以北龙庄附近集结完毕，即令该师协同第十三兵团之一部向不老河北岸攻击，将解放军炮兵压迫撤退。空军继续起飞，掩护陆军继续攻击前进。每一村落据点的解放军，都以无比英勇的斗志，阻击国民党军，虽然火力较国民党军为弱，但是节省弹药，发射准确，对国民党军每一村落家屋都给予严重打击。甚至有的村落已被国民党军空军炮火摧毁，而解放军战士仍各自为战，勇猛狙击国民党军。国民党军打进去，被解放军赶出来；再打进去，再被赶出来。打得国民党军垂头丧气，谈虎色变。各级指挥官重重督战，迫使部队强攻，每一村落据点，国民党军皆付无数的炸弹炮弹，遭受重大伤亡，经过反复争夺，始能占领。我在团山亲眼看到这一战斗过程，感到解放军的战术技术及战斗意志远远优于国民党军。同时错认解放军的火力微弱，又无空军、炮兵、战车助战，只要打过两三天后，其伤亡过重，必然全线崩溃。晚上统计当日进度，国民党军各部队进展少者三四公里，多者六七公里。从国民党军攻击位置开始到碾庄圩不到四十公里的距离，估计一周以内可能打到碾庄圩附近，解黄百韬之围。我感到十分乐观，晚上即向刘峙汇报，刘听后很高兴。

十四日，发现解放军的打援部队越打越强大，而且抓住国民党军不能夜战的弱点，集中力量在夜间反击国民党军。如邱兵团右翼张楼附近之第七十军，被解放军彻夜包围猛攻，阵地一度被突破，经过激烈的争夺战，至拂晓前后阵地始稳定。当日空军照预定计划轰炸后，步兵疲劳不堪，未能照预定计划实施攻击。于是空军指责邱兵团按兵不动；等邱清泉准备好再要求空军协助攻击时，空军又负气未出动轰炸，邱又指责空军不支援，使步兵受意外损失。双方互相指责以致叫骂，闹得互不协同。这一天国民党军内部陆空军闹得一塌糊涂，邱兵团几乎毫无进展。铁路以北之第十三兵团第八军虽然有空、炮、战车的掩护，经过激烈的争夺战，也只攻占两三个村庄；左翼第九军亦毫无进展。

晚间我感到战斗发展已出乎我的意料，不是那么乐观。这一天刘峙也亲到团山指挥视察，看到陆空不协同的情况，感到丧气。于是就同邱清泉商议，将第七十四军星夜调至潘塘镇附近集结，从右翼向解放军的左翼实行迂回包围，以打开正面攻不动的僵局。计划定后，第七十四军即开始调动。

这一天，空军亦将陆空矛盾互不协同情况向蒋介石反映，据说曾向蒋报告邱清泉保持实力按兵不动，蒋一面电斥邱，一面派顾祝同、郭汝瑰等于十五日到徐州督战。顾祝同一见我就问："敌人不过两三个纵队（实际有七八个纵队），为什么我们两个兵团还打不动？"严令我督促两兵团攻击前进。我对顾分析了几日来的战况及邱清泉和空军的矛盾之后说："打仗不是纸上谈兵，画一个箭头就可以到达目的地的，况且敌人已先我占领阵地，兵力也陆续增加（究竟多少，我也未搞清），战斗非常顽强，每一村落据点，都得经过反复争夺，才可攻占。"这时刘峙建议："放弃徐州，以全力解黄百韬之围。"顾、郭似乎也有这种意见，但未说出，只是急着要我大胆抽调兵力，解黄百韬之围。但是如何抽调兵力，既可以保徐州之安全，又可以解黄百韬之围，都拿不出具体办法。于是我提上、中、下三策请顾决定："我认为这一战役的胜败关键在于黄百韬坚守的程度如何，如黄能像潘裕昆守德惠、陈明仁守四平街那样地坚守，以这几日的攻击进度看，是可以解围的，这是上策；如黄百韬坚守不住，徐州尚能保全，这是中策；如放弃徐州，丧失补给基地——机场，又不能一举击溃共军以解黄百韬之围，势必弄得全军覆没，这就成了下策。"我这样一说，顾、郭都瞠目无措，只怪邱、李攻击不力，实际上是怪我指挥不力，但未正面说出。他们并未料到解放军已有一半以上兵力担任阻击打援，并准备在淮海战役中实行战略决战，消灭国民党军。当然我也未料到这点。我只是鉴于东北国民党军在运动战中全军覆没，徐州会战一开始，即发现解放军声势浩大，以迅雷不及掩耳的战略战术打击黄兵团，并将其包围于碾庄圩，又能大胆深入渗透于碾庄圩、徐州之间，不顾国民党军绝对优势的空军、炮兵的轰击及坦克的冲击，以极其英勇的姿态，反复争夺，阻击国民党军，是值得重视的。当时我绝不敢轻举妄动，怕被解放军消灭掉。

但是，我这时对于尽量抽调兵力解黄百韬之围的信心并未完全丧失。如前所说，十四日晚已决定将第七十四军增加于右翼，对解放军包围、迂回攻击，这时拟待九里山之第七十二军将当时情况弄清楚后，继续抽调，增加攻击。可是我并不愿对顾、郭二人当面说明我的企图，他们认为我对解黄兵团之围抱消极态度，表示不满。以后我同顾单独讲明我的上述企图，顾表示赞成，我并请顾不同郭讲我的作战计划，顾也同意。当晚顾返京向蒋介石复命。这里必须补充说明，我的作战计划为什么不让郭汝瑰知道呢？这是因为早在一九四八年春顾任参谋总长时，我即对顾说过郭汝瑰与解放军有联系，反对郭任第三厅厅长。顾当时批评我："你不要疑神疑鬼！郭汝瑰跟我来徐州一年多，非常忠实，业务办得很好。"以后我对顾说："我指挥作战的方案，事先绝不能让郭知道。如果郭知道的方案，我就不照原方案执行。"所以这次我才对顾单独讲我的计划。

十六日，邱兵团之第七十四军开始由潘塘镇经双沟向土山镇方面之解放军侧背迂回攻击，不料第七十四军一开始行动，即在张楼、陈庄附近与北进之解放军（据说有三个纵队）发生遭遇，在空、炮掩护下激战终日，不但毫无进展，黄昏后该军之第一线部队反被解放军击溃。邱清泉接连在电话中告急，说第七十四军垮了，要求调第七十二军增援。这时第七十二军仍被解放军牵制，无法抽调。后令邱清泉以仅有之预备队一部及坦克重炮支援，始将阵地稳定。当晚解放军对第七十四军及守机场之第十二军于一凡师彻夜猛攻，激战至拂晓，阵地失而复得者数次。

十七日，黄兵团外围据点已大部被解放军消灭，碾庄圩形势更加危急。我令邱、李两兵团在空、炮、战车掩护下继续攻击前进。九时前后，先后得空军报告，发现张楼、房村有解放军大部队经双沟向东南分路撤退，同时得地面各部报告，说当面的解放军皆向东溃退。又从俘虏及居民中得悉，解放军粮弹缺乏，战士每日仅在地里挖几块红薯吃。当时根据各方面报告，我错误地认为解放军已被国民党军击溃，且全线崩溃，因即下令全线追击。

当日午间，两兵团先后发现解放军仍有纵深的既设阻击阵地，顽强地打击国民党军，我仍主观地认为这是解放军的少数掩护阵地，仍令各兵团夜以继日地向解放军发起攻击。及十八日发现解放军抗击国民党军更加顽强，阵地屹然未动，再令各兵团继续攻击，并以大许家为重点，集中空、炮、战车实行中央突破，激战一日，大许家未攻下，全线进展亦甚少，有若干村庄白天国民党军攻陷，夜间又被解放军夺回。这时各兵团均伤亡过半，士气更加低落。而黄百韬在碾庄圩外围之各部队第四十四军及第一〇〇军主力已被歼，第一〇〇军军长周志道负伤化装逃回，仅有第二十五军及第六十四军守碾庄圩、大院上等几个村庄，形势更加危急。

十九日，九里山附近解放军之游击队因被第七十二军攻击自动撤退，九里山防务已令第十六兵团之第四十一军接替，第七十二军遂开始东调。这一天，国民党军全线攻击无进展，到晚间得悉碾庄圩阵地已被解放军突进，黄百韬率少数直属部队逃到大院上。刘峙和我得到这一噩耗，垂头丧气，恐慌不安，急找第七十二军军长余锦源及战车团长赵志华在“剿总”商讨迅速突破解放军、救黄百韬的办法。余吹牛说，他“可以一连打下几个村庄解黄百韬之围”。赵吹牛说，他可以“亲率战车誓解黄百韬之围，如果步兵跟不上，战车可以单独打到碾庄圩”。刘峙鼓励说：“全靠你们两位健将解黄百韬之围。”

二十日，国民党军全线攻击无进展，炸弹、炮弹极感缺乏，战车炮弹全无。第七十二军在空、炮、战车配合下牺牲极大，未攻下大许家，余锦源叫苦连天，说不能再攻了。

二十一日，我仍强令各军继续攻击，解放军利用既设工事阻击国民党军，发挥了高度的阻击战艺术，使国民党军不能越雷池一步。黄昏后解放军对大院上黄百韬之残部发起总攻，激战至二十二日晨四时左右，大院上及附近村落国民党军残部皆被歼灭。据战后化装逃回之第二十五军副军长杨廷宴说：“当时黄百韬、陈士章、刘镇湘等见情势危急，决心各带一部分人向西突围。黄突出后走至一茅棚附近，只剩我们两人，见四面皆有解放军包围，无法再走，即举枪自杀，但并未断气，我又加了一枪。黄死后我正在哭，解放军来盘问我，我说：‘我是伙夫，死了的是伙夫头，是我的哥哥。’解放军未再追究，我将黄掩埋后，钻空子跑出来。”杨又说：“陈士章不知下落，刘镇湘佩上满身勋章向敌人冲锋死了。”当时我听杨说得似乎非常真实生动，我对黄百韬、刘镇湘为蒋介石尽忠，感到十分敬佩。可是一九五六年刘镇湘从济南调来，同我一起学习改造，说明杨廷宴当时的“真实生动”的报告也不是真实的了。

最可笑的是，十七日解放军有计划地改变了阻击阵地，其目的是更有力地打击国民党军，但是前方判断错误，刘峙乘机大肆宣传徐州

"大捷"，徐州满街张贴标语，大放鞭炮，并向各方发出通电。到二十二日黄百韬部被完全消灭后，蒋介石仍宣传徐州"大捷"，并派张道藩为慰劳团团长，率副团长方治、团员及中外记者数十人来徐州劳军，携带了大批勋章、奖章及银圆等慰劳品。他们到徐州后还到第二兵团参观了战俘武器及"战绩"。有一位记者以怀疑的口气问我："这样的大捷，黄百韬到哪里去了？"我说："黄百韬回家休息去了。"蒋介石集团上上下下就是这样可笑地自欺欺人，欺骗国民党统治区的人民，以掩饰其反人民战争的失败。

五　蒋介石再变决心，黄维兵团被歼

十一月二十二日，黄百韬兵团被歼后，刘峙找我到他的办公室里，说打算放弃徐州，向西撤退。在图上研究后，我觉得刘峙似乎太泄气，就对刘峙打气说："目前还未到考虑这一方案的时候。如果能集中兵力，再调五个军加到李延年兵团，协同黄维兵团南北夹攻，打通津浦路这一段，是上策；其次是将徐州三十万兵力与黄维兵团协同一致，安全撤到淮河两岸，亦不失为中策；但在目前情况下，不像十一月初那样可以安全撤退，万一撤退不当，在野战中被消灭，反不如坚守徐州尚可以牵制敌人南下。而且战守进退的决策，关系到整个'国家'军事前途，目前我不敢轻率地出主意，必须由老头子本着他的企图下决策。"刘峙听了我的意见后，嘴唇动了几下，表示很为难的样子，但未说什么。

二十三日，蒋介石要刘峙和我到南京开会。大概是十点钟前后，我们到达蒋介石官邸的会议室。首先由郭汝瑰报告作战计划，他说："我军以打通津浦路徐蚌段为目的，徐州方面以主力向符离集进攻，第六兵团及第十二兵团向宿县进攻，南北夹击一举击破共军，以打通徐蚌间交通。"蒋介石采纳这一案，对我说："你回去马上部署攻击。"我说："这一决策我同意，但是兵力不足，必须再增加五个军，否则万一打不通，黄兵团又有陷入重围的可能（其实黄维这时已被围[①]，而我尚未知道）。"我并建议调青江浦附近之第四军、南京附近之第八十八军及第五十二军等部队迅速向蚌埠集中，参加战斗，另外再设法抽调两个军。蒋

① 据查，黄维兵团是十一月二十五日被围的。

介石说："五个军不行，两三个军我想法子调，你先回去部署攻击。"

我当时认为蒋介石这一决策尚有一线"希望"。当日午后即同刘峙飞返徐州，准备做垂死的挣扎。飞机经过第十二兵团上空时，我与黄维通话，黄说："当面敌人非常顽强，应想办法，这样打不是办法。"我说："今天老头子已决定大计，马上会对你下命令的，请你照令实施好了。"

二十三日午后，我同刘峙返徐州后，即决定以第十三兵团守备徐州，第二兵团及第十六兵团担任攻击，当晚并就攻击准备位置。第十六兵团当日乘解放军不备，先攻占笔架山。晚间蒋介石的正式命令亦到。

二十五日，正式开始攻击，当时并有美记者数人来观战。这一天在步、炮、战车配合下，集中兵力火力，机声隆隆，火光冲天，向解放军进攻，而解放军则英勇反击，双方火力及肉搏战，都发挥到最高度，逐村争夺，寸土不让。国民党军依赖空军及炮火掩护，白昼攻击。但空军及炮火并不能压倒解放军，解放军战士个个政治觉悟高，善于短兵相接、打肉搏战；国民党军则是受令前进，层层督战，士兵拥挤一团，以致空军及炮火失效，伤亡惨重。

这一天，第十六兵团在美记者视察下攻占白虎山、孤山集及纱帽山；第二兵团前进约五华里。当晚调整补充后，二十六日继续攻击前进。在解放军纵深坚固的阻击阵地前，国民党军屡攻屡挫，一连三日，进展甚少。二十七日，两兵团先后建议，如此强攻，伤亡重而战果少，无法持久作战，必须增加空军轰炸及炮火，以火力为主攻。我原则上同意他们的意见，但由于国民党军的炸弹、炮弹基本上都已消耗殆尽，亦不可能大量补充。二十八日我仍令各兵团攻击前进时，蒋介石又来电令我到南京开会。至晚各兵团仍停止于孤山集、四堡、褚兰之线。入晚，第十六兵团在孤山集遭解放军的反攻而溃退，蒋介石并未照他原来的决策抽调兵力增援；第六兵团攻击未成而向后退缩；黄维兵团被围，越围越紧。

二十八日上午，我到南京后即赴黄埔路"官邸"，不久顾祝同亦来，叫我到一间小客厅中讨论如何挽救国民党军的这一危机。我先问顾："原来决定再增加几个军，为什么连一个军也没增加呢？弄到现在，形成骑虎难下的局势。"顾说："你不了解，到处牵制，调不动啊！"我说："既然知道不能抽调兵力决战，原来就不该决定要打，把黄维兵团陷入重围，无法挽救。目前挽救黄维的唯一办法，就是集中一切可集中的兵力与敌人决战，否则黄维完了，徐州不保，南京亦危矣！"顾很丧气地说："老头子也有困难，一切办法都想了，连一个军也调不动。现在决定放弃徐州，出来再打，你看能不能安全撤出？"我觉得蒋介石又是老一套，这一决心再变，黄维完了，徐州各兵团也要全军覆没。但无法增加兵力，打下去不可能，守徐州我也失了信心。我沉思了好久，对顾说："既然这样的困难，从徐州撤出问题不大。可是要放弃徐州，就不能恋战；要恋战，就不能放弃徐州；要'放弃徐州，出来再打'，这就等于把徐州三个兵团马上送掉。只有让黄维守着，牵制敌人，将徐州的部队撤出，经永城到达蒙城、涡阳、阜阳间地区，以淮河做依托，再向敌人攻击，以解黄兵团之围（实际上是万一到淮河附近打不动时只有牺牲黄兵团，救出徐州各部队）。"顾同意这一案。这时，何应钦慌慌张张地走进来，他说："怎么样？就不能打了吗？"我将以上意见向何重述一遍，何说："也只好这样了。"于是我对顾说："请总长对这一案不在会上讨论。"顾了解我的意思，就说："会后我同老头子说，你同他单独谈。"于是三人出来到会议室开会。

这时蒋介石披了一件黑斗篷，满脸通红，窘态毕露地来了。他向大家点点头说："好好，就开会。"照例由第三厅厅长郭汝瑰在"敌我态势图"前报告作战计划。他说："目前共军南北两面皆为坚固纵深工事，我徐蚌各兵团攻击进展迟缓，如继续攻击，旷日持久，徒增伤亡，不可能达到与黄维兵团会师之目的。建议徐州主力经双沟、五河与李延年兵团会师后西进，以解黄维兵团之围。"他还滔滔不绝地讲了这一案的理由。我有点忍不住，就大声问郭汝瑰："在这样河流错综的湖沼地带，大兵团如何运动，你考虑没有？"一时会场乱糟糟地大吵大笑。有人问我："左翼打不得，右翼出来包围攻击如何？"我说："也要看情况。"刘斐在旁边给我打气，连说："打得！打得！"又有人问我："你的意见如何打？"我笑而未答。经过一阵乱吵乱嚷，才沉静下来。顾祝同对蒋介石说："要光亭到小会议室谈谈。"蒋到小会议室后，我同他分析了军队生死存亡之道后，讲了同顾祝同商量过的一案（如上述），蒋马上同意，急忙掉头出来问王叔铭："今天午后要黄维突围的信送去没有？"王说："尚未送去。"蒋说："不要送了。"蒋介石问大家还有什么意见，出席的人都未说话，即宣布散会。

会后我想，如果蒋介石这封信投下去，徐州的部队也出不来了。萧毅肃还以为我要打，拉着我说："你考虑没有？保卫南京要人啊！"我说："你的意见高明！我自有办法。"萧并不完全了解我主张撤而不打的这一案，连连说："要人啊，要人啊！"

黄维兵团在蒋介石一再变更决心之下，一直在双堆集对解放军顽抗。先是蒋介石对解放军估计过低，将自己估计过高，幻想不增加兵力，南北夹攻，打通津浦路徐蚌段；继而见解放军声势浩大，战力坚强，阵地森严，非国民党军可破，于是决心放弃徐州，以仅有的残部保卫南京。等到徐州部队出来后，蒋又被解放军的战略运动迷惑（误认为解放军撤退），再改变决心，令从徐州退却中之国民党军回师向解放军攻击，协同李延年兵团解黄维之围。黄维兵团就是这样被套在解放军既设的口袋内，被重重包围，战力日益消耗，包围圈逐渐缩小。一直战到十二月十日以后，蒋介石才发现从徐、蚌出来的国民党军都没有击退解放军的希望，于是决心要黄维在空军和毒气掩护下白天突围，黄维则认为白天无法突围。双方争执到十五日晚，黄维见情势危急，于是夜间突围。黄维一经突围，在解放军的天罗地网下土崩瓦解，除胡琏乘战车只身脱逃外，全部被歼。事后蒋介石给我的信中，怪黄维不听他的命令在空军毒气掩护下突围，而擅令夜间突围，是自找灭亡。

六　蒋介石三变决心，全部垮台

如前所说，十一月二十八日蒋介石在南京召开军事会议，决定放弃徐州，我于当日返徐向刘峙报告后，总部人员即开始以飞机运蚌。我执行这一计划时，怕泄露企图，无法撤出，在南京会议上对作战厅厅长郭汝瑰都未说明。可是我离开南京的当日，即有人通知国民党在徐州的政治、经济、党务各部门要尽先撤退，于是徐州机场一时拥挤不堪，连刘峙本人也未能先走，一直等到二十九日早晨才起飞。这就是蒋介石集团的所谓军事秘密。

二十八日晚，我召集孙元良、邱清泉、李弥三人开会，我讲了蒋介石的决策之后，吹牛说这一撤退是可以成功的，大家一致同意"撤即不能打、打即不能撤"的原则，并决定撤退的概略部署如下。

（一）三十日国民党军发动全面攻击以迷惑解放军。

（二）三十日晚全部开始撤出徐州，第一要到达永城附近，第二要到达蒙城、涡阳、阜阳间地区，以淮河为依托，再向解放军进攻。撤退中以“滚筒战术”[①] 逐次掩护行进。

（三）第十三兵团先遣一个师，于二十九日晚以前占领萧县瓦子口等隘路，以掩护主力之安全撤退。而后归还该兵团建制。

（四）第二兵团于三十日全面实行佯攻，以迷惑解放军。于黄昏后留少数部队于小孤集、四堡、白楼等处牵制解放军。掩护部队应努力迟滞解放军，到十二月一日晚撤退。主力于三十日晚开始撤退，务于十二月一日晚到达瓦子口、青龙集附近，掩护军右翼安全，而后经王寨、李石林到达永城以东及东关南关地区。

（五）第十六兵团于三十日对当面之敌实行佯攻，迷惑解放军，于三十日黄昏后留少数部队于孤山集、笔架山一带迟滞解放军，至一日晚撤退归还建制。主力于三十日黄昏后开始撤退，经萧县、红庙、洪河集，向永城西关地区前进。

（六）第十三兵团（除先遣一师外）于三十日晚在苑山附近及徐州市留少数掩护部队迟滞解放军，掩护部队至十二月一日黄昏后撤退。主力自三十日晚开始在第十六兵团后跟进，向永城北关前进。

（七）徐州警备司令部指挥地方军警于十一月三十日晚由徐州撤退，经袁圩、薛家湖向永城西关前进。

（八）指挥部直属部队于三十日晚归副参谋长文强指挥，由铁路附近公路经大吴集、孟集，向永城前进。

（九）各部队行动至统治地区：十二月一日，指挥部——大吴集，第二兵团司令部——王寨，第十六兵团司令部——红庙，第十三兵团司令部——曲里铺，徐州警备司令部——袁圩；十二月二日，指挥部——孟集，第二兵团——李石林，第十三兵团——袁圩，第十六兵团——洪河集；十二月三日，指挥部——永城，第二兵团司令部——永城东关，第十三兵团司令部——永城北关，第十六兵团司令部——永城西关，徐州警备司令部——永城西关南关间。（各兵团详细位置，以上回忆也许有错）

（十）通信联络：各部队行动期间用无线电，到达统治地区后有线电话及无线电并用。

（十一）补给：各部队携带足七日给养、五百公里油料和弹药，在

---

① 所谓“滚筒战术”即各兵团形成一圆球或圆筒式态势，以对付解放军四面八方的包围战术。

到达阜阳以前，中途不补给。

（十二）其他破坏等工作由舒参谋长分别指挥实施。

（一）撤退经过

我将命令下达后（口述笔记，以后正式补发），徐州“剿总”存有大批军用地图及档案未处理，补给区司令部存有大批武器弹药已上火车未运走，库存被服用具及粮食甚多。临时决定地图档案由主管参谋一日午前烧毁，武器弹药火车运至黄口车站，另候处理，其他物资发给各部队尽量携带。到二十九日晚，第十三兵团先遣萧县之一师行动迟缓，尚未确实占领萧县，对萧县情况不明，很担心被解放军阻击，打破国民党军撤退计划。及三十日晨，该师才炮火连天地向萧县进攻，已暴露了国民党军的企图[①]。第十六兵团三十日也未照命令对解放军佯攻，反而退守孤山集、笔架山、白虎山之线，当晚解放军即攻占孤山集。该兵团并将三十日晚主力撤退命令误解（也许有意）为掩护部队于是晚撤退，致使解放军于十二月二日清晨即顺利到达萧县。三十日晚，并因各部队撤电线，误将对指挥部联络电线拆乱，对各兵团电话不通，一直到十二月一日早晨指挥部撤走时亦未通话。这时我对各兵团当时情况极为模糊，急急忙忙率指挥部少数人员出发，发现自徐州西门至萧县公路，车辆拥塞，无法前进，徐州市商店住户全部关门，满城死气沉沉，部队、车辆、人马拥挤不堪。调查结果是：直属部队将其行进道路（经铁路附近）误当为萧永公路，各部队已开始行动，无法改变。我一面命参谋人员指挥各车队绕道铁道附近撤退，一面出徐州南门绕凤凰山便道到达萧县附近。这时见徐州城内火光冲天（以后知道是管图参谋烧毁地图档案），深恐解放军马上追来，所有部队车辆会全部损失，再指示参谋人员指挥各部队车辆绕道北行。由于各部队车辆混杂一起，各有主张，有的绕道脱逃，有的仍向萧县前进，所幸解放军当日尚未追到，我一直到黄昏前后始到大吴集[②]。至十二月二日晨得报，萧县以东尚有大批车辆未能撤完。同时由于第十六兵团误将掩护部队撤退日期提前一日在三十日晚即撤退，这时解放军已追至萧县附近，所有后尾人员全部被俘，一日晚徐州解放。

十二月一日，我在大吴集除与第二兵团联系外，其余各兵团未直接

① 第九军军长黄淑说没有经过战斗。

② 根据杜聿明的随员回忆，杜聿明十二月一日晚到王白楼，十二月二日仍在王白楼，三日到孟集。

得到联系。晚上继续撤退。十二月二日午前我到达孟集附近，接到邱、李两兵团报告，得悉各部队在撤退中十分混乱，孙兵团尚未取得联系。按照原定计划是二日晚继续向永城撤退。午后接到第七十四军转来空军的一份通报，说发现解放军有大部队由濉溪口南北地区向永城前进，同时两兵团也要求稍加停息，整理部队。我因与孙兵团未取得联系，又顾虑夜间行动可能与解放军发生穿插混乱的情况，即决定当晚在孟集、李石林、袁圩、洪河集附近停息休整一晚，三日白天向永城继续前进（这已经是一个错误）。决定后我即亲往李石林和袁圩的邱、李两兵团司令部视察。我问李弥昨晚为什么不到指定位置联系，李说他未收到命令，查明系其参谋长受令后未交李弥，我对其参谋长加以指责。这时瓦子口的骑兵旅已撤退，青龙集以北第五军第四十五师掩护部队与解放军接触，在红庙附近担任掩护之第十三兵团一部亦与解放军接触。我即面令该师必须掩护至三日午后主力撤退后再行撤退。

三日午前四时左右，孙元良经过洪河集，与我通了电话，说他昨晚未能赶到这里，是因部队两日未休息，走不动，现在正照命令向永城继续前进中。我要孙休息几个钟头再前进，邱、李两兵团也是昨晚休息，今日白天向永城前进。我将解放军的情况告孙并给他将电话架好。

三日上午十时前后，各兵团部队正向永城前进。当各司令部尚未出发之际（因乘汽车待先头部队到达永城后再出发），忽然接到蒋介石空投一份亲笔信，说：“据空军报告，濉溪口之敌大部向永城流窜，弟部本日仍向永城前进，如此行动，坐视黄兵团消灭，我们将要亡国灭种，望弟迅速令各兵团停止向永城前进，转向濉溪口攻击前进，协同由蚌埠北进之李延年兵团南北夹攻，以解黄维兵团之围……”我看了之后，觉得蒋介石又变了决心，必致全军覆没，思想上非常抵触。我先认为“将在外，君命有所不受”，准备即向永城出发，但再一想空军侦察的情况，认为如果照原计划撤退到淮河附近，再向解放军攻击，解了黄维之围，尚可将功抵过。但是万一沿途被解放军截击，部队遭受重大损失，又不能照预定计划解黄兵团之围，蒋介石势必迁怒于我，将淮海战役失败的责任完全归咎于我，受到军法裁判。这样，我战亦死，不战亦死，慑于蒋介石的淫威，何去何从，又无法下决心。当即用电话将蒋介石信中要旨通知各兵团，令部队就地停止，各司令官到指挥部商讨决策。孙元良很快来到，李弥本人未来，派了两个副司令官（陈冰及赵季平）来，邱清泉因传达各军停止命令，迟至午后二时左右才到。大家看了蒋介石的命令，都十分惊慌，默不发言。我分析了当时的情况，认为照原计划撤，尚有可能到达目的地，但大家应对蒋介石负责，如果照命令打下去，不见得有把握。这时邱清泉说："可以照命令从濉溪口打下去。"接着邱就对陈冰等大发脾气，说第十三兵团在萧县掩护不力（事实上是第十六兵团掩护部队撤退过早），致后方车辆遭受重大损失，并骂第十三兵团怕死不打仗。陈冰不服气，就同邱吵起来。我为他们排解后，问孙的意见，孙见邱的气焰嚣张，也不敢说退，只说："这一决策关系重大，我完全听命令。"邱清泉见我还在犹豫不决，怕我泄气，就说："总座，可以照命令打，今天晚上调整部署，明天起第二兵团担任攻击，第十三兵团、十六兵团在东、西、北三面掩护。"我说："大家再把信看看，考虑一下，我们敢于负责就走，不敢负责就打，这是军之生死之地、存亡之道，不可不慎重。"大家再将蒋介石的信看了一遍，都感到蒋的指示十分严厉，不能不照令迅速解黄维之围。于是决定服从命令，采取三面掩护、一面攻击、逐次跃进的战法，能攻即攻，不能攻即守，不让"敌人"把部队冲乱（其实正是陷入重围）。当晚即调整部署如下。

1. 指挥部及第二兵团司令部在孟集，该兵团应于明日展开在青龙集东西地区向濉溪口方向攻击前进。右翼与第十六兵团、左翼与第十三兵团连接。

2. 第十三兵团司令部在李石林，右翼连接第二兵团在孙瓦房、张寿楼、袁圩间地区占领掩护阵地，掩护军之左侧背，左翼与第十六兵团连接。

3. 第十六兵团司令部在王白楼，部队右翼连接第十三兵团在赵破楼、僖山集、张庄间地区占领掩护阵地掩护军之右侧背，左翼与第二兵团连接。

根据蒋介石的指示，改变了向淮河附近撤退的决定而向解放军攻击之后，当日午后我到达孟集，即将以上决定补下笔记命令。同时我电复蒋介石说："昨日因各部队凌乱，停止整顿一晚，本日各部正在前进，到孟集附近时，奉到钧座手谕，当即遵照改变部署（如上），明日经青龙集东西地区向濉溪口共军攻击前进。指挥部本晚在孟集。"我并请蒋介石空投粮弹。

晚上接到国防部的正式命令，其要旨如下："（1）淝河方面李延年兵团正面之共军已大部北窜。据空军侦察，濉溪口、马庄一带西窜之共军不足四万，经我空军轰炸，伤亡甚重（以后谍报当日炸的是正在赶集的老百姓）。（2）贵部应迅速决心于两三日内解决濉溪口、马庄一带之共军，此为对共军各个击破之唯一良机。如再迟延，则各方面之共军必又麇集于贵部周围，又处于被动矣，此机万不可失。万勿再向永城前进，迂回避战……"

我接到这一电令后，又感到蒋介石所以变更决心，是被郭汝瑰这个小鬼的意见所左右的，很后悔我在二十八日对蒋未说明我对郭汝瑰的看法，也未同何应钦、顾祝同、萧毅肃等约好，要他们始终支持我的这一撤退案，弄到现在，老头子听郭的摆布，先后函电令向解放军攻击，已陷国民党军于全军覆没的危险之中；也后悔我今天上午太怯懦，不果决，不该令各兵团中途停止，召集各将领开会，耽误一日行程。现在逃既晚了，打也无望。想来想去，觉得江山是蒋介石的，由他去吧！我只有一条命，最后只有为蒋介石"效忠"而已。

（二）国民党军覆没过程

三日晚，各部队按照蒋介石改变了的命令到达位置后，至十二时前后发现解放军追击部队右翼已到达薛家湖，左翼已到大回村附近，形成包围态势。当日上午接到蒋介石命令就地停止待命。当时，在青龙集东北香山庙附近担任掩护之第五军第四十五师已被解放军包围，邱清泉要以第七十二军之一师前往支援，当晚经过激烈的战斗始撤出。邱兵团右翼的王屏南补充旅（在徐州撤退时新成立的）当晚亦被解放军歼灭。据说第十六兵团派去接替防务的一团当时不了解情况，派军官前往联络（说是一位团附或营附），解放军说："我们就是补充旅，你们来接防，十分欢迎，请贵团进村庄休息休息，再去接防。"该联络军官信以为真，即回报说已同友军接洽好。全团整队进入村庄，猝不及防，即被解放军消灭。这是解放军以智取胜的前奏，也是国民党军愚顽被歼的开始。

是晚全线皆有战斗，部分解放军与国民党军混淆不清。如由萧永公路撤退之第二兵团一个后卫营，遇到解放军的一个大部队时，这个营长即冒充解放军而免于被歼。另有少数解放军深入国民党军内部到处打枪，弄得国民党军草木皆兵，敌我不分，各据一村，彻夜混战。这一军说"当面之敌攻击甚烈"，那一军说"共军已窜到我阵地后方，正在驱逐中"。甚至指挥部及第二兵团所驻的孟集内外亦发生混战，战斗一直打到我住的房屋门口，直到四日拂晓前后始渐形沉寂。检查结果，只发现几具似农民非农民的尸首及几个被打死的国民党军，此外并无虏获解放军的任何证据。这一晚混战究竟是国民党军自相混杀，还是真有解放军打进来，至今回忆起来还是一个谜。当晚在我住房的一个碉楼上查出两名解放军武装便衣（也许是民兵），我令审讯后枪毙。后来据副参谋长文强说，他并未执行，而是把他们放了。

四日，我照原定逐次攻进战法，严令第二兵团攻击前进，第十三、十六两兵团坚守掩护阵地。蒋介石来电说："无粮弹可投，着迅速督率各兵团向濉溪口攻击前进。"这又给各部队泼了一头冷水。邱清泉看电报后大骂："国防部浑蛋，老头子也糊涂，没有粮弹，几十万大军怎么能打仗呢？"我再电蒋力陈利害，蒋介石复电说："六日开始空投粮弹。"这时解放军已全部明了我们的企图，对东、西、北三面打得英勇，对南面守得坚强。经过两日激烈战斗，第二兵团虽进至青龙集、陈官庄以西、以南地区，可是西北方面担任掩护之第十六兵团赵破楼、朱大楼等阵地先后被解放军突破，同时归该兵团指挥之"剿总"特务团在五日晚被解放军一击即垮，并尾追到第十六兵团阵地内，一时发生激烈的混战，该团岌岌可危。在东北方面担任掩护之第十三兵团阵地亦被解放军激烈攻击，崔庄附近阵地失而复得者数次。

六日，国民党军继续攻击，进展甚小。而解放军则全面向国民党军攻击，到处被突破。中午前后指挥部向夏砦移动，路过李石林附近时，孙元良和邱清泉仓皇地来找我。邱对我说："孙副主任认为目前情况不利，要重新考虑战略，我认为他说得有道理，请他再讲讲，我们研究一下。"我说："可以，我们到李丙仁[1]那里去吧！"三人一同到了李兵团司令部，孙元良说："目前林彪已率大军南下，我们攻击进展迟缓，掩护阵地又处处被突破，再战下去前途不乐观，现在突围尚有可为。将在外，君命有所不受。目前只有请主任当机立断，才可以拯救大军。"孙是一个善于讲话的人，讲得十分动听。邱清泉连称："良公的见解高明。"李弥比较沉静，未发表意见。孙、邱二人竭力鼓动李弥一道突围，最后李弥说："请主任决定，我照命令办。"

我说："将在外，君命有所不受。如果三天以前大家按这句话办，就可以全师而归，对得起老头子了，今天做恐怕晚了。敌人重重包围，能打出一条血路还有希望，否则重武器丢光，分头突围，既违抗命令，又不能全师，有何面目见老头子呢？"邱清泉有点不好意思，还吹牛说：

① 李丙仁即李弥。

“不要紧，我们还有力量，亡羊补牢，犹未晚也。”我接着说：“只要能打破一方，一个兵团突破一路，还有一线曙光，我也同意。万一各兵团打不破敌人，反不如照他的命令坚持打到底，老头子有办法就请他集中全力救我们出去，否则我们只有为他效忠了事。在我判断，林彪入关后南下，至少还要一个月，在这一月之内，我们牵住敌人，请老头子调兵与敌人决战，还是有希望的。如果目前林彪已南下，老头子调兵也来不及，关键就在这里。”我说了之后，谁也未表示愿意为蒋介石效忠，纷纷讨论如何利用空隙逃出包围圈，尤以孙元良主张最力，邱、李附和孙的主张。我见这种情况，心中也无底，觉得打也靠他们，突围也要靠他们。我说：“只要大家一致认为突围可以成功，我就下命令，但各兵团必须侦察好突破点，重武器、车辆非至不得已时不能丢掉，笨重物资可先破坏。你们能做到这一点，我就可以下命令。”邱清泉见我有些难过，就说：“总座，我保驾你安全突围。”我信心不大，对他苦笑了一下。会议一直开到午后三时左右，大家一致认为要分头突围，到阜阳集合。决定后大家分头散去。邱清泉回陈官庄，孙元良回高楼，我到夏砦后就开始破坏携带不了的东西。不久李弥电话架通，我问李弥侦察的情形如何。李说：“东北敌人很多，突围不易。”他反问我：“孙、邱两兵团侦察的情况如何？”我说：“电话未通，等一下联系到了再同你说。”不久，邱清泉来对我说：“坏了！坏了！今天攻击全无进展，西面、南面敌人阵地重重，无法全军突围。我仔细考虑孙元良的主张，简直是自找毁灭，如何对得起老头子？”我说：“同李弥他们通话研究一下，现在挽回也许不晚。”当即与李通话，讲了邱的以上意见，李也同意。再与孙通话，仍然未通，即与邱、李决定：不管孙元良的情形如何，这两个兵团绝不突围。这时孙兵团高楼方面已炮火连天，预料孙兵团已在实行突围。即同邱研究，如何补救孙兵团遗留下的漏洞。邱说：“将二兵团预备队调来填防。”同时又说：“如果孙元良打开一条路，我们也跟着后面走。”晚上九点多钟，得到第五军的报告说：“孙兵团从右翼西北方面突围的仅有少数部队，其余大部分从西南第五军正面出去，被解放军缴械，阵地内外乱打，形成混战状态。”

七日，第十六兵团副参谋长熊顺义跑回来对我说：“第十六兵团在突围前根本未侦察突围路线，也未打突破口，到黄昏后即将重武器破坏，希望钻空子出去或靠第五军打出去，不料第五军未突围。我同孙元良乘吉普车一出火线，即遭敌人机枪扫射，大家滚下车，失了联系。现在还有许多官兵在第五军后方，请示处置办法。”我即令其收容多少编多少。以后共收容一万多人，临时编为一个师，归第七十二军指挥。事后知道，第十六兵团在解放军天罗地网下突围，除孙元良只身化装逃走外，部队大部被歼。军长胡临聪、汪匣锋等将领均被俘。这个兵团就是在我的张皇失措之下糊里糊涂完蛋的。

孙兵团突围失败，七日邱、李两兵团在调整部队后仍向解放军攻击。由于解放军的阻击阵地不断加强，战斗意志坚定，加之国民党军士气日益低落，虽经各级指挥官严厉督战，仍然屡攻屡挫，徒增伤亡，毫无进展。同时解放军对东、西、北三面，尤以对两兵团接合部攻击比较激烈，掩护阵地外围据点大多被解放军攻破。李弥因失守阵地枪毙一团长。当晚我决定再调整部署，令各兵团多抽调预备队以应付解放军的攻击，同时改变全面攻击为重点攻击，即集中炮兵、战车掩护一个军突击一日，攻下若干村落，做绝望的挣扎。

八日，首先以重炮、坦克支援第七十四军，攻击刘集附近的一个村落，邱维达亲自指挥，经过激烈的争夺战，将该村占领。邱清泉认为邱维达有办法，继续攻击前进还有希望，再令攻击，但毫无进展。

九日，以炮兵、坦克支援第七十军在陈官庄以南攻击，经过一日的激烈争夺战，由于解放军发挥高度顽强的战斗意志，沉着阻击国民党军，每次冲到阵地附近，皆被消灭。国民党军攻击失败后，战车、步兵互相埋怨，内部矛盾重重，闹得一塌糊涂。同时李兵团官兵认为该兵团老担任掩护，被动挨打。还有，攻击部队每占领一个村落，尚可挖老百姓的粮吃，而掩护部队则吃不到，因此意见甚多，并认为我不公道，有私心。我了解这一情况后，与邱、李商定，两兵团齐头并进攻击，即将第二兵团青龙集阵地移交第十三兵团，第十三兵团李石林附近之掩护阵地移交第二兵团，这样各兵团自己掩护自己打，以免互相矛盾，发生意见。

十日调整部署后，当晚解放军全线发动攻击，各军之间，尤以两兵团的接合部受解放军的攻击最为猛烈。是晚第五军第四十六师师长陈辅汉受伤，李弥兵团青龙集外围据点被解放军攻占，各兵团与各军做了垂死的挣扎，以预备队增援反复冲击，始将阵地稳定。此后一连五日，都在挨打情势之下一再做垂死反攻，不仅毫无进展，反使包围圈逐渐缩小。

在这期间，我曾于七日前后打电报向蒋介石建议：“现各兵团重重被围，攻击进展迟缓，以现有兵力解黄兵团之围绝对无望，而各兵团之存亡关系国家的存亡，钧座既策定与共军决战之决策，应即从西安、武汉等地抽调大军，集中一切可集中的力量与共军决战。”过了一天，蒋复电说：“现无兵可增，望弟不要再幻想增兵。应迅速督率各兵团攻击前进，以解黄兵团之围。”同时在此期间，刘峙也曾乘飞机亲到陈官庄上空说：“委员长命令：请你赶快指挥邱、李两兵团攻击前进，以解黄兵团之围。”我也曾一再严令邱、李两兵团以各种战法攻击，但因粮弹缺乏，士气低落，下级官兵厌战情绪日增，不管任何办法，对解放军的攻击都归无效。

十六日晚，我仍在督促各兵团攻击之际，忽然接到刘峙来电说：“黄维兵团昨晚突围，李延年兵团撤回淮河南岸。贵部今后行动听委员长指示。”我接到这个电报后，心中完全凉了，觉得蒋介石的指挥简直糟糕透了，为什么不令双方同时突围，那样还有一线生机（这时陈官庄以西解放军甚少），反而顾小失大，只顾黄维不顾这两个兵团，现在黄维一突围，解放军全部加到这里，还有什么办法呢？我决心令两兵团加强工事，持久固守，以待局势的发展。我再电蒋力陈利害，请集中兵力与解放军决战（大意如七日电），我决率两兵团坚守到底。十七日蒋介石复电：“望吾弟万勿单独行动，明日派员飞京面授机宜。”我派指挥部参谋长舒适存于十八日飞京受命。同时得刘峙复电：“黄兵团突围，除胡琏个人到蚌外，其余全无下落。”

这时我认定突围是下策，可是各部队长各有各的意见，纷纷来向我献计。如第五军军长熊笑三主张夜间以步兵攻破解放军一点突围，战车团长赵志华及骑兵旅长×××（忘其姓名）则主张白天突围，反对夜间突围。我和李弥、邱清泉则对任何突围皆无信心。第七十二军军长余锦源说得很乐观，认为打到什么时候也有办法（事后知道余已准备假投降）。第二〇〇师师长说得更痛快：“我们来个假投降。”我说：“弄假也会成真。”

十九日午后，舒适存偕空军总司令部第三署副署长董明德乘C47型飞机降落到陈官庄。舒、董这次来，携有蒋介石及王叔铭的两封亲笔信。蒋介石的信写得很长，大意是：“（1）第十二兵团这次突围失败，完全是黄维性情固执，一再要求夜间突围，不照我的计划在空军掩护下白天突围。到十五日晚，黄维已决定夜间突围，毁灭了我们的军队。（2）弟部被围后，我已想尽办法，华北、华中、西北所有部队都被共军牵制，无法抽调，目前唯一办法就是在空军掩护下集中力量，击破敌一方，实行突围，哪怕突出一半也好。（3）这次突围，决以空军全力掩护，并投掷毒气弹。如何投掷，已交王叔铭派董明德前来与弟商量具体实施办法。”王叔铭的信说得很简单，大意是说：“校长（指蒋介石）对兄及邱、李两兵团极为关心，决心以空军全力掩护吾兄突围，现派董明德兄前来与兄协商一切，董是我们的好朋友，请兄将一切意见与明德兄谈清，弟可尽量支援。”

我看完信后，舒适存对我说：“委员长指示，希望援兵不可能，一定要照他的命令计划迅速突围。别的没有什么交代。”我想突围也无望，但限于蒋介石的命令，又有董明德来，不能不敷衍他一下。我与董明德研究确定了突围计划要点后，即找第三处处长邓锡沈来拟订陆、空协同突围计划。董说：“黄兵团这次用了毒气弹，共军在广播中提出抗议，说放毒是违犯国际公法的，所以这次决定以空军放毒，掩护你们突围。”同时规定毒气弹为“甲种弹”，其他弹为“乙种弹”，计划中只写甲种弹、乙种弹，而不写毒气弹。我问董：“用的什么毒气？”董说：“催泪性的。”我说：“这有什么用？为什么不用窒息性的呢？”董说：“窒息性的太严重，还不敢用。”董规定陆空联络各种符号后，我即交舒适存和邓锡沈拟陆、空协同突围计划，我还同邱清泉商定了上、中、下三策，写信请蒋介石做最后的决定：（1）由西安、武汉（必要时放弃）集中一切可以集中的力量，与共军决战，这是上策；（2）各兵团持久固守，争取“政治上的时间”（就是说请蒋介石和谈，但又有顾虑，不敢明讲），这是中策；（3）如果照令突围，绝对达不到希望，这是下策。函中我还请蒋介石要求美方支援大量“面包篮炸弹”，准备拼死搏斗。我明知一、二两项意见蒋介石办不到，但也不能不做绝望的乞求。

我将这个信连夜亲自写好，准备二十日由董明德和舒适存飞京向蒋介石请示。不料当晚风雪大作，一直到十二月二十八日，连续十天无晴日，董、舒二人无法起飞。在这期间，董与我住在一个屋内，每日长吁短叹，谈论这一战役胜败对于国民党政权的影响。我问董的看法，董说：“现在各方面都不能打了，你们这里被围，平津危急，北平西苑机场已失，徐焕升落荒而逃，空军损失甚大。如果你们这里无办法，平津也不保。以前还有人主张和谈，听说老头子不同意，现在无人敢谈。总之，南京现在慌乱一团，任何人也拿不出好办法。”董问我的看法，我说：“这一战役关系国民党的存亡，在傅作义牵制着林彪大军之时，我们既不能集中兵力与刘、陈决战，又不能断然主和。如果强令两兵团突围，一突就完。这支主力一被消灭，南京不保，武汉、西安更不能再战，老头子只有跑到台湾，寄生于美国人篱下了。”董说：“你看会这样的吗？”我说：“另外还有什么力量可以支持呢？”董说：“既然这样，请你到南京去一趟，面陈国家大计。”我说：“对老头子很难，他有他的看法，不会接受意见，有时接受了，他也不执行。这次战役就是未能照计划事先集中兵力决战，中途又一再变更决心，弄到现在，我去也晚了，无法挽回。”我还说了从东北到徐州，蒋介石一意孤行，每次变更决策和国民党军被消灭的情形。董也认为从徐州出来后，不该再停住又打，言下叹息不已。他说陆军将领还有钱可以跑。我说：“钱有什么用？跑到国外当亡国奴，同白俄一样到处流浪。还是人重要，部队重要！”董似乎有点怀疑我，我也怕董是蒋介石的钦差大臣，来观察我的态度，又竭力在董面前表示我对蒋介石的忠贞。其实我这时心里是这样想的：我在蒋介石集团中做事，主要是靠何应钦做后台。自黄维被消灭后，何应钦即通电辞职，我在蒋介石左右即失去靠山。蒋不久也可能下野，等他下野后，如果共产党同意保全这些官兵建制的话，我愿将部队交出。但在蒋未下野以前，我绝不愿反蒋投共。

在这期间，邱清泉曾对我说：“陈毅给你送来一封信，我已经把它烧了。”我问邱：“内容说些什么？”邱说：“共军还不是那一套！劝降么，谁降他呢？”有一天晚上，李弥打电话来说：“陈毅派人带着一封信，从第一线摸进来，是一个被俘去的第十三兵团军官（记不起姓名）。”我问：“他说什么？”李说：“他有点吓晕了，说不出什么来。”我认为劝降的事，李弥大概不便说，就说：“你看着处理好了。”李一再说有些道理，送来你问问，他也许会说的。我同意了。李弥第二天送那人来，并带有一封信。陈毅元帅的信中，起头说得很客气。中间有些话，我当时认为是威胁，思想上有抵触。其中说道：“你为什么为四大家族服务，而不为人民服务？”我这时虽然不了解什么是四大家族，但是“为人民服务”，倒对我有些启发。我想如能保全两兵团部队的话，也可以同意。随即将这个军官交文强讯问。

我拿着信去试探邱清泉的态度。这时邱正同耿文哲（兵站总监）围着火盆谈天吃酒。我说：“陈毅有一封信，你看看。”邱接过去看了一半，一句话未说，便将信撕掉烧了。我想邱历来是蒋介石派来牵制我的人，骄横跋扈，目空一切。过去我们两人矛盾重重，有时还发生正面冲突。这次在包围圈中，邱大事小事请示我，还算搞得不坏，但还未到谈心的程度。这件事邱不同意，我就无法做。弄得不好，反而事未成而身先死，并落个叛蒋罪名，当时我觉得太不值得。坐着心乱如麻，又想了解文强问讯的情况，于是立刻回来。文强和李剑虹（第二处处长）都对我说，“这个人吓晕了，谈不出什么道理。只说：解放军要他把信送到，成功对他有奖，如被杀害，他的全家生活由解放军照顾。”我见文强他们也没有什么具体意见，就叫将他送回去。

在这期间，解放军停止攻击二十天，国民党军有了喘息的机会。解放军同时展开政治攻势，广播、喊话、送信、架电话、送饭吃等等，也起了瓦解国民党军士气的作用。这些天经常有整排整连的官兵投降解放军，弄得国民党军内部上下狐疑，惶恐不安。

在这期间，还有一个国民党军无法解决的严重问题，就是在被包围的四十天中，粮弹两缺。蒋介石最初幻想在两三日内可以同黄兵团会师，拒绝投送粮弹。继而发现这一战役不是如他想象的那么容易，才于十二月六日开始投送，但杯水车薪，难以解决问题。最初几天，每日尚有进展，各部只有到一村抢一村，抢劫民间粮食，宰牛马、杀鸡犬以充饥。到十九日以后，风雪交加，空投全停，始而挖掘民间埋藏的粮食、酒糟，继而宰杀军马，最后将野草、树皮、麦苗、骡马皮都吃光，天气尚无转晴希望。美蒋为了挽救这一厄运，特从美国调来雷达，临时训练三个伞兵使用，二十三四日投到陈官庄，打算用雷达指示空投粮弹，做绝望的挣扎。哪知一着陆机器就发生故障，无法使用。一切办法想尽之后，只有祈求天老爷了，官兵日日夜夜祈求天晴。蒋介石二十五日来电也说：“我每天祈求上帝保佑全体将士。”总算盼至二十九日，天居然晴了，开始投粮。飞机怕被解放军打落，飞得很高，投的粮食到处飘落，各处官兵如同饿狼一样地到处奔跑，冲击抢粮。有的跟着空投伞一直跑到解放军阵地前，不顾死伤地抢着吃大饼、生米；有的互相冲突，械斗残杀；有的丢开阵地去抢粮，指挥部也无法维持。空投场收集起来的粮食为数甚少，分到各部队，每日不得一饱。特别是第十三兵团方面，无散粮可抢，怨声沸腾，骂我对邱兵团有私心。同时，我同邱清泉的对空电台坏了，由第七十四军电台指挥，大家认为电台指挥不公，尽将粮食投到该军驻地内，纷纷指责。当晚我令两兵团整饬纪律，电请以后两兵团分别投送，并令第七十四军电台移到空投场指挥，邱维达对此坚决不肯，矛盾无法解决。三十日投粮，邱兵团方面较好转，第十三兵团方面全被官兵抢光，到晚上李弥无粮给第一线部队分配，由邱兵团拨了数百包接济。李弥坚决要求仍由指挥部统一接收分配，并派一个副司令官在空投场监督分配。由于投散过多，收起的粮食仍不能使官兵充饥。元旦前后，蒋介石还在南京，各主管机关慌乱失措，仅有少数飞机投粮，官兵不得一饱，更增加了愤恨之心。元旦，曾投下蒋介石一封亲笔信，一个士兵拿到即将它撕毁，边骂边跑了。

如前所说，二十九日天气转晴，蒋介石派机投粮，首先投下的是近万份的黄百韬“烈士”纪念册和南京《救国日报》刊登人民解放军公布蒋介石、何应钦、杜聿明等四十三名头等战争罪犯的消息。官兵看到后大骂：“老子们要吃饭，投这些废物干什么？”副官将这些文件送来，我看蒋介石是要把我置于死地，共产党宣布我是头等战争罪犯，并说是“国人皆曰可杀者”，我还有什么生路呢？只有为蒋介石死的一条路。这一天董明德、舒适存也飞返南京，并把我的意见带给蒋介石。过一天蒋介石来电说：“听说吾弟身体有病，如果属实，日内派机接弟回京医疗。”邱清泉说是他打的电报，力劝我回京。我说：“抛下数十万将士只身逃走，绝不忍心。”即电复蒋介石说：“生虽有痼疾在身，行动维艰，但不忍抛弃数十万忠勇将士而只身撤走。请钧座决定上策（指我的建议），生一息尚存，誓为钧座效忠到底。”

一九四九年一月一日蒋介石伪装和平，我这个从来不主和的好战分子，也被解放军打得垂头丧气，觉得只有和平才是出路。我一方面希望蒋介石的和谈赶快成功，被围的数十万将士还有一线生机，另一方面又埋怨蒋介石为什么不让我同解放军和谈。想电蒋请示，又怕蒋怀疑我对他不忠，连累自己的家属。忽而又想到解放军已宣布我为战犯，和也无生路。……我陷于胡思乱想、无法自解之中。三日，接到蒋介石来电说：“照第三案实行，自五日起投足三日粮弹。”我认为又是下策，没有任何的希望了，于是要求多投粮食，让官兵吃饱再说。

我始终认为突围是下策，不会成功的。坐战车一个人走还有可能，但是遗弃官兵，落得万人唾骂；不如继续守下去，再守十天半个月，或者更长的时间，也许会发生变化——蒋介石下野，邱清泉思想动摇，那时我一来对得起蒋介石，二来可向解放军接洽，保全各部队建制，对得起部下，要办战犯只办我一个人好了。我的思想就是这样。当时解放军的“敦促杜聿明等投降书”我未看到，就是看到，令“全军放下武器”，仅保证“高级将领和全体官兵的生命安全”，我也不会投降的。国民党军官对个人生命固然看得重要，但更重要的是部队实力，因为他是靠这个升官发财的。

至于蒋介石当时有什么企图，我始终不了解。第一，在包围圈的四十天中，蒋介石除了强令打和突围以外，再无别的指示。第二，听说蒋介石最初（十二月初）还想从武汉、西安调兵增援，由于白崇禧等的坚决反对而破灭。第三，在黄维被消灭后，我曾一直建议：破釜沉舟地与解放军决战，或顽强固守到底，做蒋介石的政治本钱。蒋都未采纳，而最后决定的是突围——下策。因为统帅部、前方指挥官与部队长三者之间，各部队与部队之间矛盾重重，对于蒋的突围指示，各有成见，无法坚决执行，总是在互相矛盾斗争中，最后只有在解放军的强大攻势下土崩瓦解，迅速消灭。

一月五日，蒋介石一开始投粮，即令我赶快照令突围。我还想拖着，看看情况再说。再电申述粮弹未投足，将士饥饿无力，无法执行命令，请继续大量投粮弹。蒋复电："准再投三日，务必遵照实施。"

不料六日中午，解放军发动声势浩大的攻击，国民党军各部经过解放军二十多天（自十二月十六日至一九四九年一月五日）的政治攻势后，已士无斗志，一击即垮，东西两面许多阵地被解放军突破。我急电请空军轰炸支援。当日第七十军军长高吉人负重伤，令邓军林升军长；七日晚，李弥兵团司令部所在地青龙集阵地被突破，这些完全出乎我的预料。我急电蒋介石九日预备轰炸，十日投"甲种弹"（即毒气弹）掩护突围。同时国防部宣布以百架飞机（实际仅有一百架次）掩护突围，以安定蒋管区人心，实际上暴露了国民党军愚蠢的企图。八、九两日解放军继续攻击，国民党军各级军官出动督战，飞机无情轰炸。九日上午，王叔铭并亲到陈官庄上空指挥，亦无能为力。阵地到处被突破，加以国民党军车辆部队白天向陈庄、刘集地区运动，解放军从而发现了国民党军阴谋突围的方向，对于东、南、北各方更加攻击猛烈，第十三兵团阵地已大部崩溃，第二兵团南北阵地各部队亦纷纷告急。

我同邱清泉于黄昏前后到陈庄第五军司令部，指挥部及战车等部队在陈庄以西集结，归文强指挥，幻想十日在空军掩护下突围。一到陈庄后，解放军的炮弹即跟踪追来，我躲到掩蔽部，李弥、邱清泉、熊笑三等又来要求夜间突围，我仍主张照蒋指示，十日上午突围。大家一致认为白昼突围无希望。我说："如果你要走的话，你们先走，我一个人在这里守到底，以免耽误了大家。"一直争吵到十时左右，熊笑三有些愤愤不平地出去了。一时四周机关枪、大炮、手榴弹之声大作，熊跑回来对我说："已经打到司令部来了，要下决心。"接着他撕了一把白布条拿在手中。我听到枪声炮声只是一边响，这是熊笑三在搞鬼，就说："这是你们部队自己打的，你出去看看为什么这样？"熊不肯去，邱似乎见我看破了诡计，就说："笑三去看看吧！"邱、熊出去不久，枪炮声停了。他们又转回来，劝我（实际上是威胁）必须当晚突围。我看到这种情况，气得出了一身大汗，心里直跳，差不多要晕过去了，沉默了好久。"逃、突、降"三件事在我思想中乱滚，最后还是由自己的阶级本质决定自己的顽固性，不了解共产党的政策，畏惧、胆怯、懦弱，又顾虑重重，不肯向人民投降。我对他们说："既然都是这样主张，只有分头突围好了。"这时李弥、邱清泉、熊笑三想同我一道走，我说："这不是让敌人一网打尽吗？我们就这样走，如何对得起部下？赶快通知他们自找出路。"邱清泉即与各军打电话，熊笑三已溜掉，李弥还在等着。我说："丙仁兄也通知一下各军好了。"李出去又回来说："第五军警戒兵说，谁也不让走。"我很生气地说："哪里会有这回事！"李弥这才去了。我给蒋介石最后一电说："各部队已混乱，无法维持到明天，只有当晚分头突围。"另通知文强将战车直属部队集合，重要文件烧毁，待命。接着再要电话就不通了。邱清泉打完电话后，拉着我带着特务营就走。我见邱清泉张皇失措，一直带着队伍向北跑，我是跟不上的。又觉得要逃命就不跟大队走，只有在夜间钻空子出了包围圈再说。

我于是带着副官卫士十来个人，先向西走出村庄，再转向东北，沿途见大批部队整队向陈庄前进，一问原来是第七十二军。这时四面沉寂，无一枪声。我走到夏砦附近，见有大队解放军向西运动。我们在战壕内隐蔽起来。副官尹东生给我剃了胡子，并说"留得青山在，不怕无柴烧"，我觉得他说得也有道理。解放军大队过去后，卫士扶着我一直往东北跑，想跑过一段再向西转南。途中遇到一位像解放军干部的人和一位卫生院长（以后给我裹伤时知道的）。我们都冒充解放军第十一纵队。又遇到一个老百姓，说四面村庄都有队伍。我心中很慌，已经跑了二十来里路。还有队伍，不知道跑到什么时候才可以跑出包围圈，就从两个村庄间向西北跑。这时天已亮了，见村庄上有队伍，尹副官说："我们到村庄上报到去。"我说："不行，还是赶快走。"这时，两个解放军战士跑来问："你们是哪一部分？"副官说："送俘虏的。"解放军再一喊，副官卫士都放下武器。我觉得左右都变了，凶顽气又来了，企图自杀，尹副官从旁将手枪夺去交了。

解放军把我们带到村庄后说："你们饿了吧！"于是送水送饭，

大家饱吃一顿。不久，解放军把我们分成两部分：我同副官、司机到一位首长处谈话。副官说：“我是尹东生，《徐州日报》随军记者。这位是第十三兵团高军需。”司机说：“我是张印国，在徐州开商车，他们给拉来的。”各人都拿出证件。首长似乎有点怀疑，细看看几个人后问我：“高军需叫什么名字？”我将计就计说：“叫高文明。”他笑着说：“你这个名字倒不错，第十三兵团有几大处？”我答：“六大处。”“你把六大处处长的名字写出来！”我先无准备，一个也写不出，就打岔问：“你贵姓？”他说：“我姓陈。”我想：如果是陈毅的话，风度倒不错，我可以同他老老实实谈谈。但见左右看俘虏的人很多，怕将自己的消息走漏出去，连累我的家庭，就说：“这个地方谈话不方便吧？”陈主任可能误会了我的意思，以为我怕飞机炸，就说：“不要紧，对你们的空军，我们有经验，吓不了我们。你们只要坦白交代，我们一律宽大，除了战犯杜聿明以外。”我想：“我就是，你还未发现。”他又问：“杜聿明是不是坐飞机跑了？”我们三个人都说：“听说跑了。”陈主任见问不出什么结果，就让我们到另一间屋里休息。后来又有一位干部来，同陈主任一样地问了一番，经过严密的检查，然后将东西一一点清，交还各人。这一检查，使我感到解放军对俘虏的态度真好，手续清楚，纪律严明。以后，解放军对尹东生说：“你是安徽人，去找你的老乡去。”将我同张印国带到一个广场，从第十三兵团大批俘虏的面前经过，看见许多熟悉的老部下，我觉得既惭愧，又恼火。惭愧的是对不起部下，恼火的是解放军已对我产生怀疑，总有一天会被认出来的。

我们到一间磨坊里休息，解放军监视很严。这时，“战犯”这个罪恶的名称一直缠绕着我。张印国见我心神不安，就多次劝我夜间逃跑。我自己觉得腰腿疼痛，行动艰难，逃出去走不动会死，被解放军发现也会死，与其被处死，不如先自杀，还可以做蒋介石的忠臣。一刹那间执拗得仿佛死神来临，见警卫人员刚离开屋，就顺手拿起一块小石头在脑袋上乱打，一时打得头破血流，不省人事。所幸解放军及时发现，将我抬到卫生处抢救，不久即清醒过来，好像做了一场噩梦。

经过一夜思想斗争，还是想一不做、二不休，对人民顽抗到底。第二天陈主任来问：“你叫什么名字？”我不耐烦地说：“你们已经知道了，何必再问呢？”

以后担架把我抬到纵队司令部，陶司令员、张参谋长及另一位高级首长（后来听说是陈毅元帅），对我以礼相待，很客气地谈话。我一直凶顽无礼，不愿谈任何问题。现在回忆起来，感到惭愧万分！

说老实话，我并没有无缘无故想自己去找死。只是由于自己的阶级本质，和接受蒋介石法西斯毒素的熏染太深，把自己的生命束缚在一个反动愚忠的圈内，一时糊涂而又执拗，无法窜出这一反动圈套时，才会产生自杀的想法。新中国成立后，在共产党的伟大教育改造政策感召之下，在马克思列宁主义和毛泽东思想的启发之下，我渐渐认识到为蒋介石独夫个人牺牲是轻于鸿毛，为人民大众的革命利益而献身才是重于泰山。在教育改造期间，共产党本着改造人类、改造世界的伟大目的，不管我是如何愚顽，总是耐心教育和等待。对于我的生活、疾病、学习等，照顾得无微不至，终于打动了我这颗顽石般的心。共产党既治愈了我的痼疾（腰腿结核、风湿、神经痛、胃溃疡等症），又在一定程度上治疗了我的心病（思想顽固），再看到祖国社会主义建设光芒万丈的前途中，也会有自己的一份，就增加了我争取靠拢人民、争取学习改造的积极性。我悔恨过去，憧憬将来。我是一个死有余辜的人，共产党把我拯救过来，再生之德，图报莫由。今后只有进一步加强学习改造，永远跟着共产党走社会主义共产主义的道路，以有生之年报答共产党的恩情！

淮海战役期间国民党军统帅部的内部矛盾

郭汝瑰*

一 何应钦的如意算盘

一九四八年十月淮海战役前夕，国民党军事上的优势完全丧失，反动政权有摇摇欲坠之势。十月下旬，蒋介石亲自在北平指挥辽沈战役。国防部部长何应钦、参谋总长顾祝同见形势不利，而蒋介石对全国性的战略未作决策，为了妄图保持半壁河山，乃于十月二十二日召集刘斐、肖毅肃和我等研究中原作战计划。何、顾认为辽沈战役失败已成定局，从全国形势看，应诱导华北“剿总”以主力保持于津沽地区进行持久战，以牵制东北野战军，使解放军不能增兵黄河以南，借以改变中原地区的不利形势。这时中原地区的国民党军队由徐州“剿总”刘峙及华中“剿总”白崇禧分别掌握，相互协作很差。刘峙是有名的“福将”（这是国民党军队中讥讽刘昏庸糊涂的代名词），不堪担当重任。早在一九四八年六月，蒋介石撤销“陆军总司令部徐州司令部”时，内部就有以白崇禧统一指挥中原各军之议。后因蒋介石、陈诚、顾祝同等不放心白崇禧，所以另设徐州“剿总”，任刘峙为总司令，以分白之兵权。当时国民党内部议论纷纷地说：“徐州是南京的大门，应派一员虎将把守；不派一虎，也应派一狗看门，今派一只猪，眼看大门会守不住。”我那时任国防部第三厅厅长，把这笑话谈给顾祝同听。顾说：“徐州‘剿总’的人选，我们考虑过两个人，刘经扶（即刘峙）和蒋铭三（即蒋鼎文）。蒋铭三夜嫖日赌，不

---

* 作者当时系国民党南京政府国防部第三厅中将厅长。

理公事，比较起来还是刘经扶好些。”这样，刘峙终于在徐州做了半年的总司令。现在何应钦觉得不妥当了，又提出以白崇禧统一指挥之议。（本来何是蒋介石的嫡系将领，但蒋介石疑忌何应钦而信任陈诚，因此何又与白崇禧拉拢。）他根据中原野战军主力向禹县移动的情报，判断中原野战军即将进攻郑州，也可能协同华东野战军向徐州“剿总”的辖区进攻；因此主张徐州“剿总”放弃陇海线上各大城市，集中兵力于徐州外围，华中“剿总”以第十二兵团所辖第二、十、十五、十八四个军①进出周家口附近，依情况策应徐州“剿总”或华中“剿总”作战。当日即做成方案，令我于二十三日送往北平向蒋介石请示。临行前顾祝同还再三向我说：“要报告总统，白健生统一指挥是暂时的，会战结束后，华中‘剿总’和徐州‘剿总’仍分区负责。”

我到北平向蒋介石汇报后，蒋于当午做出如下决定：

1. 徐州方面应取攻势防御，可放弃郑州、开封、兰封等城市；第四绥靖区刘汝明部应固守商丘，第四十军李振清部可由郑州退至黄河北岸，准备以后打游击②。

2. 华中、徐州两总部所辖部队均由白崇禧统一指挥。

3. 第二军及第十五军可归入第十二兵团序列，华中“剿总”必要时可放弃南阳，以便第十二兵团进出周家口。

4. 可令宋希濂任徐州“剿总”副总司令。

我遵照顾祝同的叮嘱，向蒋介石说明叫白崇禧统一指挥只是暂时的措施。蒋说：“不要暂时指挥，就叫他统一指挥下去好了。”这当然是蒋介石敷衍白崇禧，表示对他很放心的一种姿态。

二十四日，何应钦电白崇禧，告以统一指挥的决定，并以蒋介石名义下达作战指示如下。（按：即蒋介石酉敬防挥电）

（一）徐州方面

1. 应对陈毅部取攻势防御，逐次消耗共军并巩固徐州附近地区而确保之。

2. 第七（黄百韬）、十三（李弥）两兵团分别控制于阿湖、新安

---

① 这些番号是当时曾议论过的番号，后来，第十二兵团才由第十、十四、十八、八十五等四个军组成。

② 二十二日国防部令李振清机动作战，李部当时退出郑州，即被歼灭，蒋介石此时尚不知道。

镇、八义集各地附近机动，截击南窜之共军，应援东海方面之战斗。

3. 第二兵团（邱清泉）应机动控制于砀山附近，依情况协同黄维兵团夹击进出于黄泛区之刘伯承部。

4. 第十六兵团（孙元良）于刘伯承部主力向黄泛区窜犯时向宿县、蒙城各地附近转移，而后控制于蚌埠机动（按：该兵团此时在柳河附近）。

5. 第三绥靖区（冯治安部）应以主力控制于运河以西地区台（儿庄）枣（庄）支线，担任守备。

6. 第四绥靖区（刘汝明部）应以主力守备商丘，一部掩护陇海铁路东段[①]交通。

7. 徐州"剿总"应加强徐州、蚌埠、淮阴防御工事，务期坚固守备，以形成机动兵团之核心，并预为因陈毅部之南窜可能引起各种应战做准备。

（二）华中方面

1. （略）

2. 第十二兵团（黄维）并指挥第二军、第十五军，应索刘（伯承）、陈（赓）等主力进剿，如刘伯承主力越过平汉路东窜，即先机推进周家口附近，适时联系邱清泉兵团夹击而歼灭之。

…………

十月二十九日，何应钦于国防部召开作战会议，提出"守江必守淮"的主张。但对守淮有两种不同的意见：第一种意见，主张徐州"剿总"除以一至两个军坚守徐州外，所有陇海路上的城市完全放弃，集中所有可以集中的兵力于徐州蚌埠之间津浦铁路两侧，作攻势防御。无论解放军由平汉路、津浦路或取道苏北南下，均集中全力寻找共军决战。为了配合徐州方面的作战，华中"剿总"必须以黄维兵团向周家口进出。第二种意见：主张退淮河南岸凭河川防御。研究结果，认为退守淮河，则而后不便于向平汉路或苏北方面机动；且共军打通陇海路后，向东西方向调动兵力，非常灵便，对我军更为不利。因此，会议采纳了第一种主张，并于当日电徐州"剿总"，必要时可令刘汝明放弃商丘。

---

① 系指商丘至徐州段。

二 白崇禧拒绝统一指挥和顾祝同企图的失败

十月三十日，白崇禧由汉口到南京。当日下午五时，国防部开会讨论中原作战问题，白满口同意以第十二兵团转用于阜阳、太和、上蔡地区，并自动提议以第三兵团（该兵团辖第七、四十八两个军，均为广西部队）随第十二兵团进出阜阳和太和附近。但三十一日上午十时再次开会时，白突然变更主张，坚决不肯指挥徐州和华中两“剿总”；并且以为第三军及第十五军在形势和距离上不便归第十二兵团序列，而只同意以第十四、八十五军归入第十二兵团，即是第十二兵团指挥第十、十四、十八、八十五等四个军进出周家口附近机动。华中“剿总”并于当日晚十一时下达如下命令：

1. 以徐州为中心之陇海会战有一触即发之势。

2. 黄维兵团立即东移确山，轻装开太和、阜阳地区集中，十一月十日集中完毕。

3. 第八十五军主力俟第三兵团先头到达随县后，即开广水，车运确山归还第十二兵团建制。

…………

6. 第十四军即由南阳东移确山归还建制。

白崇禧为什么一夜之间，就改变统一指挥的原议呢？当时国防部的人们推测，这是白崇禧怕蒋介石做成圈套，准备于会战失败时委过于他。以后事态发展，才知道这与美帝国主义支持李宗仁，逼蒋下野有关，白崇禧是存心要拆蒋介石的台。

由于白崇禧拒绝统一指挥，而刘峙又十分糊涂，无能指挥即将爆发的淮海会战，蒋介石（十月三十一日由北平回南京）乃决定于十一月四日亲往徐州，后因事临时改由顾祝同去代他调整徐州部署。顾祝同偕我等于四日到徐州。五日上午顾祝同召集徐州“剿总”司令部的高级军官与邱清泉、黄百韬、李弥、孙元良等兵团司令官及可以离防到徐州的军长等，研究徐州方面的作战部署。第二兵团司令官邱清泉说华东野战军的三、八、十、十一纵队及两广纵队在鲁西，先头已到曹县、成武。第七兵团司令官黄百韬则说在郯城以北地区发现共军强大部队，可能要向该兵团进攻。会议结果，认为无论华东野战军主力何在，徐州“剿总”各兵团在陇海路上一线排列，态势不利，必须调整。于是根据“守江必守淮”的方针，决定放弃次要城市，集中兵力于徐州、蚌埠间津浦路两侧地区，作攻势防御，以巩固长江而保京沪；并决定于必要时徐州“剿总”移蚌埠指挥，徐州以一两个军坚工固守。当晚顾祝同返南京，六日补发正式命令如下：

1. 徐州守备部队应切实加强工事，坚固守备。

2. 第七兵团应确保运河西岸，与第一绥靖区、第三绥靖区密切联系，并在运河以西地区清剿。

3. 第二兵团以永城、砀山为中心集结，并在附近清剿。

4. 第十三兵团应集结于灵璧、泗县地区机动，并在附近清剿。

5. 第十六兵团即以蒙城为中心，进行清剿，掩护津浦路之安全。

6. 第四绥靖区移驻临淮关，以原第八绥靖区为该绥靖区的辖区，原第八绥靖区着即撤销。

7. 淮阴守备应由第四军担任。

8. 海州方面从海上撤退①。

顾祝同发出上述命令后，又认为在海州的第九绥靖区及第四十四军由海上撤退有许多困难，乃令各部兼程经新安镇向徐州撤退。第四十四军到达新安镇后，受第七兵团黄百韬指挥，一同退过运河。第九绥靖区人员到徐州待命。

顾祝同的如意算盘是以为用少数兵力固守徐州，可以使解放军不能有效利用陇海铁路东西调动军队。且主力控制于徐州、蚌埠之间，则当解放军向徐州进攻，沿平汉铁路或经苏北地区南下时，均可集中五个兵团寻求决战，在解放军未能击破其主力以前，便可保持淮北，因此也守住了长江。但是他改变态势的企图未能实现。由于第九绥靖区及第四十四军撤退的影响，黄百韬在新安镇迟两天才开始撤退。八日②，解放军发起进攻，黄百韬兵团退到运河，由于只有一座铁路桥，不能迅速过河，而国民党第三绥靖区部队又在八日起义，开放了台儿庄一带运河上的通路，使解放军山东兵团得以迅速南下。当日，刘峙惊慌失措，将在曹八集附近集中的第十三兵团向徐州收缩，以确保徐州而置第七兵团于不顾。虽然这一天国防

① 六日因联勤总部没有船只，南京国防部改令第四十四军归黄百韬指挥向徐州转移。

② 据查，淮海战役是十一月六日开始的。

部曾令刘峙集中其第二、十三、十六各兵团向东进攻以援助第七兵团，刘峙也下令第十六兵团开往徐州，但是并不援助第七兵团而只巩固徐州。十日黄百韬兵团便被解放军合围于碾庄圩附近地区。国民党军想收回挨打的架势，却被解放军抓住了一只胳膊。

三　杜聿明的“上中下三策”和黄百韬的“三不解”

黄百韬被围后，蒋介石于十一月十日上午九时半在南京总统官邸召开作战会议，研究徐州方面的作战。这时他认识到刘峙不能担任徐州的指挥，才决定令杜聿明以副总司令名义全权负责指挥徐州方面的作战①，并以“戌灰防挥督电”对徐州“剿总”下达如下指示。

1. 应本内线作战的原则，集中全力先求运河以西、徐州以东之共军而歼灭之。为求决定性的胜利，宜尽百般手段，迟滞阻击由西东窜之共军第三、八、十三纵队越过津浦南段参加其主力军之作战。（在徐州以西实际上是华东野战军第三纵队、两广纵队及冀鲁豫军区两个独立旅，邱清泉谎报为第三、八、十三纵队。）

2. 黄百韬兵团之第六十三军应在原位置固守待援，其余各军不应再向后撤，尤应协同邱兵团夹击运河以西、徐州以东之共军。

3. 邱清泉兵团应以主力转用于徐州以东，协同黄兵团作战。

4. 李弥兵团应抽出一个军参加攻击。

5. 徐州守备部队应坚工固守，支持各方面对共军之攻击，形成战场之坚固支撑点，以利决战。

6. 孙元良兵团应即推进至夹沟、符离集地区阻击共军第三、八、十三纵队之东窜，并维护交通。

7. 刘汝明部即集结于固镇、宿县维护铁路交通，并清剿铁路两侧共军。

但是当天徐州“剿总”的意图与国防部的作战方针相违背，其主要企

① 据杜聿明说，十二月三日许朗轩带来蒋介石给他的信称：“如果吾弟同意这一案，请即到蚌埠指挥。”又宋希濂说，十月三十日蒋介石给他信称：“已决定杜聿明前往徐州负责……”又这次官邸会议的时间，杜聿明说是下午四时左右，他参加了会议，当晚随杜聿明飞徐州的人员说他们是于杜开完会后飞徐州的。

图是巩固徐州。上午十时，刘峙电蒋介石称：“徐州以西之共军，尚有强大力量，企图为牵制邱兵团，策应其东兵团之作战。我军作战基本方针，应采取攻势防御，先巩固徐州，以有力部队行有限目标之机动攻击，策应黄百韬兵团作战，俾争取时间，然后集结兵力，击破一面之共军。”蒋介石于十一日午复电予以批驳说：“所呈之作战方针过于消极，务宜遵照成灰防挥督电所示方针，集中全力迅速击破运河以西之共军，以免第七兵团先被击破。”

十一日晚，杜聿明决定以第十三兵团之第八军和第二兵团之第五、七十等三个军向东进攻，以第七十四军梯次配备掩护右翼侧。十二日开始进攻①，遭到解放军顽强阻击，进展甚微。十五日，顾祝同和我又飞往徐州促杜聿明东进，以解黄百韬之围。杜聿明对我说：“目前徐州方面的作战有上中下三策：上策是保住徐州并救出第七兵团；中策是牺牲第七兵团，保住徐州；下策是第七兵团救不出来，徐州也保不住。②”

十七日，在徐州以东阻援之解放军，稍向东撤退。徐州“剿总”十八日就宣传解放军全面退却，并下令向运河线追击③。当日午，其第二兵团及第十三兵团进至大许家以西南北之线，遭到坚强抵抗，才知解放军并未退却，第七兵团仍在被围歼中。

二十日上午十时，我和空军副总司令王叔铭奉蒋介石的指示同去徐州与刘峙、杜聿明等商量突破解放军大许家阵地的战法，商决先集中空军轰炸狭窄地区，然后陆军以炮火及战车支援步兵以多梯队向纵深方向突击，并向两侧卷击。如本日能有五公里的进展，以后即继续突破。如本日突破不可能，则集中主力击破二陈集、潘塘镇方面的解放军，然后由右包围，以解决战局。刘峙则对我说：“（一）请总统亲临指挥；（二）速空运两个军增援；（三）请总统下决心以全力东进，对徐州安全可置不问。”不知他是想推脱责任故意说漂亮话呢，还是想借此让杜聿明在徐州负责指挥，他好离开徐州去到蚌埠以求自身安全。延至二十二日，第

① 据查，杜聿明是决定以第十三兵团的第八、九两军和第二兵团的第五、七十两个军并肩向东进攻，第七十四军在九里山附近为总预备队，并定于十三日开始进攻。

② 杜聿明所说的上、中、下三策与郭汝瑰所说的上、中、下三策不同，参阅本书杜聿明文。

③ 据查，杜聿明是十一月十四日下达第七十四军由潘塘镇经土山向大许家迂回的。该军一出潘塘镇即遭解放军的攻击，而至十七日晨才发现解放军后撤。刘峙、杜聿明等误认为是解放军退却，乃下令追击并大肆宣传说“徐州大捷”。

七兵团完全被歼。黄百韬于二十二日由碾庄圩东北之小费庄向西突围后战死。黄在死前曾对杨廷宴说："我有三不解：（一）我为什么那么傻，要在新安镇等待第四十四军两天；（二）我在新安镇等两天之久，为什么不知道在运河上架设军桥；（三）李弥兵团既然以后要向东进攻来援救我，为什么当初不在曹八集附近掩护我西撤。"

四　蒋介石的幻想和杜聿明集团的溃灭

在黄百韬兵团被华东野战军围歼的同时，中原野战军围攻宿县。蒋介石当时曾令第六兵团司令官李延年由固镇北进解围。十五日宿县解放。十八日黄维兵团到达蒙城，蒋介石令其向宿县前进。至二十二日黄百韬兵团被歼灭时，李延年兵团仍徘徊于任桥集以北地区，黄维兵团已进至宿县西之赵集附近，并继续向宿县前进中。

二十三日，蒋介石召集刘峙、杜聿明到南京开军事会议，决定徐州方面以主力向符离集进攻，第六兵团及第十二兵团向宿县进攻，以便南北夹击，打通徐蚌间津浦路的交通。他定下这个决心之时，第十二兵团正向南坪集进攻，后于二十五日被中原野战军合围于双堆集附近。

蒋介石得知第十二兵团被围后，认为黄维兵团尚有力量打破包围，至少有力量持久，以待徐州各兵团前往解围。到二十八日才察觉黄维兵团赖以本身的力量不可能脱出包围。于是令其扩大防守地区，固守待援。当日并召杜聿明到南京，研究徐州方面以主力南下援救第十二兵团的办法。参加会议的还有何应钦、顾祝同、刘斐、我及几个参谋。杜聿明在会上说："徐州各兵团沿铁路正面进攻，进展甚微。且共军已完成了几道预备阵地，如继续正面进攻，徒增伤亡，结果还是不能达到与黄维兵团会师之目的。"有人提出由左翼或右翼包围，杜聿明也反对，认为还是攻不动。蒋介石问他究竟怎么办，他伪说最好以主力由双沟经泗阳直趋五河，然后与李延年兵团会师北进[①]，以解黄维兵团之围。问他在港汊纵横的地区运动，在遭受解放军侧击时怎么办？他笑而不答，然后他请蒋介石进入会议室旁的房间，二人密议。这时刘斐很不高兴地说："还有什么办

---

① 杜聿明说他当时怀疑郭汝瑰，故这次会议他没有发言，关于作战意见他是在另一间密室与蒋介石单独谈的，详见本书杜聿明文。

法，无非是由徐州西面逃跑嘛！”一会儿，蒋介石和杜聿明出来了。蒋介石问大家还有什么意见，出席人员都不说话，蒋介石就宣布散会。杜聿明当日返回徐州。

十二月一日，空军向蒋介石报告，徐州的国民党军队已完全撤出徐州。二日又得知徐州各兵团部队已抵大吴集、洪河集、薛家湖、孟集以南地区；淝河方面李延年兵团正面的解放军已大部向北移动。蒋介石认为情况变为乐观，乃以第五十四军加入第六兵团序列，令第六兵团向罗集方向推进，以解第十二兵团之围。当日并令经南京去上海就医的第十二兵团副总司令官胡琏乘小飞机进入双堆集协助黄维指挥，固守待援。同时又顾虑杜聿明所率兵团一意向西南逃走，消极避战，乃于十二时以亲笔信空投给杜聿明[①]，令杜聿明趁共军分离各个击破。晚又亲电杜聿明云：“应速决心于两日内立即解决濉溪口、马庄一带敌部（不足四万），此为各个击破之唯一良机。如再迟延，则各方之敌必于三日后麇集弟部周围，又处被动矣。此机万不可失，切勿再作避战迂回之图。弟南下十五万众，皆聚集在吴集周围地区，此最不利。应即分路前进，向敌出击，否则臃肿滞延又将坐待被围矣。如欲占领永城牵制敌主力，可派有力部队进占，切不可全部进取[②]。据报马庄敌之先头今晚必可先我占领永城，则我军又落后一着。若再以主力攻城，是最不上算。此时应决心觅敌之主力而歼灭之为唯一急务。”尽管蒋介石主观上对杜聿明有所奢望，但二日杜聿明因“部队零散，无法应战，故停止整顿一晚，三日继续攻击前进，则四面皆敌，且战且退，极为迟缓”（此系杜聿明四日十时复蒋电用语）。结果在陈官庄、青龙集附近被围。

杜部被围后，蒋介石手中已无机动兵力，只希望杜部各兵团三面掩护，一面攻击，逐次跃进，以与黄维兵团会师。一面仍催促李延年兵团由新桥曹老集向双堆集方向进攻，但是遭到解放军坚强阻击，杜聿明和李延年两方面都无进展。蒋介石此时唯有从其华中“剿总”方面抽调兵力以增强李延年兵团向西北进攻。但白崇禧与蒋发生矛盾，五日奉命东调的第二十军部队在汉口上船完毕，白崇禧曾一度阻止其开船。八日，蒋介石又下令调第二军由襄阳至沙市船运南京，白崇禧又坚决反对。当日蒋介石还

① 杜聿明是十二月三日才收到信的。

② 杜聿明说蒋介石没有命令他的一部进驻永城。是日杜聿明所率的先头侦察部队已进入永城，未发现情况。接到蒋介石十二月三日信，改变决心，又把进入永城的部队撤回向濉溪口进攻。

令向双堆集大量空投粮弹，并授意空军投糜烂性毒气弹。交通部部长俞大维向蒋介石说："糜烂性毒气弹，国际公法禁止使用。"蒋介石才叫改投催泪弹[①]，还说："这不是毒弹，可以使用。"十五日，黄维下令突围，结果当晚全部被歼。

蒋介石于十六日决心部署江防，令李延年兵团和刘汝明兵团退守淮河南岸，以掩护江防部队构筑工事。此时美国驻华大使司徒雷登建议蒋介石交出军政大权以做和谈的准备，成立陆海空军总司令部，以何应钦任总司令负责军事，李宗仁代理总统负责政治。这虽然是反革命两手的另一套手法，但蒋介石仍垂死挣扎，二十日下令以第九十九、九十六、五十五、六十八军守备淮河，以第二十八军于浦口占领桥头堡，第五十四、三十九军均开江南，归京沪卫戍总司令汤恩伯指挥，并令第二军由汉口船运芜湖集结。二十一日，白崇禧表示如果蒋介石必定要调走第二军，则呈请辞职。蒋介石为了防白崇禧阻挠第二军的运输，令我电第二军由沙市经常德徒步至长沙经浙赣路车运南京。顾祝同与林蔚（参谋次长）怕弄成僵局，与蒋介石商量，允白留第二军的一个师驻宜城、荆门，该军其余部队仍调芜湖。

十二月二十四日，白崇禧、程潜发出请蒋介石下野的电报。一九四九年一月十日，杜聿明部全部被歼。蒋介石于二十日溜往原籍——溪口。

① 黄维、杨伯涛均谓使用了糜烂性毒气弹。

淮海战役国民党军被歼概述

李以勋[*]

一九四八年十一月初，我奉命到淮海战场国民党各部队视察，这里所记，便是我亲身经历和现场了解的情况。

一　放弃原定守淮河的作战计划与被迫在徐州决战的原因

（一）原定计划是守淮河以确保京畿外围

济南解放后，在淮海方面，蒋介石决心放弃徐州，坚守淮河。他的着眼是徐州乃四战之地，易攻难守，后方联络线过长，兵员粮弹补充困难（据徐州第一补给区刘永焜司令说徐州粮食储备只有二十一天）；且蒋介石一生唯心迷信，四面楚歌垓下被围的历史故事，就是发生在徐州（古彭城）附近地区，这更使他有所避忌。蒋介石的总企图是：退守淮河确保南京外围，企图在淮河附近地区挫败解放军主力，来争取第二线战略配置的时间。

（二）临时决定在徐州会战是被迫的

在淮河决战的计划已定，蒋介石最后又加改变，迟误战机，招致全军覆灭。这个问题内容很复杂。各级战场指挥官虚报敌情，谎报战绩，司空见惯。各级指挥官得到的情报不是过时了，就是不真实，使“算”与“断”非常不准确。国防部参谋次长刘斐于一九四八年春在孝陵卫军官

---

* 作者当时系南京国民党总统府少将参军，战地视察官。

训练团说："我们前线指挥官虚报敌情，谎报战果，对敌人行动毫无预见，造成上级综合分析与判断的困难，每每策定一个计划，随之落空。我方的调动比敌人迟两天甚至一周，始终跟敌人走。敌人以快打慢，围点打援，以多吃少，我们在战略上被动，所以打败仗。"国防部第二厅（情报）厅长侯腾说过："国防部预备了一百零四部电台，想打进敌区，但到了边缘却进不去。后来只有四台在教会掩护下由鲁北进入了，但发不出电报，敌区组织严密。相反地，共产党在我方布置电台却很多，我方对敌人行动可靠来源是依据监察电台。"

放弃徐州退守淮河，原定在十一月上旬转移完毕，但蒋介石在十月下旬来往北平、葫芦岛、南京间，想做多方面挣扎，一面又迟疑，怕徐州之撤影响人心。十一月一日他认为解放军华野南下较缓，中野东移甚缓，二、三野战军是否合拢，企图不明，同时认为白崇禧从豫南方面采攻势，有可能达到牵制刘伯承东调之目的，因此十一月三日仍未行动①。蒋介石的决心有所变更。十一月四日，蒋介石派参谋总长顾祝同、作战厅厅长郭汝瑰来徐州传达命令，决心守徐州：令邱清泉兵团向徐州集结；令李弥兵团向泗县、灵璧集结；令孙元良兵团在涡阳、蒙城集结；令第四绥靖区刘汝明部火速由豫东车运集结蚌埠沿淮布置，令第一〇〇军不开海州；令第九绥靖区李延年放弃海州，率第四十四军西调集结徐州；令第七兵团掩护第九绥靖区部队西撤完毕即向徐州集结；令联勤急运粮弹补给徐州部队，并先将徐蚌沿线存粮存弹交第一补给区提运。顾祝同临走嘱李弥兵团应先占炮车及其东北地区，掩护黄百韬、李延年所属西撤。

二 关于指挥方面的矛盾和统帅人选的决定

徐蚌会战在统帅人选上是有问题的。原来在华东区，就有一个徐州"剿总"作为方面统帅的。在华中区，另有华中"剿总"，唯地区辽阔，指挥有困难，加上资格威望、指挥能力、派系地盘等关系，都产生不少矛盾。据总统府参军长薛岳告诉我，蒋介石在会战前曾反复研究，做出调整，企图从指挥方面来挽救战局。下面列举三个指挥机构人选决

---

① 据杜聿明回忆，十一月三日蒋介石派许朗轩将退守淮河的计划送葫芦岛征求意见，令杜去蚌指挥。可见十一月三日以前只有守淮方案，并无守淮的决心。

定的经过。

（一）成立国防部指挥所统一华东、华中指挥问题

十月下旬蒋介石很想在蚌埠设立一个国防部指挥所，由白崇禧充主任，统一指挥对付陈毅、刘伯承的联合作战。原因有二：一是蒋介石认为徐州"剿总"刘峙资格虽老，过于循情犹疑，不能当机立断，怕他贻误戎机；二是徐州战列部队虽有第二、七、十三、十六等四个兵团，加上四个绥靖区，论兵力只能对华东陈毅所部，如中原（华中）刘伯承部合力攻徐州，则又感兵力不足。那时非调华中"剿总"战列部队不可，要调华中兵力又非白崇禧来统一指挥。由于白任过国防部部长，以总司令指挥总司令不便，所以使用国防部指挥所主任名义，以便统一指挥，来和解放军主力决战。十月二十七日（或二十八日），白表示同意，但当蒋催他月底到蚌埠指挥时，他突又变卦，复蒋电："陈刘两军未会合，华东由经扶对付有余，无统筹兼顾必要，届时按情况兵力调动，均以大局为主，请释念。"表示不来就任。据俞济时说，白在十月底曾偷偷地飞至合肥和其桂系将领李品仙、夏威等商量过，怕形势不利，难以脱手，或许想留一个情面给刘峙云云。与此同时，蒋介石也曾将此企图向刘峙说明，并勉刘要顾大局、识大体；但刘心中闷了好几天（该总部副参谋长章毓金十一月八日告我）。十一月十日我就此事问该总部参谋长李树正，李很不满，并说："多此一举，老白又不是三头六臂。"是晚我见着刘峙，他愤慨地说："白健生是寡妇改嫁，对老头子（蒋介石）可以抗衡论理，不听调动，我好像是童养媳长大，骨头多大，当婆婆的都摸得清，服从是无条件的。"弦外之音对统一指挥的措施是不满意的，其中尤以该总部高级幕僚反对为甚（这些事我次日曾电告蒋介石）。

（二）徐州"剿总"前进指挥部主任人选的决定问题

1. 前进指挥部的性质与职权范围

前进指挥部这一指挥机构，仅次于"剿总"，职权驾于兵团、绥靖区之上。这个指挥部的历史沿革如下：一九四六年，河南战场设有郑州绥靖公署，苏鲁战场设有徐州绥靖公署，作战地区划得很清楚，两个公署互相牵制，配合得很差，使国防部感到兵力调动困难。在顾祝同、刘峙充郑州绥署主任，薛岳充徐州绥署主任时，互相摩擦最为显著。自一九四七年

春薛岳因莱芜战役打败仗而被撤职调国民政府参军长之后，蒋介石为补救指挥机构的缺陷，统一豫鲁战场指挥权，特任命顾祝同在徐州设立一个“陆军总司令徐州司令部”，另在郑州设立一个前进指挥部归徐州司令部统辖，指挥部设主任一人代顾祝同指挥该方面的军事。当时前进指挥部主任孙震是由第五绥靖区司令官升充的。一九四八年五月，顾祝同调参谋总长，该司令部改组为徐州“剿总”，由刘峙任总司令，郑州前进指挥部指挥关系同前。是年秋，孙震调川鄂绥靖公署主任，该地区的第四十一、四十七、九十九三个军合编成第十六兵团，由孙元良任兵团司令官兼前进指挥部副主任，主任一职人选未定。

2. 徐州“剿总”前进指挥部主任人选的决定

蒋介石在十月中旬决定放弃郑州，将新编成的第十六兵团东调，刘峙即将该地前进指挥部撤至徐州，建议国防部遴选黄埔军校第一期出身、曾任兵团司令官以上、资历深而有作战经验、能孚众望者一人，以副总司令名义兼任前进指挥部主任。国防部部长何应钦同意此案，便以宋希濂、杜聿明符合条件，签请蒋介石核定。当时宋在华中“剿总”任副总司令兼第十四兵团司令官，杜在东北葫芦岛指挥作战，两人均是何应钦系骨干分子，当年曾反对过陈诚的，在派系人事上配合刘峙、代替刘峙指挥均很适宜。最后由蒋介石决定调东北“剿总”副总司令杜聿明回徐州，充徐州“剿总”副总司令兼前进指挥部主任，以辅刘峙之不足①。迨杜到达徐州时，淮海会战已开始几天。据刘峙的机要科长周某告我：“邱清泉、李弥均拥护杜聿明回来，老总同意，乃去电总统请调的。”

3. 徐州“剿总”蚌埠指挥所的成立与人选的决定

徐州“剿总”原计划撤守淮河，在会战开始前后到达蚌埠集结的部队，除原驻该地的第九十六军外，新到的有第四绥靖区刘汝明部的第六十八军和第五十五军及原归第十六兵团建制的第九十九军。蒋介石已开始从葫芦岛调第三十九军和第五十四军海运回蚌埠守备淮河。十一月十日，刘峙建议蒋介石派副总司令兼第九绥靖区司令官李延年回蚌埠兼任指挥所主任，蒋复电同意，命李延年火速前往布置守淮河，确保后方安全。十一日早上李率领第九绥靖区司令部少数人员乘机赴蚌，唯该指挥所设立不足

---

① 据查，徐州“剿总”前进指挥部九月已经成立，这个指挥部的成员都是杜聿明重新选定的，本文所指是蒋介石十月派杜聿明去指挥辽沈战役（杜在徐州的职务未撤，而又增加了东北“剿总”副总司令兼冀热辽边区司令）之后，回到徐州。

二十日即行撤销。自十一月二十八日刘峙率“剿总”少数幕僚逃往蚌埠所谓坐镇后，该指挥所即无存在的必要。

三　第九绥靖区放弃海州、连云港战略要点的经过

关于固守海州及连云港问题，在济南解放后，十月中旬以来，意见颇为分歧。总统府参军长薛岳建议在山东青岛成立一个山东挺进军总部，并保荐李玉堂任总司令接替刘安祺，另将海州之第四十四军撤至青岛，必要时将海州放弃。赋予李玉堂的任务是在山东地区抢壮丁南运，以免资敌。蒋介石批示：“李玉堂失兖州，庸碌低能，不能再用。”何应钦建议放弃青岛，将青岛两个军调至海州固守。蒋介石认为青岛有美军配合，在国际上地位重要，应予固守，主张青岛、海州两个战略要点同时固守。海州李延年兵力不足，另抽部队增防。十一月二日上午，刘峙电告李延年调第一〇〇军周志道部兼程来海州，要李做固守的措施，预为该军安排驻地。但四日下午李延年又接到刘峙来电：“周志道部另有任务，不能东调。”于是该军于途中又折回新安镇。当时李延年在新浦对我发牢骚说：“举棋不定，亡国之征。”

海州撤退经过：在五日入夜不久，新浦盐店经理唐某来会李延年（按：李爱吃大烟，曾在唐某的盐号吃烟，姓唐的乃是刘峙搞盐生意的经纪人）。他向李说：“老总（刘峙）来电要我随司令官一道回徐州。”李问他：“你怎么知道我要回徐州？”他说：“不要海州了！”李延年回头对我说：“刘经扶看钱财比国家的事还大，真是岂有此理！这样泄露军事机密，不败何待！”后来我们等到午夜十二时五十分，才接到刘峙来电，决定在六日撤退，放弃海州连云地区。李随即召各军长、师长、绥靖区各处处长及海连地区行政专员、市长、县长、盐务署长、法院院长等机关负责人宣布放弃海连计划：

1. 部队及团队与党政机关人员一律步行至徐州。

2. 财政、盐务、司法、商业、学校人员乘盐船海运至上海。

3. 六日拂晓分别行动，应于七日撤退完毕。陆行的由第四十四军掩护，海运的由税警团掩护。

在黎明前，海州高等法院钱院长及朱检察官来请示李延年，关于在

押的犯人除刑事犯外，其中有未判的政治犯八十余名如何处理，李认为押解困难，处决未奉令，乃决定释放了事。

六日六时开始行动，除集中连云港撤退的人员、物资候船撤至上海外（当时只有运盐船三艘，上海港口司令部拨来的船未到），陆路撤退的序列是第九绥靖区司令部及直属部队，第一挺进支队王宏鸣部，第四十四军王泽浚部，第四行政区专员公署所辖东海、灌云、连云、赣榆各县府、各县党部及保安团队，最后是学生、商民等人。昼夜行军，缺少食宿，饿倒道旁不少，一直拖至八日始通过新安镇。

四 第七兵团的被歼

（一）第七兵团在新安镇麇集时的混乱状态

黄百韬是参谋总长顾祝同的心腹，原任第二十五军军长。该军是在抗日战争中危害新四军立下“功劳”的部队，是顾祝同指挥多年的部队，在一九四八年六月豫东睢杞战役中，幸免于被歼灭。第七兵团司令官区寿年被俘，顾祝同向蒋介石保荐准以黄百韬升第七兵团司令官。黄百韬兵团集结徐州以东新安镇附近，一再进犯沭河地区，在战略上企图阻止苏北地区解放军北上和鲁南解放军南下，遮断徐海交通，借以巩固徐东的外围。十一月一日情况已紧张，黄百韬令各军加紧备战。十一月五日刘峙下令将原定开海州的第一〇〇军改归该兵团指挥，六日下午刘峙又下令将第九绥靖区指挥由海州西撤之第四十四军到达新安镇之后，改归该兵团指挥。蒋介石原定的退守淮河计划（十一月上旬）是要该兵团掩护南撤的最后部队。迨十一月四日，蒋介石改变作战计划，决定在徐州会战时，刘峙原定该兵团五日开始向徐州集结，唯迨五日早刘峙又电告要黄百韬兵团掩护第九绥靖区主力西撤，迨第四十四军先头到达新安镇之后才开始行动。再加上黄百韬未重视通过运河的困难，预先未架设桥梁，使部队行动迟误很多。六日午当面解放军约七个纵队主力，已迫近郯城以北费县以南迄台儿庄、枣庄、峄县地区，第七兵团将侧敌行动，局势异常不利。七日黎明该兵团才开始按第一〇〇军、第六十四军、兵团部、第二十五军、第四十四军顺序向徐州前进，先头第一〇〇军之第四十四师到达八义集，即被解放军南线兵团由宿迁北进的部队阻击；其后续在运河桥要口为北线解放军先头部队阻击，于是被迫麇集于碾庄圩附近应战。该兵团之第六十三军则由新安镇向西南前进，企图在窑湾镇渡运河，七日夜被包围，强渡一部过河西，在八日同时被歼。这一绪战，该兵团无法集结徐州，将为解放军先行吃掉。黄百韬在六日夜就做过为了救第四十四军，全兵团不堪设想的预言。

（二）黄百韬在六日深夜的最后留言

十一月六日下午六时许，第九绥靖区司令官李延年和我乘车先行由海州到达新安镇第七兵团司令部，迅速入见黄百韬及其参谋长魏翱。黄刚刚举行紧急军事会报完毕，他马上就地图位置对李延年和我说明敌我形势："陈毅的部署是想先打第七兵团，现在兵团战略位置非常不利，在新安镇打则孤军无援，如侧敌西进，到不了徐州就会遇敌。且徐州工兵团迄今未来架设运河桥梁，我已命第六十三军从窑湾镇强渡，其余各军明早西行，转进太迟了。要掩护第四十四军从海州西撤，不能贻误戎机，否则全兵团将被围，陷全局于不利。国防部作战计划一再变更，处处被动，正是将帅无才，累死三军。这次会战如垮，什么都输光了，将来怎么办？国事千钧重，头颅一掷轻，个人生死是不足惜的。"是夜十一时左右，黄百韬前来回访我们，谈了几十分钟。关于战场局势，他认为今日国共之争，与历史上楚汉在徐州附近一决雌雄的味道相似。论调悲观。告辞之后，我们送他到门外。我归来才睡下，黄百韬又叫卫士请我出来。时已午夜，黄对我说了如下几件事：据今夜在郯城红花埠附近，共军的侦察员供称，陈毅主力十多个纵队均南下，先头已到郯城、邳县、费县地区集结，南下时分无数纵队急行，由此判断，敌人不让我兵团西撤集结，先打我兵团是肯定了。你和吉公（李延年号吉甫）明早速行，以免路上出岔子。作战厅郭汝瑰、许朗轩、张宗良等人作出这样计划来，使人伤心。大军作战，随时变卦，动摇军心，影响士气，难道他们不知道吗？兵团兵力十几万人，陈毅主力达三十多万，如果集中来攻，本兵团必败。尤以西撤途中，侧面受敌，随地应战，立足未定，各个击破，最堪忧虑。请告刘老总（刘峙）注意，要其他兵团快点集结，迟了就会误大事。如我被围，希望别的兵团来救。古人说，胜则举杯相庆，败则出死力相救。我们是办不到的。这次战事与以前战役性质不同，是主力决战，关系存亡，请告老总，注意激励各级战场指挥官，否则同归于尽，谁也走不了。请你面报总统，我黄某受总统知遇之隆，生死早置之度外，绝不辜负总统期望。我临难是不苟免的，请记下来，一定要转到呀！他谈完，已是七日一时二十分，他最后又说了一句“国民党是斗不过共产党的，人家对上级指示奉行彻底，我们则阳奉阴违”。

（三）第七兵团被歼经过纪要

第七兵团所辖五个军覆灭经过，概括起来很简单，因该兵团在行进途中应战，随战场情况的转移，很迅速地就被迫龟缩在徐州东一百五十里之碾庄圩附近，四方八面应战，陷入重围。从十一月七日迄二十二日半个月的作战过程中，所谓徐州派来解围的部队，实际上在解放军钳制打援的战略部署下，远距碾庄圩三十里外就不能越雷池一步。因此黄兵团除力战待毙外，别无办法。乞灵于援粮援弹与放毒等诡计，俱无济于事。在作战过程中，蒋介石曾三次写亲笔信用飞机投给黄百韬，多方鼓励，但也终成废纸。黄百韬在被围困中给刘峙的战报，我在“剿总”参谋长李树正、章毓金两人处，看过一部分（看战报是战场视察人员重要业务之一），战后又有所了解，概述如下。

1. 第一〇〇军周志道部是西进先头部队，其第四十四师刘声鹤部到达八义集附近，即被解放军南线部队所阻击。打了一天多，师长刘声鹤被击毙，残部退守八义集，随即被歼。周志道只率第六十三师及军直属队退守碾庄圩西南，打了十天，十七日被歼，是该兵团最早被歼的一个军。周志道负伤，化装伤病员逃出（刘峙派专机送周去上海治疗，蒋介石并奖以青天白日勋章），该军军长由副军长杨荫代理，战至二十一日晚，解放军首先突破该军阵地，将其歼灭，杨荫及参谋长崔广森、第六十三师师长盛超均被俘。

2. 第六十四军刘镇湘部，在第一〇〇军之后西进，占领碾庄圩以东阵地顽抗。该军战力颇强，是粤系军队质量较好的一个军。唯该军长骄傲自满，不大服从黄百韬命令。该军战至二十日，所属第一五九师师长钟某率残部投降后，该军长却穿好军服准备与阵地共存亡。至二十二日下午，阵地被突破，刘镇湘和副军长韦德，第一五六师代师长陈庆斌一道被俘。

3. 第二十五军陈士章部，在第六十四军之后西进，占领碾庄圩以北阵地顽抗，其一部占领碾庄圩中心作为黄百韬的预备队。黄兵团司令部与第二十五军军部一同占据碾庄圩。战至二十一日夜，阵地被突破，陈士章与黄百韬分头转移，失去联络后，陈士章即化装伤兵向西突围，幸而逃抵第十三兵团部，刘峙得悉后立即传见，慰勉有加。

4. 第四十四军王泽浚部，在第二十五军之后西进，由于在海州急行军疲惫万分，到达碾庄圩车站附近即占领碾庄圩东南阵地顽抗。该军是川系军队临时加入该兵团序列，独自应战，不大听指挥。战至十八日，该军第一五〇师师长赵璧光投降，十九日深夜阵地被突破，王泽浚与第一六二师师长杨自立均被俘于碾庄圩车站交通壕内。

5. 第六十三军陈章部，奉命由新安镇向西南行进，企图在窑湾镇强渡运河。七日黄昏，到达窑湾镇运河东岸在两处强渡。该军系广东部队，多能游水，强渡了一部，但渡河的即被窑湾镇附近解放军痛击，在东岸未渡的被解放军跟踪追袭。该军军长游渡运河时负伤，到西岸后自戕。战至十一日下午，全军被歼，第一五二师师长雷秀民、副师长黎天荣被俘，第一六八师师长张泽琛逃脱（在窑湾镇西南被俘时伪称是班长，为解放军运炮弹中途脱逃）。

黄兵团在碾庄圩顽抗整整半月，对人民危害甚重，碾庄圩附近民房毁尽。据黄的电报说，解放军伤亡三万人以上。该兵团伤亡两万余人，负伤者达七千人以上（运回徐州的四千余人，大部分是解放军动员民众帮助抬运，据李弥说："这件事比张良的楚歌还厉害，因伤兵在总医院到处宣传"）。到十一月二十二日晨，消息中断，全部被歼，共逃回散兵不足三千人，临时收容编成第四十四师。黄百韬的下落到二十三日尚未查明。当时徐州戒严，加紧备战，市民频传败绩，情绪惊惶，和十一月十九日徐州市民祝捷燃鞭炮的情景完全两样。

五 何基沣、张克侠起义的影响与第三绥靖区的撤销

（一）何基沣、张克侠与第三绥靖区部队的关系

第三绥靖区的部队内部情况很复杂，一方面该部是地方系军队（所谓杂牌部队），受到中央嫡系歧视，造成该部军官对中央有不满情绪；另一方面该部内部分新旧两派，要求革新与维持现状的两种力量经常对立。张克侠、何基沣是代表新派，有亲共倾向；冯治安、刘振三、王长海、李文田等代表旧派，坚决反共，倾向蒋介石。抗战期间两派力量对比，旧派占优势。蒋介石发动反人民战争后，从一九四六年至一九四八年新派力量占优势，部队中反腐化、反对中央系歧视、厌恶内战情绪普

遍高涨。这些情况的造成，是受了张、何两人言论行动的影响。当时旧派认为张、何等人没有兵权，带不动部队，造不了反，防范即可，整肃不必要。关于张、何两人的历史情况：

1. 张克侠曾在苏联学习，回国后毕业于陆军大学十期；与冯玉祥将军是连襟关系。张自忠将军任师长、军长、总司令时，张克侠随张任参谋长，他对第五十九军关系很深，一般军官对其印象颇好，连该军最腐化的李九思对他都很崇拜。该军忌刻他的人，只该军军长刘振三等少数人而已。所以这次起义他能乘刘振三告假赴沪之机，联络副军长盂绍濂、师长崔振伦、杨干三等，带该军起义，绝非偶然。一九四八年四月我视察该绥靖区时，张克侠在都天庙对我谈，蒋介石很了解他的情况，曾送过钱给他安家，好几次亲自慰问过他，这说明蒋想收买他加以感化与怀柔。但这些俱无用处，张终于弃暗投明了。

2. 何基沣是保定军校第九期及陆大特一期毕业，和冯治安是陆大同学，又是拜把兄弟。冯长期离不开他。抗战初期何当旅长，负伤后，曾私自到过延安考察，后来任第七十七军第一九九师师长，因任用共产党人为国民党中央所追究，曾被调至重庆中训团受训，经蒋介石考察"感化"后认为不成问题，才恢复他的师长，后来冯治安保他升第七十七军军长。一九四六年一月郝鹏举起义时，他率该军进犯徐州北失利，蒋介石才继续对他怀疑与防范，撤销他的军长职务，明升暗降，调为副司令官。他长期与第七十七军发生关系，力主革新，爱任用青年，对该军影响很大。所以以一个副职能带该军主力投向人民，也绝非偶然。冯治安想用私谊拉拢他，终于无效。一九四八年四月，我视察该绥靖区时，在贾汪中兴煤矿公司与何长谈过，他坦率地表示应迅速改进编制、装备、训练问题，改善人事制度问题，对地方系军队（为了反共）应一视同仁，破格任用行伍等问题。当时他对反共战争拖下去，民不聊生问题，显示忧愁，追求进步，反对腐化，具有强烈愿望。这些事在是年五月我曾向蒋介石汇报过，请求防范第三、第四两个绥靖区部队内部的变化。

（二）张克侠、何基沣起义对徐州战局的影响

1. 冯治安的痛哭流涕

张克侠、何基沣两人率部起义，对徐蚌会战国民党军的惨败是起着很大影响的，主要是造成其他各军官兵心理的动摇和失去信心。李延年和我于十一月七日晚上十一时由新安镇到达徐州，天明接到"剿总"

电话，知道冯治安部“叛变”消息，徐州人心惶惶（特别是军队）。李延年随即同我一道到“剿总”看刘峙及李树正参谋长，才知冯治安并未“变”，是他的副司令官张克侠、何基沣率部“叛变”，将第三绥靖区主力拖走了。沿途将电线割断了，其余留下的只第七十七军军部及第三十七师和该军正副军长王长海、许长林未“变”。我俩随后到办公室，看到冯治安正在痛哭，涕泪纵横。李延年拉着刘峙入室内低声对他说：“请总座首先将冯扣押起来。”刘峙只点头不开腔，约在三十分钟之后，冯本人谈事变前后经过，兹记其要点如下：“我对不起总统，我应请罪。请总司令将我冯某关起来（听说他把行李也带来放在吉普车上，但我未看到）。我深信被拐带走的官兵是不知情的，如果知道是北开投共，一定会跑回来的。我昨夜曾邀两个军长到徐州询问部队战备情况。由于刘军长请假赴沪，由该军副军长孟绍濂前来。王军长因身体不好要其副军长许长林前来，夜十一时询问结果，并无异状。当时只听到孟副军长说前方军情紧急，请求要张副司令官到前方去指挥，当时我并未同意，后来张克侠表示：‘在这个时候来开这样的会，两个军长都未到场，什么事情都办不了。’看样子他当时是有所布置，但当时我没有想到他有能力左右部队的行动。我长期留他在徐州，使他隔离部队，认为不再有什么影响了，这乃是我的疏忽。至于何基沣，我俩关系深，待之甚厚，想他不会变。这次变了，可能受张的影响。我平时想过，我所带的两个军长是靠得住的。没有想到共产党策反瓦解工作这样厉害呀！张克侠、何基沣两人的历史我过去全部报告过总统的，总统不肯撤他们的差，我也没有办法。请总司令告诉王军长，快将未投敌的部队撤下来整理，并快派人去收容。我给国家造成灾祸，对战争带来不利，我不再回部队去了。请总司令送我去南京请罪。”当时碾庄圩附近正在激战，刘峙显示痛苦的样子，和蒋介石打电话时受到责难，神态很憔悴。

2. 刘峙惊慌失措的紧急措施

徐州“剿总”得悉第三绥靖区部队擅自北开投解放军，将沿途电线割断，当时查明是何基沣、张克侠为主谋，第五十九军全部投降了，第七十七军军长及军部未动，该军第三十七师李宝善部投降一个团，第一三二师过家芳部全部投降了。刘峙当即打电话，电话不通，随即电王长海派兵追赶，进行喊话，火速收容。又令驻在九里山之第七十二军余锦源部火速开至徐州北茅村之线占领阵地，不许任何溃兵南下。一面令总部各处与总部直属官兵做应战准备，将行李捆好，规定出入总部要佩戴出入证，进出总部办公厅要佩特别证以资防范。（八日上午八时总部的军官佐属均将行李捆好，好像就要开动的样子。）同时令第一补给区清查存粮存弹，算出就现有兵力可能维持军食军火的日限，并通知空军做好投粮补给碾庄圩黄百韬兵团的准备。

九日，刘峙得到蒋介石的指示，准第三绥靖区残部收容整理后调南京整补。刘峙通知该部不许进入市区，一律绕道城外开至二堡附近集结。凡属“叛变”后归来被收容的官兵，一律不准进入市区。自十一月十一日收容起义逃回来的共五千余人（当时虚报万余人，经我点验结果，实有五千余人）。我在李九思副军长陪同下对这些部队讲了话，加以安排。全绥靖区残部约万人，南逃至徐州南夹沟附近被解放军阻击，又溃散了一部，再度折回，拆散分拨至第十三、十六两兵团指挥。

（三）第三绥靖区及所辖部队番号的撤销

第三绥靖区主力起义后，蒋介石十日来电要冯治安到南京去。十一日冯乘飞机去南京，次日蒋介石接见冯于官邸。当时冯在蒋面前痛哭一场表示请罪，并历述事变经过。蒋慰勉之，未予苛责。据事后蒋介石的侍从武官告诉我，蒋当时很难过，指着冯说：“你，虽忠实于国家，但你所部却误了国家大事，不念前劳，理当处以国法。”最后蒋介石对冯说：“你另有任用，留在南京，你快打电报回去，说明总统对逃回未附敌的官兵，加以慰勉，并说你另有任用。”（按：当时徐州曾谣传冯治安到南京被蒋扣留的消息，故蒋才有此处置，企图安定冯的残部以免发生变故。）

接着冯治安即到国防部去见何应钦（由秦德纯次长陪同），请求将第三绥靖区番号撤销，要求保留第五十九、七十七两个军番号，调回江南整补。原任第七十七军军长王长海保留，第五十九军军长请由原副军长李九思升充，其余师长人选亦由冯拟定栾升堂、孙汝鑫、陈芳芝、李宝善四人充任，何请示蒋介石后批准。但到第七兵团在碾庄圩被歼后，蒋介石变卦迁怒，下手令说：“第三绥靖区这次部队投敌危害战局，其司令部及第七十七、五十九两军番号撤销，残存部队李善宝的第三十七师，陈芳芝的第一八〇师，分别拨入第十三、十六两兵团。”刘峙奉命之后即遵命办理。张克侠、何基沣率部起义后，冯治安这支老西北军部队至此宣告覆灭。

六　邱、李、孙三个兵团守徐州与解围作战的情况

徐州“剿总”在这次战役中，全部时间都是内线作战，活动重心是守备与解围，完全处于被动挨打，没有进攻或出击转为外线作战的可能性。在徐州虽有四个兵团兵力，但除了黄百韬兵团在外围被围歼外，实际守徐州兵力只有邱、李、孙三个兵团。由于兵团素质参差不齐，守备地区辽阔，在解放军第三野战军主力包围和钳制下，力量是不足的。

由于战役初期解放军采取各个击破的战术，把主力用在围歼碾庄圩黄兵团，而以强有力之一部用在打援，牵制徐州各兵团的解围战斗，因此守备徐州的各兵团，在放弃徐州南窜前，基本上没有决战阶段，连较激烈的小战役也没有几次。但在邱、李两兵团受命解黄百韬之围的作战行动中，却异常凶猛顽强，给予人民的危害也是重大的。如第五军在黄口的阻击战，第七十四军在潘塘镇附近（解放军袭击机场时）的阻击战，刘峙都曾发电告捷报过功的。

首先，记述第二兵团邱清泉部的情况：该兵团在素质上较优于其他兵团，在蒋介石和刘峙心目中，这是一个王牌兵团，攻击能力与机动能力相当强，但它的缺点是打野战有锐力，而守备的坚韧耐力则比较差。该兵团所辖第五、七十、七十四三个军，以第五军最强，装备优良，未被打垮过。第七十军在一九四七年秋于鲁西南被歼过一次，是重建起来的；士气今非昔比。会战开始，该兵团曾在徐州西黄口、山间打过阻击战，迨十一月十一日才奉令至徐州东南潘塘镇迄林佟山冈上集之线，向八义集攻击，企图解救黄百韬之围。十天炮战，掩护第五军前进，俱为解放军打援部队所阻，一个村庄拉锯几十次，进展甚难。迨十一月十七日，解放军袭击机场，为该兵团第七十四军在潘塘附近阻击，获得一些结果[①]。徐州“剿总”据飞机报告是役解放军分两路退却，刘峙误认为解放军总退却了，便通电告捷。在第一阶段中，该兵团主要任务是解围，由于黄兵团被

① 十一月十四日，杜聿明、邱清泉派第七十四军经双沟去迂回，在潘塘镇附近与解放军遭遇，激战至十七日，解放军后撤。

歼，解围失败，曾受到蒋介石来电怒责，引起该兵团司令官邱清泉的悲观不满。我曾在十一月二十日以前，先后两次和邱见面，两次倾谈中，他满腹牢骚，认为大局危险，情绪悲观。

其次，第十三兵团李弥部在素质上比邱兵团差；该兵团的部队俱是第八军扩编的，每一个军只有一个师是老的，一个师是新编成的，缺少训练。该兵团善于防御，攻坚较差。会战开始，该兵团即守备徐东大许家以至津浦线的柳泉、微山湖边，防御线很长。自十一月十三日起奉命以第八、九两军主力向八义集进攻，解第七兵团之围。唯进至大许家以西时，为解放军打援部队所阻击，集中力量打了十天，一村一庄地争夺苦战，仍无法前进。李弥在蒋介石苛责之下，在解围战斗中付出应尽力量，由于打援兵团力量强大，难以完成任务（李弥的前线距黄百韬前线约为三十里）。

最后，第十六兵团孙元良在素质上比邱兵团差，却与李兵团差不多，在作战力量上比李弥部强一点，但政治上不如李弥部对蒋集团忠诚。严格来说，李兵团比孙兵团强一点。孙兵团是川系部队，善于防御作战。自孙元良继孙震掌握该部队后，基本上也可算是中央系。该兵团原守郑州，国防部十月中旬决定放弃郑州后，准备东调至蚌埠作为守淮的战略预备兵团，掩护徐州部队南撤。但到会战开始，黄百韬被围，情况变化，该兵团在行进途中临时改向宿县北调徐州（在宿县附近后续部队曾为解放军袭击），担任徐州正南津浦线三堡附近以及以西地区的守备，十一月十二日才部署完毕。徐州“剿总”并以重炮兵团配合其作战。嗣后，冯治安的残部第三十七师主力也拨归该兵团指挥。十一月十六日，解放军钳制打援部队强袭三堡附近时，曾受到该兵团的猛烈阻击，给人民危害颇大。是役刘峙大事渲染，曾引中外记者到现场参观战俘与胜利品。我没有到该兵团前线视察过，但在都天庙和孙元良谈过两次。他对刘峙调该兵团到徐州来很不满，认为徐州是死地。他对张克侠很仇恨，认为冯治安死有余辜，总统不加以严办，是姑息养奸，赏罚不明，不整肃军纪是不行的。在黄百韬兵团被歼后，他告诉我说：“消灭黄百韬兵团的是国防部，不是陈毅，黄百韬之死也是如此。国防部对敌情算不清，对敌人企图断不明，要部队白白送死，实可叹息。陈毅主力十几个纵队南下，离新安镇一百里时，还不让该兵团西行集结徐州，反要黄百韬掩护第四十四军，贻误良机，为了救一个军而害了五个军。这样指挥，安得不败！现在敌人在整理部署，如果我们再等待不撤，那将来只有坐以待毙。目前之局势能救多少算多少，留得青山在，不怕没柴烧，希望你多向总统建议。”

从以上情况来看，这三个兵团的部队是能战斗的，从他们的争夺战斗，反复厮杀的冲锋与顽抗行动来看，当时是顽固地拥护蒋介石的。但由于兵团司令官、军长在解放军强大压力下（特别是黄兵团败后），对战局信心动摇，埋怨与不满统帅部的措施，极其普遍。这些司令官的思想情况和战场目睹事实，我分别向蒋介石电告过。有一部分我直接面报了刘峙，特别是在放弃徐州南逃的问题上。

七 黄维兵团被围与第六、第八兵团前往解围概要

（一）在淮海南线淮河地区三个兵团的基本情况

1. 第十二兵团黄维部的情况

该兵团组成时间不足四个月，原是华中“剿总”的战斗序列。该兵团所辖第十八、十四、八十五军均是中央嫡系，编制、装备、训练、作战经验比较好（尤以第十八军为最）。除第八十五军属汤恩伯人事系统外，其余兵团乃是以第十八军为基干扩展的。兵团司令官黄维是陈诚的骨干分子。第十八军是陈诚的起家部队，因此这个兵团是陈诚最关心的兵团。按它的素质和第二兵团邱清泉部是可以称王牌兵团的，一向为蒋介石担负战场重要任务。自十一月初起，华北徐州战场形势紧张，蒋介石便决心调该兵团到徐州来做战略预备。十一月八日由河南驻马店、确山附近出发，取道阜阳，到达蒙城，向涡河北窜进犯，陷入解放军袋形阵地，胶着攻不动而向后撤，妄图转到固镇与第六兵团合力再北进。该兵团撤至双堆集附近，即为解放军第二野战军刘伯承部四面包围。由于二野行动机密，会战开始前后五天，国防部及刘峙尚未弄清其企图。双堆集便成为徐州外围的第二个包围圈（第一包围圈在碾庄圩）。这个包围圈周围不到二十里，比碾庄圩的包围圈还小，因此战斗一开始就被解放军的炮火所控制。由于是中途被围，粮弹不足。该兵团虽临时有一座小型军用着陆场，在作战中曾逐日空投，但大军十万，补给维艰，初期尚勉可维持，官兵不致饥寒而死，到了后期，包围圈日小，空投物资往往错投，补给甚难。该兵团在被围作战的二十多天过程中，赖装备优良，对解放军反扑相

当凶猛，各军炮兵曾集中炮火轰击解放军；到了后期，曾使用毒气。从十一月二十三日至十二月八日这段时间，蒋介石除了令守淮河部队北上增援解围外，始终要黄维坚持，不要该兵团突围，企图侥幸不致全歼。后来杜聿明撤离徐州南下又被围（孙元良在十二月六日突围溃败，邱、李兵团在陈官庄又陷重围），蒋介石乃令空军总部派小型战斗机去接该兵团副司令官胡琏来京面授突围计划。三四天后胡琏乘专机回来，照预定阴谋是利用风向用空军炮兵大肆施放毒气，在空军掩护下突围，除廖运周师起义，黄子华师投降外，主力十五日突围结果，全部被歼。这个兵团是淮海战役第二阶段给人民危害最大的一个兵团，除胡琏乘战车冲出重围、第十四军军长熊缓春被击毙外，兵团司令官黄维及第十八军军长杨伯涛、第十军军长覃道善、第八十五军军长吴绍周等均被俘，从此这支“王牌”算是彻底干净地消灭了。

2. 第六兵团李延年部的情况

略，详见作者的另一篇文章《淮海战役南线国民党军增援北线经过》。

3. 第八兵团刘汝明部的情况

略，详见本书《淮海战役南线国民党军增援北线经过》。

（二）蒋介石写亲笔信促刘、李两兵团解黄维之围的经过

我在十一月三十日夜乘飞机回南京（当时徐州机场已准备破坏，我离开后还有三架运输机），十二月一日我到总统府报到，分别见了薛岳、俞济时及军务局高参兼第七科科长于天宠（第七科是管理全国各战场总特派的视察业务科）等人。二日，俞济时对我说：“你另有任务，总统要你继续到蚌埠前线去视察，带总统亲笔信两封给刘、李两司令官，尽全力解围之事，好好监视他们怎样打的，奉行命令如何，对刘兵团行动特加注意，有事来不及请示，即和李吉甫（延年）商量，同时也要使刘经公（峙）知道，然后补报。”三日晨，我带了两个卫士（奉化人，从蒋介石的警卫室挑来的，名义是保卫我，实际是监察我的行动）前往。我将蒋介石的亲笔信面交李延年、刘汝明，信的主要内容大意是：

××弟：

徐淮战役是国家存亡的大战，前期作战，我方虽歼敌军数万，但整个战略形势对我还是不利。现敌军刘伯承部集中主力

围攻黄维兵团于双堆集。前日杜聿明已率邱、李、孙三个兵团撤离徐州向西南转进，由北向南打刘部侧背，届时敌军必分兵阻击我南进兵团。弟部是有生力量，在十二月三日应集中力量北进，摧毁敌军封锁线，以救出黄兵团，战机不可失，务望本诸胜则举杯相庆、败则出死力相救的名训，激励将士，以挽战局。

中正手启

李、刘两个兵团司令官分别看信后，刘说："尽人力以听天命。"李说："鞠躬尽瘁，死而后已。有什么可说的？我看，围是解不了的。"后来均作了一些战备。李延年派参谋长梁栋新，刘汝明也派参谋长杨然，陪我到前方视察阵地。固镇大铁桥已破坏，澥河淝河地区军王集、看町集均构有据点工事。解放军打援部队在湖沟、大营集、双桥集均构有阻截工事好几线。李兵团除以于兆龙军守蚌埠外，主力胡长青、阙汉骞、王伯勋各军是相当尽力来策应黄维兵团的作战。先头部队由固镇推进到花庄集附近，渡淮的两个军用宝塔式配备，到了新集前线的兵力甚少。自十二月四日至十日的七天中，虽调整了一些部署，前线加强些兵力，但仍无进展，远不如邱、李两兵团在徐东解黄百韬兵团之围时作战勇敢。蒋介石幻想南下与北进来协力救黄维的布置，终成泡影。黄维被歼是注定了。十二月上旬，杜聿明在陈官庄又陷重围，南线解放军阻援丝毫未放松。蒋介石曾叫其次子蒋纬国（装甲兵司令部参谋长）带了两个战车营来参战，进入固镇西北地区在胡长青军掩护下轰击了一下。在重重阻截工事下，加上河池湖沼地障，战车活动范围受制，起不了重大作用。自十二月十日以后，蒋介石已决定要黄维突围，只令淮河这两个兵团猛打，企图掩护。十二月十五日第十二兵团突围，全部被歼，溃至刘、李兵团前线收容的残兵不足两千人。胡琏独自坐一辆战车侥幸逃出，足部负伤。第二包围圈在双堆集的战事便告结束。

第二阶段（十一月二十三日至十二月十五日）作战中，蒋介石知道颓势不可挽回，知道第十二兵团黄维对他忠诚，他对待第十二兵团将领抚慰有加，对解围作战不力的第六兵团也没有苛责。十二月十九日李延年在电话上对我说："徐州作战计划是老头子决定的，这次大败，他老似有忏悔之意，现在没有上月那样暴怒，沉静得多了。"对外围作战守淮的第八兵团的刘汝明，更是一句重话也没有说过，另有慰勉借重之意，其中有他的诡计。据该兵团参谋长杨然（我的陆大同期同学）当时告我："对杂牌部队作战，在战场上只能感动，不宜苛责，我们校长当然知道的。变了怎么办呀！如孙良诚在战役开始不久率第一〇七军在睢宁大王集投降后，共产党派他来蚌劝刘起义，刘为报蒋的恩遇，将老友孙良诚行动电告总统，结果孙被送往南京军法局去了。可见杂牌部队统驭得好，共产党想策反也不容易。"从而透视出刘汝明这样保持实力，一再避战，蒋介石还对他这样宽容，主要还是防止刘的"叛变"，以巩固其统治。

八 杜聿明率部由徐州南逃被歼的概况

黄百韬兵团覆灭后的次日，蒋介石召刘峙、杜聿明到南京开会，决定以全力打通津浦铁路徐州蚌埠段。刘、杜回来，二十五日即以邱清泉、孙元良两兵团南攻，但只占领笔架山、孤山集之线，即遭解放军层层阻击，无法进展。蒋介石于二十八日又调杜聿明到南京研究，决定放弃徐州，将刘峙调蚌埠指挥，前敌各兵团统归杜聿明指挥。下面将杜南逃后被歼概况分三项记述之。

（一）徐州放弃前与撤退开始的慌乱景象

徐州市区，自十一月二十二日黄百韬兵团被歼后，溃兵伤兵纷纷窜入，人心已开始不安。从二十三日至三十日一周之中，我听说将级军官未经许可擅自勾结陆军总医院王院长化装伤兵潜逃者有邹公瓒等七人；校级军官化装伤兵及贿赂飞机驾驶员擅离职守者达数十人；一般富商用黄金沟通空军站利用陈纳德运输公司的运粮回头机逃出者则不胜其数。有钱能使鬼推磨，在当时一定条件下是办到了的。美国人开的飞机中，在十一月二十七日这一天有三个银行经理及面粉厂老板各花了十两金子才逃上飞机溜走。在临撤前三天，几十万人麇集在市内，有顶房卖屋的，有拍卖家具衣物的，有在街头抢劫的，有在戏院放手榴弹捣乱的，徐州市府有烧公文的。在三十日，徐州"剿总"有烧公文与地图的，整日车辆滚滚，人心惶惶，大有大难临头之势。一般来说，人们（军人与商人）对共产党政策不明白，有些害怕。二十九日，天尚未黑，商店已关门大吉。三十日，散兵游勇、流氓地痞、土豪恶霸在街上横行，将领官吏各色人等拥拥挤挤，汽车轧死市民，无人过问。这是我三十日夜逃离徐州前所目睹的国民党统治崩溃时的状况。在三十日，杜聿明率徐州地区各兵团及“剿总”直辖各特种部队撤出徐州时[①]，是以孙元良兵团为一路向西转南先行；另一路以邱清泉兵团先行，方向也是西南，“剿总”及直辖部队则在邱兵团之后行，接着是李弥兵团，非正规的战临部队则放在最后行。当时的行进除邱兵团基本上还能按命令路线外，其余都没有遵守命令，秩序甚乱。三十多万人的大军，在补给无保证条件下行动，“大军所至，生灵涂炭”。在刘峙南逃后，这种祸国殃民的责任便落在杜聿明身上，这也是杜临危受命必然的结果。杜十一月十日到徐州，二十八日接替刘峙的前敌指挥，十二月一日即开始放弃徐州向南逃窜，因而南窜计划是非常不周密的。

（二）青龙集的突围决定与孙元良兵团的溃散

在淮海战役第三阶段（自十二月一日至一九四九年一月十日），我奉命回南京述职，没有随杜聿明行动。以下所记，是事后了解的情况。

杜聿明所率的部队，十二月一、二两日安全到达徐州西南百余里的青龙集附近整顿部署，蒋介石得到消息很高兴，认为这是一个好战机，杜部由此向南进，那时包围黄维兵团之敌必然分兵阻击，大减黄兵团的压力，届时再令守淮兵团由南向北打，可以掩护黄兵团突围出来。所以临时做出“南打北进”的解围计划。三日蒋介石向杜聿明下达手令，要其以主力转向睢溪口，以解黄维之围。唯自四日以来，第二兵团进出青龙集以南，发现解放军阻击部队已在南进方向有布置，不能前进，而后尾掩护部队被击溃者多处，情况危急。六日杜聿明召集三个兵团司令官开会，孙元良力求迅速突围，否则敌人阻击、堵击、尾击部队赶到，即无法突围。当时邱清泉、李弥也同意分头突围。杜聿明匆促受命指挥大军，唯一依靠的就是自己曾经带过的基本部队第二兵团，所以邱同意之后，杜也同意，于是分电刘峙、蒋介石即做突围准备。六日夜，孙元良将火炮全部破坏，割断与各方联系的电话线，开始突围。次日在解放军堵击下该兵团即全部被歼。所辖第四十一、四十七两军军长胡临聪、汪匣锋等为皖北军区部队所查获，只孙元良藏躲在老百姓床下未查出，侥幸逃出重围。

六日黄昏，孙元良兵团突围前，邱清泉、李弥又商量，认为南进途中河汊纵横，重武器全部要损失，加上敌人阻击部队尚未集中，建议杜

① 据查，杜聿明命令主力部队于三十日晚开始行动，杜本人则于十二月一日上午离徐。

聿明继续向南打，企图保全这支部队。于是杜也就同意变卦。但电话已断，未能告诉孙元良，而孙此时已开始突围了。七日杜聿明率该两兵团及直辖部队南进。是夜进抵陈官庄地区，即为解放军包围。八日以后，这支南窜的二十多万人的部队陷入重围，再不能越雷池一步。

（三）邱、李两兵团的被歼

杜聿明所部在陈官庄附近地区被包围后，杜聿明将此情况电告刘峙、蒋介石，蒋介石一面恨杜贻误戎机，认为如撤抵青龙集时，四日即急行军南进，敌人那时没有截击部署，主力突围出来，完全有可能[①]。到了孙元良突围时，已经是迟了两天。脱离敌人一定要神速，救得好多算好多。因他们不能着眼大局，引为可惜（十二月九日对薛岳讲的大意）。他一面令“空总”准备空投粮弹，十日杜部开辟飞机着陆场一处，随即开始空投。迨至十月中旬，气候大变，雨雪交加，空投甚感困难，在饥饿寒冷情况下，逐日有投降事件发生，也有冻死饿死情况出现。此时杜聿明、邱清泉、李弥的对策除加强镇压及顽抗外，就是企求于空投及企图突围以做垂死挣扎。兹记其阴谋措施要点如下。

（1）杜聿明一再建议蒋介石，希望保全这支基本队伍作为政治资本。如保全不了，即进行突围。请空军运毒气弹前来[②]，在空军掩护下打开一条血路，冲击重围，保证决死不降敌，尽忠党国。十二月十八日，杜派其前进总部参谋长舒适存，乘专机至南京和“空总”副总司令王叔铭到官邸见蒋介石，策定放毒与空军掩护突围计划。当时我在总统官邸，曾问舒适存准备如何，他说：“突围已决定，‘空总’已派董副署长运防毒面具到包围圈。”我问他杜老总如何，他说：“他就是千方百计想保存这点本钱，认为突围就是消灭，所以主张死战。”迨一九四九年一月一日，蒋介石求和开始，杜聿明更希望能快谈成，保全这支部队。

（2）邱清泉在顽抗中，曾枪决该兵团作战不力的团长一名，并下令各军前线，有发现某队私自投敌者，不论任何友军，一律开枪射杀。

（3）李弥在顽抗中也枪杀过第八军一个作战不力的团长，并杀害过送劝降信的使者，曾令第九军军长黄淑在前线开枪射杀私自投敌的官兵。李并写过遗嘱，如战死，司令官一职交由黄淑代理。

---

① 据杜聿明所记，蒋介石于十二月三日下令向濉溪口攻击，当日根本没有突围的企图了。

② 据查，使用毒气掩护突围是南京政府国防部提出来的。

一九四九年一月六日，解放军发动攻势，当夜即突破被围国民党军外围阵地。七日夜即突破第十三兵团的主阵地。八日继续包围，步步紧缩。九日早，杜、邱、李三人原计划的中心阵地被突破。十日即被全歼。杜聿明在陈官庄突破后，于突围中被俘。第二兵团司令官邱清泉被击毙（一说自杀）。只第十三兵团司令官李弥借师长周藩假投降机会化装潜逃，淮海战役至此也宣告结束。

陈官庄被包围的三十三天，蒋介石对杜聿明、邱清泉、李弥等关注殊深。由于杜等是蒋的心腹将领，所率的部队是嫡系中的嫡系，蒋介石最怕心腹将领与嫡系部队投降。在十二月中旬迄年底，解放军一面包围，一面进行政治攻势，劝杜聿明、邱清泉、李弥等投降时，蒋介石迭次接到特派到邱、李两兵团及各军督战的视察人员电报，证明解放军劝降之后，军心有动摇的情况，蒋很忧心。后来看到杜等毫无动摇，始放下心来。一九四九年一月一日至十日的几天中，蒋叮嘱侍从，杜的来电随时送阅，空投粮食情况要逐日送阅，显示其挣扎的苦心。当一月十日杜部被歼失去联络时，蒋说“杜等历尽危难，战至最后不降敌”，表示悲喜交集。但总的来说，蒋的嫡系部队在淮海战役歼灭殆尽，败亡在即，蒋介石是意识到的，他对杜等不降表示高兴，乃是一种遮羞而已。

九　淮海战役惨败后国民党统帅部的措施

一九四九年一月十日，杜聿明部最后在陈官庄被歼，蒋介石即全面调整部署，将未被歼的沿淮守军步步南调，以保南京外围，确保东南半壁。至于淮海战役被消灭的主力五六十万人，除兵团、绥靖区一级撤销之外，决定凡属作战有力的军师一律重建。兹将战败善后情况记其要点如下。

（一）关于杜聿明家属的处理

杜部被歼，一月十三日证实杜已被俘时，蒋介石一天闷闷不乐。杜的妻子曹秀清知道后，来京要求见蒋夫妇。蒋未接见，只批示“杜已被俘，着速厚慰其家属”。曹不满，便到总统府找俞济时，吵吵闹闹，如告状似的说：“我的丈夫身体有病，还要他率部突围，他走不动，突什么围呀！不是明明要他的命吗？”她哭哭啼啼惹得总统府文官处、参军处的官员很惊奇（当时小报登载曹秀清大闹总统府，就是描写这件事）。

（二）关于对徐州"剿总"刘峙的处理

蒋介石恨刘峙无德无能，贻误大局，将他调任战略委员，后来并下令将徐州"剿总"撤销。蒋下野后，另成立京沪杭警备总部，以汤恩伯任总司令，布置江防守备，做最后挣扎。

（三）下令重建各军、师（详情略）

徐州“剿总”指挥部的混乱

文　强*

徐州“剿总”是继东北、北平两个“剿总”的成立而出现的。那时陈诚派下台，何应钦派上台，又起用一批老牌将领：顾祝同接替陈诚做了参谋总长，卫立煌出主东北，刘峙出主徐州。何应钦自美国回来后，就任国防部部长，接替了白崇禧，在实权上大大超过陈诚、白崇禧分掌“权能制”的时期。这是国民党军企图挽回颓势而出现的措施。徐州方面调刘峙，曾经过一番争论，有的认为刘峙是败军之将，但蒋介石、何应钦取其忠实可靠，还迷信他是“福将”，认为如能配合一少壮得力能员，或能有所成就，于是决定以杜聿明为刘之副手。刘、杜一出台，便被解放军打了一个上马威。济南的解放，不但何派引为不安，蒋介石也曾暴跳如雷，将收音机摔得粉碎。这时的徐州“剿总”，自刘峙、杜聿明以下的高级军事头目，虽然已感到解放军南下的压力将迅速到来，却仍然认为徐州汇集了强大的“王牌”部队，是解放军“吃不掉，啃不动”的。同时又将济南之失，完全归咎于王耀武的吹大牛，防守无能，信任吴化文守飞机场，结果是倒戈相向。刘峙还大言不惭地放出“收复济南”的空气，说：“在王耀武手里丢掉了济南，不久一定要在刘峙手里把济南收复，使共产党得不偿失，尝尝厉害。”诸如这一类吹大牛的话，几乎从刘峙、杜聿明的口中不时传出，似乎对“收复济南”蛮有把握。参谋总长顾祝同，曾一度飞到徐州与刘峙密商，杜聿明也曾两度飞往南京、北平去见蒋介石、何应钦，当面请示机宜。对于“收复济南”的幻想，确也做过一番纸上谈兵的文章。概括地说来，自从济南解放后的徐州“剿总”，有如惊弓之鸟，举棋不定地陷入彷徨状态。

---

* 作者当时系国民党徐州“剿总”前进指挥部中将副参谋长。

一　由战略进攻到战略撤逃

济南解放后的徐州“剿总”，曾徘徊在两个作战方案上不能决定。第一案是北向阻止解放军南下，以佯攻济宁、收复济南为目的，采取所谓以攻为守的作战方案；另一案是南撤蚌埠、放弃徐州，扼淮河而守，加强南京外围防卫为目的的战略撤退。两个方案实施起来，究竟有多少把握，谁也没有信心。在济南有生力量被歼不久的情况下，北向可能正碰在人民解放军的钉子上，过于冒险，可能造成进退失据的危险局面，因而北向只可胜而绝不可败。南撤扼淮河而守，避开徐州四战之地，所谓恃淮河天堑之险以阻敌之直捣南京城下，顾祝同一度视为上策。但蒋、何考虑到撤防而守，部署不易，若人民解放军跟踪南下，并乘机渗透于两淮苏皖之地，不但“首都”直接处于威胁之下，中原屏障尽失，武汉三镇必将陷于暴露动摇之中，由是又认为徐州之重，自古为兵家所必争，绝不可自甘气馁而遽尔放弃。两案上至国防部下至徐州“剿总”久久争辩不决。刘峙向来是无主见的，唯独杜聿明自恃兵力雄厚，乘解放军新得济南的休整间隙，采取以攻为守的战略攻势，即争取主动，出其不意地佯攻济宁，目的在“收复济南”，完全是自不量力，蒋介石终于采取了杜的方案。

当东北人民解放军揭开辽沈战役序幕进攻锦州的前几日，杜聿明奉蒋介石命，将郑州放弃，缩短战线，西起商丘，东止连云，机动地集中邱清泉、李弥两个兵团，做北向进攻的主力部队，调孙元良兵团自蒙城、涡阳地区，星夜靠拢徐州。并又调集另一“王牌”部队黄维兵团，自驻马店附近出发，靠拢徐蚌之间，既可策应以徐州做中心攻防战，又企图隔断刘邓大军和陈粟大军的会合。黄百韬兵团则一字横陈于陇海线东段，由碾庄圩迄于海、连一线，企图随时配合邱、李两兵团，机动地向济南进攻。当部署停当之时，杜聿明曾狂妄地说：“只要刘伯承、陈毅的部队不能合流，对他们采取迅雷不及掩耳的行动，有如泰山压顶，是有八九分胜算把握的……不但可以一举收复济南，也可以严重打击尚未休整好的陈毅部队……”

一九四八年十月十五日，杜聿明便要参谋长舒适存率领徐州“剿总”前进指挥部的人员自徐州出发移驻商丘，打算随邱清泉兵团一道行动。除留我在徐州与“剿总”保持联络外，杜本人也已决定亲临前线指挥。邱清泉兵团当时业已按照计划行动，虽然大雨倾盆，主力部队仍向北推进，做封锁运河、黄河三角地带的部署。却不料这一计划尚在开始执行之际，忽传东北锦州被解放军围困，蒋介石慌忙从无线电话中令杜聿明暂缓出发前线，立即到徐州机场等候。

蒋介石乘机过徐州时，停留不到十分钟，就将杜聿明叫上飞机，一同飞北平去了。一时急得刘峙喘不过气来，大嚷：“光亭走了，如何是好，北进谁能做主，真是料想不到的事。”过了两天我请示刘峙，问杜走后前线指挥的问题，是坚决照原计划执行，还是有所改变。他干脆回答说：“光亭走了，谁能指挥得了前线的部队，我已经命令前线的部队停止待命，原计划暂缓执行。”接着又说：“光亭既已新任冀热辽边区总司令，不再回徐州，我正打算保荐宋荫国（即宋希濂）来接替光亭，否则，守徐州的责任重，我个人是担不起的。”当刘峙说这番话的前三天，有着现代化防御工事的锦州，仅在东北人民解放军围攻三十一小时后就攻克了。

正当刘峙企图暂时固守徐州并相机部署南撤的关头，在其直接指挥之下的黄百韬、邱清泉、李弥、孙元良四个兵团，拥有四十余万人的兵力，西起商丘，东止连云港，摆成一字长蛇阵，从战略态势来看，是所谓以徐州做中心的一点两线的机动部署，仍然是杜聿明所谓主动进攻，以攻为守的那个相机而动的长蛇阵。杜聿明调到葫芦岛之后，刘峙不曾改变这一挨打的部署，因为他和参谋长李树正都不曾预料到陈粟大军与刘邓大军未会合之前敢向徐州进攻。后来华东解放军切断了右翼黄百韬兵团与徐州之间的联系，切断了两淮与海连间的联系以及和徐蚌之间的联系，不但徐州右臂被捆绑住并被斩断下来，一字长蛇阵首尾不能相应，连中间段及左臂也只好龟缩到徐州一点，一条瘫痪孤立的死蛇，也就乱窜不得。尤其是当津浦南段徐蚌之间被切断以后，刘邓大军又以一部紧跟黄维兵团之后，主力在宿县，蒙城间布下强大的阻击阵地，迫其既无法靠拢徐州以救黄百韬兵团碾庄圩之围，也无法解救其本身不被各个击破的命运。使横陈于陇海路上的长蛇，有如被切去了头颈，就更显得孤立而不敢离开徐州一步。

黄百韬兵团在碾庄圩做困兽之斗的最后三昼夜中，邱、李两兵团配合空军及装甲车部队并力东援，还曾采用了“火球战术”猛攻，原想一鼓作气，定可解救，却没有料到解放军部队节节顽强抵抗，发挥了高度战斗精神，寸土尺地必争，使国民党“王牌”军付出了极大代价，也难推进。刘峙到前线督战，严令邱、李两兵团在大许家会师而不可得。眼看由徐州出击的部队与碾庄圩困守待援的国民党军相望，炮声相闻，相距不到四十华里，而无法解围。我曾随杜聿明日夜在最前线目睹一切，对于解放军能攻善守的坚强精神，是暗中折服的。当时难以解释两个“王牌”兵团寸步难前的原因，读《毛泽东选集》第四卷后，才了解华东解放军曾使用了一半以上的兵力打援，国民党军指挥部估计过于轻妄。

杜聿明到葫芦岛就任冀热辽边区总司令，待了约十天，到锦州被攻破，自沈阳增援的廖耀湘兵团在黑山全部被歼，连葫芦岛这个立脚点也不得不迅速放弃。杜将第五十二军刘玉章部两个师自营口抢运南撤，还派遣了最后一架飞机，将东北“剿总”总司令卫立煌，东北省主席中之徐箴、高惜冰和军长潘裕昆、龙天武等撤离沈阳。逃窜之前，将岛上的一些建筑物及电灯厂等加以破坏，才唉声叹气地返回南京。

杜溜回南京的当日，蒋介石立即命令他午后飞返徐州。这时，淮海战役已经揭开了序幕：黄百韬兵团与徐州间的联系已经被切断了。杜聿明那时仍旧相信徐州方面兵力雄厚，尤其是邱清泉的第五军，是他自己起家的部队，特别信赖，说是什么“王牌中的王牌”“英雄行险道”“不向虎山行，便打不到老虎”，这些话是他平日的口头禅，经常用来麻痹高级幕僚们。

黄百韬兵团在碾庄圩被歼灭后，徐州右臂已失，徐蚌段早被解放军所切断，杜聿明为了急于打通这条退路，同时又为了抢救黄维兵团免遭各个击破，调集了邱清泉、孙元良两兵团并肩猛烈南攻，连攻两昼夜，一如东援碾庄圩一样，寸步难进。邱、孙互相埋怨，说对方保存实力、不肯牺牲。眼看退路无法打通，而这时黄维兵团初自驻马店附近开动时尚能日行百数十里，在刘邓大军跟踪追击下，行军速度逐渐降低，到了双堆集附近，就被围困得寸步难移，蠕动不得，只有蹈黄百韬覆辙。蒋介石在南京暴跳如雷，一天数次电话，命令杜聿明严厉督率所部驰援，“克日会师于符离集”。每来一次电话，杜即满头大汗，不知如何回答才好，可是“克日会师”的命令，已经过了好几个“克日”，可望而不可即，正如相距不到四十华里而救不了黄百韬兵团一样。从徐州撤退的前一日，杜于上午匆匆飞到南京见蒋，午刻便又飞返总部，蒋指示的“机宜”是：放弃徐州，迅速转移兵力，救黄维兵团之围，达成确保“首都”外围安全的任务。

杜聿明自吹是以神速的行动来去南京，而决定了撤退的大计，连书面的撤逃命令也来不及下，先找邱清泉、李弥、孙元良三个兵团司令到总部，当面传达了蒋的命令，并限于即晚将撤退的部署准备好，于次日拂晓照指定的西逃路线撤退。杜还采取了几件十分矛盾的措施：

第一，严令西撤各部行动保密，务使大军撤退做到神不知鬼不觉，不能使解放军明了撤逃的企图，如有泄露者，军法从事；

第二，令我会同殿后留置部队的李弥兵团，在部队安全撤离城郊之后，彻底破坏集中徐州车站的所有火车头，又令总部第二处处长李剑虹，将图库储存的大量军用地图全部焚毁；

第三，下令给徐州市警备司令谭辅烈，征用徐州市城郊所有公私车辆，供撤退之用；

第四，下令给谭辅烈，将徐州市各公私银行的现金集中，随军押运。

先就上列第一项来说，什么“神不知鬼不觉”的保密，就是自欺欺人。当邱、李、孙回去之后，不到两三个小时内，徐州市面上就出现了一片嘈杂人声。原来是各部官兵在抢购绳索扁担和征用车辆，弄得人心惶惶，谁也知道国民党军要撤退了。就第二项破坏火车头的措施来说，国防部保密局派在徐州的爆破队长张亦东率人往见李弥，李即派工兵营协助，规定在全部军队撤离城郊后，开始破坏。但在执行时竟提早了半天，爆炸之声，远在百里之外，亦能听得清；至于征用公私车辆，隔晚即闹得满城风雨，怨声载道，征用来的汽车为数不多，牛马骡车等便不可计数。至于集中银行现金，当警备司令谭辅烈率员到各公私银行去查封时，一连走了几家，都是风去楼空，不但现金运走了，连职员家眷细软，都已用专机运走了，照时间来计算，他们的行动早在国民党军撤退之前。杜聿明得知此情，不禁拍案大叫道：“老头子（指蒋介石）的钱就是命，连泄露军情都不顾，叫我怎能打胜仗！”

黄百韬兵团被歼灭，黄本人战死的消息，因二十五军军长陈士章的逃出而证实之后，杜感到所恃的“王牌”军已经失掉了自信，但为了麻痹人心，指使总部政工处，不断捏造前线传捷的战报，最可耻的是黄、邱、李三兵团会师于碾庄圩的“捷报”，将业已成了死魂灵的黄百韬照片，与邱清泉、李弥两人的照片，并排刊在报首，四城张贴，路人多侧目而过，谁也不会相信反动报纸的“捷报”是真的。例如又曾指使总部第二处处长李剑虹捏造情报，谓“迫于徐州附近的人民解放军，已全面总退却，我海面登陆部队，已收复海连。自青岛沿胶济线出击的部队，已迫近济南，指日即可收复”等梦呓谰言。例如杜聿明撤逃前，还曾向邱清泉、李弥、孙元良及总部高级幕僚说过：“预料这次迅速决定撤退的行动是成功的，依照共军平日作战的规律，每经过一次激烈的战役，至少有两个月以上的休整，我看共军只可能有一小部分部队留置在徐蚌地区，切断我军的补给线并牵制我军的行动，绝不可能在吃掉黄百韬兵团之后，还未曾消化得了，就有持续作战的能力。兵贵神速，这次撤退的行动正钻在他们大战后的间隙中，达成预定的任务，以退为守，以救出黄维兵团为目的。”听者自然是将信将疑，但也有些高级头目认为杜聿明的判断有些道理，尤以刘峙的办公厅主任郭一予更是深信不疑。临逃窜时，郭还带上一个女职员，陪同他坐上刘峙遗留下来的一部崭新小轿车，开着收音机，夹在逃窜的国民党乱军中行进。

二　徐州撤逃前后

当徐州危急之时，正赶上杜聿明的老母七十寿辰，要在上海“祝寿”，杜本人难以抽身，只好由他的妻子曹秀清在上海主持。蒋介石特派蒋经国到上海贺寿，又馈赠了十万金圆券做寿仪。在上海的党政头目及杜月笙等亲往祝寿，并赠以厚礼。这些情况，曹秀清由电话中传达给杜聿明，杜当时的受宠若惊，是难以形容的。徐州的刘峙早有一番官僚作风的布置，指使其副官处长筹办祝寿仪式。在总部礼堂讲台上悬挂着一个大金寿字，刘峙亲自率领总部高级幕僚及各兵团司令官，向金寿字行三鞠躬礼，还在仪式中当众对杜为人夸奖一番。杜做完答词之后，又表演了京剧助兴。

正当蒋介石决定放弃徐州之日，国民党上海市党部主任委员、CC派方治率领了自称为“上海市民慰劳团”的男女多人飞到徐州前线，并运来了不少慰劳品和白银硬币等慰劳金。当他们到达时，既没有到总部去慰劳，也没有在飞机场慰劳一下空军官兵，而是直接与总部政工处联系，想去慰劳正在向南打通徐蚌线的部队（实际上已停止南打，正准备撤逃）。他们一发现有撤逃的迹象时，便赶忙丢掉那批带来的慰劳品，返回机场逃命。却没有料到空军中的骄兵悍将早已生了气，不但不准他们上飞机，且大兴问罪之师，质问方治为什么不慰劳空军。弄得方治面红耳赤，回答不出话来，只好当面赔礼。后来求助于总部，一再说尽了赔罪的好话，才算准其原机回去。

以杜聿明为首的总部尚未撤离徐州以前，杜曾下令将直属部队编成两个直属纵队，指定由我任第一纵队指挥官，指挥特务团、宪兵团、工兵团、炮兵团、通信团等部队，又指定警备司令谭辅烈为第二纵队指挥官，指挥该警备司令部原属部队和地方部队、机关警卫、留守部队等等。已经编好了序列、指定了集中地点和出发路线等，到了时间，两个指挥官在指定集中地点等候了三个小时，只来了少数主官（如特务团团长、宪兵团团长等）。他们统率的部队，并不曾照命令规定集中，而是抢先尾随在最先头撤退部队之后逃命去了。他们唯恐落伍，甚至各部争先恐后地互相穿插乱作一团，尤以征用来的汽车、骡马牛车等，拥塞于途，欲前不得，加上由海、连及徐州撤逃的机关学校的男女老幼，形形色色，更是纷乱一团，由徐州至萧县不到五十里，自晨至夕，可望而不可即，连杜聿明的坐车也无法开得动，他只好下车跛着腿，在警卫搀扶之下徒步绕道而行。

杜曾严令李弥兵团派一个主力师殿后，留置于萧县附近的山头上，目的在掩护主力部队的安全撤退，阻止解放军的猛追猛打。规定留置部队须留置一天以上的时间，如遇解放军猛追，须顽抗到底。但执行命令的部队，没有等到徐州的部队撤完，也全未遇到解放军的追击，于次日晨即赶忙撤走了。

撤逃中还发生过几桩国民党军打国民党军的笑话，大有“八公山草木皆兵”之势。例如李弥兵团第八军军长周开成指挥下的两个团，于撤退途中的第二天黑夜，在萧县、孟集之间，疑神疑鬼地打了一夜，双方都有严重伤亡，直到天明，才从服装上辨别出来。

从徐州撤逃后的第三天晚间在孟集宿营，总部与邱清泉兵团司令部靠在一起，将孟集所有的民房都驻了军队，后续撤逃的军队在集外露营。由于杜聿明卧室的后面发现了一座宝塔形的建筑物，为总部与邱清泉的兵团司令部的谍报人员所注意，经总部第二处处长李剑虹亲自入内检查的结果，发现在塔内潜伏有解放军民兵数人，携带有手榴弹、手枪一类的武器，这是大家所不曾料到的事，也就由此造成了非常疑惧的气氛。睡到半夜，忽然发现由疏而密的枪声，经查询系特务营警戒兵所发。他们说：“共产党的军队到了，不打不行，大有冲进寨子里来的可能。”连特务营营长杜宝惠（杜聿明的侄孙）也如此胡说一通。杜聿明一夜不曾睡觉，几次打电话要邱清泉调部队来增援，一直闹到天明，连共产党军队的影子也不曾看到。警戒兵一夜乱打的结果，将寨外露营的坦克兵和辎重兵等打死打伤了不少。最后追查责任才发现是一场虚惊，原来是有几名电话兵在黑夜检查线路，相互之间为了联络，喊叫说："来了！来了！"这一喊，被警戒兵听到，便以为是解放军到了，鸣枪乱打，闹得一团糟。

孙元良兵团单独突围的内幕也反映出国民党军当时惊慌失措的情况。自徐州撤退的第六天午后三时左右，杜聿明及其主力部队窜到了永城东北陈官庄地区。杜正打算在贾砦宿营，得到空军侦察报告，说解放军部队分成多路与国民党军竞赛式地尾追，有的已超过国民党军撤逃的先头部队等。杜得报后大为吃惊，立即召集邱清泉、孙元良等会商，一致决定于当日（六日）黄昏六时分途突围。杜聿明便将总部搬到邱清泉兵团司令部一道，好得到掩护脱逃。刚刚六时整，天色已昏暗，便听到孙兵团突围行动已经开始，听到密集的枪声。奇怪的是邱清泉忽然改变了计划，自作主张，下令就地宿营。杜聿明在邱清泉这一自作主张的改变行动下，便问邱："为何不照决定行事？"邱对杜说："一切由我自行负责。突围时将重武器丢掉了，就算到了南京，又怎能交账？"杜竟同意邱清泉的意见，又打电话给李弥，令他也改变计划，就地宿营，待翌日再说。但孙元良业已执行计划而无法改变，该兵团的两个军在突围中几乎全部被歼。孙元良率卫士数人化装逃到武汉，参谋长张益熙在突围时被解放军击毙，只有第四十一军严翊师的少数部队突出重围，在西窜途中也被解放军骑兵冲散。这是在淮海战役第一阶段黄百韬兵团被歼后，孙元良兵团又被歼的简略情形。

陈官庄包围圈中的一个月零五天，人们已成了热锅上的蚂蚁。孙元良兵团的被歼，又给国民党军以严重打击。解放军迅速完成了包围态势，国民党军的粮弹更成了问题。自八月起赶修临时机场，准备空投粮弹，再作突围之计。

空投粮弹救不了国民党军的覆灭。当时在雨雪交加之中，飞机最多一天出动一百二十架次，国民党军的运输机，和"中国""中央"两公司的民航机，几乎全部出动了。由于包围圈小，空投的风向关系，以及雨雪交加，损耗非常之大。只就投粮一项来说，当时在陈官庄包围圈中约有官兵三十万人，就空投一日的最大量来计算，也只够十万人一日所需，仍有二十万人没有吃的。如果平均分给三十万人来吃，就只够每天每人吃一顿。杜、邱大失所望，邱清泉与李弥因空投分配不均吵闹不休。各军师团营之间，也因分配问题闹得水火一般。李弥还曾向南京告状，要求在他那一兵团控制下的地区开辟空投场。试投时，圈圈太小，一投就投到解放军阵地。这样一来，为了能多分配到一点，李弥又放弃原意。杜在大失所望的情况下，只好自宽自解地说："我们有现代化的空投补给，在雨雪交加下还这么困难，共产党军队一定比我们还要困难得多。"

三十万国民党军，被包围在永城东北以陈官庄为中心的一个不到二十华里的框子内，在解放军炮火威胁下日复一日，空投粮弹得不到解决，在雨雪交加的三冬严寒之中，矛盾益形加深，离心离德、动摇瓦解的心理也就更为加重，这一小小的包围圈中，便成了人间地狱。除了一批高级头目吃得饱外，还要随军剧团演唱"贵妃醉酒""白蛇传"一类的京剧助兴取乐。凡吃不饱的官兵，没有不怨声载道的。

邱清泉临被歼前半个月内，他狂妄地夸口说"共产党把我吃不了"。但到了被包围半个月后，尤其是听到双堆集的黄维兵团"王牌"军于十二月十五日被全歼的消息后，他才真正感到局势的严重，已到了九死一生的关头。他还经常算计刘伯承、陈毅两大军团是否能合流的问题，黄维兵团的被歼，解放军兵力之谜便完全揭开了。杜聿明还在假装镇静，成天在掩蔽部中打桥牌。邱则两眼发赤，逢人咒骂，连平日的亲信幕僚，也不敢见他。由于李弥兵团已发现有少数官兵起义或投降到解放军方面去的事，影响军心，朝不保夕。邱公然从电话中大骂李弥，说他"作战不力，统御无方，简直不配背上黄埔学生的招牌"。李也不甘示弱地反唇相讥："杜老总尚且没有申斥过我，你有什么资格敢来大打官腔！"由电话中的争吵发展到不见面，有如仇人。

当时在包围圈中，除了编入建制的官兵外，尚有不少的闲散国民党军人员、机关公务人员以及由海、连、徐州盲目随军而逃的男女学生、市民、地主之类的"难民队伍"，他们既不在建制之内，连最少量的口粮也没有。邱清泉乘机强迫将他们编入部队，编入暂编旅并委任兵站司令耿文哲为暂编旅长。反正在快活活饿死的情况下，只要有点吃的，没有不顺从的。最可怜的是那批盲目而逃的女学生和其他妇女们，便被迫做了"临时太太"。在空投场的周围田地上挖了一个个的洞穴，上面将降落伞张开，远远望去，好像一朵朵的鲜菌长在冰雪之中，内中便是国民党军官和他们的"临时太太"、准备化装逃跑的假夫妻，也是被逼为娼的淫窟所在。

四马路是旧社会形容上海一条最污秽的马路，在包围圈中竟也出现了。几乎一切日用品，以及手表、戒指、手枪、银圆、衣着和柴米等物，都可交换，俨然成了一个闹市。在交换中，充分暴露出弱肉强食的活地狱情况，凡是有物去交换的人，都是为了活命，唯有少数豪强——当然是有权有势的军官们——则利用贪污、巧取来的粮食、大饼、罐头之类的空投品，信口开河地去换取人家贵重之物。当时在包围之下，没有柴火以及其他的燃料，只好连老百姓祖墓里的棺材都掏挖一空，老百姓的房屋也几乎拆光了，于是乎只要有能供燃烧之物，都成为换取贵重物品的交换品。

自徐州撤退时，无法对伤病官兵做适当处理，只好丢下不管了事。在包围圈中，伤病兵越来越多，既没有医疗的药品，也没有粮食，有的几天还喝不到一碗稀饭，也根本无法解决取暖问题，伤病兵天天都有死亡的。有的发臭生蛆，医生护士不敢接近，号哭怒骂之声，令人不忍耳闻。我曾到医院去视察过，曾将医药护理问题请示杜聿明，他说："不病不伤的都顾不了死活，还谈得上他们！只有责令负后勤医务责任的自行想办法解决。"

还有一件异想天开的事：总部办公厅主任郭一予和总部政务处处长左偕康，听说在包围圈东南角、解放军控制的青龙集阵地上，准许真正难民按时来往，以为有空子可钻，密商借此脱围，将包围圈中国民党机关职员及由徐、海撤退的国民党军眷属等，组成一个名为"难民还乡团"的大队伍，用白布做了一面旗子，上书"难民还乡团"字样，满以为这样就可以由解放军封锁线混过去。最先杜认为非战斗人员走一个少一个，听任郭、左两人去办；后来为了通过防守线的放行问题又不得不正式批准，并通知过李弥兵团的防守部队放行。不料这支"难民还乡团"的队伍刚刚通过国民党军防线向前行进之际，解放军方面见大队人马，知道其中夹杂了国民党军高级将领，是突围的诡计，便向队伍密集扫射，而国民党军这方面，又唯恐泄露包围圈中的军情，于是也就一阵乱枪扫射，企图杀以灭口。在双方的炮火下，伤亡不可数计，郭、左两人及最后一批尚未走出国民党军阵地的，见情况不对，马上折返，向杜聿明诉苦。邱清泉于事后知道郭、左企图脱逃，认为丢了"中央军"的脸，要将郭、左两人枪毙。直到我出来为他们两人说了许多好话，那一幕丑剧才没有继续闹下去。

杜、邱两人同样是非常迷信的。邱驻扎在商丘时，老迷信对他不利，因商丘与"伤邱"同音，因此曾多次请求调离与他姓名不利的所在。包围圈中的总部院子内，四围有房屋，正中长着一棵树，有一天杜坐在院内理发，听到孙元良兵团的监察官尹晶天说到那棵树如何不利，杜追问为何不利，尹说：“在四面框框内长着一棵树，不是一个困字吗，难怪我们会被围困哟！”杜也迷信起来，立即要将那棵树砍掉，尹晶天便自告奋勇地砍掉了那棵独木树，还逢人便说：“杜老总要我砍的。我也曾占过卦，从此大吉大利了，共产党围困我们不了！”

在以陈官庄为核心的包围圈中，曾经有过二十天左右的休战。解放军战士天天都在喊话，有的还向国民党军丢送食物。杜聿明并没有认识到解放军正在向国民党军进行争取投降的运动，而错误地估计为解放军“只有包围之力，而无进攻之能”，于是对突围出去抱着相当信心。在两军对峙的包围圈中，竟有不少的轻伤病兵及谍报人员，通过解放军的包围线阵地，来去解放军控制之下的地区购取食物，解放军只清查一下人数，并限在白昼来去。通过这样的休战，发展到少数国民党军官兵与解放军偷偷交往，甚至其中还有前往解放军部队中做客两三天后仍返回部队的事情出现。后来才了解到，在包围圈中几乎布满了解放军的地下工作人员。直到一月九日夜间突围的行动开始，包围圈中的枪声四起，到处都发现联络信号和火光。可见解放军在休战中争取投降运动是有相当收获的。

三　突围前后

杜聿明与邱清泉两人之间的矛盾虽然暂时得到统一，但由于邱清泉一意孤行，破坏了杜聿明十二月六日晚三个兵团同时突围的计划，杜又感到非常不快，可又对他无可奈何。邱清泉在包围圈中，曾一度想赶走杜聿明取而代之，认为没有架在他的头上发号施令的必要。甚至邱在杜的面前，以伪善的面孔正式提出过：“包围圈中一切责任由我来负，你的身体不好，请回南京去为老头子妥筹善策吧。”杜听了这些话，自然是感到难受极了，但又只好假装感激他的面孔说“病不要紧，不忍在困难时离开，要同艰共苦，为党国尽忠尽孝”。邱赶不走杜便迁怒于杜身边的高级幕僚，指桑骂槐地闹得大为不安。后来暂时得到相安，是由于暂时的利害相同而促成的。杜、邱两人看到空投下来的南京“《中央日报》”上，登载陈诚出任台湾省主席的新闻，他们都感到陈诚的登台，对自己很不利，庆幸没有孟浪突围，否则全部重武器丢掉，确实是交不出账。陈诚平日对他们还曾不断打击，何况他是有题可做文章呢，这是杜、邱利害相同之处。

邱清泉、李弥之间闹得互不相见，在孙兵团被歼之后，接着又是黄维兵团被歼，如邱、李再闹下去，眼看是很不妙的。在这种情况之下，杜聿明从中斡旋，企图在包围圈中或突围时多起一点挣扎的作用，便是蒋介石也深深了解邱、李之间的各不相上下，不论在怎样的情况之下，也绝不会调走杜聿明，这也是暂时相安无事的原因之一。但临到突围的前三天，李弥兵团的防线，首先被解放军突破。李弥的指挥部完蛋的时候，邱清泉便又大骂起来，李弥只好躲在杜的掩蔽工事中，整天不敢露头。有关上层国民党军头目间的矛盾倾轧，是一言难尽的。

杜聿明的“三策”上书，当时是极端保守机密的。他工工楷楷地写好，交给参谋长舒适存，飞到南京去“呈献”蒋介石。所谓“三策”，内容大致如下。

第一，在平津相持局面下，东北华北共产党军队未能南下之前，建议集中可能调动的有力部队（其中至关重要的是桂系白崇禧统率下的一部分主力部队），救援淮海，做一次最后的主力决战。

第二，等待空投粮弹的充分补给，加强原地固守为急务，尽可能争取时间，以使“中央”在政治上有所运筹（包括争取美援，等待和争取国际环境的变化与制定对中共的新决策等）。

第三，选定适当时日，听令作全线总突围。

杜聿明两度派参谋长舒适存飞南京见蒋，蒋不曾与舒直接提到“三策”的事，只是在第一次由国防部第三厅厅长郭汝瑰陪同去见的一次，问到包围圈的情况，随后竟将郭汝瑰支走，写了一张“手谕”交给舒，嘱咐他立即到联勤总部去查询，有多少库存的防毒面具，克日押运回部。舒返回陈官庄时，随运输机押运了约八百具防毒面具回来，以备突围时用。在舒返回的同日，蒋又曾空投给杜第二封亲笔信，大意是指示照“第三策”做积极突围的部署。除此就是老一套的训勉，如何以“党国”为重，“为帅为将之道要身先士卒，甘冒矢石”，以及“如何提高士气”“振奋军心”一类的老调。

自从十二月十七日传来黄维兵团于十五日被歼的消息后，真可以说是晴空霹雳，国民党军首领异常震惊，此事已在包围圈中传遍了的时候，杜、邱、李还在下令严守机密，唯恐因此动摇军心，事实上对峙中的解放军的广播器和喊话队，早已将黄维兵团被全歼的情况传了出来。同时也预料到解放军第二步进攻的行动眼看就要到来，突围的部署也就更加迫切。

按照杜聿明幻想中的第“三策”突围计划，实际上是全部落空。粮弹问题，空投无望。士气呢，经过解放军进行劝降宣传，也已经颓唐得毫无斗志。对突围的唯一幻想，便只有寄托在陆空联合作战，施放瓦斯弹之一途。

空军总部作战署副署长董明德曾飞陈官庄和杜聿明商定陆空联合作战计划，董在陈官庄停留了一星期，所商定的计划不曾见诸书面，只知计划的重点是由空军大量投放瓦斯弹，掩护主力部队突围。

杜聿明与董明德于突围前一周内，曾分别到邱、李两兵团开过会，并向官兵讲话，内容是麻痹官兵依恃毒气弹掩护突围。“有美国杜鲁门总统支援我国，大有前途，什么也不怕。”又说，“南京蒋总统已准备好了六十个美械团的装备，谁先冲破包围圈到达南京，就先装备谁。”

由徐州早已逃到蚌埠的刘峙，于突围前一周，亲自飞临陈官庄上空，在无线电话中与杜聿明、邱清泉、李弥等做一番打气的谈话，当时官兵传说是“送终”的讲话。

以上所述，都是突围前的准备行动，一直纷纷扰扰地闹到一月九日的下午，由于李弥兵团的全部防线被攻破，形成了土崩瓦解的情势，是不突围也被迫突围的时刻到了。

八日拂晓到九日下午四时前后，人民解放军发动了全面总攻。李弥兵团一攻即垮，邱清泉兵团除了第五军还能支持一下外，其他各军究竟能支持多少时日，即使国民党军头目也全无一点信心。因而邱清泉便丢掉了杜聿明的指挥部不管，缩到了第五军军部，企图在逃窜时还有一个可靠的部队做掩护。杜聿明眼看连指挥部也蹲不住了，也只好一同缩到第五军军部，指挥部的事交给我负责（此时参谋长舒适存第二次飞南京未回）。这时各自逃命，作鸟兽散，还有什么照计划实施呢！九日晚十点钟左右，解放军的炮火，从四面八方集中向第五军军部轰击，包围圈中几乎遍地都是枪声和火光。我选择了一个空坪地上的冰窖作为徐州“剿总”的临时指挥部。当夜十二时整，杜来过最后一次电话，说他已决定执行“第三案”（即向蒋上书中的第三策），已电告南京了，要指挥部的全部人员到第五军军部随他行动，当我们在密集的炮火中赶到第五军军部寨子外时，才知道杜、邱二人挂了电话就窜逃了。特务营营长杜宝惠在寨子外号叫了一阵，也全找不到影踪。杜的机要秘书冯石如从公文皮包中找出杜的“三策”上书原稿、蒋介石给杜的亲笔信以及其他机密文件，在火光照明之下，撕成碎片，临风吹散。指挥部的人员知道杜已经随第五军逃窜，大感失望，于是乎谁也顾不了谁，在炮火中打圈圈。他们估计到主力部队突围是无望的，大势已去，因而尾随于乱军之后，冲到东南角约二十华里处小河边停下。

十日拂晓，枪炮声稀微，我率一些卫士坐在一处沙地上，被解放军发现，没有开枪就当了俘虏。天明以后，解放军开始清扫战场。除较远的东南角方向尚有密集的枪炮声外，西北方业已沉寂。国民党军运输机尚在更轮番地飞临陈官庄上空投掷粮弹，他们不知有突围的行动。直到同日八时许指挥部被歼时，犹见国民党军的轰炸机群在上空盘旋，投下重磅炸弹不少。由于相距较远，具体情况不明，料想是在执行所谓“第三策”计划，凶恶地投掷瓦斯弹，那时在较远的东南方向，枪炮声已极稀微，即使投下了大量的瓦斯弹，在国民党军作鸟兽散的总崩溃情形下，也不可能起什么作用了。

关于国民党军使用毒气弹的情况

张干樵*

一九四八年十二月十九日，蒋介石派空军总部第三署副署长董明德由南京飞往陈官庄包围圈，传达蒋介石以空军施放催泪性毒气弹（电文来往均伪称为甲种弹）支援突围的计划，并与杜聿明协商陆空联络事项及大量轰炸机、驱逐机掩护部队突围。当时陆空联络协定规定的大意是：

（一）突围作战开始时，空军以B-24、B-25式轰炸机及P-51式驱逐机每日一百架次，支援地面部队作战并沿部队前进路线，掩护两侧安全。

（二）步兵进入攻击准备位置后，即发出红色信号弹三枚，飞机获此讯号，立即投下毒气弹，随即将机翼上下摇摆，表示投弹完毕。地面部队乘解放军双目暂时失明之际，一举突入并占领解放军阵地，然后地面部队发出绿色信号弹三枚，以后即按此要领实施。

预定十二月二十日董明德、舒适存回京向蒋介石复命并获批准之后开始行动。作战命令均已下达，但由于从十九日夜起连降大雪，董明德不能飞返南京向蒋介石复命。在此期间，南京方面曾根据杜聿明的请求，空投防毒面具（电报中称草帽）两千余套发给各军使用，并予以防毒训练，以免中毒。直至三十日雪止天晴，董明德与杜的参谋长舒适存一同飞返南京，筹划部署，舒适存专门留南京负责空投事宜。到一九四九年一月九日正式开始行动，空军在陈官庄西北面匆匆投下毒气弹，使邱、李两兵团乘势占领了三四个村庄，解放军的损失情况不详。当日上午空军副总司令王叔铭飞抵陈官庄上空，与杜聿明通话，告知保证有飞机百架次参加作战。上午九时，飞机在陈官庄附近投下大量金圆券。至于飞机参战的具体情况我不了解。

---

* 作者当时系国民党徐州“剿总”前进指挥部第三处第一科上校科长。

陈官庄地区空投记

程藩斌*

我于一九四八年十一月中，由空军总部借调到联勤总部运输署工作，主管空运业务。到差后即碰上淮海战役的空投任务，先向碾庄圩地区黄百韬兵团上空空投，继向双堆集黄维兵团上空空投，最后向陈官庄地区杜聿明集团上空空投。三次空投以向陈官庄地区空投规模为最大，本文所记述的就是向陈官庄地区空投情况。

杜聿明率领三个兵团及配属部队、家属等（连同随逃群众），三十多万人马，浩浩荡荡离开徐州向南京方面撤退，企图与第六、八、十二兵团会师共同完成守江固淮屏障京沪的战略任务。几天后就被解放军围困在徐州西南陈官庄地区，无法继续行进。粮弹物资必须靠空投补给才能生存下去，否则前途不堪设想。

为了抢救这支“王牌部队”，蒋介石不惜牺牲一切，唯一办法就是空投。杜聿明要求空投补给的电报如雪片飞来。根据要求每日空投粮食肉类等二百四十吨，弹药、物品及其他物资一百六十吨，共计四百吨。按物品数量，每日需飞机一百二十架次。以空军两个空运大队为主，还租用中国、中央、陈纳德三个航空公司的运输机参加。调动所有水陆交通工具、车辆、人力，将所需的物资，日夜不停运往大校场机场备投。大校场各类物品堆积如山，车辆人员往来如梭，运输机一架接一架起飞，联勤全部有关署司，空总及国防部第三、四厅各方面直接、间接为空投服务的，估计有数万人之多。简单一句话：全力以赴，挽救摇摇欲坠的统治。空投数量之多，动用人员之广，在中国战史上开了新纪元，我也是

---

* 作者当时系国民党联合勤务总司令部运输署空运勤务司中校副司长。

第一次遇上这样大规模的空投。部署工作，催送物资，一天得去大校场几次，尽管各方面通力合作，但也忙得头晕眼花，午夜还不得休息。后来我建议在机场设立空运指挥部，赵桂森[①]当即批准，调分监陈可为指挥官，临时配给分站、仓库、办公人员，这样才使我们喘过气来。

空投头几天，天气也凑巧，飞行员也齐心，每天空投粮食、弹药数量虽然未达到预计数，但最多的时候也有三百多吨，飞行达到百余架次。这不过是其中一两次而已。以后逐渐减少数量，到每日百十吨。最头疼的是每日投出数量与收到数量相差很多。当天必得将空投品名、数量以及陈官庄电报收到实量，向侍从室列表汇报。数量不符，查询原因。申斥、军法从事、官腔充耳而来，初有些惶恐，听惯了也就自然了。国防部管不好，由侍从室直接指挥，派王叔铭、蒋纬国亲自在机场监督，但效果并不见有何推进。为了查清投、收量出入原因，对飞行员进行投物技术的调查，将纬国、王叔铭带我等飞临陈官庄上空了解。蒋纬国代表蒋介石在上空用电话向杜聿明及全体将士问候。陈官庄非常热闹，周围都是各色投物伞架起的帐篷，乌烟瘴气，光怪陆离，知道的是一个大战场，不晓得的还以为是赶集的市场。陈官庄内人来人往，壕沟外难见人迹。飞机在一千米上空，顺风投下物品，有大部分落在投物场附近，有一部分落在边界，还有的随风飘落在境外。陈官庄空投场狭小，应低空准确空投，才能收效大，有些飞行员低飞怕射击，通过上空不管准确不准确就按电钮投出，这样场里外都投到，真是内外都补给了。投多收少原因也在此。当时有人向郭忏开玩笑说："悔吾，你真是名副其实的联合勤务总司令。"

杜聿明来电，将大米改投大饼、饼干、罐头等熟食，除药品外其他不要。一声令下，南京市内外，句容、汤山等处，做大饼的、做白案的、制饼干的工厂和作坊都集中日夜赶制大饼、饼干。那几天，天不助兴，早晨有雾，雾收就变成低云，无法空投。民航大部分撤出，只有空军负担。天气好，投几十吨，不好就无法投，这样断断续续一直维持到杜聿明全军崩溃。

蒋介石派了一架小飞机，降落在大投物场，想把杜聿明接出去[②]，而杜却派了他的参谋长舒适存飞京面报战况并催投补给。在国防部第四厅召开了座谈会，专谈补给问题。我也参加了这个座谈会，概略记得舒的谈

① 赵桂森当时任联勤总部运输署署长。

② 据查，蒋介石曾想把杜聿明接回南京，但杜婉拒了，故没有派飞机去接杜。

话。舒说：“陈官庄的骑兵变成步兵了，马早吃光了。陈官庄能烧的都烧光了，木桥和棺材也光了，大米猪肉无法煮熟，需要的是大饼和罐头，希望投大饼时用投物伞，免得碰到地面都成了碎末。陈官庄有大小两个投物场，投下物品，部队、家属都抢，有被物品压死的，有的在争夺物品时相互对打的，有开冷枪射击的。每天这样伤亡的就有好些人，禁也无法禁。李弥、邱清泉两司令官为此有意见，对粮食分配也常发生争吵，杜聿明成了他们的传话机了。”我心想，以往一般投粮食用三层麻袋，不能用投伞或投箱，如果用投伞，莫说一个投伞制造厂，就是十个也赶不上供应。

一九四九年元旦，并没有给蒋介石带来任何欢乐，据说官邸圣诞节也只草草点缀。大人先生们一反往例，谁也不敢擅离职守去上海寻欢作乐。秦淮河畔歌声虽炽，但官僚们敛足不前。我是守着电话机，哪管门外春。元月六日，解放军四面发动总攻，空投无法进行。蒋介石派空军助战，企图阻挠，十日噩耗传至南京，杜聿明以下想必全被俘虏。举世闻名的淮海战役至此终结。

淮海战败，危及南京，当时混乱到不可收拾，物价飞腾，金圆券大贬值，人心惶惶，不可终日，国民党集团内部发生矛盾和争吵。有许多“有志之士”，不知是对蒋介石不满，还是恨铁不成钢，自己又没有挽救危亡的能力，只有约齐一大群人，到中山陵痛哭一场了事。

淮海战役中蒋介石和白崇禧的倾轧

宋希濂*

一 第十四兵团的组成与防守鄂西

一九四八年八月，南京政府国防部发表我为华中“剿总”副总司令（总司令白崇禧）兼第十四兵团司令官。是月下旬，我由南京到汉口，向总司令部了解华中方面的一些情况并洽办一些事务后，于九月中旬到了沙市，组设第十四兵团司令部。

国防部赋予我的主要任务是防止解放军入川和在鄂西地区渡江。基于此，我感到必须于一定时期内肃清在汉江以西地区活动的共军力量，使鄂西北地区成为一个安定区，充分利用四川、鄂西的丰富资源和人力，培养实力，这样东进可支援武汉，西进可规复中原。这是我当时昧于时势、不切实际的幻想。

为了肃清共军，一九四八年十月我将兵团司令部移到荆门。十月二十四日，我在荆门接到蒋介石自北平发来的一个电报，叫我到徐州去担任徐州“剿总”的副总司令，二十五日又接到国防部发表正式调职的命令，当天晚上刘峙（徐州“剿总”总司令）来电表示欢迎，他的办公室主任郭一予等亦以同学关系来电欢迎并促到任。我对于这个新命，感到十分彷徨。当时我对于华东解放军的情形不了解，自然是踌躇的一个因素，但这不是主要的。我所最担心的是考虑到指挥上的困难。徐州“剿总”所辖的部队为邱清泉、孙元良、黄百韬、李弥四个兵团。李弥是我的旧部，人颇浑厚，黄百韬也较为踏实，我估计这两个兵团在指挥上是不会有

* 作者当时系国民党华中“剿总”中将副总司令兼第十四兵团司令官。

多大问题的。孙元良为人虚伪狡诈，个人利害看得超乎一切，我是深知道他的；邱清泉骄横跋扈，狂妄自大，向来目空一切，听说在豫东战役，他连蒋介石的亲笔命令都拒不执行。孙、邱这两个人是很难对付的。而邱清泉兵团又是淮海战区中的骨干。这样，怎能指挥得得心应手呢？同时，七月间我在南京开会时，有位"中央通讯社"的记者雷渊澄（一九四六年在新疆我就和他认识）曾来我家访谈。他告诉我，他在徐蚌一带住了半年，最近才回来。我问他那边情形怎样，他说："前途很不乐观，军事上我军完全处于被动，对于共军行动，几乎是个瞎子，而共军对于我们，则了如指掌。尤其糟糕的是政治上的腐败无能和军队纪律太坏，弄得老百姓怨声载道。"他还对我举过好些事例。我回想起他的话，也成为我踌躇的另一个因素。

综合上述这些原因，我和几位高级幕僚几度研讨，并经过一天的思考后，觉得与其贻误于将来，不如慎之于事先，因此决定辞受新命。以"到鄂西后情况渐明，正在做种种规划和积极部署以及自己对徐州方面情形不熟悉"为理由，于二十六日电蒋介石及参谋总长顾祝同请求收回成命，并婉复刘峙及郭一予等。蒋介石于二十七日又自北平发来一个限一小时到的电报，记得内容大意如下："某电悉。吾弟到鄂西后的种种规划，颇为妥善，深洽余意。惟今后战争重点在徐蚌。徐蚌为首都门户，党国安危所系，希吾弟毅然负此艰巨，迅即赴徐与刘总司令及各将领妥善部署，勿再延迟为要。"这是一个严厉的命令，再也不能说辞不受命的话了。我乃于二十八日复蒋介石一电，大意如下："某电奉悉。将此间事务稍加料理后即赴京转徐。唯有一事不能不事先为钧座呈明者，徐州方面以邱清泉兵团为骨干，邱为人骄横跋扈，目空一切，与友军不能和衷协调，如万一将来再发生类似豫东战役的情况，以致贻误戎机，则所关甚大，谁负其咎……"电文发出后，我将诸事料理后，于十月三十一日率一部分人员由荆门到沙市，候船东下，即在当天晚上接到蒋介石自南京发来一电，原文大意如下："已决定派杜聿明前往徐州方面负责，吾弟可仍供原职，希按原拟计划，积极实施为盼。"第二天国防部也来电，正式收回成命。

二 徐州被围，白崇禧阴谋反蒋

一九四八年十一月六日，华东解放军以雷霆万钧之势，迅速南下，在碾庄圩地区，截住了西向徐州靠拢的黄百韬兵团，摆好了聚歼的阵势。中原野战军之一部斩断了国民党军交通中枢津浦路的徐（州）蚌（埠）段，控制了徐蚌间的广大地区，另一部向陇海路山地区实施钳击，割裂了商丘刘汝明绥靖区和砀山邱清泉兵团之间的联系。南线徐蚌间的解放军部队，又由南向北，直逼徐州，迫使邱清泉、孙元良两兵团南面迎拒解放军，不敢东援黄百韬。至此，徐州外围完全控制在解放军手中。诚如蒋介石自己所预料到的，为中国四大家族的“党国”存亡所系的淮海战役序幕揭开了。

徐州被围，蒋介石和国防部惊慌失措，手忙脚乱，迅即命令当时集结在平汉线上确山、驻马店一带的第十二兵团（兵团司令官黄维）火速东援。人民解放军已在淝河与浍河之间布置了一个巨大的口袋，等待黄维兵团钻进这个口袋。

东进的黄维兵团，在解放军的严密监视下，于十一月二十二日进到南坪集附近，遭到解放军的阻击，伤亡颇大。黄维以其主力强渡浍河，企图击破解放军的阻击，迅援徐州，但是他的希望完全落空了。十一月二十二日黄百韬兵团被华东解放军全部歼灭，给黄维心理上以极大的震动和恐惧；同时，黄维渡过浍河后，发现解放军的大纵深阵地，知道已钻进了口袋，乃于二十四日下午命其主力向浍河南岸退缩，企图退到固镇去和李延年兵团靠拢。解放军乘其混乱之际，猛力合围，将黄维兵团的十二万人马压缩在以双堆集为中心，东西长二十华里、南北宽十五华里的地区内，形成了一个严密的包围圈。

这时的蒋介石，真是同热锅上的蚂蚁一样，急得直蹦乱跳，他的本钱快要输光了，已无可调之兵了。当时除在平津地区由傅作义指挥的部队约五十万人实际上也已处于被包围的状态外，长江以南的广大地区内，没有一个完整而又较有战斗力的军，仅仅只有几个新兵编练司令部新成立的一些部队和残破得很严重正在整补的几个师，这是完全不能参与战斗的。所剩下的，就只有白崇禧的张淦兵团、胡宗南所属的几个军和我所指挥的几个军而已。蒋介石曾计划空运胡宗南所属的第一军到徐州，经空军总司令部研讨后，认为没有这样大的空运能力；同时胡宗南亦表示不愿把他唯一独存的骨干部队调走，因而作罢。就这样，国防部于十一月下旬的一天（确切日期记不清楚），连发几个“限半小时到”的电报，调我所指挥的第二十、二十八两个军立即开武汉集结，待船东下。第二十军军长杨干才是四川人，他的部队属于四川军阀杨森的体系，军官和士兵绝大部分都是四川人。他们接到东调命令之后，情绪很颓丧，杨干才对我说：“我们队伍开到鄂西后，大家很高兴，因为靠四川近，现在又要东调，官兵们都不愿去。”我除了安慰和勉励他以外，还能说什么呢？

当时王凌云所指挥的第二、十五两军及三个纵队，已大部分到达老河口、襄樊一带，方靖的第七十九军主力到达了宜城、南漳、保康一带。我命令第二军继续南下，开到荆门、十里铺、江陵间地区集结。

大约是在十一月二十七日或二十八日，蒋介石发来一个“限半小时到”的电报，叫我和王凌云立即到南京去；另由武汉方面转来的电话，也是同样的指示。我即以电话通知尚在襄阳的王凌云，要他到荆门来一同走。在下午四时左右王凌云到来了，我们同乘车于当晚到了沙市；等到第二天下午才搭上一艘小的轮船东下，于三十日下午二时左右到了汉口。三时我和王凌云往见白崇禧，我向白汇报了鄂西北方面的全部情况，王凌云汇报了他所率部队南移的经过和到达的位置，还谈了一些关于全国的军事形势及徐蚌方面的紧张情形；并商定次日（十二月一日）上午由总部通知空军第四路司令部派飞机送我们去南京。

当我们辞出时，白崇禧说还有事要和我谈谈，叫我留下。王凌云走后，白引我到他的办公室（原先是在会客室谈话），他亲自把门拴上，然后和我同坐在一条长沙发椅上。他开始问我：“你看目前的形势怎样？”我答：“很紧张，很危险。”白说：“是的，情势确实很危险。东北几十万大军全部消灭了，而且这些部队大部分都是美械装备。共产党得了这样一大批精良的武器，他们有的是人，很快就可组成很多的部队。东北工业发达，物产丰富，更可大力支援军事。不仅这样，他们后面还有俄国人的帮助。林彪大军一进关，局势就更不好办了。”我插进一句问他：“总司令看林彪大军马上就会进关，还是要在辽沈战役结束后有一个休整时期再进关呢？”白说：“我看很快就会进关来夺取平津，因为林彪部队的主力，实际上早已在锦州一带集结了。”

紧跟着白就把话题转到主要方面来了，他说：“徐州方面，黄百韬兵团已在碾庄圩地区全部被消灭了，徐州被围，黄维兵团亦已在双堆集附近地区被围，正打得很激烈。现在总统电召你们到南京去，一定是要调你这个兵团东下增援。这样，武汉地区就仅剩下一个张淦兵团和鲁道源、张轸、陈明仁等几个军而已。而这些队伍，除第七军、第四十八军（属张淦兵团）较有战斗力外，其余多半是临时编成，新兵很多，是没有多大战斗力的。你的部队再调走，武汉地区就显得更加空虚。共军陈毅、刘伯承两个野战军合起来兵力在一百万以上，他们还有许多地方武装力量。把你的队伍调去，恐怕也不能解徐州之围，而且时间恐怕也来不及了。”我问白：“依总司令之意，应该怎样办？”白站起来，走到墙上挂的一幅大地图面前，以很兴奋而又带有几分自信的语气说：“我们如保有武汉，必要时可同共军进行和谈，即万一武汉保不住，亦可退据湖南、广西、云贵及四川一带，保有西南半壁，以和共军抗衡。只要能拖延一个时期，国际局势一定会起变化，我们将来可得到大量的援助，主要是美国的援助，则事情还大有可为。”这样，就把他的企图完全暴露出来了。我听了他的话，低沉地思索了一下，觉得他的意图很明显，就是希望蒋介石仅存的主力部队在徐蚌地区被消灭，到那时，蒋介石非滚蛋不可。蒋走后由李宗仁取而代之，这正是四月间伪副总统竞选时，桂系使用了种种手段和大量金钱要李宗仁当选的目的。我心想，那时成了你桂系的天下，哪里还有我宋希濂的地位呢？

于是，我也站起来，以严肃而认真的态度对他说：“‘忠臣谋国，百折不回，勇士赴难，万死不辞’。今时局艰危，到了极其严重的关头，如果大家同心协力，同舟共济，或尚可撑持一个时期，以待国际形势的变化。这样，在长江以南编练的第二线部队也可陆续使用。记得民国三十五年（一九四六年）三月在重庆开国民党二中全会时，总司令在会上曾说，如不迅速遏制共军在华北和东北地区的发展，就会形成南北朝的局面。现东北已全部被共军占领，平津亦岌岌可危。如目前在徐蚌一带的主力再被消灭，恐欲求成为南北朝的局面亦不可得了。还是请总司令从全局着眼考虑问题。至于从我个人的情绪来说，我希望不要离开鄂西，尤其不愿意把我的部队分割使用，但目前总以救大局为主。”

白听了我的话以后，狠狠地望了我一眼，他沉默了一会儿，然后说：“这样吧，明天你先到南京去，多了解一些徐州和黄维兵团方面的情况。如形势已无法挽救，去亦无补于大局，最好向总统及顾总长请求免调。”

第二天（十二月一日）上午十时，我和王凌云坐着空军派定的一架专机飞往南京，十二时左右在南京光华门外飞机场降落，真没有想到蒋介石已派了总统府军务局局长俞济时在机场候迎，因为以往无论是到南京或重庆以及其他地方去见蒋介石，是从来没有受过官方接待的。我们同乘着一辆汽车直赴蒋介石官邸，刚进入会客室，蒋介石就从楼上走下来了，并且和我及王凌云握了手。这也是生平以来第一次，蒋介石对我们这样的部属和学生是从来不握手的。

坐下后，蒋介石就问王凌云部队到达的位置及部队的实力情况，王凌云如实报告。接着我将鄂西北地区的概要情况和第二十、二十八两军的开拔情形及第七十九军到达位置报告后，蒋介石就说："这次叫你们来，主要就是要把你们兵团的全部力量东调来增援徐蚌地区的作战，来挽救目前所处的不利形势。自黄埔建军二十多年以来，我们革命事业的危机，从未有过如今天这样的严重。现在徐蚌地区所进行的决战，关系党国的存亡。希望你们的部队尽速东开，加入战场后，先以全力解黄维兵团之围，然后再会同徐州的部队，击破共军，稳定战局，巩固首都和长江以南地区，这是非常重要的。望你们淬砺奋发，鼓舞士气，务要取得这一决战的胜利。"关于部队的调运办法及补给等问题，蒋指示说："等一会儿我告诉顾总长（顾祝同），今天下午开个会，叫有关的单位负责人都来参加，商讨办法，最要紧的就是越快越好。"从他的态度和言论上，可以看出他焦灼不安的情绪。

由于在飞机场时我就对俞济时说过，我有重要事，要和校长单独谈，所以蒋介石就让王凌云先走，把我留下。送走了王凌云后，蒋引我到他的办公室，坐下后我就将在汉口见白崇禧的情形和谈话内容向他报告。蒋全神贯注地倾听我的汇报，对于每一段话，每一细节，以及白崇禧当时的表情，都问得很详细。我汇报完了后，蒋说："好，我知道了，你答复他的话，说得很得体。"

十二月一日下午三时，国防部召开会议，参加的有参谋总长顾祝同，次长林蔚、萧毅肃，联勤总司令郭忏，空军副总司令王叔铭，以及和作战运输补给有关的厅长、署长、处长等，加上我和王凌云共十余人，由顾祝同主持，商讨将第十四兵团全部东调的问题。首先讨论的是将第二军和第十五军由老河口空运南京后再车运蚌埠集结的问题，这是顾祝同亲自提出，说是总统指示要这样办的。空军总部方面主管运输的一位署长，就能调用的运输机数目、每架运输机的载重量和能装运的人数，往返一次所需要的油料数量，以及每天最大限度能往返的次数等，做了详细的说明。老河口机场没有一点存油，如要飞机携带往返油料，则装运量就要大大减少。最后的结论是空运这么多的部队，没有这样大的空运能力，这个计划是不能实现的。接着研讨轮船运送的办法，即是这些部队由老河口、襄樊地区步行到沙市集中，由沙市乘船到汉口，再由汉口轮运到浦口然后再转运蚌埠（长江冬季水浅，汉口到宜昌，只能航行较小的轮船，所以要换船）。联勤总部运输署署长（记得是赵桂森，但不能确定）说，现在集中最大限度的运输力量，将第二十八军及第二十军运到浦口，最快也要到十二月十二日才能完成任务；如再运三个军（包括在最后的第七十九军），就得到年底或来年一月初才能运送完毕。这时，会上有人主张部队以急行军的姿态向蒙城前进，但计算行程，最快要二十天，同时在中途可能不断地遭到解放军的阻击，就会更耽搁时间，这个意见被否决了。又有人主张部队以步行和船运两种办法，尽速向武汉集中，并以一部分由火车运输，即是经粤汉路、浙赣路、沪杭路、沪宁路运到南京，再由津浦路转运蚌埠。这个意见，暂时保留，俟部队集中汉口后看情况再定。关于部队调运的办法，会议决定主要是依靠船运，责成主管运输的机关，尽最大的努力来完成这个任务。会上还讨论了有关补给及其他的一些次要问题。这次会议从三时开到七时才结束。

晚上八时半，蒋介石叫我和王凌云去见他。蒋对王凌云说：“明天一早派飞机送你到老河口，你要督促部队迅即开沙市集结待运。”又对我说：“你暂时留在南京，和顾总长、俞局长经常保持联系。”

三　白崇禧力阻第十四兵团东调

一九四七年六月，当人民解放军刘（伯承）邓（小平）大军渡过黄河，进入大别山地区，威胁武汉和长江中游安全的时候，蒋介石感到万分惊恐，急忙调集了三十多个师，指派国防部部长白崇禧设立指挥所于九江，来对付这个新的严重的局势。

白崇禧由一个有职无权的国防部部长来直接掌握兵权，这是他梦寐以求的愿望。但他的野心很大，当然不会满足于这一个战区的指挥权。他在九江指挥所时，一再向蒋介石建议，将武汉行营（主任程潜）、徐州绥署（主任先为薛岳，后为顾祝同兼）两个机构统一指挥。蒋介石恐其兵权太重，尾大不掉，难以控制，没有答应。到一九四八年四月伪国大进行丑态百出的剧烈竞选，李宗仁当选副总统后，桂系军阀如虎添翼。白崇禧利用当时风雨飘摇的局势，以指挥便利为理由，将其指挥所移驻武汉。这样就形成了两个高级指挥机关——程潜的武汉行营和白崇禧的国防部指挥所，而指挥权则掌握在白崇禧的手里，实际上就是逼走程潜和硬要武汉地盘。蒋介石对此毫无办法，最后只有将武汉行营撤销，调程潜为湘赣绥靖公署主任兼湖南省政府主席。蒋介石迫于形势走这一步棋，一方面是为了应付程潜，另一方面也是想利用程潜在湖南的地位来牵制白崇禧。

白崇禧取得武汉地盘后，日益图谋倒蒋，使李宗仁得以取而代之。他在军事上除张淦兵团（共有四个军）为桂系的基干部队外，还多方拉拢河南的张轸（张轸那时任河南省主席兼信阳绥靖区司令官，有一个军和一些保安团队）、鲁道源的云南部队（鲁道源当时任第五十八军军长）及陈明仁等（陈明仁当时任武汉警备司令，陈自在东北四平街战役被撤职后，对蒋介石、陈诚心怀不满），在政治上则尽力拉拢湖北、河南、安徽等省的参议员。

桂系军阀李宗仁、白崇禧等早就存有使蒋介石集团与共产党打起来，打得双方精疲力竭，两败俱伤，他们就可从中取利的企图。例如抗日战争胜利后，我同白崇禧有过几次谈话和听过他几次公开的演说，他都是痛骂共产党，反对和谈，认为对中共的问题，除武力外，别无解决的办法。

经过两年多的战争，削弱蒋介石力量的目的是达到了，但蒋介石的主力尚未完全消灭，白崇禧是绝不肯放弃这个机会的。他知道蒋介石的本钱，只剩下以第一军为基干的胡宗南集团，以第五军为基干的邱清泉兵团，以第十八军为基干的黄维兵团，加上其他一些没有多大战斗力的部队。他希望看到这些部队的溃灭，更不愿将他已经掌握在手的部队调去解围，因为这是同他的企图相违背的。

第二十八军首先从鄂西开抵汉口，白崇禧就表示不让调走，经顾祝同亲自以电话疏通，白知道这个军的人事和顾祝同有着历史渊源，才勉强同意调走。紧跟着第二十军也开到了汉口，白崇禧利用这个军多系四川人，官兵不愿东调的情绪，唆使杨干才向国防部请求免调，同时白亦向国防部发牢骚，说“你们把部队都调走了，武汉还要不要”等一类的话，并命令运输司令部，非有他的命令，不许装运。国防部一再以电报电话催促，白都拒不执行，形成僵局，经顾祝同派第三厅副厅长许朗轩飞到汉口见白，并经许的老师徐祖贻（华中“剿总”参谋长）从中斡旋，白才答应让第二十军调走。

现在轮到第二军了。这个军于十二月八日后陆续到达沙市集结，待轮开汉。其先头部队的第九师，则已于九、十两日先后到达汉口，正拟装轮东运之际，白崇禧突派亲信率其警卫团的武装部队将轮船看守起来，不许装运。国防部的电报，顾祝同的电话，都被白崇禧顶回去，任何好话疏解，都毫无效果。东线的战况是那样紧张，真是盼望救兵如救火一样，而武汉方面却是多方留难。这把蒋介石急坏了，便亲自拿起电话机同白崇禧通话。一开头双方态度还较好，蒋对白说明东线战况的需要，希让第二军即日东下，白则以武汉重要，说华中地区部队太少，不能再调。说来说去，双方态度越来越坏，蒋骂白不服从命令；白说“合理的命令我服从，不合理的命令我不能接受”。双方交锋了几十个回合，一次电话讲了半个多钟头，毫无结果。蒋介石气得满面通红，胡子都翘起来了。他将电话机使劲往桌上一摔，用他那宁波土话，骂了一声“娘希匹”。白崇禧命令集结在沙市的第二军部队不许开汉，同时并命已经到了汉口的第九师仍开回沙市去。这样一来，其他的部队自然更不能调了。

十二月十二日蒋介石对我说：“这样吧，你还是回到沙市去，把鄂西、湘西地区好好经营一番，借以屏障四川。可在那边新成立一些部队，你去找顾总长、林次长商谈一下。”

四　蒋介石的几副面孔和一幕丑剧

蒋介石有着各种各样的面孔。在我同他二十多年的关系中，经常见到的是他那种威严十足，凛不可犯的面孔，把自己打扮为一个天生的伟大人物。认为自己的意志就是“上帝”的意志，认为自己的话就是“圣旨”。另一种是他那踌躇满志，得意扬扬的面孔，当他取得某种胜利或形势对他有利时，他便会冲昏头脑，乐不可支。例如日本宣布无条件投降后，他窃取人民胜利的果实，在重庆举行的一次庆祝抗战胜利大会的游行中，他神气活现，几乎笑得合不拢嘴来。另一种面孔是他逢迎他的主子——美帝国主义分子如马歇尔、魏德迈等的一副谄媚相，充分暴露他那大流氓的奴才面目。再一种是事情不如他的心意，或有人触犯他时那种怒气腾腾的面孔，时常指手画脚地骂个不休，有些侍从人员还有被他拳打脚踢的。还有一种是他想利用人时，假惺惺地和颜悦色地敷衍应付的面孔。而我这次到南京，自十二月一日到十二日，在这十二天当中，同蒋介石见面有七八次，有时待在一块两三个钟头。我十分留心地观察他的态度，他经常是神情沮丧，两眼疲乏，焦灼不安，完全丧失了信心而充满悲观失望的一副可怜相的面孔。过去那种趾高气扬，自命不凡，得意扬扬的神气，是连一点影子都没有了。

十二月八日那天晚上的聚会，是我一生中难以忘怀的富有戏剧性的一幕。黄维兵团的副司令官胡琏于八日上午从双堆集乘一架小飞机来到南京向蒋介石汇报了战场的情况，说的都是坏消息，而没有一点足以使人鼓舞的事情。蒋介石除了空言的慰勉而外，拿不出任何办法来挽救危局，因为这时由徐州南下的杜聿明集团已被围困于陈官庄附近，从其他方面也已无可调之兵了。蒋介石于当天晚上六时半约我和胡琏去吃晚饭，在座的还有参谋总长顾祝同、参谋次长林蔚、空军副总司令王叔铭及蒋经国。饭后就在那相当宽敞的会客室里放映了一部《文天祥》电影片。放完后，蒋介石站起来向我们点点头，便低头沉思，缓步地走上楼去了。我们待在一起三个多钟头，蒋介石几乎没有说过什么话，很似李后主“无言独上西楼，……别是一般滋味在心头”的情景。当时，我被这幕悲剧所感动，几乎掉下泪来，默默地走出蒋的官邸，坐在汽车上一路想着：“老头子多可怜呀！”当一九四九年十二月十九日我率残部逃到西昌，被解放军围困于大渡河畔走投无路时，曾有过举枪自杀的意图，正是这种思想的反映，正是这部《文天祥》影片的影响。

除了上述的几种面孔外，在这一期间，我还看见蒋介石对人民的切齿仇恨和他那凶狠残忍的面孔。那是在十二月六日的下午。那天正午，俞济时打电话通知我，叫我于下午三点到光华门外空军总司令部王叔铭的战斗指挥所去（那时王叔铭专指挥空军对解放军作战），我按时到达。几分钟后，蒋介石就来了。在一间相当大的房间里，中间摆着一个大沙盘，按五千分之一的比例，把双堆集周围的地形和双方的态势，就沙盘上标示得很清楚，这是经由空中摄影放大出来的。室内还有几十部电话机和无线电报话两用机。王叔铭将空军侦察所得情况向蒋介石报告，同时他说到凝固汽油弹的威力（据王叔铭说，这种凝固汽油弹是国民党空军总部一个技术员发明的，由美国大量制造出来），可使每一个村庄化为灰烬。蒋介石听了，立刻从忧郁的神情转变为兴奋凶狠的面孔，连声说：“好，好，应该大量投掷，连共军后方一带的村庄都要投掷，这样，可以大量杀伤他们，使他们的补给发生困难。”同时我还听说蒋介石和胡琏商谈过施放毒气的计划，因受条件限制而未能实施。

五　登楼密谋和迫蒋下野

我于十二月十四日离开南京飞到汉口，住在跑马场附近的一所楼房里。大约是十七日或十八日的早晨八时，我正在吃早饭的时候，一个副官慌忙地跑来对我说“总司令（即白崇禧）来了”。我跑去迎接，他已经进到会客室了。他问了我一些家庭情况后，便说：“我们到一个地方去谈谈。”我便和他同乘一辆车到了他家里。他引我到他楼上的一间书房里，室内除一张办公桌、一把圈椅和三张沙发外，墙上还挂满许多军用地图。坐下后，他吩咐侍从人员下楼去，并不要让人进来，然后他就对我说：“现在的形势已经变得更坏，黄维兵团十多万人已被全部歼灭。这样，共军的力量更增大了。杜聿明所率的两个兵团恐也不可避免地会遭到消灭。华北方面，天津已被共军占领，在北平附近的傅作义部已成瓮中之鳖，被消灭只是时间问题。可以说，已经没有什么兵力可以再进行决战了。唯一的办法，就是设法同中共恢复和谈，利用和谈以争取时间，在长江以南地区编练新军一二百万人。如能做到这一点，还可与共军分庭抗礼，平分秋色。否则这个局面是很难维持下去的了。但要想同中共恢复和谈，必须请蒋先生暂时避开一下，才有可能。现华中地区属于黄埔军校系统的部队大部分都掌握在你手里，你如能和陈明仁、李默庵、霍揆彰等会商一番，然后由你领衔电蒋先生力陈不能再战的理由，请蒋先生暂时休息一下，我想他一定会很重视你们的意见的。”

白说完后认真地注视我的表情，并问我的意见怎样。当时使我处在一个很为难的境地。我本来是一个不会抽烟的人，这时燃起一支烟使劲地吸着。沉思了一会儿，然后答复他说：“总司令对战局所做的分析和判断，我是完全同意的。同共产党进行三年战争的结果，我们是被打垮了，稍微有点头脑的人，都可以看得出我们是没有力量再进行大规模的战争了。同中共恢复和谈，利用和谈以争取时间的办法，当然很好，我也很赞成。总司令嘱我联合陈明仁、李默庵、霍揆彰等劝蒋先生下野，本应遵办，但我考虑到：（一）我们和蒋先生有二十多年的师生关系，这样做，在道义上恐怕说不过去；（二）我们是他的部属，这样做，从军纪上来说，恐怕不大好；（三）陈明仁等是否同意这样做，还没有把握。”白说：“军纪问题、道义问题都是应该考虑的，但目前以顾全大局为主。如能用和谈的办法使我们获得喘息的机会，不至于被中共完全消灭，得以保存一部分力量并积极培养新的力量，则事尚可为。这样做，正可以爱护蒋先生，不要过分地从小节上考虑问题。”我说：“我们能不能运用一些民意机关例如参议会等，由他们出来表示意见？”白说：“这当然是要做的，但恐作用不大。”随后白就蒋介石的任用非人，指挥错误，以及政治上经济上搞得一团糟等等，进行了尖锐的批评，几乎整整地说了两个钟头。最后仍回到主题上来，继续鼓励我，甚至可以说带有几分胁迫性的意味，要我照他的意思去做。我说：“这个问题关系较大，请让我好好考虑一番再说。”时已十二点，我向他告辞。

离开白的寓所后，我没有回家去吃午饭，便径到袁守谦那里去（袁守谦当时任华中“剿总”政务委员会秘书长，实际上是蒋介石派其驻在武汉侦察白崇禧动态的），把白对我谈话的详细情形告诉他，由他负责向蒋报告。同时我们研商后，决定我当天下午就离开武汉回鄂西去，防备白采取激烈行动，并由袁负责向白解释。就这样，我于当晚悄悄地离开了汉口，取道长沙、常德回到沙市。

事情的发展，如大家所共知的：没有几天，湖北省参议会、河南省参议会相继发出电文促蒋下野，不久白崇禧亦亲自出面逼蒋去职。蒋介石在其仅存的主力部队被消灭和内部矛盾尖锐化的夹攻下，于一九四九年一月二十一日通电宣告“引退”，并由副总统李宗仁代理其职权。

桂系在淮海战役中的态度及白崇禧“备战求和”阴谋的幻灭

覃戈鸣*

一　白崇禧由华中飞南京准备到蚌埠指挥“徐蚌会战”

一九四八年十月，近五十万用美械装备起来的国民党军精锐部队在辽沈战役中被东北野战军全部歼灭。十月底，解放军陈粟大军和刘邓大军又准备发动大规模的淮海战役，蒋介石心慌意乱地电令白崇禧到蚌埠统一指挥徐州“剿总”（总司令刘峙）和华中“剿总”（总司令白崇禧），进行“徐蚌会战”（国民党军称淮海战役为“徐蚌会战”）。

白崇禧指挥的黄维兵团、张淦兵团等二十多万机动部队正在豫西南及鄂北地区被刘伯承司令员牵着鼻子作捉迷藏式的周旋。白崇禧把他的主力集中于驻马店等地区企图进犯豫西解放区，刘邓大军之一部南下绕攻应山，威胁白崇禧军的后方大动脉平汉路。白被迫转运张淦兵团到应山。刘邓大军之一部及早向豫西转移，白企图在新野、邓县一带围攻刘邓大军的主力，结果扑了空。国防部部长何应钦来电催促白崇禧迅即遵照蒋介石的电令到蚌埠指挥，并先飞南京面商。白找副参谋长赵援、第五绥靖区司令官张轸和我来谈论，征询各人的意见。张轸认为“徐蚌会战”关系重大，建议白遵照蒋介石的电令到蚌埠去，以挽救危局。赵援和我没有异议。白认为蒋介石只要把大军交给他指挥，他就会乘机扩张桂系势力，提高自己的政治地位。但是，白也知道当时的形势对国民党军很不利，蒋介石不是给他什么便宜，而是叫他去“啃硬骨头”的。因此，他决定先到南

* 作者当时系国民党华中“剿总”第三（作战）处少将处长。

京去看看情况，并与何应钦等面商后再说。

十月底，白崇禧带我和杨受琼（随从秘书，办公室上校副主任）及几个警卫人员由信阳飞南京。

二 国防部兵棋室作战会报

到南京那天晚饭后，我到国防部第三厅第二处（作战指挥处）去了解华东方面的战况，索取徐州“剿总”的“战斗序列表”（铅印小册）及第三厅油印的“战报”（附要图）。次日，国防部部长何应钦特为白崇禧召开一次作战会报，地点在黄埔路国防部兵棋室。我随白崇禧去参加会报。参加会报的还有参谋总长顾祝同、参谋次长刘斐、空军总司令周至柔、国防部第三厅第二处处长曹永湘等。先由曹永湘就标明国共两军态势的十万分之一地图报告华东方面的战况和国防部第三厅所拟并经蒋介石、何应钦同意的“徐蚌会战”方针。这个方针的大意为：以一部分兵力凭借既设的坚固工事防守徐州，以主力集中于徐州、蚌埠之间及其两侧地区，使徐州形成突出的态势，以吸引共军陈毅野战军的主力于徐州，消耗其兵力。然后以主力（包括华东的各兵团及华中的黄维、张淦等兵团）实行大规模的反包围，强迫共军陈毅野战军的主力及可能来参加会战的刘伯承野战军主力或一部进行决战。继之，由我报告华中方面国共两军的态势和战况。接着，何应钦、顾祝同等催促白崇禧赶快到蚌埠去指挥。他们这一言那一语地说“非你去指挥不行了”，“总统方寸已乱，再不能指挥了”。周至柔描绘蒋介石在辽沈战役时昏乱的情形说：“长春第六十军出事后，长春的飞机场已在共军炮击之下，不能降落了，他（指蒋介石）还叫我派飞机到长春去把郑洞国带回来。我说：‘飞机场已经不能降落。’他说：‘从飞机上放绳子下去把他拉上来。’我说：‘飞机飞得那么快（没有直升飞机），绳子带不了他上来；即使吊着他，飞机一拖也就把他拖死了。’他说：‘死的也好！’”周至柔啼笑皆非，摇头叹息地继续说：“他（指郑洞国）知道是要被拖死的，他肯让捆绑吗？！”大家听到周至柔这一番话都苦笑了。白崇禧对徐州的情况提出一些问题，如主阵地的位置、工事的强度、飞机场能否守得住，等等。与会者没有人说得清楚。有人说：“可以坐飞机到徐州去看看。”刘斐在会报中沉默不语。白崇禧没有表示是否要到徐州去，但由于他没有表示拒绝，何应钦、顾祝同、周至柔等可能认为他按照他们所想的默然接受了。

三　必败之势无法改变

国防部兵棋室会报之次日早晨，我到白崇禧的房间里对他提出我对于“徐蚌会战”的意见。我认为“徐蚌会战”未战而败局已定。我拿国防部第三厅的“战报”和徐州“剿总”的“战斗序列表”给他看，说明我的理由如下。

（一）陈毅以绝对优势的兵力在鲁南，以强大之一部在鲁西南已经以整然的态势集中好了，看来战略展开已经完毕，随时可以发动对我军的大规模攻势了。我军以徐州为中心，在陇海路和津浦路摆成“死十字”的态势。徐州以东、海州以西沿铁路线上的黄百韬兵团等部队，是一条首尾不能相救的“长蛇”，更随时有被腰斩的可能，想把他们撤退到徐州，蚌埠之间，时间上已经迟了。他们一开始撤退，共军就会马上截击，而在运动中被截击是很危险的。徐州以西、柳河以东的邱清泉等兵团，要向徐州蚌埠之间及其两侧地区转移，轻装部队虽然可以由商丘、柳河等地利用公路、大道向蒙城、阜阳等处运动，但他们是重装备兵团，野炮、战车、汽车、弹药、油料等很多，由于公路到处被破坏，非由火车运输不可。时间仓促，容易混乱。如果鲁西南的共军乘机发动攻势，把铁路截断，那么重装备就退不下来。重装备是他们的灵魂，丢掉了重装备他们就不能打了。他们为什么任由敌人在自己的面前以优越的态势集中优势的兵力，而自己却摆成这样十字架的阵势？现在调整态势的时间已经没有了，打不得，退不得，守不得，在战略战术上的败局已成，难以挽回。

（二）华东方面国共两军各部队过去的战历，现在的情况和战斗力，以及指挥官的性格才能，我们知道得很少，不知己不知彼而会战是兵家之所忌。（白崇禧边听边翻阅着华东国民党军战斗序列表，我讲到这儿，他打断我的话，说：“他们的军长、师长，我多数都不认识，不知道他们的性格就不好使用。”）像邱清泉这样的将领不一定听从指挥。（我说这一点是有根据的，一九四八年十月，黄维在豫西曾不听白崇禧的指挥，我虽然没有在这里说到黄维，但白崇禧是清楚的。）蚌埠离南京不远，总司令（白崇禧）在蚌埠指挥，而南京（指蒋介石）又直接指挥到兵团，甚至于直接指挥到军和师，指挥不统一，步调难免错乱。（白崇禧说："骄兵悍将，不听调遣，都是蒋介石养成的。方面军的命令指挥不动，非他的手令不行。"）

（三）会战的战场就在南京的大门，会战不力，直接关系到南京的安危。

（四）临时来不及组织蚌埠的指挥机构（把武汉华中"剿总"的全班人马搬到蚌埠去，就等于叫白崇禧放弃武汉及华中地盘，他绝不会这样做，这是不待言的）。而且，既要在武汉指挥华中方面的作战，战区范围这样大，不是这方面紧张，就是那方面紧张，长期的昼夜紧张指挥，健康也受影响。总司令（白崇禧）最近的身体不是很好，不能累病了。与其到蚌埠去承担会战失败和南京陷落的责任，不如回武汉去另搞一个局面。

说到这里，白崇禧表示同意我上述的意见。他说："战局已不能挽回，再增加两个兵团（指华中的黄维兵团和张淦兵团）也不顶事，多投入一个兵团就多送一个兵团。"我顺着他的话又说："敌人的优势兵力是集中好了的，我军的各个兵团在空间上、时间上都是分散的，敌人可以集中兵力打一个兵团再打一个兵团。我们由华中调往华东的兵团，路程远，交通补给不便，行动缓慢，只要走上三几天，敌人就可以判断出我们部队的动向和企图。这样，敌人就可以在我们部队的预定行进路上破坏交通，迟滞和阻止我军的前进，并布置口袋来装我们。而且，刘伯承、陈赓还可能以其飘忽的行动乘黄维和张淦两个兵团的东调，进攻武汉。那时，我们再将东调的各兵团调回，可能在半途中被敌人截击。被动追随敌人，顾此失彼，不是办法。"

我说到这里，刘斐也到白崇禧的房里来，于是我就在旁边听他们的谈话。刘斐对蒋介石的指挥失误发牢骚，他说他早就向蒋建议放弃徐州，退守淮河了，但蒋不采纳，以致造成如此不利的形势。他认为这时连退守淮河都不行了，长江也将守不住，还要考虑退到太湖附近地区去建立防线。白崇禧对于刘斐的议论，只是听着，既没有提出疑问，也没有皱眉头（他对于幕僚的意见如有不同意时，就皱眉头，这是他惯常的态度）。刘斐也许还有别的秘密要对白谈，我在旁边恐有不便，就走开了。

过了一会儿，刘斐走后，白崇禧从楼上下来对他老婆说："他们都打败仗，我又有什么办法？"这就充分表明了白崇禧也是没有一点胜利信心的。

四　悄悄地由南京飞回武汉

白崇禧由信阳飞南京后的第二天夜里，平汉铁路信阳至武汉段受到解放军的大破坏。在信阳指挥所的副参谋长赵援正拟部署兵力重新打通这段铁路的交通。根据所得情报，参加这次破坏的解放军兵力有一万余人。我当时对解放军的企图判断为：（一）刘伯承野战军可能以主力（或有力之一部）转用到徐州、蚌埠以西地区参加大战，以有力之一部（或主力）牵制华中我军的兵力，妨碍或阻止华中抽调机动兵团到蚌埠、徐州方面去参加会战；（二）如果我军在华中方面的机动兵团转运到华东去参加“徐蚌会战”，刘伯承有力之一部（或主力）以及陈赓兵团可能进攻武汉。我将情况和判断报告白崇禧，并建议从孝感和信阳各以约一个军的兵力南北夹击广水、王家店间的解放军（我通过长途台的无线电话先与赵援商量过）。白同意我的建议，我即通知赵援用白崇禧的命令实施。

到南京后的第二天上午，白崇禧派我由南京飞信阳向副参谋长赵援说明南京、徐州方面的一般情况，并告诉赵援：“我们还要回来的（指不到蚌埠去），应赶快部署兵力，恢复平汉路南段的交通。”白崇禧让周至柔派飞机送我到信阳，当日又飞回南京。

到南京之后的第五天，白崇禧临时通知周至柔派一架飞机给他使用，白带着原来由信阳到南京的几个人乘飞机，于当天午后溜回华中“剿总”。国防部第三厅副厅长许朗轩就由南京打电话到汉口问白是否回到了汉口，并说：“我们以为白总司令到蚌埠或者到徐州去了，可是打电话到蚌埠和徐州都没有找到，原来你们是回武汉去了。为什么不辞而行？”当天晚上，何应钦又来电催劝白崇禧遵照蒋介石的电令到蚌埠去指挥，白复电以“南京可以直接指挥，不必重床叠架”等理由拒绝了。

五 备战求和

由南京到汉口的那一天，我草拟了一封作战电令稿，当送给白崇禧签字的时候，白不和我谈蒋政权和桂系前途的问题。我说："蒋政权已不能挽回，我们应该和它分家。我看我们可以找李济深做桥梁与共产党和谈。"他说："他们（指蒋介石王朝）快完了，我们（指桂系）不能为他（指蒋介石）陪葬。要一百八十度地向左转，李任潮（即李济深）或许可以做桥梁，可以试一试。"他在大祸临头的时候，打算采取权宜之计，把桂系势力保存下来。从这时（一九四八年十一月初）起白崇禧就开始他的"备战求和"活动。他很秘密地向共产党做试探性的联系。在淮海战役高潮中我曾问过他："李济深的桥梁是不是架了起来？"他说："李任潮没有力量。"因此他打算利用蒋介石还继续与解放军顽抗之机，扩张桂系和桂系外围的武装力量，扩大桂系的政治影响，并与美帝国主义直接勾结，等到国民党军在淮海大战失败的时候，逼迫蒋介石下野，运用"备战求和""求和备战"的反革命两手，在中南区保持割据或半割据的局面，幻想以桂系为中心形成第三种势力与共产党争天下。我曾向白崇禧建议说："国民党的招牌已经失尽人心，为了与蒋介石政权分家，应该另行组织政党。"白说："是这样，但三民主义有完整的理论体系，已经深入人心，仍必须以三民主义做号召，才能在理论上战胜共产党。"他问我："什么人能够负起组党的责任呢？"我举不出人来，他叹息说："广西不出政治人才！"其实不是出不出人才的问题，而是任何与人民利益相违背的理论或政党，都要遭到人民的唾弃。

六 蒋、白争吵，愈演愈烈

白崇禧拒绝到蚌埠去，蒋介石便电令将华中"剿总"所辖的黄维兵团（原来只有第十八、十、十四军，这时再把第八十五军编到这个兵团去）和张淦兵团（辖第七、四十八军）调到津浦路南段去参加会战，黄维兵团是蒋介石的嫡系部队，白不可能把它留住，而且白希望蒋介石嫡系部队在津浦路南段多打一些时间，以便他们利用时间来扩张桂系和桂系外围的武装力量，所以故意让黄维兵团调往华东方面。至于张淦兵团，是桂系的“王牌”，白崇禧的老本，他既然拒绝到蚌埠去指挥，张淦兵团是无论如何也不肯让蒋介石调去的。争吵首先由策划作战的幕僚开始的。国防部第三厅第二处处长曹永湘由南京打电话到武汉和我争论。他的主要论点是强调集中兵力于主战场进行决战。他说：“如果徐蚌会战失败，武汉也保不住。”我说：“武汉是关系大局的战略要点，不能没有一个打得硬的兵团来保卫，若把张淦兵团调走，刘伯承的部队来进攻武汉，武汉先失守，南京也就保不住了。”谁也没有把谁说服，两人只好不愉快地把电话机放下。于是争吵就发展到由蒋介石和白崇禧直接在电话上来进行。他们争吵后，白指示我用第二十八军（蒋介石嫡系）、第二十军（川军）来顶替张淦兵团的第七军和第四十八军，暂时和缓这个矛盾。但是第二十八军和第二十军的战斗力远不如第七军和第四十八军。蒋介石及其幕僚还是继续强索张淦兵团，特别是在黄维兵团和杜聿明所率领的各兵团被围的时候，一再地向华中“剿总”要张淦兵团，但都被白崇禧拒绝了。

十二月初，蒋介石电令华中“剿总”指挥下的第二军（蒋介石嫡系，第十三绥靖区司令官王凌云的基本部队，美械装备，这时宋希濂已经把它从王凌云的手上抓到自己的掌握中，驻扎在荆门、沙市地区）由沙市船运南京，准备使用到蚌埠附近地区参加会战。蒋介石的电令是分电华中“剿总”、宋希濂及第二军军长陈克非的。白崇禧对我指示说：“最好不要把它调走，要调走也不要经过武汉，他（指蒋介石）是什么事情都可以做得出的。”为了阻止第二军由荆、沙地区东调，我打算在情报上和船舶上制造障碍。白又指示说：“一定要调走的话，叫他船运到城陵矶转浙赣路去（其实城陵矶没有靠岸的码头，浙赣路边没有到城陵矶）。”因此，我和第四处处长赖光太商量，在运输上设置障碍，使第二军不能在沙市东运，第二军在沙市上了船也不许它开船。同时白又打电话给宋希濂的参谋长彭迈，故意夸大鄂西方面解放军的情况，并说：“陈赓兵团有向襄樊进攻直下宜昌、沙市的可能，第二军调走了，宜昌、沙市方面恐怕有问题吧？”暗示他也想把第二军留住。第二军在沙市上船后，因为受到种种阻碍，不能东运，陈克非到武汉向白崇禧请示。白在会见陈克非之后对我说：“陈克非也表示不愿意到津浦路方面去。”蒋介石知道白崇禧硬是不准第二军过武汉以后，电令宋希濂命令陈克非绕道湘西出长沙再坐火车东运。这样时间就赶不上了，蒋介石因此恨透了白崇禧。

陈伯庄与陈纳德的阴谋

霍实子*

一九四八年十二月，我在上海京沪区铁路管理局当专员。国民党“立法委员”陈伯庄任该局局长，他是我的父侄辈，又是他指名要我到该局任职。由于这个关系，我还兼办他的私人事务。

某一天，我得知陈伯庄偕同原美国飞虎队队长、战时美国第十四航空队队长陈纳德匆匆忙忙去南京，行前我问陈伯庄去南京有何公干，他说，他已经和陈纳德密商重建“飞虎队”，拟向美国驻沪海军借飞机和新式炸弹（所谓新式炸弹，后来知道就是美帝发动侵朝战争时投掷的穿甲弹），并借用美国飞行员，到淮海前沿阵地作战。陈又对我说，去南京为的是陪同陈纳德拜谒行政院院长孙科，同时与孙科讲条件，即每出动一架次轰炸任务，酬劳美钞若干元，等等。

陈铭枢也是我的父侄辈。我听到陈伯庄、陈纳德的重大阴谋后，准备向陈铭枢告密。当我回到家中，恰好陈铭枢正在我家画室练书法。当时我将两陈的阴谋和已赴南京的情况讲完后，陈铭枢握笔的手立即发抖，顿了顿脚说：“陈伯庄该死！该死！”他搁下笔问我家中有无直通南京的电话。我说：“有内线电话。”我即打电话到南京办事处，接电话的是外事处主任容海襟（孙科的外甥）。我问容：“局长在吗？请局长听电话。”容说：“局长已偕同陈纳德拜会孙院长去了。”陈铭枢对我说：“要马上想办法制止他们的阴谋实现。”

陈铭枢事后将他制止陈纳德企图的经过告诉我。他说：“那天我得知你告诉的情况后，即去找中共在上海的×××先生，商量的结果，×××要我去南京找美国驻华大使司徒雷登，我到南京找到司徒雷登

* 作者当时系国民党上海京沪区铁路管理局专员。

后，告知他陈纳德这个阴谋活动，接着我对司徒雷登说，美国政府既然早已宣称，以台湾海峡为美国的第一道防线，那么，中国的事情，美国就不要插手了。何况，蒋介石已是强弩之末，国民党大势已去，无可救药的了。陈纳德何必多此一举呢？最后我又说，你司徒雷登大使要留个余地，以便将来为中美建交做个搭桥人。我陈某今后可以为你说话。司徒雷登被我说服了，遂出面制止陈纳德不要再搞。”

中國紀

淮海战役

第二章

第三绥靖区

运河前线起义

何基沣*

一九四八年十一月八日，国民党第三绥靖区所属部队，在共产党的争取之下，于淮海战役第一阶段开始之际，由我和张克侠率领一个军部、三个师和一个团共两万余人，在徐州东北贾汪地区运河前线起义。这次起义的胜利，为解放军打开了进攻国民党徐州“剿总”部队的通道，为解放军淮海战役的胜利起了加速剂的作用。

一

第三绥靖区部队的前身是西北军。多年来，共产党对于团结、争取和帮助旧西北军，做了许多工作。从第二十九军喜峰口抗战开始，中间经过察哈尔民众抗日同盟军的斗争，以迄第二十九军在卢沟桥抗击日军的挑衅进攻，都一贯受到共产党的鼓励和支持，特别是对于第二十九军部队所进行的宣传教育工作，产生了极为深远的影响。

一九三八年春，我在养伤期间，曾化装潜赴延安参观了两个多月，几次蒙毛泽东同志接见。毛泽东同志当时对国内外形势、抗战方略、民族解放斗争的伟大意义和抗战必胜的光明前途作了极其重要的指示。我回到部队后，曾向当时的第七十七军军长冯治安做了汇报。冯与张自忠（当时的第五十九军军长）交换了意见，两人都表示愿同中共建立统战关系。虽然他们各有自己的打算，没有进一步靠拢共产党的决心，联系亦时断时续，但在八年抗战（应为十四年抗战）期间，彼此常有信使往来，这就为

* 作者当时系国民党第三绥靖区中将副司令官。

后来的起义创造了有利的条件。

蒋介石集团对于非嫡系部队，一贯抱着歧视、排斥的态度，在使用上采取利用、消耗的政策，其最终目的则是把这些军队逐步予以分化和瓦解。过去以冯玉祥为首的西北军就是这样被瓦解的。后来，以宋哲元为首的第二十九军，在抗战开始后曾扩编为第五十九、七十七、六十八（军长刘汝明）等三个军，连同由地方保安部队编成的第一八一师（师长石友三）和新第六师（师长高树勋），总计十多万人。但是，在抗战中蒋介石并没有集中使用这部分兵力，以充分发挥它的作用，而是千方百计地把它分割开来，逼得第一集团军总司令宋哲元只好托病辞职。

以后，蒋介石看到张自忠所部在抗战中打了几个胜仗，并且对掩护他的嫡系部队出了力，才又将第五十九军和第七十七军合编为第三十三集团军，辖三个军和一个骑兵师，任张自忠为总司令，冯治安为副总司令。一九四〇年张自忠阵亡，所部伤亡惨重。冯治安继任总司令后，蒋介石对这一支为抗战出过力的军队并没有给以补充，而是编为两个军（每军三个师）和一个骑兵师。一九四四年又将每军三个师改为两个师，并将骑兵师取消。这个集团军的上层，大都感到军队越打越弱，越编越少，前途黯淡，非另谋出路不能生存。这种情况又是促成尔后起义的另一个因素。

二

抗战胜利后，第三十三集团军开赴徐州。不久，即被改为第三绥靖区，以冯治安为司令官，张克侠、李文田为副司令官，陈继淹为参谋长。司令部设在徐州东北的贾汪煤矿。第三绥靖区辖第五十九军和第七十七军两个军，另有于一九四七年冬天归第三绥靖区指挥的泰莱支队两千余人，徐州附近十余县的团队共一万数千人，还有临城、枣庄、贾汪各矿区的矿警队共千余人，连同绥靖区司令部及军、师直属部队，总计约六万人的兵力。我原任第七十七军军长，一九四六年十月十一日升充第三绥靖区副司令官，遗缺由第一三二师师长王长海升补。

第三绥靖区内部存在着种种矛盾，主要是政治见解上的分歧和个人之间的利害冲突。这期间虽然有着交互错综的矛盾和斗争，但大体上可分为两个对立的方面：一方是以冯治安为代表的上层军官，如陈继淹、李文田他们思想顽固，生活腐化，甘心做蒋介石的忠实工具，以军队作为升官发财的资本，在蒋介石发动内战的时候，他们就忠实地执行蒋介石的命令；另一方是张克侠和我，我们多年在共产党的影响下，逐渐认识到蒋介石集团的反动本质及其必然要走向灭亡的命运，在共产党的帮助下总是千方百计地想把军队引向光明的道路。

自一九四七年夏季以来，国民党军在鲁西和羊山集一带遭到解放军刘邓大军的沉重打击之后，又在豫东、鲁南遭到陈粟大军的沉重打击，同时王耀武部主力于一九四七年二月在莱芜吐丝口一带被歼灭，大别山地区也日渐吃紧，作为南京门户的徐淮地区就成了国民党军的一个中心防御线。这时徐州"剿总"，一面需要抽调兵力增援豫皖，一面又要挖肉补疮挽救垂危的济南，而"剿总"本身又时时受到苏北解放军饶子健、赵汇川部和江淮曹中南、张国中部的袭扰打击，因而日益呈现了捉襟见肘的被动局面。

在这种情况下，稍有军事常识的人，都能看出棋是输定了，任凭是多么高明的国手，也无法挽救这个败局。可是蒋介石反动集团还不认输，一面在报纸上进行欺骗宣传，一面放弃郑州战略据点，缩短战线，将兵力集中在徐淮地区，并且日夜抢修到海州的铁路、公路，同时大力扩充地方保安团队，用来增强实力。所有这些措施，无非是为了保卫南京外围，以维持其反动统治。

有一天，冯治安由徐州赶回贾汪，将我请到他的卧室，神情紧张地对我说："怎么办？又要完了！"我问："有什么天塌的事吗？"冯说："'剿总'要以四十万大军沿津浦路北上，要我们打头阵。这不很清楚吗？不论谁胜谁败，反正我们先完蛋！"他说这话的时候，表现出绝望的样子。我为了稳定他的情绪，便说："不一定吧。从来没有见过这样打仗的，几十万大军向胡同里钻。我若是共军，倒很欢迎，等这几十万人进到邹县、曲阜，就从沂蒙山区打将下来，这几十万人就得到湖（微山湖）里洗澡了。"冯听了我的话，可能认为有些道理，神情才缓和下来。不知道这个消息是从哪里吹过来的，大家嚷嚷一阵就没有下文了。这件事也充分暴露了蒋介石集团内部的紧张和混乱以及国民党统帅机构的愚蠢。

一九四八年秋天，张克侠向冯请假去北平。他认为时局将要发生重大的变化，应该早做准备。我亦深以为然，就在徐州防守司令部的所在地都天庙住下（张克侠离徐州期间，我奉命暂时代行他的城防司令职务），每天利用机会同第七十七军、第五十九军的旧部下以及早年在西北军教育机关的旧同事，分别进行谈话，他们绝大多数都不满意当时的处境，希望在时机到来的时刻，寻找光明的出路。

过了几天，张克侠由北平返回徐州，随即到前方视察。我俩交换了情况和意见，张即提醒我：在这个重要关头，要应付得细微稳妥。他认为冯治安、刘振三和王长海各怀鬼胎，同床异梦，既要利用他们之间的矛盾，又要提防他们的阴谋诡计。张还对我说："孟希周（绍濂）诚朴热情，人很老实，缓急可以相依。第七十七军的情况你很清楚，一定有办法。"我同意张的看法，最重要的是掌握时机，采取行动；至于队伍的多少，倒是次要的问题，多了固然好，少也没关系，哪怕是一营一团，能在适当的时机和地点毅然起义，就会产生很大的影响。张也同意我的意见。

数日后，我的副官和常来往的一位客人A君陪同一位生客来到我的指挥所，打算在我这里住些天。他们将当时全国解放战争的形势给我做了详细的介绍，这对我说来，当然是一个很大的鼓舞。我也将部队情况和原定计划详细地讲了一遍。双方取得一致意见后，我即借机将这二位客人送走。从此以后，我随时都在注视着情况的发展变化，寻找有利的时机，有时去第五十九军副军长孟绍濂那里谈谈，有时邀第一三二师师长过家芳研究计划，尽可能争取较多的人共同行动。

三

一九四八年十月下旬的一天，冯治安突然来到指挥所，先对矿场内巡视一番，随即对我和刘自珍说："徐州李弥的部队就要开过来，加强我们的防务。这样我们这里就更像铜墙铁壁一般了。"我发现冯的神情很不正常，说话时流露着狐疑的神色，于是力持镇静，像平时一样，从容地和冯谈话，避免被冯看出破绽。冯临行时又拉着我避开众人说，他家里人从上海来急电，说是他在上海的财产受到抢购风潮和货币贬值的影响，他必须去上海一趟，叫我在前方特别注意。我对他表示：这时离开很不好，万一前方有事，不能随时报告请示，如果非去不可，最好带一部电台。经我这样一说，冯的神情似乎变得安静了些。他说："我去去就赶回来，上海有电台，不用再带了。"

冯回到徐州并没有去上海，只是他的小老婆带着孩子去上海了。临走时他约我的家属一同前往。我推说孩子有病，正在煤矿医院治疗，治好了病随后就去。为了避免他的怀疑，就把几只笨重的箱子托他带去。这时我早已拿定主意，等到军队快要行动的时候，就把家属星夜送到解放区去。恰好北平来了电报，我的岳母病危，我妻子就持电报到徐州见冯，商请搭飞机回北平。冯治安想以我妻子为人质的阴谋终于落空。

十一月一日那两位客人又来到贾汪指挥所。我同这两位客人和孟绍濂、过家芳共同研究，做了积极的准备，并对可能发生的情况也做了估计。无巧不成书，就在四日上午，张克侠从徐州打电话给我，告知徐州发生的一件事情。原来刘振三前天向冯治安公开表示，请冯带着队伍在必要的时候，毅然决然地行动起来，再也不能这样不明不白地混下去。但冯仍然是犹豫不决，半吞半吐地只谈些模棱两可的话。刘振三急得不得了，就以去就争，要请假到上海去看病。冯迟疑了半晌，批准他可以去几天，有战事时必须立即回来。张克侠打电话的时候，刘振三已离开徐州前往上海了。张认为刘到上海，对起义更为有利。

我接完张的电话，即将孟绍濂、过家芳请到指挥所，共同研究一些应行准备的具体问题，以待时间到来就可行动。

十一月五日，冯又将我请到徐州开会。他把"剿总"那套作战计划整整地谈了一个上午，说什么诱敌深入，在徐海地区决战；正面凭借微山湖和运河坚守，消耗敌人实力，然后大军从两翼包围攻击，可一举而大破共军，最后再以全力分左右进击豫、鲁，如同民国十七年北伐一样，则大局可定也，云云。会后，冯邀我到他的书房面谈，问我的家属如何安置，并建议在南京或上海买所房子住下来。这明明是袭用人质的办法，我便以玩笑的口吻说："我没钱置买房子，打完仗，还不是'乌龟变鳝鱼，解甲归田'！我没有在京沪当寓公的资格。"我唯恐冯多心，便又接着说："总座不是在上海有好几栋楼房吗？我人口不多，你们那亭子间都不让住吗？"冯听了很高兴，马上把他的小老婆沈丽英唤来，叫她打电话把上海愚园路所置楼房修好，准备我的家属去住。我与冯治安说完话，以前方情况吃紧，须赶回早做布置为由离开，冯亦深以为然。我到车站，见卫队仍未上车，顿觉有异。这时站长跑来连连道歉，说他自己不会办事，误了副司令专车开出的时间，因为十几列兵车占着铁道，正在尽力调度，争取很快就把专车开出去。我在车站散步，发现很多货车，载着战车、大炮，还有不少高射炮，当即留下我的副官在徐州郊区视察，第二天返回贾汪报告。

我回到贾汪指挥所，连夜找过家芳来谈，我告以徐州看到的情况。过师长也把他昨天到徐州"剿总"得悉的顾祝同所谈当前形势和"剿总"的战略部署情况向我汇报。我们认为情况已紧迫，要他快与比较有把握的部队联系，做好准备。过家芳去后，我又将以上情况告诉孟绍濂。

我回到贾汪的第二天，就是十一月六日，我的副官偕A君回到指挥所，把他们了解的情况详细地谈了一遍，经过讨论和分析，一致认为国民党军的态势根本不是什么决战，情况已相当清楚：高射炮从开封飞机场撤走，是要放弃开封了；战车大炮从豫东撤下开蚌埠以南，徐州附近仓库的汽油炮弹日夜南运，表明准备南撤，很可能效东晋淝水之战的故技，主力以江淮为第一线，先保住长江以南，然后伺机北进。所谓正面以湖坚守，只不过是利用杂牌第三绥靖区的部队替他看守大门。如果看不好送了礼，对他们来说，则可以免除后患。大家认为这个判断如有百分之几是正确的话，在此时起义，正是长时梦寐以求的绝好机会，万万不可错过。三人计议妥当，我即派人将A君送走。临行时我对他表示："希望你快去快回，我们有一团算一团，有一师算一师，一定在解放大军南下时，采取行动，绝不放过有利时机。"

当天晚上，过家芳来到指挥所，报告他当天上午召开了团长以上干部会议，做了起义的思想动员，以及到军部向军长王长海策动的情况。看来第三九四团团长王仲元和王长海较顽固，其他各团营都表示积极，并做好了行动的准备。晚十时许，我的副官突然向我报告说："八日下午解放军全面开始总攻，叫我们部队配合，让出防地，以便解放军迅速渡河南下。"我和过家芳听了很高兴，都感到时间太紧迫，当即规定了我部识别记号和问答口令，并叫我的副官随同过师长即回师部，继续掌握好部队，于第二天拂晓前将情况告诉张兆英团长后，即迅速与解放军联系。我随即用电话请孟绍濂来，做好准备之后，孟即返部。

孟绍濂回去后不久，就从他的军部来到指挥所，孟很难过地对我说："想不到费了很大心力，左劝说，右劝说，仍然说不动崔、杨两师长，他们都说家属远在江南，我们这里一动，大人孩子都完了，纵然不被杀害，饿也得饿死。特别是刘景岳（第五十九军参谋长）这家伙，更干脆表示坚决不干。没想到事到临头，还有这么多的问题。这可怎么办？"我劝孟不要着急，要继续劝他们。至于家属安置的问题，前两天已派专人携带黄金百数十两前往上海，并且写信托付在沪好友，凡是起义官佐的家属，都要给予妥善照顾，生活绝不成问题，用多用少可以随便来取。

不料七日早晨，冯治安将孟绍濂、许长林（第七十七军副军长）等请到徐州去了，去后迟迟不回，使我如坐针毡，直接、间接地函电催孟等速回。直到夜半孟才回来，大家很兴奋，亟待听到他的工作情况。

A君于六日离开后，当晚即接到驻临城镇第三十七师张团密报，说解放军已过滕县、官桥等地，正在向南急进。我乃命张团利用夜间撤回韩庄铁桥以南，严密把好运河铁桥，留一营在陶庄矿区附近，派得力军官与解放军先头部队联系，接洽好了，可先起义，做向导带路渡过运河。我以为这样处置很秘密，不料七日中午，冯治安就来电话责问我为何事先不请示报告就撤出临、枣等地，我否认撤退，说是前面发现“敌情”，阵地构筑在临城南面丘陵地带，部队已进入阵地准备战斗。冯又问矿区如何，我答已在坚守。

下午，第五十九军第一八〇师陈芳芝团一个营进入万年闸桥头堡阵地后，五时许与解放军发生战斗。入暮后枪声始稀。刘景岳接连打电话告急，我告诉他们力战固守，即刻调大部队赶往支援，同时命令全军加强戒备。

晚上九点钟，刘景岳电话报告万年闸失守，陈团情况不明。我说前有桥头堡，后有阵地，为什么突然间就弄得这样糟糕，这种情况绝不能向上边交代。于是命令他把第三十八师全部开上去，从右翼调一个团来做预备队，无论如何要把阵地收复回来。然后我把情况立即报告给冯治安，冯说这样处置很对，限明天以前收复阵地，届时完不成任务，一定以军法从事，对团长师长也不姑息。我说，参谋长刘景岳贻误戎机，要一律同罪。冯下达命令虽然很严厉，可是他自己却表现得十分惊恐。

冯的命令下达后，立即引起了反应。刘景岳首先就恐慌起来了，他在电话上战栗着对我说：“杨师长已经急哭了，黑夜队伍联系不上，现在的情形很混乱，请副座念多年长官部下的情谊，万望宽恕，事已至此，请你给个办法才好。”我以不耐烦的口气回答道：“办法要他们自己想。你叫他们去找孟副军长，按刘军长临走时说的那样，遇事大家好好商议，在午夜前后把意见告我，然后再行定夺。天明以后执法队就要从徐州到指挥所来了，因此你们商议的时间绝不能拖长。”从这以后，前方逐渐沉寂下来，只是左翼报告解放军已在韩庄至万年闸之间的运河上架好了几道桥，正在大批地渡过运河。

八日一时左右，孟绍濂打电话给我说：“他们已遵照副座指示同我商量好了，都同意照原计划办。并希望副座来军部见见面，以便按指示行动。”我答应即刻就去。在我登车时，冯治安的副官处长关宪昌赶来，看到我深夜一人外出很惊异，我即拉他上车同往贾汪旧矿第五十九军军部（关在起义时亦很热心）。车到军部门前，孟绍濂接我进办公室，刘景岳、杨干三、崔振伦和几位处长都已先在那里等候。坐定后，我说："本不应有这些事，官兵又伤亡了这么多，真令人痛心！我们西北军受了人家多年的气，已经到了出气的时候了，你们为什么还迟疑不决呢？我真不明白。"崔振伦说："副座说的是我们心里话。国民党多年来干的是什么？他们幸运的时候我们巴结不上，现在他们要送丧了，我们犯不着给人家戴孝帽子。老蒋要我们给他看大门，他的嫡系队伍好安全地向南跑，我们再也不干这种傻事了。把大门敞开，躲在一边凉快去，还可以看个热闹。"这时孟绍濂郑重地说："已经商量好了，请副座来是当面见证一下。"我问："弟兄们给养问题准备了吗？"军需处邢处长答："都准备好了！"我又问："他们的家属怎么样，孟副军长同他们谈过了没有？"孟说："已经讲过了，都有个安置，只有杨师长的家属在另外的地方，安置有困难。"我说："不要紧，回头就把安家用项送来。"又问："大家还有哪些困难？不要客气。"到会者齐声说："没有了，请副司令官下命令吧！"我即写好部队向指定地点开拔的命令，并且签上了名，为了表示对大家的尊重，请孟绍濂、崔振伦、杨干三等也在命令上签名，由军参谋处立即缮好发布给各部队。

参与这次起义活动的骨干还有第七十七军的团长张兆英、马秉正，副团长钱宝钧、邓云鹤，营长王世江、杨世亨、王英华等。

为了迅速地行动起来，已着人乘夜过运河与解放军联系起义事。我对孟绍濂等说："张克侠副司令官今天就能到，请他同大家一起先走，我带指挥所及左翼部队下午或傍晚再走。"为防范走漏消息，我派管电话电讯的樊云门对贾汪的电话电讯进行适当的封锁。因为这些单位的人员不少是国民党交通系统派来的，他们对于各部队，特别是对于杂牌部队，负有监视的任务。如果不把电话电台等管制起来，军队的一切活动都无法保密。我回到指挥所，张克侠打电话给我说，他刚刚来到过家芳的师部，打听情况后就来。我说："不要打听了，情况很好，请马上就来吧，我这里恭候光临呢！"不久刘自珍请我到他的办公室。一进门见张克侠手持电话机正与冯治安大声争吵，吵完转过身来问我究竟。我说："第五十九军的情况很好，他们大家都迫切希望你很快到来。我刚从他们那里回来，孟夫子（孟绍濂）很好。"当时因刘自珍在旁，还不便明言。张急于了解情况，即去第五十九军军部了。

我回到卧室，又接冯治安来电话。问我见到张克侠没有，我说张没有到这里来，我问他有什么事，冯只说待一时再说吧。

这时樊云门进来对我说："副座交办的事已办好了。好不容易，这些小子们还想反抗，都被我绑起来了，请副座发落吧。"我问："到底是怎么回事？讲详细些。"樊说："一共是六部电台，八十二个人，还有一部分武器。人给押起来了，武器也都收缴了，由通信营派岗哨看管。电话线路刚刚调整好，凡是与副座通话的电话都管制了，别人的电话一概都不通了。"

紧接着，不利的消息传来了。第三十七师电话报告，由徐州开来铁甲车两列，已到柳泉车站。我当即令该师转令铁甲车在柳泉车站停止待命，非有贾汪指挥所的命令不得开车。我又打电话给过家芳，告诉他第五十九军已经由张克侠带着军部开始行动，希望他在第七十七军各团积极、稳妥而又大胆地行动起来。一定要把柳泉到贾汪的铁桥把住，严防铁甲车袭击扰乱。铁甲车如不听命令擅自北开，就将桥炸毁。最后我又说："你们可以在日暮前出动，不必等我。"过家芳表示坚决执行。

我回到指挥所，冯治安的电话又来了。他又问我见着张克侠没有，我说见着了，他到第五十九军去了，说是总座叫他去的，去后还没有电话来。冯又问前方的情况，我说有些混乱，指挥已不太灵了，而且电话常出故障。冯问贾汪情形如何，我说还好。我问冯能否亲来看看，冯支支吾吾地说："正在用飞机从安阳一带接运第四十军的部队，已有一个师到达徐州。马上就要开到前方归你指挥。"我说："这都不关重要，最好请总座亲来一趟，局势立刻可以好转。"冯又推说："等汽车修理好了就去。"我说："可以乘坐我的车，马上就去接你好吗？"冯这才勉强答应了。这时跟随我的小吴，突然跑进室内对我低声说："刘教育长（刘自珍曾任过干训班教育长）来了。"我忙给小吴递了个眼色，并说："请进来。"刘进了门，我让他坐下，小吴站在背后，已将手枪取出。我一面与刘寒暄，一面将右手插入裤袋把小手枪握好，在他对面坐下来。我说："大哥，你看看我忙得连早点还没吃，这是为什么呀？"刘自珍愁容满面地低声说："我知道你特别忙，可是到现在真不能不同你商量一下了。"我没有答话，只是全神贯注地看着刘的动作。刘停顿了一下说："听说你们一定要干了。"我答："不错，是的！"刘又踌躇了一下说："我也想跟着干，你看怎样？"我这才如释重负地说："好极了！大哥能跟我们在一起，这真是团体之福，全体官兵的渴望。"刘又很不好意思地说："干是干定了，可是有点困难。从前有几个钱，你嫂子不会过日子，在上海叫亲戚拿去做生意，给赔光了。我又在这里买了百多担麦子，想赚几个钱，你们这一来，麦子无法处理，又要弄光了，今后老婆孩子怎么生活呢？”我很高兴地说：“你的困难我完全可以替你解决。咱们几十年的知心朋友，你一定很了解我。今后无论到哪里，我吃饭，一定叫大哥也端碗。”刘便说：“我马上回去叫队伍准备出发，开到哪里去，请指示。最好出发前给队伍讲讲话。”我答应下午二时给队伍讲话，叫他届时在运动场集合部队听候，一律不带武器。说完刘即回去准备，我心里才算一块石头落了地。

下午二时，我对指挥所及刘部两千多官兵讲了话。大意是，“这个仗打得很不好。本来就不应该打这样的臭仗。中国人用美国的枪炮屠杀中国人，死的是自己的同胞，可是大批大批的金钱叫美国人赚去了。有人说这是蒋大总统叫打的，不听命令行吗？大家想想，他为什么不叫他自己的嫡系部队打，单单叫我们去牺牲呢？我们过去已经吃过不少的亏，再也不干这傻事了。我们西北军多年来就是不听他这一套，我们是老百姓的军队，老百姓不愿意打，我们就不打，我们到不打仗的地方去好不好？”经我这么一讲一问，全体官兵齐声高喊：“好！好！好！”我看到大家的情绪很高，就说：“请大家去准备，我们一同去！”

原来认为没有把握的刘自珍这一部分队伍，在两个小时内，顺利地跟着起义了。

下午四点了，接冯治安的车还没有回来，几次打电话询问，才从张幼青（冯治安的政务处处长）那里知道，他已带着行李到刘峙那里请罪去了。本来希望把冯接来参加起义，以扩大影响，但没想到这个人竟是如此的顽固。冯既然不能前来，而起义的消息又已传到徐州，为了防止意外，乃下令立即出发，同时通知各部，凡是不愿随军行动的人听其自愿，绝不勉强，但官兵中去徐州的只不过白余人[1]。

从十一月九日起至十日拂晓，运河前线起义遂告完成，两万多官兵从蒋介石反动派的统治和驱使下解放出来，投入了人民的队伍，开始了新的生命。

① 本书陈芳芝文章说不止此数。

第三绥靖区部队起义经过

张克侠*

一　再次见到周恩来同志

一九四六年夏天，忽然得知冯玉祥先生要出国考察，我认为这是一次很好的机会，便以送行为借口，从徐州到达南京，住在冯玉祥的寓所。

我知道周恩来副主席住在梅园，十分想见到他。我通过曾在冯玉祥处工作过的王冶秋，请他代我与中共办事处联系，要求见周恩来副主席，希望安排一次见面。第二天，王告诉我说，周副主席约定在次日傍晚时分，在冯玉祥寓所附近一个偏僻去处的公园外面与我相会。在中国即将进行两条道路、两种命运决战的关键时刻，我能够向周副主席当面汇报，并亲自聆听他的教诲和指示，这是多么珍贵，多么令人感到幸福啊！

约定的时间到了，一辆黑色小汽车准时开到，在我们面前停住。车门打开，我看见久别渴望的周恩来副主席身穿中山服，镇静地坐在后座向我点头。我跨进去刚坐在他身旁，汽车便迅速开动前进。车上，除司机外，还有一名警卫员坐在司机旁边。我立即汇报了徐州地区的情况。周副主席时而用炯炯有神的目光注视我，时而沉思点头。我向周副主席谈到今后工作和组织起义的问题后，他指示我："现在，要多向国民党军官兵，向那些高级将领和带兵的人，说明共产党的政策，指明他们的出路。蒋介石是一定要打内战的。他要打我们就也打。我们不但在战场上狠狠回击他们，也要从敌人内部去打击顽固派。要争取策动高级将领和大部队起义，这样，可以造成更大声势，瓦解敌人的士气。"我表示：我所在的部队和我相处很久，彼此均很熟悉和信任，在作战中，他们肯定会服从

* 作者当时系国民党第三绥靖区中将副司令官。

我的调动。现在，大多数官兵都认识到跟国民党走没有出路，起义是有条件的。只要下命令，我可以保证随时起义。现在部队中的斗争很复杂，有不少反动的国民党军官，还有一批特工人员，为了预防敌人的破坏，保证起义的顺利，请求解放军在进攻前派联络人员到我那里去，以便很好地配合。周副主席表示赞同地点点头。他沉思一刻，环视四周，又看看表，忽然紧紧握住我的手摇动起来。我明白了，这次谈话必须结束了。在我面前的这位卓越的党的领导人的肩上，有无数的重担要承担，有无数事情等待他急迫料理。他日理万机，不分巨细，正当国民党反动派气焰嚣张的时候，还不避风险地在国民党首都的南京街头上，从容不迫地作出了打击敌人的指示，这是何等令人惊奇赞叹的壮举啊！

汽车在一个僻静地点停下，当我迅速下车后，汽车立即疾驶而去。

次日，王冶秋同志向我传达了董必武同志的指示：你在车上的谈话很重要，很有价值，但当时干扰太多，还有一些问题不十分清楚，最好写一个详细的书面材料。我遵照董必武同志的意见，把徐州敌人布防情况和我的要求，写了一个详细的说明材料，转交给周恩来副主席。

在同周恩来副主席会晤前，王冶秋同志曾提到，有人谈论李济深正在南京搞“第三路线”，策划反蒋，邀我前去会面。我与李见面时，他向我谈了反蒋打算，希望我和他合作。我向周副主席汇报时，也谈到了这件事。

二 “守备”徐州

我带着周恩来副主席的新指示赶回徐州。回来之后，再一次积极开展对冯治安的争取工作。我到贾汪找他，又借口冯玉祥的临别赠言，耐心地希望他认清形势，站在人民的一边，冯治安对蒋介石抱有很大幻想，根本不相信共产党和解放军能够取胜，也舍不得他的财产和小老婆，态度还是很顽固的。但是，我仍然不放弃对他的争取，给他写了一封信，劝他认真考虑我的建议。

冯治安与我多年相处，他总以为他是带兵的，我没有兵权，他不说话，谁也带不走他的部队。为此，他认为只要把我和部队隔离开，我就成不了什么大事，就不会有什么危险。因此，他坚决反对起义，但又顾虑我在多方面的威信与影响，也就没有对我立刻下毒手。

在徐州，我和第五十九军副军长孟绍濂详谈多次。孟在我任第二十九军副参谋长时，是军部军务处处长，我们关系较好。孟虽在第七十七军任职较久，但在第五十九军有较高威信，为人耿直、正派，群众关系好，人称为“孟夫子”。我常通过他去做第五十九军的工作。孟与李济深也有联系。

此外，第五十九军军长刘振三由南京回来和我见了面，他也向我谈到与李济深见面的事，李向他谈了反蒋计划。我借此机会也向他宣传了共产党的政策，希望他能认清形势，举行起义。据原第五十九军副军长李九思说，刘振三曾告诉李九思：“如徐州有大的战争时，第五十九军的一切行动应当听张副司令官指挥。”

李九思原是第三十八师师长，因反共作战不力被撤职，调任第五十九军副军长，在徐州住在家中。我考虑李当时没有兵权，也不愿将起义计划过多地泄露，故起义时，李未参加，他对此引为终生憾事。

徐州是交通枢纽，许多部队及后勤机关均在徐州停留，每当解放军进攻到徐州附近，首先是这一部分受到惊扰，对当地军心和民心影响很大。于是在一九四七年徐州“剿总”决定成立徐州地区守备指挥部，任命一位守备指挥官，管理徐州警备司令部及附近各县驻扎的部队（不包括有组织的大部队）和地方部队。凡是以上部队出入徐州，都要报告指挥部。此外，还兼管修筑徐州市内的半永久性工事。“剿总”参谋长郭汝瑰是我在陆大的同学，他知道我在徐州，推荐我担任守备指挥官一职。我考虑担任这个职务，便于掌握徐州军队行动及工事情况，又可自由出入“剿总”，到参谋处翻阅军事情报和军事图表，随时了解军情的变化，因此，我同意兼任了这一职务。

在担任守备指挥官时，我将徐州敌军情况及工事图表送往解放军那里。滕杰是蒋帮特务，他对我夸口说：徐州市完全被他们特务控制了。实际上，徐州确实是处处有特务活动，这些特务故意露着手枪，到处敲诈勒索，民愤极大，群众恨之入骨。滕杰无耻地吹嘘他的工作很好，对我说“共产党在徐州根本无立足之地”，“有个共产党在徐州隐蔽多年也不敢活动”，还说“有个共产党刚到徐州，就被逮捕了”。他洋洋自得，但万万没有料到整个徐州已处在共产党的控制之中。

淮海战役前夕，军情十分紧张，蒋介石对我任徐州地区守备指挥官不放心，便改任冯治安为指挥官。过不多久，对冯又不放心，便改任李弥为指挥官。

三 起义前夕

一九四八年十月中旬的一天上午，有三位客人来到徐州，向我介绍了当前的敌情，共同研究了与解放军配合的具体办法，并告诉我解放军将于十一月八日发起进攻，应争取两个军起义。

由于我的住处是在第三绥靖区司令部内，人员来往频繁，国民党特务监视也甚严，我考虑客人在我这里不安全，就设法把他们送到贾汪何基沣那里去了。

起义前夕，我的处境是比较困难的。冯治安因为我曾多次动员过他起义，也知道我在解放战争初期就动员过不少原西北军高级将领起义，所以对我存有戒心，一直令我住在徐州，不允许我接近部队。此外，不久前冯玉祥的夫人李德全在解放区电台上，号召西北军将士起义，这就加重了冯对我的戒备，对我监视更严了。面对这种困难的局面，我想：我留在徐州，不和部队在一起，怎么组织起义呢？现在，冯治安顽固不化，起义的时机已经来到，我必须设法尽快赶到贾汪，以保证起义的顺利成功。

这时，前方已有了战斗，我便向冯治安提出去贾汪参加作战指挥，并通过何基沣及第五十九军高级将领也向冯提出同样要求，冯一概拒绝。我严正对冯说明：前方将有大的战事，我应该到前方去，前方的军、师长也要求我到前方去共同作战。冯经过反复琢磨，最后想出个主意，就是把军长请到徐州，到他这里，由我主持开会，来讨论作战计划。

于是，在十一月七日这天，本部的高级将领会议就在冯治安住处召开了。参谋长陈继淹参加了；第五十九军军长刘振三不在，由副军长孟绍濂参加；第七十七军军长王长海有病，由副军长许长林参加。冯治安时而也到会听听。会议由我主持，上午开了半天，当然不可能有任何结果。午后继续开会。晚上，冯治安去宴请在徐州的国民党高级将领邱清泉等，留下陈继淹及冯的亲信，继续开会。这时贾汪来电话找我，开始是何基沣，只说了句“有人和你说话”，接着便是另外一个人的声音，他焦急地催促我即刻到前方去。电话机在楼梯下，正对着会议室的大门，室内紧张而寂静，大家都可以听得见对话的内容。我很了解他们的心情，但我知道如有一点疏忽，事情败露，会造成对全局的无法弥补的损失。因此，我一面压紧耳机，一面告诉他们“现在还在开会，会后争取早去”。陈继淹已有了怀疑，电话机刚放下，他就急忙追问是什么人来的电话，声音为何这么大？有什么事，为什么这么急？我只得敷衍他说：“是何基沣来电话，还是请我到前方去的事。”

夜间十二点多，冯治安回来，询问讨论得如何，孟绍濂副军长回答：“还是需要张副司令官到前方去。”冯说：“今晚谈不完，明天继续谈。”还是坚持不让我前去。我在困境中冷静地思考到，明天（八日）军队就要行动，孟绍濂等在此，部队无人指挥，势必混乱，于是我提议说：“前方紧急，指挥官都在这里很不利，今晚必须先让他们回去做好准备，明日可再来。”冯表示同意。凌晨一点多，会议暂停，我交代了一下，孟绍濂等便走了。

对起义的准备和一些细节，我又反复想了很多，想了很久，我想：第五十九军的军长、副军长及师长、团长，我都已做好工作，起义没有问题。对第七十七军，何基沣历史较久，可以由他处理。我了解师长过家芳没问题，军长王长海有病不问事，师长李宝善虽是冯治安亲信，但问题也不大。我回到营房后，立即收拾随身的简单用具，决心火速去贾汪前线。屋子里的东西基本未动，以免我的行动被人察觉。

四 回到自己队伍

十一月八日凌晨四时左右，我要来吉普车，带了一个随从，向贾汪出发。当时，徐州四周已戒严封锁，等候出入的车辆拥塞道路。我的车直开到栅门口，哨兵见我身穿军服，又是高级将领，便马上开门放行。

我以为走得很机密，但不知陈继淹已派人监视我。我一出发，陈便知道了。在冯治安楼下住的是冯的随从高级参谋尹心田。新中国成立后，我从尹心田那里得知，原来八日早晨，陈继淹曾向冯治安报告我走的事，冯治安叫尹心田准备汽车以便去刘峙处报告，尹曾建议要把事情弄清楚再去报告，可以先打电话向各处问问，然后再去。冯治安听了尹的话后，便犹豫了，没有立即去报告，这也给我的行动赢得了时间。

在由徐州去贾汪的中途，是第一三二师过家芳的防地，我与过家芳交谈后，打电话给何基沣，说我即刻到达贾汪。在第一三二师停留期间，我得知冯治安已给前方各司令部打了电话，要我回电话，为了稳住冯治安，我到贾汪后就打电话给他，并且说明："前方吃紧，我到前方来了。解放军昨晚已开始攻击运河闸了，在这重大战争面前，我必须和我们部队同生死共患难。我希望你也来前方。"冯治安自然是不敢来前方的。他就送了个顺水人情，命我在前方负责指挥。这样，又为起义赢得了时间。

第五十九军原定八日十二时出发，我到贾汪后，为防止迟恐生变，立即命令及时行动。部队当晚都陆续开到台儿庄附近。这时，很多部队下级军官及士兵不知道起义，谣言很多，我于是到几个部队说明了起义的必要。后来听说有几个国民党顽固分子要打死我，但没有人支持他们，未能得逞。

九日早晨，由于一些反动家伙煽动部下反对起义，有一部分人开了小差。崔振伦师长向我反映部队军心不稳，我就和他到部队去，首先到了段逢源团，经过我的讲话，都安定了。段团是起义部队中最完整的一个团。以后，师部走的人也陆续回来了。

就在九日这一天，解放军的大部队向台儿庄我们驻地开来，知道我们是起义部队后，便迅速向南开去。我们起义部队就由专门来台儿庄欢迎我们的解放军同志带路向临沂开拔。在临沂休息一夜，又开往莒南、大店一带休整。

在中国人民解放战争的历史上，举世闻名的淮海战役，于一九四八年十一月初刚刚打响之时，我部第五十九军两个师、第七十七军一个半师的二万三千余官兵，在人民解放军的周密配合下，于贾汪、台儿庄防地起义成功了！从而，开放了台儿庄一带运河上的通道，使徐州的东北大门敞开，让解放军得以迅猛地直捣徐州，并切断了黄百韬兵团撤守徐州的退路；占领了阻击邱、李兵团东援的有利纵深阵地，造成国民党军上下混乱，惊恐动摇，对于徐州战局及淮海战役起了一定作用。

十一月二十八日，我们全体起义官兵通电全国，揭露蒋介石勾结美帝进行反人民内战的罪行，号召国民党军内部一切爱国的军政人员和仁人志士早日起义。十二月九日，华东野战军首长陈毅、张云逸、粟裕、谭震林等同志复电慰勉，特别是毛主席、朱总司令也在十二月十日来电奖励，指出我们在徐州前线率部起义，加入人民解放军行列，极有利于革命战争的发展。这些亲切的鼓舞和教育，使我们一致决心加强部队的政治工作，改进官兵关系与军民关系，争取早日把起义部队改造成为真正的人民子弟兵。

第五十九军起义概述

孟绍濂*

第五十九军能够在贾汪地区毅然起义，是经过了长期的思想酝酿并有一定思想基础的。一方面，大多数官兵对蒋介石集团的压迫歧视和对当权主官的贪污腐化，只管自己享乐，不顾士兵疾苦的恶行深为不满；另一方面，第五十九军长期以来不满蒋介石祸国殃民的黑暗统治，早有起义的打算，先后曾同中国国民党革命委员会中央和解放军取得了联系，并在内部做了一些组织准备工作。淮海战役开始时，内部条件已大致成熟。因此，在张克侠、何基沣的共同策动下，在解放军的援助下，第五十九军终于顺利地起义了。

在抗日战争前，我曾与张克侠在第二十九军工作；抗日战争后，两人又同在国民党第三十三集团军干部训练班工作，张克侠为教育长，我为班副。彼此在一起接触较多，经常纵论国内外形势，特别对国民党蒋介石的独裁统治和祸国殃民的罪行以及社会上贪污腐化风气极为不满。当时我又从《文萃周报》等进步刊物中得知解放区是另一个天地，因此向往的心情也与日俱增。同时，蒋介石对非嫡系部队官兵的歧视和压迫，更激起了广大官兵的愤怒，很多人都不甘心为蒋介石反动派卖命，随着矛盾的发展和日益尖锐化，国民党军非嫡系部队要求脱离国民党反动统治的愿望也就更加强烈，只等一有机会就冲破黑暗的束缚，奔向光明的解放区。

一九四六年冬，李济深等在香港筹建中国国民党革命委员会。他们由于王葆真的介绍，对我的情况也有所了解，曾派曹又民（新中国成立前被蒋介石反动集团杀害）到第五十九军与我联系，希望我参加“民革”发起工作，商组反蒋力量。当时我考虑蒋介石经常派所谓“联络员”到第

* 作者当时系国民党第三绥靖区第五十九军中将副军长。

五十九军，以了解情况为名，进行特务活动，监视第五十九军的行动。如果这时参加“民革”将更为蒋介石注意，不仅于事不利，还会引起意外，不如暂不参加，多做些实际工作更好，因此当时没有参加。以后曹又民因受李济深委托要到山东解放区和×××同志接洽有关与第五十九军互取联系的问题，经我护送他通过步哨线，安全到达目的地。在这以后，×××同志派另一同志两次化装成商人到第五十九军与我联系。在接触中，一般地谈论了第五十九军的情况和有机会进行起义的问题。

为了使起义能早日实现和顺利进行，在与韩立园同志会商后，我即着手准备起义前的各项事宜。

有一天我去第三十八师点名，夜间人们都睡了，该师中校参谋陆迪均、谭世麟忽然敲门，我问他们有何事，他们互相看了看，然后神情激动地说：“副军长！难道你看着我们军就这样垮下去吗！？你不想想办法吗？”因为他们都是中央军校毕业，在第三十三集团军干训班又都当分队长，那时他们的思想是很顽固的，对蒋介石是忠心的，对共产党很反感。所以我听了他们这些话，就反问道：“你们说这话是什么意思？现在大的方面——南京，小的方面——第三绥靖区，有谁想把国家军队搞好呢？”我为了试探他们的真实思想就提出了以前在第三十三集团军干训班时发生过的事情。我说：“那时你们听到教育科科长连玉岗（共产党员）的讲话，就立即反映，说他讲的都是共产党那一套，要对他严加注意，现在你们怎样又说出这样的话呢？”他们表示很惭愧地说：“我们那时没有看清蒋介石，现在才认清了蒋介石的真面目。”我感到他们的思想比过去似有所改变，正好利用他们在军官中做些工作，因此就有意识地对他们说：“如果你们真正认识是这样，给你们俩一个任务，去各营同营长联络，你们能完成吗？”他们异口同声地答应了。

当时我还不敢对他们俩说得很明确，只是含蓄地说，叫他们同营长一级取得联系。一方面，看看这些人的思想反应如何，摸摸底以便确定对策，把营长一级的思想工作先做好，就会为以后的活动打下有利基础。另一方面，考虑到营长这一级情况不太复杂，不像团长、师长等上层人物（军长或司令官）有非亲即故的关系，比较容易接受正义的主张；另外营长这一级的身份与他们也相近，便于相互接近；团长、师长一级情况复杂，暂时还不能向他们透露，准备到以后时机成熟时再采取措施，进行工作。虽然我对他们俩说得含蓄，但他们却完全领会了我叫他们同营长联络的意图，因此他们在与各营营长联络时说得较清楚，明确地提到酝酿起义的问题。经过他们两人的工作，营长一级的思想明确了，态度也表现得很好。

淮海战役开始之前，在第五十九军防线前的解放军调动频繁。我一方面把这个情况报告给第三绥靖区司令官冯治安，使他不对我军生疑，另一方面则继续做起义的准备工作。正在此时，冯治安忽然派车接我和许长林（第七十七军副军长）去徐州研究作战计划。当时的时机是稍纵即逝的，而司令官的命令又不能不听，只好见机行事，遂电话告知何基沣副司令官后前往徐州。

到徐州第三绥靖区司令部后，冯治安立即召集副司令官张克侠、参谋长陈继淹及司令部各处长开会。会议开始后，冯说："请两位副军长来，是为了与副司令官、参谋长及参谋处各处长共同商量，搞出作战的第一方案、第二方案和第三方案。不要只搞一个方案。"我想，完成三个作战方案，绝非三两天的时间能够办到的。可是这三两大，前方的变化就无法估计。因此决心不能留在徐州。我遂故意问冯治安："总司令（一般人称冯为总司令），搞作战计划干什么？"冯说："你们不是报告敌人调动频繁吗？那不是就要有事吗？"我说："那么总司令为什么叫刘军长（振三）去上海！？"冯一时无言可对。接着我说："抗战时是这样，现在仍然是这样，一有战事他就请假，总司令也就准他的假。不错，主官走了，就找二炮（该军叫副主官是扛二炮的）来代替。难道这样是应该的吗？"我又接着说，"现在与抗战不一样，那时看见日本鬼子就打，没话可说；现在不是这样，现在不是还有政治问题吗？要是处理不好，就会把政治问题加在身上。刘军长走了，把担子加给我，我没有话说。但把我留在徐州，再把责任加到参谋长（指第五十九军参谋长刘景岳）身上，我于心不忍！"参加会议的人见我言语激动，都默默不语。冯治安开始也是一言不发，随后他拉我到另一间会客室同我单独谈话。冯说："叫刘军长走，是因刘军长的女人在上海要卖房子，催刘军长回去看看，不好不叫他回去。"冯还假惺惺地说，"你的话很对，现在不单是战事问题，还有政治问题。报纸上不是说苏联已放弃第三国际了吗？我们要搞得好的话，还能占便宜的……"冯治安企图用这类话来安慰我，最后也不得不说，"既然这样，就让许长林副军长留徐州帮助搞作战计划，不留你在徐州了。"他还答应当天送我回贾汪前线去。

经过一场斗争，我终于摆脱了留在徐州的问题。我这样做是为了免除当局的疑心，并使张克侠也能借此脱身离开徐州，与我同去贾汪前线，以便共同策划起义。临行前我又提请冯治安派绥靖区参谋长或副司令官去贾汪指挥第五十九军作战；但是我不便直接提请张克侠去第五十九军指挥作战。冯治安不同意再派人去，说何副司令官在贾汪前线指挥所，可以就近向他请示。

我在徐州时，曾把有关起义准备的情况和派人同解放军联系的情况向张克侠谈过。那天趁张克侠送我到车站的机会，我又将最近的情况和与何基沣已接触的情况都告知张克侠，并请他设法脱身离开徐州。

我当天离开徐州，连夜赶回贾汪。到军部后，我立即去见何基沣，并将与冯治安进行斗争的经过告知何。二人私相庆幸，并决定积极进行起义准备。

十一月六日傍晚，何基沣电话告知我他晚饭后到指挥所。何到后，知中共已派×××由张克侠介绍来我部工作。何与我研究安排×××住在指挥所，这样可以避免商谈时出入往返之不便。华东局派×××的来意，是告知即将发动淮海战役，希望于战前有所表示，这正好与我们的想法不谋而合。可是时间相当短促，虽然在营长一级已经做了一些联络启发工作，但在师长、团长中还未透露过。因而不十分了解他们对起义抱什么态度。如果能打通他们的思想，争取他们参加起义，可使起义减少阻力。于是决定我同第三十八师师长杨干三、第一八〇师师长崔振伦商谈。会谈前，是做了两种思想准备的。一是对他们晓以大义和为前途着想，他们可能会同意起义；另一种是他们会有所顾虑和牵挂，下不了决心，搞不好还有不利后果。

为了加强同杨、崔商谈时的力量，预防不利情况的发生，我邀第五十九军军需处处长邢泽民一同参加商谈。因为邢泽民与杨、崔两师长的关系较为密切，邢的思想也较以前有很大进步，我想借此影响杨、崔两师长。但会谈一开始就遇到困难，崔振伦说他的全家生命财产都在江南，不能不考虑。又说："副军长的朋友多，有人照顾不要紧，我就有问题了。"杨干三低着头一言不发，也表明他是不同意的。这时空气异常沉闷，无法继续再谈。邢泽民建议把第五十九军参谋长刘景岳请来一同研究，结果刘景岳也是顾虑重重。一直谈了两三个小时，最后不欢而散。

次日晨，我向何基沣详细地汇报同杨、崔两师长商谈经过，然后研究如何促使杨、崔接受起义之举，从而使第五十九军全军比较不费周折地开到山东解放区。商谈结果，决定继续对杨、崔进行劝导，从多方面启发，使他们觉醒过来。如果实在不能说服他们，最后即施加压力。具体的做法是商得×××的同意，请解放军向第五十九军前线部队进行压迫。

十一月七日晚，由何基沣派吉普车送×××从第一八〇师守军渡口过河与解放军接头，请解放军向第五十九军施加压力，并告知×××，如守桥梁部队不让渡河受到阻拦时，就叫守军部队长打电话向我请示。

接着我继续找杨干三、崔振伦做工作。我向他俩说眼下解放军调动频繁，势必南下，我军力薄又无援军，而且后方就是中央军队，到了前进不能、后退不可的情势下，将如何处理？再则，军长不在防地，我们把军队搞垮也无脸面见刘军长啊。杨、崔两师长总是默不作声，无所表示。

此时，接到守护渡口的陈芳芝团长的电话："有×××乘吉普车要过河，说是副军长叫他去的，是吗？"我答复："是，让他过去！"十二时后，陈团长又报告说："敌人由我团的左翼和第七十七军的接合部空隙徒涉渡河，向我团左后方前进中。"我令其严加注意，侦察以后的行动，暂不出兵。同时又召集杨、崔两师长和参谋长、参谋处处长等开会。我问两位师长该怎么办，现在共军已经向我进攻了，若大部队过河，有没有把握把共军顶回去。杨、崔都认为没有把握打退共军的进攻。于是我说："既然没有把握，那么必要时只好向后退，而后面是蒋介石的嫡系部队，他们会不会让我们往后退？前无进路，后无退路，若前后被夹攻，我们又该怎么办？"他们听我这么分析，都认为的确有这种可能性，表现出焦急的样子。我乘机问他们，是不是请何副司令官来商量一下，所有参加会议的人都表示同意。我即打电话请何到军部。他向大家又谈了很多情况，做了思想工作。在这种情况下，杨干三、崔振伦终于同意了起义。于是决定由何基沣、孟绍濂、杨干三、崔振伦四人署名向全军下达命令，全军向台儿庄方面转移阵地。就这样经过种种曲折，起义才终于实现。

十一月八日，我打电话告知张克侠务于黄昏前到贾汪。为避免国民党军飞机的侦察，令全军于黄昏前按指定路线，分头向台儿庄方向前进。张克侠这时也由徐州到达贾汪，随第五十九军行动。何基沣电话令第七十七军过家芳师长带第一三二师一部（约两个团）及第三十七师两个营出动后，他随第七十七军行动。在向解放区前进中，规定白天宿营，夜间行军。在宿营时，令将所有炮车、汽车及人马统统隐蔽起来，有飞机来时不准出现。在北进途中曾与解放军发生过误会，虽然没有伤亡，但乘机逃跑千百人[1]，思想不稳定的官兵，更加混乱。因此迫切需要向官兵进行解释宣传。到达解放区兰陵附近，就暂停下来，由何基沣、张克侠和我分别地同两军的官兵讲话。紧跟着中共华东局派来工作组帮助进行教育和供应等事宜，官兵思想逐渐稳定下来，同时也正常地开展军队学术科的训练。经过整编后，我们的部队又作为中国人民解放军的一部分与国民党军队作战。

① 未随起义部队走的人后来编组成第一八〇师，见本书陈芳芝文。

第三绥靖区部队起义前后见闻

于麟章*

一九四八年秋天，当济南解放、开封一度被攻克之际，盘踞徐州一带的国民党军，开始疏散家属，限令所有部队家属一律送往江南，表面上装出一副应战姿态，实际上所有官兵都在惶惶不安。当时我任国民党第三绥靖区第五十九军第三十八师副师长。第五十九军军部和第一八〇师驻贾汪，有一个团驻运河万年闸，有一个营担任陇海东路运河桥防务。第三十八师驻台儿庄，师部在台儿庄河南十四里处，担任峄县（现改设枣庄市，下同）至台儿庄宿羊山一线运河防务。第七十七军军部驻柳泉，第三十七师担任津浦路运河铁桥一带防务。第一三二师驻青山泉。

第三绥靖区原为第三十三集团军，系冯玉祥西北军旧部，其中有些人思想比较进步，同情革命，如副司令官张克侠是中共特别党员。由于蒋介石排除异己，这支部队一直受到歧视，经过几次整编、缩编，到我们起义前，已由原来六个师缩编为四个师，由二十四个团缩编为十二个团。

如果探讨一下我们起义的原因，上述情况不妨说是我们起义的远因。至于近因，则是迫于形势和受到中共党的政策的感召，加上官兵的万分厌战情绪，更不愿中国人打中国人，因此，我们投向人民的怀抱。

一九四八年秋天，人民解放军鲁南军区政工部长×××同志化装来徐，首先和张克侠取得联系。张因×××曾任军调三人小组中共方面代表在徐州工作过，长期在徐州不太方便，因此介绍×××同志到何基沣处，以绥署工作人员名义住在贾汪指挥所里。×××同志在起义后曾告诉我说：他在贾汪时，为了策动部队起义，他和第五十九军副军长孟绍濂、第一三二师师长过家芳多次谈过话，这些情况，第五十九军军长刘振

* 作者当时系国民党第三绥靖区第五十九军第三十八师上校副师长。

三是知道的（张克侠、刘振三、孟绍濂在徐州曾商议部队起义的事）。刘于一九四八年十月中旬，也就是在部队起义前的一个多星期，以去上海看病为名，携带其全部资财逃走了，走前只是向大家说：“一切听孟绍濂副军长的。”在刘振三走后，孟绍濂召集了第一八〇师师长崔振伦、第三十八师师长杨干三、军参谋长刘景岳、军需处处长邢润生共同密商部队出路问题，孟即提出起义是唯一的出路，当时只有邢润生一人同意，其他三人都未明确表态。最后大家约定严守秘密，但他们在精神上都有了准备。

十一月七日早晨，解放军由鲁南向徐州进发。当第三十八师第一一二团在峰县前线和解放军接触后，师长杨干三命令该团退回台儿庄以南师部附近集结。在这之前，为了策动部队迅速起义，×××同志曾和何基沣密商由解放军派重兵渡过运河，将第一八〇师防守运河万年闸的陈芳芝团首先击溃。当陈团遭到解放军强大火力的攻击时，孟绍濂副军长下令将该团撤回贾汪师部。到了晚上，孟绍濂副军长、刘景岳参谋长、顾相贞副参谋长研究如何应战。孟副军长因军长不在下不了决心，当即请何基沣副司令官来老矿第五十九军军部商量，并立即召集军部各处处长和师长崔振伦等开会。何基沣向大家讲话。在讲话中强调形势紧迫，解放军进攻徐州，我们部队首当其冲，并向大家说：“我是为了保护这个部队的力量，为了保护全体官兵的生命。我们西北军长期受人家的气，现在已经到了出气的时候了，我们要马上起义。”接着向大家讲解放军已派有联络员在此，并且说解放军在这次战役中将一举解放徐州。他并告诉大家，现在联络起义的部队还有老西北军的刘汝明和孙良诚的部队。他还讲了些解放军的政策。在何讲话后，大家对何基沣马上起义的意见纷纷表示赞成。当时孟副军长、崔师长起着杠杆作用。最后，将中共代表×××同志约来军部和大家见面，握手言欢，亲如一家。当时将联络暗号告诉大家：“夜间行军，官兵将棉上衣翻过来穿，遇到解放军时就说‘我们是×××的部队’。”当时军部副参谋长顾相贞立即摇通第三十八师电话要我讲话。在电话里他告诉我说：“何副司令官、孟副军长、刘参谋长、崔师长都在这里，经过开会研究，我们的部队‘要吴化文了’[①]，军部和崔师长马上出发到台儿庄集结，你怎么样，同意吗？如果你同意，再征求一下师长的意见。”杨师长正在旁边，我把顾的讲话向他讲了一遍，杨说：“完全同

---

① 吴化文曾在济南战役中起义，这里说“吴化文了”，就是暗指起义。

意。”我即向顾说：“我征求了师长的意见，我们完全同意。”顾将联络暗号告诉我，并要我当面与解放军取得联系。当我放下电话后，杨干三已将参谋长钟道昆找来了。我们商议的结果，认为既然军部和第一八〇师今夜出发来这里，我们等他们来了再向下边讲。这时徐州“剿总”的一个工兵营和我师工兵连正在拆除台儿庄的运河木桥，我立即通知他们，限当夜将木桥修复，因为明天李弥兵团带有坦克向峰县方面出击；同时通知台儿庄赵海风团长，让他派兵协助修桥。

当何基沣、×××在贾汪策动第五十九军起义成功后，孟绍濂副军长即向驻徐州的张克侠去电话，要他马上来贾汪。张乘车路过青山泉第一三二师时，正值冯治安来电话，除了问前方的情况外，还问过家芳师长：“你看见张副司令官了吗？”过师长答：“没看见，有什么事吗？”冯说：“他今天一早就到前方去了，你可派人到公路上等他，一定要他到你那里同我讲话。”过说：“好吧！”过家芳师长放下电话，向张副司令官汇报了部队起义的情况。张立即又向贾汪出发。张到贾汪与何基沣见面后，随即宣布起义。孟绍濂命令第五十九军一部官兵与军部直属部队集合，炮兵团、工兵营、通信营、骑兵搜索营、辎重营由军部指挥官时云朗率领步行前进。军部官兵及特务营大行李由军部汽车连向台儿庄南燕子埠推进。部队起义最完全的是军直。第一八〇师师长崔振伦当晚也下令将部队开往台儿庄附近花山子集结待命。随崔走的除第五三八团团长段逢源外，还有其他团的孙光荣等两个营。第五三九团团长陈芳芝因部队拒绝起义，只好随部队向徐州逃去。第五四〇团团长杨光率一个营逃往南京。守卫陇海东线运河桥的王廷俞营，在接到崔振伦要他七日早上开往台儿庄集合的命令时，尚不知部队起义。在行军途中被国民党第十三兵团包围缴了枪，这时才知道部队已经起义。在被迫缴枪后，王廷俞把一部分官兵带到台儿庄。

第三十八师师长杨干三在决定起义后，向我们说要到贾汪去看看。当他坐汽车到贾汪时，第五十九军军部已开始移动。人民解放军为了防御徐州“剿总”派兵追击，已将贾汪矿区接管，并采取了防御措施。八日凌晨，杨干三从贾汪回来，找我研究怎样向下边传达起义问题，决定由上而下分别传达，让我坐汽车到台儿庄镇内先告诉第一一四团团长赵海风。当我到了台儿庄时，看到老百姓纷纷外逃，军队不准他们过河，许多人挤在浮桥的附近。我向大家讲：“军队不撤走，这里也不会打仗，你们要相信我，都回去吧。”讲话时遇到一些熟人，我将情况告诉他们，经过互相转告，很多人都回去了。老百姓所顾虑的是国民党飞机轰炸，这时正有几架飞机在上空盘旋。我到了第一一四团，找到团长赵海风、副团长李桂鑫，将来意告诉他们，赵气愤地向我说："师长糊涂你也糊涂吗？国民党有美国支持，不会失败的。我们相处二十几年了，你们这是向火坑里送我们。"我反复向他们讲当时的军事形势，讲共产党的政策。我说："识时务者为俊杰，共产党是来者欢迎，走者欢送，以后认为不好还可以走嘛！"在谈到部队的处境时，他俩都哭了。过了一会儿，赵海风说："好吧，我们随着你们走好了，你回去报告师长吧。"临走时，我把和解放军联络的暗号告诉了他们，并让他们与解放军取得联系。当我回到师部时，第一一二团团长郭建勋、第一一三团团长栾升堂两位已在师部。过了一会儿，第一一四团团长赵海风也来了。郭表示愿意参加起义，并说："既然全军起义了，还有张、何两位副司令官率领，我们应当随着干。"栾、赵二人也说愿意和师长一块儿干，从表情上看却总显得有点勉强。大家还说了一些有关部队起义后的行动问题，他们都离开了师部。我送栾升堂到师部大门时，栾转身对我说："是不是再考虑一下。"我说："大局已定，孟副军长和第一八〇师就要到了，我们应当看清形势，顾全大局。"他没再说什么就走了。我已感到栾、赵二人刚才的态度不可靠，立即给第一一三团副团长张竹铭打电话。我和张私交较深，我们当兵时在一起。我在电话里向张竹铭说："团长（栾升堂）回去后你们一定要把队伍带到台儿庄集合，千万不能向南去，一失足成千古恨，到那时后悔就来不及了。"张说："一定照办。"结果栾升堂到部队后，带着两个营逃到徐州去了。第一一四团团长赵海风回台儿庄后，在召集营长开会时，借查看地形逃跑了。师部参谋长钟道昆也把师部的直属部队带走好多。下午，副军长孟绍濂、师长杨干三都到台儿庄镇内。第一一四团团长赵海风逃跑时带走了营长以上军官，形成了该团群龙无首的局面。我当即召集副营长、连长集合，临时指定两位副营长及连长吴江阿为营长，并着令第一一二团副团长许朝栋代理第一一四团团长。这时部队要向兰陵方向前进，我向参谋处的人说："你们谁先去和解放军联络一下？"少校参谋陆迪钧说："我去。"陆去后约半小时，解放军来了一位军官。我向他说："我们部队要到兰陵集合，你们要尽快占领台儿庄的大桥和浮桥。"他说："我们早就准备好了，你们放心集合吧。"十一月八日，我们起义部队大部到达兰陵镇。当时张克侠、何基沣、孟绍濂、过家芳、崔振伦、杨干三等师长以上的起义通电和向党中央的报告，经张克侠签名后送何基沣签名，可是大半天过去了，何竟迟不签署，左右看出何的意思是要在电文上占领先地位，当即向张反映，张以大局为重，立即在起义通电和向党中央的报告上把何基沣改为第一位，何这才签了字。电报按党中央预定时间迟到一天，引起中央怀疑。过了两天，我又回到台儿庄，将储存的大批弹药交给解放军后勤部队接收。在台儿庄，见到了傅秋涛司令员，他笑着对我说："你听这炮声，我们把黄百韬兵团已经包围起来了。"这时，从南方传来的炮声非常清晰。傅司令员说："你们把弹药送来很好。台儿庄的木桥没有被他们破坏，有利于咱们的步炮通过，所以很快就把黄百韬兵团包围起来了。"

我们起义部队在兰陵镇集合不久，又开到莒南县大店附近整休。过了一个多月又开到黄河南岸担任防务。

第五三九团及第一八〇师残部被歼经过

陈芳芝*

一

淮海战役前夕，第三绥靖区司令部驻徐州，指挥所设在贾汪，由何基沣副司令官指挥，固守韩庄至台儿庄运河地区，并派出一部在邳县方面与第七兵团联系。第五十九军担任运河地区的防务，右自台儿庄左至侯全闸、六十字之线与第七十七军第一三二师联系。第七十七军为第三绥靖区预备队。第三十八师驻台儿庄，担任台儿庄至侯全闸运河之线的守备，第一八〇师为军的预备队，并派一个团的兵力坚守侯全闸左至六十字之间的河防。

一九四八年十一月六日，刘振三对副军长孟绍濂、第三十八师师长杨干三、第一八〇师师长崔振伦和我指示说："我军主力在东北、济南地区，被共军歼灭，大势已去，我们不能做无谓的牺牲，必要时就撤到一边，你们派人将家属安置一下，我下午准备到上海将家安置一下，一个星期就回来，本军的指挥由副军长负责。"当天下午刘振三就走了。

十一月七日，我在贾汪大泉团部，集合连长以上军官讲话，传达本军作战计划和本团增加运河防务的准备工作。同时，第一八〇师师长崔振伦也给官长作了指示。

十一月七日晨五时，我率领第五三九团出发，八点到达团部驻地——涧堂集。当天下午接到军部参谋长刘景岳的电话，说共军由峄

---

* 作者当时系国民党第三绥靖区第五十九军第一八〇师第五三九团上校团长，后任第一一五军第一八〇师师长。

县、兰陵向运河前进，命令我特别注意严密警戒，要收集峄县方面的情报。午后四点，接到第三营营长孙九昌的报告：“在侯全闸前方王庄一带，发现共军与我警戒部队发生战斗，警戒部队正向后撤退，共军的炮火猛烈向我阵地射击。”我即命令各部队迅速进入阵地，当解放军距离阵地五百米左右，即开始猛烈射击，并命令迫击炮连支援第一线作战。午后七时解放军向运河地区展开猛攻。当时我报告孟副军长，他命令第五四〇团杨光团长开到贾汪北二十里大山口，为作战部的预备队，必要时归我指挥。他还说：“台儿庄第三十八师、韩庄第一三二师战斗也很激烈。副司令官张克侠将军准备来贾汪指挥，叫官兵沉住气。”夜间十二点接到第三营孙营长报告，侯全闸据点第一道阵地被解放军占领，正向我第二道阵地猛攻。我命令他坚守阵地，并派第二营一个连加强侯全闸左翼，并以火力支援第三营。随后令第二营营长冯廷德，派一个排带两挺重机枪增援侯全闸据点左小高地，用火力封锁侯全闸据点前沿，支援第三营作战。八日四点多钟，解放军在炮火支援下，强渡运河。六十字据点左翼第一三二师阵地已被解放军占领，当时用电话报告孟绍濂，他说很快就派人到我团部来，并命令我撤退到贾汪北大山口后，要派人和解放军联系。他还告诉我，第三十八师也派人和解放军联系去了。

我到达大山口之后，立刻命令第一营营长孙承铎，派一个排长去和解放军联系。这时，何基沣的副官坐汽车到我团部，他说：“何副司令官命令我去和共军联系。”他说了解放军的情况之后，就坐汽车返回侯全闸。当天九点，第一八〇师师长崔振伦打电话说，为了避免国民党的飞机轰炸，命令我带第五三九团和第五四〇团向台儿庄西南花山子集结。五时半，崔师长到花山子团部，叫我告诉第五四〇团团长杨光，全团准备起义。

当时我电话召集杨光团长、第五三八团段逢源团长和我团三个营长到团部来，我向他们传达崔师长的指示：“副司令官张克侠已到军部，国民党大势已去，我们不再做无谓的牺牲，全军决定起义。今天夜里做好准备。你们看怎么样？”他们表示同意，便立即回去准备。杨团长和段团长走后，孟绍濂副军长命令，为了避免飞机轰炸，部队天明前到达兰陵、台儿庄北三十里外。当时我给杨光团长打电话，电话已不通，派人去看，说五四〇团已没有人了。这时第二营和第三营营长对我说，部队掌握不住。我即打电话将情况汇报师长，接着副师长邢炳南在电话里对我说：“我们跟师长和张克侠副司令官在一起几十年，无论如何我们要在一块儿，部队能掌握多少算多少。”我回答：“好吧！”此时内心矛盾，坐立不安。因当时对解放军没有认识，我想部队既已掌握不住，我的官也当不上了，况且家属又在南京，最后还是决定走掉。

二

十一月十一日上午七时，当我率领第五三九团残部，到达陇海路大许家车站时，听到杨桥方面的炮声和机枪声很激烈，从大许家以东败下来的第十三兵团，已在铁道南北乱成一团，成群的散兵直向徐州方向逃窜。下午，在大许家车站我和本师第五四〇团团长杨光见了面，我俩决定先坐火车到徐州，向第三绥靖区司令官冯治安报告作战情况和第五十九军起义情况。当时我将第五三九团和第五四〇团的残部拨归第五四〇团，由副团长张宾如指挥。我令他当夜到达徐州飞机场以西村庄待命。我和杨光就坐火车到达徐州。下车后到杨团长家休息。十二日上午七时，我同杨到第三绥靖区司令部见冯治安。当时，冯治安由于张克侠、何基沣两位副司令官带第五十九军、第七十七军起义而被徐州“剿总”总司令刘峙软禁①，只见了参谋长陈继淹和第五十九军代军长李九思。

当日下午一时，冯治安回来了。他问了作战情况和起义及逃回的经过。我说：“我跟司令官和军长刘振三多年，如果跟他们一起走了，对不起司令官。”当时我还掉了泪。冯治安还表扬了我，他说：“第三十八师团长赵海风、栾升堂，将第一一四团、第一一三团都带回来了。”又说，“蒋介石来电话叫我坐飞机先到南京见他，部队开到安徽当涂县，芜湖集结整补。”他并指示我率部当晚到达徐州南三十里的三堡车站集结。第二天下午宣布我为第一八〇师代理师长。

十四日下午，我带着第五三九团第一营和团部直属部队，走到三堡车站。十六日下午三时，第五十九军代军长李九思和第七十七军军长王长海到达三堡车站，奉命于十七日② 上午七时向符离集前进。行军不到二十里，听到大山头的东南和西南方向有机枪声。第七十七军军长王长海下令停止前进，见到从宿县调来增援徐州作战的第十六兵团第四十七军汪匣

---

① 也有说是冯治安带着行李去总部请罪了，见本书何基沣文。

② 许长林稿说是十二日后由津浦路南下，见本书许长林文。

锋部被解放军击溃，向徐州方面逃窜。十七日下午六点半，在大山头的右前方小山头上发现解放军，以机枪向第五十九军的驻地扫射。我即指挥第一八〇师占领阵地，企图阻止解放军前进。但第七十七军在大山头东南，被解放军击败，向徐州方面逃窜。第五十九军则向村子北头突击。在此极度混乱的情况下，我只好命令特务连占领大山头后的高地，掩护我部逃跑。在徐州南三十里铺，我将第一八〇师残部集合起来，向徐州撤退。到达徐州附近，被国民党第十三兵团第八军的部队所阻击，不准进徐州城内。我遂去见该师师长孙进贤，因我与孙师长是同乡关系，所以准许在旧黄河堤附近驻下。

十一月十八日上午，遵照“剿总”关于将第七十七军和第五十九军残部划归孙元良兵团的指示，我带第五三九团和第五四〇团及第三十八师第一一三团第三营营长程立兴一同出发，下午一时到达二十五里铺孙元良指挥部。孙元良指示说：“现在第二兵团主力向双沟以北运河地区进攻，进展很快。本兵团的任务是向三堡车站以南、萧县以东的共军进攻，与北上大军（黄维兵团）会合作战，以歼灭共军[①]。胡临聪的第四十一军、汪匣锋的第四十七军和王长海的第七十七军为主攻，第一八〇师为预备队，师部驻二十五里铺，派一部兵力对三堡车站方向警戒。”他又说，“老头子（蒋介石）叫我们努力，不然就会死无葬身之地！”孙与我们一起吃了饭，饭后我立即回到师部集合官长，传达国民党军的进展情况，说明本师是兵团的预备队，任务很繁重，回去要准备好，大家要努力，不然我们就会死无葬身之地。

三

十一月三十日，第十六兵团副参谋长高键命令我部经过萧县、蒙城与黄维兵团会合，在淮河以南整补。当我经萧县时，看到国民党军混乱一团，各军的汽车及弹药丢得到处都是。当我部行至河南永城县东北部的张村时，与解放军遭遇，战斗约半小时被解放军击败。散兵溃退，到处都是。我将第一八〇师收集起来，退至李石林，后又移到陈官庄北五里的小张庄驻下。一天上午，总部宪兵团团长找我，他说副总司令杜聿明叫我

① 据查，十一月十八日徐州“剿总”没有下过向南进攻的命令。

去。我遂到达陈官庄总部。杜聿明当面命令将我的部队拨给第十三兵团指挥。并说："现在冯副总司令（冯治安）在南京，我们突围出去后，你们再归还第三绥靖区建制。你到第十三兵团去见李司令官（李弥）。"下午我到李楼李弥兵团部，当时见到第十三兵团的副司令官陈冰。他亲自带我见了李弥。当时李弥命我师驻在冯庄，同时为了作战便利，将士兵拨给第一一五军司元恺部五百人，他还表示："冯副总司令是我的长官，部队出去后，我不要你们的部队。"当天下午二时，司元恺派第三十九师团长宋汉锋到我师部去领士兵。我与宋汉锋在军校是同学，又是结拜的弟兄，见面后他对我说："我们军是新成立的，只第三十九师一个师，你归我们指挥比较好。"宋汉锋领兵回团后，给他军长打电话说明我俩关系，并要求我部归他们建制。第二天李弥找我，见面后首先问我："你与宋汉锋、庞铮（李弥兵团的团长）是同学吧！"我答："是。"他又说："你的部队不分开了，暂编一个独立团，师部还保存，归司军长指挥。"过了两天，杜聿明命我为第十三兵团第一一五军第一八〇师师长。因此保持住了第一八〇师。

四

十二月中旬开始，大雪连续下了十几天，又处在解放军猛烈炮火的围攻下，国民党军伤亡惨重，军中无粮，官兵个个面黄肌瘦，步履艰难，虽空投给养亦无济于事。

十二月二十三日，在青龙集、陈官庄、杨楼、冯庄地区，解放军对国民党军进行全面进攻。当日下午二时开始，集中炮火向李石林、杨楼和无名小村猛烈炮击。战斗进行一昼夜，第一一五军第三十九师被歼灭大半，两个团长均负伤，师长韩肇琏被迫撤退到大冯庄占领阵地。第八军第一七〇师（杨绪钊部）在小冯庄北李石林东被解放军击溃。解放军继续向大小冯庄进攻，并不分昼夜地喊话："老乡们！放下武器，宽大处理，不杀不辱；想回家的回家，不愿回家的给工作；没有吃的，这边有吃的！"有时解放军还将馒头扔在阵地前。这时解放军在青龙集以东和东南地区，将第九军、第十二军（舒荣部）击溃，占领了该地区（李弥的兵团部在青龙集，距离解放军占领地区只有二里之遥）。

一九四九年一月六日，杜聿明在青龙集第十三兵团总部，召集第十三兵团师长以上军官开会。他说："决定在本月十日突围，八、九两日由飞机空投弹药和给养，九日开始向共军进攻。第一天第二兵团为突击队，随战斗的进展向两翼扩张战果；第十三兵团在后掩护，随战斗进展向前推进，在前进中与第二兵团切取联系。各部队将不必要的物品自行破坏。这次决战，只有大家努力。……从一月九日上午起有一百架次飞机投毒气弹，将共军歼灭在阵地内，各部队对空联系要做好，要派专人负责这个工作，飞机先进行投弹，而后各部开始动作。各位有什么意见？"大家都表示同意。杜聿明最后说："你们如果没有事，就回去准备吧！"杜走后，我回到师部，召集本师连长以上军官做了传达，也叫大家努力。

七日上午，第一一五军李参谋长给本师参谋长何觉哉来电话，命令第一八〇师选突击队员一千名，攻下小村庄一个，奖洋五百万元，大村庄一个，奖洋一千万元。当时我集合两个副团长任今良、张宾如做了传达，并命他们传达给官兵，一个团选五百名突击队员。

八日上午十时，解放军继续向国民党军全线阵地猛攻，集中炮火向冯庄第一八〇师轰击。此时第一八〇师被解放军三面包围，战斗不到半小时，全线阵地被突破，第一八〇师大部被歼，第五四〇团副团长任今良以下全部被歼灭，参谋长被俘，随我逃出者不足三百人。接着，我率残部在冯庄南三四百米处占领阵地，阻击解放军前进。

九日上午四时，大冯庄第三十九师部队也被击溃。下午一时，我后退至小李庄第一一五军军部驻地。这时青龙集已被解放军占领，第十三兵团兵团部及第九军军部全部溃退。军长黄淑及师长肖超伍被俘。下午四时，我到达小李庄。五时，李弥也逃到小李庄。我看他非常狼狈和恐慌，当时他也不说话，我将先住的北房让给他住下。八时左右，我去看他时，他在地下睡着。后来坐起来，抽着纸烟叹了一口粗气。此时，解放军机枪声又近了，他说："邱清泉已跑到第五军熊笑三的军部，副总司令杜聿明决定由第五军为主力，向西南突围，命令将汽车全部破坏。"随后我同李弥及司元恺等一同到第五军军部。到该军部时，邱清泉、杜聿明等与李弥共同商量突围事。李弥主张天黑后突围，而邱清泉则主张死守，杜聿明则无主见，犹豫不决。最后商定以军为单位，向西南突围，突出后在涡阳地区集结。经议定后，各离该地，李弥向东去了，司元恺和我一同到第五军第二〇〇师师部。当时是抱着"听天由命"的思想。我向司元恺说："到天明就不好办了，各部队均无斗志，已混乱不堪，还有什么战斗力呢？"司元恺很焦急地说："现在快十二点钟了，还不动作，在这里等死吧！”

次日晨，我同司元恺带着第一一五军第一八〇师和第三十九师的残部不到三百人，随着第五军第二〇〇师（师长周朗）所部，向西南突围。一月十日夜十二时逃出包围圈，向永城西北方向逃窜。在途中与第五军失掉联系。天明后我将第一八〇师及第五军残部近三百人集合在一处，向他们说：“只要你们听指挥，就有办法。现在共军后方没有大部队，只有少数民兵。要沉住气，没有关系。”并命令第五三九团第一营营长孙承铎带该营残部向西南方向前进，命第二营第五连在后掩护。刚走出四五里路，就被民兵四面包围。我命部队抢占一个小村庄，构筑工事顽抗。最后，在解放军地方部队猛烈攻击下，我只好下令全部放下武器。至此，我率领的第一八〇师全部被歼。

第七十七军的起义及其残部的被歼

许长林*

一九四八年秋，由于解放军的大举进攻，国民党临城守军逃到运河南岸。在这种紧迫的情况下，冯治安于十一月七日召集两军军长在徐州开会。其时第五十九军军长刘振三已去上海探亲，第七十七军军长王长海是个鸦片烟鬼，托词有病，两个人都没有参加，由第五十九军副军长孟绍濂和我出席会议。参加会议的还有副司令官张克侠、参谋长陈继淹和政务处处长黄惋筠。会上冯治安请张克侠谈谈当前的形势和对策。张说：“这样的大事，只和两位副职谈也解决不了问题，还是请总司令去贾汪（前方指挥所），召集团长以上主官决定一下比较妥当。”冯不同意张的意见，于是这个关键性的会议便毫无结果地结束了。

十一月八日，我上火车回防时，在车站遇见高参彭立民去贾汪送一桶汽油。我当时还很纳闷，一桶汽油还要高参去送？而不知他是借送汽油去参加起义。我到柳泉下了火车，就听参谋长李延昭说，张克侠、何基沣二将军在贾汪起义了。他并问我冯治安有什么指示，我就将徐州会议情况说了一遍。然后我急忙去见军长王长海。一见面还没等我说话，王就说：“不必说了，张克侠、何基沣在贾汪投降共产党了。”我问：“我们怎么办？”他说：“我听总司令的。”当时军部又沉闷又混乱。

十一月八日第七十七军参加起义的有：第一三二师师部和所辖第三九五团全团、第三九四团第一营、第三九六团一部分；第三十七师第一一一团全团。其余残部五千余人，由军长王长海带领，于八日晚十时，逃退徐州不老河南岸集结。九日晨奉“剿总”命令，部队调赴徐州南二堡候车南运。当到达指定地点后，根本无车待运，便打电话催车，

---

* 作者当时系国民党第三绥靖区第七十七军少将副军长。

"剿总"以应付的口吻说："等着吧！现在没有车，如果等不及可步行南下。"于是第七十七军残部在十二日沿铁道南下，当先头第三十七师行至三堡以南，闻知解放军已在夹沟、符离集之间，将北上援徐的孙元良第十六兵团截击，因此就在曹村车站以东停止南下，十三日夜，第三十七师在曹村以南山地遭解放军袭击。十四日晨，第七十七军军部遭解放军沉重打击后，狼狈溃逃至徐州以南三圣庙，停留三日后，被调徐州附近东、西贺村。这时碾庄圩黄百韬兵团已处在被歼灭的前夕，而徐州"剿总"为了安定社会秩序，欺骗人民，还召开什么"胜利"大会。次日，由第三绥靖区参谋长陈继淹陪同南京方面派来的新闻局局长邓文仪，到东、西贺村召集第五十九军、第七十七军残部讲话。大意是说："按你们部队这次的行动，是叛党叛国的罪行，应当按军法从事，但蒋总统念你们在抗日战争中出过力，再给你们以立功的机会……"晚间，"剿总"即指令将第七十七军残部以团为单位调归第十六兵团，军部和师部（包括军、师长在内）调驻徐州城北八里凹，归孙元良指挥。

十一月二十八日，准备放弃徐州逃窜，第七十七军军部及直属部队又调驻三圣庙。三十日经萧县西窜，部队争相逃命，沿途惨状目不忍睹。据我亲眼所见，在公路上汽车轧死士兵无人理睬，汽车歪倒路旁，司机扬长而去，无人过问，沿途一片混乱。当第七十七军残部逃出徐州时，孙元良命令过了洪河集向永城以南逃窜。十二月二日夜间窜至永城东北某村时，被解放军堵击，军部部分人员和特务营放下武器投降。我当时认为自己职位比较高，恐怕被俘后不放，挂念妻子住在江南，想逃回南京。因而在部队放下武器时，便乘隙逃走。在逃脱途中巧遇军长王长海，这时因不便于单独行动，就只有随他走了。五日到了青龙集，乱军像惊弓之鸟云集在这个地区。听说杜聿明召集各兵团司令官开会，商讨而后的行动问题，因意见不一致，就不欢而散了。六日晚，第十六兵团孙元良单独行动，向西窜去。第七十七军军长王长海盲目追随孙元良，也企图西窜，天明后部队仍在原地乱转。这时前进指挥部令将残部集结起来，随第七十四军军部行动。王长海找到师长李宝善等传达"剿总"的指示，日暮前做好准备。当先头部队抵达第七十四军军部所在地陈官庄附近时，就被该军包围。等到深夜，王长海派人去打听，问他们既然突围为什么不前进？据回报说："前面还有村子未攻下，攻下就走。"等天刚亮王长海亲去陈官庄，想见邱维达探听消息。一进村内，就被邱派定的专人引入一间空房软禁起来。这就陷入蒋介石嫡系部队瓦解杂牌军的圈套。上午九时左右，两个师长对王长海去后都不放心，就推我和第三十七师副师长孙儒鑫去找王长海问明情况。我俩在一间喂马的破房子里见到了王长海。看到这情景，当即深感蒋介石嫡系真没把杂牌军当人看。王没等我说话就说："邱（维达）的江参谋长说，现在突围是不行了，决心就在这个地区打，你们的队伍战也不行，守也不行，邱清泉司令官指示，归第七十四军指挥的将枪交给第七十四军，归第十三兵团李弥指挥的也照样办。我们是要兵不要官，限十二点交出。"王长海又说，"赶快回去向师长传达。"我问："官佐怎么办？"王说："交了枪再说。"我回来就向两个师长做了传达，这时有些官长说："早知这样，不如在徐州将枪交给共产党了。"十二点江参谋长亲自来接收。他对两个师长说："你们不要难过，蒋总统说了，到了南京发给新武器，再成立新军。"士兵们很气愤，将枪向地下一丢，有的官佐与士兵感情好的抱头痛哭不愿分别。这是我追随冯玉祥三十几年亲眼看到西北军最后的结果。

十二月八日缴械后，官佐为了生存，不得不纠集一起。村庄都被蒋介石嫡系部队占据，不但不叫我们进去，还不叫接近，当晚就在野外露宿。九日早晨，我见王长海在第十六兵团残部驻地，便问他："官佐如何处理？"王说："我有什么办法，你们看着办吧！"我当时很气愤，田雨村看我面色不对，即对我说："我俩和王仲元三个人找邱清泉去。"见到邱清泉后，我说："我们的枪你们收了，官佐怎么办？还要吃饭呢！"邱说："官佐编为第七十七军军官队，仍归第七十四军指挥，有什么事找邱（维达）军长，我在电话上通知他。"在这千钧一发之际，邱清泉仍顽固到底死不认输，还对我们说："战争的胜负，要看谁能坚持到最后五分钟。"结果在一月九日晚间突围时，他在大王庄转了一夜，也没有跑出圈子，被人民解放军击毙。十日第七十七军残部被全歼。

淮海战役

第三章

第七兵团

碾庄圩地区作战回忆

廖铁军*

一 战前基本情况及双方态势

解放军方面：华东野战军一九四八年九月下旬解放济南后，于十月初陆续南下，十月底已集结于鲁南枣庄、台儿庄及其以东临沂、郯城间地区。中原野战军也已于十月底至十一月初集结于豫南商丘地区。

国民党军方面：第七兵团，兵团司令部及第六十三军驻新安镇（现江苏新沂市），第二十五军驻阿湖镇（新安镇东约十五里），第六十四军驻高流（新安镇东南约十里），第一〇〇军驻瓦窑（新安镇北约十里）。第一〇〇军于一九四八年十一月初奉命开赴海州加强该地区防守力量，后又决定放弃海州，十一月五日撤回新安镇后拨归第七兵团指挥。第四十四军原归第九绥靖区李延年指挥，十一月五日决定放弃海州后，该军于六日从海州撤至新安镇后拨归第七兵团指挥。这时该兵团共指挥五个军，总兵力约十二万人。该兵团原驻新安镇的任务是阻止华东野战军南下两淮，因而在该地区筑有比较坚固的工事。

其他兵团，第三绥靖区在贾汪、台儿庄地区，第二兵团在徐州西黄口地区，第十三兵团在徐州以东地区，第十六兵团在蒙城附近地区，第七十二军在徐州。

---

* 作者当时系国民党第七兵团第二（情报）处上校处长。

二 碾庄圩地区作战经过

一九四八年十一月四日，蒋介石派其参谋总长顾祝同到徐州“剿总”召开重要军事会议。会议决定放弃海州，固守徐州。原决定第七兵团于十一月五日从新安镇向徐州撤退，守备徐州东、南及飞机场，后又奉命俟第九绥靖区所属之第四十四军到达新安镇后第七兵团开始西撤。黄百韬于十一月五日下午由徐州回到新安镇，六日上午在兵团司令部召开军事会议（各军军长，兵团司令部正副参谋长，第二、三、四处处长，政工处处长，兵站分监等参加），决定西撤部署如下：

（一）第一〇〇军在现驻地占领阵地，掩护兵团主力西撤右侧背之安全，明（七）日与第二十五军在陇海铁路北交互掩护撤退，渡过运河后占据碾庄圩西面之彭庄、贺台子等村庄；

（二）第二十五军俟第四十四军通过阿湖后随第四十四军西撤，在陇海铁路炮车以北占领阵地，与第一〇〇军交互掩护西撤，渡过运河后占据碾庄圩西北之大小牙庄、尤家湖等村庄；

（三）第六十四军通过运河后，以一部占领运河西岸，以一个营占领滩上阵地掩护兵团主力渡河，大部占据碾庄圩东之大院上、小院上、东楼及碾庄圩北之小费庄、吴庄等村庄；

（四）第四十四军渡过运河后占据碾庄圩车站及铁路以南各村庄；

（五）第六十三军俟兵团部撤走即经窑湾镇渡过运河到碾庄圩南集结；

（六）兵站除卡车运载之粮弹药品随部队行动外，其余粮弹被服用火车直运徐州；

（七）按第六十四军、兵团部、第四十四军顺序沿陇海铁路西撤；

（八）兵团部通过运河后位于碾庄圩，各部队于七日上午五时开始行动。

第六十四军于七日凌晨三时半即已开始行动，八日黎明全部通过运河，并以一部占领了运河西岸及陇海铁路向南警戒。八日上午六时许，解放军一部已占领铁路南十里之一村庄（靠运河边）。兵团部及直属部队于八日拂晓亦已全部通过运河。第四十四军于八日正午也已全部通过运河。而第二十五军、第一〇〇军撤至运河东岸尚未渡河，于八日下午二时许被解放军追上，展开激战。该两军边打边撤，至八日黄昏才全部撤过运河。第一〇〇军之第四十四师大部被歼，第二十五军约一个团被歼。

第六十三军在新安镇掩护兵团部撤走后，由于该军军长对情况的严重性估计不足，满不在乎，迟至七日上午十一时许才开始从新安镇向窑湾镇撤退，但刚走了约四十里即被解放军追上，发生战斗。该军边打边撤，八日到达窑湾镇后即被解放军包围，一部渡过运河后即被消灭。激战至十一日黄昏，除该军军长陈章自杀、第一八六师师长张泽深化装伤兵逃脱外，第一五二师师长雷秀民、副师长黎天荣等被俘，全军被歼。

十一月八日，第三绥靖区张克侠、何基沣在鲁南贾汪、台儿庄率部起义，敞开了徐州的东北大门，徐州“剿总”总司令刘峙不得不将原在徐州东面不老河南岸掩护第七兵团西撤之第十三兵团，调往徐州以守卫徐州，因而解放军畅通无阻地通过了碾庄圩北面的运河和不老河。

十一月九日上午七时许，第七兵团从碾庄圩刚刚开始西撤，忽听到八义集枪声大作，派人查询始悉第一〇〇军军长周志道未请示黄百韬，于八日晚擅自命该军第四十四师师长刘声鹤率该师残部两千余人进驻八义集，于九日上午先行开往徐州，七时许正开始行动即遭解放军攻击，激战一个多小时被全歼。黄百韬企图打通八义集的道路，当即命第四十四军派一个营去攻击，遭解放军反击未果。

九时许得空军通报：“共军有三万余人正从宿羊山（位于碾庄圩西北约二十里）跑步南下，另有万余人正从铁路南向西疾进。”在此情况下，黄百韬犹豫不决，进退两难。十一时许，接到刘峙转来蒋介石的命令：“着该兵团在碾庄圩地区准备决战，已命黄维兵团经宿县、宿迁渡过运河，挺进运河东岸进行外线反包围[①]；又已令杜副总司令率邱、李两兵团东援。”（事实上，黄维兵团从蒙城前进即遭中原野战军的截击，到了双堆集即被包围。而杜聿明也于十一日才到徐州。）于是黄百韬在碾庄圩兵团部召集各军长、兵团正副参谋长等开会，决定如下部署：

（一）各军就现在占据的各村庄构筑工事准备决战；

（二）第二十五军附一个团守备碾庄圩；

（三）通信营迅速架通各军电话；

（四）榴炮营立即在碾庄圩构筑阵地；

① 据黄维说，他没有接到过这个命令。

（五）工兵营于碾庄圩西南角构筑第二线阵地；

（六）兵站将现有粮弹分发各部队；

（七）兵团指挥所设于碾庄圩。

九日下午得空军通报："共军在运河、不老河正架设便桥。"黄百韬随即要求徐州总部派飞机轰炸扫射，破坏解放军架桥。十日上午又接空军通报："运河不老河已架设十余处便桥。"黄百韬又要求空军继续轰炸破坏，但解放军随炸随修，在整个战役中解放军的渡河交通始终畅通。同时黄又要求空军多次轰炸运河铁桥，但均未命中。

解放军在九日晚完成了对第七兵团的包围后，十日黄昏六时许开始对第七兵团展开全线攻击，彻夜激战[①]。到十一日黎明，解放军即停止攻击，除留少数部队在前线阵地监视外，主力后撤三四里以避免国民党军飞机的轰炸。

由于刘峙指挥无能，增援部直至十二日仍在徐州未动。十二日上午十一时许，顾祝同乘飞机亲临碾庄圩上空给黄百韬打气，鼓励他固守待援。顾还说，已严令杜副总司令率邱、李两兵团迅速东援。蒋介石妄图东西两面进行反包围，内外夹击，消灭华东野战军主力于碾庄圩地区。但由于徐州东进援军迟至十三日才由徐州出发，邱兵团在陇海路南，李兵团在陇海路北，均遭到华东野战军的坚强阻击，进展甚慢，最初几天还能前进几里，以后则寸步不能前进。而黄维兵团又在安徽蒙城附近为中原野战军所截击。蒋介石妄图在碾庄圩地区消灭华东野战军主力终成泡影。

十一日，第六十三军在窑湾镇被解放军全歼。十二日黄昏六时许，第四十四军受到解放军的猛攻。经一夜激战，至十三日拂晓，第四十四军全军溃败，铁路南全部村庄及碾庄圩车站均被解放军攻占。该军仍有约万人撤到碾庄圩西南之李庄。十八日晚，该军第一五〇师师长赵璧光率残部两千余人向解放军投诚。

十二日上午十时许，国民党空军总部派通信科张科长乘飞机到碾庄圩上空空投对空联络电台，飞机发生故障，张亦跳伞降落。黄百韬接见张后，得意忘形地说："此乃天助我也！"从此陆空联络更为密切。

十三日晚，解放军又攻占了碾庄圩正南面约三里之某村庄，对碾庄圩核心阵地构成严重威胁。十四日上午八时许，黄百韬派第二十五军的

---

① 据解放军华东军区、第三野战军总结材料及其他有关材料记载，解放军完成对国民党第七兵团的包围是在十一日。

一个营在猛烈炮火支援下进行反扑，将该村夺回。但当晚又被解放军攻占，并全歼了这个营。黄百韬再也不想夺回这个庄子，以免损兵折将。第六十四军军长刘镇湘要求黄派部队去夺，黄未同意。于是碾庄圩核心阵地之南面就完全暴露在解放军火力之下。

自十四日晚起，解放军利用坑道作业逼近国民党军阵地前沿一百米尺处，国民党军对此束手无策，胆战心惊。

十六日晚，解放军对第一〇〇军据守之彭庄、贺台子展开猛攻。至十七日拂晓，第一〇〇军全线溃败，残部五千余人退守碾庄圩西北之大牙庄，该军军长周志道负伤逃至碾庄圩。

十七日十二时许，忽闻大许家炮声隆隆，第七兵团官兵都异常振奋，以为援军到了。但过了一个小时炮声停息，援军仍无消息。黄百韬唉声叹气地说："如果李弥有邱清泉的力量，解围还有点希望，现在是无望了！"

十七日晚，据守碾庄圩西南之第四十四军残部被解放军击溃，该军军长王泽浚率残部两千余人亦退到大牙庄。据守小牙庄、尤家湖等村庄之第二十五军，又被解放军击溃，残部两千余人也退至大牙庄。这个庄子有三个军的残部挤在一起，混乱不堪。

十九日晚，解放军没有攻击，黄百韬天真地对我说："是不是共军跑了？叫他们派小部队出去搜索一下！"我即通知第六十四军派小部队出去搜索，结果他们进到解放军占领的村庄边缘即遭阻击。黄百韬听到后又垂头丧气了。

二十日，解放军炮兵进到碾庄圩南面某村庄前，对准碾庄圩南面工事，用抵近射击将其彻底摧毁，同时用百余门火炮集中轰击碾庄圩。接着，解放军部队从碾庄圩南面和西南角突进碾庄圩，随即与国民党军展开激烈的巷战。黄百韬已于十六日从第二十五军抽调了一个团加强碾庄圩守备力量，当解放军突进碾庄圩后，黄又从第六十四军第一五九师抽调一个团来增援，这样碾庄圩就有三个团，加上兵团部的警卫营、工兵营，共万余人。激战至二十一日拂晓，国民党碾庄圩守军全部被歼。二十日晚，解放军对据守大牙庄的第七兵团三个军的残部也展开攻击，至二十一日拂晓将其全歼。至此，就只剩下第六十四军占据的大院上、小院上、小费庄、吴庄等七八个村庄了。

当二十日晚解放军突进碾庄圩后，黄百韬曾命令第二十五军军长陈士章率残部出碾庄圩东口转向南突围，但该军已来不及突围，只军长陈士章化装逃跑，其余全部被歼。同时黄百韬写了一封信给第六十四军军长刘镇湘，命其率残部向碾庄圩西北方向突围。黄百韬让我将信送去。我于二十一日晨四时许到达第六十四军指挥所，将信交给刘镇湘。刘看信后说："突围出去，重武器都丢光了，出去又有什么用？"该军副军长韦德、参谋长黄觉二人则同意突围，认为出去有了人就有办法，但刘坚决不同意突围。天将黎明，刘镇湘竟打开皮箱，把国民党军将官大礼服穿起来，挂上勋章，穿上皮靴，准备"成仁"，为蒋介石尽忠。至此，我们也就不再谈突围的事了。几分钟后，黄百韬率兵团参谋长魏翱、兵团第三处处长谭岳、第二十五军副军长杨廷宴等从碾庄圩跑到大院上第六十四军指挥所。黄面如土色，坐了好久说不出话来。接着吃了一点饭。之后黄又率刘镇湘、谭岳、韦德、黄觉、杨廷宴和我等人往北跑到该军第一五六师张越秀团据守之小黄庄。到达后，张越秀报告："昨晚共军曾派人来劝降。"我向黄百韬请示办法，黄说："今晚决定同他接头。"黄企图以欺骗手段赢得一点时间准备突围。午饭后，黄又率刘镇湘、杨廷宴、谭岳等向西逃到第六十四军第一五六师指挥所驻地吴庄。

第六十四军第一五九师师长钟世谦、副师长李振中等看到援军已绝望，碾庄圩又被攻下，黄百韬、刘镇湘等都已跑到吴庄准备向西北方向突围，觉得不投降就会被消灭，于是于二十二日下午派该师第四七七团副团长王宝雄、团附冯柏成二人前往与解放军联系，二十二日上午七时许率残部两千多人投降。

二十二日下午四时许，解放军发现第一五六师张越秀团投降无诚意，遂即向其攻击，战斗至七时许，将该团全歼。我和魏翱、韦德、黄觉及战地视察官黄炎、第一五六师团长张越秀等均被俘。

二十二日黄昏，黄百韬亲自指挥第一五六师残部从吴庄向西北突围，企图逃到碾庄圩西北四十里之塔山与李弥兵团会合，但遭解放军炮火轰击及步兵阻击，结果黄百韬战死，刘镇湘、谭岳、陈庆斌（第一五六师代师长）等被俘，杨廷宴逃脱。至此，第七兵团五个军约十二万人被解放军全歼。

黄百韬在碾庄圩指挥目睹记

李世杰[*]

一九四八年夏，第二十五军调驻徐州东约二十里之乡下整训。两个月后，黄百韬升充第七兵团司令官。司令部人员大半由第二十五军升调。参谋长魏翱，系黄陆军大学同学，曾在湖南任师管区司令。副司令官一职，黄曾呈请以唐云山充任，时唐为范汉杰的副司令官，虽经批准，但未到任。参谋处处长范先炘，警卫营营长苗树仁，均系黄之旧部。只情报处处长廖铁军是国防部第二厅调来。组织将就绪，即奉令指挥第二十五、六十三、六十四三个军，并配战防炮、重炮各一营，工兵、通信兵各一营，还有一个汽车大队和一个医疗队，开赴徐州东之新安镇驻防。

记得到达新安镇不久就过中秋节。因农历八月十六日系黄百韬的五十寿辰，所以原第二十五军的僚属都为黄祝寿。第二十五军本系黄的基本部队，而第六十三、六十四两个军则是才调来的广东队伍。为了联欢，黄曾于十月中旬宴请第六十三、六十四两个军营长以上军官，并予训话，大意谓："敌人装备远逊于我，而越战越强，我军处处占优势，却转攻为守，其中原因固多，而主要的则是战略战术有问题。我军在此任务是防御。但单纯防守，龟缩碉堡，这是挨打战术。各单位必须发挥主动精神，以攻为守，消灭敌人有生力量。还须互相支援，团结一致。"

十月底，兵团司令部迁驻新安镇东之小学堂。我和机要参谋住在黄的隔壁。据每日谍报报告，知临沂、郯城一带，解放军调动频繁，其番号有十几个纵队之多。旋接刘峙电话，知何基沣等就地起义，徐州吃紧，已将保护徐州至新安镇铁路交通线之李弥兵团撤回徐州，并着本兵团准备撤

---

* 作者当时系国民党第七兵团司令部机要秘书。

退[1]。书面命令到后，即开始行动。黄接电话后，即令补给区将存新安镇之粮、弹、被服火速车运徐州。一会儿刘峙又来电话，略谓："第九绥靖区撤退新安镇后，由该兵团掩护，一同撤徐。"这时黄已有些激动，大声询问："第九绥靖区究竟何时到新安镇？本兵团究竟何时撤退？"大概对方无具体答复，只听得黄将耳机摔在桌上。这天（大约是十一月六日）夜里，黄和魏翱、范先炘根本未睡，我时常听到他们向各军通话。有时是黄发牢骚，说刘峙是有名的"长腿将军"，优柔寡断，毫无主见，在此生死关头，以蠢材指挥，这是自取灭亡。拂晓，"剿总"又来电话，由连云港西撤之第一〇〇军与第四十四军到新安镇后，即归该兵团建制，布置西撤事宜。黄虽焦急，也唯有等待。下午一时许，只见临沂专员王洪九匆匆跑到兵团部。王光着头，上身只穿一件白单褂，下身穿灰制服裤，一只脚有鞋，一只脚无鞋，满腿泥斑，状极狼狈。大家知道前方已甚紧急。四时许，黄又大发脾气，原因是西撤命令仍未送到，至六时许，非主要人员即乘汽车西撤，因过运河稍有耽搁，过河后已是半夜十二点，即露营休息。

第二天清晨，天色灰蒙蒙的，日光有些暗淡，我们随副官处长到前边约里许之村庄划分驻地。经询问，该村就是碾庄圩。午后黄始到达。傍晚，黄乘吉普车到运河桥去视察。事后得知：第六十三军在撤退途中遭到解放军从侧翼袭击，已溃不成军；第二十五军之第一〇八师也略有伤亡；其他各军已平安到达。

十日晨又开始撤退。在司令部人员均已登上汽车即将出发之际，有一架飞机送来蒋介石亲笔手令，略谓："着该兵团就地抵抗。"于是大家又一阵忙乱，卸汽车，收拾驻地，布置办公地点。参谋处工作更为紧张。经研究，决定四个军分布碾庄圩周围：第六十四军在东，第二十五军在北，第四十四军在南，第一〇〇军在西。这时，部队架设电线，赶修战壕，忙乱异常。

碾庄圩本是一个约二百户的小村庄，这时除兵团部、警卫营和配属之通信营、工兵营、战防炮营、重炮营、汽车大队、医疗队以外，还有各军的留守处和野炮营（各军炮兵集中碾庄圩统一使用），都来到碾庄圩，人员马匹拥挤异常，街头巷尾密布汽车和救护车，许多单位均露宿野外。村边空坪，不是这个军的弹药所，就是那个军的粮库，传令兵、伙

① 据查，决定第七兵团西撤徐州是十一月五日，何基沣等起义是十一月八日。

夫、担架兵，满街乱窜，纷乱情形难以言喻。

从九日起，战斗就打响了。黄百韬运用了以攻为守的战术，时常派队出击，也间有俘获。飞机也常来侦察和轰炸。尤其夜晚，枪声一片，信号弹纷飞，炮声隆隆，地动屋摇。这时，徐州“剿总”电话电报纷至沓来，除勉励黄百韬坚持战斗外，还说已派邱（清泉）、李（弥）两兵团并配有坦克车挺进解围。顾祝同也乘飞机在碾庄圩上空与黄讲话，勉以委座倚望至殷，党国安危，在此一战。南京方面每日派飞机空投“《中央日报》”、《扫荡日报》，宣传胜利，竭尽吹嘘之能事。两报均在第一版登载黄氏半身像和蒋介石的嘉奖令，甚至把黄说成“天将”“常胜将军”。然而黄并不乐观，面庞一天天消瘦，脸色一天天憔悴。他深深知道，部队是主官升官发财之阶，谁肯不顾自己的损失而急别人之难？谁肯自冒牺牲而解救别人之危？孟良崮战役的阴影，时时浮在眼前。邱、李解围，锯形战术，使他不敢设想。

一周以后，情势突变。解放军的战壕延伸到阵地前沿，部队很难出去。各部队请补粮秣弹药的电报纷至沓来。飞机空投，杯水车薪，无济于事。兵团部束手无策，黄百韬只有登瓦房骑脊西望，专等援兵之来到。虽明知这是幻想，然而也只有此一线希望了。

十五日，第四十四军丢掉一重要据点，对碾庄圩威胁极大。黄百韬乃调第二十五军副军长杨廷宴到碾庄圩担任警备司令，组织敢死队前去争夺。但第二天阵地又丢失，再往争夺，旋得旋失，这里成了两军战斗的焦点。此时，碾庄圩伤兵充斥，原放弹药的空坪已成为医院，坪上伤员包头扎腿，卧者坐者，有的呻吟，有的吵骂，血迹遍地，脓腥熏人，凄惨情状，目不忍睹。

十七日，第一〇〇军第六十三师师长盛超负伤。傍晚，周志道军长也负伤，第一〇〇军阵地危急，解放军的炮弹不时落到碾庄圩。

十八日晨，兵团部通令驻碾庄圩各单位一律构筑掩蔽部，并悉第二十五军的阵地上战事很激烈。连日来向徐州“剿总”和南京国防部之告急电报，不断拍发，可是都石沉大海，杳无音信。本日午后，黄来看周志道（周与我住同院），但见周面目苍白，毫无血色。旋由副官处送来牛肉罐头二十斤、骆驼牌香烟数十盒。

十九日，黄百韬通令各单位整修掩蔽部。上午十时许，有一架飞机被击中起火，乘伞降落者是一位空军少校，他是来给第七兵团送对空电台的。据说：邱兵团已进抵大许家，距碾庄圩不过三十里，预计明后日即可会师。战况不利，度日如年，得到这个消息，官兵均受鼓舞。但这不过是一时的兴奋剂。援军越有进展，解放军对碾庄圩的围攻越紧急。就在当日傍晚，解放军开始了对碾庄圩的轰击。真是万炮齐发，排空而来。这样的轰击，除夜间十一时停止约两小时外，一直继续到次日天明。

二十日吃早饭时，我由掩蔽部出来，但见残垣断壁，房屋成墟，草棚着火，汽车破碎，人尸马骸，累累皆是。因食粮早有限制，这顿饭大都以马肉果腹。本日的主要工作是就地掩埋死尸。当时我们最大的希望是隐约听到的隆隆炮声，知道这是从大许家传来的。我想，有坦克车，会师当无问题。而有的则想入非非，误认为援军即到。解放军准备撤退，故乱放炮弹，以减轻负担。记得那天曾由译电组转来黄百韬电报手稿一纸，略谓：今夜敌向碾庄圩发动攻势，战斗至为惨烈，现碾庄圩已成火海，统计落弹不下两万发，通信设备均被摧毁，兵团部已无法指挥。这天，战场颇沉寂，飞机仍不断投粮投弹。我已两天未出掩蔽部，外边情况一无所知。

傍晚，忽然信号弹响于上空，接着密如雨点的炮弹落在掩蔽部周围。一直到半夜以后，偶见弹药兵挑着弹药箱从掩蔽部门口仓皇逃窜，旋闻哨声嘟嘟，枪声渐稀，知大势已去，只有坐以待毙。黄百韬即于此时偕魏翱、杨廷宴出北街口绕道遁至村东，投身第六十四军军部。所有留守碾庄圩人员，除被击毙者外，其余统统被俘。

第七兵团的毁灭

陈士章*

一九四八年十月，第七兵团的侦察台得悉陈毅部主力已集结鲁南，陈本人已到临沂，刘伯承部亦有向徐州运动模样，而苏北阜宁的解放军亦正向陇海东段前进。据此，黄百韬向刘峙申述了以下意见。

（一）陈毅部主力将会合其在苏北的三个纵队，夹击职部，而刘伯承部则从西南方向牵制钧部主力各兵团，使不能应援职部，如此则击破职部后，再循序各个击破各兵团之企图，已甚明显。

（二）我军分布于陇海沿线，战线辽阔，且四面八方均有敌情，备左则右寡，备前则后寡，无所不备，则无所不寡。唯有效拿破仑的团式集中法，集结各兵团于徐州四周，然后掌握战机，趁陈刘大军尚未会合，而各个击破之。

这一意见上呈后，久无消息。

十一月四日，刘峙在徐州召集军长以上开会，由国防部第三厅厅长郭汝瑰报告，大要如下：（一）他诬蔑苏联搬走沈阳兵工厂机器和用日本关东军四十个师的武器，装备了林彪部队，并指使朝鲜四个师和蒙古人民共和国的骑兵参加东北作战，所以东北“剿总”作战失利。现在沈阳已失，单炮弹一项，即损失一百二十万发，将来共军以我之武器，攻击我军，这太可怕了。（二）济南失陷，共军可能会合华北、华东、大别山各部大举进犯，而且陈毅的司令部确已到临沂，判断他要先占海州，或以全力打第七兵团。（三）应迅速考虑增兵运河以东，第七兵团应集结兵力准备应战。不过黄维兵团迟迟不能到达，只有命令孙元良兵团向徐州靠拢。

十一月四日下午，黄百韬再向刘峙建议“以徐州为中心，集结各兵

---

* 作者当时系国民党第七兵团第二十五军中将军长。

团对东、西、南、北四个方向备战，深沟高垒，各兵团互相衔接”的乌龟战术，并说：“不是自己怕死，而是这样才能持久，海州守不守并无关系。”刘据以向蒋介石请示，到深夜才批准了这一建议。主要是放弃海州，第七兵团撤退徐州。十一月五日黄在回新安镇的火车上对我说：“可惜我这计划批准太晚，现在恐怕撤退不及了。”

固守徐州的作战计划确定后，本已命令邱清泉部迅速放弃鲁西，十一月五日开始行动，但因邱不同意黄的计划，迟迟不退。后又叫固守菏泽一年余的第一八一师退守商丘，掩护他的左侧背。十一月八日，忽然听说冯治安部起义，刘峙严令迅速撤退徐州时，邱清泉惊慌失措地把第一八一师忘记了，致使该师孤立被歼。这样序战未开，先损失了两个军和一个能战的第一八一师，战斗力更为削弱。

黄百韬兵团共辖有第二十五、六十三、六十四、一〇〇等四个军，又临时指挥第四十四军，五个军同走一架运河铁桥，先不用说要多少天才能过完，单是这样的长蛇阵队伍，也无法应战。所以黄决定部署如下：（一）架桥部队先在铁路桥北方架一平行的浮桥，沟通河两岸的公路；（二）令第二十五军派一部占领牛山，掩护第四十四军先行撤退，而后担任对东方的警戒；（三）令第一〇〇军占领炮车，对北警戒，掩护第六十三、六十四、四十四等三个军通过运河。

但因情况紧张，郯城已失，各军各有打算。首先是第一〇〇军军长周志道坚决要求：架桥纵队归他指挥，先在炮车以西小河上架桥，才能在撤退时方便，否则不敢占领炮车，担任掩护。其次第六十三军军长陈章自请由窑湾镇渡河，以免共走一个铁桥，拥挤不堪。黄认为这样左侧背可以借第六十三军为掩护，但未考虑渡河船只的问题，就变更部署如下：（一）第二十五军先以第四十师占领牛山，掩护第四十四军撤退，务须于十一月七日以前通过运河，使第二十五军得于十一月八日以前通过铁桥；（二）第一〇〇军占领炮车，担任对北掩护，十一月十日兵团主力退过运河后，始能撤退；（三）第六十三军即由窑湾镇向碾庄圩撤退，并任兵团左侧背掩护；（四）第六十四军尽先通过运河铁桥，在碾庄圩东端占领阵地，策应第六十三军渡河；（五）兵团司令部随第六十四军撤退；（六）各军务到碾庄圩集中后，再向八义集、大许家转进。

第六十三军正在窑湾镇渡河中间，苏北的解放军迅速赶至，将其全部歼灭。

第四十四军因拖带行政机关人员、职业学生、地主等十余万人，行动迟缓，六日始到城头。第二十五军到八日始得由阿湖开始西撤，通过铁桥时，铁桥又被第四十四军所拖带的非战斗人员的大车、小轿、箱笼、行李所阻塞，部队无法通过。而解放军已以狂风扫落叶之势，由南北两方面夹击，一时炮弹横飞，落水死者无数。以致第二十五军，未及渡河，已损失过半。

第一〇〇军违令先派第四十四师提前于八日晚退过运河，但该师又不到碾庄圩，先到八义集，正遇到解决了第六十三军、乘胜截断黄兵团后路的解放军苏北部队，亦被解决。

黄百韬本已命令各军自为一纵队，一面行进，一面整顿，迅速占领大许家及八义集，并救援第四十四师，但在各军长齐集碾庄圩后，又匆匆开会。多数人主张照兵团既定部署，兼程前进，趁解放军主力尚未通过运河铁桥，可安全抵达大许家，独第六十四军军长刘镇湘反对。因他的阵地已构筑成功，不用而走，未免可惜；而且见黄分配给他到大许家后的防御地区是一个土山，相传是三国时关羽被围降曹的土山，再加上他过去的守山经验总是吃亏，所以更不愿走。我说："西走一里好一里，豫东之役，第二十五军和第七十二军阵地只隔二十里，炮火相接，但终冲不开共军的隔绝。现在留在此地，万一被围困后，梦想邱兵团远道来援，恐不可恃。"黄也说："相隔五里，他也不会来救我们的。"正争论不下，忽接国防部电令，说第七兵团未过运河，已失相当力量，而且这样凌乱，恐继续西进，被解放军尾追，陷于溃散，故命独断专行，如有必要，在碾庄圩略加整顿，如能击退敌人再走亦可。于是刘镇湘振振有词地说："既有命令，为什么还要走，打垮了敌人之后再走不好吗？反正是要打的，为什么一定要到大许家再打呢？"当时黄百韬见各军残破，第四十四军战斗力又差，现在只有依靠第六十四军这一个完整的军，所以决计在碾庄圩固守待援，并安慰大家说："不要紧的，邱清泉不来救我们，杜聿明是支持我的，还有孙元良、李弥两个兵团，都和我们互相支援过，只要我们守得住。"这样就造成第七兵团在碾庄圩的毁灭。

当时第七兵团在碾庄圩的防御配备如下：（一）兵团司令部位置于碾庄圩；（二）第二十五军占领碾庄圩以北小牙庄、尤家湖，向北防御；（三）第六十四军占领碾庄圩以东大院上、吴庄，对东方防御；（四）第四十四军占领碾庄圩车站及车站以南各村庄，对南方防御；（五）第一〇〇军（缺第四十四师）位置于彭庄、贺台子，对西方防御；（六）各军炮兵集中使用。

从九日下午起，解放军一部先攻击碾庄圩东南、西南两方面，序战开始。十日展开全面包围，已发现有九个纵队的番号。至十四日，除第四十四、一〇〇军阵地前的村庄据点略有失利外，第二十五军和第六十四军正面展开了激烈而顽强的反抗。顾祝同为使空、地协同更为密切，特派了一个空军科长，驾机空投陆空通信电台一座到碾庄圩，因飞机发生故障，那位科长就随电台跳伞到碾庄圩。从此阵地发现紧张时，空军轰炸立刻应援；空中发现情况，地上亦立刻了解。

顾祝同、刘峙竟对外大吹大擂，宣传碾庄圩大捷，说解放军"人海战术"也无济于事，不得不溃退，碾庄圩阵地前伏尸遍野，血流成河等等。何应钦也拍案叫嚷："黄百韬真是英雄！"还叫飞机送勋章给他。

为坚定黄部斗志，十五日顾、刘命空军谎报：邱清泉兵团已进抵大许家。十七日顾祝同亲飞碾庄圩上空，用空地联络电台与黄百韬通话，说了许多谎话。但最后又说"邱、李两兵团在陇海路两侧被阻截，无法前进，你们如能突围出去，去与邱清泉、李弥会合也好"。黄知外援无望，就表示说："我总对得起总长，牺牲到底就是了。"过后黄对我说："反正是个完，突围做什么？送狼狈样子给邱清泉看着快意吗？不如在此地一个换一个地打下去，最后不过一死，也对得起党国和总统、总长，叫黄埔同学看看，也好鼓励他们以后不要再钩心斗角地只图私利。万一党国转危为安，也是我们的贡献。"

就在十七日这天第一〇〇军周志道部被解放军全部解决。

十八日第四十四军王泽浚部阵地陷落，全军覆没。

十八日因空军未能达到"早日将运河铁桥炸断"的要求，以致解放军又通过铁桥增加两个纵队，参加围攻，每日对碾庄圩发射炮弹不下三万发，碾庄圩已成一片瓦砾，工事全部毁坏。因原计划不在碾庄圩战斗，兵团的给养弹药列车，均先开徐州，至此补给无着。

二十日夜间，第二十五军阵地除第四十师尚死守尤家湖外，余亦全部瓦解。黄百韬的兵团司令部也被攻陷，黄偕少数人到第六十四军阵地，继续指挥战斗。

二十二日下午，第六十四军阵地也全部毁坏，该军被歼，黄百韬也战死。

第四十四军碾庄圩被歼记

王泽浚*

一

第四十四军参加碾庄圩作战是从一九四八年十一月九日拂晓前开始，截至同月十八日十一时，该军全部就歼止，历时十天。战斗地区在陇海路运河西岸的蒋家湖、赵墩车站、碾庄圩车站及其以南地区，最后在碾庄圩西面的前后黄滩被歼。

第四十四军辖第一五〇师（师长赵璧光）和第一六二师（师长杨自立）以及军直属部队炮兵营（日式七五山炮十一门）、重迫击炮连（十五重迫击炮四门）、特务营（三个连和一个重机枪排）、工兵营（三个连）、辎重营（一个汽车连，美制卡车三十辆，两个人力连）、通信兵营（无线电连一、有线电连二）、野战医院。

该军第一六二师所属第四八六团（团长鲁策三）于同年七月在苏北涟水城全部被歼后，即另派团长皇甫超在江都（扬州）重建，此时尚未归还建制，其余所有参战人员共一万五千余人，计有山炮十一门、重迫击炮四门、重机枪九十挺、轻机枪约五百挺、步枪五千余支、冲锋枪四百余支、六〇炮九十门、各种手枪二百余支、八二迫击炮五十门。

该军原属第九绥靖区（司令官李延年）战斗序列，驻在苏北海州地区。当国防部决定放弃海州时，最初准备由海上撤退（大部分非战斗人员和笨重行李已自连云港海运走了），十一月六日忽然接到徐州“剿总”电报，令立即向西撤退，限九日前到达徐州。此时李延年和我对这个指示的企图和到徐州后的任务行动以及全盘情况皆不清楚。十一月六日十一时

* 作者当时系国民党第七兵团第四十四军中将军长。

全部撤出海州，当晚宿营城头，七日晚到达瓦窑。同时第七兵团部队和第六十四军亦由新安镇撤出。我为了避免部队混乱，乃在该地宿营，整理行军序列。八日午到达炮车后，第七兵团司令官黄百韬向我传达了徐州"剿总"的命令：第四十四军归第七兵团指挥，另调第一〇〇军（军长周志道）车运到徐州。当时黄百韬决定以第六十四军（军长刘镇湘）沿运河西岸上自滩镇下至窑湾镇之间布防，第四十四军通过运河桥后，集结蒋家湖地区，俟兵团全部通过运河后，准备在运河以西和徐州以东地区与解放军作战。

在八日入暮前，第四十四军行抵运河桥东端，见桥头有很多部队，桥上人流和车马拥挤不通，秩序非常紊乱。直至夜半，该军仅有大部过河，军部即同第四四八团在蒋家湖宿营。此时第二十五军主力和第一〇〇军尚未全部过河，唯黄百韬的兵团部及第六十四军在河西，但未取得联络。当晚蒋家湖的东南十余里处，有断续的枪声，我认为是解放军与我河防部队隔河射击，故未在意。

九日拂晓，蒋家湖附近突然枪声大作，我从梦中惊醒，得知解放军已进入我宿营地，与第四四八团进行战斗，于是令该团退据铁路线，掩护主力向西撤走。因闻兵团部已到碾庄圩，故作如是处置。此时已能听到运河桥东稠密的枪炮声，似有剧烈的战斗。第四十四军利用铁路的路基作为抵抗线，逐次掩护，且战且走。从早至暮，只要是通过运河桥的部队，都完全到达碾庄圩附近。我于九日上午正在赵墩车站指挥作战中，黄百韬派人和我取得联络，要第四十四军于入暮前在碾庄圩车站以南占领阵地，阻止铁路以南的解放军；同时黄已令第六十四军在碾庄圩东面，第二十五军在碾庄圩北面，第一〇〇军在碾庄圩西面，占领一个环形阵地，固守碾庄圩，以待从窑湾镇渡河的第六十三军到来。当时我判断铁路以南的解放军为苏北兵团，战斗力不强；华东野战军的主力在运河以东，两三日内当面不会有大的战斗。因此令第四四八团以一部在赵墩与解放军保持接触，我立即亲率部队向碾庄圩车站急进，于午后三时左右到达该地。当时部署如下。

（一）第四八四团占领火烧房子、梁庄、大张庄、小张庄；第四八五团占领新庄、大新庄。第一六二师位置于大新庄。

（二）第四四八团占领王庄、邵庄；第四五〇团占领徐井岩；第四四九团以一部暂时守备大小王庄（大小王庄属于第一〇〇军战斗地境，因该军最后在运河东担任掩护，恐时间来不及，故先由我派兵占领），主力位置于碾庄圩车站附近。第一五〇师部位置于碾庄圩车站以西的无名村。

（三）军部指挥所在碾庄圩车站，直属山炮营及重迫击炮连在车站北公路铁道之间放列，并限各部队在入暮前部署就绪，完成战斗准备。

二

九日晚仅火烧房子有小战斗，其他方面很沉寂。

第四四八团在赵墩掩护的那个营当晚归还该团，共伤亡三十余人。

十日晨黄百韬约集刘镇湘、王泽浚、周志道、陈士章在碾庄圩兵团部商量营救窑湾镇方面的第六十三军，有的主张不守碾庄圩，用全部力量打到窑湾镇去，又有主张分兵两部，以一部守碾庄圩，另一部去援第六十三军。在对此两案的意见尚未取得一致时，旋据飞机侦察报告：第六十三军已在窑湾镇及其以东地区被解放军割裂包围。解放军主力业已渡河西进，因此佥谓驰援无效，决定仍固守碾庄圩。唯第一〇〇军的第四十四师因在河东损失较大，已无战斗能力，乃将大小王庄划归第四十四军的战斗地境，而将东面的火烧房子阵地，交由第六十四军第一五九师派兵接替。当时因西面尚无情况（碾庄圩和徐州间铁路公路仍照常通车），故将王庄、邵庄及大小王庄整个交由第四四八团担任守备，而把第四四九团全部控制作为机动部队。

十日入夜后，解放军即向火烧房子、大小张庄等阵地进攻，同日东面第六十四军及西北面的第一〇〇军后徐家阵地亦有战斗。激战通宵，大张庄东南角的阵地被解放军突破。

十一日晨，由第四八四团团长冯国典督同守备大张庄的一个营，企图恢复阵地进行逐屋战斗，坚持了半天，双方均无进展。由于第四十四军所处态势不利，恐被全歼，故在入暮前即将大张庄放弃。同日晚小张庄亦被割裂而解放，该团共损失一个半营。与此同时，黄百韬又约集各军军长在碾庄圩兵团部开会。据飞机侦察，由台儿庄南下的解放军正在不老河渡河，土山附近的解放军亦向曹八集运动。为了易与邱、李两兵团在徐州会师，会议决定不守碾庄圩，再向西靠一步，改守曹八集。当由第四十四军派第四四九团先行占领八义集。该团到达后，适第一〇〇军第四十四师残部因开赴徐州整理补充，行至曹八集以西即为解放军所阻。该师回转头来再到曹八集，而第四四九团已被黄百韬派人召回了（因刘镇湘坚决要守碾庄圩，不愿变更原来计划）。此时解放军已逼近曹八集，并将通往碾庄圩的铁路、公路遮断，迫使第四十四师困守曹八集而遭到歼灭。由于西面情况变化，我乃在十一日正午调整部署，以第四四八团主力守备大小王庄，一部仍守西南的王庄，而将邵庄交由第四四九团以一个营防守。

十一日晚，战斗仍继续进行。解放军对整个兵团发动全面攻击，并有一部从火烧房子与梁庄之间攻占了铁路。乃由新庄的第四八五团团长康即戎率一个营沿铁路线向东出击。同时梁庄的第四八四团的那个营亦适时逆袭，将解放军击退，并俘获解放军战士十六人，轻机枪和步枪十余支。当第四八五团向东出击时，因与第六十四军没有取得联络曾发生误会，追第四八五团沿铁路向东出击的那个营攻到火烧房子时，才知道那个阵地友军并没有放弃，可是第四八五团的营长巫德荣就在攻火烧房子时被打死了。这次双方伤亡亦不少。由此引起了刘镇湘和我的争吵。

十二日晨，黄百韬应周志道的请求，在兵团部开会，商议救援被困在八义集的第一〇〇军第四十四师。周竭力主张兵团全部向西突围，既可解救第四十四师，又能和邱、李会合，免遭各个击破的危险。黄只叫第四十四师向东突围，要周志道和我各抽出一个团兵力，由东向西出击，支援该师。旋由飞机侦察，见曹八集内余火未灭，有两千多人的徒手队伍出围向北运动，断定该师已被解决，因此作罢。周志道为此曾痛哭了一场。

同日第四十四军直属山炮营因炮弹耗尽，无法补充，黄百韬命将山炮十一门交给碾庄圩兵团部，而后该军方面由兵团部的榴弹炮营支援作战。由此可见黄对我猜疑很深。我交了大炮后，把连日作战伤亡人员的武器发交炮兵营，使之担任步兵的战斗任务。

自大小张庄阵地被解放军攻占后，第四五〇团防守的徐井岩阵地就完全暴露。十二日晚，解放军即从东西两面开始攻击，战斗进行到午夜，徐井岩全部失守。接着王庄、邵庄相继陷落。未到天明，解放军已迫近碾庄圩车站，攻击更为激烈。我在车站月台指挥，被榴弹破片炸伤左腿。军部副官处长鲁宗周特别交代汽车驾驶兵等准备车辆以便必要时逃命。我负伤在车站地下室休息，没有直接在电话上同他们通话，加上由于天气很冷，汽车驾驶兵为了温暖汽缸，在战况激烈时发动马达，致使紧靠车站的第一五〇师师部及第四四九团主力听到马达声，都疑为军部指挥所已向后撤退，因此就把车站西边的无名村自动放弃，退往公路以北。到了天明，解放军从西北将要截断车站通碾庄圩交通时，我见势不好，才乘车冲出车站。于是守车站的军部特务营，以及新庄、梁庄的第一六二师残部，纷纷向铁路以北撤走。至此，我军所有铁路以南阵地全部被解放军攻占，碾庄圩也直接受到解放军的攻击了。

三

十三日晨我退出车站，正在碾庄圩内第二十五军医院裹伤之际，即被黄百韬寻获，要我立刻收容溃军，乃于十时左右在碾庄圩西面把溃下来七零八落的队伍找着。他们正走投无路，黄百韬不准他们进入碾庄圩，而友邻部队亦恐发生混乱，影响整个战局，也加以拒绝。那时只有前后黄滩连接着几个小庄（属第一〇〇军战斗地境），还没有部队驻守，它位置于大小王庄（第四四八团主力守备地区）和彭庄（第一〇〇军指挥所，为该军最后一个阵地）的东南，为碾庄圩西正面的一个最大空隙。为了便于指挥大小王庄的第四四八团及与第一〇〇军联络起见，我乃将收容的残余，就该处占领阵地，以第四八四团（连直属部队，不到两个营）守备前黄滩，第四八五团（约两个营）及军属特务营、工兵营、炮兵营和第一六二师直属部队共约四个营守备后黄滩，以第四四九团（两个营）及第一五〇师直属部队（约两个连）守备小李庄，于当日黄昏前准备部署就绪。

十三日晚，守备大小王庄的第四四八团主力（该团一个营已在铁路以南的王庄被歼）因连日以来遭到解放军的攻击，伤亡很大（据报只余一营多人），加上碾庄圩车站解放后，其左侧背更受到威胁，乃于战斗并不十分激烈之时，自动放弃，撤至前后黄滩。经我立即督饬反攻，该团将大王庄的东部恢复，与解放军相对峙。同时小李庄和前黄滩的西南，亦因解放军的逼近，进行战斗。唯右邻彭庄第一〇〇军的西北方面，战斗较为激烈。直到天明后，各方面才沉寂了。

十四日夜，第四四八团团长何亚颜负伤，大小王庄全部阵地被占领，该团残余二百多人退至黄滩。从此时起，前后黄滩和小李庄的西南北三面受到解放军的攻击，同时彭庄方面亦较前更为吃紧。天明后战斗仍继续进行。

十五日晨，当解放军从彭庄西北角攻入第一〇〇军最后阵地展开逐屋战之际，周志道叫援甚急，黄百韬要我派兵一营冲入彭庄去，叫周向后黄滩方面突围。我此时手里已无控制部队，立即从后黄滩火线上抽出一个连向彭庄的东南角冲入。该连进入彭庄不到半小时，彭庄即被解放军占领。第一〇〇军一部二三百人向北贺台子逃去，另有百余人向东南后黄滩逃命。我所派的一个连，只剩下一个班的人随同周志道突围。周在突围中负伤（胸部被枪弹洞穿），救护至后黄滩裹伤后，我派野战医院院长斯兆麟把他送到碾庄圩兵团部去了。同日午后，贺台子亦被占领。

自大小王庄和彭庄、贺台子相继被解放军占领后，解放军即对前后黄滩、小李庄采取坑道进攻战法，昼夜不停地进行坑道作业。第四十四军虽然常以小部队施行短促突击，始终无法阻止坑道的向前伸展，甚至前后黄滩与碾庄圩间的交通和电话通信亦难以保持。原来以此做空投场的地区，更逐渐缩小了。

十六日晚，小李庄被占领，第一五〇师师长赵璧光率第四四九团残存的一个营退守后黄滩，同时解放军的快速纵队亦已参加战斗。天明后，坑道工事已满布于阵地前面，两军相隔不过数十米。由于飞机不断地在上空活动，十七日整天形成对阵态势，使前后黄滩暂保无恙。入夜以后，解放军以主力由彭庄指向后黄滩东北角猛烈攻击，激战至午夜，我方阵地被突破，双方进行逐屋战斗。十八日拂晓前，第四十四军的掩蔽部被解放军的战车轰毁，我几乎被活埋在里面。因全部通信遭到破坏，同各方面联络断绝，乃只身逃到附近第四八五团指挥所。团长康即戎不在那里，据说到团炮兵阵地去了。我立刻转到该团炮兵阵地。康并未在那里，料他是逃命去了。

此时解放军从四面八方逼近，炮兵没法射击，但又无处可以转移，只有一个炮兵排长（姓名忘记）在我身旁，要我快想办法离开。我对那排长说："我就在此地，你们不要管我。最好你去找你的连长，叫他自打主意，突围逃命也好，在此继续抵抗也好，投降共军也好，我都不管。"那排长马上跑去找他的连长，不到十分钟回来说："共军已解除了我们的武器，要我们去集合，你最好不要暴露，也同我们去吧。"当那排长说完时，解放军的干部和战士已出现在我面前。清查人数时，一位干部问我："你是什么人？"我答："我是一个排长。"于是他即指定一个战士看守着我在工事内躲着，并一再关照要躲好，免被炮火伤害，把其他的人全带走了。约半小时之久，大概是清扫战场完毕，来了一位解放军的干部，据看守我的战士说是他们的连长。他似早就了解我的身份，故意问我："你究竟是什么人？"我即向其坦白了。因天已大亮，我虽穿上一件士兵棉大衣，而里面却是黄色毛织将官服和中将的肩领章，这是无法蒙混过关的。旋即把我送到后黄滩西北角的团指挥所，接着同团政委到第六纵队某师部。当我离开后黄滩时，后黄滩东南另一小庄（第一五〇师师部所在地）和前黄滩东南角（第四八四团阵地）仍在战斗中。

我到了解放军第六纵队司令部和王必成司令员、江渭清政委、皮定均副司令员等见面，并答应江政委的要求，写了一个命令叫第一五〇师师长赵璧光放下武器。同日上午，赵璧光率残部两千余人向解放军投诚[1]。

在我被俘的同时，听说第一六二师师长杨自立在后黄滩与碾庄圩之间收容溃军，并由黄百韬在第六十四军抽调一个团（实际上由一副团长带上一个营）归其指挥，反攻黄滩，说是企图救我。旋因杨负伤，退至碾庄圩。

① 关于第一五〇师赵璧光率残部投降一事，赵璧光、肖德宣与王泽浚说法不同，赵璧光说他早有起义之意，自动投降的；肖德宣则说是他策动的。三者说法各异，参阅本书赵璧光、肖德宣文。

第四十四军第一五〇师失败经过

赵壁光*

淮海战役中第七兵团的阵地防御配备是以碾庄圩为核心的，各军依据既设地堡工事构筑阵地，军与军交界地区紧密衔接。兵团指挥部及炮工辎重兵营在碾庄圩街市。四个军背靠背构成环形阵地。我当时是第四十四军第一五〇师师长。兹将参加战斗经过及最后被迫投降情况回忆如下。

十一月十一日黄昏时，解放军发起攻势，我东南角守军第六十四军和第四十四军第一六二师开始与解放军接触，进行前哨战斗。十二日晨战斗转趋激烈，当天夜晚双方战斗至为激烈。与此同时，西边的第一〇〇军也发生战斗，虽然各部逐村顽抗，但是前沿阵地的板桥、老祁庄、王家集、火烧房子等村终被击破。第一六二师第四八四团官兵伤亡很重。

十三日午后四时，第一五〇师第四五〇团（该团是由李良荣的整编第二十三军新拨来的部队，人枪均不足）阵地开始战斗，至十四日全团覆灭。团长杨南邮以下均被生俘，仅有溃散官兵四十余人跑脱。

十四日黄昏前，第四四八团又遭猛烈攻击。在战斗中两军激战势成拉锯。该团所据之地堡逐一被炸毁。战斗至翌日拂晓前，第四四八团败退至距车站一二百米处，军、师指挥所受到威胁。师以预备队第四四九团一个营占领铁路一线，伺机出击，企图挽回颓势，但兵团炮兵却打中了预备队，虽一再要求修正误差，延长射程，但它仍打自己，不打敌人，以致演成崩溃。军、师指挥所被攻击后，特务营各连即参加战斗。在战斗中，师特务营各连、排长伤亡殆尽，车站失守。

十五日拂晓，军、师败退至前后黄滩，因第一〇〇军第六十三师被歼，我军右侧背大受威胁，包围圈越小，解放军兵力越雄厚，火力更加集

---

* 作者当时系国民党第七兵团第四十四军第一五〇师少将师长。

中，我军伤亡也愈加惨重，形势就更为恶劣。军在前、后黄滩各村收缩两师的四个伤亡重大的团重新部署阵地，苦力撑持。

从十五日至十七日，解放军白昼迫近作业，采取渗透战术，每日黄昏前即开始攻击，猛冲猛打，通宵达旦，一刻不停，短兵相接，喊杀之声，不绝于耳，阵地报失，噩耗频传。在十六、十七两日，部队弹尽粮绝，虽然前一天曾空投粮弹，但早已用光，即使将被击毙击伤之马骡烹食，但粥少僧多，无济于事。十六日下午解放军以坦克车掩护冲锋。当时黄百韬还在骗人，说什么邱清泉兵团增援兵到，以安定军心。一时官兵还认为是真，夜间解放军坦克车攻入，第四四九团某连连长袁占武还去向坦克车联系。敌友莫辨，窘象由此可见一斑。

十七日午后，第四四九团动摇两次，兼之与左翼友军失去联络，才将该团在前黄滩部队撤至小赵庄阵地，以巩固我左侧翼与第六十四军的接合部。入夜战斗更为激烈，通信设备全被击毁，军、师之间通信从此断绝，火力猛烈，炮火连天，火药气味辛辣刺鼻，房屋着火，火势熊熊，墙壁倒塌，犹如天崩地裂一般，烟尘弥漫，对面几乎不见人。已伤者再伤，死者重遭炮击，尸横遍野，目不忍睹。我早有起义投诚之心，奈无机会，乘此军、师通信已断，官兵已无斗志，便决心放下武器，向解放军投诚，投向人民怀抱，以冀人民宽大待我减轻罪恶于万一。但是，感到此举过迟。我想自己虽然没有起义的壮举，但应该有最后的觉悟，而不应该做最后的挣扎顽抗到底。因此于十八日晨召集团、营长将当前战况摆开，探索他们的意见。半数主张突围，半数要我作出决定。我向大家说："这场战争是国民党蒋介石为了消灭共产党，统治全中国，达到一党专权的独裁政治之目的，不顾人民的反对而发起的。这对国家对人民是有害无益的。我们不应该顽抗到底，而应该放下武器向人民投诚。"在取得一致同意后，即派营长陈华持去向解放军请降。

十八日拂晓前，第四十四军军部及第一六二师全部被歼。由于第一六二师在大张庄、火烧房子等地区战斗伤亡重大，加上连日战斗的不断伤亡，势已不支，即被解放军突破，于十八日拂晓前全部就歼。军长王泽浚（副军长、参谋长早已离部），军务处处长邱仲康，副官处长鲁宗周，第一六二师副师长李秾，第一五〇师副师长林文波，团长康即戎、冯国典以下均被活捉。第一六二师师长杨自立逃往第六十四军，后来与刘镇湘一同被俘。我于十八日午后率第一五〇师的二千余人向解放军投诚。至此第四十四军全部被歼。我离开碾庄圩时，战斗仍在继续。

碾庄圩战役亲历记

肖德宣*

一九四八年十一月六日，据我团便衣侦察报告，第九绥靖区直属机关和第四十四军辎重兵团沿徐海公路蜂拥西逃，传已放弃新海连。我团因未接命令，将信将疑，当即要电台发出紧急呼号（按规定是昼夜双时间联络），但联络不上，直至下午三时，始接到军长王泽浚笔记命令，主要内容是："共军先我发动攻势，刻正分数纵队向陇海线猛插。委座为了缩短战线，集结兵力，准备决战，撤销我绥靖区，令我军速向徐州转移。第四四九团为右侧卫，掩护军主力侧敌行军，下午五时开始行动，经石湖到新安镇后改为后卫。务于八日拂晓前撤过运河兼程赶赴碾庄圩待命……"当我七日晚十一时在炮车用报话台与王军长联络时，王已跑到赵墩了。他告诉："我军不到徐州了，现已拨归第七兵团建制，受黄百韬司令官指挥，在碾庄圩地区与敌决战。司令官现在运河西岸要看看你们部队，并要找你师团以上军官讲话。你们要把部队整顿一下。"我团乘夜渡过运河后已精疲力竭，下令就河堤西侧一带村庄休息造膳，俟天亮后整理一下军容装备再走。靠河堤西南较远一点的第一营，营长吕东来在电话上向我报告发现敌情，随即听到稀疏的机、步枪声。我指示用小部队严密监视，主力抓紧时间吃饭睡觉，不要还击，这是敌人小部队骚扰。五时半，天色微明，我传令撤收电话，各部就行军路侧整顿军容装备后向碾庄圩前进。部队刚拉开，先头便传过话来，说黄百韬要找我们训话。我拖着疲乏的步子强步前去听黄的训话，黄说："敌约十三个纵队兵力于正面从北向南截击我兵团。东面有大部敌军尾追，南面昨天也发现敌少数正规部队，企图迟滞我西进行动。兵团当前态势十分被动。兵团奉命紧缩战线向

* 作者当时系国民党第七兵团第四十四军第一五〇师第四四九团上校团长。

徐州靠拢，以决战防御方式迎击敌人，准备徐蚌会战，力争全胜。大家一定要有必胜信念……”下午四时许，我到达碾庄圩车站，王泽浚军长早在月台上等我。派我团为机动部队，位置于碾庄圩车站军指挥所附近。

十一月九日下午一时许，王泽浚军长电话要我去指挥所接受任务。到达后，王下达口述命令，主要内容是：“敌陈毅部分三路于正面向徐州、邳县间猛插，兵团顾虑被敌分割包围，各个击破，决心立即向徐州主力兵团靠近，我军奉命首先转移，派你团为前卫，跑步到曹八集占领阵地，掩护军主力和兵团主力向徐州据点跃进。”当我率队向曹八集前进途中，飞机不断在南侧沿线低飞轰炸、扫射，我判断敌人可能企图迂回包围阻止我西进。不到一小时，我团到达曹八集，时有第一〇〇军约两个营正膳后仓皇西行。我派副团长何光星前去联系，问他们的敌情和任务，他们不予理会，只催部队快走。该部队后卫连通过曹八集约半小时，即闻枪炮声大作。我预料曹八集西可能有共军截击。约下午四时，我团正在构筑工事，见一传骑飞驰送来命令（是王泽浚军长亲笔签署的①），着我团立即回返碾庄圩车站待命。我下令部队边集合边行动。我带了搜索连最先赶回碾庄圩车站军指挥所。王泽浚说：“敌情有了变化，共军五六个纵队，在围攻我第三绥靖区部队的同时，分股南下，截断了去徐州的通路。东线共军尾追我甚急，第六十三军情况不明，南侧也发现共军大部队向我迂回包围。委座顾虑我兵团在运动中为敌所乘，顷手令我兵团就碾庄圩地区编组坚固阵地，以决战防御姿态与徐州主力兵团遥相呼应，准备决战。如共军围攻徐州，我兵团即对攻徐之共军实行反包围；如共军主力向我兵团围攻，我徐州主力兵团即对敌实行反围攻，以收夹击之效。使徐州、碾庄圩两大据点战略上形成犄角之势。待共军粮弹缺乏，疲惫之余，我再猛击而歼灭之。你团仍为机动部队，位置于指挥所附近，部队到齐后好好休息。”他把十万分之一军用图铺在桌上，指着地图对我介绍了黄兵团的配备要况。

碾庄圩兵团部有半永久既设工事，圩外有水壕。壕内仿效日军防御据点编成，设有坚固的地堡群，交叉火网组织严密，一旦圩子被突破，仍可在圩内困守待援，并能充分给攻击者以大量杀伤。外围及主阵地的零星工事也在加强。

十二日下午四时，王泽浚军长又在电话上叫我速去指挥所。见面

① 王泽浚说是黄百韬下的命令。

后，王对我说："守备东南角梁庄、徐井涯的第四五〇团，只听见很短时间一阵枪炮声，联络就中断了。侦察连两次去联系，都被打了回来，未必就完蛋了吧？这个部队就这么不经打吗？我看一定是满不在乎，被共军突然袭击。现在我对西南角前板桥很不放心。何亚颜（第四四八团团长）、赵璧光（第一五〇师师长）吃酒打牌，一听枪声就吓破了胆，万一前板桥丢失，碾庄圩车站就很难守，并将直接威胁兵团部。你现在拿出一个营去接替前板桥何团防务，叫何团撤到后板桥去。"我说："天快黑了，前面情况不明，地形不熟，明天交接防务较为有利。"王说："不行，我对这家伙没有信心，就怕今晚出事，你快行动。"我当即令第二营去前板桥接替第四四八团防务。该营营长余孟刚问："一个营去接替一个团的任务，怎么打法？"我说："不能硬打，要掌握好部队，随时准备应变。"余又问："怎么应变？"我说："只要一接触，你就把枪炮打热闹点，我就叫师长向后板桥撤退，你随即也撤回后板桥。"这时夜幕开始降临，解放军突击部队抓住两个部队换防的瞬间，巧为利用能见度逐步消失之机，进入了前板桥村南沿。余营接防后，问："口令！"才知解放军已楔入小部。余急在电话上问我："是打，是守，是撤？"我说："按你临走时我说的那样处理。"于是该营前哨连长陈华放了一阵乱枪，就从前板桥村撤了回来。俄顷，突然解放军万炮齐发，火蛇划破长空，炮弹震动大地。我架报话台的房屋连中两发炮弹。屋梁折断一根，泥沙飞舞，睁不开眼，张不得口。我急避入指挥所，解放军约有四十门迫击炮和四门山炮持续发射约半小时，炮弹落点均在碾庄圩车站军指挥所和车站以西我团阵地上。当时，电话联络中断，我冒险跑到师长赵璧光的指挥所向他建议说："何亚颜团溃不成军，敌向我三面迫近，建议师部后撤。"参谋长李鼎说："没有命令呀！我们正向兵团炮兵请求支援。"我转身就走，赵璧光忙喊："仲勋（我早一些时期叫肖仲勋）！仲勋！你掩护，我们撤退！你看往哪里撤好？"我说："最好撤后板桥西北的黄滩，何团也可在那里收容整理，站稳脚跟，我即撤后板桥前沿阵地掩护你们。"碾庄圩车站前地形开阔，只有炮击，并无步兵接近，只军指挥所东侧有解放军向车站近迫作业。至午夜十二时许，黄百韬兵团直属炮兵开始射击了。这个炮兵部队分两个火力群。一个火力群对解放军西南火炮施行制压射击；另一个火力群对我后撤部队施行拦阻射击，封锁我向第二十五军和第一〇〇军阵地后撤的通路。我下令团直和第二、三营在后板桥占领掩护阵地，我自己带第一营仍留在碾庄圩车站月台西侧阵地观察情况。天刚拂晓，我在屋顶观察所看见军指挥所一辆吉普车向南飞驰而去，军直属部队也随即向南转移。我向副团长邓必笃说：“军部撤了，我们左翼空虚，你带第一营也撤到后板桥去，我带特务排去找军部问情况。”在我去兵团部的路上，看见王泽浚军长从远处步行而来，他的左手负了伤，一条绷带挂在脖子上。王一见我，便怒斥道：“你为什么要撤下车站月台阵地？”我说：“我们一夜未动，是师部和第四四八团撤退了，我的左翼暴露了。拂晓又见车站军指挥所和军直撤退了，我的右翼也空虚了。我的阵地孤立突出，共军分数路向月台近迫作业，若到夜间就撤也撤不下来了。我是机动部队，没有固守任务，到目前也没有任何人给我下达固守任务，我只好把部队集结在后板桥村，我来找军长请示任务。”王理屈词穷，两眼盯着我指桑骂槐地大骂道：“赵璧光，何亚颜，真他妈的浑蛋！老子非枪毙他不可！”王为啥这么大的火气呢？原来正是在这半天又一夜之间，军守备火烧房子的第一六二师部队和守备徐井涯的第四五〇团全部被歼，师长杨自立负伤，第四五〇团团长杨南邨被活捉，特别是九日过午时分，蒋介石用飞机给各军长投下了亲笔信，要他们“激励将士，只许成功，不准失败……”所以他格外恼火。

前板桥村和碾庄圩车站的撤守，使得兵团防御体系的南大门劈开了，黄百韬兵团部受到直接威胁。又由于碾庄圩西面彭庄、西王庄第一〇〇军阵地在中午受到解放军迅猛冲击，该军军长周志道负伤，副军长、参谋长被俘，我眼见该军似潮水般地涌退到第二十五军防线内，于是碾庄圩防御体系又被西面劈进一刀，黄百韬就不得不紧缩阵地，将第四十四军配备到后板桥、黄滩、凤凰巢、阎窠子去堵住西、南这两个突破口。

从整个战场来看，解放军把主攻方向和攻击重点选在黄兵团的西面、南面，特别是集中先打击素质较弱的第四十四军、第一〇〇军，是选得好，看得准。也正是在这个时候，蒋介石及其幕僚们才真正察觉到“淮海大会战的序战，共军旨在先吃掉黄百韬兵团，而不是什么攻占徐州战略要地”。直到战役进行了一星期，才忙令邱、李两兵团东援，不仅战机已失，而且国民党军内部矛盾重重，又遭到解放军坚强阻击，援军以每天千余伤亡，始能前进一二公里。

十五日下午，黄百韬在电话会议上告诫各军长说：“你们必须进一步加强工事，准备独立作战，以尽军人天职。有些人眼睛中只看着我黄百韬是青天白日勋章获得者，他们（按：指邱清泉）是不会全力支援的。我们也绝不会给别人看笑话。”第一五〇师师长赵璧光每天念经似的说：“只听炮声响，不见一兵来。”其焦急心情，可见一斑。翌日拂晓，在浓雾中突闻马达声自远而近，三辆坦克直开到我团阵地前约三十米处，上口露出一个半身的人高声喊道：“我们是第二兵团的，来和黄司令官取得联络的，你们的兵团部在哪个庄？你们是哪个部队？”阵地上所有官兵都从战壕里站起来看，我也从指挥所走了出来走到地堡上。这时阵地前沿张启汉营长大声喊道：“情况不清楚！不准和他讲话！进入阵地！”那坦克向我们上空打了三炮，急开到第四十四军后黄滩指挥所和前黄滩第一六二师阵地与我团阵地之间的旷地上成三角配备停了下来。这样，我团同军指挥所和第一六二师的联系被割断了。于是我抓住这一时机，在十七日正午，利用军指挥所和第一六二师黄滩阵地被炮击时，邀请第一五〇师师长赵璧光、第四四八团团长何亚颜来我团指挥所开会，事前我已将劝降工作向我团连以上军官作了讲话和部署，以搜索连长郑多裕、特务排长彭汉光位置在我指挥所入口处。赵、何来后，我先讲了形势，然后问：“师长、何团长，是打，是坚守，是投降，还是退到兵团阵地上去？”赵、何低头不语，沉默了约十分钟，我团第二营营长余孟刚大声说道：“要打，叫师长、何团长去打，我们是不打了。孤儿寡母哭起来可怜！”赵于是说：“现在就只你们团是完整的，仲勋怎么说，我们就怎么干好了！”我说：“孟刚的话很有远见，不过还是请师长和亚颜兄决定。”赵璧光说：“不打就投降吧！不过，这怎么对得起军长啊！”我说：“识时务者为俊杰，军长也跑不掉。”我当即叫营长余孟刚带着第四连连长陈华，拿了我写好的纸条向解放军阵地走去，我要他两人把纸条交给解放军任何一个团以上政治机关都行。条上写道：“国民党第四十四军第一五〇师师长赵璧光决定战场起义，请即派队前来占领阵地。”我恐赵、何变卦，没让他俩出去，我即下令集合队伍。这时，师直只剩下一个迫击炮营二百多人，何团长就剩下一个光杆团长了。师参谋长李鼎等十余人不愿集合，向兵团部逃去。全部二千五百六十多人，清点人数后，华东野战军第六纵队派了一位教导员和营长来接替阵地，说道：“欢迎！欢迎！你们快向西撤下去休息，我们掩护！”这时我见两架飞机直扑过来，忙下令通信连扯起对空联络符号，飞机两次俯冲，见陆空联络符号正确，部队整齐缓缓而行，未敢轰炸。突然黄百韬兵团炮兵开始了追击射击，我令成疏开队形跑步前进。解放军九纵乘势向第四十四军最后一块阵地——军指挥所、第一六二师残部和军直搜索营、工兵营猛攻，活捉了军长王泽浚，代军参谋长李秾，第一六二师参谋长邱正民，团长康即戎、冯国典等人。至此，黄百韬兵团西、北门户洞开，核心阵地——碾庄圩历历在目。到十一月二十二日，黄百韬兵团全部被歼。

第六十三军窑湾镇被歼记

黎天荣　李友庄*

一　参加作战前的情况

一九四八年十月下旬以来，南京国防部侦察电台侦悉解放军三野部队有十几个纵队的电台由鲁中向鲁南南移，判断解放军有进攻徐州或海州的企图。据闻，当时国防部有放弃海州，集中优势兵力于徐州，做攻势防御，准备与三野部队决战的主张；又有退守淮河，保卫长江的主张。但国防部举棋不定，迟迟未作出决策。当时有说顾祝同、刘峙控制海州食盐牟利，因此不肯放弃海州，令在新安镇的第七兵团做好随时策应徐州、海州作战的准备。第一五二师在新安镇向北方警戒的哨兵带回被俘逃回的国民党军军医及士兵各一名，据他们说，解放军大军云集南下，大战一触即发。当时第七兵团的处境最为不利，随时有被迫应战和被南下的解放军优势兵力各个击破的危险。就在这种情况下，南京发表陈章接替林湛的军长职务，仓忙走马上任。黄百韬集合第六十三军举行布达式时，一开头便忧心忡忡地说："敌前换将，兵家所忌。"这反映了黄百韬对当时面临大敌的严重局势，是极为悲观的。

二　新安镇撤退混乱万状

十一月四日晚陈章参加了徐州"剿总"召开的军事会议回来，得悉

* 黎天荣当时系国民党第七兵团第六十三军第一五二师少将副师长。李友庄当时系国民党第七兵团第六十三军第一五二师上校副师长兼第四五六团团长。

国防部已决定放弃海州，将陇海路东端兵力西撤集结徐州，阻击解放军南下。第七兵团奉命在新安镇掩护海州、连云港李延年第九绥靖区及王泽浚第四十四军西撤通过新安镇后，兵团主力即沿铁路线通过运河桥经碾庄圩西撤徐州集结。第六十三军奉命在新安镇警戒掩护兵团主力撤出新安镇后，即取道窑湾镇渡河经土山镇曹八集西撤，掩护兵团右侧背。陈章即派第一五二师第四五五团（团长戴旭）附两师的工兵连（军工兵营已被兵团部调用）为先遣队于十一月五日开窑湾镇征集民船架设浮桥为军主力渡河做好准备。六日晚东海部队西撤通过新安镇，随来的有行政机关人员、学生、商人，携男带女，队伍非常紊乱，商店关门，人心惶惶。七日拂晓第一五二师师长雷秀民率第四五四团，第一八六师师长张泽琛率第五五八团由新安镇出发，经堰头镇开窑湾镇。两师部队同走一条路，状极混乱。第四五四团抵堰头镇即占领阵地警戒并掩护兵站粮弹。两师司令部及第五五八团当晚同时抵窑湾镇。此时得悉先遣团在窑湾镇只控两艘民船，架设浮桥的计划已经落空。当晚雷秀民即命第四五五团副团长张友和率兵一营进出运河西岸（窑湾镇对岸）某村庄占领桥头堡阵地。同时找来窑湾镇船舶工会主席，要求他帮助征集船只。他唯唯诺诺，但一去无踪。当时第四五五团不但没有完成架桥任务，而且暴露了企图。苏北解放军第十一纵队于七日夜即开到窑湾镇运河西岸，截断国民党军退路，当夜便向桥头堡阵地猛烈袭击，我方伤亡惨重，张友和要求撤回窑湾镇，雷秀民严令死守阵地，不许撤退。八日拂晓运河西岸解放军已在沿岸构筑工事，架好轻重武器，阻击国民党军渡河。

三　卢圩子军部被包围

第六十三军在新安镇完成掩护兵团主力撤退任务后，七日理应迅速离开新安镇，按计划取道窑湾镇渡河。行程六十里，当晚全军均可赶到窑湾镇。但陈章在新安镇撤退时表示“镇静沉着”，实则脑筋糊涂，既不知己，又不知彼，说什么“我们广东部队从南方打到北方，共产党没什么了不起”。当军主力都已开走，他自己居然殿后，并把他认为最亲信可靠的基本团——第四五六团（他自己当过该团的营、团长而起家，当时的团长李友庄又是他的亲信，同乡兼同学）留下。他最后看到第七兵团各军后勤人员将仓库搬不走的被服焚烧时，还传令第四五六团士兵到仓库尽量抢带被服。因此迟迟不走，直等到下午三时李友庄催他才走。李友庄在当夜行军中发现后面不断有信号弹并有火把，知道解放军已衔尾追来了。该团抵堰头附近宿营时已是深夜十一时，李友庄当即打电话到军部报告上述情况，因陈章已睡着，由参谋长宋健人接电话。他接电话后并未转告军长，也未做任何处理。八日拂晓前卢圩子军部即为解放军包围并猛烈攻击。军部驻在一所小学校里。陈章和副官处长冯国材指挥军部搜索营极力抵抗，冯国材当场被击毙。参谋长宋健人则只身逃到窑湾镇。此时在窑湾镇的两个师正副师长得知军部被包围的情况，即开会研究。张泽琛提出由两师长率窑湾镇两团人向东南淮阴方向逃跑，并催黎天荣在地图上选定逃跑路线。当时雷秀民不表示态度。黎则提出反对意见："我们不能抛弃军长及军主力不顾，只顾带少数部队逃跑。"并建议派靠近军部的叶伯刚第五五七团去解围。张对黎的意见，只好默认，但不愿派第五五七团去解围。战斗开始后，陈章打电话给李友庄："速率部来……"跟着电话中断了。李即紧急集合队伍出发，先头营只走约二十分钟，即被解放军沿途截击，李即展开部队，一直向卢圩子冲去，此时李友庄只带得第二营到了军部附近，找到陈章，叫他快向窑湾镇走去。此时陈还在指挥军搜索营战斗，叫李要镇定，"收拾一批解放军才走"。李见形势危殆，无意在此恋战，硬推他先走，要他到窑湾镇指挥全军，他才走了。李指挥残部在后面掩护，且战且走，势极狼狈。八日晚抵窑湾镇。

至于第四五四团，七日由新安镇出发，到达堰头镇后就占领阵地担任警戒，掩护军主力转移。兵站支部携带的粮弹已同时运到堰头镇。八日拂晓，第四五四团被解放军包围，但围而不击，直至军部在卢圩子临败退时乃猛烈袭击第四五四团，并发射烧夷弹，镇内到处起火，兵站运到的粮弹全被烧毁。八日下午，该团团长涂致远才率残余部队陆续撤到窑湾镇。

四　窑湾镇被困全军覆灭

八日下午陈章率领军部残余抵窑湾镇。军司令部同第一五二师师部住在一起。陈章狂妄地说："今天机会正好，敌人送上门来了！"黎天荣问他，第四五六团打得怎样？他却又慨叹地说："部队不行咯！还抓不到一个俘虏，连敌人的番号都摸不清。"接着陈章派黎出去五里地收容李团残部，同时带"人民服务队"出去抢粮（因兵站已无粮运来，抵窑湾镇部队已绝粮断炊）。黎出去三里许即见李友庄率残部五六百人向窑湾镇奔来。黎于是率“人民服务队”到窑湾镇东南五里许一大村庄搜索粮食，但老百姓的粮早已藏起，只能搜劫些芋头杂粮回来。当晚陈章就在第一五二师师部同雷秀民、黎天荣等吃芋头充饥。八日晚黄百韬来电仍令第六十三军从窑湾镇渡河经土山镇到八义集。当时运河西岸既已被解放军占领，又无船只，大军强渡已不可能。黎即向陈章建议：“固守窑湾镇待援。”陈章也同意，即分电兵团及徐州“剿总”请求派援军及空投粮弹。黎并建议派两个团进出窑湾镇东南方两大村庄（村名记不起），占领前进据点，阻击敌人前进。张泽琛同意并说：“好！将来向那方向转移也更容易。”即决定由第一八六师派第五五六团及第五五七团分头占领前进据点。八日夜间第五五六团占领的据点被解放军突破，九日夜第五五七团的据点亦被突破。两个团先后撤回窑湾镇。九日下午徐州“剿总”电令第六十三军在窑湾镇固守待援。陈章即命副参谋长陈文瑞拟定防御部署，命令已下达到师部。黎天荣看到军的部署没有按照各师现有实力分配任务，因为第一五二师各团经过几日的战斗，损失较大，不能负担正面太广。雷秀民即将此意见面请陈章修改计划，并获批准，重新下达命令部署如下。

（一）第一八六师（欠第五五六团）为左地区队担任固守东门至北门地区主阵地：第五五七团固守北门地区，第五五八团（欠一营）固守东门地区，第五五八团之一营为师预备队。

（二）第一五二师为右地区队担任固守南门至西门间主阵地：第四五五团固守西门运河东岸地区并派出一个营占领对岸桥头堡阵地，第四五四团固守南门头台及窑湾镇外围土堤地区，第四五六团为师预备队。

（三）第五五六团为军预备队控制在镇中心的会馆内。

（四）军搜索营在镇内务街口构筑地堡及在房屋内挖枪眼做好巷战准备。（陈章亲自指示搜索营长要做好上项工作）

当时第六十三军困守窑湾镇，四面受解放军重重包围，已成瓮中之鳖，插翅难逃。陈章故作镇定地说：“兵法云，置之死地而后生。我们要第六十三军一战成名天下知。沉着地顶他一两个浪头，好戏就在后面呀！”陈章为了固守窑湾镇等待援军到达转移攻势，采取以下措施。

（一）组织督战队，下达连坐法，命各师政工主任为督战队长，临阵退缩者当场枪决。

（二）为了防止里应外合，派政工人员率武装士兵驱逐全镇老百姓集中在天主堂内（当时全镇居民只有七八百人，商店多数关门倒闭，因老百姓害怕国民党军骚扰，少壮多逃避，留下守屋者多老弱）。因此，纵兵害民，以检查为名，肆无忌惮地进入商店、住宅，翻箱倒箧，抢劫财物粮食，一扫而光，民怨沸腾。当时苏北民谣唱道："盼中央（指国民党军），望中央，中央到来一扫光；盼八路（指解放军），望八路，八路到来有好处。"这充分反映民心的向背。

（三）令各师输送连将各商店、民房的门板竹木运送守阵地部队构筑加强工事，使人民损失很重。

（四）请求徐州"剿总"派机空投粮弹。

第四五五团副团长张友和指挥占领桥头堡阵地的一营，于十日夜间继续受到解放军猛烈袭击，死伤惨重，阵地被突破。张友和率残部突围向西北方逃窜，途中被解放军伏击，张友和被俘，至此守桥头堡阵地的全营被消灭。

十一日晨第四五四团团长涂致远报告陈章，该团阵地右翼突出部头台阵地有几间房屋夜间已被解放军攻占。陈章命涂速派队夺回，并面命炮兵营营长李润阶及重迫击炮连长孔××开炮把解放军占领的房屋全部轰毁。李润阶说，近距离不能炮击。陈章大发雷霆，叫立即抬炮上城墙直接瞄准轰击。该团长只好唯诺下去。涂致远当时派了一名勇敢的排长（该排长原系一名班长，在堰头被俘后，又带一挺轻机枪逃回，被提升为排长）率兵一排，实行巷战，妄图夺回已失阵地。该排长带头逐屋突击，遂被解放军击毙，攻击受顿挫。由此头台阵地与解放军呈胶着状态。

十、十一两日徐州"剿总"曾派飞机空投粮食，杯水车薪，无济于事，谁抢谁得，没集中分配，且因包围圈小，有的落在解放军阵地上，有的投落运河。

十一日双方都在加强构筑工事，虽然看到解放军炮兵阵地，国民党军因处于劣势，不敢开炮。十一日早饭后雷秀民陪同陈章到前线视察阵地，黎天荣留在师指挥所看守。是日十一时许，第四五五团团长戴旭到师指挥所向黎报告，守桥头堡阵地有一伤兵坐小船回来说，他亲见河西岸解放军已集合队伍出发，因他受伤没有带走，并叫他自己逃走。黎当时以此情况很重要，原要戴叫该伤兵来查问明白。但戴说，他伤很重，难以行走，算了。解放军诡计多端，不可置信。及见陈章下午三时回到指挥所，黎将上述情况报告他，他没有研究做任何处置。

十一日傍晚解放军发起猛烈攻击，集中优势炮火轰击窑湾镇第六十三军阵地。镇内硝烟弥漫，到处起火。当时陈章、雷秀民、黎天荣同在第一五二师指挥所指挥。不久，电话线已被炮火打断，指挥失灵。约在九时许，第一八六师副师长伍少武跑来向陈章报告说，张泽琛叫他来报告，第五五八团第七连阵地已被解放军突破。陈章叫伍回去传令张泽琛督队，把解放军打出去，收复阵地。此时电话全断，无法指挥，陈章、雷秀民、黎天荣冒着炮火到前线观察，先到第一八六师师部找张泽琛，全无人影，只见零星纸张文件散在地下，出来一查，知张泽琛已弃职逃命了。陈章、雷秀民、黎天荣出来在街上走不多远，忽然雷秀民也不见了。此时镇内建筑物十几处中弹燃烧，火势熊熊，军直属部队及军部勤杂人员骡马等随处乱跑，官找不到兵，兵找不到官，真是兵荒马乱，乱成一团。黎天荣当即命令第一五二师政工处主任丘懋高负责，把所有零星乱散人员整顿好并临时指定连排长负责，指定地点集合待命，不准乱跑。嗣后，丘向黎报告，编成了三个连按指定地点集合待命。黎和陈章继续走到军预备队第五五六团的位置（全团集合在一个会馆内）。据该团少校团副苏文光说，第一五二师师长雷秀民到此拉团长黎安福带着几个卫士一起逃跑了。陈章即向该团宣布苏文光代理团长。他还对黎天荣说："你代理第一五二师师长，李友庄代理第一八六师师长。"黎对陈章说："我们还是回军部去，以安定军心。"行到军部门口，陈章不肯进去，站在门口手持手枪，沉默无言，呆若木鸡，如失灵魂。黎便对他说："我们先到东门第五五八团阵地去看看怎样，再到南门集合各团长商量。"到了第五五八团阵地，看到张麟骏团长掌握着一个完整营的预备队，还没使用。此时忽遇军参谋长宋健人，不知他躲在何处钻出来。黎叫他一起到南门参加开会。他没有跟着来，他早已有个人打算，三十六计，走为上计。因他是本地人（邳县），曾在窑湾镇当过区长，乡土人情很熟悉，容易潜逃。据兵站支部长×××说，他以前是个共产党员。黎和陈章等走到河边时，张麟骏手指运河，对黎暗示一起渡河逃走，黎摇摇头，不愿抛掉袍泽，自己逃生。嗣后在南门集合了团长涂致远、戴旭（他私下对黎说，要走，我们在一起走）、李友庄（当时黎告知他，军长命他代理第一八六师师长）、张麟骏在一起开会。黎先简单介绍情况，按原计划固守阵地待援，尚有可为。陈章表示要突围，黎不主张无计划无准备地盲目行动。当时各团长都黯然无声。黎便问李友庄意见如何，李说："要突围就快些。"于是陈章就下决心突围，立即下达口头简单命令："李友庄团为突击队，通过第四五四团阵地向东南方冲出去，第四五四团为掩护队，其余各团跟着李团前进。"李友庄即命该团第三营营长廖益金为突击队队长率领该营向前冲锋，立即行动。当黎和陈章通过第四五四团阵地时，当着守阵地的士兵大骂："丢那妈，叫死守阵地，怕死鬼先跑了！"当李团冲近解放军阵地时，受到密集火力的阻击，整条火线一片通红，突击队冲不出去，便往回跑，乱成一团。此时黎找陈章不见。李回找陈章也不见，遇连长李北说："方才三响左轮枪声，系军长自杀呀！"又说，"他未自杀前频频自言自语：'张黑害死我！张黑害死我！'"（张黑指第一八六师师长张泽琛，他怕死先逃了。）又有士兵说，看见他渡河时被击毙了。众说不一，记载于此。

黎天荣在深夜十二时与陈章最后失去联系，既冲不出去，又无面目往回向阵地内跑，就在阵地前一间小屋后面停下，等待就俘，黎听自己的卫士说："对不起余汉谋呀！"未几，解放军上来，我们就自动放下武器。唯守北门之叶伯刚团尚不了解突围不出的情况，战斗至十二日晨才放下武器。至此结束战斗，全军覆灭。

第六十四军碾庄圩覆没纪要

刘镇湘*

一九四八年十月，人民解放军将济南国民党军王耀武部歼灭后，陆续南调，先后到达临沂、赣榆一带，并派有侦察队多组活动于新安镇至海州的公路线上。黄百韬曾对我说过，解放军将要打海州的第九绥靖区所辖的第四十四军，以及新安镇的第七兵团，所以他主张放弃海州，并把第七兵团撤至运河以西缩紧拳头；如果解放军渡过运河作战，则进行决战，胜则乘机前进，败则退守淮河。这是黄百韬的打算，听说他也曾这样向蒋介石建议过。

十一月四日，国防部参谋总长顾祝同到徐州召开军事会议，国民党军长以上事先得到通知，到达徐州等候。在会议中顾没有露面①。而由第三厅厅长郭汝瑰介绍东北辽沈战役经过。郭还讲傅作义曾建议将华北部队向华东靠拢，来安定华东方面的人心。在会议上第二兵团司令官邱清泉说，愿将所有的武器都缴还，他自己解甲归田。他之所以这样说，是因为国防部要将多余的武器抽调给其他欠缺武器的部队，他不肯抽缴。再就由第十六兵团司令官孙元良讲话，他攻击联勤总部不发给第十六兵团车辆，当面骂参加会议的联勤总部车辆管理处处长。三人先后讲完了，就草草地散了会，没有一句话讨论到作战方案问题。五日，顾祝同召开兵团司令官以上的会议。会后据黄百韬对我透露，华东国民党部队第一步撤至运河以西，第二步撤守淮河。并说有人主张北进，他极力反对，认为不仅危险，而且是不可能的。他又说，他仍然主张撤至运河以西，缩紧拳头，进行决战，除此以外再无好的办法。

---

* 作者当时系国民党第七兵团第六十四军中将军长兼第一五六师师长。

① 一说顾主持了会议。

十一月五日，黄百韬通知我第四十四军六日由海州西撤，第六十三军七日由新安镇向窑湾镇转移，到达后立即渡河，掩护兵团右侧的安全。他并谈到第四十四军迟迟不撤离海州，是为着顾祝同、刘峙私人的利益，并失去了几天的时间，现在恐怕已经来不及了。

黄百韬把第二十五军陈士章部伸到城头、阿湖及其以北地区，派第一〇〇军周志道部配置于郯城西北的马头镇附近，第六十四军配置于上下古墓一带，掩护第四十四军的转移。由于第四十四军王泽浚部在海州随带一些资本家、地主、富农、士绅与裹胁的市民数万人，运动非常迟缓。又由于解放军紧紧地拖着，第三绥靖区冯治安部的张克侠、何基沣等率部在贾汪起义，使国民党军整个态势极为不利，徐州慌乱一团。

第四十四军预计于六日开始转移，七日下午先头可以到达新安镇。第六十四军接黄百韬命令，六日半夜开始向西运动，七日午到达炮车附近，知道解放军苏北兵团正在向北急进，有切断运河车站的企图。黄急令第六十四军兼程先渡运河，掩护转移。下午四时，第六十四军先头部队过了运河，并以一个营沿运河右岸向窑湾镇对岸急进，企图掩护窑湾镇的第六十三军渡河，并分出一部据守运河桥头堡，主力集结运河车站以西附近铁路线上的村庄。当晚据派出向窑湾镇对河急进的营长报告，获悉对河已有解放军一个师先行到达，该营与解放军战斗后，被歼两个连，向北撤退约十里，仍企图监视解放军的行动。又据报，解放军七日夜已有一个团到达土山镇，判断有威胁运河至曹八集间铁路线的企图。八日早晨解放军约一个师的兵力已占领了赵墩车站以南的村庄，正在向铁路线截击撤退的国民党军。第六十四军接到命令，以有力之一部向铁路线南边村庄的解放军攻击，企图保持运河至曹八集交通线的安全。由于到达的解放军只有一个团左右的兵力，又由于国民党军使用了两个团的兵力，并配合了优势的炮兵，经数小时战斗，把解放军这个先遣团压缩到铁路线以南数里地区。九日拂晓以前兵团主力先后渡过运河到达碾庄圩附近。第一〇〇军第四十四师主力由于运河桥头已被焚毁（是解放军侦察队破坏的）不能渡河，一部向解放军投诚。九日晨七时，黄决心把部队转移到八义集。由于八义集工事坚固，并靠近徐州，便于取得徐州军队的救援，所以黄百韬当即派出先遣部队到八义集占领阵地，掩护主力转进。

九日上午八时，黄百韬召集各军军长在碾庄圩开会，研究到八义集后部队的部署。他的方案决定以第六十四军守八义集以东的阵地，以第四十四军守南边阵地，以第二十五军守北面阵地，以第一〇〇军守西边阵地，并以第六十四军之一部扼守土山。我不同意他的计划，主张就在碾庄圩决战。当时我的思想是：（一）企图就近相机救援第六十三军；（二）因为去冬范家集战役第四六七团在高山被歼，而守村庄的部队则保存；（三）我狂妄自大，认为要打就打，何必走东走西走去走来，企图快些决战，挽回劣势不让共产党独霸天下，自己可能因此扩充势力，把广东外调部队抓在手里组成一个兵团，败则拖着一个够本两个有赚，到处黄土可埋白骨的想法。

我经常狂妄地向部下说，我们在抗战中同日本鬼子都敢拼，难道还怕共产党不成？由于我一再主张在碾庄圩决战不要再动，黄无可奈何，用长途电话请示刘峙，刘复话由黄决定。黄遂照我的主张不再移动，并用汽车追回先遣部队。这就是淮海战役第一阶段决定在碾庄圩决战的经过情况①。

从九日下午起，解放军开始向东南两方面的国民党军阵地攻击，至十一月二十二日，计有半月时间。第六十四军顽强反抗，利用村落十个，构成蛛网阵地，村与村之间都以工事联系起来，枪眼都是从平地射出的，并且都是侧面的，很难在较远处发现。村内则布置层层火网，突破一层又有一层，突破一角又有一角，使解放军进入火网后难以躲避，进入村落后难以扩张战果。这样在整个战役中，使解放军遭到相当大的伤亡。

十一月二十二日下午，黄百韬叫我突围。他说："我年老了，而且多病，做俘虏我走不动，而且难为情。我牺牲以后，使别人还知道有忠心耿耿的国民党人，或可使那些醉生梦死的人醒悟过来，国民党或者还有希望。你年龄还轻，尚有可为，希望你能突围出去，再为党国做点事。"这就是黄百韬在临死前挣扎的情况。

在半个月的战斗中，第六十四军将碾庄圩东北十多个村庄拆成平地，使人民无家可归。在战斗过程中，放过催泪性毒气弹，有解放军战士数十人当场中毒，我军士兵用刺刀将其刺死。黄百韬还在电话中命令第六十四军参谋长黄觉，杀害被第二十五军一个营俘获的解放军战士二十九名。由此可以看出黄百韬的凶狠毒辣和惨无人道。

我率领的第六十四军辖第一五六师，师长由我兼任，由副师长陈庆斌代理，随我战至最后被歼；另一个是第一五九师师长钟世谦，随我战至最后阶段，十一月二十一日与我失去联络。我二十二日被俘后据闻该师长接受两广纵队的劝降，在最后关头率残兵千余人放下武器投降了。

① 有些文章说是因曹八集已被解放军占领而缩回碾庄圩的。

第四十四师在八义集的覆灭

谭冀平*

黄百韬兵团第一〇〇军周志道部原辖第十九、第四十四、第六十三师三个师，第四十四师刘声鹤部是淮海战役中第一阶段最早被歼灭的一个师。该师首先是在碾庄圩以东八家杨地区奉命掩护该兵团主力渡运河，在掩护战斗中已被歼灭过半。残部原奉命开回徐州整补，开抵八义集附近又被解放军截击，全师被歼灭。因此第一〇〇军军长周志道只率第六十三师与军直属部队占领碾庄圩西北彭庄、贺台子阵地防御待援，顽抗了九天，于十一月十七日被歼，军长周志道负伤逃出。（该军所属第十九师赵尧部则早于九月间空运济南被歼灭了）本人原任第四十四师上校政工室主任，亲身参加战役，所记忆的只限于第四十四师的情况。第四十四师乃是嫡系部队。该师前身即荣誉第二师，一九四三年春，在四川叙永组成。系美械装备，有火箭筒、火焰喷射器等，实际兵员在八千人以上，是一个火力与实力均较强的师，反人民作战相当顽固。

兹将该师在淮海战役前的活动与战役中顽强对抗解放军的措施记实如下。

一　援东海未成，西归入网

十一月二日，第四十四师随军部从高圩沟奉命开往东海。经三天行军，越过阿湖、城头等地继续东进，距海州仅一天多行程，突于五日奉命西返。经我向参谋处了解，始悉蒋介石已命放弃海州，并改变由海上撤退

---

* 作者当时系国民党第七兵团第一〇〇军第四十四师上校政工室主任。

第九绥靖区及其所指挥之第四十四军王泽浚部的计划，命王部沿陇海路兼程西开，第一〇〇军因此奉命折回。五日午后，第四十四师抵达新安镇西北之羊集，六、七两日，因黄百韬兵团在新安镇等候第四十四军，而第四十四师亦停留于羊集未动。当时根据军部指示，兵团部及空军侦得情报，解放军正大量向新安镇西陇海路以北集结。第四十四师政工室乃在羊集一面清查户口，一面派“人民服务队”配合特务连武装封锁交通，行人过羊集准进不准出，实行戒严。当时我想，把几十万部队摆在东起新安镇西至砀山的漫长战线上，来个一字长蛇阵，将会出现首尾不能应的局面，很容易被分割歼灭。

八日，第四十四师由羊集出发，奉命西开炮车（属邳县）。行军序列是第一三〇团，第一三一团，师部及直属队，第一三二团。行至中途某地见国民党军另部已与解放军发生炮战。在该地停留一小时后，又奉军部“在炮车不必停留，继续西进”的命令。经过炮车时，日已衔山，集上群众早已逃跑一空，只闻国民党军马蹄声，行军队伍杂沓声。举目四望，炮车已是一个死的市集。

八日晚八时许，全师到达陇海路运河铁桥以东，在与军部取得联络后，指示该师位置于运河桥东北三个村庄，对北警戒。该师以第一三〇团驻最北之八家杨，第一三一团驻八家杨左后侧某村，师部及直属部队与第一三二团驻八家杨南赵村，随即开始行动。该师在到达运河桥以东地区休息待命，约达三十分钟以上。次日听参谋主任马建新告我，前两天刘峙曾有令调第一〇〇军开徐州转蚌埠给他保驾，并派有火车一列及汽车约百辆停在赵墩车站接运部队，副军长杨荫曾赴赵墩处理部队登车事宜，因黄百韬坚不放行，竟被留下。此事黄百韬疑是周志道活动所致，对周心怀不满。周志道当然乐意调往蚌埠，由于黄百韬不肯放手，周对黄亦感不快。

二　运河充掩护，主力就歼

当八日晚第一三〇团团长卢庆贵率该团从八家杨南进入该村时，解放军亦同时由八家杨北进入该村，因此卢团仅占领该村大半，双方即在村内发生战斗。卢团长向师部报告，师长刘声鹤命卢坚决占领八家杨，把解放军逐出村庄，因此战斗激烈，彻夜未停。卢庆贵全力进攻仍不能达到目的，解放军始终控制着村庄北部。

九日晨，军部根据兵团部命令，指示该师坚守原阵地掩护兵团主力通过运河铁桥。八日晚至九日，黄百韬兵团之第二十五军及第四十四军，在第四十四师掩护下安全通过了运河铁桥，但到九日下午，仍有不少辎重车辆和一些老百姓未能过桥。

九日这天，刘声鹤竟日守在电话机旁用电话指挥第一三〇团顽抗解放军的攻击，并于上午十时左右命第一三〇团副团长王义夫、第一三二团一个营前往八家杨增援，又命第一三一团团长彭恒以炮火支援第一三〇团，我亦守在师指挥所，寸步不离，监督作战。从早晨到下午三时战斗从未停止，枪炮声有时紧密，有时稀疏。下午四时左右，该师掩护任务基本达成，军部命撤过桥西。刘声鹤命参谋主任马建新和我率直属部队先行过河，以山炮营用炮火掩护步兵后撤。我和马建新到桥东时，见桥上人畜拥挤不堪，乃命辎重营营长刘湖嘉以车辆在前直冲而过，才冲出一条路来使部队通过。师直属部队过桥后，守桥之第二十五军某团即欲炸毁铁桥（桥头早已装置炸弹及引线）。军长周志道以第四十四师师长刘声鹤及三个步兵团均未过桥，如此时炸桥，第四十四师将全部损失，对他不利，又兼对黄百韬怀有不满，遂大发其火，跑到桥上跳脚大骂："老子一个师没有过河，哪个敢炸！等仗打完了，非和黄百韬到国防部打官司不可！"我当时心中也很不平，心想："我们打了差不多一天一夜，掩护你们过河，现在你们安全了，就要炸桥，不顾别人，只顾自己，共军根本没有追来就这样害怕，真是人不为己，天诛地灭。"守桥部队见周志道大发雷霆，同时第一〇〇军还有部队就在桥头附近，因此未敢即行爆炸，随后刘声鹤率第一三二团团长赵直如及两个营过了桥，周志道才离开铁桥。

此后正当该师山炮营用炮火掩护第一三一团及第一三〇团后撤当中，在第一三一团尚未到达桥头，第一三〇团尚未脱离战场之际，拥塞桥东的一辆弹药车忽然起火，引起爆炸。第二十五军守桥部队以为解放军便衣到了，遂将铁桥炸断。迨第一三一团团长彭恒率部到达桥东时已无法渡过，只得在野地上团团打转，犹如热锅上蚂蚁一样。而桥西的人们连我在内，也无计可施，徒唤奈何。

这场掩护战斗，该师完全不知道当面解放军是哪个部队，兵力多大，战斗力如何，企图怎样，根本是在打糊涂仗。又怕黄百韬拿这个部队做牺牲品，师长刘声鹤在战斗中总是愁眉苦脸，我也是随时提心吊胆。最后虽然撤过桥西，但三个步兵团丢了两个团又一个营，全师只剩下两个步兵营和师直属部队，几乎损失殆尽，全师覆没，感到非常丧气。

九日晚继续西开，奉命去徐州整补。我让师部其他一些不必要人员乘便车去徐州东贺村等候部队。是晚，残兵败将狼狈西行，深夜在赵墩以西某村糊里糊涂住了一夜。

三 图逃遭痛击，狼奔豕突

十日早饭后，部队从宿营地出发沿公路西进。我心中窃喜以为可脱险境，谁知只不过是钻进袋子的老鼠，在袋内盲目爬行而已。行不多时，闻北面有枪炮声，且不时有国民党军飞机在北面不远投掷炸弹，打机关枪。我想："轰炸扫射目标这样近，难道解放军布下了大包围圈吗？未必这样快吧？"随后刘声鹤即命部队急行，下午三时到达徐州东约九十里之八义集。据便衣侦察报告，前面已有敌情。刘乃命部队就地休息待命。适于此时，第十三兵团第九军第三师彭剑明团及第四十四军王泽浚部派到八义集占领据点的某团长（忘其姓名）也率部分人员先后抵达八义集。相见后闻知此情，乃共商办法。此时我和第四十四师师长刘声鹤、参谋长毛锻吾、代参谋主任马建新，第一三〇团团长卢庆贵，第一三二团团长赵直如、营长谢德效，第九军第三师团长彭剑明等人聚集讨论，马建新介绍情况说："八义集以西铁道北面村庄已有共军，兵力及企图不详。"于是你一言我一语，或守或冲，莫衷一是。谢德效主冲最力，他说："还是往前冲好，冲得过去就冲过去，冲不过去就干。"彭剑明说同意谢的意见。毛锻吾和第四十四军某团长则说："恐怕没有把握，我认为还是守八义集好。"刘声鹤感到进退两难：守八义集是等着挨打，自己是去徐州整补，没有守八义集的任务；冲吧，又没有把握。考虑了好久，他才决定了一个进可攻退可守的办法，即由第四十四军某团据守八义集，彭剑明团与第四十四师残部分两路西进，如遇解放军阻止则实行强力突围，据守八义集之部队可相机以火力掩护。如果冲出去更好，万一冲不出去，仍可退回八义集共同据守。我当时未发言，感到进退维谷，心慌意乱。但还是希望冲过去才有所谓"生路"，内心是同意冲的。

刘声鹤的决定获得大家同意，随即付诸实施，并令各单位将笨重行李尽量抛弃，轻装逃命。准备就绪后，约下午四时出发，第四十四师为右翼纵队，沿公路西进；彭剑明团为左翼纵队，在公路南沿小路西进。当时完全不知道整个黄百韬兵团已被包围，解放军在八义集以西至徐州间由北而南的纵深阵地业已构成，因此部队离开八义集西行不到三里，即遭到铁道北面村庄内解放军火力阻击。师直属部队如惊弓之鸟，一闻枪声即四散奔逃。刘声鹤一面大声叫喊不准乱跑，一面命第一三二团团长赵直如率部以铁路路基做屏障用机枪还击，掩护溃散官兵退回八义集。彭剑明团继续向西突进，前进十余里，当晚即被歼，彭剑明被俘。而第四十四师官兵则互不相顾，各自逃命。跑得最快的要算在运河掩护战斗后只身随师部过河的第一三〇团光杆团长卢庆贵。他骑马东奔，一直越过八义集跑到彭庄第一〇〇军军部去了。我们虽然后来都退回了八义集，但已被打得落花流水。

四　乌龟进坛子，全师覆灭

该师残部退回八义集后，发现奉命占领该处据点之第四十四军某团已经逃跑，市内老百姓更早已走避一空，东西两面均无“友邻”部队，我和刘声鹤、马建新等很自然地决心进入八义集固守待援，实际上却是乌龟钻进了坛子，进得去，却出不来。当时刘声鹤处置如下：

（一）命政工主任谭冀平亲率“人民服务队”及特务连武装兵据守寨门，非第四十四师官兵，无论有无证件，一概禁止进入集内，以防共军混入。

（二）命第一三二团团长赵直如立即率部进入阵地准备战斗。

（三）急电军长周志道告急请援，并将师直属部队非战斗人员组成一个战斗单位由通信连许连长指挥担任作战任务。又特别命令各部队沉着应战，不许随便开枪，以节省弹药。

兵力部署是：第一三二团两个营担任东西北三面防务，直属部队担任南门守卫，大约晚七时许准备完成。后来周志道复电，命固守一夜，次日天明派队增援。当时尚有兵员三千余人，刘声鹤等还以为犹可一战，以待救援。因此决心死守，拼命到底。

十日夜间，解放军第十三纵队连续发起攻击，先后达六七次之多，战斗一次比一次激烈，枪炮声彻夜未停。在第三次冲击时，有解放军三十余人冲入集内。因该师反扑，将解放军后路切断，迫使其据守一碉堡作战。后来他们弹药用完，失去战斗力。许连长向刘声鹤请示“消灭还是抓俘虏？”我当时在旁说：“我们自己被包围，战斗这样激烈，俘虏来还要派兵看守，倒是一个负担。”于是刘声鹤命令：“消灭他！”许连长去后，使用手榴弹炸毁碉堡，三十余人全部牺牲。以后每次战斗间隙，刘声鹤均派人到战壕给士兵打气，说：“军长已答应派兵增援，只要支持到天亮就有办法。”命官兵顽固抵抗，因此每次冲击中双方都有重大伤亡。

十一日黎明，战况稍寂，但援兵仍无消息。我和刘声鹤、毛锻吾、马建新、金光明（军械员）、锻哲（副官主任）等，先后聚集到师指挥所内，个个唉声叹气。刘声鹤有气无力地说：“我现在就可以死，但是我死了，这口气哪个来鼓呢？”沉默片刻，我说：“为什么现在就死？要拼到底，拼到最后再死。”以后就无人答话了。先是在十日夜间尚未开始战斗之前，刘声鹤就和师部各处室负责人一道计议，决定顽抗到底。马建新首先说：“我们要和共军拼，起码要捞够本。”我说：“我们要拼到底，拼掉一个就够本，拼掉两个就赚一个。”军械员金光明也主张要拼，刘声鹤更不用说，当即下令：“各单位将重火器在弹药打完后自动加以破坏。”我又说：“宁可拼光，不要留一颗子弹和一支好枪给共军。”

十一日早饭后，大家正在焦急地等待援军，忽然有人说：“东边有部队来了！”但结果并不是大家望眼欲穿的援军，而是解放军在调动部队，调整部署。这时大家心里都明白所谓派兵增援全是鬼话。解放军在增加生力军准备总攻击，大祸即将临头。但我们仍要做垂死挣扎，刘声鹤命令阵地守卫部队，搜集已死士兵身旁的零星子弹，并把仅有的少数弹药集中配置在主阵地上，又把火焰喷射器三具拿到阵地上使用，以应付解放军的最后攻击。之后，马建新又到阵地上观测解放军动静，发现阵地东北角外面不远一个土碉内有一个营指挥所，一个营指挥员和另外两人正在那里观察和指挥。马建新当即向刘声鹤报告，并调来山炮一门，向土碉发炮，结果人碉俱毁。

下午一时许，解放军发起全线进攻，四面冲击，一时枪声大作。这时该师炮弹早已打光，阵地上只有机枪声和手榴弹爆炸声，解放军的炮兵则大显神威，师指挥所周围及屋顶上到处有炮弹爆炸。在此雷霆万钧的打击下，抵抗瞬即瓦解。解放军四面冲进阵地，无线电台与话报机亦为炮火所毁，指挥系统全部瓦解。刘声鹤与马建新等均离开指挥所外出，溃乱官兵到处乱窜。后来马建新告我：刘声鹤当时见大势已去，乃将所戴手表及派克笔用石砸碎，高声喊叫说：“弟兄们！你们快逃命吧！这就是我师长葬身之所。”随即举美制“四五”手枪自杀，弹从头部右侧射入贯穿脑袋而死，最后为蒋介石送了命。

这场战斗的结局，除师长刘声鹤自杀、第一三二团团长赵直如冒充伤兵走脱及营长谢德效、参谋余哲夫等失踪外，我和上校参谋长毛锻吾、中校副官主任锻哲、中校代参谋主任马建新以及师部官佐及直属部队山炮营营长张申林、辎重营营长刘湖嘉等以下官兵及第一三二团残部共约二千五百人被俘。

淮海战役

第四章

第十三兵团

淮海战役中的第八军

周开成*

一　战前概况

第十三兵团于一九四八年七月在蚌埠集结。八月上旬的一天，李弥对我说："老总（指刘峙）指示，灵璧、泗县及其东北地区均有小股共军窜扰，速派部队清剿。第九军到泗县及其东北地区清剿，第八军就到固镇、灵璧、泗县地区清剿。"我接受任务后，做了部署（略）。

九月一日，接到李弥电话说："兵团马上要到徐州集结，你们第八军可交涉车运。"我转令各师师长后，随第四十二师先到徐州。下车后到"剿总"，刘峙向我询问了部队情况。参谋长李树正接着说："你们第八军马上就接替徐州城防和飞机场守备任务，因为冯治安的部队靠不住。"

经李弥同意后，我将第八军部队接防徐州并守备飞机场。

接防不几天，李弥转达刘峙命令，兵团到丰县集结，准备支援济南；第八军将徐州城防和飞机场守备任务交第七十二军后归还兵团建制。九月中旬将防务交清后，我率第八军移驻丰县。九月下旬济南解放后，刘峙命李弥兵团限十月二日集结于曹八集待命，并与新安镇第七兵团联系，策应该方面作战。于是第九军驻碾庄圩，第八军驻曹八集以西，兵团部驻曹八集。

* 作者当时系国民党第十三兵团第八军少将副军长，后升任军长。

二 顾祝同来徐是国民党军败亡的催命符

十一月四日，参谋总长顾祝同偕作战厅厅长郭汝瑰等来徐，与有关将领商讨守徐还是守淮。顾祝同与徐州方面能离开部队的军长以上军官到徐州“剿总”会晤。顾说：“这次总统是要亲自来徐州的，因临时有事不能来，特叫本人代表他看看大家。希望大家把部队搞好，增强战斗力，打败共军，为党国效劳。”接着郭汝瑰说：“作战要探明情况，行动敏捷。例如，这次在营口方面作战的第五十二军军长刘玉章探明了情况，把握了时机，他的部队向南海运后，共产党跑来干瞪眼……”

顾祝同在会见我时，问了我和我军的情况后说：“我这次来，校长交代，这一仗只能打胜，不能打败。打好了你们黄埔学生前途光明，打败了就死无葬身之地。”我说：“打仗要按时补充粮弹，鼓励士气，把握情况，捕捉战机，才能调动部队。否则徒增疲劳，易被共军奔袭。”说完辞去。

五日，顾祝同、郭汝瑰与邱清泉、黄百韬、李弥、孙元良等商讨究竟是“守徐”还是“守淮”。孙元良提出徐州易攻难守，补给线拉得太长，又是一个突击孤点，开封、洛阳、济南均为共军所有，不如退守淮、蚌，补给线短。前面凭淮河天险，后面有重叠山峦，右面是湖沼地带，可以节约兵力，集中重兵打击共军，恢复失地，这是比较有利的。这一次李弥表示同意。但邱清泉、黄百韬的看法则不然。他们自恃是拥有五个军的大兵团[①]，邱是蒋介石亲信，黄为顾祝同亲信，盛气凌人。邱说：“徐州既设阵地，又有储备粮弹，乃兵家必争之地。既为我所有，又何必撤退呢？我们有铁道、公路，并有空运，补给方面何难之有。徐州我们不仅要守，而且要以此为基点夺回失地。”后来顾祝同传达蒋介石固守徐州的决心（这些情况是李弥回曹八集后告诉我的）。会后李弥集中第八、九两军八个工兵营从曹八集到泗县赶修汽车路，准备由曹八集到泗县、灵璧地区。

---

① 据查，当时邱、黄兵团都只辖三个军，战役开始后才增加到五个军。

三　救黄未遂兵力受损

按照放弃小点、集中兵力于徐州的战略，在海州的第四十四军王泽浚部应向徐州方向撤退。本来该军从海上撤是安全的，但顾祝同要黄百韬就近由新安镇派部掩护，这样该军可归黄百韬兵团序列，黄乐意为之。按理黄应做如下准备：（一）运河上只有一架铁桥，黄应派工兵多搭几座军桥，以做黄的第七兵团和海州后撤部队西渡运河之用；（二）应令海州部队赶快西撤；（三）派有力部队占领新安镇以北要点，掩护后撤各部。但黄毫不在乎，未作任何准备，等后撤部队云集运河东岸，才知道一架铁桥不够用。恰好一辆十轮大卡车在桥上抛锚，堵住交通，几十万人争先恐后过桥，挤伤或互相践踏致残者无数。陈章的第六十三军看出此情况只好到窑湾镇渡运河①，被北进之解放军歼灭。其他各军被从郯城南下的解放军打乱，勉强拖到碾庄圩，就被解放军包围。十一月八日，冯治安的部队起义投向解放军，徐州"剿总"惊慌失措，忙将在曹八集的李兵团调回徐州②。李弥要我星夜把第八军带到徐州，接受"剿总"交给的任务。第八军急行军到徐州后，我到"剿总"去见刘峙，只见他面色苍白，目光呆滞。他的参谋长李树正对我说："你赶快从荆山桥起，沿不老河向北布防，防止共军南犯，裘树凯的工兵团拨归你指挥，马上把荆山桥炸掉。"我刚出大门便碰到"剿总"办公室主任郭一予，他说："冯治安的部队叛变了，徐州没有部队，把我们吓出一身冷汗。你们来了我们就放心了。"我回到部队后，把情况向各师师长讲了，并令第一七〇师和二三七师从荆山桥沿不老河布防，第四十二师为预备队；裘树凯的工兵团炸毁荆山桥，切断解放军从贾汪南下的通道。

十一月九日，李弥兵团部和第九军置黄百韬兵团于不顾，为避免被解放军围歼，乘汽车逃到徐州。十一日，杜聿明决心救援黄百韬兵团，其

① 据查，第六十三军从窑湾镇渡河是黄百韬的命令，并非陈章个人当机决断。

② 第七兵团被围的原因很多，第十三兵团过早撤退，也是原因之一。

部署要旨是：（一）十三日，以第二兵团在陇海铁路（不含）以南向东进攻；第十三兵团在陇海铁路（含）以北向东进攻。（二）第十六兵团附第七十二军在徐州占领阵地组织防御。（三）以第十二军之于一凡师守备空军基地。

李弥接到任务后，以第八军在陇海铁路（含）以北向当面苑山、周庄地区进攻；第九军派有力之一部沿不老河占领阵地，掩护进攻部队左侧背后，并随进攻部队逐次推进[①]。

在救援碾庄圩黄百韬兵团前，我做了如下部署：（一）以第四十二师为主攻部队，在拂晓前以优势兵力和猛攻炮火迅速将当面之敌围而歼之。（二）第一七〇师之第五一〇团由第四十二师左侧前进，截断当面解放军的归路，阻击增援部队。（三）第二三七师为预备队。（四）当夜十二点与右翼第五军军长熊笑三、左翼第九军军长黄淑取得联络，并规定进攻开始的时间和信号。

不料十二日黄昏后，第九军与渡过不老河的解放军发生激烈战斗，反复冲杀，直到拂晓解放军才撤退，因此第四十二师天亮后才发起进攻。本军先利用空军飞机轮番轰炸，又以各种炮火猛烈射击，紧接着战车出动，攻占了安子村。我令第四十二师第五一〇团坚守阵地，防止解放军反攻。据当时被俘的解放军战士说，解放军以强大兵力阻援，步步为营，村村为战，稳扎稳打，一定要吃掉黄百韬兵团。当时我错误地认为在飞机、大炮、坦克的协助下，一定可以救出黄百韬。李弥也有同样看法。

十三日晨，第二三七师攻占团山。我当时还不相信解放军会放弃这个山头。上去一看，原来是座秃山，解放军是为避免伤亡才撤走的。十四日晨，第四十二师接第二三七师守团山阵地；第一七〇师在团山南、铁路北方某村警戒；第二三七师攻占了团山与周庄之间两个村子。不料解放军在村子东边猛烈反击，国民党军伤亡重大又退出村子。这时杜聿明来团山督战，我叫副参谋长田兴翔向攻击部队第二三七师师长孙进贤讲："杜老总亲来督战，要努力作战，千方百计夺回这两个村子。"最后经反复争夺，我军付出重大伤亡，才重新占领这两个村子和周庄。杜走时交代："今天攻击部队虽然完成任务，但伤亡太大，以后应设法减轻伤亡为好。"

十五日上午，我与第一七〇师师长杨绪钊、第四十二师师长石建中

① 黄淑说他奉令派出第一六六师担任进攻，见本书黄文。

到周庄东侦察地形。周庄东北是太平庄，东南是麻谷子，这两个村庄与周庄呈倒品字形。只看见太平庄解放军的几个地堡，麻谷子有水围和土围，阵地坚固，四角都有侧防火口。当时我令第一七〇师于十六日攻占太平庄①，把麻谷子解放军注意力引向太平庄，第四十二师准备乘机夺取麻谷子，如不行就强攻麻谷子。

十六日，在飞机大炮掩护下，第一七〇师之第五一一团攻占太平庄。第四十二师在战车掩护下向麻谷子发起攻击，当接近水围向土围攻击时，解放军突然万枪齐发，国民党军陷入火网，伤亡重大，大批大批地倒在水围里。而后国民党军又以飞机、大炮猛烈轰击，一时硝烟弥漫，火光冲天。第四十二师派出攻击部队继续攻击，付出了重大伤亡后才攻占了麻谷子的西南角。石建中马上令部队由这个角向两侧席卷，企图扩大战果。因天色已晚，解放军又善于夜战，经激烈的战斗，国民党军不仅未能扩大战果，反被解放军赶出土围并被大量杀伤在水围中。国民党军的尸体几乎填满了水围的沟渠。

十八日，我用对空电台通知空军派飞机用五百磅的炸弹炸麻谷子的侧防火力点，并大量投掷燃烧弹，又令野炮和迫击炮轰击，一时麻谷子成了火海。我想解放军不是被炸死就是被烧死了，李弥说："只要搜索一下就可占领了。"当石建中派部随战车接近水围时，不料解放军又以猛烈的炮火将国民党军打垮。李弥感叹地说："他们是人不是神，就是钢铁都要熔化，为什么能这样顽强呢？"我说："右翼第五军、左翼第九军都未跟上。潘塘镇共军与第七十四军战斗甚烈。他们（指解放军）由不老河北炮击飞机场，第三十九师与第九军合力攻击不老河北之共军，压迫其炮兵北撤。我们也要稳住阵地，防止反扑才好。"李弥说："总长（指顾祝同）乘飞机视察战况并指示，救援黄百韬如有畏缩不前者以军法从事。"石建中建议再攻击一次，要求空军投弹后暂不回飞，他们看到飞机盘旋，不会出来抢夺阵地，我们乘机攻占麻谷子。我和李弥采纳了这个建议。结果付出大量伤亡后，仍被打退。石建中气馁地说："我们师伤亡太大，攻占这个阵地信心不大。"我将第二三七师的一个团调来归石指挥②。当晚采取对壕作业。二十日拂晓该团报告，麻谷子解放军已撤退。

---

① 袁剑飞说太平庄是第四十二师第一二五团于十七日攻占的，而麻谷子战斗是十九日至二十一日间打的，见本书袁文。

② 据第一七〇师第五〇九团团长姚轻耘说，调来归石建中指挥攻打麻谷子的是第五〇九团，见本书姚文。

我令第二三七师占领麻谷子，第一七〇师追击，第四十二师为预备队。我与李弥到麻谷子，尚看见树枝上挂有血肉模糊的手、脚之类的东西。而后一直到火神庙都没有发现解放军。我只得将指挥所推进到火神庙，令第一七〇师占领大小塔山，从山上看看碾庄圩的情况再说。随后，听到碾庄圩传来断断续续的枪声。这枪声告诉我，黄百韬兵团要完蛋了。

二十一日上午八九点钟，第一〇〇军军长周志道等便衣带伤气喘吁吁跑到我的指挥部。他说："碾庄圩外围第四十四军阵地全部丢掉，碾庄圩也危在旦夕。"我派了一辆小吉普将他送到徐州。不久第二十五军军长陈士章又跑来了，他说："碾庄圩阵地已被突破，黄百韬与我跑散。"他要求我派坦克帮他找黄。我派三辆坦克给他，并通知前线部队予以支援。陈士章未找到黄，又回到我处。我按李弥的意见，用吉普车送他去第十三兵团部。

四　自欺欺人的慰劳

二十二日上午九时许，杜聿明、邱清泉、李弥齐集我的指挥所，研究解放军为什么打得这样好。他们认为：（一）共军情报迅速准确，运用兵力恰到好处；（二）共军战士勇敢善战；（三）共军军纪严明，深得民心，处处得到老百姓的帮助，而我军这三点恰恰相反。这时，飞机投下信袋，说是解放军大部队（后来才知道实际上是支援作战的民兵、民工以及送粮队）正向北撤回济南。当时李弥尚有怀疑，杜聿明把大腿一拍，站起来说："他（指解放军）吃了我一个兵团，不走还想怎样？"并指着我说，"你们第八军驻台儿庄，兵团部与第九军驻贾汪。"李弥问："什么时候行动？"杜说："等待命令。"

在碾庄圩黄百韬兵团五个军被解放军有计划地吃光，救援黄兵团的第二和第十三兵团伤亡官兵约三分之一，损失粮弹不计其数的情况下，徐州却开始了一场宣扬"徐东大捷"的大闹剧。南京派了几十人的慰问总团来徐州劳军，张贴标语，大放鞭炮，大敲锣鼓，并带有大批的勋章、奖章、锦旗和白银。发奖那天，我没有去。李弥替我带回了青天白日勋章一枚，锦旗一面，挂在我的办公室。看了真叫人啼笑皆非，我赶紧叫副官处长刘定国摘下。

五 撤离徐州自投罗网

二十四日，杜聿明令第十三兵团守备徐州，以第二和第十六兵团沿铁路线向南攻击，企图与黄维、李延年兵团协同打开向南的退路。尽管有飞机、大炮、坦克的支援和掩护，但由于士气低落，畏缩不前，进展迟缓。陆军说空军掩护不力，空军怨陆军作战无能，互相谩骂，吵闹不休。

二十八日晚李弥对我说："杜老总得到老头子（指蒋介石）指示，放弃徐州到涡蒙地区集结，然后同李延年、刘汝明等兵团一起救援黄维。第九军派一个师在二十九日中午以前占领萧县瓦子口，掩护主力撤退。你们第八军为徐州总撤退的掩护部队，要带足一周的粮弹，油料尽可能多带。撤退后，由情报队队长×××（姓名忘记）负责破坏粮弹库、车站和火车头。"我令第一七〇师以一部留驻苑山，第二三七师留云龙山和飞机场守备，以上部队概归第一七〇师副师长程夏雷指挥，阻击解放军，十二月一日黄昏赶到曲星铺归建。三十日黄昏，军主力部队开始撤离徐州。西门至萧县的公路被车辆和人群堵塞，加之城内破坏粮弹仓库和火车头的爆炸声，使徐州一片混乱，撤退部队只好离开公路越野行军，赶到曲星铺。程夏雷指挥的掩护部队归建后，即按第二三七师、军部、第四十二师、第一七〇师顺序前进。二日黄昏抵洪河集附近，李弥发现南边有灯光，即令部队停止前进。李的副官报告说这里有电线，李叫通信营营长把机子装上听听情况，当时听到杜聿明正问孙元良："李弥在哪里？"正在收听电话的副官脱口答道："报告总司令，我们司令官在这里。"于是李弥接过话机。杜聿明在电话里斥责李为什么不与总部取得联系，李辩解说："我们没有接到命令，也不知道总部在什么地方。"李即令部队就地宿营，要我明早到王白楼总部见杜聿明[①]。第二天清晨我与参谋长袁剑飞到总部。杜说："总统（蒋介石）指示（大意）：'现在多鼓励士气，

① 李弥和孙元良在撤离徐州时，早就决心不与杜聿明联系，以最快速度跑到涡阳、蒙城。杜离徐后与他们联络不上，甚为焦虑。一日下午，碰巧在路上遇到第九军军长黄淑，交代黄要李弥派人去接受命令，李只得派袁剑飞去接受命令。杜于二日上午在邻村找到李弥的司令部。关于电话上巧遇一事，第十三兵团都这样说。关于接电话人，有说是通信营营长，有说是通信连连长，也有人说是袁剑飞接的电话。

参加决战。要趁共军还未完成大部队集结，处于分离状态时，先击破一部，于两日内解决濉溪口、马庄一带共军，此为各个击破之良机也，否则又遭共军包围，处于被动。’因此我们不走了，准备打仗。你快由王白楼至锦州桥一带布置兵力占领阵地，阻击共军。[①]”我听这些话后，心想，当时约定“撤就不打，打就不撤”，现在撤离徐州又要打。徐州既有阵地又有粮弹，并有空军基地，不如在徐州打还有利一些。现在解放军已经含尾追击，前途可能不妙。我赶忙将已到薛家湖的第二三七师调回王白楼，令第四十二师占领王白楼至锦州桥一带阵地，令第一七〇师占领锦州桥（含）至魏楼一带阵地，军部设在王白楼；又令各部构筑工事固守，阻击解放军。当晚，又调整部署，军部、兵团部移至李石林；我们军负责守锦州桥、崔庄、魏楼、新马桥一带，右翼与第二兵团联系。第四十二师在锦州桥、崔庄，第一七〇师在魏楼、新马桥地区，第二三七师在李石林东端为预备队。第四十二师驻崔庄不久就遭到解放军猛烈攻击，受到损失。第八军使用预备队互相拼杀，阵地失而复得者数次，最后在坦克、炮兵大力支持下，才稳住阵地。

十二月六日，李弥在李石林召集师长以上军官开会，讲了形势，要求各部节约粮弹，做较长时间的打算。石建中说：“我们在徐州只带一周的给养，弹药只有一个基数，现已耗完，只有与民争食。”刚说到此，杜聿明来电话说限二十分钟做好突围准备工作。我说：“一个兵团，又不是连、排，这么点时间怎么准备得好。杜老总与第二兵团已准备好，把我们甩在后面做掩护。要走，让他们先走，我们以后再讲。”不一会儿杜聿明又来电话说不走了，还是准备打。李说：“各人回去准备打，粮弹可按期空投。”散会不久，孙元良的指挥所移至李石林，李弥和我去看他，也没多说。过不多时，孙元良又悄悄离开李石林。黄昏时分，李石林西南角炮声隆隆，我派人去看，是第十六兵团在打完炮后破坏大炮，第二三七师孙进贤还要来四门一〇五毫米的大炮。接着孙兵团擅自经邱兵团阵地突围，结果全军覆灭，孙元良只身逃走。其他人不是被俘就是被打死。

孙兵团被歼，使未突围的部队士气深受影响，加上又缺粮弹，厌战情绪陡增。

---

① 据查，杜聿明是十二月三日接到蒋介石的手令才改变决心的。

六　调整部署垂死挣扎

孙元良兵团突围被歼后，杜聿明令第二兵团将青龙集阵地交第十三兵团，第十三兵团李石林阵地交第二兵团。为什么做此调整呢？因为第二兵团原来在前，攻占村子后可以搞到粮食吃。我们兵团老是挨打挨饿。我的指挥所原在李石林东南于庄，兵团部在李石林。解放军了解情况后，全面猛攻，据点多处被突破，第九军守备魏楼的团长孔志坚和第八军守备新马桥的团长杨京擅自撤退，于是请准李弥后，将两团长枪毙，以儆效尤。在这种情况下与第二兵团交换了阵地。

十日，李兵团部移驻青龙集，第八军军部移至李石林南贺庄[1]。十三日中午，解放军猛烈攻击李石林、东于庄与第二兵团接合部之第四十二师阵地，互相冲杀，伤亡惨重，该师师长石建中负重伤，由副师长伍子敬继续指挥。

李弥将第三十九师司元恺部拨归我指挥。该师守备于庄南、青龙集北之伍庄，受到解放军攻击。该师长亲自上前线督战，我又以重炮、坦克支援，伍庄才暂时未丢失。当日黄昏，解放军从南向北攻击伍庄，司元恺叫苦，要增加兵力。我令第二三七师副师长刘君立率一个团守备伍庄南的一个村庄，与解放军激战一夜，结果刘君立与该团被歼，阵地被解放军占领。我得此消息，非常惶恐，即对司元恺说："共军企图拿下伍庄。伍庄一失，我与青龙集的李弥就被切断而各个击破。"司元恺只得把他的预备队拿出来，并要我以各种炮火和战车支援。我请炮兵团团长×××（姓名忘记）、战车团团长赵志华一同研究，决定拂晓前攻击。在攻击时，我令军部副参谋长田兴翔率战车出击解放军侧背，由于解放军守兵不多，八点钟左右就退了。对此我很高兴，替司元恺报功，国防部电令发表他为第一一五军军长，指挥他原来的第三十九师和陈芳芝师。李弥令第九军第三师攻击青龙集南之某村，搞点粮食吃，也可回敬邱清泉对李弥兵团的嘲笑。于是集中弹药，选择官兵开始攻击。结果在解放军沉着勇敢的打击下，部队伤亡惨重，以失败告终。

---

① 袁剑飞说此时第八军司令部在夏四。

七 杜聿明决心顽抗到底

据第一七〇师师长杨绪钊报称，解放军阵地没有原来那么多人了，同时发现服装较差、颜色不一的民兵。我对他说："共军名堂多，神出鬼没，他们的阵地纵深大，可能把正规军调到后面，用民兵引诱我们突围，然后围而歼之。我们要加强戒备，随时准备作战。"

十五日①，李弥来电话，要我到青龙集兵团部去。到青龙集后，李把我引到地堡里，笑嘻嘻地给我两筒加力克香烟，又给我一封信。我打开一看，原来是陈毅司令员的劝降信。看完，李问我有何看法，我说："现在一无饭吃，二无弹药，怎样打仗呢？今天上午有人报告，说共军部队换成民兵，是否把野战部队调双堆集解决黄维去了呢？如果这样，我们应作何处置呢？"李说："黄维已经完了，你把部队的情况向杜老总报告，看他口气如何。"我就在电话里向杜聿明说及上述情况，杜聿明答复是："不管他（指解放军），我们加强工事，深沟高垒，坚守阵地，严密戒备，随时准备打。"我把杜说的话告诉李弥，他摇摇头又问我如何看法。我说："既然杜老总这样指示，现在只有如此办，等以后情况变化再说。"

八 杜聿明、董明德的放毒阴谋

十二月中旬，杜聿明偕空军总司令部作战署副署长董明德来青龙集李兵团司令部，召集第十三兵团师长以上军官开会。杜聿明说（大意）："总统很关心我们这些忠勇将士，为把我们救援出去，特派空军总部董副署长飞来，用飞机掩护突围。空军在共军上空，观察得清楚，并可用飞机的火力压制共军。只要把陆空联络信号规定好，便可以顺利突围。各级将领要掌握好部队，准备行动。"董明德把航空照相图挂起

① 这个日期有误。本段末说"黄维已经完了"，前进指挥部是十六日才获悉黄维兵团被歼。

来，指出解放军构成包围的工事堑壕纵深最大的是东、南、北三面，西面较为薄弱。这时杜插话说："按照共军包围的形势，我们决定向西突围。"董强调："突围那天要来飞机一百架次以上，在共军阵地上普遍投甲种弹（窒息性）和乙种弹（催泪性）[①]。陆军先头搜查队戴防毒面具，在前面搜索，抬着布板（一种联络信号）前进。若地面上还有共军阻击的话，就打三颗红色信号弹，飞机便投弹；若将共军消灭了，就放三颗绿色信号弹继续前进。这样你们就可突围去了。"李弥问："首先要投足粮弹，还要准备防毒面具用以练习，这样需多少时间呢？"杜答："用飞机运送防毒面具，再投三天粮弹，加上准备时间，一个星期差不多。"会后，杜聿明与董明德、李弥、黄淑、司元恺和我合影留念。

这次会议是在绝对保密的情况下召开的。会前，李弥派一个副官将开会人员的卫士全部安置到另外地方休息，任何人不准接近会场。可是会后不久解放军电台便揭露了国民党军违背国际公法、企图使用毒气弹的罪恶阴谋。

九 强装镇静祈求神灵

突围前李弥还跑到杜聿明那里要了一个军的番号——第六十四军，成立了一个军的空架子。调第九军副军长李荩宣为军长，兵团部参谋长吴家钰等为师长、副师长、正副团长、正副营长等，梦想逃出补实、扩充实力。

解放军强大的政治攻势，使国民党军整连整排地投向解放军。李弥为制止这种情况发生，集合第八、九、一一五各军的部分官兵讲话。他说（大意），各位同生死、共患难的弟兄们，你们忍饥受寒已经一个多星期了。这叫忍人之所不能忍，为人之所不能为。只有大智大勇的人才能做得到。现在补给虽然很少，但是吃得苦中苦，方为人上人。只要把这厄运挨过，你们的事业将来一定可以成功。"天生人，必养人"，总有一天命运会好转的。大家求老天爷不下雨，不下雪，多晴几天，空投就多些，吃饱了肚子就好办。有人如果实在受不

① 当时前进指挥部下命令时，只说由空军投掷甲种弹，甲种弹是窒息性毒气弹的代号。

了，要投共军，我绝不阻拦。但希望不要带武器走，将来还要见面的。以后你们回来，我们欢迎。

十　全军被歼

一九四九年元月八日黄昏，李弥由杜聿明那里回来，在兵团部召集军长传达指示："明天清晨，每一个军长选最好的一个团带到西边张庙堂准备突围，其余部队由军长指定一个师长负责指挥。"到九日凌晨，部队向西运动，被解放军发觉并集中炮火轰击。到了黄昏，鲁菜园的第一一五军军长司元恺便支持不住了，朱楼的第二三七师师长孙进贤跑到我的指挥所说："朱楼已被共军占领，南边第七十二军余锦源那边也开了缺口，我们已处在腹背受敌的境地了。"接着，第四十二师伍子敬向我报告情况紧张。我说："马上派输送团支援你们。"他说："不要来了。"我说："你看着办吧！"（后来知道伍子敬率部向解放军投诚了）不久，我的指挥机构全部被炮火打乱而失灵，只好率副官、参谋、第二三七师师长孙进贤、视察官龚厚斋、参谋长袁剑飞、副参谋长田兴翔等人向西逃，准备找杜聿明、李弥他们说明情况再做处置。不料行至中途，有人向我们射击，我的随从副官郑一峰错认为是我军第七十二军，就高喊："军长在这里，不要打枪！"但枪声不但不停止，反而更加密集。这时才知道打枪的是解放军。这时我想起陈毅司令员的劝降信，就派副官郑一峰去与解放军接头商洽投诚事宜。过了一会儿，郑一峰带来了一些解放军，其中有一位是伍排长。我将手中三寸白朗宁小手枪交给伍排长，并说："向你们投降。"同时叫卫士排将"四五"口径的冲锋枪放下，交给解放军，其余人员也放下武器。伍排长说："放下武器，就是朋友。"第二三七师师长孙进贤偷空跑走。视察官龚厚斋借解手之名妄图逃走，结果被民兵查出送回。我步行不远，解放军就给我马骑。抵团部休息后，又到一个地方，可能是纵队司令部。政治部张主任（浙江人）和陈副主任（武汉人）还有一位首长（职称姓名不详）以礼相待，并谈了对淮海战役的看法，请我吃了面条。张主任说要我学习一个时期后，参加国家经济建设。

李弥兵团被歼记

袁剑飞*

一 徐东作战

（一九四八年十一月七日至二十二日）

李弥兵团自一九四八年九月北调徐州，先后机动于徐州外围，西出丰县，东至八义集、碾庄圩地区，为时经月。十一月上旬徐州“剿总”令邱、李两兵团以一部掩护黄百韬兵团西撤。李弥根据“剿总”命令，令当时尚在碾庄圩附近的第九军第三师（师长周藩）一部于马头镇附近占领阵地，对郯城方向警戒，掩护黄兵团北侧的安全，待黄兵团的第二十五军到达接替后归建。据第九军副军长李荩宣事后谈及，可能是周藩当时不敢以一部单独执行任务，只好以全师于官湖地区担任掩护。适何基沣、张克侠在贾汪起义，解放军沿运河迅速插下，主力指向黄兵团，一部与第三师接触，周率部仓皇西撤。在通过运河桥时，十万国民党军麇集抢渡。此时解放军以极少数兵力在桥头进行阻击，国民党军大乱，周师主力溃散。周藩本人则只身搭车西逃徐州。其所属第八团（系第三师的主力团，由前荣誉第一师拨入）在八义集附近的下庄宿营，团长彭剑明疏于戒备，夜半突被解放军包围，天明全团被歼。周藩此行，未经激烈战斗，全师兵力就损失了一半。

何基沣、张克侠率第三绥靖区部队起义之后，李弥兵团奉命迅速撤至徐州东郊担任徐东地区守备任务。十一月十一日接到“剿总”命令，要旨如下。

（一）华东共军主力在徐东运河附近地区与黄兵团激战中。

---

* 作者当时系国民党第十三兵团第八军第一二五团团长，第八军少将参谋长。

（二）为解黄兵团之围，以邱、李两兵团向徐东地区华东野战军进行攻击，击破当面之敌，解黄兵团之围。

（三）李兵团应以一个师沿不老河、主力沿铁道以北、苑山以东地区，进攻当面之敌。

作战地境线：陇海铁路线属李兵团，铁路（不含）以南属邱兵团。

（四）战车第一团协同李兵团作战。

李弥根据“剿总”命令，做出如下处置。

（一）本兵团为击破徐东当面之敌，决以一个军的主力担任攻击任务，于十一月十二日展开于安子村以西、南北之线，向碾庄圩方向攻击。

（二）以第八军主力第四十二师担任主攻任务，右翼与邱兵团第五军联系，于十一月十二日展开于铁路以北的安子村以西、南北之线，沿徐海公路两侧地区攻击前进。

（三）以第九军第一六六师担任助攻，联系第八军于十一月十二日展开于胡庄附近地区，对当面解放军阵地攻击，并以一部在不老河南岸占领掩护阵地，掩护兵团左侧背的安全。

（四）以第八军第一七〇师占领荆山桥以东沿不老河南岸阵地，对不老河北岸严密警戒。

（五）战车队、炮兵队以协同主攻方面的作战为主。

（六）兵团其他各部为第二线部队，并任徐州东郊守备任务。

（七）兵团部位于第二十四师后方医院内。

解围作战，自十一月十三日开始至二十二日结束，为时十天。李弥兵团先后投入了三个师，其中第四十二、一六六师均系兵团的基干部队。在付出了重大代价之后，先后攻占了马山、大庙、麻谷子以及大小塔山等处及其附近地区，进展的纵深十余公里。由于受到了解放军的顽强阻击，攻击任务相当艰巨，进展极为迟缓。最后由于黄兵团全部被歼，解围作战结束。

以下是我当时指挥的第一二五团全部战斗经过。

（一）十一月十三日安子村战斗

安子村战斗是徐东作战中第一二五团受命攻坚的第一个目标。安子村位于团山之麓，紧跨徐海公路，庄子不大。我以第一、二两营为第一线，第三营为预备队，于十一月十三日上午开始攻击，直到晚八时才接近村子边缘。午夜以后，发现解放军已经转移，我才率部进村。由于搜索不严，在马山北侧鞍部解放军还留置了一挺轻机枪，一时我竟未能发觉。十四日清晨，师长石建中驱车过此，原拟指挥部队继续攻击前进，不料突被这一机枪火力所阻，部队行动为之迟滞了数小时。九时许，我以一个加强连的兵力助攻，策应第一二四团对马山解放军警戒部队的攻击，未遭重大抵抗，十二时战斗结束。

（二）十一月十四日侯庄战斗

十四日下午第一二五团担任对马山以南、安子村以东位于公路南侧的侯庄进攻。这是个不过三十来户人家的庄子。判断解放军约有一个加强连（至多也不会超过两个连）的兵力。我以第一、三两营为第一线，第二营为预备队，下午一时开始进攻，遭到了解放军的顽强抵抗。恰巧这一天杜聿明率参谋长舒适存到团山指挥所亲自督战，第十三兵团司令官李弥、第八军副军长周开成及第九军副军长李荩宣等均在前线指挥。解放军的远程炮火都落到团山指挥所附近及师炮兵阵地，一时尘土飞扬，炸声震耳，第四十二师副师长李彬甫、炮兵连连长×××均受伤。为了邀功，我把手中仅有的一点预备队也投入了战斗，作孤注一掷，并严令第一线猛攻急进。周开成企图在日落前占领侯庄，好向杜聿明“报捷”，除加强炮火支援外，并派来一个战车营协同战斗。我乃重新组织火力，在战、炮优势火力支援下，将侯庄变成了火海。部队在黄昏时攻进了庄子，但解放军已安全转移了。侯庄战斗伤亡了连长王尚志等官兵百余人。据当时在团山指挥所的周藩目睹，这一天第一线的攻击，除我部占领了侯庄外，全线都无进展。

（三）十一月十五日至十七日太平庄战斗

十日，第一二五、一二六团合力攻占了比侯庄小的庄子——小陈庄，是在解放军部队撤走后进占的。由于情况不明，联络不好，为了争功，两团还相互火拼了一阵。

十五日下午，副军长周开成曾问我是否有把握对太平庄进行攻击。我对这个村解放军的情况完全不了解，但却盲目回答“可以”。黄昏时分，我派第四连作威力搜索，解放军猝然发动逆袭。第四连措手不及，有一个排被解放军消灭，全连也被迫在解放军阵地前（太平庄西南角）的外沿匍匐着，一直挨到天明，经我以小部队掩护才撤退下来。此举使部队进攻又迟滞了半天。

十五日，师长石建中到第一线观察，看到村庄纵深大，一个团攻击没有把握，决心组织全师进攻。他一面命步兵炮直接推进到太平庄南边的另一个庄子内，对解放军阵地进行炮击，一面命第一线部队白天在阵地前监视侦察，晚上则进行掘壕作攻击迫近作业。经过两天的攻击准备，第四十二师于十七日开始对太平庄阵地发起进攻。以第一二四团由太平庄的西北角、第一二五团由太平庄的西南角，同时攻击前进。在有战车一营和榴弹炮的配合下，经过一整天的战斗，最后终于在付出了重大代价（我团阵亡了两个连长，伤亡了官兵数百）的情况下，才在黄昏时分占领了太平庄。

太平庄攻占，李弥、周开成以第一二五团参加攻坚战斗为时一周。战斗兵员损失已达三分之一以上，亟待休整，就将我团从火线上撤下来调为军的预备队，转移至大庙以东的军部和兵团部指挥所附近休整。

（四）十一月十九日至二十一日麻谷子战斗

在第八军主力第四十二师正面攻坚的一周过程中，兵团司令官李弥、第八军副军长周开成等深深感到这种逐庄争夺战斗牺牲既大，进展又慢，乃决心以第一七〇师往右翼侧迂回攻击，先略取了姚庄警戒阵地。十九日开始进攻纵深阵地据点之一麻谷子。

麻谷子位于火神庙以南，是个跨在公路上的有百余户人家的较大庄子。麻谷子的地形和解放军在麻谷子的阵地设置及其兵力部署概况是这样的：麻谷子周围有围墙，西北角地形复杂，墙外有潜伏堡，墙根挖有散兵掩体。村子西、南两面有一条小河围绕着，形成了水外壕，壕外有一道鹿寨。村中有一条深水沟，把村分成南北两半，公路从中穿过。村北围墙边有三个大水塘，形成了一个天然障碍。东北方面没有工事，但后方有交通壕通火神庙。判断解放军系以一个连的少数兵力，利用地形及工事之利扼守西、南两面，另以主力控制于东北地区作为增援及逆袭之用。

杨师对麻谷子解放军阵地进行了连续三天两夜的攻击。第一天（十九日）杨绪钊以第五〇九团（团长姚轻耘）沿公路两侧向麻谷子进攻，战斗了一昼夜，姚团伤亡二百五六十人，一筹莫展。第二天（二十日）杨绪钊以他的基干部队第五〇八团（团长庞铮）从西北角利用复杂地形进行攻击，但受到了解放军炽烈火力的阻击，庞团受到了严重损失。解放军并以一部从东向西逆袭至小王庄附近，庞团惨败，两个营长负伤，全团被歼过半，死伤战斗兵员在五百人以上。在庞团攻击受挫和解放军反击时，杨绪钊令姚团一部协力攻击，但士兵进到鹿砦跟前再也不肯下壕冲击，又死伤了四五十人。晚上又令姚团全团出击，团、营长都来到第一线督战，逼着士兵硬冲鹿寨，爬外壕。无奈士兵不肯冲上围墙，伤亡三百余人，终未能攻下麻谷子。

杨师连续两天两夜的攻击，损失了战斗兵员一千多人。李弥、周开成归咎于杨绪钊的指挥无方，又以该师锐气尽挫，战力大伤，势难继续独立进攻，于是决定改由第四十二师师长石建中指挥第四十二师第一二五团及第一七〇师第五〇九团，在空军、战车的直接协同支援下，重新组织对麻谷子的进攻。

二十日晚上，周开成将杨师麻谷子受挫严重的情况告我，并说明当时李弥和他本人不得不再次使用第一二五团进攻麻谷子的苦衷和决心。于是我只好带着第一二五团残部，当晚午夜出发，二十一日拂晓前到达麻谷子西的小王庄公路堤埂附近，占领攻击准备位置。在石建中的指挥下，姚团从西南角，我率第一二五团从西北角，向麻谷子发起进攻。这时解放军围歼黄百韬兵团已接近尾声。当国民党空军、战车参加战斗之际，麻谷子的解放军主动向火神庙转移，但人数并不多，判断其主力可能在拂晓前撤走。当我发现解放军已撤退时，就以为是解放军“溃退”，当即指挥第一二五团之一部占领麻谷子西北部，以主力在战车、炮兵协同下实行“追击”，企图一举攻占火神庙。解放军利用火神庙的既设阵地，进行坚强阻击。我害怕受到损失，在第一线到达火神庙东南侧附近未有进展时，也就悄悄地收兵了。

攻下麻谷子不久，兵团司令官李弥带着欣慰的神情，来到了麻谷子。李在阵地边巡视并当面交代，本日下午对火神庙解放军做攻击准备，进行攻击近迫作业挖对壕等，明天二十三日，继续对火神庙阵地攻击。

（五）十一月二十二日火神庙战斗

二十一日下午，我做了对火神庙的攻击准备，次日拂晓展开了攻击战斗。火神庙有前后两个庄子，称为前火神庙、后火神庙。这一天，第一二四团从西向东，第一二五团从南向北，分别进攻这两个庄子。步兵前进比较顺利，炮兵支援也很卖劲，但当部队接近鹿砦时，又为围墙根前的潜伏堡火力所阻，部队无法前进，几度突击均告顿挫。第一二四团方面也是如此。全师攻击竟日，都未奏效。入夜，只好由第一线派出少数部队担任警戒，彻夜保持与解放军接触。待解放军午夜撤走，翌晨（十一月二十三日）我探悉后率部占领火神庙时，仅有解放军的少数部队尚在前村掩护其主力后尾沿东北公路撤退。我当即指挥步兵机、炮射击，但已无济于事。而后了解，黄百韬兵团已于昨（二十二日）晚全部被歼。

东来的败兵带来了"黄兵团全部被歼"的噩耗。此时第八军指挥所已推进到火神庙附近，首先收容的是只身逃回的黄兵团第一〇〇军军长周志道。周着士兵服，面色苍白，行动狼狈，见着周开成就沮丧地嚷着："整个都垮了！"后由周开成以小吉普车送他去徐州。后又收容到黄兵团的第二十五军军长陈士章，据他说黄百韬也逃出来了。周开成又应陈士章的要求，派了三辆战车，随陈一道向东寻找黄百韬，却不知黄百韬这时已经在解放军重重包围的情况下战死了。

徐东会战，以黄百韬兵团全部被歼和邱、李两兵团解围失败而告终。李弥兵团在"掩护转移"与"攻坚战斗"两个阶段所受损失主要有：副师长李彬甫受伤；第九军损失兵员五六千人，其中仅第三师在掩护转移中被歼五千余人；第八军损失兵员三千余人。全兵团合计损失兵员近万人。以人数论，占全兵团六分之一，但就战斗力而论，则主力损失约三分之一，其中以原"荣誉师"的"精华"（即第八、一二四、一二五团）损失最惨。

二 徐西窜逃

（一九四八年十一月二十九日至十二月十日）

十一月二十二日邱、李两兵团解围失败，黄百韬兵团全部被歼后，解放军为歼灭黄维兵团急速向津浦线宿县附近地区集中，并为阻击"剿总"主力进行新的部署。此时"剿总"为了打通津浦路并与黄维兵团会师，以孙元良、邱清泉两兵团南下，企图利用外线作战的有利态势，与黄维兵团南北夹击，合歼当面解放军的主力于宿县附近地区。可是由于国民党军内部矛盾重重，互相观望，特别是通过徐东作战的教训，慑于解放军的强大威力，各兵团都不肯作真面目的进攻。据邱兵团参谋长李汉萍事后说，当时邱兵团对"剿总"这一任务，仅派邓军林率第九十六师去应付一番，就是由于邱清泉害怕其主力再度受损失之故。在这种情势下，"剿总"的"南北夹击"计划终于破产，而徐州各军也从此陷于孤立被动之势。杜聿明最后不得不采取"放弃徐州率部西逃"一策，企图转移兵力于蒙城淮河之线，争取主动作战，避免被歼命运。

此时徐州已完全陷于混乱状态中。尽管国民党军政当局为掩饰败绩，自欺欺人，鸣放鞭炮，扮演所谓“庆祝徐东大捷”的游行闹剧，报刊还虚构新闻印发“号外”，但“黄百韬被击毙了”“七兵团全军覆灭了”“津浦线被切断了”……一连串惊人的消息，却不胫而走，到处风传。刘峙眼见大事不好，匆匆溜到蚌埠遥控指挥。李弥兵团则集中在徐州城隅，担任徐州守备任务。此时态势如下：

兵团及第八军军部及直属部队，位于第二十四师后方医院内及其附近地区。第八军第一七〇师位于云龙山，第二三七师位于新飞机场，第四十二师位于大庙附近地区。第九军军部位于城内“伤兵招待所”，第一六六师位于老飞机场，第二五三师位于东城边，第三师位于九里山以西，通往萧县的公路附近。

此时归兵团指挥，而后编入建制的司元恺第三十九师，担任九里山的守备。

十一月二十九日晚[①]，李弥在兵团部召集所属各军、师长、参谋长开作战会议，传达了蒋介石放弃徐州的意图以及杜聿明部署向永城方向转移的命令要旨：

（一）“剿总”于十二月一日开始从徐州向永城方向撤退。

（二）总部及其直属部队、第二兵团沿萧永公路向永城方向撤退；第十六兵团及第十三兵团沿萧永公路以北地区向薛家湖方向撤退。

（三）在行动前，先遣第十三兵团的一个师占领萧县附近阵地，掩护徐州军主力通过后归建。

李弥并据此下达了有关第十三兵团的行动命令，概要如下：

（一）兵团基于“剿总”命令，决心于十二月一日以两个纵队在第十六兵团之后沿红庙以北王白楼、薛家湖之线，向薛家湖方向撤退。

（二）兵团主力（兵团部及其直属部队，第八军主力及总部配属的炮兵团、工兵团等）为左纵队，沿红庙以北向王白楼、薛家湖方向撤退。

（三）第九军之一部及独立旅为右纵队，由第九军副军长李荩宣统一指挥，在兵团主力纵队行进路线的以北地区向薛家湖方向撤退。

（四）在兵团行动前，第九军以一部（第三师两个团，第一六六师两个团）于十一月二十九日先行占领萧县附近阵地，掩护徐州主力军及本

① 黄淑等说是二十九日午。

兵团主力通过后，沿兵团主力纵队的行进路线归建。

（五）配属兵团的战车及其他汽车车辆部队沿萧永公路前进。

（六）有关补给事项的规定：各部队携带粮秣给养四日，弹药带一个基数，汽车满载。凡携带不了的粮弹器材装备物资等，一律予以破坏。

李弥要求各军以迅速脱离和解放军的接触为首要着眼点，不应受徐州主力行动的牵制和影响。要求三天之内越过解放军的先头部队，第一步到达薛家湖。因此必须轻装快行。李弥还向李荩宣说："不要携带无线电。机动灵活地紧随第十六兵团之后行动，一有情况就向第十六兵团靠拢。如有可能，无须顾及行军序列，可以超越该兵团。"后来李荩宣果然率部最先到达了薛家湖。而兵团副司令官陈冰、第二三七师师长孙进贤也率一部分部队很快地到达了同一地点。

此外，李弥在会议上还口头宣布了一批团长以上的主要人事命令，如升调第九军的团长陈志刚、刘君立和第八军的团长伍子敬等人为副师长，还有其他一些人随之递升团长。

十一月三十日，徐州国民党军开始撤退①。城内城外，火光浓烟冲天，爆炸响声不绝。各部队除根据李弥命令完成了逃跑前的一切准备工作之外，同时还进行了一系列的破坏活动。

（一）破坏弹粮仓库：三十日晨，我指挥军部军械科科长马剑生率部将军部所在地（徐州军医院内）的弹粮仓库保存的步枪弹数十万发和不少的迫击炮弹，埋在院内空地下面。粮食（面粉）除由军部汽车装载一部分外，余均弃置于院内，估计所毁不下十万斤。

（二）破坏器材仓库：随第八军行动的装甲兵第一团，原驻在军部对面徐海公路南侧的营房内。西逃时曾将携带不了的器材装备烧毁一空，估计所毁当在一二十吨以上。

（三）破坏火车：周开成直接命令某直属队（可能是工兵营）对徐州东沿的机车车辆予以破坏（我西逃经过车站时曾目睹此事）。

此外，兵团部、军部所在地的医院，收容有重伤病兵百余，院方人员早已逃走，所遗伤兵无医无食，断炊经日。李弥、周开成和我在三十日西逃前曾到过病院看望，目睹此状，只好弃置不顾。

李弥于十一月三十日下午二时许从徐州乘车西逃。我和军长周开

① 据查，前进指挥部的命令是三十日晚，第十三兵团主力应为十二月一日晚撤退。

成、副参谋长田兴翔及视察官龚厚斋率必要人员在黄昏时分开始行动。当晚宿红庙附近。次日下午三时左右，估计已离徐州近百里。这时李弥对我们说："危险区还没有过，还要走一天，过了薛家湖才能出险到安全界。"他在途中还说，"不要同他们（指杜、邱）主力兵团粘在一起。兵团越大越不易行动，黏着主力兵团，一有情况大家就会牵连着走不了。"所以西逃两天来，李弥带着部队一股劲儿地走，一直不同杜聿明联络。他曾对李荩宣说："如果他们（指杜、邱等）没冲出去，我们冲出去了，那我们就成功了。"太阳偏西，我们到达王白楼以东、孟集以北十余里处的某村时，无意中在地面上发现了一根电话线，不知是哪儿来的。李弥叫通信营赵排长接上电话机，接通后发现地面电话线是总部敷设的，可直达杜聿明，李只好同杜通话。杜首先责备李从徐州撤退的两天来，未和总部联络，以致对第十三兵团的情况完全不了解。李带笑支吾了一阵，说是途中曾用无线电联络，没联络上。杜又说李没有遵照他的书面命令行动，李答从未收到此项命令。原来命令交给兵团参谋长吴家钰，此时吴尚在萧县第九军军部，故李不知。最后杜指示李弥："部队暂在前面不远的地区宿营待命。总统（指蒋介石）空投了命令，另有新的指示，着急派人到总部指挥所受领书面命令。"李当即派我到总部受命。当日黄昏时候，我随着孙元良的车去"剿总"指挥所受命。到达指挥所后见办公室内只有杜聿明和他的参谋长舒适存及第三处处长邓锡洸三个人。杜聿明向我传达了蒋介石的命令要旨，就我记忆所及，大致有以下几点：

（一）据空军侦察报告，集中在宿县、夹沟、濉溪口间的共军主力首先南下，后又北向，似有"逃窜"模样；

（二）北上兵团已兼程前进中；

（三）命令杜聿明所部应就地停止西撤，乘共军分离之际，寻其主力击破而歼灭之[①]。

等到晚上八点多钟，杜聿明还是下不了决心，最后打电话找邱清泉来商量。邱素来骄傲狂妄，他一来就大言不惭地说，他可以"包打"。"剿总"所部是以邱兵团为主力的，也是杜的基本力量。杜对邱不免有几分迁就，生怕同他闹翻。更重要的是，如不改逃求战，就会遭到蒋介石的责骂和处分。晚九时许，杜终于下定决心，就地停止待命，准备同解放军

---

① 据当时在座的主要幕僚回忆，袁剑飞是十二月一日黄昏到王白楼指挥部的，但他所说的杜聿明向他传达的命令内容的（一）（二）项则是十二月三日的情况，而第（三）项及以后邱清泉来到的情况则系十二月一日杜聿明下的决心。

作战，并令第十三兵团在王白楼附近待命。

十二月三日，李兵团主力于王白楼附近地区待命。此时第二三七师师长孙进贤、第九军副军长李荩宣、兵团副司令官陈冰等人已率一部抵薛家湖，李弥令其于明日回到李石林附近。在萧县担任掩护撤退任务的第九军一部正在归建途中，其先头部队第四十二师（欠第一二四团，附第七〇九团）、第三师第九团已于三日晚进抵张寿楼、张小阁子附近地区。在同兵团部取得有线联络后，周开成和我曾同第四十二师通过电话。但次日拂晓，第四十二师突破解放军包围。师长石建中原拟于四日晚冲击，而李弥则坚令其于四日白昼突围。当时李弥对情况的判断是：

（一）在火力上，国民党军有优势的战车、炮兵、空军的协同作战，足以压制解放军以掩护第四十二师突围，如延至晚上突围，则难以发挥战车、炮兵、空军协同火力的掩护作用。

（二）在时间上，该师被围不久，解放军的工事，火力配备较为薄弱，易于突破。如延至晚上解放军的工事将得到加强并能发挥其夜战的长处，于我不利。

（三）在指挥官的意图上，李弥基于新的情况和任务，为准备进行新的会战，要求迅速掌握部队力量，该师白昼突围是必要的。为此，李决心令该师白昼突围。

李弥根据以上判断做出如下部署：

（一）令军长周开成和我以无线电话命令第四十二师师长石建中预期完成白昼突围的各项准备事宜，候令突围实施；

（二）由副司令官赵季平通知空军届时派飞机掩护，并以装甲兵团一个营参加战斗；

（三）李弥、周开成指挥榴弹炮以火力支援突围战斗；

（四）地面部队的掩护，着萧县归建已达张小阁子的第三师第九团及已撤到×村之第二三七师第七一〇团，分别于突围地区的正面之北、南两翼侧以火力掩护第四十二师突围。

该师突围准备工作完成及兵团部方面支援突围的兵力、火力组织就绪后，李弥令该师于下午二时开始突围。国民党军战车不敢冲击解放军，只是远离包围圈作火力支援。空军配合更差，投弹数枚，一飞了事。加上突围部队本身士气低落，不敢冲击，有的壕内待俘，有的各自逃命，有的未经战斗即束手就擒。因此第四十二师的突围受到了解放军歼灭性的打击。突围部队及掩护部队之一部遭到严重损失，其中第四十二师参谋长刘之正重伤，当晚在李石林死去，据说参谋主任袁子坚阵亡，副官主任杨明德受伤，该师师直及第一二五团几遭全歼。第一二五团西逃时尚有千人，此次突围出来的仅百余人。自副团长吴立家和营长刘强、吴平东以下官兵多人，均未能突出。配属该师的第二三七师第七〇九团全部被歼，团长陈载经被俘；第三师第九团全部被歼，团长刘鹤重伤，生死不明。以上两团突围出来的仅三十余人而已。整个突围战斗，李弥兵团共损失了三个半团的兵力。

李兵团的基干部队在徐东作战及张寿楼突围中损失严重，此时在李石林外围占领阵地的部队，都是本年度夏秋之间甚至是淮海会战前仓促拼凑组成的，战斗力很差。在而后的李石林外围阻击战中又接连丢失阵地，蒙受重大伤亡：

第五一〇团马桥阵地失守；

第七五九团的魏楼一角战斗，勉强支持了一天，损失近三分之一；

第三师第八团在王庄被击溃，团长翁羽负伤，所余零星仅百余人；

在李土楼刚刚休整由王洪九旅拨补两团兵力的第四十二师又被迫应战，再一次受到了打击；

主力团之一的第一二四团受到了沉重打击。

新列入兵团建制的第三十九师一个团，在魏楼南×村顽抗数日，李弥就保其师长司元恺为第一一五军军长。

第七十团守魏楼两昼夜，勉强维持住阵地，军长周开成就一再嘉奖团长杨荣升，并升为副师长。

第七一一团守伍庄，顽抗了两昼夜，第三晚更为紧张，周开成一面嘉奖该团团长岑政仁要其咬紧牙关压住阵脚，又派副师长刘君立来往督战指挥，一面派新编成的第七〇九团驰援。该团团长张锡进慑于解放军的威力，迟迟不敢前进。后虽被迫前往，却始终停留在村外堤后，不肯接近村头。岑团无力继续抵抗，受到解放军的顽强冲击，迄天明前，自副师长刘君立、团长岑政仁以下全部被歼。

李弥兵团在徐州西逃以来的一旬中，先后丢掉了马桥、王庄、李土楼、魏楼、伍庄等一连串的外围据点，损失了不下八个团的兵力。其中被全歼的有第一二四、一二五、五〇九等团及新编的第八团；部分被歼的有第七一〇、七五九、四九七、四九八等团以及其他单位。指挥人员被击毙和失踪的，有副师长刘君立，师参谋长刘之正，团长陈贵亭、刘鹤、岑政仁；被俘的有团长陈载经；受伤的有师长石建中，团长姚轻耘、翁羽。尽管当时国民党军在火力上拥有空军、战车、炮兵的优势，但在战斗中却形成了冲不出（如张寿楼突围）、守不住（如魏楼）、攻不动（如马桥阵地恢复无功）、援不到（如张锡进团之于伍庄）处处吃败仗的严重局面。有的团长竟敢违抗军令，任意丢掉阵地临阵脱逃（如杨京、孔志坚），也有的团长不遵命令坐视友军被歼而不肯支援（如张锡进）。李弥为了整顿军纪，挽救其颓势，把弃守马桥、魏楼两处阵地的团长杨京、孔志坚先后枪杀于孔楼村头。

三 青龙集被歼

（一九四八年十二月十日至一九四九年一月七日）

十二月十日，李石林地区外围阵地多告失守。李弥为了避免单独突出挨打的不利态势，并为而后出击及部队觅食之便，唆使周开成借向杜聿明报告情况之机，发了一顿牢骚："邱兵团在前面不打，李兵团在后头光挨打；邱兵团在前面粮食吃不完，有所谓'四马路'，'一两黄金一碗米'的说法，李兵团在后头光挨饿……"这就迫使杜聿明不得不重新调整部署，由李兵团接替邱兵团第七十二军阵地，与邱兵团并肩作战。

十二月十五日，兵团部及第九军放弃李石林，转移至青龙集及其以南附近地区：兵团部、第九军军部及第一六六师在青龙集；第二五三师在赵庄、李庄；第三师在王庄、朱庄；第八军以夏凹为中心，右翼联系青龙集（不含），自张凹、邱庄，左至孔楼之线。军部及第二三七师于十二月十日进驻夏凹，第一七〇师在×庄、孔楼之线。第四十二师在邱庄、张凹之线。后来隶属于第一一五军的第三十九师，原来就在夏凹，与第二三七师分驻东西两头。

兵团部在邱兵团进攻鲁楼的同时（十二月十六日），曾以第九军向南进攻解放军据点。首先第二五三师郭振江团攻击青龙集东南六七百米处的义庄，集中了战车、炮兵的优势火力，未能攻下。又以第一六六师王德然团袭击青龙集正南约五公里处的×村，虽侥幸占领，但因整个战线并无任何进展，李被迫采取"固守顽抗、相机行动"的策略，令各部队加强阵地的工事构筑，与解放军阵地对峙，除偶有炮击小接触外，很少战斗。这种局面一直维持到一九四九年一月六日向西转移和全军覆没的前夕。在包围圈里的一个月，国民党军由于绝粮厌战，完全陷入瘫痪状态。

十二月十八日，杜聿明派其参谋长舒适存飞往南京面见蒋介石。舒于十九日归来。蒋介石还派空军总部作战署副署长董明德到被围的陈官庄和杜聿明研究、部署陆空协同放毒掩护突围计划，次日杜偕董到青龙集李弥兵团部召集第十三兵团的军师长开会。杜、董做了关于陆空协同放毒掩护突围的作战计划和部署。二十日后，连降大雪，空投无望，直到二十九日才放晴。舒适存、董明德见势不妙，就溜往南京。据李苠宣说，一月九日突围时李弥曾下令投过毒气弹，而在第一线的周藩、王青云则说未投，究竟如何不得而知[①]。

四 陈官庄就歼

（一九四九年一月七日至十日）

一九四九年一月六日上午，解放军发动了攻势。李弥根据杜聿明的指示，下达了李兵团准备突围、转移阵地的部署和作战命令。大意是：

（一）前进指挥部决定：各部以密集纵队的态势，利用空军投放毒气弹为陆军突围开路，并在空军火力掩护下，逐次对共军作集团冲击，以突破共军的包围。突围行动指导要领是：由两兵团齐头并进进行攻击[②]。邱兵团第一日由第七十四军担任攻击。

（二）第十三兵团七日转移阵地，八日做攻击准备，九日开始突围。各军编成突击队攻击前进时，第一日由第九军、第二日由第六十四军[③]、第三日由第八军、第四日由第一一五军担任攻击任务，轮番攻击互相掩护前进。

（三）为准备攻击，调整部署如下：七日晚开始行动，转移到新位置。第八军驻罗庄、车庄附近，军部在罗庄，第四十二师在崔庄，第一七〇师在朱小庄，第二三七师在牛村；第一一五军第三十九师在鲁菜园，第一八〇师在李庄；第九、六十四军及兵团部驻空投场、李庄附近。

七日黄昏，李兵团各部开始向西转移。事前通知各部队在转移时尽

① 据当时负责对空联络的高健统说，当时空军投的毒气弹没有爆炸，因此地面部队没有发现解放军有中毒现象。

② 前进指挥部当时的计划是两个集团并肩突围，但黄淑则说是第一日由第二兵团突围，第二日由第十三兵团突围，见本书黄文。

③ 此军系新建部队。

量携带构筑工事的材料，第八军方面由我指挥工兵排将军部指挥所掩蔽部拆毁，将房子的大梁抬走。军部约在晚十时到达罗庄、李庄附近。村庄已全部被毁，无可利用。军部指挥所只好暂设在罗庄南的一条土堤附近，一面命令工兵构筑掩蔽部，一面令通信兵向各方面联络。

八日，就地构筑工事，加强厚度，并与邻军联系。此时陈芳芝部在军部西侧占领阵地，军属车辆及伤病员均麇集在车庄附近。这一天未受到解放军的攻击。

九日，空军的飞机来了，但数量不多，无济于事。邱兵团担任攻击任务的第七十四军连攻不动。李兵团的第九军攻击也陷于同样情况。李弥跺脚大骂部队无用，甚至亲冒弹雨指挥督战。他还叫嚣放毒气弹，但无助于挽救败局。

第八军第四十二师在崔庄被围，师长伍子敬指挥所部顽抗，一时战况极为激烈，曾要求军部支援。未几，电讯联络断绝，该师情况陷于不明状态。事后听该师第一二五团团长陈纯武说，该师战斗到下午，就通过师参谋长盛钟泰同解放军接洽，全师投降。

九日，第二三七、一七〇师均受到解放军的猛烈攻击。第二三七师师长孙进贤率参谋主任罗学万逃到军部指挥所。此时由于罗庄、车庄正北方面的阵地陷落，解放军乘胜追击，败兵纷纷向罗庄、车庄土堤一带溃逃。军部危如累卵，不仅北面屏障尽撤，东侧解放军也占领了东南一带高地，密集炮火已集中于罗庄、车庄间地区，军部指挥所腹背受攻。九日下午三时许，军指挥所已完全瘫痪，连掩蔽部间的联络都成了问题，少校副官杨璞就在门首被炮火击毙。周开成同孙进贤和我研究了当前情况，决定晚餐后逃向陈官庄附近，找到李弥，联络残部，再作道理。

晚餐后，我们向陈官庄方向大致走了几百米，忽然发现西头有一小股武装，一挺机枪枪口向我方警戒着。他们叫我们派人去联系。这里本是陈芳芝部的阵地，我们还以为是“友军”在警戒，当即停下来派卫士排长郑一峰去联系。不一会儿郑向我们招手，我们满以为是说通了，于是就拥簇着军长周开成毫无戒备地走去。这时掉在后头的孙进贤、罗学万等可能看出了什么“苗头”，悄悄地溜了。到“友军”面前，我们都愣住了，原来不是什么“友军”，而是解放军。卫士排长一看到周开成到了，就说：“这是我们的军长。”那人笑着说：“军长来了，欢迎！欢迎！”我们就这样当了俘虏。

第八军的第二三七、一七〇师到十日也先后全部被歼。

第十三兵团残部到十日天明不久，大部就歼，仅第九军第三师周藩残部在李弥指使下，尚在做最后挣扎。解放军派人送来肖超伍、顾隆筠等人的劝降、议和、“停止战斗”的“条谕”，叫周藩不要再行顽抗，免做无谓牺牲。当天下午，李弥叫周藩向解放军接洽投降。黄昏时分在周藩集结残部向解放军投降之际，李弥等人混在伤兵群中化装潜逃，其余人员全当了俘虏。至此，号称蒋介石嫡系和主力军之一的第十三兵团被解放军彻底地消灭了。

第一七〇师在麻谷子的三天两夜

姚轻耘*

淮海战役中，我担任第一七〇师第五〇九团团长，曾奉命从十一月十九日起向麻谷子解放军阵地进攻，战斗历时三天两夜，现将战况回忆如下。

第一七〇师师长杨绪钊命我这个团，沿公路两侧，攻击麻谷子，到夜间再全力进攻。并派出一个连搜索麻谷子西南角徐庄，令第五〇八团进驻麻谷子西北角小王庄，掩护我团攻击。

我当时对杨绪钊说："要攻就白天用两团左右夹击，一鼓作气攻下来。夜间是共产党的天下，飞机大炮都用不上。"杨不同意，并说："司令官的命令，按命令执行。"我又和第五〇八团团长庞铮商议。他说："命令怎么办，就怎么办。"我这才明白，沿公路攻击，师部在公路两侧村内，很安全，拉上庞铮作战，他当然不高兴，只好自己干，干到什么程度算什么程度。于是我令第二营营长邱树香在右翼墓地掩护，并占领徐庄，安置全团后方人员和做饭。第三营做预备队，控制在公路左右侧。

第一营攻击了几次都被打回来。麻谷子村外路桥已被破坏，下面是水。攻到沟边，解放军一排手榴弹打出来，炸得泥水四处飞溅，官兵都像鬼一样。我以为麻谷子解放军人数不多，枪打得很少，心里很不服气，就命令各营侦察可偷袭的地方。

天渐黄昏，我非常着急，觉得一入夜，解放军必然活跃起来，说不定袭击到我的指挥位置，因此急于在天黑前攻下来。第三营营长成云生报告麻谷子西北角有一条小沟可以通到麻谷子村下。沟口虽有工事，但无

* 作者当时系国民党第十三兵团第八军第一七〇师第五〇九团上校团长。

人把守，建议由这里摸进村去。我这时慌不择路，马上命第三营由那里攻击。一到外壕边，解放军照例一排手榴弹，地堡内也打出枪来，第三营一下子伤亡十几人，不敢再越雷池一步。我看偷袭也无希望，只好停下来。

黄昏，攻击仍然无效。我非常希望把团指挥所移到小徐庄去，以免夜间受解放军的袭击。可是师长杨绪钊不同意，命我在野外筑工事，与解放军保持接触，以便夜间进行攻击，特别指明团部就在公路右侧筑工事。我知道这是置我于公路上，以免解放军打到师部去，请求也无益了。谁知杨绪钊又来电话说："徐庄有人向我这里打枪。"我说："有一个连守在那里。"他仍害怕，要我的团部驻进去，以掩护师部的安全。

天黑后，我部移驻徐庄村内，还未构筑完工事，解放军就从麻谷子出击了。从枪声判断约两个连兵力。解放军一出村就把公路上我留下的一个连赶了下来。接着就把向东攻击麻谷子的第一营，压迫成向北对公路防守了。解放军在公路上居高临下，机关枪打到徐庄团部驻地。村中预备队以为解放军攻到村下，全部进入阵地，互相射击，给第一营送门板做工事的直属部队，也被打回村来，形成一片混乱。

解放军在公路上一打，师部也惊慌起来，急忙来电话叫我"确保公路，以掩护师部和攻击部队的安全"，并命令："做好准备，限时开始夜间攻击，要十二时攻下麻谷子。"我只好照实报告说："情况很紧急。战斗还未稳定下来，请求师部另派部队守备公路，以便集中兵力作夜间攻击。"杨绪钊虽然答应我的要求，不多时又来电话，叫我派人到麻谷子以南破坏解放军的电话线。无法拒绝，只好派一个连和谍报兵去执行这一任务。

大约九点钟，师部又来电话催我马上攻击。我也无法做什么准备，就命第一营攻麻谷子西面，第二营从麻谷子西南角绕到南面，在第一营发起攻击后，从南面偷袭进去，我把希望都寄托到这一招上。

第二营向东线的一个连，出发不久就被麻谷子、许湾（第五军攻击的村子）之间的解放军伏击，部队打乱了，一直退到徐庄以南才收容起来。这个营的主力攻击了两次，并无效果。第三次向南绕，又被解放军的出击部队打退。我看偷袭是无希望了，就命第二营掩护第一营右翼，命第一营从正面猛攻。

第一营在我的严令下，一连发动了三四次猛攻。我把全团六〇炮集中起来，归团附赵万能统一指挥，轰击解放军的前沿阵地，企图一举攻下来。解放军的火力也十分猛烈，枪炮、手榴弹响声不断，围墙上下一片通红。第一营几次冲到壕沟边，但壕内有水，无法过去，徒增加伤亡。

营长张其光不断在电话上报告伤亡人数。第二连连长郝毓秀被打死，排长非死即伤。第三连连长也受伤，排长无一幸免，由上士排副王建惠代理连长。不多时，王建惠也受了伤。全连八十多人，剩下三十几人。营长张其光小腿被打穿了。下午，光第一营负伤治到师部去的就二百多人，丢下的尸体，还不知有多少。我将情况向军、师做了汇报，并急忙用第三营把第一营换下来，等待上级的命令。也许是抬下去的伤亡人数太多了的缘故，一直到天明，军、师部都未来命令叫我攻击。

我攻麻谷子败下阵来，邱兵团的一个副师长（记得叫崔贤文）拉来电话线，找我谈话。我明白这是预防友军不告而逃的共同办法。我正好也想知道他们的情况。接上电话，那位副师长吹嘘说："我就在你南面的庄子。我们攻许湾，两次猛攻，共军就被我们打走了。缴获了很多武器……"他还问我攻麻谷子的情况，我告诉他："有不少伤亡，正在攻击中。"他仍很自得地说："希望你今天夜间攻下麻谷子，明天好解碾庄圩之围。"

放下电话，听到许湾方面枪炮声大作。接着，第二营报告说："共军攻进了许湾，打垮了第五军一个团，消灭了一个营，现在不断从许湾向外出击。"我当时打电话问那位副师长，他不承认，说："绝无此事！"并说，"我派人去，查明白告诉你。"我才放下电话，第二营又送来两个人，说是解放军的干部。我叫进屋里一问，原来是攻许湾那个团的副官和一个排长。他们听到我的步哨是山东口音，疑是解放军，所以冒充解放军的干部。据这两个人说，第四十五师一个团攻许湾，几次攻击，双方伤亡都很大。第四十五师叫老百姓抬着梯子在前面爬解放军的外壕，兵跟在后面用枪逼着，向村里冲。解放军撤走了，他们以为胜利了，一个团进了许湾，并且派一个营驻在村东头（村中有一个大湾）。解放军在村中留下一营埋伏着。这个团还没有布防好，解放军又包围上来。内外夹击，就把这个团打得东逃西散。村东头那个营就被全部消灭了。我再摇电话找那位副师长，电话已断，不知什么时候他已逃走了。

我团虽然打了一天一夜，死伤二百五六十人，但解放军未走，担子还是在我肩上。次日早晨，我打电话给杨绪钊说："麻谷子西南面不能攻。上有围墙，下有外壕，壕里有水，壕外有鹿砦。许湾被共军占了，我的右翼无依托。我看麻谷子西北面地形复杂，容易接近，如果第五〇八团不能攻击，我想和他换防。我今天从那面攻攻看看。"杨绪钊听出了我的要求别有用意，未作正面答复，只哼了几声就放下了电话。

早饭后，杨绪钊来电话说："第五〇八团今天由西北面攻击，你们由原阵地攻击，策应第五〇八团主攻。"第五〇八团开始攻击不久，杨绪钊又来电话说："庞铮团马上就要进村了，你们要全力攻击策应。"我放了电话，一面叫各营攻击策应，一面很懊悔，认为第五〇八团是坐收渔人之利，一举攻下麻谷子。我白死那么多人，多无面子。大约有一小时，师长又来电话，命令我："全力攻击，掩护第五〇八团撤退收容。"我心想，一定是第五〇八团中了埋伏。不然为什么攻击不久就要进村，才响了一阵激烈枪声，就撤退收容呢？我又命各营攻击了两次，也就自动停止了。

据第三营营长和谍报队队长先后向我报告，情况是这样的：第五〇八团开始攻击，解放军并没有打枪。该团在麻谷子西北角，利用复杂地形，两三个跑步就接近了村子边缘。团长庞铮以为马上就可以进村了，一面打电话报告，一面下命令叫队伍马上攻击，爬围墙进村子。麻谷子西北角有两个大水塘，只有两条小道可绕过去。过了水塘就是一片场院。过了场院就是鹿砦和外壕。第五〇八团两个营一拥过水塘到了场院，解放军的手榴弹、枪炮就从围墙上一齐打下来，两个营被打得乱七八糟，死的死，伤的伤，未死伤的滚到水塘里和爬到壕沟里。解放军又从村东面冲出一支队伍，沿着围墙向西一打，几乎把第五〇八团两个营全部消灭。解放军一直攻到第五〇八团的驻地小王庄才停止下来。两个营长受伤，被打散的兵逃到麻谷子以北的火神庙一带，到下午才收容回来。

第五〇八团被打垮不久，师长杨绪钊就到我团的阵地上视察。司令官李弥也来了电话，大意说麻谷子只有从西南面攻击，限令天攻下来。并说他派榴弹炮一个连支援我，要我团在炮兵轰击的瞬间攻进村去，而后再扩大战果。副团长张德崇是李弥派来的，他警告我说："司令官的命令，可不能打折扣。"他的话，使我想到他的副营长曾被枪毙，他曾负重伤。这时我心里也有些胆寒。

下午一点来钟，我军又向麻谷子开始攻击。榴弹炮和师部的山炮都轮流向麻谷子进行了轰击。炮兵轰击围墙，步兵还不敢动。炮兵一延伸射程，解放军早就拿着手榴弹在围墙上等着。步兵一到鹿砦边，又被一排手榴弹打回来。连续几次轰击，把麻谷子村内的房子都打着了火，围墙上的解放军岿然不动。同时炮兵打的地方，根本不是步兵攻击的位置，更利用不上炮弹爆炸的瞬间。我几次逼着士兵攻到鹿砦边，但里面是外壕，外壕下面是水，谁也不肯下去。士兵都爬在鹿砦外面，等着挨解放军的手榴弹。我要求炮兵破坏鹿砦，也无效果。太阳西落了，无任何进展，结果是又增加了四五十个伤员。

天一黑，我向师部要了几十公斤炸药，捆成长条，企图炸鹿砦。又把全团重机枪都集中到第一线，压制围墙上的解放军。我叫各连从青训队补来的“新兵”（被俘的解放军战士或民兵）十余人去鹿砦放炸药，并欺骗他们说，成功后升班长、发奖金。

晚上十时左右，攻击又开始了，战况非常激烈。好像解放军已察觉了我的计划，还未等步兵接近壕沟，各种火器就对准壕口猛烈射击。我命六〇炮、重机枪压制。麻谷子围墙上下，响声连天，红成一片，三四十米内，人的行动清楚可见。鹿砦被炸开了，但步兵仍然不肯冲进鹿砦，伤亡人数不断增加，送炸药的人伤亡半数。不到十二小时，抬下去伤兵已超过二百。

到凌晨两点钟左右，我又命全线发起两次冲锋，结果是徒增伤亡，毫无进展。我怕解放军乘我疲劳之际从两翼出击，因此硬着头皮向师长报告说：“共军已增加部队，可能有一团人的兵力，我团伤亡已三百余人，请求师长指示。”杨绪钊说：“不能再硬攻了。停止攻击，保持原阵地，明天再说。”我听了，如释重负，就停止了攻击。李弥也未来电话叫我兑现他的命令。

我认为解放军这一夜的兵力，一定在一个团以上。可是不多久，第二营报告说抓了两个十七八岁的解放军战士，据说是出来“投降”的。我叫来问，他们说村内白天只有一连人，夜间一个营，有时紧急，大队（大部队）派人来增援。番号他们一概不知，只知代号“三十八”“一二五”等等。

我无法解释攻不下麻谷子的原因，就对师长说：“这两个小孩弄不清楚情况，兵力说得很不实在。”后来，我才弄明白，他二人是出来放哨被我的搜索兵抓到的。

麻谷子阵前的第三天（大约十一月二十一日），还未吃早饭，第四十二师师长石建中到阵地上找我了解情况。第一七〇师师长杨绪钊也来了，打了一个转就不见了。我才明白换了指挥官。

石建中侦察完了阵地，用命令的口吻说：“今天用两个团攻击。袁团（第四十二师第一二五团团长袁剑飞）在左翼，攻麻谷子西北角。姚团在右翼，从原阵地攻击麻谷子的西南角，以公路为界。今天有榴弹炮配合攻击。十点钟来飞机，飞机轰炸后，炮兵接着射击前沿阵地，步兵开始攻击。步兵到达鹿砦一线，炮兵延伸射程，射击敌人后方交通线。”下完命令，又给炮兵标定了十个射击目标。

到十点钟左右，果然来了一架飞机，丢了几个炸弹就不见了。炮兵这天打得很猛烈。我想抢一功，马上命全团攻击。阵地原来就接触着，一出交通沟，就到了鹿砦边。解放军照例一排手榴弹，又打回来了。炮兵按命令延伸了射程，也无效果。我第二次命令攻击，更是白费。袁团也无进展。不久，又来了一架飞机，扔下几颗炸弹，多数丢在袁团的正面。炮兵也开始轰击，麻谷子两端的房子几乎全部燃烧起来。在炮兵连续射击掩护下，我令各营全线猛攻，一连两次冲到鹿砦边都被打回来。这时飞机不再来了，榴弹炮炮弹也打完了，石建中一再打电话给兵团司令官李弥要求派飞机、运炮弹，但都无结果。

下午一两点钟，第三营营长成云生突然来电话说：“敌人动摇了，有撤退的模样。”并说，“围墙上只有少数人，我已派第九连接近鹿砦，请团长叫第二营猛攻，我从这里冲进村去。”我听到这个消息，喜出望外，一面命第二营马上猛攻，一面叫副团长向石建中报告。

我用望远镜看围墙时，上面已无解放军，只见有十几个服装不整的人，手拿白手巾摇晃。我知解放军已经走了。再看袁团，好像已发现这种情况，在麻谷子西北角小沟内用小红旗指挥前进。我怕袁团抢先进村，马上叫第二营跑进村去。第三营这时已抢到麻谷子村东头。解放军在交通壕内的掩护队伍，用机枪与第三营对射。攻占麻谷子后唯一的战利品是第三营在交通沟拾到解放军的一个六〇炮脚架，其余一无所获。袁团这时也从西北角进了村子。

摇晃白手巾的人原来是黄百韬兵团的伤兵，被阻在麻谷子已两天了。见解放军走了，怕被打死，出来摇白手巾。

第四十二师师长石建中，也跟着到了麻谷子西围墙上。石一面命袁团撤出麻谷子，一面命我加修工事，准备夜间防守。

淮海战役第九军被歼经过

黄　淑*

一　战前军事活动概况

一九四八年八月中旬，徐州“剿总”总司令刘峙基于国防部“巩固南京必须确保徐州”的方针，命令第十三兵团配合第七兵团黄百韬之第六十三、六十四军，“扫荡”津浦南线和徐蚌段东西两侧之解放军，阻止山东和苏北解放军的主力会合，并肃清该地区人民地方武装。本军接受兵团任务后，我即率第一六六师肖超伍部，由宿县移驻固镇、灵璧，令第三师周藩部进攻泗县，主力进出于洪泽湖以西泗洪、青龙镇等地区，实行“扫荡”。此次行动，由于解放军避免正面作战，该师扑空而返。九月上旬，我率第九军再度由灵璧向泗县进攻，占据该县城后，于九月中旬以第三师一部继续进攻洪泽湖以西地区，其主力及第一六六师全部向宿迁、沭阳方面前进，以策应黄百韬兵团在宿迁、沭阳方面的作战。沿途未与解放军发生较大的战斗，发生小接触时，解放军又自动撤退，该军仍一无所获，徒增疲惫。

九月中旬，解放军围攻济南王耀武部时，第十三兵团又调到陇海路之砀山一带。第九军奉命由砀山经丰县、鱼台向济宁推进，由南面威胁解放军后侧，企图解救济南之危。

济南解放后，蒋介石、顾祝同、刘峙等将救援济南部队集中于徐州外围。第十三兵团位于徐州地区，第九军军部及第一六六师位于徐东之碾庄圩；第三师位于运河铁桥附近之炮车车站及邳县附近之官湖镇等地。各部均积极构筑工事，以阻止而后解放军南下攻徐。

---

* 作者当时系国民党第十三兵团第九军中将军长。

二　淮海战役序幕——碾庄圩之战

碾庄圩是淮海战役解放军围歼国民党军主力的一个重要战场。碾庄圩之战是淮海战役的第一阶段。一九四八年十月间，解放军第三野战军开始南移，十一月上旬即逐步接近徐州外围。苏北解放军陆续向陇海路东段移动。蒋介石派顾祝同代表他到徐州"剿总"召集徐州地区军长以上人员开军事会议，决定徐蚌会战计划为：

（一）放弃海州，守军第四十四军王泽浚及其他部队，统归第七兵团司令官黄百韬指挥，该兵团即由新安镇沿陇海路向徐州西进；

（二）碾庄圩以北向西至台儿庄之线，归第三绥靖区冯治安部守备；

（三）第十三兵团李弥部在徐州城东、城北两面，从微山湖南端沿不老河以东担任徐州直接守备[①]。

十一月六日晨，除黄百韬兵团仍在原地等待第四十四军外，其余各部均开始按会战计划，以徐州为中心收缩兵力。七日黄百韬兵团亦向徐州方向转进。当日正午，黄百韬本人由新安镇到达碾庄圩时，曾与我见面，要求第九军暂留一部于碾庄圩以北地区，掩护该兵团于碾庄圩附近集中。当时第九军部队已随第十三兵团部和第八军经由曹八集向徐州西撤，仅有刚从邳县官湖撤防回来的第三师第八团彭剑明部在碾庄圩附近。我鉴于当时"大敌"当前，情况紧急，遂令该团暂时留在碾庄圩，归黄兵团指挥，并希望黄百韬能早饬该团回徐归建。该团于八日黄昏向徐州西进，行抵曹八集时，即为解放军阻截，激战一夜，全团被解放军歼灭，无一漏网，团长彭剑明被俘。第九军尚未正式参加战斗，就损失了一个团的兵力。

从一九四八年十一月十日起，解放军三野主力在碾庄圩地区与黄百韬兵团展开激战，至十一日，将黄兵团四个军合围在碾庄圩及其周围。约于十一月十二日（当时孙元良兵团先头部队已到徐州），刘峙、杜聿明令邱、李兵团主力沿陇海铁路两侧向碾庄圩推进。其部署概要为：

---

① 据查，这里所写的计划之（一）（二）系十一月五日的决定，而第（三）项则系十一月八日刘峙令第十三兵团撤回徐州担任直接守备的内容。

（一）邱兵团在铁路以南展开，向碾庄圩攻击前进；

（二）李兵团主力展开于铁路（含）以北，向碾庄圩攻击前进，以解黄兵团之围，并以一部守备徐州东北地区，以掩护出击兵团之侧翼。

第十三兵团接受任务后，李弥做了以下部署：

（一）第八军于十三日晨展开于安子村以西，沿公路向太平庄、麻谷子攻击，右与第二兵团，左与第九军取得联系；

（二）第九军于同时展开于团山（不含）以西，向大庙山、胡山、石灰窑攻击，右与第八军联系，左以不老河为依托，并以有力之一部在不老河南岸构筑工事，扼守不老河，以掩护攻击部队左翼之安全。

第九军基于兵团命令要旨作如下部署：

（一）第一六六师攻击大庙山、胡山。

（二）第三师攻击石灰窑，并以一部沿不老河南岸构筑工事扼守不老河。

（三）第二五三师[①]为预备队，集结于大庙以西地区，加紧整顿。

十三日晨，第九军部队在军、师炮兵掩护下开始攻击。由于解放军碾庄圩以西、大庙山以东六十余里间之各个村庄阵地，已得到不断的巩固和加强，所以经过竟日激战，至傍晚第一六六师仅攻占大庙山解放军之前沿阵地，第三师则毫无进展。入夜后，解放军对第一六六师大庙山之阵地实行反击。激战至十四日拂晓，解放军为避免国民党军空袭乃自动撤退。

十四日晨，第九军在强大的空军、战车掩护和兵团、军、师炮火直接支援下，继续进行正面强攻。下午四时，第一六六师攻占了大庙山，第三师占领了石灰窑的前沿工事。

当日黄昏，解放军乘第一六六师、第三师立足未稳，实行突然逆袭。国民党军受到惨重打击后，又溃退下来。本日第九军共伤亡官兵二百余人，两阵地又为解放军夺回。

十五日拂晓，上级严令限期攻占该两阵地，再度由空军轮番轰炸，各种火炮直接支援，将解放军阵地大都炸成平地，步兵反复冲锋，至中午第三师一个营才攻入了石灰窑。该村庄周围有宽十米之水沟围绕，不易徒涉，仅有一条木桥可以来往。当该营通过木桥进入村庄后，桥即为解放军炸毁，后续部队在解放军火网的严密封锁下，无法增援。该营除泅水逃出

---

① 该师原系整编第八军之独立旅王青云部，是由青岛抓来之新兵和军、师部输送部队抽调组成。

三十余人外，全部为解放军所歼灭。

第一六六师攻击大庙山及以东两个小村庄之部队，由副师长指挥。当国民党空军、战车炮火轰击时，解放军则离开工事到大庙山反斜面隐蔽；当国民党军步兵接近工事或刚要进入工事时，解放军则由反斜面猝然突击，投以无数的手榴弹。短兵相接，战斗极端残酷。下午四时许，我请求兵团派来十二辆战车，掩护军预备队攻击大庙山右侧，激战至黄昏始攻占该山。由于居高临下，火力易于发挥，连续攻占了该山东侧两个小村庄。是日战斗，该师伤亡官兵二百八十余人，副师长负伤。

十六日，我令第一六六师除固守大庙山和两个村庄外，令第四九六团协同第三师继续攻击石灰窑，奏效后向胡庄攻击。在空军、战车协同下，竟日战斗几无间歇，双方均有重大伤亡（第九军伤亡三百余人）。解放军以迟滞和阻击目的已达到乃逐次掩护转移，第九军得以进占石灰窑、胡庄。

经过几天的激烈战斗，第九军伤亡副师长以下官兵一千二三百人（连同彭剑明团共伤亡二千五百人以上），士气低落，战斗力削弱。

十七日，继续向东进攻，毫无进展。为了与黄兵团早日会师，杜聿明经常在战地前线亲自指挥督战，蒋介石还派政工局局长邓文仪两次前来徐州慰劳，装甲兵司令部参谋长蒋纬国也到前线指挥坦克部队作战。十一月十五日，顾祝同、郭汝瑰又代表蒋介石来徐督战。第九军和其他各军，在地面强大炮火和装甲部队直接支援下，在空中强大机群轰炸掩护配合下，十八、十九两日各有进展。二十日攻击前进到大许家以西之线时，解放军之反击愈加强烈，一直激战至十一月二十二日，黄百韬兵团全部被歼，第九军部队始终没有前进一步。

三　守备徐州和徐州撤退

十一月二十二日，黄百韬兵团被解放军彻底歼灭后，第十三兵团除第八军留置一部于大庙、苑山间向解放军警戒外，主力撤回徐州，直接守备城垣，防御重点在城东和城北两面。一方面固守徐州和牵制解放军第三野战军南下，同时掩护邱、孙两兵团沿津浦路南下打通徐蚌段。二十三日至二十九日，第九军在城垣和城郊东北方面与解放军少数部队保持接触。

一周来，邱、孙兵团沿铁路向南攻击进展迟缓。李延年兵团由蚌埠北上，妄图夹击解放军。李兵团到达任桥集附近后，遭到解放军迎头痛击，不但不能继续前进，而且被迫逐次向蚌埠退缩。黄维兵团受阻于南坪集，不久又在双堆集陷入解放军重围，形势日益紧张。蒋介石见势不妙，二十八日召杜聿明到南京面授机宜，决定放弃徐州，当晓杜由南京回徐后，给第十三兵团李弥下达了口头命令。要旨为：

（一）主力部队三十日晚开始全部撤出徐州。第一步到达永城附近，第二步到达蒙城、涡阳、阜阳地区，以淮河为依托，再向解放军进攻。撤退中以“滚筒战术”逐次前进。

（二）以第十三兵团一个师于二十九日以前占领萧县、瓦子口等隘路，掩护主力由徐州撤退，而后归还该兵团建制。

李弥受命后于二十九日正午召集军、师长开会（兵团副司令官陈冰、赵季平，参谋长吴家钰及各处长、直属部队长均参加了会议），下达了口头命令：

（一）第九军军长黄淑率该军有力之四个团，即刻出发，限黄昏前占领萧县、瓦子口及其西南高地，掩护总部及兵团主力撤退；其余部队由副军长李荩宣率领，归兵团直接指挥。

（二）第八军以一部接替第九军不老河附近之警戒，以一部在苑山阵地监视敌人，主力秘密集结待命。

我受命后做了如下处置：

（一）令第一六六师师长肖超伍率领步兵两个团，在原地集结，待命出发；第三师师长周藩将不老河防务交第八军后，挑选步兵两个团，附七五山炮两门在原地集结待命。

（二）第二五三师全部及第一六六师、第三师所余部队和军直属部队由副军长李荩宣率领归兵团司令官直接指挥。

当日下午二时，我率领四个步兵团轻装沿徐萧公路及其两侧地区搜索前进，沿途未遇解放军主力，于黄昏时占领萧县，三十日晨占领瓦子口、隘口及其西南高地，即在所占阵地构筑工事，掩护总部主力及邱、孙兵团留守徐州后方人员、国民党各党政机关职员以及被裹挟离开徐州之青年学生和随国民党军逃走的富商巨贾、土豪、恶霸、地主等，由徐州向萧县撤退。

从徐州撤退，李弥是不赞成的。十一月二十九日正午，在兵团部开会后，他对我说：“要注意掌握自己的部队，靠别人是靠不住的。要随时相机采取断然行动，不要受他们（指杜、邱、孙）的拖累。”按杜聿明的命令，在徐州市及徐州以东苑山、不老河之掩护部队（第八军之一部）应掩护到一日黄昏后开始撤退，沿兵团行进路线到永城归建。但李弥率第八、九两军（欠四个团）全部于三十日晚（提前了一天）同“剿总”指挥部和主力部队同时撤退了，还在十二月一日晚用报话机指示我，要我率领担任掩护的四个团在二日拂晓前撤向薛家湖。十二月二日上午十一时许，我率部撤至红庙、孟集间一个村庄，休息时碰上了杜聿明。杜说：“你们为什么走到总部一起了，徐州后续部队通过萧县没有？”我说：“还有少数没有通过。”杜说：“你们司令官在哪里？谁叫你们撤退的？”我说：“现在不知道他在哪儿，昨晚司令官用报话机指示我撤退的。”杜即怒气冲冲地说：“他敢不听命令吗？你马上带部队回去占领原掩护阵地，直接归我指挥，等部队通过完毕后，再告诉你撤退。否则不论哪一个单位受到损失都由你负责。”我在此情况下不得不又率部转回萧县。到离萧县约二十华里的红庙附近，与解放军追击部队遭遇。我用报话机报告杜聿明，杜指示立即占领阵地，阻止解放军前进。我依令占领阵地与解放军对峙。十二月三日上午，李弥电令部队交相掩护，逐次向王白楼、张寿楼、李石林转进。由于双方呈胶着状态，不易脱离战场，且战且退，退至张寿楼及其以东村庄时，李弥按杜的指令已于三日率兵团主力从薛家湖附近折回张寿楼、李石林地区。我向李弥报告了自十一月二十九日下午以来担任掩护及沿途战斗情况后，李说：“他们（指杜聿明、邱清泉）为了保存自己的实力，把我们连累上了。可以走时不让走，现在要走也走不了。我们失败就失败在这些人手里。”

四　萧永地区被围后的作战经过

一九四八年十二月三日起，国民党军陷入解放军重围，是日杜聿明指示李弥、孙元良两兵团担任掩护，邱兵团担任攻击。李弥命令第九军在后刘庄、崔庄、王白楼等村庄占领掩护阵地，阻止解放军前进，军部随兵团部位于李石林。六日上午，孙兵团之赵破楼、朱大楼阵地均为解放军突破，守军纷纷后撤至第十三兵团和第九军军部之李石林附近，一时极其混乱。解放军得以乘胜扩大战果，猛攻第九军右翼崔庄（与孙兵团接合部）阵地，双方展开肉搏。防守崔庄阵地的第二五三师团长孔志坚，擅自率部溃退，我令第一六六师副师长刘君立率军预备队增援，乘解放军立足未稳，恢复了原阵地，刘君立在激战中被解放军击毙。此次战斗第九军伤亡官兵二百余人。战斗停止后，李弥令我将孔志坚押送兵团部枪决。

六日下午四时许，李弥召集第十三兵团军、师长开紧急会议，传达杜聿明指示。大意是：三个兵团分西、南、北三面轻装突围，目的地为阜阳，于六日黄昏实施。与会军、师长都一致表示时间过于仓促，部队都摆在第一线，不但突围困难，就是脱离阵地亦不容易。最早也要在七日拂晓，才能开始行动。如果邱、孙兵团要走，就让他们先走。李弥同意军、师长们的意见，准备将此意见报告杜聿明，恰电话不通。当日下午五时许，李石林附近之孙兵团阵地，炮声大作，震天动地。我问李弥是否孙兵团在突围前发起佯攻？李回答说："孙元良这个杂种，无目的地把炮弹打完了，正在破坏大炮，准备逃跑。"接着李同杜通了电话，报告了兵团黄昏突围有困难及孙元良突围情况。杜聿明说："我正要找你，邱司令官也不同意突围，我们还有这么多的军队，火力又这样强大，解放军是吃不了我们的，我们就在这里同他们决战吧。现在最重要的是调整部署，不要使孙兵团留下来的缺口为解放军所乘，应该马上缩小范围[①]。"在调整部署中，第九军第二五三师受到解放军的追击，团长胡树中受重伤失踪，该团伤亡二百余人。

十二月七日起，按计划邱兵团向濉溪口方面攻击，李兵团担任掩护。两个兵团的作战方式采取"滚筒"战术，邱兵团前进一步，李兵团就放弃原阵地紧跟一步。从七日到九日，三天战斗中，邱兵团的攻击进展甚小，伤亡极大，李兵团的防守阵地亦受到解放军强大压力，有的阵地为解放军所突破。邱、李二人此时则吵得不可开交，后来李弥根本不同邱清泉通电话，而要副司令官赵季平或陈冰代替。杜聿明只好又做第二次调整，即两个兵团各自掩护，齐头并进。李兵团以第八军担任兵团掩护任务；第九军接替邱兵团青龙集、大小李庄的阵地担任攻击。

十二月十日，我部第一六六师在兵团、军、师炮兵支持下，向前柳树园、后柳树园攻击，经过整天激烈战斗，攻占了这两个村庄。十一日拂晓，解放军发起全面攻击，第八军阵地被突破，经使用预备队拼死反击才将阵地恢复。至中午，第一六六师在青龙集与前柳树园间一个营的据点，终被解放军攻占，该营全部被歼，前后柳树园则陷于孤立。当日黄

① 据杜聿明说，邱清泉建议不突围。杜打电话与李弥研究，李弥也同意不突围。又打电话给孙元良，电话不通，以后才改变决心的。

昏，解放军继续集中火力轰击柳树园，为避免第一六六师全部被歼，我当即报告李弥，将部队撤回青龙集。

十二月十二日至十九日，李弥命令深沟高垒，固守青龙集和大小李庄（兵团部亦在青龙集），双方呈对峙状态。此时最感困难的是粮弹缺乏，虽有空投救济，但为数甚少，无济于事。第九军守卫的青龙集等村庄，莫不掘地三尺，均没有发现老百姓藏的粮食，最后处于断炊状态。十六日得到黄维兵团在双堆集被歼的消息后，士气更加低落。十二月十九日，前进指挥部参谋长舒适存，陪同空军总部作战署副署长董明德，由南京飞抵陈官庄，传达蒋介石指示突围要旨并协商陆空联络计划。二十日，杜聿明偕董到青龙集，召集第十三兵团军、师长开会。决定突围时由空军投掷大量甲种弹（催泪性毒气弹），陆空配合实行突围。第九军领到防毒面具约三百套，分发给第三师和第一六六师（第二五三师新兵多，未发），并指定各师挑选精壮士兵编成突击队，由军、师参谋长，副师长亲自负责训练。突围时突击队走在部队先头，乘空军投下毒气弹解放军失去作战能力时，实行突袭，为主力开辟道路。董明德原拟飞回南京报告蒋、顾后，即按计划实施。结果从十九日晚起，连续下了十天大雪，直到十二月二十九日才停止。大雪期间，粮弹无法空投，部队饥寒交迫，粮弹殆尽。在解放军铁桶般的严密包围下，战场上死气沉沉，国民党军处于不击自溃的境地。解放军抓住这个弱点，展开政治攻势。一面写信给杜、邱、李和军长等劝降；一面在相距不过百十米的阵地前，竖起大幅标语，进行广播喊话和投掷馒头等。对国民党官兵晓以大义，号召弃暗投明。第九军部队最初在各级官长监视和欺骗下，认为解放军所说都是假的，各部先宰杀牲口，继吃麦苗、树皮，支持度日。以后到了什么都没有的时候，对解放军投过来的馒头由秘密拾捡以至公开抢夺。甚至有的士兵乘黑夜到解放军那里吃饱了再回来。第九军当时有两个整排和五个班在阵地起义。李弥告诉我："要秘密向师、团、营长说明，士兵愿意到解放军那里，就随他去吧，吃饱了回来也好，不回来也好，唯一的要求是不准带武器去。"十二月二十五日前后，我陪同李弥到了阵地最前线。他对缩在工事里的士兵说："你们太辛苦了，天下大雪，又冷又饿，我是知道的。我和你们军长都来了，你们真挨不下去，就把我和你们军长杀了吃了好了。"尽管使用了各种欺骗手段，但是起义逃亡的仍有增无减，当时第八、九两军起义投降的就有二三百人。

十二月二十九日，天气转晴。国民党空军又开始继续投掷少数粮弹，但食之者众，投下者少，第九军每天每人可分到大米或大饼三两，有时只有一二两。士兵根本就不愿意要大米，因为房子早就拆光烧光，找不到一点燃料，领到大米也无法煮熟。

一九四九年一月四日起，国民党空军运输机每天最多来一百架次，计划于四、五、六日三天投掷粮食（主要是大饼），七、八、九日三天投掷弹药，想使官兵能够吃饱并补充些弹药，以便一月十日在空军掩护下突围。但由于与解放军阵地距离太近（最近只有一百米左右），投掷场又小，运输机不敢低飞，很多粮弹投到解放军阵地上。分到每个士兵身上仍寥寥无几，许多官兵一个月来，饿得鸠形鹤背，瘦骨嶙峋，走也走不动，自然谈不上冲锋陷阵了。一月六日起，解放军发起全面总攻，炮火之猛烈为前所未有，青龙集被轰成一片火海，尸横遍野。第九军之青龙集、大小李庄外围据点全被解放军所拔除，师、团长亲自率队出击亦无法夺回原有阵地。解放军以坑道作业接近军师指挥中心，杜、邱、李在此紧急情况下，不得不将突围计划提前实施。

一九四九年一月七日晚，第九军奉命放弃青龙集、大小李庄，随兵团部撤至离陈官庄、张庙堂约五华里的一个村庄，准备突围。杜聿明鉴于一月六日以前作战的教训，乃将突围攻击任务由两个兵团轮流担任。第一天邱兵团由张庙堂（邱兵团第五军第二〇〇师周朗所占领的阵地）之线，向解放军阵地攻击，李兵团在后掩护。李弥命令第八军（当时副军长周开成已任军长）及第一一五军（系在包围圈临时编组成的，军长司元恺，归第十三兵团战斗序列）在大荒村等地担任掩护，第九军移至张庙堂附近准备邱兵团突围奏效后接替第五军阵地。第二天，第九军越过邱兵团八日所攻占之阵地继续向解放军攻击，如此更替跃进。杜、邱、李认为这样部署避免了两个兵团之间的矛盾。

一月八日，邱兵团的攻击没有什么进展，李兵团之第八、一一五军掩护阵地黄昏时为解放军突破。激战至九日拂晓，第八军军长周开成、第一七〇师师长杨绪钊、第一一五军军长司元恺、第一八〇师师长陈芳芝等被俘，部队瓦解。此后，该两军溃兵拥挤到张庙堂附近，与兵团部、第五军搅成一团。邱兵团继续攻击亦毫无进展，即退回原阵地。李弥见大势已去，向我说："你在这里掌握部队，我到陈官庄见主任谋急救之策，黄昏时你派工兵营来接我。"李弥走后，我一面令第九军准备战斗，一面派人员收容第八和第一一五军残部。当日下午，我同副军长李荩宣、兵团参谋长吴家钰、军参谋长顾隆筠躲在邱兵团第五军第二〇〇师师长周朗的掩蔽部里。第九军部队集中在张庙堂第二〇〇师阵地后面，遭到解放军炮火歼灭性的轰击，我令该师在原地挖工事隐蔽。黄昏时，派工兵营去接李弥竟一去不回。九日晚十二时许，周朗接到副军长郭吉谦的一封信（内附金圆券五百元），信中说："杜主任、邱司令官、军长（熊笑山）先走了，要我通知你各奔前程，目标安庆，前途珍重。"周朗拿着信给我看，要求一路同走，我以李尚未回来，擅自逃走，是丧失军人"气节"为由不走。周见我坚决不走，独自离开了掩蔽部。至一月十日拂晓，整个国民党部队乱成一团，到处火光熊熊，溃散的士兵由东涌到西，由西涌到东。我见此情况，知李已逃走，乃通知第九军第一六六师师长肖超伍、第三师师长周藩、第二五三师师长王青云各自突围，暗示他们各自逃命。自己也走出掩蔽部，无目的地跟着人群乱闯，但因枪弹到处乱飞，无处逃身，便找到一个掩蔽部蹲下，至上午七时许遇到解放军，束手被俘。

十日拂晓，李弥找到了第三师师长周藩，令周派人与解放军接洽投降，掩护他化装逃跑。约中午十二时，李弥同兵团部辎重团团长鞠明扮成伤兵逃往济南，经潍县转逃青岛。李走后，该师乃放下武器。至此，第九军全部溃灭。

淮海战役片段回忆

李苏宣*

一 扫荡古邳受挫，欺上谎报战绩

一九四八年十月二十七日，第十三兵团接到徐州“剿总”的命令，大意是：

着该兵团立即派出有力部队与第七兵团协同对盘踞古邳镇地区的共军进行扫荡，务必予以全歼，以固我军后方。

李弥接到命令即派兵团参谋长吴家钰召我到兵团部，要我偕吴家钰代表第十三兵团去和黄百韬协商。他说：“我已经和黄百韬通了电话，黄要第十三兵团负责指挥。”李要我去，是由于我在山东和黄有过接触，同时准备让我指挥这次战斗。李并叮嘱我要第七兵团多派部队，最好是一个师，第十三兵团也出一个师，这样就有把握完成任务。我立即表示：“我去指挥，保证为第十三兵团打响这第一炮。”

十月二十八日，我偕兵团部参谋长吴家钰和第九军参谋长顾隆筠由碾庄圩乘军用吉普车到新安镇第七兵团司令部，黄百韬已预先派副官和副官处长迎接我们。到了兵团部，黄百韬很热情地招待我们，并立即召第七兵团参谋长魏翱前来。他说：“让几位参谋长先研究一个方案吧，据我们所得的情报，古邳镇一带没有共军主力，容易对付，我们出去走走，请老弟先去看看我们的工事。”于是，我就随黄百韬在新安镇周围转了一圈。我称赞他的工事修得好，黄也得意地说：“老弟！你们老八军打共产党确有一套，可是共产党要是碰上我，也只有吃瘪呀！”我连称：“那当然！那当然！”

---

* 作者当时系国民党第十三兵团第九军少将副军长，后升充第六十四军军长。

我们看了工事之后回到兵团部，三个参谋长已初步交换了意见，我们正式开会讨论商定如下。

（一）敌情分析：在古邳镇附近地区的共军游击部队的兵力，徐州“剿总”的情报是一个旅加民兵一万多人；第十三兵团的情报是五千多人；第七兵团说，根据第一〇七军孙良诚的可靠情报，该地区没有主力，只有零散游击队两三千人。黄百韬坚持第七兵团的情报是确实的。

（二）派遣兵力：基于上述不同的情报，我提出要第七、十三兵团各派一个师。黄百韬只同意第七兵团派一个加强团，第十三兵团派一个师，归第十三兵团指挥。彼此推让一番，最后只好照黄百韬的意见作出决定。

（三）兵力部署：

1. 第七兵团第六十三军派一个加强团由窑湾镇渡运河向古邳镇东南攻击前进。

2. 第十三兵团派出一个师攻击古邳镇北面、西面和东北角。

3. 尽可能向南包抄，在古邳镇会师，将该股共军全歼。

4. 与驻防古邳镇南面睢宁的孙良诚第一〇七军联系。如共军南窜，即派部队协同堵击。

商定方案后，下午四点多钟我们就回来了。我在碾庄圩下车，让吴家钰向李弥面陈一切。因为我没有争得第七兵团派一个师，有些失望，我也不愿意指挥这次战斗。回到军部和黄淑商量，再通电话请示李弥。李决定派第一六六师担任这个任务，由第一六六师师长肖超伍指挥。次日（二十九日），召肖到军部做具体部署，决定第三师抽第八团由炮车渡运河由古邳镇东北角攻击，与第七兵团第六十三军的一个团并肩前进。肖亲率第一六六师第四九七、四九八团两个团向古邳镇北面和西面进攻。这天与第七兵团电话协定，在三十日开始行动。

一九四八年十月三十日清晨，肖超伍指挥四个团分四路向古邳镇攻击前进。第四九七、四九八团同时从碾庄圩出发，这里距古邳镇五十多华里。第三师第八团渡过运河直指古邳镇东北角，离古邳镇约八十华里。第六十三军一个团早晨渡过运河西进，离古邳镇六十多华里。

肖超伍指挥各团派出先头部队，两翼互相连接，搜索前进。我们在军部等到下午，没有听到炮声，也没有战况报告，知道没有发生大的战斗。傍晚肖超伍报告，四路已在古邳镇会师，没有遇到解放军的部队。因为解放军的部队是游击队，早已得到情报疏散隐蔽起来了。肖超伍埋怨孙良诚部没有协同从南面堵击，让这股共军漏了网，连一个俘虏也没有。我们转报李弥，李指示我们要好好呈报战斗结果，以便转报“剿总”。我们只好报告在古邳镇进行了“扫荡”，毙伤共军五百多人，其余向南溃逃。

二　李弥和黄百韬的最后会晤

十一月上旬某日正午十二时许，谍报队回来报告，解放军在宿羊山以北附近地区有几千人，正在运河架桥，有渡河模样。我立即以电话报告李弥，并再度建议派出部队向北推进布防，以掩护我军后路。李说：“刘总司令已命令第十三兵团即刻集中徐州，并已令黄百韬派部队接第九军的防务，堵击解放军南窜。但是，黄百韬的主力还没有全部渡过运河，我们担任掩护黄百韬兵团渡运河的任务，也没有完成。黄兵团渡运河只靠一座桥，行动迟慢。大家都是观望，料不到第三绥靖区的部队起义来了一个突变。”这时我们得到官湖方面周藩的报告，解放军先头部队已到了沟上和第九兵团开始接触，情况很紧急。

八日下午八时，黄百韬的兵团部搬到碾庄圩附近东边一个村庄里，我率参谋长顾隆筠去看黄，是为了把我们第九军从碾庄圩起到官湖一线的全部防务移交给黄。我见到黄百韬，他就要我陪同他乘吉普车到八义集第十三兵团部会晤李弥。黄百韬一见到李弥就慨叹说：“唉！没料到他们（指第五十九、七十七军）会叛变。”李也感叹：“真是出乎意料！”黄说：“这给我来个措手不及，事先没有在运河架几座便桥，让部队早通过，总等着李延年的部队通过，耽搁了两天。想不到情况变化这么快，现在部队拥在运河铁桥上，混乱不堪，真糟糕！”李说：“老兄要注意贾汪方面的情况。我们第九军侦察到宿羊山以北地区有解放军几千人在架桥，准备渡河，明天（九日）如果不堵击就有可能窜到铁路线，切断八义集。现在刘老总要我的部队集中徐州，保卫徐州。我们兵团部和第八军今晚开始向徐州移动，第九军等第三师明天渡过运河，把防务交给贵兵团以后，也往徐州集中。请老兄做准备，这一回可能要发生主力战。”黄百韬故作镇静，苦笑了一下，拍拍胸脯说道：“打就打吧，这也是一个好机会，过去找共军主力，找不到，这回送上门来，总得干他一下。现在的问题是我的部队大部分还没有渡过运河。看情况，还得两天才能过完，希望我们两个兵团要好好合作，靠邱清泉是靠不住的。”李笑了一笑说：“邱清泉说我怕死，这回看他的本事吧。老兄，他是大兵团，讲话吃香。我是两个军的小兵团，老总不听我们的，真叫人怄气啊！”彼此又相视苦笑。黄百韬知道李、邱的矛盾，这时黄是想拉李弥一把，要李慢点撤往徐州，让黄百韬的部队全部渡过运河站稳脚跟以后再移动，但未便敞开谈。李弥一心为自己打算，一再把“刘老总”的命令搬出来，似乎撤往徐州是刻不容缓的，黄百韬也就不再往下说了。所谓“两个兵团合作”最后只是客套敷衍两句，黄百韬只好告辞。

黄百韬这时虽然故作镇静，但心里却焦急万分。他邀我同来，临走却忘记邀我同返碾庄圩，我跟上车，他才意识到还有我在。在路上一句话也没有说。在车上我心里嘀咕着：为什么李弥不等黄百韬西撤过河，就中途抛掉原来掩护黄百韬的任务不管，而要撤往徐州呢？黄百韬还没有过运河，不能接替防务，李弥把部队抽空，岂不是给共军开个缺口吗？是刘老总要这样做吗？这不等于是置黄百韬于不顾吗？我也感到李这样做法是太不顾整体了。但又听说是徐州“剿总”怕解放军袭击，只顾调兵力到徐州保命，李也只有唯命是从。以后黄百韬在碾庄圩被围时，徐州“剿总”却又命李弥回师解围。据说黄百韬对此也大惑不解。

掩护李弥化装潜逃概述

周 藩*

一 李弥在九里山策划逃跑

一九四八年十一月三十日早饭后，李弥率弹药汽车数十辆到徐州九里山新营房第三师司令部，指挥策划所部逃跑。他下车一见我就说，我到你这里来，借用你的司令部当我的指挥所指挥部队行动。于是，他一进营房就坐在我的行军床上（空营房没有家具），叫我把五万分之一地图给他摊在床上，看徐州到永城的路线地形，并自言自语地说，这么大的一个总部，几个兵团好几十万人，还有成千上万的车、马、炮兵、战车，都挤到一条路上怎么走得动呀？叫我们在后面掩护他们走，这不是明明叫我们当替死鬼牺牲掉吗？他抬起头来，叹了一口气，对我说："杜老总前天下飞机，就叫我们几个司令官到他那里去见他，一上楼就说老头子（指蒋介石）决定叫我们都走。我们跟着他到房间里，问他是怎么回事。他说，不用问，赶快准备行动，老头子要我们把队伍拉回蚌埠去。我们第一步先到永城再说。第十三兵团在后头掩护邱清泉和孙元良两兵团及总部直属队经萧县到永城，并先遣有力之一部占领萧县，越快越好。预定本月三十日开始行动。所有军用仓库及车站火车头一律破坏掉。杜说完叫我快回去准备行动，连个笔记命令也没有①。几个兵团行动没有区分路线，也没有规定联络统制行动的时间地点。只说到永城经萧县一条路②，怎么走得通呢？所以我决定不从萧县经过，不和他们走在一起，被他们缠着腿走

---

* 作者当时系国民党第十三兵团第九军第三师少将师长。

① 据查，当时是下的口头预备命令，笔记命令以后补发。据说笔记命令是由该兵团的参谋长吴家钰收下，未交李弥。

② 当时是区分了各兵团所走的道路和调整路线的，见本书杜聿明文。

不动。我说："司令官的主意很好。"他说："你看图，我们沿铁路南的公路走过大石桥，向西南到薛家湖停止休息一下，恢复联络，统一掌握兵团各部的行动，收容萧县的掩护部队，避开萧永公路直向薛家湖走。这样，不跟在他们的屁股后面挨打，而是绕过他们右侧翼，迅速走到他们的前面去。绕过永城，走涡阳、蒙城到蚌埠去，就看谁跑得快。如果不这样，给他们拉着放在屁股后头，是跑不脱的。"

二 李弥化装逃跑

一九四九年一月十日一时许，李弥等来到张庙堂第九军第三师指挥所，告诉我说："傍晚，东边都垮掉了。杜老总叫我去到他那里商量，问我们怎么办。我们没有什么办法，他也拿不出办法，可又拉着不放我们走。敌人打到跟前来了，他才放我们走出来。我迷失方向了，看着有队伍就跟着走，走着走着被打回来。又走，走一会儿又被打回来。老跟着混乱的队伍挨冷枪打。我想打死不合算，到第九军来找你们，用指北针确定张庙堂方向是朝北，恰好走到你这里来，跟着自己的部队才有把握。"我说："我们老等司令官的消息，等到第二〇〇师接到通知要走了，判断司令官都走掉了，军长才决定叫我们走。司令官来得正好。"他问我："现在你们怎么办？"我说："让大家决定后再行动。"他说："很好。周楼阵地坚固吗？守得住吗？"我说："问问甫团长吧。"他亲自打电话问甫，甫团长回答说可以守得住。他说："这样就好了。我们就到周楼去守住再说，免得被乱枪打死了。"

李弥打完电话，已经快到两点钟了。此时到处都是败兵，不知多少人，可是火线上却没有人。摸黑走路，再加上人挤人，一会儿就失掉联络，找不到李弥了。他恰巧又摸到我师的警戒哨，打电话到周楼。我叫甫团长派人接他到周楼来。他责备我不该把他丢掉不管。这时团、营长都来到掩蔽部，其中有第七团代团长高树楷、第九团代团长甫青云、直属部队搜索营长潘少雄等。我问了问配备情况后，就令他们守住阵地不得轻动。并说司令官在这里，要小心守住。兵团炮兵指挥官黄志圣从皮包里拿出几叠金圆券来，说："我是在空投场拾来的，分给士兵用吧。"

陪同司令官、副司令官同来的有五人，加上我和张参谋长及甫团长共八人，一起挤在一个小掩蔽部里坐着。李弥说："好，到这里有你们就保险。”并说，“南京老头子他们正在讲和平停战，快有结果了。只要你们能守几天，就有希望放你出去。”我愁眉苦脸地申诉说：“没有吃没有喝的，怎么能守住？等南京谈判，那不就饿死了！”李说：“和谈快成功了，三两天就行。”李弥等人很困倦，我便让他们躺下来休息。

拂晓（约七时），解放军冲进来三十多人，都被守兵打死了。第七团代团长高树楷报告我说：“刚才冲进壕沟的敌人都被打死了，拾到他们的步枪共二十七支。”我说：“很好，就这样守着，枪不用送来。”天明后解放军炮击周楼，炮兵营杨营长一只手被炸掉，第九团的营长王德奎一条腿负伤不能动，其他士兵负伤阵亡的很多。所有在周楼藏身的官兵几百人都被打跑了。这时李弥说：“你们都当过参谋长，还想不出办法吗？”说完他就又闭目装睡了。副司令官赵季平告诉我说，司令官的意思是想法脱身走掉，不是别的意思。我这才完全明白他是要我投降讲条件，让他们得个机会混出去。部下救长官，义不容辞，责无旁贷。我考虑一下，如果不降坚持打下去，部下都牺牲，长官不得救，自己也活不成，同归于尽。部下和长官的死活都摆在我的身上。他们都不愿意死，想活下去。我也想活下去，不愿意死，因此决心投降。

我投降之心已定，就叫醒李弥，向他请示说：“如果再打下去，大家一齐都打光，我们也完了。我想派个人送条子出去请求投降，可以不可以？”他不加考虑就答应说：“可以写条子送出去。”黄志圣说：“我准备写条子，看怎么写法？”李说：“要写上投降的条件：第一条，投降后保证官兵生命安全，不杀我们。第二条，投降后不论官兵，凡是不愿意干的不强留，放他回家。第三条，投降后所有伤员官兵必须护送医院治疗，重伤者应先派车急送后方治疗。答应我们这三条就投降。若不答应我们就拖到晚上再说。天黑了看不见，我们就好溜掉。”大家听他这么一说，当然都很欢喜。我连忙说，这办法很好，大家都可以得救。黄志圣写好条子，交李弥看过后，我叫谍报队队长郭乐山送出去，并嘱咐他不要告诉解放军说我们在这里。在请求投降的条子上只写周楼守备部队长，我和李弥都不愿意写自己和自己部下的姓名，也不写明部队番号，怕暴露了真姓名之后被杀。所以当派人把条子送出去之后，大约是中午时分，当面的解放军第九纵队第二十七师政治部命被俘的第九军第一六六师师长肖超伍给我写了一封劝降信，派他的一个副官送到周楼掩体里交给我。大意是劝我快投降，并说他们都受到很好的宽待，如不降将被全部消灭。我想信上有我的名字，解放军当然知道我在此，却不知道我的长官部下是什么人在这里。降不降解放军是要找我问的，我逃避不了。对肖超伍写来的信，我也不相信是他的真心话。我对李弥说：“信是肖超伍写给我的，他们都已经知道我在这里。”我把信交给李弥，他看过之后说：“我们不是已经写条子送出去了吗？再等他回信。现在还太早，你不能现在就去。”他对那个送信的副官说：“你先回去，不要说我在这里。”我也劝他先回去再说，告诉他我们已经写条子送出去了，等回信再说，就把他劝回去了。不一会儿，那个送信的副官又送来一个条子，大意是：“解放军要你们立即投降，主官出来报到，部队放下武器集合听点收，否则就要立即攻击，不得再延误。”李弥说：“他们要主官出去报到，看你们哪一个愿意去吧？”他同时放声大哭起来，边哭边说：“我不能死呀！我死不得呀！我若能回去，对你们的家属我一定要照顾的。你们都可以放心！”我明白他的意思是让我去报到的。第九团代团长甫青云是他的小同乡，是他一手提拔的心腹人。我故意说：“那就叫甫青云出去报到吧！”甫青云听说叫他去报到，也放声大哭说：“我不能去呀！”我说：“好吧，不用哭了！我去就是了，你们放心吧！”李说：“还太早，现在才三点钟，再等一会儿才好。”我说：“好吧！”他叫甫青云给他找士兵的棉大衣和胶鞋，而且说要负过伤的大衣更好。我知道他是要化装伤兵混出去，到黑夜逃跑。不久，大衣和胶鞋都拿来，他和两个副司令官及团长都换了装，把脱下的皮鞋拿出去给士兵穿。接着第九军的参谋长顾隆筠也来催降，他一到门口，见我就说：“你快去吧，他们对我们很客气，不要顾虑，没有什么关系。”进门后，他对李弥说：“啊！司令官也在这里！”同时向他一鞠躬。李说：“是呀，你千万不能告诉他们说我在这里。”他连连点头。李又眼泪汪汪地说：“你们去吧，如果我能回去，我会照顾你们的家属，你们放心吧！”他还哀求顾隆筠和跟我同去报到的参谋长张炳琪、军部军需主任周济等不要揭露他，让他逃回去。顾隆筠只报以同声相哭。约十六时，我仍然以部下对长官的礼节向司令官、副司令官各行一鞠躬礼告别，并说：“再见！”就跟顾隆筠走出周楼。这时机关枪还点射，但大多数士兵都已遵照命令放下武器听候集合点收。我往前走时见到一个解放军的战士阵亡伏在地上，同时听到后面有人说：“不打了，也得告诉我一声。”我听出这是搜索营营长潘少雄的声音，才知道他还没有接到通知。他见我去投降，也就不放枪了。走到沟里，我以战败投降的身份向解放军的团长（不知番号姓名）行举手礼，并向他报告：“我是第三师师长周藩。”他向前走一步，握着我的手说：“我们欢迎你！”

中國紀

淮海战役

第五章

第二兵团

邱清泉第二兵团覆没记

李汉萍*

一 赌咒也救不了命

一九四八年十月中旬，集结在济宁、兖州一带的解放军有南下模样，徐州“剿总”恐兵力分散，有被各个击破的危险，决定将原来摆在陇海铁路东西之线上的一字长蛇阵缩短，将第二兵团置于砀山、黄口附近，以后依情况逐次向徐州靠拢，但因为始终顾虑解放军有从东海方面直下苏北威胁京沪的可能，所以仍然将第七兵团摆在新安镇东西延伸一字长蛇阵地上，暂时看风声。从济南解放以来，邱清泉就判断在华东战场上必然有一场生死决斗的大战，并且这场大战必然要轮到他的头上。所以从十月上旬以来，他就积极为此做准备。在他看来，第二兵团无论独立作战也好，协同作战也好，武器装备、弹药等物质方面都比解放军优越，有战胜的把握，但精神方面则相差太远，也是他最担心的一面。因此他一到砀山，就采取了两种掩耳盗铃的愚官愚兵政策，来做官兵精神上的吗啡针。

第一是“钓鱼战法”。这种战法的内容，就是在防御时故意在主阵地前的突出部构成一个小据点，以一个小部队坚守，主力集中控制在主阵地后方，将所有炮兵火力集中指向突击据点阵地，构成弹幕射击面，诱使解放军主力对小据点行真面目的攻击。俟解放军冲入阵地内，据守据点阵地之部队立即以极迅速的行动撤出阵地，然后以全部炮兵火力，对已占领据点工事的解放军行急袭歼灭射击，使冲入的解放军遭受严重打击后，另派出小部队发起冲锋，再度占领据点阵地，继续战斗。这样反复进出，与解放军形成据点争夺战，专依炽盛的炮兵火力，将解放军逐次

---

* 作者当时系国民党第二兵团少将参谋长。

消灭在据点阵地内。俟解放军主力遭受重大伤亡后，主力部队就全线出击，一举将解放军击溃或歼灭。这个“钓鱼战法”是邱清泉亲自拟定的，并呈报蒋介石及徐州“剿总”备案。邱清泉为了宣传他这种“钓鱼战法”的“威力”，增强官兵作战意志，亲自部署第五军在砀山附近实施演习一次。国防部及徐州“剿总”还派出一部分军事人员及战地新闻记者前去参观。邱清泉为使演习“神妙化”，特将据点阵地设在一个堆有几大堆麦秸的独立房屋周围。演习时，当据点占领部队撤出后，阵地内确实炮火连天，浓烟笼罩，呈现出一种惊心动魄的景象，并且炮炮命中阵地核心。对此演习，参观者都啧啧称羡，满以为国民党军炮兵的射击技术确实超人一等，不然，稍有偏差，就会引起独立房屋的燃烧和破坏。邱清泉自然更是居之不疑，按照他所想象的一套在现场上又大吹大擂了一番。但是，国民党炮兵射击命中率是否这样准确呢？不是，实际上早在演习之前就设置好了的，不过参观者不知道其中的“奥妙”，所以引起“惊夺”而已。邱清泉这个大吹大擂的“钓鱼战法”，在淮海战役过程中始终没敢试用过，其原因是怕据点一旦放弃，再也夺不回来，不仅不能消灭敌人，反而会弄假成真，造成全线崩溃。

第二是“赌咒”。十月中旬某日，邱清泉把我找到他的房中说：“现在马上就要和共产党作战了，必须对官兵打打气才行，我准备明天开始，集合全体官兵宣誓。”他随即把兵团政工处油印好的誓词拿给我看，誓词内容，全是鼓动国民党官兵坚决反人民到底一类的话（原文现已记不清楚）。邱清泉和我研究以后，他还嫌誓词不够生动有力，于是由我执笔，他口述，在誓词中又加上了“……不逃跑，受伤不退，被俘不屈，如有违背誓言，天诛地灭，雷打火烧……男盗女娼，红炮子穿心”一段（其中有两句已记不清楚）。我觉得这种誓词实在是不伦不类，但又不能反对，只好付之一笑。邱清泉也知道有些不伦不类，微笑着说：“我们当然觉得可笑，但是当兵的最怕的是‘红炮子穿心’‘男盗女娼’，这样写至少可以振作一下士气。”因为官兵人数太多，决定分区举行，兵团部的官兵和直属部队，以及各军团长以上军官为一个单位，由邱清泉亲自监督；各军分别举行，军师部的官兵及军师直属部队由各军师参谋长分别主持监督；各团由师长副师长分别监督。各部队官兵的宣誓大约经过了三天，才告完成。兵团部的宣誓会场设在山西门外大草坪中。为了郑重起见，邱清泉邀请徐州“剿总”总司令刘峙到会训话。宣誓时，兵团部的官兵和直属部队由我带领举右手宣读誓词，最后由刘峙和邱清泉讲话（内容记不清楚）。大会结束后，为了欢迎刘峙，特由昆仑剧团表演京戏节目。邱清泉请刘峙点戏，刘峙当场点了一出“春香闹学”。当时有人反映说：“总司令刚才训话，勉励我们要忠党爱国，现在什么戏都不点，偏要点‘春香闹学’，真是三句话不离本行！”赌咒本来是一种笨拙的行动，谁都知道不会发生什么作用，但当时大家还是若有其事地赌咒一番。

二　想逃也逃不掉

十月下旬，集结在济宁、兖州一带的解放军小股部队向临沂、薛城一带移动，徐州“剿总”认为解放军可能会采取行动，乃将第二兵团再向徐州附近地区靠拢。当时邱清泉以第一八一师仍固守商丘，牵制敌人，以第七十四军控制在丰县附近，以第五军第四十五师控制在砀山，作为支撑，搜索敌情，其余主力均向黄口附近地区集结。

某日下午，驻在黄口附近北侧唐寨的第五军第四十六师之一部，突然受到解放军攻击。由于该部新编入第五军建制，原有军官大部调换，官兵离心离德，毫无战斗意志，一经接触，就哗溃了下来。邱清泉闻讯大怒，当即严令第五军军长熊笑三不准后退，并立即组织反攻，恢复阵地，违则“军法从事”。在这样严厉督促下，总算是保持了唐寨村落的三分之一。与此同时，由砀山向黄口撤退的第五军第四十五师在砀山至黄口之间铁路附近，与解放军第九纵队遭遇，发生激烈战斗。大概是解放军出于一种钳制作战的原因，激战后不久就自动向西退却。就整个战况来说，第五军本来是吃了败仗的，但邱清泉为了“振奋人心”，向蒋介石邀功请赏，谎报战绩。他向蒋介石、国防部、徐州“剿总”及黄百韬、李弥兵团等通电告捷，说“共军第九纵队被郭吉谦部奋勇攻击，伤亡惨重，溃不成军”。

到十一月初，原集结在济宁、兖州一带的解放军围攻徐州的动态逐渐明朗化，国民党军统帅部仓皇失措，决定做徐蚌会战准备。为了使徐州不受东西夹击并能彻底集中使用兵力起见，蒋介石特用极机密的亲启电，令邱清泉派一个军，伪装解放军，轻装出发，昼夜兼程前进，将鄄城以西之董口黄河堤掘开，造成鲁西泛滥，阻止解放军由鲁西方面包围徐州。蒋介石的亲启电，内容简单，除指示掘堤任务外，并没有指示什么具体办法。由黄口至董口相距约三百公里，往返至少需一周的时间，况且鲁西已成了共产党的天下，没有一个国民党军据点。很明显，执行掘堤任务的这个军，恐怕来不及到达董口，就会被解放军吃掉，但是对蒋介石的亲启电又不能顶回去，怎么办呢？邱清泉找我商量执行掘堤任务的人选。经过一番研究，最后决定派第七十军前去掘堤。于是由我出面，以“任务艰巨，必须派一资历深而指挥优越的指挥官来担任”为由，把第七十军军长高吉人找到邱清泉房中，三人秘密决定：

1. 第七十军由高吉人亲自率领，不带炮兵辎重，轻装出发，三天内赶到董口，将黄河堤掘开。

2. 为了保守机密，并嫁祸于共产党，第七十军在执行任务时，须冒充共军第三野战军某纵队（番号现已忘记），服装除利用原有抢劫共军服装外，不足之数，将自己原有棉服反穿起来代替。帽徽符号一律摘掉，不准携带。

3. 为了不拖延时间和暴露企图，决定用炸药炸开几个缺口，并由邱清泉密电蒋介石要求空军用重磅炸弹轰炸，配合行动。

4. 为使河水南流能造成泛滥，决口后，必须设法将河水引导到巨野北大沟内，倒灌微山湖，使鲁西造成大面积的泛滥区。

5. 为了绝对机密，令军长高吉人除当面接受任务外，对本军任何人不得事先明确指示任务，须俟部队到达董口后，再做掘堤部署。

6. 部队到达董口后，将董口附近地区严密封锁，禁止当地军民出入，并严防士兵逃亡，或与村民接近。

这个计划原定于十一月上旬实施，但因五日徐州军事会议后，情况发生变化，就临时停止下来。

十一月四日，参谋总长顾祝同到徐州“剿总”与刘峙共同研究徐州方面的作战部署，五日召集军事会议，决定将徐州“剿总”的兵力集中于徐州至蚌埠铁路两侧地区，固守徐州。

六日上午，邱清泉回到黄口，兴致勃勃地向我说：“这一下好了，我在徐州军事会议上，提出我们过去所以老是打败仗，就是因为高级指挥官受了高级统帅部的命令限制，在战场上不能适应机宜，做出灵活的处置。现在总长（顾祝同）在会议席上，当面授给我独断专行的权力。从此，谁也不能干涉我的行动了！”接着又说，“现在黄百韬一回到新安镇，马上就会向运河西岸移动，我准备于八日开始行动，第一步在永城、宿县地区集结，兵团部队后方暂时摆在宿县（徐州军事会议原决定第二兵团在砀山、永城地区集结，现在邱清泉改为永城、宿县地区集结，又打了一个折扣）。你明天可到徐州‘剿总’去一趟，找参谋长李树正研究一下，催黄百韬赶快西撤，不要因为他的行动迟滞，妨害了整个战局，并须着重说明，我已开始行动。”

七日中午，我奉命赶到徐州。在徐州“剿总”会议室内见到了刘峙，当面报告邱清泉的意见和他的决心处置。刘峙听到邱清泉准备八日开始南撤，惊惶万状地说：“邱司令官为什么只顾自己逃走，丢了别人不管呢？现在敌人大部队正向南追，黄百韬兵团已受严重威胁，总部又还没有离开徐州，他却先走了。你马上电话通知他，要他停止行动。”正谈话间，适李树正也来到会议室，他和刘峙持同一意见。我见目的不能达到，就反问说：“不是总长授予他独断专行的权力吗？徐州有冯治安据守，总部可不可以提早向蚌埠撤退呢？”李树正说：“黄百韬兵团还没有开始行动，并且总部撤退也来不及，如果第二兵团撤退过早，鲁西敌人马上威胁徐州，怎么办？”我说：“既然总司令不同意，那就请总司令亲自打电话吧！”刘峙听了，不置可否，但又不打电话，一时沉默下来，陷于僵局。我也知道刘峙有他的苦衷，当即接通长途电话，和邱清泉讲话。我刚开口说“总司令不同意我们明天就开始南撤”，他就怒气冲冲地说了一句“我知道了”，接着他又直接找刘峙讲话，问：“黄百韬为什么不能早日西撤？”刘峙说：“因为要等候东海的第四十四军王泽浚。”邱又问：“为什么第四十四军不从海上撤走呢？”刘答：“这是老头子的命令。”至此，邱清泉才无话可说，不得不临时放弃向南逃走的打算。总之，邱清泉从增援济南失败后，尽管口头上仍大肆叫嚣，但因为已轮到他的头上，内心实际上是恐慌万分，想方设法逃命，根本就没有与解放军作战的决心。

三　满腹牢骚，一腔“泄气”

十一月七日晨，第七兵团主力由新安镇向徐州移动。八日晨，第三绥靖区副司令官张克侠、何基沣率领第五十九军及第七十七军主力在贾汪柳泉一带起义。徐州“剿总”手足无措，深恐解放军乘虚而入，攻陷徐州，于是仓皇临时改变原定的向南集结计划，当晚电令第二兵团及第七兵团克日向徐州外围集结。

八日九时左右，徐州“剿总”据空军报告，第七兵团方面还没有发现解放军截击尾追。当时我正在徐州“剿总”，消息传来，大家都兴高采烈，满以为第七兵团可以安全渡过运河西岸，实行原定南撤计划。但到八日晚，情况突然发生变化，解放军追袭部队已到达运河铁桥东北附近地区与第七兵团掩护部队之第一〇〇军发生激烈战斗。整个兵团拥挤在一条道路上，抢渡运河铁桥，遭受无谓损失。主力渡过运河铁桥后，又遭受解放军四面八方的不断袭击，伤亡惨重，到十日即在碾庄圩完全陷入解放军的天罗地网中。淮海战役的胜败，系国民党生死存亡的关键。因此，当黄百韬一被包围，大家就垂头丧气，互相埋怨。有的指责国防部不应该令黄百韬等候由东海撤退的第四十四军，迟滞了两天行程，致被解放军追及。有的指责黄百韬不应该以大部队在一条铁桥上通过，自相拥挤践踏，造成无谓伤亡，致使在掩护抢渡中就损失了约一个师的兵力。有的指责黄百韬抢渡运河，为什么不用广正面兼程前进向徐州靠拢，不抢占八义集、大许家作为自己的作战据点，而偏要在碾庄圩徘徊，自投敌人的天罗地网。其实，黄百韬的被包围歼灭，本身固然有种种原因，但解放军的行动神速，制敌机先，也是主要原因之一。

第二兵团接到命令后，为了防止解放军的追袭，即于八日晚以广正面由黄口向萧县夹河东侧地区间集结，九日陆续集结完毕，并未受到解放军的追袭。十一日徐州“剿总”决定以第二兵团及第十三兵团展开于林佟山东贺村以东南北之线向东攻击，以解碾庄圩之围。

十一日上午八时左右，邱清泉匆匆由徐州来到九里山兵团司令部，和我做了一般情况研究。当时第七十四军邱维达根据总部命令，应控制在九里山，作为总预备队。第十二军第一一二师于一凡系原东北军部队，不敢使用在第一线，结果只剩下第五军与第七十军两个军的兵力，可用之于攻击。同时，邱清泉一方面因怕轮到自己，不敢打，一方面和黄百韬矛盾重重，不愿打，但蒋介石的命令綦严，又不能不打。因此，在作战指导上大费踌躇，迟迟不能决定。于是我提出了两个作战指导方案：一是占潘塘镇、房村实行大包围，攻击大许家、八义集。此案行动迅速，可以避坚不攻，但因兵力不足，有被解放军包围歼灭的危险。另一案是先占领邓家楼、林佟山，分两路沿山向东攻击。此案行动迟缓，旷日持久，但可稳扎猛打，先立于不败之地。

由于邱清泉当时对解放军有一个固定不移的看法，就是认定解放军不打硬仗，不打持久战，如果十天消灭不了敌人，就会自动撤退。第二案既可以保存自己的实力，又应付了蒋介石的命令，只要黄百韬能支持十天，第二兵团能够顶得住，解放军一撤退，自己就算大功告成。因此，他采用了第二案，并做出部署如下：

1．以第七十军（欠第三十二师）展开于邓家楼西侧地区，于十三日拂晓后开始向邓家楼解放军猛烈攻击，奏效后，即沿山迅速向东攻击前进。

2. 以第五军展开于林佟山及其以北迄陇海路之线，主力沿林佟山，一部占陇海路南侧地区，左翼与第十三兵团取得联系，于第七十军开始攻击的同时，向东攻击前进。

3. 以第十二军在柳集占领阵地，掩护兵团右侧背安全，维持兵团与徐州间的交通联络。

4. 以第七十军之第三十二师在霸王山占领阵地担任徐州西郊守备。

5. 独立骑兵第一旅在柳集南侧地区搜索敌情。

6. 第七十四军在九里山为总预备队。

正下达作战命令间，适第五军军长熊笑三来到兵团部，看到作战指导方案后，当即提出："如果这样打法，敌人必然会逐次抵抗，极力迟滞我们的前进。这样不仅旷日持久，救不了黄百韬，而且自己因为正面攻坚，反而会伤亡重大。为什么不从邓家楼西侧地区经房村向八义集攻击敌人的侧背，将敌截为两段呢？"邱清泉为了维持作战指导方案，当即提出反问说："房村西之凤凰山及城头一带，根据正常情况判断，有没有敌人的坚强阵地？"熊答："有！"邱再问："八义集、大许家地区间，有没有敌人的强大部队？"熊答："有。"邱又问："现在我们与李弥兵团分离，如果攻击八义集不得手，被敌人钳制在凤凰山、八义集地区间，进退不得，又怎么办？"熊笑而无言以对，于是还是采用了第二案，并在作战命令附记中，特别指示各攻击军开始攻击时，必须彻底集中炮兵火力，对解放军阵地猛烈轰击，俟解放军阵地被摧毁后，步兵开始冲锋。战斗一开始，解放军阵地就成了火海。但由于解放军的坚强反击，第一天鏖战结果，国民党军全线进展仍然甚微，如第七十军主攻部队第九十六师邓军林攻击邓家楼，将炮兵火力发挥到最高度，炮弹打了一个基数又一个基数，邓家楼竟日火柱冲天，硝烟弥漫，但解放军据守屋角墙头地堡，坚强抵抗，使国民党军终不能前进一步。迄入暮后，解放军向后撤退，才得占领邓家楼阵地。由此可见，当时战况是何等惨烈！

十三日，邱清泉在林佟山接到蒋介石的亲启电，大意说："党国存亡，在此一举，吾弟应发扬黄埔精神，为国家尽忠，为民族尽孝，不惜一切牺牲，将当面敌人击溃，以解黄兵团之围。”以后一连几天陆续接到同样的亲启电。不是重复上述的话，就是严限在一天内到达大许家、八义集和黄百韬会师。有一次并严限总司令以下各高级军官亲临第一线指挥督战，违则军法从事。大概蒋介石也知道是鞭长莫及吧，所以在使用军法从事等严厉词句的亲启电中也夹杂一些“吾弟……吾弟……”的字眼，企图以此来打打气，可是究竟有谁真正亲临第一线指挥督战呢？尤其是邱清泉接到责电后，更是满腹牢骚，无处发泄。正在此时，风传南京比徐州更加惊慌混乱，各部院准备向西南迁移。于是他的牢骚更是大发作，他愤愤地向我说：“今天来个‘军法从事’，明天来个‘军法从事’，我们在前方拼命，南京路隔千把里，倒自相惊扰起来，准备逃走了，真是滑天下之大稽！这种仗还有什么可打？老头子为什么自己又不来呢？如果他自己坐镇徐州，谁又敢不替他卖命？当然徐州现在是危险的，那也可以坐在飞机场指挥嘛！”尽管满腹牢骚，但蒋介石的亲启电却不能置之不理，不得已于十八日到陇海铁路线附近第五军第四十五师方面督战，指挥该师向孙庄攻击。

还是在十一日下达作战命令之前，我鉴于此次增援黄百韬作战胜败，关系到国民党的生死存亡，曾向邱清泉建议，组织若干个督战队，各队均配属重机关枪，使之分据由徐州通向第一线各重要路口，严督官兵只准前进，不准后退，凡在前方之官兵，不论在任何情况下，回到徐州时，必须有特别通行证才准通过，否则就以临阵脱逃论，就地正法。如果部队没有特别通行证，就用重机枪镇压。邱清泉非常赞同这一建议，但又恐因此增加官兵反感，所以迟疑不决，现在他亲自督战，指挥攻击孙庄，不能再缓，于是就用一种变相的办法令师长郭吉谦组织一个“敢死队”，在攻击部队先头向孙庄突击。“敢死队”组织的方法是：以金钱重赏及“连升三级”诱使官兵报名。开始只有六七人报名参加，于是又改用挑选指定的方法。该师就是用这种“敢死队”的冒死冲锋和炽盛之炮兵火力与战车之直接协同下，于当日下午二时左右突破了孙庄阵地。据守阵地的解放军，伤亡惨重，被压迫到孙庄之一角。时过不久，解放军的增援部队赶到，内外夹击，对侵占孙庄的国民党军两个营进行猛烈反攻。国民党军猝不及防，伤亡惨重，如潮水般地向后溃退，孙庄得而复失。入暮后邱清泉垂头丧气地回到林佟山。

二十二日，黄百韬兵团被全部歼灭。二十四日，徐州“剿总”命令邱清泉向宿县攻击前进，与黄维、李延年兵团协同打通津浦线徐蚌段。邱清泉大发牢骚说：“这打的是什么仗？怎么要我同时执行两项任务呢？大概不把我打光，他们是不甘心的。”

本来黄百韬被歼灭后，国民党崩溃之势已成定局。打通徐蚌之战，较增援黄百韬作战，情势更为危急，一开始蒋介石给邱清泉的亲启电就极其严厉，限在一天内到达符离集与黄维、李延年会师。而第二兵团之第十二、七十、七十二、七十四四个军已展开于津浦路南段三堡北侧地区亘柳集、潘塘镇南侧地区迄半山广正面之线上，摆出破釜沉舟、决一死战的架势。但结果呢？从二十五日开始攻击起，一连四天，前进了十至十五公里，到达褚兰之线，即不能前进了。当时第五军军长熊笑三还对我说：“邱先生（邱清泉）这次不知道为什么这样消沉，过去每次作战都是大叫大嚷，要杀这个，要杀那个，神气十足，这次连话都不愿意说了！”

四　漫天大谎的“潘塘镇大捷”

在淮海战役刚一开始时，蒋介石满以为邱清泉、李弥两兵团依空军战车之协力，挟炽盛之炮兵火力，第一天可以进展到大许家、麻谷子之线，第二天可以进展到八义集，与碾庄圩遥相呼应，解除黄百韬的被歼危险。十一月十五日进攻部队被解放军坚强阻击，每日前进速度平均不到两三公里，同时碾庄圩包围圈一天天缩小，战况空前激烈。蒋介石更加惶恐，于当日下午向邱清泉发出十万火急的亲启电，命令邱即日以有力部队，不顾一切牺牲，钻隙迂回，向大许家突击，并限在一天内确实占领大许家，掩护兵团主力前进，以解黄百韬兵团之围，违则军法从事[①]。邱清泉接到电令后，左右为难，找我商量。按照当时情况及国民党部队本身条件，绝不能施行钻隙迂回作战，因为可使用之第五军及第七十军已使用在正面与解放军胶着，无法抽调；第十二军系杂牌部队，战斗力弱，不敢使用；第七十四军重新编成，战斗力也不强，不能执行独当一面的重要任务，尤其是没有钻隙迂回作战的经验，派出去必然会被包围歼灭。但蒋介石的命令又不能违背，怎么办呢？于是就以非自己嫡系部队的第七十四军做牺牲品，以抵命令，限该军于当日下午五时轻装出发，经潘塘镇、张

① 据查，这个命令是杜聿明下达的。

集、房村，不顾一切牺牲，钻隙迂回[①]向大许家突进，并限次日正午以前攻占大许家，为兵团攻击前进扫清障碍。当然，邱清泉和我也明知道第七十四军无法完成任务，但因蒋介石命令綦严，为了摆脱自己的干系，也就不得不如此了。所以当第七十四军军长邱维达在出发前用电话问我是不是令其孤军深入时，我当时没有什么话可以解释，只得把责任推到蒋介石的身上。我对他说："这是总统的命令，不去就要军法从事，邱司令官也知道很危险，但没有办法。"果然，该军刚前进到潘塘镇东南（张集）附近，就和解放军发生遭遇战。战斗一开始就空前激烈。据当时获得的文件证明，当面的解放军系第二、十一、十二三个纵队（番号记忆或有错误），作战企图是准备于当晚十二时以前以迅雷不及掩耳的行动，袭击徐州飞机场，并确实占领之，以截断国民党军与南京徐州间的空中交通联络。激战后不久，第七十四军因伤亡重大，兵力众寡悬殊，于当晚被压迫收缩到潘塘镇占领阵地，右翼与柳集第十二军第一一二师于一凡联系，顽强抵抗，于是就形成了潘塘镇战斗。

潘塘镇战斗是国民党军增援黄百韬作战的一个关键性战斗，如果潘塘镇失守，第七十四军就被歼，不仅徐州不保，而且邱、李两兵团的后路也会被截断，那时就是插翅也难逃了。因此，潘塘镇战斗刚一发生，邱清泉就惶惶不安，一是因第七十四军非自己的基本部队，战斗力比较薄弱，怕抵抗不了解放军的猛烈攻击；二是怕第十二军之第一一二师师长于一凡在情况危急时乘机起义。所以他一夜未睡，亲自用电话调度指挥。第二天，战况更为激烈，第七十四军阵地之一部几度被解放军突破。同时原第一〇七军第二六一师孙玉田部在柳集南陈桥被解放军击溃，纷纷向柳集方向撤退。邱清泉更怕他乘机扰乱后方，乃急将原在霸王山担任徐州西郊守备的第七十军第三十二师调到柳集附近监视孙玉田，不准继续北撤，勒令他在二陈集联系第一一二师于一凡参加对解放军作战，并亲用电话要求徐州空军派飞机轰炸扫射。到十六日下午，解放军已进至第七十四军主阵地前约一百米外，实施对壕作业，情况更为紧张。邱清泉向我说："现在预备队都用光了，到晚上敌人对邱维达必然会发动更猛烈的攻击。邱维达顶不住，怎么办呢？"当时我也怕第七十四军被解放军击溃，影响全局作战，于是建议将第七十军第九十六师由鼓山、狼山阵地抽调下来，即日用汽车输送到第七十四军及第十二军接合部增援作战，第七十军正面暂取守

① 有的文章说是翼侧迂回。

势。黄昏前，邓军林到达潘塘镇村后攻击准备位置。是夜，激战通宵，溃回之第二六一师孙玉田部也参加了战斗，第一一二师于一凡方面战况尤为激烈，几度曾发展为逐屋争夺战。到十七日拂晓，解放军因见国民党军增援部队业已到达，乃作有计划地撤退。邓军林见有机可乘，当即展开猛烈攻击，用装甲车掩护，突入十多里后才停止。至此，潘塘镇战斗结束。

因为潘塘镇阵地未被解放军攻破，第七十四军也未被消灭，所以徐州得到暂时稳定。邱清泉为了标榜自己的“战功”，于是就捏造战况，通电告捷，说进攻潘塘镇的解放军被第二兵团猛烈反击，歼灭大部，于十七日向后撤退，溃不成军。徐州“剿总”及南京国防部为了振奋人心，也就正式宣告“潘塘镇大捷”，尤其是徐州“剿总”煞有介事地在大街通衢鸣放鞭炮庆祝。南京国防部更发动组织所谓慰劳团，携带大批现洋，到潘塘镇柳集一带进行现场慰劳，表彰第二兵团所谓“战绩”。其实究竟“捷”了一些什么呢？连邱清泉自己也作不出答案。正当潘塘镇宣告所谓“大捷”的时候，第七十军正面之解放军乘虚攻击，一举而将鼓山阵地攻陷。第七十军不得已又将增援潘塘镇方面作战之第九十六师邓军林调回。邓部到达目的地时业已入暮。鼓山系第七十军阵地锁钥部，居高临下，可以瞰制该军全阵地，如果鼓山阵地不能控制，狼山阵地也就不能固守。因此，当邓军林回到目的地后，邱清泉立即用电话命令第七十军军长高吉人开始反攻，恢复原阵地。高吉人当时一方面因该军历来不惯夜间攻击，一方面因邓军林刚由潘塘镇方面调回，对鼓山的敌情均不明了，所以要求第二天拂晓后开始攻击。邱清泉大怒，认为高吉人是有意违抗命令，严令非立即反攻不可。而高吉人自以为是杜聿明的老人，根本就没有把邱清泉放在眼内。因此，两人在电话中大吵起来。高吉人质问邱清泉说：“如果逼令夜间攻击，失败了影响全军，阵地崩溃，谁负责？”邱清泉厉声说：“如果打败了，你死在那里，我死在这里！”两人僵持不下。最后邱清泉气急败坏地把电话一摔，向我说：“你去跟高吉人讲话吧！要他立即反攻，把鼓山阵地拿下来！不然，我就杀他的头！”我见邱清泉怒不可遏，不便当面通话，当即回到自己的房间，劝高吉人接受邱清泉的命令，立即部署攻击。高吉人根据上述理由，坚持不肯。不得已，我只好找邓军林直接通话，向他说：“你是杜老总的老人，现在已到了党国生死存亡的关头，你必须尽忠效死。鼓山是我们阵地的锁钥部，如果不立即恢复，就会影响整个战局，应该执行司令官（邱清泉）的命令，马上开始攻击！”邓军林当时在电话中也申述不敢立即攻击的苦衷，主要是鼓山情况尚未侦察清楚，无法部署攻击，保证于次日拂晓后即开始反攻，并保证将原阵地恢复。我回报邱清泉，伪称邓军林正在部署攻击，俟部署完毕，立即开始行动[①]。至此，这一场风波，总算表面上得到平息。

十一月二十五日，南京国防部所组织的所谓“慰劳团”由团长方治、副团长国防部新闻局（新闻局原称政工局，在战役中更名，故此书两种称呼都有）局长邓文仪率领，到达柳集对第二兵团部队官兵进行现场“慰劳”。“慰劳团”一行共三十余人，其中有参政员、“立法委员”、新闻记者、上海工商界所谓“闻人”、美帝新闻处军官、“国防部新闻局”处长等，徐州“剿总”前进指挥部政工处成员也临时参加了“慰劳”。慰劳团携带的慰劳品，主要是现洋，无论官兵一律慰劳现洋二元，这又给国民党军主管官员一个贪污发财的机会。在战况紧张发放不及的借口下，有的将领到的现洋控制在自己的手中，企图乘机吞没一部或全部。

“慰劳团”到后，邱清泉当然绘影绘声地大吹大擂一顿。他的原意是让“慰劳团”只在兵团部慰劳一下，就算了事，但“慰劳团”并不了解“潘塘镇大捷”的内幕，以为第二兵团果真击溃了解放军三个纵队。他们想象潘塘镇必然到处断瓦颓垣，破壕残垒，弹痕累累，血渍斑斑，因此，要求我陪同他们到第一线去参观所谓“大捷战绩”，这使邱清泉大吃一惊，慌忙说：“第一线能去得了吗？出了危险，谁负责任！”但又无法拒绝，只得一面指示由我出面，向“慰劳团”部分成员提出警告，说“第一线阵地上常有敌人打冷枪，不能去，去了就有性命危险”，一面亲自用电话部署第七十军军长高吉人、第七十四军军长邱维达，予为准备，限制“慰劳团”只能在军师部进行慰劳，不得派人陪同到第一线去参观，以此掩盖事实真相。

还在十七日第七十军第三十二师增援潘塘镇作战时，该师第九十五团曾在柳集石碑附近一个村庄内，与解放军一个营遭遇，俘虏了解放军战士三四十人，当时邱清泉向徐州“剿总”报捷，捏造为歼灭解放军一个整营，枪支武器齐全。就在当日晚，该团一个连在柳集西南方之崔庄，被解放军围攻。因电话联络中断，情况一度混乱，后来该团有一通信兵自告奋勇冒险接通有线电话，使该团了解到崔庄情况，派部队增援，将围攻崔庄的解放军击退。本来潘塘镇战斗是由于第七十四军邱维达、第九十六师邓军林及第一一二师于一凡等的顽强

---

① 邓军林说是他向邱清泉申诉的，见本书邓文。

抵抗，邱清泉才得以通电告捷的，但在战斗中除邓军林在追击时缴获了迫击炮两门、步枪十余支外，其他如邱维达、于一凡等不仅一无所获，而且伤亡重大。现在“慰劳团”要找出典型，进行现场慰劳，参观所谓“大捷战绩”，怎么办呢？于是就“李代桃僵”，将没有参加潘塘镇战斗的第三十二师作为对象，假以该师第九十五团通信兵某某作为典型，组织“慰劳团”的新闻记者及国防部新闻局话剧宣传十三队队长应昂等①，给通信兵某某及第三十二师师长龚时英、副师长贺知诗等大量拍照。为了将“大捷战绩”的真实性做到“天衣无缝”，龚时英按照邱清泉的旨意，向第九十六师借来过去缴获的各种枪支二百余件，作为自己在这次战斗中所缴获的“战利品”当众展览照相。依邱清泉自己的话说：“这是因为第三十二师刚刚成立不久，没有‘战功’，以此来培养龚时英，提高第三十二师官兵的斗志。”尤其滑稽的是十二日国民党军进入萧永地区陈官庄包围圈后，第二兵团突然接到国防部通令，正式授予该通信兵某某“青天白日勋章”。在兵团部授勋时，龚时英遍找该兵不着。经查，这个通信兵在进入包围圈后，因粮食缺乏而发牢骚，被第九十五团团长袁子浚加以“共产党”的罪名秘密活埋了。不得已，龚时英就临时找了一个士兵冒名顶替接受了这枚“青天白日勋章”。

五　垂死的挣扎

（一）“战将”不救，会寒“将士”之心

十二月二日下午，第二兵团各部队由徐州突围，陆续到达萧县、永城之间的倪楼、倪阁、张庙堂、左砦、陈官庄、青龙集等附近地区。下午二时左右，邱清泉和我到达孟集。因连日来部队日夜急行军，疲惫不堪，同时部队与部队间发生互相穿插，建制紊乱已极。邱清泉决定令各部队就地停止，略事休整，再行前进。三时左右，突然接到侧卫部队第五军第四十五师郭吉谦在襄山庙发出无线电紧急报告，说被解放军第九纵队三面包围，发生激战。邱清泉深恐郭吉谦被歼，当即电话命令第七十军第一三九师派出一个团前往增援。入夜后，解放军压迫更紧，激

① 据查，应昂当时已调至徐州“剿总”前进指挥部政工处当科长。

战通宵，郭师据守之阵地逐渐缩小，形势危殆。三日上午，邱清泉又命第七十二军余锦源派出一个师前往增援，攻击解放军的侧背，掩护郭吉谦从襄山庙突围。当邱清泉做出这一部署时，我为了逃避灭亡，曾表示强烈反对。我说："郭吉谦原系掩护部队，任务就是极力与敌人发生接触，阻止敌人追击，掩护兵团主力安全撤退。现在襄山庙与敌人发生激战，是战场上一种极其正常的情况，同时大兵团转进，掩护部队遭受一些损失，也是必然的趋势。不如乘郭吉谦钳制了敌人的时候，兵团主力克日继续向西急进，俟通过亳县、永城间地区，脱离危险界后再停止，整顿态势并令郭吉谦突围。如果现在命令大军就地停止，并派部队增援，反成为主力掩护'掩护部队'了，岂不正中敌人之计，将来必然会和黄百韬一样，被敌人重重包围，造成全军覆没。"邱清泉坚决不同意，他说："牺牲别人可以，郭吉谦和邓军林是我的战将，在苏北、鲁西、豫东一带屡立战功，如果今天不将他救出重围，将士会寒心，都会骂我没良心，将来会有谁为我作战呢？"当时第五军军长熊笑三、第七十军军长高吉人、第七十二军军长余锦源以及其他中上级指挥官等也纷纷提出反对，大家互相质询，为什么掩护部队刚与敌接触就要派部队增援，坐使几十万"大军"停顿不前，等待敌人追击？但邱清泉仍我行我素，坚持非将这位"战将"救出不可。正在此时，杜聿明接到蒋介石的亲启函电，限令向濉溪口方向攻击前进。于是邱清泉徘徊犹疑，不进不退，指挥几十万"大军"钻入人民的天罗地网，束手就缚。[①]

三日下午二时左右，郭吉谦在襄山庙用话报两用机对我说："第四十五师自遭受九纵队猛烈攻击以来，伤亡重大，现在已被迫放弃了一部分阵地，如果不派部队增援，就有被击破的危险。"当时我本想将邱清泉的处置明白告诉他，增加他顽强抵抗的勇气，但又恐在话报两用机上泄露了军事机密，于是用隐语回答他说："已派了两个大的东西前来（指两个师，其实只派一个师），你可以和它密切协同，内外夹击，将当面敌人击溃，突出重围。"郭吉谦当时听到邱清泉已派了两个师救他，兴高采烈，在话报两用机中，连呼"OK！OK！"

由于第二兵团派部队增援郭吉谦，在原地停顿两天，不进不退，使解放军得以从容赶到永城东北地区，截断国民党军向西逃窜的退路，致

---

① 据查，杜聿明是十二月二日批准暂停整顿的部署，十二月三日接到蒋介石亲启信才改变退却的决心，作了向濉溪口攻击的决定。

使国民党军原来所认为的安全地带也变成了前方。因此，到三日晚十时左右，驻在孟集西北侧地区倪阁的兵团部独立旅王屏南部即被解放军围攻，战斗不到一小时，就全部被歼灭，连增援也来不及。接着驻在孟集西侧地区倪楼的第五军第四十六师也遭受解放军的猛烈攻击。不久，师长陈辅汉负伤，不能督战，形势更为危急。倪楼系与孟集毗连，当时徐州“剿总”前进指挥部及第二兵团司令部都驻在孟集。大概是有人以为高级司令部所在地就可以保险吧，所以车辆、散兵游勇以及随同逃走的所谓“难民”男的、女的、老的、少的，都聚集在孟集的周围，无形中把孟集团团围住。倪楼战况越激烈，他们就越感到恐慌，越到处乱窜，人声嘈杂，火光烛天，到处乱喊“抓八路”。其实解放军并未到达孟集，不过是散兵游勇自相惊扰，借乱叫乱嚷来壮壮胆而已。当时我为了稳定混乱局面，曾亲自指挥战车团团长赵志华派出战车两辆，在孟集与倪楼间交替来往巡逻，阻击解放军接近孟集。殊不知战车官兵更胆小如鼠，一面巡逻，一面乱开机枪，流弹落在孟集村庄内，造成风声鹤唳，草木皆兵，使情况更加紧张。邱清泉在这种情况下，也一筹莫展。于是他又立即电令刚由襄山庙突围的第四十五师当夜西开孟集，策应第四十六师方面作战。为使第四十五师行动迅速，当时还派一上尉参谋，在孟集东门外守候，传令该师火速开赴倪楼参加战斗。由此可见邱清泉是如何的张皇失措。

（二）邱清泉的硬攻也是徒劳

第二兵团在十二月六日王庄军事会议决定放弃突围计划后，七日就继续向南攻击。因第七十军军长高吉人在会议上曾坚决主张向南硬攻，第七十四军军长曾申明“包打”，所以在兵力部署上就以此两军为主攻部队，一同攻击，并肩前进。

第一天，第七十四军攻击魏窑西南一个小村庄，第七十军攻击鲁楼南侧地区之李楼。如果真正行真面目之攻击，两个军协同行动。以一个军的全力攻击一个村庄，当然可收攻击之效。但第七十军接受任务后，在邱清泉另一指示下，仅做攻击准备，不立即开始攻击行动，唯一的理由是要等待第七十二军攻击鲁楼奏效后，才能对李楼开始攻击。李楼与鲁楼是相毗连的村庄，两村可以南北互相呼应。早一日，第七十二军之一部就已向鲁楼开始攻击，因解放军坚强反攻，攻击遭受顿挫，就军事常识来说，如果对鲁楼及李楼同时进行猛攻，至少可以迫使两处“敌人”独立作战，不能互相策应。这样不仅使自己的攻击效果事半功倍，而且可以减少伤亡。但一贯以“战略家”自居的邱清泉偏不如此，坐使第七十二军在解放军得以随意增援下，攻势屡遭顿挫，一直到九日将第七十军第九十六师一部加入战斗，才侵占鲁楼并开始向李楼攻击，但较第七十四军方面推迟两天。由此可见邱清泉主张向南硬攻怀的是什么目的。第七十四军虽然做到了按时开始攻击行动，但由于本身战斗力薄弱，虽有炽盛火力，以一个军的兵力攻击一个小村庄，仍然遭到了挫败。于是这两个主攻部队之间互相埋怨起来，第七十军埋怨第七十四军战斗力太差，以一个军的兵力，攻占不了一个小村庄，实在太不中用。第七十四军则埋怨第七十军迟迟不开始攻击，使解放军的压力全部加在它的头上，使它挨打。这就是邱、高等坚决主张向南硬攻第一天的结果。

十一日，邱清泉决定再做狼奔豕突，命令第七十军军长高吉人在鲁菜园亲自督战，指挥第三十二师龚时英向窦凹攻击。在炽盛的炮兵火力掩护下，该师副师长贺知诗亲率一个团，突破窦凹阵地，冲入窦凹村内。这时，他见解放军猛烈反攻，一人仓皇向后逃走。正在激战中的官兵见副师长逃走，于是纷纷溃逃，致窦凹阵地得而复失。后来高吉人令第九十六师派一个团加入攻击，才将窦凹阵地再度占领，但伤亡重大。邱清泉闻讯大怒，立即将贺知诗的副师长职务撤掉，改任该军高级参谋，并责令龚时英亲率第三十二师死守李楼，非有命令，不准退出，违则就地处决。此时邱清泉的“战将”第九十六师师长邓军林倒表现得特别顽强。邓军林一向是以不怕死、猛打猛冲来取得杜、邱二人信任的。十二月二日进入萧永地区包围圈后，各级指挥官因被解放军重重包围，欲逃不得。大家都垂头丧气，只有邓军林例外。他认定，在突围中部队必然会遭受严重损失。依据他的自身条件，如果没有部队，师长职务就不会存在，即算侥幸突围成功，也必会因为战败，任人宰割，倒不如宁在解放军重重包围下，硬拼到底，打开一条血路出去，无论损失如何，还可继续保持师长职位。最主要的是他相信自已能“冲锋陷阵”，有突破重围的把握。因此，十二月中旬，攻击王庄时，他自已亲乘战车，突入解放军的阵地，指挥部队冲锋前进。一九四九年一月九日深夜，国民党军阵地业已全线瓦解，他还准备带一部分残兵冒死冲锋，掩护杜、邱二人突围而走。其实，这种狼奔豕突又能发生什么作用呢？统计第二兵团，从十二月四日开始向南硬攻起至十五日黄维兵团被歼止，以第十二、七十四、七十、七十二四个军的兵力配合全部炮兵、大部战车以及大量空军之协力，在十二天内，仅攻占了窦凹、鲁楼、李楼、长村、孔庄、李明庄、魏小窑、魏老窑十几个村庄，前进不过两三公里。尽管结果如此，但是邱清泉仍坚持继续向南硬攻。

还有一件令人不可思议的怪事，就是邱清泉对于第五军的使用。该军系邱清泉的起家部队，全部美式装备，军长熊笑三是经他一手培植为心膂之寄的人物。第四十五师师长郭吉谦是他自诩与第九十六师师长邓军林并称的所谓“战将”，其他如第二〇〇师系第五军基本部队，第四十六师虽系新编入第五军建制，但经过人事调整，部队已为第五军基层干部所控制，战斗力较其他各军都强。按常理说，在战局紧张关头，尤其是在生死关头，应该将它使用于战场上最紧要的方面。但邱清泉则恰恰相反。当黄百韬在碾庄圩被歼后，第二兵团的任务改为向南攻击，协同黄维兵团作战。邱清泉对于一直不敢使用的第十二军第一一二师，这时也被部署在主攻方面，但对战斗力较强的第五军则仍不肯使用，编为兵团总预备队，控制林佟山、邓家楼一带防线。徐州突围后，除该军第四十五师在襄山庙被解放军第九纵队包围做过一次激战，第四十六师在倪楼发生过一次战斗外，其余全部在包围圈内，自始至终未曾和解放军做过激烈战斗。一九四九年一月六日，国民党军全线阵地受到解放军猛烈攻击，全军灭亡已迫在眉睫，然而邱清泉宁愿向第七十二军军长余锦源用哀求方式，讨一个团做兵团预备队，也不肯将第五军投入战斗。这种措施，除了牺牲别人，保存自己嫡系部队以外，又能做何解释呢？这只能像邱清泉自己常说的，“人不为己，天诛地灭”。

（三）活够了，死了也值得

十二月六日下午，杜聿明在王庄第二兵团司令部召集军事会议[①]，讨论突围办法。在计划业已决定，正待实施时却被邱清泉一语破坏。当时我百思不解，心想：“邱清泉在增援黄百韬作战时不敢打，不愿打，只一味保存实力，坐观成败。十二月二日下午，刚进入萧永地区包围圈时，听到李弥继续西逃，不和他协同作战，又吓得那样满头大汗，神色慌张。可是为什么在正式计划突围，可以逃避覆灭时，他偏要坚决反对突围，主张向南硬攻呢？”事后经许多事实证明，才知道他是欲逃不得。第一，他一贯认为解放军只能打十天，如果打到十天，仍消灭不了敌人，就会自动撤退。他这种看法，经过增援黄百韬作战，证明完全是主观臆测，但他并没有因此得到应有的教训。在进入萧永地区包围圈后，又判断解放军充其量

① 一说在夏砦。

不过能打到二十天左右。过了二十天后，一因粮食不够，一恐国民党军增援，他们必然会和过去一样，自动撤退。如果自己能坚持二十天，不被消灭，就无异打了一个大胜仗。第二，他自从反人民以来，虽气焰嚣张，不可一世，但实际上是挨打多，打人少。无论是苏北、鲁西、豫东的任何一次战役，在战略部署上，他无不是以主力取守势，以一部取攻势。每次战后，不论伤亡损失怎样，只要是自己没被解放军打垮，就算打了胜仗，就要捏造战况，大肆宣传。一九四八年六月的豫东会战，他用这种战法迟迟不进，断送了区寿年兵团，被蒋介石给以记过处分。在徐州东增援黄百韬作战时，他又用这种战法，致黄百韬全军覆没，因而各方面纷纷指责他保存实力，坐视不救。现在受命增援黄维，黄维没有突出重围，自己倒"破碎支离"地逃走，必然会前罪俱发，受到蒋介石的严惩，结果还是难逃一死。因此，当时他的心理上存在着极大的矛盾，一方面怕死，一方面又不敢逃，更没有作死的打算，只是把希望寄托在二十天后解放军自动撤退的幻想上，妄图侥幸。最显著的，如十二月七日第二兵团司令部由王庄移驻陈官庄时，他一方面大叫大嚷地指挥第七十军高吉人及第七十四军邱维达向南硬攻，一方面又私下和我说："只有欧洲人打仗最好，打得赢就打，打不赢就降，不像我们中国，明知道不能打，也非打下去不可！"又如十二月中旬某日，我和他偶然谈到十二月六日王庄军事会议的情况。我对放弃突围计划表示非常惋惜和悲观，他安慰我说："何必这样悲观呢？即使将来真正总崩溃，几十万散兵游勇如潮水般地向外流，鱼还会有漏网的，难道我们就不能混出去吗？何况我们打败了，还可以到大别山去打游击呢。"到十二月十九日以后，天降大雪，空投中断，外援的希望既绝，而官兵自动向解放军投降者又日益增多。他知道自己的死期已至，原来那种幸存的心理从此就发生根本变化了。有一天，我一人在他的房中，他戚然地向我说："现在情况已到了绝望的关头，不能不准备万一。将来我万一战死后，你是参谋长，可以代替我指挥。在你指挥时，也要和我一样，指定代理人，免得在情况紧急时无人统一指挥作战。"接着又自言自语地说，"我今年已经四十八岁了，看也看够了，玩也玩够了，什么都享受过，就是死也值得！"当时我见他的情绪这样颓丧，要解劝也不知从何谈起，加以我自己的情绪也如万马奔腾，无法排遣，真是"愁人莫对愁人说"，只好戚然相对者久之。最后，我对于统一作战的问题，觉得不能不表示意见，便说："古来有一句俗话，食君之禄，应当忠君之事。我受党国培养，当然要为党国尽忠。不过我是军校六期毕业，除第五军军长熊笑三外，其他军长如高吉人、邱维达、余锦源等，资历都比我深，如果我来指挥，必然会事事掣肘。高吉人是第五军的元老，又是杜老总（杜聿明）的亲信，并且久历戎行，作战经验丰富，如果要他来代替指挥，必能胜任愉快。”邱清泉当时考虑了一下，说：“也好，就这样办吧！我死后由高吉人指挥，高吉人死后由舒适存指挥（舒系杜聿明的参谋长，第二兵团中将副司令官）。”到一九四九年一月六日因高吉人中炮弹破片受重伤，不能亲临第一线督战，同时为了鼓励副军长邓军林顽抗到底，又命令发表高为兵团副司令官，以邓军林升任第七十军军长，准备做最后的孤注一掷。

十二月二十五日左右，邱清泉看到第一线哨兵经常替解放军传递劝降信，各级指挥官不仅不加制止，反而竟相传观，于是亲下一道手令，严禁第一线哨兵传递任何信件，违者就地枪决。邱清泉的手令虽然是这样綦严，但解放军的劝降信仍然陆续飞到阵地内，各级指挥官照样竟相传观，谁也不肯查问它的“来龙去脉”。到一九四九年一月一日以后，天气转为晴朗，邱清泉判断解放军必将发起大规模的歼灭战，自己已死在眉睫，因此情绪更为悲观，一连几天，带着第二十四后方医院女护士陈某到各军去饮酒跳舞，每天醉醺醺地回来后，就蒙头大睡，万事不管，究竟是强颜欢笑呢，还是惜别呢？死在临头，还这样的纵欲荒淫，真是江山易改，本性难移！

（四）结果是全军覆没

一九四九年一月六日，解放军的对壕作业已进展到国民党军主阵地前四五十米外，有的只相距二三十米。这种对壕作业是国民党军的致命伤。因为这种对壕作业，衔接解放军阵地散兵壕。对壕掘成后，解放军攻击部队可以不受敌人炮火阻击，沿壕沟攻击前进，到国民党军主阵地前几十米处，猝然发起冲锋，一举而突破阵地。这样，就使国民党军所有轻重武器，以至连手榴弹，也失去效用。尤其是在掘壕前进时，更给国民党军官兵精神上以极大的威胁。在一九四八年十二月中旬解放军开始对壕作业时，国民党军还能运用一种反对壕作业法来进行破坏（即用少数士兵在轻重火力掩护下，将自己的交通壕战直角逐渐向解放军阵地延伸，将解放军所掘的对壕截成数段，分别包围，各个击灭；或用战车来回压砸，将已掘好的对壕摧毁），现在因为官兵久饿精疲，根本丧失战斗力，只能眼看着解放军的对壕作业一天天接近自己的主阵地，而束手无策。

六日中午左右，解放军全线开始猛烈攻击，炮兵火力也发挥到最高度。解放军正午发动主力攻击，炮兵火力对国民党军炮兵行制压射击，这是国民党军同解放军作战三年来第一次所遇到的情况，使国民党军一向所恃的陆空军联合炽盛火力的“威力”完全丧失效用。因此，官兵情绪更为紧张，士气更为低落。当天激战结果，据不完全统计，邱、李两兵团被解放军击灭击溃共约十三个团的兵力。这样一泻千里似的崩溃，不仅所有国民党军的指挥官心惊胆战，即使平时狂妄不可一世的邱清泉，也恐慌万状，终日呆坐在敌我态势图前垂头丧气，自言自语地说：“真正崩溃了！真正崩溃了！”到第二天晚上，战况发展到最激烈的时候，他索性喝得醺醺大醉，用被子蒙着头睡在床上不闻不问。我恐当晚崩溃，向他请示办法。他怒气冲天地说：“让它崩溃好了！”一句话把我僵在床头，进退不得，大概他也感到这样下去不是办法吧，接着他又委婉地说：“你先去问问情况再说吧！”

到九日十时后，情况更加恶化。邱清泉为了应付万一，亲自用电话找第七十二军军长余锦源抽调一个步兵团控制在陈官庄，为兵团预备队。他在电话中说：“现在情况紧急，兵团部所有部队都已调空，我想向你讨一个团，做兵团预备队。”我没有听到对方答话，只见邱清泉轻轻地把电话一搁，愁眉苦脸地两手抱着头，呆呆地坐在电话机前，一言不发。上级向下级调动部队，不用命令而用“讨”，这是我在蒋介石集团中二十多年间闻所未闻，见所未见的现象，当时真不胜感慨万端：“这位平时不可一世的混世魔王为什么有围不突，一定要弄得今天这样狼狈不堪，向部下低声下气来讨兵，结果部下仍然是一兵不发呢？”

下午二时，国民党军第十三兵团阵地全线崩溃，邱清泉吓得惊慌失措，连各处室也不通知，就与杜聿明一起带着一个连做警卫离开陈官庄到陈庄[①]第五军司令部去依靠第五军军长熊笑三。熊笑三原系杜、邱二人一手培植起来的人物，尤其是邱清泉倚为心膂之寄。当时在他们看来，只有他才可靠。当杜、邱二人到陈庄时，解放军的炮火接着就延伸到陈庄村内。熊笑三当着杜、邱的面牢骚满腹地说：“打了四十天，陈庄从来没打落炮弹，兵团部刚来，敌人的炮弹也跟着来了，这就是因为人来得太多暴露了目标的关系。”吃晚饭时，因人多碗筷不够，他又当场发牢骚说：“来这么多的人，哪有这么多的东西吃呢？”到晚上十时

---

① 陈庄位于陈官庄北一公里处，两庄之间是临时飞机场。

左右，邱清泉秘密找他谈了一次话，是不是“嘱托后事”，我不了解，这天晚上他就潜逃了。

当天接近黄昏，第十三兵团司令官李弥来到陈庄向杜聿明请示机宜。然而到了这种时候，杜聿明又有什么机宜可示呢？只好大家坐在掩蔽部内默然相对，真是“满腔心腹事，尽在不言中”。大约半小时后，我送李弥出掩蔽部，见阵地周围的炮火，映得满天通红，滚滚浓烟，轻重机枪和手榴弹声，一阵紧似一阵，各种颜色的曳光弹，如无数道流星似的在阵地上空飞来飞去。李弥伤感地说：“炒豆子的时候到了！我早就知道有今天！”我的心情更不胜感慨系之。几十万人马自从突出萧县隘路口后，本来如邱清泉自己所说的，“海阔天空，任我高飞”，但因一着之差，竟陷入今天四面楚歌、束手无策的困境。

我回到杜聿明的掩蔽部后，见第十二兵站分监部分监耿明轩在座，便和他一道力劝杜、邱二人立即乘部队还没有完全崩溃的时候，乘坐战车，由张庙堂第五军第二〇〇师阵地向西突围。虽然我考虑到在这种混乱已极的情况下，突围必然是“九死一生”，但觉得这样总比坐着等死好。耿明轩说：“现在突围，固然牺牲很大，但这次战争，我们已尽了最大的力量，即使我们全军覆没，总统也没有理由责怪总司令（杜聿明）作战不力。俗语说得好，‘留得青山在，不怕没柴烧’，现在是留得一个算一个。如果不突，在这里的高级将领会被共产党一网打尽，对国家又有什么好处呢？”杜聿明坚持不肯，只说：“你们突吧！我是不突的，就是剩下我一人，我也不走！”经我再三催促，他最后说：“等到天明后再说吧！”

到十时左右，我见杜、邱二人仍不决心突围，乃决心自己单独行动。我将第二六一师师长孙玉田找到陈庄，命他集合该师残余官兵掩护我突围而走。因为他系“杂牌”部队，和我没有历史渊源，又恐他在突围途中将我“出卖”，因此，我向他提出保证，只要他能真正掩护我突出重围，我负责保举他仍任第二六一师师长，在江南重新编组部队。其实我已是“泥菩萨过河自身难保”，又有什么力量保举别人呢？不过是为了自身的安全，以此来博取他对我“效忠”而已。

因为杜、邱二人还没有走，自己也不便立即离开陈庄，于是又命孙玉田将部队向陈庄靠拢。孙玉田走后，适第七十军政工处处长范宏亮也来到陈庄。他向我建议说：“现在阵地内到处都是共军，情况混乱已极，除投降外，别无办法可想。现在能向邱先生说话的就只有你，希望你能劝他投降。”还在一九四八年十二月下旬，在陈官庄时，他就劝过我一次，要我转劝杜聿明投降。那时我因为一方面认为自己受了党国的培养，应当为党国效死尽忠，不应该投降变节，一方面又怕杜聿明在战况危急关头将我处决，杀一儆百，所以当时曾警告他不要再向任何人提起投降二字，以免被邱清泉风闻，受到严惩。现在业已崩溃，邱清泉又怀有必死之心，情绪恶劣已极，我更不敢轻于尝试了。我只得对范说：“现在我也不能讲了！还是你自己去讲吧！”当然，我既不能讲，范宏亮就更不敢讲了。

十一时后，情况更加恶化，阵地内到处都发现解放军的口笛声、抓俘虏声，陈庄周围也发生了稠密的枪声，同时兵团部与各军间的有线电话，也时通时断。此时杜、邱、李三人已知道自己死到临头，再无顽抗的余地，经过密议后，决定各寻出路。于是邱亲自电话命令各军，并申明自己从此不再执行指挥职权，各部队可以自寻生路，电话不通的，就亲下手令，派军官传令送达。我久候孙玉田不至，在无可奈何的情况下，把生死置之度外，情绪反而平静了下来。当兵团部副参谋长董熙及随从副官李某劝我做最后处置时，我都不置可否，仅静坐在掩蔽部内等候最后的结局。到十日晨二时左右，突然接到邱清泉的电话说：“你赶快来吧，现在总司令已接受了你的意见，决定马上由张庙堂第二〇〇师阵地突围，警卫连现正在集合中，只俟你一到，马上就开始行动。”我自从昨晚杜聿明拒绝突围建议后，回想过去几次突围都被杜、邱二人破坏，致造成今天束手待毙的局面，真是“新愁旧怨”一齐涌上心头，当即决定再不和他们联络。现在接到邱清泉的电话，思想上不觉又活动了起来。董熙极力反对说：“现在到了这样山穷水尽的时候，为什么不远走高飞，还要自投罗网呢？”我也知道在崩溃中突围是吉少凶多，但想到自己和杜聿明的私人历史关系，所谓“道德义气”以及参谋长应尽的责任，结果还是去了。

我走进杜聿明的掩蔽部中，杜一言不发，邱清泉强作镇静地说：“现在陈庄三面已被包围，只有西南方一个缺口可走，大家突出重围后，谁能到达南京，谁就向总统报告这次全败经过及今晚的情况。”于是杜聿明走在第一，邱清泉第二，徐州警备司令谭辅烈第三，我走在最后，四人鱼贯地右手搭在前一人的左肩上，由第二〇〇师工兵营营长做向导，由陈庄西南方缺口突围。

我们出陈庄后，因人马拥挤，加以天黑不辨方向，转瞬我就和他们失去了联络。在天明后，我便被解放军俘虏。一九四九年二月上旬，我在山东益都郭庄华东军区解放军官训练团学习时，听到一同被俘的原第五军高参李文衡及邱清泉的随从副官某（姓名忘记）亲向我说：“当时邱清泉突出陈庄后，神经即已失常，时而跑到东，时而跑到西，高声大叫‘共产党来了！’神色慌张地到处乱窜。到十日晨天色大明后，他仍然在张庙堂阵地附近乱转，始终未突出重围，最后死于战场。”

穷途末路的邱清泉

黎宗铭*

一 强编地方部队及学生充当炮灰

杜聿明为了扩充兵源，做垂死挣扎，命令他的副参谋长文强会同我及第二兵团第二处处长高凌汉，强迫将跟随逃入包围圈的国民党地方部队及警察编入战斗部队序列，加上连同由巡查队抓获的散兵游勇共约八千人，分拨各部队补充兵额。此外，邱清泉根据国民党军点验委员钟子勋的建议，将随逃的海州东海师范学生二百余人强行编入勤务各营为学兵，女生则由我编入第二兵团军医院充当看护，实际上是常派她们到部队中去唱歌“慰劳”。

二 惊慌失措，疑惧不安

邱清泉自从跟随他很久的输送营营长晏子良（后任第三十二师的营长）起义后，惊恐万状，疑惧不安。他在兵团司令部内部，组织了“军官防谍组”以相互监视，又派第七十军视察官黄伟斌前往监视第十二军舒荣部，甚至连兵团政工处也不相信，他用自己的名义，调杨伯元充任政工处副处长进行监视。此外，他怀疑团长刘绍邦“私通”解放军，想要抓他。足见他当时的恐慌状态了。

---

* 作者当时系国民党第二兵团部政工处上校处长。

三　垂死前的挣扎

邱清泉见到国民党军士无斗志，临阵退缩，乃令我采用第四十五师师长郭吉谦的建议，由政工处通令部队团以上一律组织“军官督战队”。在作战时，如有官兵后退，即当场枪决。各团虽已实行，但终不能挽回沮丧的士气。

一九四八年十二月中旬，解放军第九纵队在郭营偶尔受挫，国民党第十二军杀伤、俘获一部分解放军，邱清泉即大吹大擂，认为解放军可以被击破，到处给部队打气，妄想挽回战局。

邱清泉看见国民党军官兵起义投降者不断发生，非常疑惧，就用造谣诬蔑解放军的办法来安定军心。他造谣说，解放军活埋或遗弃自己的负伤指战员。有一次，他打电话找我去，对我说：“共军某次撤退时，将负伤的官兵活埋了，政工处可以通报各部。”我问他：“共军在什么地方活埋自己的指战员？”他含糊其词地说，发生在第七十二军的防地。我当时认为他对我说的是真话。第二天，就派人前往调查，结果根本没有这回事。但是，我还是向部队通报了。我也是妄想借造谣挽回战局，做垂死挣扎，但这一切都是徒劳的。

第四十五师被歼经过

郭吉谦*

一 装备、兵力

我于一九四五年春调入第五军，淮海战役前期，任该军第四十五师师长，曾参加徐州西部作战和增援黄百韬兵团以及萧永地区襄山庙战斗。在陈官庄一带解放军包围圈中，我任该军副军长。最后时刻，由于军长熊笑三逃跑，由我代理军长职务。在这期间，该军两个师投降解放军，一个师被歼灭。

第五军是杜聿明于一九三八年以第二〇〇师为骨干创建起来的。一九四五年春邱清泉任该军军长时，在昆明接受美式的装备和训练。这时军部除原有的汽车队、装甲车连以外，还有105毫米口径榴弹炮营（汽车牵引炮十二门）、工兵营；各师有75毫米口径山炮营（炮十二门）、搜索连（乘马）、工兵营、汽车排等；各团有战防炮连（炮六门）、八一迫击炮连；各营有火箭炮排，各连有六〇迫击炮、冲锋枪等。

一九四七年第五军增设战车一个营、汽车一个营，重迫击炮（四二口径）一个连，并将各师搜索连及军部情报队等合编成立挺进总队，在淮海战役前又将挺进总队的各支队分属于各师。一九四七年各师增设喷火器连，喷火器六至八具。

淮海战役中，第五军军长是熊笑三，所辖三个师是：第二〇〇师，师长周朗；第四十五师，师长郭吉谦，后为崔贤文；第四十六师师长陈辅汉，后为郭方平。原来的第九十六师于一九四八年一月编入第七十军建制。

第四十六师在淮海战役前夕是由杂牌部队暂编第二十四师即黄宗颜

---

* 作者当时系国民党第二兵团第五军第四十五师少将师长，后升充第五军副军长，代理军长。

师（过去曾当过汪伪军）而来的。一九四八年十月，黄宗颜师编入第五军建制。事前，兵团司令官邱清泉、军长熊笑三都做好周密布置。在第二兵团驻地——砀山西南几里路的一些村子，给该师准备好了驻地，把它置于层层包围中。一天晚上，第二兵团京剧团在砀山演戏，黄宗颜被邀请看戏。中间，黄宗颜突然离开座位走了。军长熊笑三急忙召集第四十五、二〇〇师的师长们说："这家伙（指黄）要行动，你们赶快回去干掉他……"话还没说完，黄宗颜又回来归座了。原来他是解小便去了。使熊等虚惊一场。但是第二天，即把该师营以上主官全部换上了第五军干部。师长黄宗颜升为第五军副军长。他很知趣，"升"为副军长后就请假到后方"养病"，一去不复返了。邱清泉、熊笑三就这样把一个杂牌师变成了自己的势力。

第五军每个师各有官兵一万多人（第四十六师也许少一些），全军连同军直属部队在内，共约四万人。

一九四八年春，有一个骑兵旅归入第五军建制。淮海战役开始前又归兵团建制。该旅辖两个团，一个团徒步（无马），一个团乘马，马将近千匹。另外，同年夏新成立一个骑兵团，有马约五百匹，为军的建制部队。

二 愚弄官兵的宣誓

一九四八年九月间，邱清泉被任命为第二兵团司令官，统辖第五、七十、七十四、十二等四个军，其中有几个军系才归邱清泉统辖的。十月间，邱在砀山西郊北端大空场上举行了反共反人民的宣誓大会，仪式非常隆重。凡驻在砀山的第二兵团部队以及军长熊笑三、舒荣、高吉人、邱维达，师长郭吉谦、周朗、陈辅汉、邓军林、龚时英和团以上的军官等都参加了这一大会。先是邱清泉阅兵，接着是团长以上军官在台前宣誓。誓词大意为：……与共军作战要死拼到底，不退缩，不投降，如违誓言，天诛地灭，雷打火烧。当时我以为是邱清泉独创的鬼把戏，拿来控制新加入建制的军长、师长们的，在军事节节失利、濒临垮台的情况下恐怕他们靠不住，利用这套封建迷信手段来控制他们。后来知道在其他的国民党部队中都曾耍这套把戏愚弄官兵。

三 假造徐西大捷

一九四八年九月间，济南王耀武告急，徐州“剿总”杜聿明督率第二兵团及其他部队由商丘、砀山等地驰援济南。行抵单县、成武、曹县一带，济南已告解放，于是又折回陇海线。从此，国民党军战略部署有很大变更。以徐州“剿总”来说，西边放弃郑州、开封、商丘，东边放弃海州，把部队集结在徐州东西两端的陇海线上，即黄百韬兵团在徐东，邱清泉兵团在徐西，企图与解放军第三野主力决战，并曾一度妄图以这几个主要兵团进窥邹县、滕县一带，由于形势发展变化未能得逞。

邱清泉兵团放弃商丘时，留米文和第一八一师在后掩护物资撤退。米文和原在刘汝明那里当师长、旅长，因与刘闹别扭，乃投靠邱清泉。十月底，商丘的物资撤退得差不多了，邱清泉在黄口车站附近打电话给我（驻砀山）说，由商丘东开的最后一列货车到达砀山站后，把砀山西边一座铁路桥破坏。于是我叫参谋长屈志珍转令在山西边二十多里担任警戒的工兵营执行破坏任务。

米文和师由商丘往东撤退时没有乘火车，而是徒步行军，行抵马牧集东边的一个集镇时，被西来的解放军（第二野战军）歼灭了。米师被歼后，我把工兵营和挺进支队挪动了一下位置，使之在山西边约十里的铁路两侧直接担任师的警戒。那天（大约是十一月五日）晚上十二点左右①，工兵营营长谢静之在电话上向我报告说，东进的解放军已到工兵营阵地前，攻势很猛烈。我在热睡中，没把它当一回事，放下电话就又睡了。后半夜，第四十五师奉命由山西附近往东转移。在部队集合时参谋长屈志珍告诉我说工兵营和挺进支队“都完了”。第二天，幕僚告诉我，兵团部收听解放军广播，说工兵营和挺进支队是投降的。

十一月五日后半夜，第五军由山西附近往东转移。六日抵达黄口以西二十多里的地区。解放军在后头逼近得很快，撤退迟慢一些的部队就被解放军截击了。例如第二〇〇师有一个营在第四十五师新占领的阵地西边约二十里的地方被解放军截击包围。这时在第四十五师北边的第四十六师

① 据查，第一八一师于十一月七日在马牧集附近被歼。

也被解放军打得落花流水，第五军（在铁路两侧）北边的第七十四军也受到解放军第三野战军部队的痛击。刘峙、邱清泉看到西边来的解放军这么快速勇猛，徐州随时有丢失的危险，心神慌张，于是下令第四十五师反攻，并救出第二〇〇师的那个营。我接受任务后，估计东进神速的解放军处在行动状态中，对周围情况还不十分了解，乃以两个团为第一线，一个团为预备队；第一线两个团又各自区分第一线营与第二线营，以军榴弹炮营和师炮兵营支援第一线攻击。在猛烈的炮火急袭射击之下，进行连续突击。约两个小时往西攻击才前进十几里，使原来处于行动状态中的解放军不得不后退。第四十五师的攻击除了救出第二〇〇师的那个营外，使得向徐州方向挺进的解放军改变了前进的方向。原来徐州“剿总”认为沿陇海路东进的解放军是直接攻取徐州的，因此他们惶恐不安。现在解放军不再往徐州进逼，于是就大喊大嚷“徐西大捷”，企图以此鼓舞士气，安定人心，实际只是痴人说梦，自欺欺人。据说当时各大城市的报纸都刊登了这个假造的“徐西大捷”新闻。

四　援救黄百韬兵团经过

黄百韬兵团沿陇海路西进，在运河附近被截，“剿总”派邱清泉兵团和李弥兵团去救黄百韬兵团。李兵团沿铁路以北地区前进，邱兵团以第五、七十军为第一线沿铁路以南地区前进。由于正面前进困难，邱乃派第七十四军由徐州东南的潘塘镇迂回前进，行抵潘塘镇附近时即与解放军遭遇。由于解放军兵力逐渐增多，“剿总”和邱清泉怕解放军由这方面直接攻占徐州，于是把更多的注意和兵力投向徐州的东南，时刻顾虑徐州本身的安危，因而使得增援黄百韬的兵力分散，沿途被阻。

十一月十一日，第五军集结在徐州东南十里左右的地区，增援黄百韬兵团。十三日早晨，开始攻击前进：第四十五师在左，沿铁路线（不含），第二〇〇师在右，沿林佟山北麓；第四十六师为预备队，在第一线两师之后前进。记得我部在东调路过徐州时，我曾去“剿总”看参谋长李树正，借以了解一些情况，恰好刘峙和李树正正指着地图谈论双方态势。刘峙说：“态势非常有利，共军在邳县以北地区运河两岸被黄百韬兵团截成两部：一部分在运河东岸过不来，一部分在西岸退不回去，被飞机轰炸扫射，死伤很大。”最后他极兴奋地说：“胜利在望。”可是事实上与刘峙所说的正相反，是黄百韬兵团被截围了，而且解放军有一部分已逼到徐州来了。第五军出徐州东，就碰到解放军英勇截击。十三日，第四十五师突入解放军阵地后，遇到解放军坚强抵抗，加之后面的解放军又进行反击，毙死该师营长以下二百多人。十三日，第四十五师攻击铁路南侧的一个大寨子（离徐州二十多里，忘其名）及其以南的堡垒阵地，也付出很大代价才攻占。

十四日，第四十五师攻击大寨子以东千米处的村子及铁路上一个钢筋洋灰堡垒，第二〇〇师则攻击林佟山上的一个山头，攻到半山腰，被解放军阻击，死伤惨重，败退而回。

十六日，继续往东进攻。第一三四团在铁路南侧；第一三三团在左，越过铁路，前进到孙庄一带受阻，于是就对孙庄进行攻击。当时我的左翼是第八军，右翼是第二〇〇师，也落在右后很远。为了进攻孙庄，我到第一三三团指挥所观察情况。该团已用木料扎好了两架过寨沟用的木桥。团长姜铁志向我说，连日伤亡很大，而且现在各部队都有任务，很难抽人，可否从抓来抬担架的农民中挑选几十人抬木桥。我准许挑选四五十人搬运木桥。由于地形平坦开阔，而且距离解放军阵地很近，结果伤亡农民十六七人。突进林寨的两个营在解放军反击下从一个村口撤退出来。

十七日，以第一三四、一三五团为第一线，继续对孙庄及以南、以东几个村庄的解放军阵地进行攻击。十点多钟，几架轰炸机配合狂轰滥炸，第四十五师于十二点多钟攻占了孙庄，但孙庄以东地区的战斗仍很激烈。这天邱清泉也来前线督战。

第五军东进增援黄百韬兵团几天来，遇到解放军的坚强抵抗和英勇反击，因而进展很慢，距离黄百韬兵团仍还有几十里路。由于伤亡很大，士兵精疲力竭。十八日，第七十二军来接替第五军的攻击任务。它攻打了好几天，大许家仍未攻下来，一直到十一月二十二日黄百韬兵团彻底被歼，大许家方面的解放军完成阻击任务转移后，第七十二军才占领大许家。但这时占领大许家已没有什么意义了。

战斗结束后，第五军从第一线撤回到徐州以东七八里的一带村子休整补充，第四十五师由孙良诚部的孙玉田师拨来士兵三千多补充缺额。

五　第四十五师在襄山庙被围

黄百韬兵团被歼后，徐州“剿总”便决定逃跑。邱清泉命令第四十五师充任第二兵团的前卫，十二月一日白天，在瓦子口西边继续往西南转进。后半夜即十二月二日两三点钟，第一三五团的前卫营在襄山庙南边受到解放军阻击。这时，解放军越来越多，于是第四十五师即投入战斗，第二兵团的部队和“剿总”指挥机关借第四十五师的战斗掩护，纷纷往西逃窜。十二月二日上午，邱清泉经过襄山庙附近时指示：第四十五师改为后卫，良山口附近的骑兵旅也归第四十五师指挥，待最后一批载重汽车和掩护汽车的第三十二师高毓民团通过后即行西撤。

十二月二日十二时以后，第二兵团的部队和“剿总”指挥机关都已通过了，原来和第四十五师对战的解放军也往西去了。于是我把部队部署在南、东和东北三个方向，把师部移至襄山庙，做后卫和撤退的准备。不久听说：后面一批汽车大都被解放军截去了，高毓民团也垮了。我把这个情况向邱清泉报告，他指示：“那些过不来的汽车和高毓民团不要管了，第四十五师和骑兵旅一起往西撤。”于是我就部署撤退，并通知骑兵旅准备向萧县西边的良山口撤退，但该旅不等命令下达就撤退了。该师正在撤退时，不料追击骑兵旅的解放军已冲到跟前。我令各团立即重新占领阵地。第一三三团第一营在占领阵地中，一枪未发就被解放军歼灭了；第一三五团的重机枪还没来得及架起也被解放军夺去了。第一三四团正由襄山庙南向北调动途中，我只好让第四十五师从撤退中停下来，慌忙应战。

十二月二日黄昏后战斗趋于激烈。三日拂晓，副师长崔贤文向我说，第一三五团阵地前解放军兵力很大，已冲进村庄，双方争夺战很激烈，要求把仅有的师预备队一个营（原属第一三五团）归还该团建制；另外将喷火器排增援上去。经过一夜的激烈战斗，出乎我意料，第四十五师竟没有被歼灭，于是我准许把师预备队仅有的一个营和喷火器排都增援上去，归该团长屈志珍指挥。由于这些部队的增援，天亮后不久，战斗便结束了，但伤亡很大。

二日晚上，在襄山庙北边的第一三四团和在襄山庙东南的第一三三团等单位，也都打得非常激烈。与第一三五团对战的解放军是第三野战军第三纵队第九师，与第一三四团对战的是第三野战军第一纵队，与第一三三团对战的似乎是第三野战军第九纵队。三日晨结束战斗，解放军转移。

三日清早，邱清泉用话报机和我联系，问我情况怎样。我说被解放军第三纵、一纵、九纵等几个纵队包围了。他说派部队来增援。十二时左右，前来增援的第七十军第一三九师郭方平团到达襄山庙。我问郭方平沿途情况怎样，他说未发现解放军，一枪未打就顺利地到达襄山庙。我把这个团作为师预备队。

从十二月三日清晨战斗结束后到四日下午，襄山庙周围非常寂静，也不见解放军的进逼活动和劝降活动。

四日上午，邱清泉在话报机上要我西撤，我说："被重重包围，走不了。"邱说："派两个家伙来接。"黄昏时分，第七十军和第七十二军到达襄山庙西边十多里一带的村庄。邱要我赶紧西撤，说几十万军队都在等我呢。于是我乃率部西撤。

十二月四日天黑后开始西撤。全师分两个行军纵队：主力纵队由襄山庙一直往西，另一纵队由襄山庙北边几个村子一直往西，与主力纵队相隔五六里。沿途未遇任何阻碍。进入大兵团的范围后就进行大休息。由于当时大兵团驻地和阵地犬牙交错，鹿砦障碍物到处都是，夜间部队行动其间很不方便。我索性等到天明后再带部队向第二兵团部所在地孟集前进。

十二月五日早晨，部队到达孟集东边一片旷野里，我去第二兵团部，向邱清泉面报经过情况。在我汇报时，邱命令我立刻率第四十五师攻击孟集西边的几个村子，解救被解放军包围的第四十六师康延贵团。我说："部队行动了一夜，未曾休息，早饭也不曾吃，请求缓一些时间。"他坚决不答应，于是我只好又带着部队去攻击。

六 绝望的挣扎

杜聿明、邱清泉等于十二月二日逃至孟集一带后，为了要把混乱不堪的部队集结整顿一下，乃在孟集一带停下来，以等待后面部队和抛锚汽车的到来。不料被解放军包围了。

一九四八年十二月五日上午，根据邱清泉的命令，我带着一夜未睡、早饭未吃的部队去攻击孟集西边一二里的几个村子。当时部署：以第一三三团在左翼担任主攻，对村子取包围态势；第一三四团在右翼担任助攻，对村子取夹击态势，师指挥所和第一三四团指挥所在一起，第一三五团为预备队，在炮兵火力掩护下开始攻击。第一三三团第一营正要突入解放军阵地，被由西北方向另一个村庄增援的解放军英勇反击而纷纷退回，该团团长姜铁志前次在徐东攻击孙庄战斗失败，邱清泉曾要杀他，这次又失败心里很害怕，所以在电话上向我报告时号啕大哭，说新补充的兵太多，怎么撵也撵不上去，一见解放军就往回跑等等，求我宽恕原谅。当时已至下午，右翼第一三四团攻击虽有进展，但我考虑如果调整部署继续攻击，不见得能得逞，且天已入夜，解放军必然要反攻，那时我这残破疲劳的部队势难抵挡。因此，我把攻击失利和部队情况等向邱清泉报告，请求不再攻击。他准许部队撤下休息并由第四十六师接防，转取防御。

第四十五师这次攻击失利，对杜聿明、邱清泉的决心影响很大。因为孟集西边一二里的一些村子已被解放军占领，对孟集杜聿明总部和邱清泉兵团部威胁很大，使他们坐卧不安，所以在第四十五师攻击失败之次日（六日）一早，兵团部就从孟集搬到陈官庄去了。

六日这天，杜聿明召集邱清泉、李弥、孙元良等几个兵团司令官研究并决定当天晚上突围。各兵团司令官分头回去准备，但邱清泉召集所属各军军长布置时就变了卦，首先是邱自己思想上不想突围，而下面第七十军军长高吉人、第七十四军军长邱维达为投合邱的心意，也不赞成突围，拍着胸膛包打。于是，事事都迁就邱清泉的杜聿明也改变决心不突围了。

当天晚上，孙元良兵团突围了。由于白天该兵团对突围路线没有进行实地侦察，和别的兵团部队也没有取得联系，下面各级干部对其他兵团部队位置也不了解，因此第十六兵团突围的部队很多都往别的兵团部队阵地接近，并误认为是解放军，而别的兵团部队也以为是解放军来夜袭。所以第十三兵团还没接触到解放军，就被别的兵团打得凌乱不堪了。

为什么邱清泉兵团不愿突围呢？这有其思想上的原因。以往邱清泉时常向我们这些师长们说：“对共军作战，只要好好地固守一星期就有办法，共军就会自动退走，他们从来围攻不曾超过半个月。”这一次在陈官庄一带孙元良突围而他不突围，他以为解放军围攻十天八天之后就会自动退走的，哪知解放军并没有按他所想的那样行动，而围困长达四十天之久，这是邱清泉没有料想到的。

孙元良兵团原来占领的阵地，六日晚上突围后就闪出一大块空区，有些已被解放军占领了。十二月七日，邱清泉命令第四十六师攻占这些要点，妄想组成一个比较完整的防御阵地，但由于第四十六师的士兵是不久前才由暂编第二十四师编过来的，而营以上主官都是从第五军里挑选去的，因此官兵之间隔阂重重，没有什么战斗力，该师一上阵即被解放军击垮了。师长陈辅汉虽亲临第一线督战，逼迫士兵再冲，因为士兵不认识他是谁，所以仍然纷纷往后溃退，他掏出手枪堵击，反被溃兵开枪还击身负重伤，差点被解放军活捉。

从十二月六日起，第五军在孟集以南地区及其东南地区多次移防。六日至八日，每天要移动好几次。但每次移动距离都只是三四百米至六七百米，最多不过一千米。这样频繁的移动，使官兵非常伤脑筋。由于与解放军相隔只有几百米，有的甚至只几十米，稍微一动，即受到解放军射击，官兵伤亡很大。十二月九日，第四十五师奉命移到张庙堂以东地区；十日又移到枣园子一带，接替第四十六师防地。第四十五师接防后的部署是：师部带一个团驻枣园子一带；第一三三团在枣园子东北某村一带占领阵地；第一三四团在枣园子西北占领阵地；第二〇〇师以张庙堂为核心占领阵地，第四十六师为第二线，在第四十五师和第二〇〇师的中央后区占领阵地；军部驻在陈庄。

黄维兵团的被歼，使杜聿明、邱清泉非常恐慌。杜、邱以为解放军二野将转移兵力来合力围攻，于是赶紧派参谋长舒适存飞往南京向蒋介石当面报告情况，请求派空中和地面的援军。蒋介石派空军总司令部第三署副署长董明德飞临包围圈，与杜、邱协商如何在空军协同下进行突围，同时还从飞机上投下一批防毒面具，以备先头突围部队使用。十二月二十日左右，邱清泉集合第二兵团连营以上各级军官在陈官庄东北空地上，由兵团参谋长李汉萍讲解防毒常识、对空联络以及突击部队如何利用空投毒气弹的瞬间发起突击，并做了防毒示范表演动作和地面部队用发射筒发射毒气弹动作等，准备第二天或第三天大批空军临空时就实行突围。不料气候突变，接着又下雪，飞机不能出动，因此这项突围计划就落空了。

第十二军的第一一二师原系东北军，与革命阵营或多或少有些联系。邱清泉早对该师有所注意。大约是十二月九日黄昏，第五军军部通知第四十五师，说第一一二师有些靠不住，解放军已派人到该师活动，今晚可能投降解放军，要我把山炮、迫击炮等都瞄准该师所在地某村（忘其名），听通知进行消灭。但是出乎邱清泉之所料，该师并没有投向解放军。邱清泉仍认为该师师长于一凡靠不住，把他“升”为第十二军副军长，让他离开了第一一二师。而于一凡并没有体察出其中缘故，反而以为“升”官是邱清泉对他的信任。

十二月中旬，由于第五军缺员太多，邱清泉命令他的警卫部队把散兵游勇、闲杂士兵抓起来，交给第五军各师补充缺额。第四十五师分到三百多人。这些散兵游勇多数是一些被解放军击垮的部队里的勤杂兵，既无战斗经验，又都不愿到战斗部队，时刻都想找机会溜掉。十二月二十一日晚，第一三三团有十几个新补充的兵，因害怕打仗，想乘黑夜逃跑，被该团团长姜铁志发觉全部活埋了。

在陈官庄一带包围圈里，国民党军处于绝境，好些军官都各自暗地寻找便衣准备化装脱逃。杜聿明、邱清泉为收拾这种残局，就一批一批地发布人事命令，“升”了很多人的官，妄想借此笼络这些人继续为其卖命。如把第一一二师师长于一凡升为第十二军副军长，十二月二十三日，兵团部发布命令，把我升为第五军副军长就是实例。

七　彻底被歼

一九四九年一月九日早晨，第五军军长熊笑三起床收拾了收音机等东西，吃过早饭后就到第二〇〇师去了，但不知是去干什么。下午两点左右，他打电话给我说：“飞机扔炸弹没有一个爆炸，突围不成，叫他们不要来了！”我当时莫名其妙。后来才知道熊笑三到第二〇〇师去是指挥部队在空军投放毒气弹的配合下攻击突围。由于空投的毒气弹没有爆炸，所以部队没敢突围。在第五军南边的第七十、七十四军也是准备这天（九日）上午在空军投弹配合下同时实行突围，由于空军来得不及时，所投毒气弹又都未爆炸，因而没突成。杜聿明、邱清泉等策划多日的突围落空了。

九日下午，解放军开始攻击。杜聿明、邱清泉所盘踞的陈官庄是解放军首先攻击的目标之一。“剿总”和兵团部在解放军猛烈攻击下，官兵四处逃窜。下午三时左右，“剿总”和兵团部慌忙离开陈官庄，逃到第五军军部所在地的陈庄。在陈官庄及其附近的国民党官兵也都跟在杜、邱的汽车后面往北狼狈溃逃，非常混乱。

杜、邱逃离陈官庄后不久，李弥兵团也从青龙集一带往西溃退。

九日这天，杜聿明、邱清泉都特别颓丧、犹豫，既没有表示决心一定要突围，也没有表示要投降或死拼到底，瞪眼看着部队纷纷溃垮束手无策，包围圈越来越小，邱清泉急催杜聿明尽快下决心突围，他说："趁早突围总可突出去，还可再干。如果迟疑不决，那就整个完蛋，一网打尽。"第五军军长熊笑三、徐州警备司令谭辅烈以及邱的一些幕僚人员七嘴八舌都附和这种说法，但杜聿明仍不表态。

黄昏，第五军军长熊笑三以笑话方式向邱清泉说："如果个人单独行动，就有办法出去。"邱问："你有什么办法出去？"熊说："只要让我个人行动，准能出去就是了。"天黑后，果然就不见他的人影儿了（后来他逃到台湾去了）。

还有徐州警备司令谭辅烈，因与杜聿明有黄埔同学关系，那天也随杜一起由陈官庄逃到陈庄第五军军部。别人大都愁眉苦脸，沉默寡言，唯独他说说笑笑。当时有人说他是一个"乐天派"，后来此人也下落不明。

第七十军军长高吉人，胸部负了重伤，由他的连襟——第七十军某师副师长华心权带着军医、副官、卫士等卫护着，也逃到陈庄，在一个掩蔽部内躺着。我去看他时，他唉声叹气，悲观绝望。他很吃力地对我说："杜先生、邱先生他们突围，我的伤这么重，怎么办呢？你给我出个主意吧！"我说："你的伤这么重，如果跟着一块儿突围，甭说别的，沿途颠动也把你颠动坏了。依我看，不如留在此地不动，共军来了，见你的伤这么重，会原谅你的。"他沉思了一会儿，对我说："你说得对，听你的话，我就不走了。"后来杜、邱等人企图突围时，他被解放军送到后方医院医治了一段时期，重伤治好了，可是他又跑到蒋介石那边去了。

大约晚上八九点钟，第七十军第一三九师师长唐化南由第一线狼狈逃回，向杜、邱报告说，黄昏后解放军冲锋到师部，他被解放军抓住了。他对解放军说他是一个副官，然后乘解放军抓俘虏不注意的当儿，脱身逃回。当时杜、邱等人对这个师被歼和唐化南只身逃回的事并没有什么指责，对他的报告好像听故事一样。

晚上十时左右，李弥等重要头目都来陈庄杜、邱那里，大概要开什么会。我想进去听听他们如何决定，正往掩蔽部走去，邱清泉就在掩蔽部门口把我挡住了，呵斥："出去，出去！"我心里很不高兴，自责："管它干吗！"于是就回到掩蔽部睡觉了。

晚上十二时左右，邱清泉派副官、卫士到处找第五军军长熊笑三，没有找到。卫士跑来对我说："邱先生要找熊军长，没找着，请你去一趟吧。"于是我起床去见邱清泉。他一见我就问："笑三呢？"我说："老早就没见到他了。"他听我这么一说，就连连跺脚，并唉声叹气。犹豫一会儿，即令我指挥第五军部署攻击，实行突围。我接受命令后先和第四十五师通了电话。该师抵抗第三野第一纵的进攻整整一天，战斗激烈，与军部相距只几十米，军长熊笑三却对该师没过问，所以该师师长崔贤文一接电话，非常高兴。我说："今天白天第七十、七十四等几个军在飞机投毒气弹的协助下攻击突围都失败了，以后空军不再来了，援军张淦兵团也不来了。[①]"他说："那怎么办呢？给想个办法吧！"我说："不要打了，把部队交出去算了。"他很犹豫、为难，我继续说："杜先生、邱先生都跑掉了，还怕什么呢！"于是他召集各团团长、炮工营营长转达我的意思，决定派第一三三团政工室主任到第三野第一纵接洽投降。解放军给该师架了电话。十日晨，该师被带到解放军指定地点缴械投降。

第四十六师也按第四十五师的办法缴械投降了。

第二〇〇师由于具体情况不同，同时电话线也被切断了，乃由参谋长书写"突围"的书面命令，我在命令中加了"停止战斗，自行设法"字句，让其领略意思，但该师师长周朗接到命令后，仍率该师突围，当即被解放军全部歼灭。

当晚我带着副官、卫士离开陈庄，本想到第四十五师去，但由于中间部队人群拥挤，过不去，企图借乱兵的空隙混出去，结果东转西转，转到青龙集附近被解放军第三野战军第十纵炮兵部队俘获。

① 据查，张淦兵团从来就没有准备去支援过。

第十二军就歼纪实

于一凡*

一　掩护徐州飞机场

一九四八年十月下旬，第二兵团司令官邱清泉下令第十二军第一一二师调到徐州东南柳集、赵店，掩护徐州飞机场。柳集、赵店距徐州机场约五六公里，位置颇为重要。左翼有第七十四军在潘塘镇，右翼有第七十军在文楼，把第十二军第一一二师夹在中间作战。我师是以第三三五团坚守赵店为第一线团，以第三三四团及第三三六团分别在柳集、蒋楼左右配备。十一月十六日夜间，人民解放军向赵店猛攻，潘塘镇第七十四军也发生激烈夜战。第三三五团拼力在赵店顽抗，师部派两个营增援协助固守赵店，并保持赵店对后方的联络，不致被围中断。解放军几度冲进赵店东端，邱清泉除令第二兵团炮火支援赵店，并令第七十军第九十六师一个团增援赵店，表面是为策应，怕出漏洞，实则是为监视督战。那天夜里东面的潘塘镇，西边的赵店，稠密的机枪炮火声彻夜未停。据说，第二兵团发炮万余发，徐州机场暂得守住，延长了国民党军在徐州反人民的祸害，国民党报纸宣传“徐东大捷”，就是指潘塘镇和赵店的战斗。

二　向四堡窜犯

赵店、潘塘镇战斗后，情况稍显缓和，邱清泉指出，第一一二师应

---

* 作者当时系国民党第二兵团第十二军第一一二师少将师长，后升充第十二军副军长。

向第二兵团看齐，人事交流，加强战备。并下令第一一二师政工室主任与第七十军第一三九师政工室主任对调任职。第一一二师第三三五团团长韩福山调升第二兵团独立旅副旅长。第一一二师第三三六团副团长苏显扬调到第五军第二〇〇师某团任职。这两个遗缺由第五军某某调升团长、副团长。邱清泉的算盘，是从所谓杂牌队伍中调出几个人，把他的嫡系插进几个人。这就是他所说的“人事交流”，借以达到分化之目的。情况越缓和，他越装神气。

一九四八年十一月下旬，我师奉令执行新的任务，由柳集、赵店调到徐州以南女娲山及其以东地区，左翼为第七十军，右翼与第四十七军相联系，三堡以西各村庄尚有战事。我师由女娲山以东向四堡、燕营进犯时，只遇到较小的抵抗即逃出四堡、燕营。当时是想从南面找出南进道路。当继续向南曹村进犯时，即遭到人民解放军的猛烈阻击，不能前进一步。第十二军军部从徐州调来大炮四门，协助进犯，因为战局变化，又做逃离徐州的准备。

三　败逃不成被包围

一九四八年十一月，黄百韬兵团在徐东碾庄圩被解放军歼灭后，在徐州的国民党各兵团进不能战，守无善策，看看支持不住，遂决定逃离徐州，退保江淮，于十一月三十日从徐州开始向永城方向逃窜。我带的第一一二师从三堡出发，经徐州南侧在孤山集火线后方西行。第二天（十二月一日）接近萧县，看见遍地是败兵车马，如江河决口，二十余万人马在一条道路行走，没有区分行军道路区域，非常拥挤。第一一二师和第四十五师及骑兵一旅，同时过河，拥挤不堪。入夜，火光遍地，人喊马嘶，一片败兵景象。我师经过萧县、韩山口、王集，于十二月二日早晨到达青龙集。

我们由青龙集南窜，先头第三三六团在魏小窑、李楼受到人民解放军的阻击。邱清泉获悉南面发现解放军大部队，遂叫我师就地停止，掩护第二兵团主力，另行部署战斗。邱清泉即以陈官庄为中心，分配第七十军在魏小窑，第七十四军在刘集、杨楼一带，第五军在张堂、李庄一带，第一一二师在郭营、左砦一带。各部队利用村庄构筑地堡沟壕掩蔽部，每个村庄成了大据点，而解放军从四面八方合围起来，这样就形成包围与被包围的态势。

四 部队起义受监视

一九四八年十二月初，第二兵团逃离徐州，在永城萧县之间又被包围，人心惶惶。第十二军第一一二师在郭营、左砦、王大庄构筑地堡工事。某日晚，我同团长韩福山、杨英华等人谈话，感到黄百韬被消灭，如今刚逃离徐州又被包围，大势已去。我们旧东北军所谓杂牌受到别人歧视宰割，处境真难。老军长霍守义叫高参王季钦、副师长杨毓芳回来，对他们说："咱们应该走光明道路，靠拢人民。"当晚派第三三六团医官赵金声和王季钦、杨毓芳向解放军第八纵联系，第八纵负责人回信表示欢迎，并约定十二月八日晚间全师起义。

不料，十二月八日早晨，邱清泉给我打电话，说西南面很重要，兵团部决定派炮兵和战车支援你们。接着兵团的炮兵和战车的观通班在郭营、左砦村沿碉堡架电话线直通兵团部，战车五辆开到王大庄第一一二师师部门前。情况如此骤变，又是白天，我看行动受阻，遂叫韩团长设法给解放军第八纵队送信，说后边来了很多人，今晚不能行动。

与此同时，第十二军军长舒荣派视察官黄伟斌和政工处处长晏盘石，每天晚间到第一一二师师部打扑克。事后才知道他们表面是为消遣，实际是暗中监视我们行动。

五 郭营垂死挣扎

十二月十四日夜间，解放军猛攻郭营，我令第三三四团代理团长曹家和拼力固守以待天明，并派步兵一个营增援郭营。郭营北面一度被突破，后经顽抗守住了郭营。这时杜聿明、邱清泉下令将告密破坏起义的副团长曹家和升为团长。杜聿明、邱清泉并下令记升我为副军长，这是邱对我的拉拢，同时又制造了我与舒荣间的矛盾，这使第十二军军长舒荣深感不安。

六 逃跑成泡影

在永城东北包围圈的初期，各军师奉命轻装准备突围前进。归我指挥的大炮四门，每炮仅有炮弹十余发。我按军部命令，炮弹打光后，用手榴弹炸坏炮膛，推到周庄凹塘里。

十二月六日晚间，只是第十六兵团孙元良部经孟集、薛家湖向外突围，结果该兵团溃散，陷于解放区人民汪洋大海中，绝大部分被围歼，只有少数人逃脱。邱清泉、李弥认为，可以加强工事，挖掘民粮，苦撑力战，在刘集、郭营等地固守。

迨黄维第十二兵团在双堆集被歼后，杜聿明、邱清泉感到惶恐，怕解放军兵力转移到这方面来，压力更大。十二月二十日，杜聿明、邱清泉在黄庄户南端空地召集各军师连长以上的人讲话①，要求空军投粮弹，并掩护突围。不料连天降雪，突围未成。

在连日降雪、弹尽粮绝的情况下，第二兵团下令宰杀军马充饥。在陈官庄以北有个空投场，可以起落飞机。飞机临空，第二兵团有对空联络台指示空投。当时第七十四军军部也有对空联络台，开辟一个小空投场，飞机盘旋就呼叫空投。由于两处都喊空投，弄得飞机乱投，而部队士兵成群结队，冒死争抢大饼。由于与解放军阵地相距很近，所以不少空投物落在解放军阵地上。

一九四九年一月四日，杜聿明、邱清泉在陈官庄召开军师长会议。我参加了这次会议。内容大意是：（一）要求南京飞机投甲种弹（毒气弹）掩护地面部队突围前进。（二）由第五军、第七十四军抽编步兵营，戴防毒面具打出两条道路，随后扩张战果，部队跟着突围。（三）要求南京多投粮弹，每人带三天干粮。（四）突围时间约在一月十日，各部队分头准备。这是第三次准备突围，也是最后一次突围。可是还没有到十日，解放军就发动了强大攻势，很多部队被歼了。

① 此次会议有的文章说是营长以上。

七 邱清泉的最后命令

一九四九年一月六日，解放军白天向固守在郭营的第一一二师第三三六团突然发动猛攻，经过短暂战斗，该团即被歼灭。

第一一二师第三三五团团长韩福山在包围圈左砦，见大势已去，听到解放军的火线喊话，接受霍守义派人的劝告，于一九四九年一月七日投向解放军。

我带的第一一二师直属部队和第三三四团，原拟在第三三五团后行动。但当第三三五团部队转移活动时，即遭到第二兵团炮火的猛烈射击。在王大庄西端的第三三四团与出现在左砦东端的解放军又接火，情形混乱，未能行动，遂转到赵庄。

郭营、左砦被解放，包围圈西北面发生变化，邱清泉大为震怒，于一月八日找我到陈官庄兵团部。邱说："你们两个团拖走了，西南面出事会影响整个战局。"他的意思是把包围圈的失败责任推到我身上。我对邱说："我是一个师，担负一个军的正面，在这冰天雪地、弹尽粮绝的情况下，谁也无法维持。"邱清泉沉默了一会儿，用命令的口吻说："你明天坐飞机到南京去暂时休息一下，我给总统打电报。"我想这是把我撤了，让我到南京脱离战场也好。第二天（一月九日）早晨，我到第二兵团部，办公厅孙主任拿着杜、邱的名片送我到临时机场，孙说："你下飞机以后，那边有人招呼。"因为那天机场落炮弹，飞机不敢降落，我仍回赵庄。

一月九日深夜，舒荣把我叫去。舒说："邱司令官有命令，各军师自行突围，各奔前程。"这样原拟十日空投毒气弹掩护地面部队的突围计划，随着部队的总崩溃，已成泡影。当时，舒荣和我决定第十二军和第七十四军一道突围。下半夜军部集合时，舒荣约我同行，我怕舒荣胁迫我同行，对我不利，乘部队混乱，仍回赵庄。舒荣率领的军直属队在突围中被解放军歼灭，他只身逃跑。

一月十日早晨，我派一一二师师部参谋主任向解放军联系投降，从此脱离国民党军，走向新生。

东打西突难逃罗网的第七十军

邓军林*

一 徐州会议前后

我在淮海战役中，充任国民党第二兵团第七十军第九十六师师长兼快速纵队司令，后升副军长（兼师长），继升军长。兹就我亲身经历，叙述如下。

一九四八年九月济南解放后，第二兵团主力集结商丘附近，防止解放军南下攻打商丘，截断陇海路。当时鲁西地区有解放军第三野战军少数部队和地方民兵活动。徐州“剿总”的军事部署，仍是从郑州、开封、商丘、徐州、海州布了一条长蛇阵线。邱清泉对“剿总”部署深表不满，发牢骚说：“‘剿总’参谋人员什么也不懂，都是吃饭的！战线过长，兵力不敷分配，呼应不灵，顾此失彼，对大规模作战极为不利。共军抓住这个弱点，到处能找到进攻的机会，采取集中兵力打一点，用各个击破、局部消灭的战术，迫使我们首尾不能相应，济南的失败就是一个很大的教训。”有一次，他和我们商讨作战部署时，主张只有放弃郑州、开封，集中兵力，缩短战线，打主力战，才能使解放军各个击破的企图无法施展。他判断，解放军攻下济南后，力量更加雄厚，可能先集中兵力南下进攻商丘，第二步再攻徐州。

邱清泉把商丘的防务看得很重要，令第七十军担任城郊守备，第九十六师分布城北郊地区，第二八八团担任构筑飞机场工事，第二八七团和第二八六团担任构筑保罗医院附近工事。邱清泉、高吉人均赴现场指

* 作者当时系国民党第二兵团第七十军第九十六师少将师长，后升充第七十军副军长、军长。

挥，限期完成，因此砍伐了不少树木，拆毁了许多民房门板，日夜紧张施工，加强防务。

十月初旬，情况又有变化。第二兵团奉令开砀山、李庄、黄口一带集中，以巩固徐州外围。第七十军军部驻黄口，第九十六师全部在李庄地区布防。商丘已做放弃的准备，只派杂牌部队米文和师接替防务。

邱清泉妄想振奋士气，驱使所部官兵充当炮灰，曾在十月中旬举行了一次所属官兵宣誓大会，由各军、师、团分级分区进行。但是，这个欺骗的花招，并没有收到什么效果。如第二兵团在陈官庄被包围后，第七十军第三十二师第九十五团第三营营长晏子良率全营官兵投降解放军，第九十六师第二八七团士兵在李家庙南阵地向解放军投降。有一个连长说："口里赌咒（指宣誓）心不算，打起仗来逃得更快。"这足以说明日暮途穷的国民党军，不管采用什么手段来笼络军心，都是徒劳的。

二 东打不逞，谎报战功

参加徐州军事会议后[①]，我回到李庄师指挥部。十月十日黄昏，接到军部命令，令第七十军向徐州靠拢，第九十六师在徐州以南十余华里之云龙山地区停止前进，赶筑工事。我虽知情况紧张，但还不明真相，见到军长高吉人，才知道黄百韬兵团在碾庄圩与解放军发生战斗，徐州东南集结有解放军主力，有可能向徐州进攻，他要我做好战斗准备。十一日早晨，军部命令部队向徐州南前进，第九十六师到达三堡附近停止，向东南警戒，并赶筑工事。十二日再转向徐州以东前进，解第七兵团之围。

当时第二兵团的部署是：以第五军配属战车营、榴炮营沿陇海路向东攻击，第七十军担任铁路南与第五军并肩作战。第九十六师到达林佟山附近东南面时已发生情况，第七十军当即做出以下部署：由第九十六师担任正面攻击任务，第一三九师担任右翼。第九十六师设指挥所于林佟山附近一村庄，第三十二师留徐州霸王山，交防后归还建制，做军预备队。

十三日晨，我指挥第二八七团向解放军阵地邓家楼攻击。经过整天战斗，出动装甲车配合步兵猛攻，曾三次冲到村庄边沿，都受到解放军坚强阻击，始终无法攻入。山炮营三百多发炮弹射向村内，结果大部房屋被

① 关于徐州军事会议情况，本文从略，本书邱维达文章记述较详。

摧毁。邱清泉在电话中命令加强火力，要炮兵加速发射。我以必须攻下邓家楼的决心，严令第二八七团顽强进击，战斗甚为激烈。当晚，解放军在强大火力下被迫撤退，放弃邓家楼阵地。邓家楼虽经我攻下，但我感到解放军战斗力坚强，不能不改进作战方法，认为只有采取迂回侧击的战术，才能对付这种战斗。十四日，第九十六师第二八六、二八七团占领林佟山东面狼山、鼓山一线，师部与第二八八团推进到附近崔庄指挥战斗。正面第五军连日奋战亦只攻下两个村庄。第七兵团被困碾庄圩，情况日益危急。

十一月十四日，邱清泉认为既然解放军在正面部署了雄厚兵力阻止援兵前进，徐州南面想必空虚，最多是布置一些地方部队防我侧击。他做了这种情况判断，经杜聿明批准后，命令第七十四军经潘塘镇向徐州东南双沟方向挺进，再向东北侧背攻击解放军，作战役上迂回，以使徐东陇海铁路正面攻击能够得手，这就是邱清泉的如意算盘。

第七十四军向双沟方向前进不远，就与解放军苏北兵团遭遇，因支持不了又退回潘塘镇坚守。这时邱清泉感到非常苦恼，如果第七十四军守不住潘塘镇（该镇是徐州门户），那么就不仅救援不了黄百韬兵团，而且要负丢失徐州城的责任。当日我接到第七十军军长高吉人的电话，命令第九十六师留置一个团守备左山、狼山、牛山一带阵地，由军部直接指挥，该师师长率第九十六师主力迅速开往潘塘镇，增援第七十四军作战，归兵团部直接指挥。我接到这个命令之后，即到兵团部见司令官邱清泉，他指着地图对我说："昨晚第七十四军在潘塘镇与敌人激战一夜，潘塘镇南端村庄均被敌人攻占，情况严重。第七十四军军长邱维达迭电告急。今天白天，虽然没有大的战斗，判断晚上共军还要攻击，会有更激烈的战斗发生。我怕第七十四军守不住，你带第九十六师两个团和直属部队去支援第七十四军，你的部队到潘塘镇北的小潘塘村停止，布置第二线阵地，不要马上增援上去，必须掌握时机。要到紧要关头，在第七十四军实在支持不了时，再增援上去。要先派小部队与第七十四军取得联络，表示援兵已到，借以鼓舞士气。"又说，"还有一个任务，潘塘镇西面赵庄是第十二军第一一二师，该师是东北军部队，是靠不住的。你既要暗中监视他们的行动，同时又要和该师师长于一凡取得联络，表示好感。"

十七日下午四点多钟，我所率领的第九十六师主力到达小潘塘村。遵照邱清泉的指示，占领了第二线阵地，命第二八八团派一个营在潘塘镇西北角土堤上占领前进阵地与第七十四军取得联系，同时派出得力的联络参谋到第七十四军那边去，要他们在那边观察战况，随时用暗号向我汇报，以便掌握战机，派兵增援第一线战斗；命第二八六团派一个营在小潘塘村西南警戒，暗中监视第十二军于一凡师的行动。一切均在黄昏前部署完毕。这时第七十四军参谋长江崇林打电话要我派兵增援第一线战斗，因为邱清泉曾指示我，要到紧要关头，在第七十四军实在支持不了时，才能增援上去，再加上我已有上述布置，所以我未立即派兵增援，而仅令山炮营以火力支援第七十四军作战。黄昏后（七点多钟），第七十四军阵地枪声逐渐紧密，到九点钟后战斗更加激烈，解放军不断向第七十四军阵地猛烈攻击。当时情况虽然严重，但我得到的情报，知道第七十四军还能支持，另一方面又顾虑到部队如果在晚上增援上去，地形情况都不熟悉，怕自己部队吃亏，只好采取拖延办法等待天亮再行决定。

十七日凌晨，第二八八团团长周德宣报告说："我到土堤上第一营阵地视察时，看到潘塘镇西南面共军有撤退模样，并隐隐约约看到远处有整个部队动作很快地向后撤退，而阵地前的枪声也逐渐稀落。"根据周德宣的报告，我判断解放军可能是撤退，即刻命令部队出动追击，当时我的处置如下：

（一）快速纵队装甲连配合第二八八团，从西面绕过潘塘镇第七十四军阵地向南追击。

（二）第二八六团从东面绕过潘塘镇与第二八八团并肩向南追击。

（三）师山炮营延伸射击，随时与第一线部队取得联系。

我又将上述情况向邱清泉报告。邱听完我的报告后，在电话中就连声叫好并说："军林呀！敌人是溃退！赶快要部队猛追，不要让敌人跑掉！这是大好时机，千万不能错过……"邱清泉和我说完话不久，装甲车连和第二八八团步兵就绕过了潘塘镇第七十四军阵地，向南追击三四华里，俘虏解放军苏北兵团××纵队战士二十多名，缴获"八二"迫击炮三门、轻机枪一挺、步枪十多支。第二八六团这时也俘虏了解放军战士六名，缴获步枪六支。

十八日上午七时，邱清泉来电话，敦促我师加快追击。我即将刚才俘获情况向邱清泉报告。邱听完我的报告后，得意忘形地说："军林呀！要部队勇猛追击，越快越好！据空军侦察，共军是在总溃退，叫装甲车放大胆追击……"从电话中听得出邱清泉那股高兴劲儿。八点多钟，装甲车连连长和第二八八团团长周德宣报告说："前面二陈集附近村庄有共军部队阻止前进。"这时师指挥所在第二八八团后面跟着行动，同时也听到前面枪声突然紧密。又据第二八六团团长钟裴章报告说："二陈集附近有共军阻止前进。"我在这种新的情况之下，就向被俘解放军战士询问情况。被俘的战士说："昨晚共军没有攻下潘塘镇第七十四军阵地，天亮后是有计划地撤退到后面村庄休息，而不是溃退。"当时我认为被俘战士说的是真实情况，并对照过去作战经验，解放军确实在白天是不大攻击的。我将上述情况再度向邱清泉报告，邱清泉硬说解放军是在总撤退，还对我说："俘虏的话绝对靠不住，不要上当，前面发现敌人阻止前进，可能是敌人撤退的掩护部队。你要侦悉情况，继续前进。"我还申辩说："据刚才装甲车在正面侦察的结果，发现前面各村庄都有共军占领，看样子不像他们的掩护部队。"但邱清泉仍然坚持己见，并叫我尽可能继续向前推进。我根据当时情况，决定让部队暂时停止前进，就地进行侦察，等弄清情况后再决定行动。九点多钟，装甲车连配合第二八八团第一营从二陈集西面村庄空隙钻进去侦察。刚进去不远，就遭到解放军三面火力射击，侦察部队慌忙退回，步兵伤亡很大。第二八八团团长周德宣向我报告说："装甲车不肯协作，不掩护，只顾自己逃跑，造成第二八八团第一营伤亡官兵七十多人。"我听到报告后，怒气冲冲，下令将装甲车连连长捆起来枪毙，经快速纵队副司令刘志道和副师长田生瑞、参谋长何瑞德等说情，才没有办他。

十八日夜，接到邱清泉电话，命令第九十六师撤到林佟山东，守备原来狼山、鼓山、牛山一带阵地。我刚回到张庄师指挥所，邱清泉就来电话质问，为什么将鼓山阵地丢掉而不报告，并要马上夺回鼓山阵地。我说："昨晚丢掉鼓山阵地时，我奉命率师主力增援第七十四军作战，鼓山阵地是由第二八七团留守，归军部直接指挥，当时我不在鼓山，我刚从前方撤回，才知道鼓山阵地丢失，况且现在天黑了，来不及部署攻击，要求明天拂晓夺回鼓山阵地。"邱清泉大发脾气，并蛮横地说："第九十六师丢掉了鼓山阵地，你是师长，就应该负责。限你马上夺回鼓山阵地，还要追究责任。"在这种情况下，我不能再与邱辩理。即打电话给兵团参谋长李汉萍，说明第九十六师部队刚才回来，饭还未吃，同时天已经晚了，黑夜不好部署攻击，请他向邱清泉说，我保证明天早晨拿回鼓山阵地。李不敢作肯定答复。这时已经是晚上七点多钟，忽然守备狼山的第二八六团阵地上响起了密集的枪声，又接到该团团长钟裴章报告说："敌人攻击狼山阵地，战斗逐渐激烈。"九点多钟，第二八六团第三营阵地被解放军攻占，预备队增援上去后，经反复争夺，忽得忽失有三次之多。在此严重情况下，我当即命令第二八八团抽出一个营增援上去，才保住了狼山阵地。天亮时解放军停止了攻击，我即将部队后撤。十九日早晨，我命第二八八团夺回了鼓山阵地，并俘虏解放军战士二十多名，内有负伤战士五名，缴获轻机枪二挺、步枪十多支。这样，邱清泉才没有再说丢掉鼓山阵地要我负责。但邱清泉对此事并没有罢休，改说要我追究守鼓山阵地的主官的责任。邱清泉这样蛮横不讲理，颇使我心中不满，但恼火又不敢向邱清泉发泄。为了防止邱清泉翻脸不认人，只好听命追究。命第二八七团团长马安澜将丢掉鼓山阵地的第三营营长杨先明押到师部枪决了事。

十一月十九日，第九十六师军械主任谭楚新由徐州赶到前方同我谈："昨天徐州'剿总'公布'徐东大捷'的战报，在徐州大举庆祝，锣鼓喧天，鞭炮齐鸣，商店也恢复营业，搞得非常热闹。我得知第二兵团打了大胜仗，当然有我们第九十六师的一份，想必俘获的东西不少，所以我特来前方接收战利品。"我听了他这一番话之后，认为这次作战第九十六师参与其中，如果只就第九十六师打这一仗，其战果是不值得举行庆祝的。我以为还有别的部队打了大胜仗，谁知道这竟是一场骗局。邱清泉究竟是怎样编造战绩，而获得徐州"剿总"嘉许，并为其大肆鼓吹，当时我不甚清楚。后来邱清泉采取一系列的欺骗布置，再经替他布置这一骗局的当事人透露，我才恍然大悟。

事情是这样的：徐州"剿总"公布"徐东大捷"后，"剿总"前进指挥部根据邱清泉所谎报的战绩，于十九日晨派该指挥部政工科科长应昂率领政工人员赶到林佟山第二兵团前线来搜索俘获解放军战利品及其他方面的资料，拍成照片，以便向蒋介石报功领奖。在这种情况下，邱清泉决心一不做，二不休，索性伪造到底。于是暗中指示兵团部政工处处长黎宗铭继续伪造战况，要他同应昂、第三十二师师长龚时英、第三十二师第九十五团团长刘绍邦等三人密商，编造采取的办法是：将第三十二师第九十五团自用的武器充作俘获解放军的武器拍成照片；龚时英利用过去在第九十六师任参谋长时的人事关系，秘密借第九十六师十八日在潘塘镇南追击，十九日该师夺回鼓山阵地并缴获解放军迫击炮三门、步枪三十多支；借第九十六师第二八六团和第二八八团轻机枪数十挺、重机枪多挺、步枪数百支，作为第三十二师第九十五团俘获解放军的武器，分别拍照。还将第九十六师在十八日和十九日俘获解放军战士四十多名，连同从第三十二师第九十五团中抽出一部分士兵拍成照片，冒充第三十二师在崔庄的战绩报给蒋介石。于是，南京"《中央日报》"十一月二十×日，大肆进行渲染，奖给了第九十五团在徐州作战有功的排长×××、通信兵×××“青天白日勋章”各一枚……随后新闻局局长邓文仪到前方“慰劳”时又亲自带来一枚“青天白日勋章”奖给邱清泉本人。这就是“徐东大捷”的真相。

三 南攻被阻

黄百韬兵团在碾庄圩被歼以后，徐东战局发生变化。黄维兵团亦被解放军阻击，不能北进。第二兵团当时的任务，是向徐州以南攻击，企图打开一条道路与黄维兵团会师[①]，但也被解放军阻止，攻击困难，进展很慢。

褚兰是通向夹沟与符离集的要道，当时已被解放军占领。十一月二十五日，军长高吉人命令第九十六师向褚兰攻击。我根据地形做出部署：派第二八八团配属战车四部先攻褚兰以西约十华里某村的解放军阵地。在炮兵和战车协同作战下，经过两次激烈战斗，当日下午三时解放军向褚兰镇撤退，×村阵地为我师第二八八团占领，俘虏解放军战士十余名（其中四名负伤），缴获步枪十余支，阵地遗有尸体六七具，第二八八团死伤达百余人。第二八七团乘势抢占了附近两个村庄。

二十六日，第二八七团在战车掩护和炮兵火力支援下攻击前进，使用大量燃烧弹，黄昏时占领褚兰西三华里之村头阵地，解放军后撤。第二八七团伤亡七八十人。

二十七日上午七时，我令第二八六团及第二八七团在战车协同下，从西、南两面向褚兰镇攻击，以猛烈的火力于八时许攻下褚兰镇，俘获迫击炮两门、骡马四匹、战士六七名。部队到达褚兰后，军长高吉人命令各部队在此休整，构筑工事。这次战斗，由于解放军战斗力坚强，第九十六师进展异常缓慢，凭借炮火猛攻，才迫使解放军后撤。由于部队战斗力一天天削弱，所以我感到困难重重，与黄维兵团会师，恐将成为幻想。解放军歼灭黄百韬兵团后，士气旺盛，主力进攻徐州，将更难对付。国民党军形势已显然向不利方向发展。

三十日正午，军长高吉人来褚兰第九十六师阵地。他告诉我，杜聿

① 当时是为了打通津浦路徐蚌段。

明在“总部”召开会议，认为部队南进很困难，决定退出徐州，从徐西绕道与黄维兵团联络后再行反攻。他还要我严守秘密，白天不行动，带不动的弹药先用汽车运走，黄昏后部队开始撤离，留一个营掩护。徐州后方第九十六师及快速纵队的留守队员，他已通知做撤退准备。情况如此紧急，我即按照他的指示做撤退部署：令第二八六团第三营营长贺万志率情报队担负掩护任务，配备无线电台切取联络，带不了的弹药用汽车运走。我既恐计划暴露，被解放军发觉跑不了，又顾虑掩护部队撤不出去，会遭受损失，于是下令各部队迅速行动，于黄昏后开始撤退。经过潘塘镇时，发现第九十六师运输弹药的汽车陷在泥淖中，由于铁路沿线第八军掩护部队枪声四起，部队不明情况，以为解放军来了，只顾前奔，这辆汽车也没人管了。我与副师长田生瑞命士兵将部分弹药埋入地下，部分扔到水塘中，破坏了汽车。十二月一日天明，第九十六师到达徐州市郊休息，与掩护部队电台取得联络。据报在撤退中并未发现解放军行动，掩护部队亦开始撤离。

四 西突被歼

十二月一日晨，徐州市情况紧张，人心惶惶，部队如潮水般向萧县方向溃退。为争取时间，我指示副师长田生瑞率部队继续向萧县方向撤退，第九十六师留守处和汽车保养连、装甲车连，由快速纵队副司令刘志道指挥撤退。我到军部留守处向高吉人报告褚兰撤退情况。高吉人说，部队要尽快撤退，徐州遗留的物资应有计划地处理，军部仓库已派人焚毁。我为使第九十六师的物资不落入解放军之手，派守仓库的输送营中尉排长尹声祥，除将徐州铁路东郊区骡马店内仓库存放的枪支、美式七五山炮、布匹、胶鞋、美式军毯运走外，其他如汽油、棉服、驮鞍、军用大车、通信器材等，均付之一炬。

当我离徐州时，国民党驻徐州的党、政、军、学及工商界争先恐后往南逃跑，市内到处火光冲天，喊声遍地。解放军未至，已是乱作一团。其状极为狼狈。在徐州通往萧县、永城的路上，各种车辆数以万计，有的满载军人眷属、家具，有的装运物资，甚至还挟带妓女，形形色色，不一而足。

下午三时，我赶到萧县城郊跟上本师部队，副师长田生瑞对我说：

"官兵很疲惫，我准备要部队大休息，吃过饭，晚上再走。"杜聿明过此对我指示："部队不准在萧县停留，马上通过凉山口再休息。"于是，我令部队开过凉山口以西十多华里，部队进村宿营。担任掩护任务的第二八六团第三营已赶到宿营地，各部队间均取得联络。此时我才觉得比较安定，认为已脱离了危险地区，到了平原地区，只要行动迅速，可以应付环境的变化，解放军也不会一下子追得上，所以当晚也就没有与军部取得联络。

二日晨，我仍通知各团继续向永城方向前进，沿途见到一些撤退的部队与车辆，秩序混乱，官兵精神沮丧，深感部队士气已难振奋。我令第九十六师部队长严加注意，不要和别人混杂不清，影响军心。在行进中，突闻左前方枪声不断，我判断并非解放军主力部队赶到，可能是先头部队与共产党地方民兵或游击队发生接触，乃令装甲车连前行掩护。后据报，襄山庙地区发现解放军部队，我即令部队赶快通过该地。在仓皇中我为保本师实力，拟突破襄山庙直达陈官庄与军部取得联络。但高吉人说邱清泉命令我在附近宿营，不许走。于是我只好令部队分驻陈庄、郭庄，向东南警戒。师情报队和装甲车连分别向南和永城方向搜索，均未发现情况。我即通知部队休息，准备第二天快速行军，企图抵达永城后，再看形势的发展。

五　陈官庄负隅顽抗

第七十军部队随第二兵团向永城方向撤退途中，行抵永城东北陈官庄地区时，邱清泉突然命令部队停止前进。我和军长高吉人都感到惊讶。因为陈官庄地区是一片空旷平原，四面都是解放区，又没有后方，既不是军事战略必争要点，地势亦无险可守，如解放军追来就跑不掉，这不是自蹈覆灭吗？但我和高吉人都不敢向邱清泉提出这个问题。

十二月三日上午，邱清泉来到陈官庄附近，对高和我说："部队秩序混乱，有的部队没有联络上，总部与各单位也没有联络好，第四十五师还在襄山庙和共军战斗。大家只顾跑，成什么话！等部队联络上，摸清情况再决定行动。"邱问我当时情况，我说："昨天派往永城方向搜索的装甲车行驶了二十多里，没有发现共军情况，少数民兵见到装甲车也不敢出来，回途中听到远处村庄有稀落枪声，可能是民兵。今天早晨派装甲车三部再向永城方向四五十里远距离搜索，现在还没回来；情报队向南搜索十多里也没有发现情况。民兵见大部队来到，都跑了。陈官庄附近的老百姓也大都逃跑。”邱说：“要注意各方面的情况，加强警戒，现在第四十五师在襄山庙阻止共军，使其受到牵制，不敢大胆向西追击，他们并不是毫无顾虑的。”邱问第九十六师部队情况，我说：“部队已全部到达，只有保养连两部汽车没有到，可能是途中发生事故。”高吉人说：“军部的汽车也有几部没有到齐。”邱清泉和我们谈了约半小时就走了。不久，杜聿明接到蒋介石的空投命令，要部队转向南面攻击。邱清泉便乘此机会派第七十军回头掩护第四十五师撤出襄山庙，开赴陈官庄附近，达到了保全主力的目的。

当时，第七十军军部驻陈官庄东的胡庄，第三十二师驻李庄附近，第一三九师驻胡庄东北的某村，皆就地布防，构筑工事，第九十师师部及各团分驻陈官庄西南孔庄、左寨一带。第二兵团部命令就地布防，各部队仍以为是临时性的部署，情绪消沉，精神松懈，一心只想投奔永城，因此对防务工事都是草草了事。第九十六师的部署是：以第二八六、二八八两个团担任向南警戒任务，派装甲车连向永城方向远距离搜索，师情报队和团情报队主要向南搜索，以一部分向西搜索。

十二月三日下午三时，据情报队报告：在陈官庄南十多里地区发现共军向西急进，情报队稍事接触，即撤回孔庄南警戒，共军陆续向西前进。我当时判断，共军是用一部分兵力追击我们的先头部队，乘机截断后撤的路线，等主力赶到，采取各个包围歼灭。这样，我们部队如果停止不走，是等待挨打，以后想跑也来不及了，我将情况向邱清泉报告，他很傲慢地说：“少数共军，怕什么？打就是了。”他说得那么轻松，殊不知我们已陷入天罗地网，怎么还能打得出去呢？

四日，陈官庄南面和孔庄西南村庄都发现有解放军占领，与孔庄的第二八六、二八八两团对峙。这种情况使第二兵团感到措手不及，情势更加紧张。军长高吉人命第九十六师攻占陈官庄南面村庄①，夺取解放军阵地，巩固陈官庄据点，但没有肯定说非攻下村庄不可。我奉命派第二八六团攻击陈官庄南面的村庄，但没有攻下。只有第二八八团占领了陈官庄南面两个村子，赶做工事守备。这时我的战斗情绪低落，只想避免战斗能够逃掉。因此，不但不愿出死力攻击，连防守的信心都丧失了。

---

① 据查，向南攻击的部署是蒋介石的命令。

五日下午，我去见邱清泉，他没有先前那么神气了。我向他汇报了部队的部署情况后，他要我注意了解解放军的兵力部署、重点防地以及活动意图，随时报告。他说：“我们四周已形成被共军包围的态势，只有西北角一段地区的几个村庄没有合围，找机会突出去是没有问题的。”听他口气好像很有把握，实则故作镇静，以安定军心。我也看到部队已被包围，无法逃跑，只有硬打出去。第七十军也是军心动摇，有岌岌不可终日之势。

六日，解放军包围的形势愈加紧逼。杜聿明、邱清泉、孙元良、李弥四人在李石林开会，决定当晚分头突围。会后，邱清泉对第二兵团各军下达了命令，他又考虑丢掉重武器突围对不起老头子，于是又找杜聿明建议召集第二兵团军长以上将领开会，高吉人参加。据高会后对我谈，会议气氛很消沉，杜聿明的神情很不安定，在开会时先发言，认为情势紧张，部队士气低落，厌战情绪严重，向南攻击想打过去是有困难的，黄维兵团亦被包围，自身难保，无法支援，中央又抽调不出部队来解围。与其等待消灭，不如采取紧急行动实行突围。杜还要大家提出各人的意见。结果除邱清泉和高吉人未发言外，其余都同意突围。当即决定，当天晚上各部队在防守阵地前面选择突围路线，同时行动，带不动的武器、弹药、物资、行李和开不动的汽车，均于黄昏前彻底破坏。这时，第七十四军军长邱维达赶到，他听说突围，极力反对，咆哮如雷地说：“你们怕死，想突围逃跑，那是办法吗？怎么不集中力量，硬打出去？突围有被各个消灭的危险，应该考虑这个不利的后果，我第七十四军包打第一线。”这样一来大家都没有话说。杜聿明见邱维达还有勇气，邱清泉也不主张突围，就随风转舵，说：“有把握打出去，当然是上策，突围的行动不妨暂时停止。”这个会并未得到圆满的结果。会后，杜聿明接到蒋介石来电，指责不准突围，要部队全力打出重围，解黄维之围。杜遂遵照蒋介石的命令做最后的决定，重新部署，准备做最后的挣扎。

六日下午一时，我接到军部电话通知，要部队将不能发动的汽车和带不动的武器、物资、行李于黄昏前一律破坏，轻装行动，并要严守秘密。我当即令汽车保养连连长罗纯破坏汽车七部，要师部军械主任谭楚新破坏山炮一门、步枪一百余支，以及一些带不动的物资。部队在准备行动时，又突然接到停止突围的通知。这样一来，突围未实现却影响了军心，官兵埋怨，士气涣散，就更加无法收拾了。

六　鲁楼战斗

突围的计划没有实现，兵团部令所属各部改向南攻击，作为正面的主力，分别将第五、七十四、七十二、七十军在陈官庄附近的陈庄左寨、胡庄等地做了战斗部署。我率第九十六师在地祖庙村指挥，第二八六、二八八两个团分布在陈官庄南面，第二八七团分布在陈官庄东面，配合各部队南攻。东面鲁楼是解放军重要据点，亦为南进的要冲，因此，成为争夺的目标。第七十二军担任主攻，历时两天，未能攻下。九日午，奉邱清泉命令，要第九十六师派两个营掩护第七十二军正面攻击。我当即派第二八八团团长周德宣率两个营配属装甲车两部向鲁楼村庄西侧面助攻，掩护第七十二军攻击，战斗至为激烈。第二八八团部队前进到鲁楼西南，靠近村沿，遭到土堤上的解放军侧击，打不过去，伤亡惨重，装甲车一部被毁。第七十二军虽一度攻入鲁楼，旋被击退，终未得手。

邱清泉见鲁楼未攻下，大发脾气，指责第二八八团攻击不力，要法办团长周德宣。我向邱报告，第九十六师所担负的任务是侧面攻击，如果司令官指定第九十六师担任主攻鲁楼任务，我便立即部署，照令执行。这样邱清泉才不说要办周德宣了，也没有要我去攻鲁楼，而把任务交与第一三九师。到十二月中旬，第一三九师付出了极大的伤亡，拖延了不少的时间，才攻下鲁楼。

七　李楼村的浩劫

第七十军第一三九师攻占鲁楼以后，军长高吉人电话命令第九十六师攻击鲁楼南面李楼村和土堤解放军阵地。该村地势低洼，西南有较高土堤做屏障，东面村庄亦为解放军占领的据点。土堤阵地在地形上有它的特别重要性，如能夺取过来，即可控制一段地区，掩护部队向南面攻击。我为完成这一任务，派第二八七团担任攻击，配合军部榴炮营、师部山炮营协同作战。上午八时，炮兵集中火力射击李楼及土堤阵地。经过激烈争夺，虽冲进村沿，但解放军仍坚守不动。第二八七团因伤亡惨重，不得不停止攻击。九日下午一时，邱清泉电话限令第二八七团以最大的决心攻下李楼和土堤。我令第二八七团以最大的努力继续攻击，并发挥炮兵的全部火力，彻底毁灭李楼村。战斗至下午三时，第二八七团在炮兵掩护下攻占李楼，但村南土堤解放军相持到黄昏后才撤退。第二八七团伤亡达二百余人。

八　争夺窦凹

向南攻击之国民党军，以疲惫之师，受到解放军的坚强阻击，迟迟不能前进。邱清泉焦虑万分，乃将罗李庄南面进攻窦凹阵地的任务，给予第三十二师担任，限期攻下，打开出路。同时命令第九十六师第二八七团部署在窦凹后面村庄，待窦凹攻克后，即出动猛攻西南面村庄，使解放军没有喘息之机，以一鼓作气夺取几个村庄，压迫解放军后撤，这是第二兵团事先的打算。邱清泉亲到罗李庄指挥榴炮营、山炮营和重炮营集中火力支援攻击。第三十二师在炮兵强大火力掩护下，向窦凹发动强大攻势，虽经两度冲进村庄，但均被解放军打退。下午邱清泉命令强行攻击窦凹，但刚攻进村庄，在解放军反冲锋下，第三十二师副师长贺知诗便狼狈潜逃，官兵相继回窜，解放军乘胜追击。在村后的第九十六师第二八七团见情况危急，迎头进击，解放军猝不及防，窦凹被我攻占。解放军伤亡很大，第三十二师也死伤四百余名。邱清泉见时间过晚，伤亡又大，令第二八七团停止进攻，将窦凹村庄交与第七十二军接守，第三十二师移陈官庄西南魏老窑、魏小窑阵地担任守备。邱为警诫部属，整顿军风，将该师副师长贺知诗调职，以示惩罚。第九十六师第二八六团调作机动攻击部队。由于正面主攻处处受阻，进展艰难，官兵厌战情绪更加严重。尽管邱清泉以顽强的压力，逼令部队以血肉相拼，已不能挽救垂危的命运。

九　王庄战斗的惨败

窦凹的战斗，是在邱清泉的顽强压力下，付出了极大的代价而告结束的。部队的攻击精神，已是一蹶不振，一听到攻击任务，官兵都感到惶恐不安。十二月中旬，邱清泉电话命令我率第九十六师第二八六团攻击陈官庄东南王庄解放军阵地，派战车四辆，协同攻击，并配备榴炮营、山炮营支援。该村为南进孔道，势在必争。我接到命令，于上午九时先集中炮兵营火力开始向王庄射击。第二八六团和战车部队随即攻击前进，抵达村庄附近时，战车忽然停滞不前，用无线电话报告说，解放军阵地前有外壕不能过去，也不敢冲进村庄。因战车后撤，第二八六团失去掩护，被迫撤回，伤亡惨重。部队对战车的转移，极为愤懑，争吵不休。我为了完成邱清泉交给的任务，同时也认为王庄不攻取，对部队前进是一个极大的阻碍。因此，下定决心，仍以战车在前，配合第二八六团，妄图一鼓作气占领王庄。当部队与战车到达离村四五十米地区，战车又停滞不前，第二八六团只好利用小沟、土堆掩护战斗，但不敢前进。我即令战车连长指挥战车前进。但战车部队又以地形限制和油料不够为由，再度后撤。由于战车畏缩不前影响了部队的攻击，于是第二八六团不得不于黄昏时撤回，攻击未逞又伤亡二百余人。我向邱清泉报告，将责任推给战车部队，为自己开脱。同时我也知道，邱清泉碍于蒋纬国的关系，也不可能做出怎样的处置。从此以后，我便完全丧失了打出包围圈的信心。

十　妄想突围

部队在陈官庄陷入重围，向南攻击又一筹莫展。第七十军担任正面进攻，伤亡惨重，军心涣散，早已失去战斗能力。十二月十九日，蒋介石派空军作战署副署长董明德乘专机到陈官庄，与杜聿明、邱清泉面商空军协助作战的具体计划。决定由空军出动飞机一百架次分批轮流在上空掩护，并使用大量毒气弹进行重点轰炸，企图炸开一条缺口，掩护部队突围。

邱清泉做了突围的部署，预定二十日按计划实行[①]，指定第五军和第七十四军为突围攻击部队，第七十军在原阵地担任掩护。兵团部发给第九十六师防毒面具三百余具。二十日，杜聿明召集第二兵团营长以上军官在黄庄户南空地训话，大意说："总统派大批空军来支援，掩护我们部队打出去，大家要有坚定的信心，提高战斗情绪，保全我们的力量。"邱清

---

① 当时决定舒适存、董明德于二十日回南京向蒋介石复命后实施突围。

泉、董明德均到场，邱也做了简短的讲话，不外是鼓励官兵卖命。可是他本人却表现得十分颓唐，鼓不起劲来，下面的反应亦很冷淡。最后由第二兵团参谋长李汉萍说明空军使用甲种炸弹的性能和办法以及防毒常识（甲种炸弹即毒气弹，不敢公开宣布，以甲种炸弹代名来掩饰），用油印说明书发给到场军官参阅，并指示阅后焚毁，严守秘密。

我回到师部后，认为突围还可以保全残余力量，以后不难重整旗鼓，创造局面，至少我这个军的番号还有保留的希望。因此我召集第九十六师的团长和参谋处主任以上军官研究怎样执行突围的计划。他们表示，以当时的情况，突围是一条出路，并且相信第九十六师还有一定的攻击力量，冲出去不成问题。我们当即决定，本师部队除按照兵团规定执行任务外，应有严密的联系，做好确实的准备，轻装行进，动作要迅速，把最后一线希望寄托在这一次侥幸的行动上。

十九日准备突围前，杜聿明、邱清泉将我升充第七十军副军长，仍兼第九十六师师长（前任副军长陈德谋当时在南京任兵团干部训练班主任）。邱提升我为副军长，其用意显然是在紧急关头要我卖命，打出包围圈，而我也的确受宠若惊，增强了拼命顽抗的决心和勇气。

不料十九日晚气候骤变，二十日下雪，飞机不能出动，突围计划因而无法实现，国民党军官兵一个个都垂头丧气。连续十几天风雪，情况愈加紧张，董明德留滞陈官庄也回不去。在这十几天中，第九十六师阵地虽无激烈战斗，但伤亡不断，第二八六团团长钟裴章、第二八七团团长马安澜先后负伤，最后乘飞机逃窜南京。至此第九十六师元气大伤，已不堪一击了。

我去陈官庄向杜聿明打听情况时，曾听他和邱清泉、董明德谈到，有一种面包篮式炸弹，杀伤威力可达八百米，拿来使用，比毒气弹效力大。董明德答应回南京清查，如有，一定照办。

十二月下旬，有一天我到兵团部见邱清泉，他取出吴化文写给他的一封信给我看，信的内容是劝邱投降人民。我看完信没有表示态度。邱说："向共产党投降，还有什么骨气？"实际上他这句话是双关语，一方面表明他将顽抗到底，一方面是对我的警告。邱清泉还向我谈到，陈毅曾写了一封信给杜聿明，劝他投降人民。杜看后给邱看，邱看了以后将信烧了。

十一 四面楚歌，军心瓦解

在漫天风雪中，第九十六师士兵冻馁交加，毫无斗志。在陈官庄南面阵地前的解放军采取宣传攻势，向第二八七、二八八团国民党军官兵喊话劝降："国民党军官兵放下武器投降，一律宽大，愿回家者发给路费，愿做事者给予工作。"晚间还不断向我阵地投赠食品和宣传品，这些对于瓦解国民党军官兵的斗志，发生了极大的作用。从此，官兵向解放军投降的情况不断发生。第二八七团第三营第九连第三排排长率部向解放军投降，虽被连长发觉，但也阻止不了。第三十二师第九十五团第一营营长晏子良率全营官兵起义后，还派兵送信给该团第八连连长，劝其投降。

在这种四面楚歌、面临崩溃的时刻，我命令各团以营为单位，把营长、副营长、连长都组织起来，轮流夜间值班守备阵地，团长和副团长、师部参谋和科长也都随时到各团阵地巡逻，严密监视，防止士兵向解放军投降。但是由于军心瓦解，已无可收拾，三三两两，化整为零，向解放军投降的仍是络绎不绝。

十二 全军被歼

一九四九年元旦，天气转晴，飞机开始投送粮弹补给，国民党军犹怀着最后逃窜的一线希望。十二月二十九日，董明德飞返南京时，曾约定一月十日以飞机掩护，实行突围计划。但我感到形势一天比一天紧急，已不能等到那个时候。我对高吉人说："军心动摇，士无斗志，空投粮食又不够供应，迟留一天，形势更紧张一天，气候再变，势将坐以待毙。"我认为应尽量争取时间，提前突围，或者还可以侥幸冲出去。高吉人表示同意，但他说："司令官考虑到如果实行突围，官兵每人至少要准备两天粮食，部队才能行动。同时又估计空军投粮十日方能完成补给任务。"我说："只要突出包围圈，粮食可以就地向老百姓搜索，不一定要等待空投。"因此我一再向高吉人陈述利害，希望能实现提早突围的愿望。

五日上午，发现在第九十六师阵地前对峙的解放军，正在调整部署，加强工事。六日解放军果然开始向我军发动总攻击。军长高吉人在地祖庙第九十六师师部附近被炮弹碎片炸成重伤。杜聿明即命令我升充第七十军军长，将高吉人调充第二兵团副司令官。杜聿明对我的提拔，更加激发了我对他“感恩图报”的心情，更加把我的命运交给他们掌握了。

当时第七十军部队已被解放军消灭过半，只剩下四个团和直属部队。但我仍认为第九十六师是我的基本力量。第一三九师唐化南被升充为副军长，仍兼师长。他对杜、邱也是感恩戴德。第三十二师师长龚时英也是邱清泉一手提拔的。因此，我认为第七十军在我的掌握中，仍可作为最后一拼的资本。

一月六日下午，守备陈官庄、魏小窑村庄的第三十二师第九十六团被解放军围歼，团长叶佛佑被俘。七日下午，守备魏老窑阵地的第九十四团，全部被解放军消灭，团长萧佛南只身逃回师部。守备胡庄东北村庄据点的第一三九师的一个团在六日以前即被解放军消灭，七、八两日又连续被歼两个团，仅剩直属部队一千余人。第九十六师守备陈官庄南面村庄的第二八八团据点于五日下午即处于紧张形势之中，解放军分两路向阵地实行对壕作业。六日早，壕沟已迫近村庄，距离仅三四十米，前哨阵地已被解放军占领。正午，解放军利用壕沟向村庄攻击，战斗至为激烈，第二八八团已无力支持。我派出师工兵营第二连增援。相持到午后一点多钟，解放军攻击村庄据点，官兵不抵抗，全部缴械投降，团长周德宣一人逃回师部。据周德宣报告，解放军对壕作业的快速动作，是无法对付的，因此军心无法维持，都不愿打。但我尚未死心，仍企图做垂死的挣扎。

接连的紧急情况是：七日下午解放军由三面对守备孔庄据点的第二八七团阵地进行对壕作业，八日上午已迫近孔庄三十多米。孔庄系陈官庄门户，该村不守，解放军即可直捣兵团部。在这危急关头，我令副师长田生瑞到孔庄坐镇，指挥第二八七团破坏解放军对壕作业工事。这个部署最初虽起了一些作用，但终因力量悬殊，孔庄南头被解放军占领，代理团长李镇龙被俘，李还派人给在孔庄北头指挥所的副师长田生瑞送劝降信，田此时方知已被解放军重重包围，最后全团缴械，田生瑞就擒，仅两名卫士逃回师部。旋相继逃回士兵十余名。这时解放军已经改变了过去一贯采用的晚间或黄昏时发动攻击的作战方法，白天向第九十六师村庄阵地进攻，这显然是解放军的兵力增强的表现，而他们所采取的对壕作业更发挥了极大的威力。邱清泉知道已经到了千钧一发关头，决定提前于九日由空军掩护突围。他命令第五军第二〇〇、四十五两个师和第七十四军两个师担任突围攻击部队，于九日上午在飞机掩护下，向陈官庄西南突围，第七十四军做好突围准备，守卫原阵地，听候通知行动。我按照邱的指示，做了准备工作。残存部队仅有第三十二师一个团及师直属部队千余人，第九十六师剩下一个团与师直属部队，都已精疲力竭，不堪再战了。九日晨，邱清泉离开了陈官庄，电话通知我将第七十军指挥所移到陈官庄，并命令调拨一个工兵团（番号已忘记）归第七十军指挥。我遂令将该团部署在陈官庄村缘地带。

上午九时，空军飞机开始轰炸，掩护部队向西突围。第七十四军攻克一个村庄。第五军军长熊笑三的部队到十一点钟还未做好攻击准备，虽然空军电话催促加速行动，但部队未能密切配合，加以飞机投掷的毒气弹多数未爆炸，爆炸者仅两三枚。邱清泉看到此情况，暴跳如雷，大骂空军内部有共产党捣鬼，使炸弹失去作用。他与第七十二军电话不通，要我与该军联系，将军部移至陈官庄，与第七十军一起便于联络。我与该军军长余锦源联络，余表示不愿移驻陈官庄。就在当晚，他率部队向解放军投降了。

晚间空军不能出动，突围的部队又受到解放军严密监视，处境艰难。邱清泉下令要施行最后的破坏工作。我按邱清泉的指示，下令榴炮营、装甲营和第三十二师，于晚八时前将炮弹全部射击完毕，所有大炮一律破坏，并要参谋长魏珍通知所属部队和工兵团做好突围的准备工作，听候命令行动。

黄昏后，枪声四起，形势紧张，陈官庄附近发生骚动，部队与杂兵慌忙奔逃，我忙与所属部队联络，副军长唐化南率领的第一三九师已经联络不上了，实际上部队已无形解体。晚十时，邱清泉打电话给我说："我没有办法了！你们自己打定主意突围吧！我放弃指挥权，马上离开指挥部。"他刚说完，电话就挂上了，我再摇电话，已无回响。我又打电话给左寨的第七十四军军长邱维达，企图与他联合突围，以壮声势。他以未奉到邱清泉命令为由拒绝了。我又打电话给战车团团长赵子华，他说没有接到通知，晚上战车不能行动，约我十日拂晓互相配合，向西突围。我没作具体答复。我考虑情况严重，时间紧迫，不能再等，遂决定部队分散突围，要参谋长魏珍通知第九十六师和工兵团部队迅速到陈官庄东面空地集合，通知第三十二师师长龚时英自行选择方向突围，向蚌埠方面集结。第一三九师已无法通知。第九十六师和工兵团部队集中后，我与参谋长魏珍、视察官曹琦和指挥所人员带着特务营，随同第九十六师师长刘志道率领的师直属部队与第二八六团一起向西突围。出陈官庄后，人喊马嘶，枪声四起，流弹火花漫空飞溅，尤其黑夜更呈现出恐怖的气氛。魏珍认为在这种环境下突围已不可能了，建议我向解放军投降。第九十六师师长刘志道、视察官曹琦、师参谋长何瑞德、第二八八团团长周德宣都在旁默不作声。我气愤地说："你们怕死，要投降的就去，我不阻拦，我不投降。"仍然命令部队向西突围。走了一段路，汽车和部队挤作一团，不能通过。参谋长魏珍已不见踪影，工兵团部队亦未跟上。此时我看由西线突围已无希望。在接近解放军阵地时，我急令第九十六师特务连分路从解放军阵地空隙偷袭过去，后面部队跟踪先进，如被发现，趁势猛冲，打开一条路线冲出去。我带的几十人在偷摸解放军阵地时，终被解放军发现开枪截击，与后面部队联络中断。在通过第二道防线后，企图穿过津浦路向蚌埠逃跑。为了不被发现，昼夜兼程。不久，我和刘志道、周德宣及士兵二十余人被解放军第二师后方医院俘虏。我初以军需上士身份掩饰自己，经过两小时后才坦白了自己的真实面目。

第三十二师被歼记

龚时英*

一 如此“徐州大捷”

十一月十六日上午，第二兵团司令官邱清泉从徐州东林佟山兵团部打电话给我，要第三十二师马上开到徐州东南面的郁集去阻止解放军前进。他说：“现在孙良诚那里的第二六一师已经被敌人打垮了，正在向徐州方面逃跑，你马上派一个团乘坐汽车赶到郁集附近占领阵地，阻止他们逃跑，不叫敌人接近飞机场，总司令（指刘峙）已经派好了车子，你只要派人去接头就行了，霸王山的防务以后有人来接，你不要管。你马上也带着部队徒步赶到郁集去。”我在接到电话后，不敢怠慢，大概不到三个钟头的时间，第三十二师就全部到达郁集。我当时就以第九十六团（团长高毓民）占领了郁集正前方的几个村庄，令先头坐汽车到达的第九十五团（团长刘绍邦）稍向西移，占领石牌以西的几个村庄，师部和第九十四团（团长华心权）驻石牌附近，并令第九十六团（团长叶佛佑）派出一个连在文庙构筑工事，防止解放军乘隙而入，威胁师部的左侧背。部署甫定，正巧第二六一师师长孙玉田带着约一排人，慌慌张张地跑到郁集。我立刻制止他向后退，命他驻在附近收容部队，以后再没有发生什么情况。这时第十二军军部也驻在郁集，第七十四军在潘塘镇附近，在右翼三堡附近有第十六兵团的部队，但没有取得联络，第二兵团的第五军和第七十军（欠第三十二师）都在林佟山以东地区，不料到了晚上，第九十六团派驻文庙的一个连就被歼灭了。左翼潘塘镇方面第七十四军战斗打得也很紧。第二天，我根据邱清泉的指示，派部队向西搜索与第十六兵团的部

---

* 作者当时系国民党第二兵团第七十军第三十二师少将师长。

队取得了联系，这时解放军的主力已将黄百韬兵团包围在碾庄圩附近。第十三兵团和第二兵团都正向东挺进，支援黄百韬兵团。

根据当时的情报，第三十二师的正面解放军只有一个师。十一月十七日早晨，我还未起床，第九十五团团长刘绍邦打电话给我说："昨天晚上共军有四五百人，大概是一营人的样子，摸到了我的团部，我用反包围把他们都俘虏了。"我当时很高兴地说："你真有办法，一共缴了多少枪支？"他说："什么枪都有，步枪、轻机关枪都有，现在正在清查。"我把这个消息用电话报告邱清泉，邱清泉在电话中喜得发狂地说："刘绍邦这个家伙真有办法！"当我再打电话要刘绍邦把俘虏送到师部时，他半吞半吐地回答说："只有二三十人，其他人因为没有包围好都跑掉了。"我说："枪呢？"他说："一支也没有缴到。"我当时很生气，觉得他这个玩笑开得太大。我把电话摔了，因为已报告给邱清泉了。怎么办呢？想了一会儿，我又用电话报告邱清泉更正。邱懒洋洋地说："我已报告总司令了（指刘峙），不好更改，就这样将错就错吧！没有关系。"这样我才放下心来。正巧那天晚上，刘绍邦派在崔庄的一个前哨连遭到解放军新第三十二师的袭击。新第三十二师的部队曾一度攻进了崔庄，双方混战了很久，一时电话中断，情况不明。正当刘绍邦惊慌失措之际，该团通信排有一个士兵（名字我忘了）冒着枪林弹雨把电话接通了，我即打电话给刘绍邦，在询问中了解到，被派到文庙的那个连没有被歼灭，于是我令刘绍邦赶紧派部队增援，并令师重炮向崔庄南面的沙庄进行轰击，稳住了阵地，第二天早晨，我到崔庄去看时，还看到在崔庄南面的交通沟内解放军遗尸二三十具，另外还有两位负重伤的战士躺在地下，我叫刘绍邦把他们枪杀了。我回到师部后，又把这个情况报告给邱清泉，他又认为是一个大的胜利，马上又报告徐州"剿总"，徐州"剿总"认为第九十六师在潘塘镇打得很不错，还抓了几十个俘虏和缴了一二十支枪，再加上第三十二师迭报"喜讯"，于是就在徐州开了一个所谓"祝捷大会"，企图借此来鼓励士气。徐州"剿总"还命令第三十二师把守备崔庄的那个副营长升任为营长，命令奖给那个接好电话线的通信兵以"青天白日勋章"，并派总部前进指挥部政工处的科长应昂来第三十二师照相。应来之前邱清泉通知让把缴到的武器弹药陈列起来准备照相用。因为第三十二师没有缴获到什么武器，觉得邱清泉在出我的洋相，邱清泉听出我有些为难，就在电话中说："万一你那里缴获的武器不多，你可以派人到第九十六师去借，他们那里缴获的武器很多。"于是我立即派人到第九十六师去借了一些。武器陈列起来，我和副师长贺知诗、参谋长张葛天、第九十五团团长刘绍邦还站在那些武器的后面照了相。当时听说南京还派慰问团到徐州劳军，第三十二师曾领到现洋一万五千元，规定官长发两块，士兵发一块。但是这个慰问团并未到过第三十二师，可能是因为徐州的形势紧张，早已溜之大吉。蒋介石和徐州“剿总”为了做垂死挣扎，确是煞费苦心，但是仍然没有挽救得了他们失败的命运。

二 打开缺口突出去

十二月八日上午，十点钟左右，军长高吉人打电话对我说：“刚才邱先生（指邱清泉）来电话，要你准备明天攻击窦凹。他希望你们在那里打一个缺口，好让部队突围。”我说：“那好嘛，别的地方有没有人攻呢？”他说：“没有，就是你们第三十二师攻，我准备叫军部的炮兵营明天支援你们，你可以直接同他们联络。”我说：“我们炮弹不多，最好请军部的炮多打几发。”他说：“军部的炮弹也不多，我一会儿跟他们讲，要他们明天多打几发。”本来我是主张打的，觉得这样蹲在包围圈里，绝不是办法，如果日子一久，就会是死路一条。所以我接到电话后，觉得能够做一个开路先锋，让整个兵团冲出去非常高兴。我即刻到鲁菜园第九十五团团部，召集团长刘绍邦、华心权等去侦察地形。窦凹在鲁菜园的东南，地势平坦开阔，是个小庄子，只有中间一条沟可以隐蔽接近，按地形说是利于守不利于攻，判断解放军使用在那里的守备兵力，充其量不过一营人。根据侦察，令第九十五团做攻击部队，令第九十四团做预备队，第九十六团因为是刚补充的兵员，只让其派出一个营的兵力，在沟道以西占领阵地，担任左侧背的掩护，决定次日拂晓攻击。

九日早晨，东方刚发白，在炮兵猛烈轰击之后，第九十五团很顺利地进占了窦凹，但还立足未稳，即遭解放军反击被赶了出来，第九十五团一时溃不成军。团长刘绍邦大腿负伤，我看情况不好，要副师长贺知诗赶紧把第九十四团带上去，阻止第九十五团后退，并继续发起攻击，经过反复的猛扑，虽一度攻占了窦凹，但是仍被解放军赶出来了。第九十五团纷纷向后逃窜，我令特务连架起机关枪在后面督战，迫令他们前进，因而与解放军形成了拉锯的战斗。在相持不下之际，军长高吉人来到了鲁菜园。他令第九十六师第二八七团攻击窦凹的左侧背，支援第三十二师的战斗，这样才又一次攻占了窦凹。但窦凹的房子已完全毁于炮火。在这次战斗中，第二八七团第×营营长李梅豁被击毙，官兵伤亡约三四百人。解放军虽撤出了窦凹，但在窦凹南面不到五百米的常庄严阵以待。这时，第三十二师和第二八七团已无力再发起攻击了，于是妄图在窦凹打开缺口突出去的迷梦也就打破了。

十二月十日，第三十二师奉命将罗李庄、窦凹等地的防务交给了第十三兵团和第七十二军的部队，移防到陈官庄南面的李楼、魏老窑、魏小窑、王庄、李明庄间地区接替第九十六师第二八六团的防务。这时第七十军军部的位置在胡庄，第九十六师在地祖庙附近，第一三九师在第九十六师以东地区。在解放军的重重包围之下，包围的圈子一天比一天缩小，国民党部队已成了瓮中之鳖。

三　走投无路去献诡计

十二月二十七日上午，我跑到陈官庄去见邱清泉，准备向他献策，妄图在绝望中再做挣扎。当我刚一走进他的房门，他就问："这两天部队怎么样？"我说："现在都整天挨饿。"他说："你要尽量想办法叫他们把所有的骡马都杀掉吃吧！"我说："现在就是这么办的。"他说："那很好，我们只要能够维持着打出去，将来大家都有办法，杜老总（杜聿明）已经有个大计划，准备出去以后和总统商量，再成立六十个师，等到训练好以后再反攻。"我说："那好极了。"他说："你看，前两天陈毅和吴化文还来信劝我们投降。"他顺手把劝降书拿给我看[①]，并接着说："吴化文这个人，一向很讲交情，在他投敌的前两天，还打电报给我，说他那里处境困难。这都是王耀武他们把人家逼走了的，要是他和我在一起，我相信他绝对不会这样做。"我说："他现在还劝你也投降。"他说："那怎么行？一打败仗就投降别人，那才叫别人看不起。"我说："我们现在第一步是怎么样想办法冲出去，我有几个办法，不知道行不行。"他说："你有什么好办法？"我说："我们过去学战术，不是有内线作战和外线作战两种方式吗？现在我们被包围了，正是处在内线，拿破仑一生就是打内线作战打出了名的，难道我们就不能把

① 据杜聿明说，当他把陈毅的劝降书给邱清泉看时，邱清泉看后立即烧毁了。

所有的大炮、战车和各种重武器集中起来，再配合强有力的部队，打击敌人的一点，冲出去给敌人一个反包围吗？如果这个办法行不通，那我们可以另用一个办法。现在我们的第一线距敌人的阵地后方不过三五百米，我们可以派工兵部队找一个比较隐蔽的地方，挖一个隧道通到敌人的后方去，然后运出一部分兵力来前后夹击敌人。万一上面两个办法都办不到，那我们可以事先约好向敌人来个假投降，然后乘敌人不备，一举突围，不很好吗？”我说完之后，他高兴地说：“对，你这些主意都不错。来，我带你到总司令（杜聿明）那里去，马上去和他说一说。”他一边说一边往后院走，刚走出房门，就见到杜聿明和李汉萍、简洁等几个人从后院里走出来。邱上前打招呼说：“龚时英有几个很好的意见向总司令报告。”当时杜聿明就说：“你有什么好意见，说说吧！”我说出了第一个意见。他哼了一声，没有表示可否。接着我谈了第二个意见，他说：“那积土往哪里放呢？”我说：“可以在晚上再慢慢地运出来。”他说：“那不容易办到，你还有什么好意见？”我又说了第三个意见。他说：“你把敌人看得那么傻，你一投降，他就会叫你缴械，时时刻刻提防你，你怎么能够突围？这个办法办不到。”我听他这么一说，感到自讨无趣，碰了一鼻子灰，接着就扭转话题，谈别的去了。我在那里稍微停了一会儿，就回到了防地。我觉得杜聿明这个人，既不降，又不打，毫无一点魄力，完全是想坐着等死。

第七十二军投降经过

李　清*

一九四九年一月九日午后，当我们到达陈官庄时，受到解放军很猛烈的炮击，我们和胡庄方面的电话线不时被打断。傍晚，我接到副军长谭心电话，叫我通知已经先到陈官庄的全体人员不要再行动了，赶快回胡庄去，另有出路。谭所谓的另有出路就是向解放军投降。

回头再说胡庄方面（根据余大英、杨法治等对我口述的材料），副军长谭心出面邀第三十四师师长陈渔浦及第二三三师师长徐华商量后，先派第二三三师特务连连长杨法治带两名通信兵打着白旗，拉着电话线到解放军阵地要求解放军派谈判代表来，本军愿放下武器。解放军的首长从电话里答复“可以”，但认为派个特务连连长不够庄重。于是，谭心改派第二三三师参谋长余国勋到解放军阵地迎来一位纵队的蔡副政委（当时解放军说，在你们放下武器前不能知道纵队的真实番号，所以只知道来的是蔡副政委）。解放军的蔡副政委进入军长余锦源的掩蔽部谈判时，余曾要他的侄儿、本军司令部警卫营营长余大英注意警卫上的安全。参加谈判的解放军方面是蔡副政委一人，本军方面有军长、副军长、参谋长及第三十四师师长陈渔浦、第二三三师师长徐华及各师的参谋长等。当蔡副政委同意余锦源的要求，对连长以下官兵由解放军处理，营以上官佐全部释返国民党统治区，新华社不刊登本军投降消息（以免他们回到国民党统治区受害），但余锦源还不肯签字，参谋长许亚殷则一言不发。蔡副政委当即说：“时间不多了，我们的炮兵早就等得不耐烦了。”说毕他起身就走。副军长对在场的人大声说：“再不和平，大家就都吃炮弹，不愿达成和平协议的只有喊卫士绑起来。”蔡副政委又回头催促，此时余锦源才勉

* 作者当时系国民党第二兵团第七十二军上校科长。

强签了“全军放下武器”这几个字。余锦源签字后仍由余国勋把蔡副政委送回解放军阵地，从此解放军停止了对胡庄的攻击。许亚股走出余锦源的掩蔽部后仰天长叹说：“茫茫黑夜，几时才得天明。”（部队投降时他化装逃跑到四川去当郭汝瑰的第七十二军的参谋长，郭起义后他又逃掉了。）本军全部按解放军规定的路线于九日深夜至十日拂晓前进入解放军阵地缴械，受到解放军的欢迎。团长以上均住到解放军招待所，其余的各级军官与在陈官庄未参与起义的人员连同在山东滕县解训第二分团的人员，一起学习了一段时间即被释放了。释放证上注明了是在战场参与起义的。这是本军在副军长谭心主持下，在淮海战场向解放军投降的真实经过。

第七十四军的再次被歼

邱维达*

国民党第七十四军在一九四七年五月十六日鲁南孟良崮战役中曾经被歼（当时称整编第七十四师），是年夏该军重建后，又参加了淮海战役。兹就淮海战役该军再次被歼经过，忆述如下。

一　调进战区

一九四八年一月十五日，总统府军务局长俞济时来电称："奉总统面谕，着通知第七十四军军长邱维达即来京一见。俞济时。"我接到电报后，当即召集团长以上军官开会，征询他们对参战的意见和部队的情绪，以便心中有数。在会上意见颇不一致，各有各的想法和打算，总的不外三种意见：（一）李仁俊（军参谋长）等人认为，军的架子刚刚搭好，还谈不上有战斗力。以前第七十四军这样好的装备，尚且经不起打几天，现在都是新兵，如何能参战？（二）王梦庚（第五十一师师长）等人认为，解放军没有三头六臂，装备也不如我们，训练也差，有什么可怕？部队不是关在营房内训练成功的，要在战场锻炼出来，只要指挥不犯错误，战斗能力就会越打越强，有机会我们就要打。（三）王奎昌（第五十八师师长）等人认为，全国正在"戡乱"时期，部队整训一个阶段是要参加作战的。但目前训练尚未成熟，战力一般还未恢复，有百分之八十以上的新兵，缺乏作战经验，军官也如此。如果上级要使用这个部队，军人以服从命令为天职，但我们最好先不要参加主要战场，先执行一些次要

* 作者当时系国民党第二兵团第七十四军中将军长。

任务，锻炼一个时期，等全军官兵有了一定作战经验，再到主要方面担负任务，是较稳妥的办法。第三种意见提出后，得到多数支持，认为既不违背上级意图，又获得锻炼机会。我也同意这种意见。

一月十七日上午十时，我先到总统府军务局，见到俞济时，我问蒋介石召见我的目的是什么。俞说："知道你这个军整顿得不错，战力恢复很快，校长可能要使用这个军。你有什么意见和整训情况可向校长当面报告。"我说："校阅人员不了解这个军的底子，官兵百分之八十以上全是新的，正式训练只搞了四个月。光看表面不错，实际战力尚未恢复。"俞说："有第七十四军这块牌子就行了。我过去带领这个军不就是打到哪里胜到哪里？"我感到他的看法太幼稚，便说："现在和共军作战，是要凭真实力量的，没有充分作战准备，谁也没有把握。"我又说，"多算胜，少算不胜，盲目地搞是要吃败仗的。"我这一顶，他有些不高兴，连连说："好，好，你去和校长谈谈吧！"

辞出后，于当日下午三时径到黄埔路蒋介石的官邸报告。侍从武官引我走进蒋介石的办公室，蒋问我部队补充训练情况。我把自己准备的逐项汇报。在我报告过程中，他频频点头，鼻内时时发出"嗯嗯"声。看表情，对我的汇报似乎是满意的。接着又问装备情况："装备武器是哪些品种？"我也逐项报告。当他看了我带的武器清册后，追问："为什么不装备一种类型的武器？"我说："这是陈总长亲自批发的。"他听我这一提只是说："种类复杂，补充弹药不方便。"话题又转到作战技术方面，他说："新兵射击教育完成了吗？"我说："只完成了初级阶段，射击技能还差。"他听了不很满意，他提高声音说："部队打败仗，就是射击不沉着，技能差，先把子弹消耗了，等到敌人冲上来，就束手无策。你回去要好好教导你的部队，要特别注意这个问题。"最后他提出："准备使用你这个军参加前方战斗，你回去要做充分准备。"我顺便将来时军官们提的一些意见概括地作了报告，他点点头，似乎不反对，只是说："我知道，我会关照墨三（指顾祝同）的。"我退出后，转到国防部去打听，得知已将第七十四军列入徐州陆军总部指挥序列，但使用于何处尚未确定。

一月二十日，接徐州"陆总"顾祝同的电报，其内容是："为防堵大别山、伏牛山区共军窜扰，清剿皖北地区零星共军，该军即开皖北布防，以一部兵力进驻阜阳坚强守备，主力集结蒙城附近地区机动。"根据以上任务，第七十四军做以下部署：

（一）以第五十八师由蚌埠径开阜阳，加强防御，准备固守，并向太和、临泉派出搜索部队，侦察该方面情况；

（二）以第五十一师由全椒向蒙城插花庙地区集结，一面整训，一面做战斗准备，随时准备机动；

（三）军直属部队进驻蒙城继续整补。

部队均在一月底调动和备战完毕。从二月一日到二月上旬，驻太和、临泉、插花庙等地部队和当地解放区地方武装发生过多次遭遇，在每次战斗中，也锻炼了部队战斗能力和指挥能力。特别在四月中旬解放军第二野战军约四个纵队兵力，从大别山区突然发起强大攻势，包围阜阳第五十八师，第八绥靖区司令官李觉被围困在城内，和解放军激战七昼夜。在邓军林部及李文密部的援助下，得以安全解围，阜阳免于攻破。经过这一阶段防御战斗的锻炼，部队虽有伤亡，但第七十四军官兵经过战场考验，获得一些实战经验。战斗结束后，蒋介石、顾祝同均来电嘉慰，并对守阜阳“有功”官兵颁发勋奖，认为这个军重建后初试锋芒，战力已经成熟。

七月十日，正当黄泛区国民党军又被歼两个军，徐州以西防务空虚时，第七十四军奉徐州“剿总”命令，密驻商丘、砀山地区集结待命，正式隶属第二兵团，归邱清泉指挥。

二　顾祝同在徐州召集军事会议概要

淮海会战爆发前夕，国民党军统帅部作战方针迟疑未决，指挥混乱，部队调动频繁。一九四八年十月下旬，我在砀山得知郑州已经放弃，开封做撤退准备，列车满载着部队和物资，向东行驶。邱清泉假装镇静，粉饰太平，还在其商丘驻地大演戏剧，饮酒作乐。

十一月三日邱清泉对我说：“蒋介石派顾祝同来徐州研究作战部署，你我一同参加。”当日下午我们同赴徐州。我在车上问他：“你看将来战争会怎样演变？”他说：“我们在各个战场失利，主要是指挥上失策，统帅无能，累死三军，不是军队不能打。现在集中在徐蚌地区有七十万大军，而且三分之二以上是能打的部队，徐州有既设工事，就是共军倾巢来犯，我们也敌得过它。”他说完，又把话题转到第五军，炫耀自己的本事。他说：“你放心，跟我一起作战是有办法的。我邱某从来没有打过败仗，现在我们有三个顶呱呱的军，这次见了老总（指顾祝同、刘峙），我要建议将第七十二军、在海州的第四十四军（川军），还有米文和、王洪九地方部队一起编归兵团指挥，实力就更雄厚。”当晚到徐州，邱清泉约我到励志社参加舞会。正在纸醉金迷飘飘欲仙之际，随从参谋忽然进来，说发现敌情，要邱清泉去接电话。邱接电话后有些不高兴，对其随从参谋说：“浑蛋，这点小情况也要报告我。”然后他照样去玩，直到深夜始散。

四日上午，我们一同到徐州机场迎接顾祝同。下车后，看到刘峙、李树正、李弥、孙元良、黄百韬、冯治安、熊笑三、高吉人、余锦源、舒荣、周开成、黄淑等四十多人，都在机场休息室等候，准备欢迎顾祝同。九时许，顾的专机降落。同行的还有郭汝瑰及随员数人。当即由刘峙陪同前往“剿总”休息。五日上午正式举行会议，参加者为驻徐州部队军长以上的高级指挥官。会议内容综述如下①：

（一）会议开始，国防部第三厅厅长郭汝瑰介绍东北辽沈战役失败概况。郭指着地图说：“廖耀湘兵团于上月二十六日被消灭于黑山、大虎山地区，沈阳已经陷落，东北主力已经完了。”他继续说，“辽沈会战的失败，是战场指挥官不遵统帅部的计划和命令实施。遇敌主力攻击时，部队尚未展开完，就被截成几段，各个击破，致遭全军覆灭。”郭介绍东北败绩后，与会者了解到东北半壁又完了，好似晴天霹雳，心情都很沉重。大家无精打采，低着头一言不语。顾祝同见此情景，想转变一下会场空气，以便使会继续开下去，顾说：“失败是成功之母，希望我们将领要吸取东北战场血的教训，在徐蚌地区来一个大歼灭战，扭转危局，争取全面转败为胜。”

（二）徐州“剿总”参谋长李树正向会议报告当面敌我双方兵力部署情况。

李首先讲解放军情况，他说：“共军第二野战军主力陆续东移，前锋已越过郑州向开封、兰封、太康地区集结；菏泽、巨野有两个纵队兵力。第三野战军主力由鲁中南下，前锋已到临沂、泗水地区；在苏北约两个纵队已向徐州会合，有强迫我在徐、蚌地区决战的可能。”李还未报告完，就发生了争论。邱清泉站起来说：“据我们侦察，明明发现鲁西有第三野战军五个纵队（即第三、八、十、十一、两广纵队）。先头已抵曹县、成

① 作者说，此会内容的回忆材料与郭汝瑰同志交换过意见。但郭汝瑰稿没有说参加的人员有军长级。

武、砀山，虞城也发现小股共军活动。你（指李树正）说只有两个纵队在菏泽、巨野集结，与事实不符。”黄百韬听了邱的发言以后，也站起来说：“第三野战军主力确实在鲁南集结，而只有一部分在鲁西地区。三野主力在鲁南向郯城方向活动，而不是临沂、泗水地区。据我们判断，首先有向第七兵团发起攻势的可能，请总部注意这个问题。”邱清泉听了黄的意见后，接着就顶上一句：“百韬兄，我们用不着争论，打起来再看谁的对。”李树正紧接着说：“等我报告完以后，大家再来研究。”于是李又报告国民党军部署情况：

第二兵团：已在商丘、砀山、黄口地区集结完毕。

第七兵团：现在徐州以东新安镇地区，正策应海州部队西撤。

第十三兵团：正向徐州东南灵璧、泗县地区集结。

第十六兵团：正从柳河、商丘、亳州，向蚌埠移动中。

第三绥靖区：守备峄县、枣庄、临城、台儿庄。

第四绥靖区：正向蚌埠转移，守备淮河地区。

第四十四军：尚在海州，准备西撤。

第七十二军：在九里山附近集结。

第一〇七军：集中徐州以东睢宁、双沟地区。

第十二军：在徐州以西砀山附近集结。

…………

（其他特种兵部队以及地方部队位置从略）

（三）会议进行到这里，参谋总长顾祝同发表他来徐州的使命：“我这次来徐州，是奉总统的指示，同刘总司令共同研究守备徐蚌的计划。依目前情况看，淮海决战，迫在眉睫。我军调动尚未就绪，一切防御设施和后勤准备亟待解决。对敌军企图和动态要进一步侦察，对我军部署，部队都摆在陇海沿线，态势不利于尔后作战，要从速调整。总统的意图，今后对共军作战，在战略上要采取重点防御，不能到处兼顾，以免分散兵力。在徐蚌地区应放弃外围次要城市，集中一切兵力于徐蚌和津浦两侧地区，作攻势防御，利用既设防御工事坚强固守，摧毁进犯的敌人，确保江淮，巩固京沪。关于各兵团的部署和任务，我以口头命令，暂作如下部署，以后依情况再做调整：

1. 第七兵团：确保运河西岸，对鲁南共军第三野部队应密切注意，与第一、三两绥靖区部队密切协同。

2. 第二兵团：在永城、砀山、黄口地区集结，对鲁西、豫东共军行动，应密切注意。

3. 第十三兵团：在灵璧、泗县地区集结，做机动准备。

4. 第十六兵团：在蒙城、涡阳地区集结，做机动准备。

5. 第四绥靖区：迅速向蚌埠、临淮关集结，守备淮河地区。

6. 第四军担任淮阴守备。

7. 东海第四十四军应行机动，放弃海州。

8. 第三绥靖区：仍守备峄县、枣庄、临城、台儿庄地区。

9. 第七十二军：以九里山为中心进行固守。

10. 对徐州附近防御工事，要切实加强，以利固守。”

顾祝同传达了淮海地区作战的企图和部署以后，刘峙接着要顾给他一个笔记命令。顾说：“经扶兄，请你放心，这一案是经过国防部研究并请示总统决定的。笔记命令待我回南京后再行补发。部队要即刻开始行动。”又说，“现在我本着总统的指示，再向你们提出几点注意和要求：

1. 此次徐蚌会战，是集中所有精锐兵团，胜败关系全局。希望各级将领，遵循领袖训示，恪尽军人天职，精忠报国，鼓励士气，以必死的决心，再接再厉。

2. 对统帅部的计划和命令以及刘总司令的指挥要绝对服从。如有阳奉阴违，贻误战机，决以军法论处。

3. 要严守战场纪律，恪遵革命军人连坐法，赏罚严明。”

（四）顾在会上做了以上指示后，刘峙叫李弥、邱清泉、黄百韬、孙元良、冯治安稍缓离开[①]，继续留在“剿总”研究一些具体问题，要其他参加者即刻回防，积极筹备。会议开到午后四时结束。顾当晚返回南京向蒋介石复命。

从徐州会议形势看，由于解放军从各个方面调集大军，节节向徐州迫近，迫使国民党军统帅部不得不在徐州地区采取决战防御。这种态势是完全被动的。在决战前，战场指挥负责人员具有重要意义，蒋素知刘峙忠实有余，能力不足，故派其亲信顾祝同代为策划布置一切，企图保住摇摇欲坠的蒋家王朝。

---

① 一说冯治安没有参加这次会议。

三　徐州会议后第七十四军的任务与行动

十一月五日晚，我从徐州回到砀山驻地。六日下午邱清泉约我去商谈，在座的有高吉人、熊笑三，他说："有好消息，杜聿明快回来了，指挥上我们有办法了。"我当时对杜印象不深，不感到兴奋，我急于想了解的是兵团内的部署和任务，因此我问他："我军的具体任务决定了没有？"他说："等一会儿再谈，我还有一个好消息告诉你们。我这次向顾老总、刘老总建议的事项，他们采纳了。"他接着解释说，"驻海州的第四十四军，原先准备从海道撤走，我力争过来，我说这样做会减弱徐州作战力量。现在决定由陇海西撤，参加徐蚌会战。这几个部队（指第四十四军及两个保安旅）开到徐州后，争取编入我们兵团。驻曹县的米文和师（第一八一师）是老西北军的底子，也很能打，这个部队已拨给我指挥，我已命令它向商丘开拔。另外，我建议第十六兵团和第十三兵团向徐州靠拢。他们也同意我的意见。这样我们共有四个兵团并肩摆在一起，任何敌人也啃不动打不破的。"邱清泉说完，高、熊两人拍手称好，我也随着笑了笑。提到第二兵团的任务时，邱清泉兴高采烈地说："顾老总说老头子（指蒋介石）对我们这个兵团寄予极大的希望，要我们在这次会战中建立功勋，做全国军队的榜样。目前情况，敌人企图仍未完全明确，兵团仍集结徐州以西地区做积极准备。各军集结地区和任务暂做以下调整：

第七十四军：转移于丰县、沛县、黄口地区，对鱼台、单县方向严密搜索戒备。

第五军：转移于砀山、黄口以西地区，对曹县方向严密搜索戒备。

第七十军：转移于夏邑、永城、黄口以南地区，对亳州方向严密搜索戒备。

第一八一师米文和部向商丘转移。"

最后，邱清泉提议："这次作战，关系整个国家命运，我们要效忠党国，忠于领袖。为了表达我们的决心，我提议明天（七日）在黄口驻地举行誓师大会，全体军官和士兵代表一律参加。"当时无人反对，便分手回去准备[①]。

七日，根据第二兵团调整的部署命令，我军即行调动，部署如下：

（一）第五十八师进驻丰县，向鱼台派出一个加强营警戒侦察。

（二）第五十一师转移砀山、黄口地区集结。

（三）军部及直属部队在黄口附近集结。

八日夜，第五十八师方面发现情况，解放军约有一千人由丰沛地区向黄口以北进行威力侦察，与第五十八师第一七二团遭遇，经军炮兵协同击退。当晚同时得知第五军方面于马牧集以北地区发生战斗，彻夜炮声隆隆，部队纷纷向北调动，淮海战役的序幕已经揭开。

九日，第五军方面仍有零星战斗。上午十时接到邱清泉电话："黄百韬兵团在运河附近受到共军强大纵队的阻击，发生激烈战斗。冯治安的部队出了问题（指张克侠、何基沣在贾汪起义），你要注意北面。"当日我下令将徐州仓库所存武器弹药补充到各师团，并规定战斗人员人手一枪。指定军务处处长郭猛毅到徐州"剿总"弹药库多领炮弹，储备应用。并要求邱清泉配属第七十四军榴弹炮团加强兵力，邱答应确定任务后再配。

十日晚，第七十四军奉命向九里山附近集结，准备向徐州以东增援。部队乘黑夜脱离接触，经敬安集向徐州靠拢，准备策应黄百韬作战。上午九时，我到徐州"剿总"，见到刘峙和李树正，在谈话中证实了张克侠、何基沣起义的事。刘显得惶惑不安。他要我把部队集结好，待命使用。

十一日，第二兵团全部向徐州以东增援，参加解黄百韬兵团之围。第七十四军为第二兵团第二线部队，转移到徐州机场和潘塘镇地区，做机动准备。

四　潘塘镇地区战斗

（一）潘塘镇战斗

潘塘镇在徐州东南约八公里处，是一个小镇。镇以西、以北是徐州空军基地，淮海战役开始后，津浦路即被截断，这里是空中运输唯一交通命脉。该镇又是机场的门户，也是陇海、徐淮两条陆路交通干

---

① 关于誓师情况，参阅本书李汉萍文。

线的咽喉。

十四日黄昏，邱清泉来到潘塘镇第七十四军军部。他说："黄百韬很吃紧，第一线兵力都打不动，老头子很生气。我考虑了一个奇案，想同你研究一下。"我想知道他的奇案是什么，便说："快些宣布吧！"他说："根据几天来的战斗判断，共军主力都被我们两个进攻兵团钳制住了，大部分兵力吸引到陇海正面，铁道以南到双沟地区，有很大的真空地带，我们正好乘敌人的空虚，使用你这个军迅速挺进，从双沟迂回到敌人侧背，打乱其指挥系统，配合正面前后夹击，那就可以收到事半功倍之效。"他怕我提出问题，又以命令式的口吻说："就这样办，你赶紧准备行动，以后我们用无线电联络。"

根据邱清泉的命令，我随即召集师、团干部会议，决定如下部署：

1. 以第五十一师副师长谢恺棠率领该师第一五一团，配属山炮一个连为右侧支队，沿徐睢公路南侧向双沟以南地区搜索前进，掩护主力纵队安全。

2. 以第五十一师师长王梦庚率领师主力并配属军山炮营（缺一个连）为前卫，沿徐睢公路向双沟搜索前进，到达双沟时，就地占领要点，掩护军主力展开，协同向北突击。

3. 第五十八师及军特种兵部队为主力纵队，循前卫道路逐次跃进。

4. 骑兵连沿陇海以南地区前进，作广正面搜索。

十五日晚十时左右，前卫行抵周楼附近，即与向我对进的解放军先头部队发生遭遇，第五十一师师长王梦庚以为是小部队，进行驱逐后，仍图继续前进。不料战到十二时许，情况越来越严重。该师东、西、南三面都发现解放军向它包围。在战斗中已发觉解放军第十一纵、第二纵、冀纵、苏北兵团四种番号。此时我已到达第五十一师指挥所，和军参谋长江崇林分析当前情况，认为绝非小部队，不能继续前进。即刻命令第五十一师占领阵地，组织火力，等待天明后再调整部署。午夜二时，前卫已经确实占领，并掩护主力展开于二陈集、张集地区。

十六日午后二时，解放军四个纵队的兵力陆续展开，对第五十一师阵地进行全面攻击，战斗颇为激烈。该师左翼第一五二团一部被迫向后转移。此时我指挥炮兵团团长林铸年集中全部火力进行支援，阵地才得以稳定。六时接邱清泉和刘峙电话指示："飞机场要紧，千万失不得。"我考虑，现在态势不利，过于突出主力，不易固守，决心重新调整，以潘塘镇为核心，作固守防御，确保机场安全。兵力部署如下：

1. 以第五十一师占领潘塘、张集地区阵地，进行固守，左与第七十军、右与第五十八师密切协同。

2. 以第五十八师（欠第一七三团）占领二陈集、刘塘地区阵地，进行固守，左与第五十一师、右与第十二军密切协同。

3. 第五十八师第一七三团为总预备队，控制潘塘镇南侧，准备机动。

4. 工兵营协助第一线部队加强防御。

5. 炮兵队在潘塘镇公路两侧占领阵地，对敌主要突击方面和接合部间组织火力。

6. “剿总”配属中型坦克一个营和榴弹炮一个营，均在潘塘镇附近集结，视情况再用。

十六日晚，解放军使用三个纵队的主力向二陈集、张集地区进行主要突击，来势甚猛，战至午夜，第五十一师与第五十八师接合部受到解放军六次猛烈冲击，经火力与反冲击压制，二陈集阵地未被攻破。停顿约两小时，解放军的第二梯队兵力又陆续增援上来。战斗再起，远较第一次激烈。反复受到猛烈冲击后，全线阵地有数处得而复失、失而复得多次。战至午夜四时许，第五十一师二陈集阵地有一部分被突破，成为犬牙交错形势，双方均以白刃和近战火力互相冲杀。此时王梦庚师长来电话告急，要求增援兵力。我与参谋长江崇林研究决心使用预备队第一七三团并配属坦克营迅速加入突破口战斗。在进行反冲击时，全部炮兵火力给予支援。战斗持续到十七日清晨，全线阵地转危为安。当面进攻的解放军部队，陆续向后撤离。第七十四军第一线部队进行战场追击时，略有俘获。

十七日上午，我将上述情况向邱清泉、刘峙汇报后，他们错误地把解放军暂时撤离战场进行调整部署视为总溃退行动，向外造舆论说“敌人全线溃退”，并下令要第一线兵团向运河追击，扩大战果。更荒唐可笑的是，徐州“剿总”居然在徐州市满街张贴标语，大肆宣传什么“保卫徐州大捷”“庆祝保卫徐州大胜利”等。蒋介石得知刘峙的告捷电报，认为邱清泉兵团作战有功，指派邓文仪组织“南京慰问团”，以张道藩、方冶二人为首的数十人（其中有国大代表、参政员、新闻记者、美军随军记者等）乘一专机到徐州，向刘峙提出要参观战场，视察战绩。慰问团先到邱清泉兵团部，代表蒋介石向邱授予最高荣誉勋章（青天白日勋章）一枚，慰勉备至。邱陪慰问团到潘塘镇阵地参观，由第七十四军参谋长江崇林介绍情况，视察战场，慰问团当场还奖给官兵每人银圆两枚。还在慰问团尚未离开徐州之前，即听到前线炮战又复紧张，这才对邱清泉宣称的解放军总溃退产生怀疑。十八日午后，第二、十三兵团又遭到解放军迎头痛击，更证明解放军并没有“溃退”。

（二）向宿县方向进攻

这个战斗基本上是第一个战斗的继续，只是战斗状况有所不同，作战地区并未更动。

十一月二十二日，黄百韬兵团被歼以后，会战形势急转直下，悲观失望的阴云笼罩着整个国民党军。他们都明白，下一步就会轮到徐州，能否固守，大家都没有信心。这时，刘峙的徐州“剿总”要搬到蚌埠。由于首脑指挥部乱作一团，更使徐州市人心惶惶，逃的逃，溜的溜，一片混乱状态。

二十三日，杜聿明飞南京请示。返徐后，遵循蒋介石的意图，决定以一部兵力防守徐州，主力沿津浦两侧地区向宿县方向进攻，企图与蚌埠北上兵团（第六、十二兵团）会师，打通津浦路。执行向宿县进攻任务的是第二、十六两个兵团的主力。第十六兵团展开于铁道以西地区，第二兵团展开于铁道以东地区，并肩向宿县方向进攻。

二十五日晨，第七十四军接受邱清泉向宿县进攻的新任务后，决定如下部署：

1. 以第五十八师配属炮兵一个营、工兵一个连为右翼展开于刘塘东西地区，右与第七十军、左与第五十一师协同向阚疃、宿县以东地区重点突击；

2. 以第五十一师（欠第一五一团）配属山炮兵营、工兵一个连为左翼队，展开于张集以东地区进行突击，该师左侧自行保障；

3. 以第五十一师第一五一团配属工兵一个连为预备队，在第五十八师后机动前进；

4. 榴弹炮营在张庄占领阵地，以主火力支援第五十八师，一部支援第五十一师战斗。

八时左右，第一线部队准备完毕，依兵团规定信号，向当面解放军阵地发起攻击，战斗机群在上空穿梭掩护。待国民党军接近阵地时，双方展开激烈的争夺战。冲锋、反冲锋，发展到最高度。逐点逐村争夺，寸土不让。甚至在一个小据点中就拉锯四五次，有的达六七次之多。因此国民党军遭受解放军火力杀伤也特别惨重。经过一天战斗，前进仅三公里。入晚，略事调整补充，准备次日再发起冲击，但当晚第五十一师第一五二团有一个营受到突入阵地内的解放军袭击，营长易学勤被击毙。

二十六日晨，仍以原来态势继续发起进攻，由于前日部队伤亡惨重，战斗能力大为减弱。邱清泉还一再用电话催促："要不顾一切牺牲，要拼命攻！这是最后一招。"尽管我亲自到第一线指挥督阵，经过一天的苦战，才前进了一公里。

二十七日，"剿总"仍强调要执行蒋介石的意图，继续向预定方向进攻。但第一线部队已经呈现精疲力竭状态。午后二时，第七十军军长高吉人来电话联络，他说："老邱，你军打得怎么样？"我反问他："你们呢？"他说："第一天还打下几个庄子，第二天简直打不动了。"我明知自己部队战斗力已经不行了，但对友军还不甘示弱，故作有把握的口吻说："我准备还要继续前进，今天如果能再前进十来公里，再有三天，我们就能会师了。"高听我这么一吹，也只好连声说："好吧，我们并肩前进吧。"不到一小时，又听到第七十军方面响起一阵隆隆的炮声和机枪声。这时忽接第五十八师师长王奎昌报告说，第七十军昨天就停止前进了，今天只有炮击，部队没有行动。第七十四军当日虽曾发起进攻一次，但没有进展。入晚，第五十一师左翼阵地，发现解放军"冀纵"一部，乘空隙突入刘塘阵地内，一时引起混乱，后经预备队进入战斗，至天明始将其击退，恢复阵地。

二十八日，第二兵团第一线各军仍停滞于四堡、石官庄、褚兰、张集地区，再也无力前进了。此时，从"剿总"通报得知蚌埠方面李延年兵团受到解放军第三野第二、六两个纵队阻击，前进受挫，已向淮河南岸撤退，黄维兵团进攻顿挫，也已向后撤退，被围于双堆集附近。至此，国民党军企图南北夹击、在宿县会师的目的，又成为泡影了。

五　徐州撤退

十一月二十八日，杜聿明由南京接受蒋介石的指示后，飞回徐州，指挥徐州各兵团撤退。在此之前，邱清泉还对人吹牛："徐州还有几十万大军，有既设防御，打三五个月没有问题。"现在突如其来要全部撤退，都感到惊异。当时国民党上下都这样反映，部队都打破了，守在徐州，还能多撑几天，要脱离阵地打运动战，那就完得更快。这说明当时对徐州的撤退已经丧失了信心。关于这次撤退经过，依次说明如下。

（一）撤退目的和企图

二十九日午后四时，邱清泉在徐州机场附近召集第二兵团四个军长当面赋予撤退任务，指出："杜老总已经接受了老头子新指示，决心放弃徐州，所有各兵团都向徐州西南转移，绕过津浦正面敌人的主力，向永城以南实行机动，以便与黄维兵团会师，这样我们的力量就更大了。"邱接着把军用地图打开，用红蓝铅笔在图上接着说："现在我把全盘撤退部署给你们说说，要严守机密，不再下达笔记命令。（1）第十三兵团担任掩护全军撤退。该兵团有一部在柳八集、荆山铺地区占领后卫阵地，掩护本兵团撤离阵地，它的一个师准备在黄昏后到达萧县，占领该地要点，掩护第二、十六两兵团主力通过瓦子口、岱山以后，向永城以南转进。（2）本兵团第五军派一个师在徐州东南水口、张集附近掩护主力撤退，尔后在兵团后尾沿兵团前进道向永城方向转移。（3）第七十四、七十、十二军各自派出掩护部队，占领后卫阵地。各军主力均在二十九日午夜十一时整开始转移，经徐萧、徐永公路向永城以南转进。"邱清泉将友军和本兵团的撤退目的和部署交代以后，军长们纷纷提出伤员和多余军用物资如何处理，他干脆说："这些问题我没有办法处理，你们自行决定吧！"

（二）撤退部署

我接受邱清泉的撤退指示后，回到潘塘镇以南指挥所，已经是午后六时，距撤退时间仅有五个小时了。在这般仓促情况下，我先用电话向有关指挥员下达要点指示，以备部队先做准备。同时召集师、团长以及独立营长（第一线派副职参加）来指挥所受领新任务，以决定撤退部署：

1. 迅速将战地所收容的伤员集中潘塘镇野战医院，转送徐州陆军医院处理；

2. 将储备弹药、器材以足够数量补充部队；

3. 军预备队（第五十一师第一五一团）配属野炮兵一个连，于黄昏后占领刘塘、张集以北地区后卫阵地，掩护军主力撤退，尔后编成后卫，沿军撤退路线前进；

4. 各师第一线部队均应在当晚九时向当面共军阵地发起一次猛烈冲击，以迷惑对方；

5. 第一线部队于当晚十一时撤退，各师脱离阵地后，取捷径向潘塘镇附近集结，编成纵队，沿徐萧公路向永城以南转移；

6. 调整地区：飞机场、徐州火车站、瓦子口由参谋长派出三个小组分别负责处理；

7. 部队在行动期间使用无线电联络。

撤退部署安排就绪后，当晚十一时我随同参谋三人先到潘塘镇北侧高地，展望全盘动态。处在东北方向的第十三兵团阵地上偶尔有稀疏的炮弹在空中呼啸，西南方向第十六兵团阵地二堡附近有激烈的争夺战，枪声和喊叫声震撼着山野，笔架山上燃烧着熊熊烈火。午夜一时许，刘参谋告诉我，第七十四军部队已全部脱离，纵队先头已到达潘塘镇附近，正继续向预定方向移动。我知此情况后，全身感到似乎轻松一些。我说："这一关过了，我们上车再到徐州看吧。"

十二月一日，部队向萧县前进。是日午后五时许，我过萧县时，为了安全，指令第五十八师留一个加强营占领公路两侧高地，掩护部队通过。

二日，又继续行军，沿途拥挤和混乱情况有所好转。由于部队接连三昼夜的行军未曾休息，都感到十分疲劳，只要停下来就呼呼大睡。因此掉队的和失去联络、迷失方向的不在少数。当日下午到达孟集附近，与第二兵团取得联系。邱清泉问了撤退情况后说："部队太疲劳了，这样拖下去，不要打，拖就拖垮了。我已报告杜聿明，同意收容整顿一下再走。"这一停顿，如同黄百韬在新安镇的撤退，恰好弥补了解放军迟一天发起追击的缺陷。这样解放军就赢得了一夜的时间，缩短了几十公里的追击。使强大的追击纵队由平行追击超越于我军退却兵团的先头，终于到达了大回村、薛家湖附近，把退却兵团的道路完全遮断了。

当日下午四时许，我正通过瓦子口时，发现军用机一架，在我行军纵队上空做低空盘旋，机翼上下摆动，表示有所要求。我即令对空电台进行联系，始知机上送来蒋介石给杜聿明的亲笔信，要我亲自去接电话。送信的是国防部新闻局局长邓文仪。邓问："你们什么时候可以到达目的地（指与黄维兵团会师地点）？"我说："要看战况发展才能决定（因为当时前卫部队已经和共军接火了）。"邓又说："老先生（指蒋介石）希望你们赶快前进！"我敷衍一句："知道了！"我当时暗想，到底是道地的新闻局长，哪里知道战场上的事？把大兵团的作战行动当作家常便饭。他听我不大高兴的回答，就没有再往下啰唆了。最后说："我投下的通信袋，请你送交杜聿明。"说完返回南京。

当日下午，我即派副官处长邹支华将通信袋送给杜聿明。大家都关心蒋介石亲笔信的内容是什么。事后杜聿明将原信印发到军，大意有以下几点：（1）鼓励将士要以破釜沉舟的决心参加决战；（2）督促各兵团兼程向东南前进，千万不能避战，乘共军分离先击一部；（3）迅速向濉溪口、马庄一带共军采取攻势，此为各个击破之唯一良机，如再迟延，则各方面的共军必集中包围杜部，又将处于不利。

当日晚第七十四军先后到达杨双楼、鲁楼地区。到深夜十二时左右，前哨发生战斗。据侦察部队汇报：永城方向发现解放军纵队向北挺进，三日晨，准备继续向永城前进已经不可能，但尚未被解放军完全合围，还有一定空隙。我正准备变更战斗队形、交互掩护前进时，忽接邱清泉电话："第五军第四十五师在瓦子口以西襄山庙附近被共军第三纵队包围。"邱问我能不能派出一个师去驰援，我说："第七十四军正面已经打上了，撤下来需要一些时间。"他说："等不及了，我派第七十二军去。"他最后又补充说，"第四十五师未接出去前，第七十四军暂缓前进。"邱清泉这一决定，主要是怕把他的基本部队第五军消灭。当第四十五师被包围后，邱要杜下令全部停下来。因此，外围的解放军获得从容的时间，构成了严密的包围圈。等到四日我军想继续前进，已经不可能了。至此，徐州撤退企图与黄维兵团会师的路已行不通了[1]。

六　第七十四军在永城东北的挣扎

（一）向濉溪口突击

十二月四日晨，邱清泉找我到第二兵团部研究新部署，接受新任务。我到后，他对我说："目前情况很麻烦，各方面都发现共军强大兵力向我包围，我们向南推进已经受阻。老头子的意思要杜聿明指挥三个兵团转向濉溪口打，经我和杜研究，决定采取滚筒战法，三面掩护，一面进攻，向东南作连续突进，要实现与黄维兵团会师。"关于三个兵团的任务，他说："杜老总的意见，三个兵团的力量，还数第二兵团要强些。因此决定：（1）第十六兵团在金桥、张庄寨、王白楼、田庙、吴瓦房、朱大厂地区组织防御，阻止当面共军进攻，掩护第二兵团突击前进。（2）

① 杜聿明说，三日正准备继续向永城前进时，接到蒋介石的命令，向濉溪口攻击前进，遂将撤退改为向东南攻击了。

第十三兵团在袁圩岗、张寿楼、孙瓦房地区组织防御，阻止共军合围，保障第二兵团左翼安全，并掩护向南突击前进。（3）第二兵团是主要进攻兵团，以第五、十二军在孙厂、张老窝、前王楼地区组织防御，阻止敌人合围。以第七十、七十四军在杨双楼、刘集、鲁楼地区向铁佛寺方向进攻。第七十二军为兵团第二线部队。（4）坦克团各以一个营配属第七十、七十四军。兵团部重榴弹炮营支援第七十四军。”邱最后说：“这回能不能打出去，关系我们的存亡，要拿出最大决心干！”我和高吉人接受新任务后，内心都有些牢骚。走出兵团部，高对我说：“早不走、晚不走，我看现在已经晚了。”我说：“要走就要赶快走，要打就集中力量干，三个兵团只使用我们两个军，真是开玩笑。”

四日下午，第七十四军根据新任务决定以下部署：

1. 以第五十一师配属山炮营，工兵一个连展开于胡庄、杨楼以南地区，向铁佛寺东侧突击，右与第五十八师，左与第七十军密切协同。

2. 以第五十八师配属野炮营和工兵一个连，展开于刘集、鲁楼地区，向铁佛寺西侧进行主要突击，右与第十二军，左与第五十一师密切协同。

3. 搜索营配属工兵一个连为预备队，在杨楼以北地区集结，准备机动。

4. 军炮兵队（野、榴各一营）配属在杨楼附近地区，以主火力支援第五十八师，一部支援第五十一师。

5. 军指挥所在杨双楼①。

当日部队调整完毕。入夜后，依规定信号发起进攻。由于当面解放军到达不久，尚未构成坚固阵地，炮兵火力不太强，第七十四军颇有进展，以第五十一师正面进展最快，开始突破五个村庄，打开了一个缺口。该师师长王梦庚向我报告战况，似乎有把握继续推进。他说：“请你预做推进准备，我师进到铁佛寺以后，准备向东南快速推进，不能再等待了。”我听他这么说，当然十分高兴，便对他说：“请你放心，我完全同意你的处置。现在我以全部炮兵大力支援你，必要时预备队归你使用扩大突破口。”又经过两个小时的战斗，占领了几个小村庄。由于该师右邻第五十八师及左邻第七十军进展较缓，翼侧已经暴露，战至深夜二时许，解

① 据查，当时杜聿明是决心向东南方向攻击前进，而本文的部署和攻击方向是向南的，本文记述展开地区的各个村庄，十二月三日尚未到达。

放军第九纵队一部由接合部突入第五十一师的侧背，将该师第一五一团的一个营打残破，副团长和营长均阵亡。进攻受到顿挫，双方均呈胶着状态。

五日，天转阴雨，国民党军飞机停止活动。解放军已经明了国民党军力图脱逃的企图，实行由东南、东北、正北、西北四个方向进攻。当日第二兵团第七十、七十四军的进攻，进展甚小，充其量也不过四五公里。正午，我和高吉人通电话，都感到很苦恼。他说："前面打不动，叫我们有啥办法？"我说："建议邱把第五军拿上来吧。"高说："我已提过了，他不到最后不愿使用。"我开玩笑地说："莫非留着给老蒋保驾？"从下午一直到夜晚，解放军找到了国民党军配备上的弱点，使用尖刀战术，由第十三兵团和第二兵团间的空隙，穿插突进。该两兵团感到压力很大，不易支持，连连向杜聿明叫苦。晚上十二时许，"剿总"特务团由洪河集、朱大厂向王白楼、朱大楼转移时，由于联络不确实，与第十六兵团第四十七军在王白楼互相发生混乱。解放军乘机突入，插到第十六兵团第四十一、四十七军的接合部阵地内，部队引起自相混战，人心惶惶。我听到孙元良兵团方面枪声稠密，用电话找到该兵团参谋长张益熙，他对我说："邱学长，你要注意你的北面，我们的部队不大管用。"我听张益熙这么一说，心里明白了，随即对该兵团方面派出部分兵力加以警戒保障安全。

六日，天气转晴。战斗机掩护进攻。第七十四军仍按原态势继续进攻，但进展很小。他们说："共军的阵地已经逐渐增强了，火力组织也很密，每攻下一个据点牺牲很大。看来不增加新生力量，再要前进有困难。"我考虑这种情况，想向邱清泉建议，将第五军使用上去，但打几次电话找邱都说已到李石林（第十三兵团部）开会去了，参谋长李汉萍不敢做主。下午三点，邱清泉找我即刻去开会研究重要问题。第二兵团几个军长到齐后，邱说："杜聿明召集三个兵团司令官商议时，孙元良力主马上分头突围，杜和我也同意他的意见。待我回来了解情况后，认为敌军阵地和兵力部署都加强了，目前打都打不动，突围不会有结果。你们看如何是好？请发表自己的意见。"于是大家议论纷纷，各有各的主意和打算。熊笑三赞同分头突围。他说突围起码可以挽救一部分力量，不突围是等死。余锦源、舒荣都不作声。我说："突围在原则上我不反对，如果说分头突围实际上就是分头逃跑，我不同意。问题是如何突法。"高吉人说："老邱的意见应该考虑。"邱清泉听大家意见不一致，没有做出决定，只是模棱两可地说："这个问题关系太大，我还要进一步考虑。你们回去先做些准备，再听候我的通知。"

我回到杨楼军指挥所，随即召集各师干部会议。我提出孙元良要分头突围的主张。会上大家也是议论纷纷。有的说："孙元良是有名的逃跑将军，他要逃跑让他逃好了，我们坚决不能这样做。"也有的说："这样大的部队，怎么突得出去？请他们到阵地上来看看。"也有的干部埋怨没有早脱离。他们说："没有合围前就慢慢腾腾，犹豫不决，到了合围就张皇失措。"大家怨声一片，悲观失望，都感到陷在既不能攻又不能守，既不能走又不能降的矛盾里，无法解决。

黄昏后，听见孟集方向第十六兵团方面炮声隆隆，火光冲天，人声嘈杂，一直到深夜十二时稍转沉寂，判断可能是孙元良实行突围了。我为防止北面空虚，调动预备队加强布防。午夜二时许，第五军通知说：第十六兵团确实突围了，但部队出阵地时大部被歼灭，一部分溃散到第五军阵地附近。七日拂晓后，孙兵团的参谋长张益熙负重伤逃了回来，他要求我派医师带盘尼西林药去进行急救。张气息奄奄地诉说："真倒霉，我同孙一道刚逃出阵地，四面八方都向我们射击。此时部队凌乱不堪，谁也管不了谁，等于惊弓之鸟，脱缰之马，各自逃窜。走出阵地不到几百米，就被共军缴了械。我负重伤，孙元良只身逃走了。"我听后十分气愤，感到孙元良太不顾整体，问题更严重了。

邱清泉对孙元良的突走，装着满不在乎。七日午，他对我说："孙元良走了也好，他留在这里，部队不但不愿打，反而动摇军心。"他又继续说，"我判断当面共军尚未构成坚固包围，我准备打开一个缺口突出去，将坦克团、榴弹炮第五团均配给第七十四军使用[①]，限期明天（八日）开始行动。"我明知再攻也不会有结果，勉强答应试试看。当日下午将部署略加调整：（1）将配属的坦克大部交给第五十八师使用，一部控制做预备；（2）榴弹炮第五团以及军炮兵，统由军副参谋长统一指挥，支援第五十八师；（3）第五十八师在坦克、炮兵掩护下，先从刘集打开一个缺口，再将军预备队投入扩大战果；（4）开始行动时，第五十一师配合牵制当面敌人。

八日晨，我令参谋长江崇林在指挥所负责，我率参谋二人到刘集第五十八师指挥所督战。激战四小时后，由于坦克与步兵协同太差，相互指

① 此处有误。据查，当时徐州"剿总"所属部队没有榴弹炮五团的番号。

责，毫不协调，纷纷向我告状。步兵指挥官说，坦克还未冲进敌阵地，就迷失方向，把自己的人当作敌人打。坦克指挥官说，坦克冲进敌军阵地，看不见步兵跟上来，让他们暴露挨打。矛盾解决不了，坦克部队仗恃太子（蒋纬国）势力竟把部队开走了。第五十八师战至下午二时，仅占领刘集西南小刘集一个村庄，但部队伤亡很重。此时，解放军第十一纵队一部，向第五十八师反冲击，又将小刘集夺回去，双方激烈争夺时，国民党空军飞机四架前来临空助战，始将刘集阵地稳定下来。

经过四天的战斗，第七十四军伤亡惨重，实力已经消耗一半以上，企图“与黄维会合”毫无希望。

（二）在包围圈内的绝望挣扎

九日，解放军已获得五天时间的准备，构筑了完整的防御工事。从这一天起，第二兵团全线受到猛烈的攻击，特别是各军接合部曾数次被突破。第七十四军使用了自己全部的预备兵力，才勉强维持住阵地。

当时严重的问题，莫过于粮食和弹药的恐慌。虽然蒋介石责令空军副总司令王叔铭以全力支援，但食之者众，投之者少。因此，国民党军在包围圈内互相抢粮，发生许多纠纷。第七十四军利用对空电台，直接指示空投，抢到了一些粮食。各军纷纷向杜聿明告状，杜要把第七十四军的电台收回，我坚决不肯，杜派高建坐镇电台，监视空投场。尽管如此，抢风依然存在，越到最后愈加激烈，甚至因抢粮而打死人的事，也屡屡发生。

十日到十七日，第七十四军方面虽无激烈战斗，但从各处传来的消息表明，外围据点频频告失，包围圈逐渐缩小，第十三兵团阵地岌岌可危。增援既不可能，会师又成画饼。此时已迫近严寒，在饥寒交困的情况下，官兵意志消沉已达极点。

十七日上午，我到陈官庄兵团部打听情况。邱清泉见到我就说：“糟了！糟了！第十二兵团昨晚在双堆集突围又垮了，我们更孤立了，以后更难办。”我问他：“你打算怎么办？”邱说：“干到底！”随后叫我坐下谈谈。他在谈及第十三兵团的战况时说：“第十三兵团打得很吃力，李石林可能会丢掉……”他一面谈话一面玩弄手枪，并叫勤务兵把蒋介石慰问他的酒拿出来。他对我说：“我们最后干一杯吧！”喝了酒，他又数枪内的子弹，并说，“不错，我还能亲手打两个敌人。”我说：“不是有三颗子弹吗？”他说：“最后一颗要做我的朋友，不能送给敌人。”

我和邱清泉谈话间，第七十二军军长余锦源闯了进来，对我们说："告诉你们一个消息，我收到共军的电台，说黄维兵团已完全被歼灭了。"余这么说，引起了邱的怀疑，他对余说："你要注意啊！我俩要不是同期同学（黄埔第二期）的话，我是很怀疑你啊！我也听到共军的电台整天叫余锦源。"余苦笑着说："这是共军的宣传攻势啊，与我有啥关系？"

十八日，我得知杜聿明派参谋长舒适存飞往南京向蒋介石请示机宜。舒返回陈官庄后，对我说："蒋介石指示，调援军来已是没有办法了，准备用飞机补充三天粮弹，要杜聿明指挥两个兵团，在空军施放毒气掩护下突围。"我听他这么说，感到大失所望，但又把命运寄托在空军掩护上，只不过是绝望的挣扎而已。接下突围命令后，回到指挥所，我当即召集有关部队长商讨以后办法。我对他们说："孙元良、黄维兵团都垮了，南进会师已绝望，固守在这里也非长远之计，现在唯一的一线希望，就是准备使用大量空军掩护我们突围。"我列举突围成功的战例给他们打气说："只要有充分准备，确实掌握部队，事在人为，还是有希望的。"经大家研究，决定向西和西南方向突围，集合地点是阜阳和周家口，要大家回去做好准备，听候命令实施。

十九日至二十九日，连下大雪，战地积雪很深，人车都难行动，加之云层低，飞机活动受到限制。美帝协助蒋介石使用陈纳德的运输机[①]在空中盲目投掷粮弹，结果大部分随风落到解放军的阵地内。包围圈内粮弹恐慌仍无法解决，饿死人的现象越来越严重。此时解放军在周围火线上展开了声势浩大的政治攻势，进行喊话、广播、送信等劝降活动，他们还将国民党空投的粮食，甚至把自己的粮食送到国民党军阵地，这使国民党军战士深受感动。有的国民党士兵说："只要有吃的，咱们就跟他走。"这样军心更加瓦解。有一天晚上，正下着大雪，第五十八师师长王奎昌在电话中对我说："在刘集阵地前方，哨兵发现一头大肥猪，而且是宰好的。"战士们好久未曾吃到猪肉了，于是急忙抬回，发现猪肚内装满了宣传品，其中有致杜聿明、邱清泉、李弥和各军、师、团长的信。这些信传开以后，一时各个阵地上的国民党军战士和下级军官，只要离开了指挥官的掌握，就纷纷携械投到解放军那里去了。兵法云："攻心为上，攻城次之"，在这里是完全证实了。

---

① 一说陈纳德的运输机未参加。

七 第二次被歼

十二月十九日，蒋介石派空军总部第三署副署长董明德同“剿总”前进指挥部参谋长舒适存飞到陈官庄，携淮海战场航空照相图和杜聿明研究突围计划。二十日，杜到第二兵团召集军长以上人员（也有个别师长参加）开会。研究并决定以下问题：

1. 突围目的：蚌埠南各兵团，自黄维部被歼灭后已无力应援，别处调兵也无希望，杜部孤立无援，久撑势不可能，唯一的办法就是靠自己突围，能救多少算多少，比等待被歼灭强。

2. 实施突围时间：准备投足三日粮弹后实行突围。

3. 突围方向：主要从西面突击①，这是根据研究航空图决定的。但第五军的师长们不同意只走一个方向。理由是部队太大，一个方向出击易被解放军截击。他们主张四面开花，同时突围。我说：“这不是突围，而是大家逃跑。”熊笑三、高吉人说：“那么请你先突吧！”我说：“有命令我就先突！”

4. 突围部署：杜指定将坦克、炮兵分给邱（清泉）、李（弥）两兵团使用。第十三兵团在右，第二兵团在左，并肩同时突围。

5. 突围方法：杜要董明德先说明空军掩护方法。董说：“这一次突围，老先生下了最大决心，要空军掩护你们突出去。王副总司令准备动员一百架次飞机来掩护地面部队的行动。掩护方法是：地面部队按时准备好，将联络符号标示在第一线，此时飞机临空先使用甲种（毒气）弹轰炸敌人阵地，轰炸完后，戴有防毒面具的第一线部队即向预定方向突击，打开一个缺口后，第二线部队即跟着突进。以后使用战斗机群分批掩护。部队突到哪里，机群即掩护到哪里，一直到达安全区为止。”大家听了董的介绍，有些兴奋，好似注射一针吗啡，但过了一刻也就完了。

董介绍后，杜提出使用“面包篮”式炸弹轰炸。他说：“美军在诺

① 当时决定突围方向时，认为从解放军阵地纵深线着眼是向西突围，但还考虑过要根据当日风向再行决定，故在杜聿明、董明德研究时只做了一个概要的决定，只下了一个预备命令，详细命令待决定后再行下达。

曼底登陆，使用这种轰炸方法很有效。”董解释说：“我们条件不行，也没有这种炸弹。”杜接着规定一些陆空识别符号和联络方法，要各军使用第一线的部队，在背包上缀上一块四十厘米见方的白布，并要铺设布板，以防杀伤自己人马。

一九四九年一月九日，天已转晴，九时许，国民党空军飞机数架临空盘旋约十分钟，洒下一些烟雾。据联络台说，这就是飞机按计划施放的毒气。由于事先地面部队没有得到通知，因此，所有地面部队既无准备也无行动。由此可以证实国民党空军所谓动员一百架次飞机掩护地面部队的突围，完全是一套骗术。

九日晚，已休整二十余天的解放军对包围圈内的国民党军发起了全面的声势浩大的攻势[A]。压缩包围圈，动摇了国民党军内部的指挥系统。到晚十一时，第十三兵团全线崩溃，青龙集、朱楼都被解放军占领。此时，第十三兵团已无立足之地，残部纷纷溃散于第二兵团阵地附近。第七十四军指挥所门口已发现乱枪声。我要江崇林向第七十二军联络，由于电话线已经割断，所以派作战科科长去联系。据说：第七十二军副军长谭心正和解放军通电话，讲缴枪条件，不让别人进去。我知道有异，叫特务营加强戒备，并将道路封锁。

十二时许，我突然接到邱清泉电话，他说：“李弥兵团又垮了，共军已突到投掷场附近。请你注意，我以后不能统一指挥了，请你自行决定。”这是我和邱清泉最后的一次通电话。

我接此消息，知道情况已经十分危急，随即召集王梦庚、王奎昌和直属团营长以及各处负责人，研究如何突围。但此时阵地前后都发现枪声和手榴弹声，要想突围已经不可能了。因此仅向各级指挥员扼要规定：

1. 第五十八师仍守住原阵地到天明，掩护第五十一师从刘集向西突围。

2. 突围成功后，按以前规定的路线、方向前进，到阜阳集中。

3. 突围时间：十日凌晨二时开始。

4. 突围前，炮兵部队应以主火力向刘集以西地区进行压制，掩护第五十一师行动，然后随第五十一师行动，并归其指挥。

5. 第五十八师在第五十一师后交互前进，军炮兵受其掩护。

6. 一切文件应予销毁，笨重行李器材一律不带。

A 此处有误。据查，解放军六日已开始发动攻势。

我下达突围指示后，令参谋长江崇林随第五十八师前进，我随同第五十一师先头行动。十日凌晨三时，我和王梦庚通过刘集时，部队和解放军发生了激烈战斗。半小时左右，虽然突破了从刘集到杨双楼解放军的阵地，但被解放军从杨双楼西侧进行阻击，王梦庚率特务连反扑，在解放军猛烈火力射击下，王梦庚中弹身亡。师长一死，部队失去掌握，该师第一线部队发生混乱，再无法前进。第五十八师在刘集阵地顽抗，挣扎到十日晚，战斗结束，至此，国民党第七十四军第二次被解放军歼灭了。

第二八七师被歼经过

刘衍智*

自一九四九年一月六日解放军开始向包围圈内邱清泉、李弥两兵团发起总攻后，第一一六军（欠第二八七师之第八五九团）才开始接替了原由第五军担任的守卫飞机场任务。当时第一一六军军长及其军部与第七十二军军部同驻飞机场西南端的胡庄。从一月六日下午调整了部署之后，第二八七师（欠第八五九团）师长李芝即率第八六〇、第八六一两个团沿飞机场东端的南北小河堤上构筑工事，担任向东防守的任务。第二八八师则沿飞机场北、西两面布防。我的第八六一团当时的位置在飞机场东端的北头，南与第八六〇团衔接，北与第二八八师衔接。

从一九四九年一月九日中午第七十二军主力被解放军击溃之后，约在下午二时，解放军第十纵队就开始向飞机场东端第二八七师的正面展开猛烈进攻。到四时许，战斗正在激烈进行时，师长李芝转来军长余锦源的命令，要我与第八六〇团各组织一个排的敢死队到胡庄军部报到，归第八五九团王团长指挥，担任保卫军部的任务。但我这一排敢死队有去无回，以后情况不明。到下午五时左右，李芝即在胡庄以东地区被击毙。从此我与军部、师部以及左右邻接部队的联系完全断绝，对他们的情况也就不得而知了。但我这时仍负隅顽抗，妄图做垂死挣扎，一直混战到晚八时左右，我对部队已完全失掉控制，看到大势已去，便带着老婆向军部所在地的胡庄溃逃。到胡庄后，于翌日凌晨二时即被解放军俘虏。我在俘虏群中与军部参谋处的两个科长高昊飞、胡德佩相遇。他们说，第七十二军军长余锦源和第一一六军军长谭心已向解放军投降，并已被送走。

---

* 作者当时系国民党第二兵团第一一六军第二八七师第八六一团上校团长。

邱清泉的声东击西

吕雅堂*

国民党军由徐州溃退时，妄想以声东击西的办法来欺骗解放军，达到其安全南逃的目的。一九四八年十一月三十日清晨，第二兵团司令官邱清泉命骑兵第一旅代旅长张荣甲率该部队向东南徐淮公路双沟集方向搜索前进，妄图以此行动来欺骗解放军，使其注意力转移到东边。但骑兵第一旅行至上房村东距徐州约五十里处，即遇到解放军大部队，打了一下，迅速佯作向西南徐蚌铁路线转移。这时，见徐东国民党军大部均已行动。于是，次日晨便回到徐州西约十里处休息。张荣甲对我说："共军大部队加快速度向西南调动，恐怕已明了我军的企图。这次往返一百余里，把马跑得汗如雨下。有的官兵说，照这样再跑两天就要吃马肉了。"邱清泉的声东击西，事实上并未使解放军的注意力转移。邱清泉又命骑兵第一旅速到良山口掩护左翼，使大军和汽车通过。十二月二日，第二兵团大部队经过后，张荣甲生怕部队逃路被切断，并未去占领山口，而把部队移往襄山庙西北侧三四里的某村。下午三时，解放军将骑兵第一旅两面包围。该旅顽强抵抗，但因形势不利，便乘马疾驰突围。骑兵第一旅被解放军击毙的有少将视察官×××等。

* 作者当时系国民党第二兵团骑兵第一旅少将副旅长。

中國紀

淮海战役

第六章

第十六兵团

孙元良兵团被歼经过

熊顺义*

在淮海战役的第一、二阶段，我任孙元良兵团司令部的副参谋长兼第三处处长和第一二二师副师长，第三阶段，充任第一二二师师长的职务。现将自己亲身参加和了解的一些情况秉笔直书于后，以供参考。

一 忽然北调，守备徐州

一九四八年十月二十九日，徐州“剿总”命令第十六兵团先遣第九十九军到蚌埠布防，主力移商丘待命。原驻商丘的刘汝明绥靖区部队即调临淮关，第二兵团移砀山附近。

十一月二日，徐州“剿总”命第十六兵团移蒙城集结，准备尔后机动作战。三日，孙元良率第十六兵团（欠第九十九军）由商丘沿永城、砀山大道南下，六日到达蒙城。

（一）北上宿县保护徐州后方

十一月九日，第十六兵团接到刘峙电令：

1. 陈毅部主力由鲁南分多路南进，七日已与我第七兵团接触，现在正与我各军激战中。刘伯承部主力逐渐东移，先头已到商丘西南并继续东进中。

2. 冯治安部张克侠、何基沣八日率部投敌，徐州情况紧急。

3. 第十六兵团（欠第九十九军）速开宿县，确保徐州后方安全。

---

* 作者当时系国民党第十六兵团少将副参谋长，第一二二师师长。

孙元良接到电令后，异常惊恐，愤怒地对我们说："徐州'剿总'搞些什么，坐失主动与敌决战的良机，而今又完全处于被动了。冯治安真该死，在此千钧一发之际来这一手，真要命。"在他内心忐忑不安的情况下，根据上述情况对部队做了如下的布置：

1. 各军立即派工兵部队在蒙城城北涡河选四个渡河点架设军桥。架桥点分配：第四十一军在蒙城东北关，第四十七军在西北关，兵团直属部队分由两军架设桥梁渡河。

2. 各部队笨重行李、重要文件随后送蚌埠、南京。

3. 各部队患病官兵，送蚌埠后方医院。

4. 第九十九军继续守备蚌埠。

5. 兵团（欠第九十九军）于十日向宿县北开。

6. 行军路线第四十七军，兵团部直属部队沿蒙城、板桥、赵集、宿县公路前进。

7. 第四十一军沿蒙城、小涧集、张家集、孙疃集、宿县道路前进。

十日晨，渡涡河沿蒙宿大道北上。晚宿南坪集附近，第四十七军某部机枪连被当地民兵袭击，夺走重机枪四挺。忽然谣传兵团部附近，也有潜伏的解放军，半夜起来搜查，并无其事，受了一场虚惊。

十一日向宿县行进途中，徐州"剿总"转告："据报永城、濉溪口有共军数千向东移动，判断为共军小部队的骚扰活动，望转告各军注意侧背搜索警戒。"傍晚到达宿县西关，守城交警部队某总队和国民党军政首脑都来欢迎，认为宿县有了靠山，不怕解放军来攻了。当晚查看宿县城高池深，且有永久筑城与野战工事相联系的防御体系，大家都很满意，准备次日再做防御部署。当晚只对永城、濉溪口方面严加警戒，多派便衣队侦察。

（二）进入徐州地区的兵力部署

十一日，兵团接徐州"剿总"电令：

1. 第七兵团四个军由陇海东线向西撤退途中，被陈毅部分段截击，已被围于碾庄圩附近。

2. "剿总"决定派有力兵团接黄兵团出围，集中徐州附近与敌决战。

3. 第十六兵团（欠第九十九军）迅速集结徐州以南三堡地区待命。

又接宿县守备部队情报：永城附近有数万共军向东移动，似有攻占宿县，切断津浦交通，包围徐州的企图。

以上情况，经兵团部分析研究后，确认情况异常紧急，徐州大战迫在眉睫。究竟是放弃徐州，依托淮河，在淮北平原与共军决战好，还是据守徐州，在淮海地区与共军决战好呢？顿时议论纷纭，莫衷一是。最后孙元良说："现在黄百韬兵团已被围于碾庄圩附近，'剿总'决定派兵救黄，到徐州附近集中与敌决战，当然已经走上被迫据守徐州、在淮海地区与敌决战的道路。既然'剿总'调我们到徐州，就自投罗网吧！反正责任应由刘峙承担，大家跟着倒霉就是了。"于是决定处置，大要如下：

1. 将各方面情况转告各军。

2. 兵团（欠第九十九军）于十一日北开徐州以南三堡附近集结。

3. 第四十七军于十一日晨出发，快速纵队乘该部机动车辆沿途注意搜索警戒，掩护兵团安全通过符离集以北山区。到达三堡后，布置警戒。军部及第一二七师由火车输送到三堡。

4. 第四十一军于十一日等待徐州"剿总"派汽车团接运，并注意联系火车输送，越快越好。

5. 兵团部及直属部队继第四十七军之后乘火车到徐州三堡。

6. 各部队行军途中须特别注意搜索警戒，必要时在符离集以北山区应派掩护部队，确保安全通过狭长山区隘路。

十一日午后，兵团部到达三堡。徐州"剿总"早已派人到站迎接。"剿总"让部队留三堡集结待命，兵团部及直属部队集结徐州南关都天庙附近，并约孙元良到徐州"剿总"研究问题。

孙元良约我同去徐州"剿总"，见到刘峙后，他先问了第十六兵团部队情况，然后就说："七日陈毅主力南窜，张克侠、何基沣突然率领三绥区部队投敌，把北方大门敞开了，徐州差点要演空城计。你们来到了，我们就安心了。"孙元良说："我们接到电报后，就很担心徐州总部的安危，所以我们官兵兼程北上，来保卫徐州的安全。但是，冯治安领导无方，酿成大乱，死有余辜，上级如不予严办，后患无穷！当此危急存亡关头，赏罚不明，谁愿效命疆场，挽救垂危的国运？"刘说："冯治安的处理问题电报总统府，而且冯已去南京，究竟如何处理，由中央决定，冯部叛变是张克侠、何基沣的主谋，第五十九军全部走了，第七十七军军部未动，第一三二师大部投敌，第三十七师只去了一个营。叛变的部队还可能有些要拖回来。现命王长海军长负责收容，准备到南京整补。当前最重要的问题是守住徐州，把黄百韬兵团救出来。"随即约同副总司令杜聿明、参谋长李树正、副参谋长章毓金、指挥部参谋长舒适存等共进晚餐，然后一起到大办公厅听取汇报。

当晚九时，我同孙元良回到都天庙兵团部，得知：

1. 据第四十一军电报，宿县以西六十里的青疃集、百善集、三堂等地，发现共军万余人。

2. 军主力因火车、汽车都来不及，恐久待生变，影响到徐州的行动，决定徒步兼程北上，计一百五十里途程，最快将在十二日下午可到三堡附近。

（三）守备徐州

十一日晚，接到徐州“剿总”调整部署、解救黄百韬兵团的命令，回忆大要如下：

1. 敌情。（略）

2. 为达击破共军陈毅部主力、解救第七兵团之目的，决定以有力之一部守备徐州既设阵地。主力展开于古山南北之线，在炮兵、战车、空军强大火力支援下，速向碾庄圩方向攻击前进。

3. 第十六兵团附第七十二军守备徐州飞机场、九里山、霸王山、太山、云龙山、二堡地区既设阵地，特别注意沛县、砀山、萧县、宿县各方面的搜索警戒。

4. 第二兵团（欠第七十四军附独立骑兵旅）及第十三兵团，归前进指挥部指挥，展开于古山南北地区，在空军、炮兵、战车强大火力掩护下，速向碾庄圩方向攻击前进，救出黄百韬兵团。

5. 第七十四军为总预备队，控制于九里山附近。

6. 陆空联络，战、炮、步协同计划，由前进指挥部拟订。

7. 交通、通信、补给计划另订。

根据第四十一军情报，判断宿县以西青疃集、百善集、三堡附近，为刘伯承部之先头部队，有袭占宿县、切断徐州后方交通、阻止增援的可能，决心不待该军到达三堡，先接徐州防务。经研究确定防御部署，下达守备徐州命令。其大意如下：

1. 敌情。（略）

2. 兵团附第七十二军接替九里山、太山、云龙山、二堡地区既设阵地，确保徐州。

3. 第七十二军接替飞机场、荆山铺、九里山、迄陇海路西线地区既设阵地，加强工事，确实固守，并对沛、砀方面特别注意搜索警戒。

4. 第四十七军接替陇海路西线（不含）光山、华山、太山、云龙山、二堡地区既设阵地，加强工事，确实固守，并对萧、宿方面特别注意搜索警戒。

各守备部队，今（十一日）夜开始接防，注意交接手续、国防设备及各堡垒的锁钥等问题。

5. 第四十一军到达徐州后为预备队，控制于云龙山西南地区。

6. 兵团部在都天庙。

十二日得悉第四十一军（欠第三六五团）由宿县北上途中，先头部队第一二二师后尾第三六四团通过李庄车站时，突然遭受豫皖苏第三军分区解放军伏击，由于军炮兵支援和第三七二团包围攻击解放军右翼，交互掩护，强行通过，军部率第一二四师绕道至夹沟。第三六四、三七二两团及军炮兵营与解放军激战四小时，略有伤亡，于十二日中午始到夹沟。十二日下午，该军继续向徐州前进，途经夹沟车站以西大五柳，又遭解放军豫皖苏军分区部队千余人伏击，损失较大。第一二二师山炮营丢炮四门，军通信营器材损失过半。部队一时陷于混乱，纷纷向东越山绕道北上，十四日才到达徐州。

是日，兵团各军将前几天由商丘调蒙城时带不走的枪炮、弹药、装备和其他重要物资由火车输送，拖延至今，始由徐南开，一到夹沟车站，也全部为解放军夺去。

当天冯治安残部五千余人南下，准备到南京整补，一到夹沟为解放军阻击，折回二堡。

至此，津浦南段交通中断，徐州陷入包围之中，成了一个孤立据点，一切供应只靠空中运输来暂时维持。解放军神速机动的行动，使国民党军上下惶惶不可终日，悲观失望情绪与日俱增。

当时把唯一的希望寄托于邱、李两兵团能在几天内救出黄百韬兵团，以便集中力量打开被动局面。殊不知至十四日，邱、李兵团虽有空军、战车和炮兵的强大火力支援，但进展不大。徐州“剿总”也丧失了一周打到碾庄圩的信心。而且解放军的远程炮兵，曾一度由不老河北岸轰击飞机场，引起了国民党空军的恐慌，一时中断起落。虽经派遣新由安阳空运徐州的司元恺师驱逐解放军的炮兵群，暂时解除了威胁，恢复了空中交通，但东线解放军越打越多的形势，又使刘峙、杜聿明伤透脑筋。正面突破不行，改用延翼包围又无效。昼间进展几公里，晚上又被打回来。上上下下都指责邱清泉骄横跋扈，增援不力。蒋介石派顾祝同十五日到徐州督战，搞得邱清泉很为难。邱清泉抽调第七十四军由潘塘镇经双沟向土山镇方面解放军左侧背包围攻击，打破正面前进困难的局面。不料这一动作却引起了解放军的延翼竞争。第七十四军被解放军强大的反击部队打击，激战终日，第一线部队几乎不能支持。入夜，解放军又向第七十四军及守备飞机场的第十二军于一凡师猛袭，阵地得而复失者几次。邱清泉增派第九十六师和第三十二师等部上去稳住局势，旋解放军后撤，刘峙上报为“徐州大捷”。

（四）仰攻女娲山，保护飞机场

女娲山是徐州东南三十里的重要制高点，也是飞机场的南方屏障，如为解放军占据，不仅飞机不能起落，而且徐州防御体系内部的一切联系活动都将遭到严重的威胁，或瘫痪下来，不能活动。

徐州“剿总”为了徐州的安全，决定由第十六兵团抽调一个军协同第二兵团，驱逐飞机场和女娲山附近的解放军，另拨司元恺师与冯治安残部五千余人归第十六兵团指挥。

兵团当晚即令司元恺师接替九里山、霸王山地区防务，抽调第四十一军协同第七十四军向女娲山、三堡附近之解放军攻击。其攻击命令大要如下：

1. 共军陈毅部主力正在徐州以东与黄、邱、李三兵团激战，其一部已攻入飞机场附近及女娲山等处，共军刘伯承主力在蒙城、涡阳以北地区与我黄维兵团接触。

我第七十四军及第十二军于一凡师在飞机场附近激战一昼夜，共军仍在飞机场以南及女娲山、三堡附近，严重威胁徐州的安全。

2. 兵团决定抽派一个军协同第七十四军，于十七日驱逐飞机场附近和女娲山、三堡地区的共军，确保徐州安全。

3. 第四十一军于十七日拂晓前展开于二堡以南，十三点开始在兵团炮兵猛烈火力支援下向三堡、女娲山附近之共军攻击，并占领该地，保护飞机场安全。

4. 第七十二军野炮营于十六日晚在二堡附近，第四十七军野炮营在十里堡西南地区占领阵地，十七日上午做好射击准备，十三点开始向三堡、女娲山共军阵地猛烈射击，支援第四十一军前进。

5. 第四十七军除守备现阵地外，须以有力之一部进出阵地前，掩护第四十一军右侧背。

6. 兵团前进指挥所即夜推进到十里堡东侧王村。

十七日午后一时，第四十一军的攻击部队第一二四师在炮火掩护下，配合左翼第七十四军，向女娲山以北杨山头之解放军攻击，顺利占领该高地，然后调整部署，沿山麓东侧各村及山脊继续向解放军阵地攻击前进，受到强烈反击，前进困难。入暮后不得已又退回杨山头。解放军当晚大举反攻。两军全线都发生激烈战斗。该军据守杨山头西侧大陈庄的第三六四团与解放军第三野第九纵队反复冲杀，形成逐屋争夺的紧张场面，该团伤亡几百人，丢失枪械几百支，几乎全部被歼。幸赖兵团及各军、师炮兵之猛烈火力支援，激战彻夜，才勉强站稳脚跟。十八日拂晓，解放军第九纵队撤退到女娲山以南地区。

十九日拂晓，第四十一军第一二四师乘解放军两广纵队接替第三纵队守备女娲山立足未稳之际，仰攻女娲山而占领之，随即乘势向三堡、四堡之间及其以西地区撤退的两广纵队主力追击。午后三时，两广纵队退到孤山集山区。第四十一军因怕中埋伏始停止追击。当晚徐州“剿总”令将女娲山附近防务移交第十三兵团第一八〇师接替，该军撤回十里堡附近。

二十日，固守碾庄圩的黄百韬兵团外围据点先后为解放军击破，黄只率少数直属部队逃到大院上，眼看就要垮台，刘峙不得不做最后挣扎，于十九日又抽调守备九里山一带的第七十二军，配合战车兵团，企图由大许家直冲大院上，接回黄百韬。九里山防务由第十六兵团负责，兵团又令第四十一军附第三十九师接替。

二　妄想南北夹攻，打通津浦交通

徐州以南的津浦铁路自十一月十三日被解放军切断以来，徐州成了孤立据点。二十二日，黄百韬兵团全军覆没。是日正午，杜聿明由前进指挥部回徐州“剿总”，与刘峙研究今后作战方针问题。我同孙元良参加了这次会议，记得当时有以下几个方案：

1. 协同黄维、李延年两兵团南北夹击，打通津浦铁路交通，再与共军决战。

2. 协同黄维兵团转移淮河两岸与共军决战。

3. 坚守徐州，钳制共军南下。

经反复讨论，分析利害，都认为国家兴亡，在此一役。如果把这批精锐部队输光，就再也没有力量与共军较量了。因事关重大，谁也不敢做最后决定，于是只好报请蒋介石亲自决策①。

二十三日上午，刘、杜飞南京请示，午后返徐，召集各兵团司令官传达蒋介石南北夹攻、打通徐蚌交通的决策。决定部署如下：

1. 打通徐蚌交通、南北夹击刘伯承部后，以有力之一部阻止徐州以东共军，主力速向符离集方向进攻。

2. 第十三兵团守备徐州，占领柳八集、荆山铺、九里山、卧牛山地区阵地，掩护主力军向南进攻，特别注意其左侧背之掩护。

3. 第二兵团（附战车兵团），展开于女娲山、潘塘镇之线，沿津浦路东侧地区，向符离集挺进。

4. 第十六兵团展开于华山、三堡之线，沿津浦路（含）以西地区，经孤山集、夹沟向符离集方向挺进。

5. 攻击军于二十三日夜间进入准备位置，二十四日拂晓向当面之共军发起攻击②，限二十七日到达符离集东西之线，再向宿县之共军攻击。

6. 第七十二、一一五军为总预备队，置于中央后③。

孙元良返回兵团司令部后，决定采用钻隙迂回，囊括席卷的战法，当即下达攻击命令，其大意如下：

1. 共军刘伯承主力在宿县西南地区与黄维兵团战斗中，陈毅主力已经由褚兰向固镇方面转移。

2. 徐州“剿总”以南北夹击歼灭陈、刘二部，打通津浦路交通为目的，李延年、黄维兵团即由固镇、南坪集之线，向宿县前进，邱兵团在津浦路以东向符离集攻击前进。

3. 兵团为右翼攻击军，即向孤山集、官桥、符离集地区之共军攻击前进。

4. 第四十一军当夜展开于王庄以西之线，突破孤山集共军阵地后即速向符离集之线挺进。

5. 第四十七军（欠第一二七师）当夜展开于三堡附近，突破官桥之

---

① 说这时开过这次会议者只此一稿，杜聿明等稿均没有记述，杜稿及郭汝瑰稿均说是蒋介石召刘峙、杜聿明去南京的。确否待查。

② 攻击开始日期应是十一月二十五日。

③ 此时，第一一五军尚未编成，第七十二军已归第二兵团序列，“剿总”并未控制有其他预备队。

共军阵地后即向符离集之线挺进。左与邱兵团部队密切联系。

6. 两攻击军发起攻击时，应采多纵队揳入法，迅速插入共军阵地内然后左右席卷，突破当面共军纵深阵地。到达符离集线后，稍事整顿，即乘势向宿县攻击前进与北上兵团会师。

攻击重点保持于孤山集方面。

7. 第一二七师与第七十七军之一部为预备队，置于右翼军后。

国民党军官兵鉴于黄百韬兵团在徐州以东被歼，徐州又被包围，情绪都非常紧张，一听向南出击的消息，都以为有了一线生机，有跳出包围圈的希望。

二十四日黄昏，第四十一军攻击部队展开后，第一二二师第三六五团即刻袭占孤山集以北高地解放军警戒阵地，随即揳入笔架山解放军主阵地而占领之。是夜，第四十七军之第一二五师也占领官桥以北高地，解放军警戒部队即向官桥、清凉山方向撤退。

二十五日，第四十一军第一二四师攻占白虎山、孤山集。第一二二师乘势进攻孤山集东南纱帽山高地，遭受解放军三纵队的坚强抵抗。该师第三六四团在军师炮兵猛烈火力掩护下，也几次被英勇顽强的解放军所击退。当两军激战形成拉锯之时，蒋介石所派的另一慰问团及中外记者十余人来到前线。刘峙、杜聿明趁机鼓动，打电话要各兵团迅速转告全体官兵，说明慰问团来慰问，必须打个样子给他们看看。孙元良除将刘、杜等人意见转告前线官兵之外，还将配合第四十一军攻击重点的兵团所属重炮兵及总预备队第一二七师的山炮，第四十七军方面的野炮、山炮、化学炮全部集中轰击纱帽山解放军主阵地。当慰问团和中外记者登上第四十一军白虎山指挥所时，五六十门大炮雷鸣般地齐轰，飞机也凌空投掷燃烧弹，发射化学炮，顿时燃烧弹的火光和炮火硝烟笼罩了整个纱帽山头。在炽盛的炮火攻击下，解放军第三纵队守军暂时向纱帽山以南山地转移。左翼第四十七军的第一二五师也攻击了纱帽山以东一些高地和四堡车站。

孙元良虽然看到各军未按原定的“钻隙迂回，囊括席卷”的战法突破解放军纵深阵地，求得迅速进展，但是对今日获得的一些战果，为而后继续南进似乎打下了初步基础，以为仍然可以如期打到符离集、宿县，与黄维、李延年兵团会师。他令各军加紧调整部署，整顿部队，准备次日继续大战。

二十六日发起攻击之后，不料当第四十一军第一二二师之第三六五团进至芦村砦和第三六四团进至园山时，突然遭受以逸待劳的解放军猛烈反击。这天各军虽发起冲锋五六次，但是每次都以失败告终。直至二十八日，战况仍然是进进退退，形成沉重的拉锯战。第四十七军的突破线也无大进展。此时，孙元良开始悲观了，他看到了解放军纵深阵地的英勇顽强回击，正是陈毅东线兵团逐步转移到南线的结果。如此旷日持久，不仅不能与黄维、李延年兵团会师，打通津浦，与陈、刘主力决战取得胜利，而且徐州三四十万国民党军也将逐日陷入团团包围之中，有重蹈黄百韬、王耀武覆辙的危险。战局已经发展到千钧一发的紧急关头，兵团上下惶恐不安之情已达到顶点。又听说第二兵团也无进展，于是，悲观哀叹之声弥漫了整个国民党军的徐州南线。

二十七日，孙元良急忙将他的最后资本兵团预备队第一二七师，也增加到第四十一军的右翼，妄图从一翼打开缺口，突破解放军纵深阵地，迅速到达符离集、宿县与黄、李兵团会师。殊不知第一二七师向孤山集西南龙山攻击，又遭到解放军的严重打击，激战终日，无大进展。这天南京政府“立法委员”到战地慰问、观战，逼得第四十一军第一线部队又不得不再次向芦村砦作拼死攻击。当攻击部队在炮火掩护下，进至卢村砦墙下突击准备位置时，即被解放军奋勇反击打了回来。他们看到这种反复肉搏的惨烈场面，都为之胆战心惊，表现出解救无望之感，匆匆飞返南京去了。

二十八日，仍继续向南进攻，第四十一军被阻于卢村砦，第四十七军被阻于四堡纱帽山东南山地。迂回包围之第一二七师被阻于龙山北部，不能越雷池一步。当夜，第四十一军当面的解放军突然反攻孤山集，激战彻夜，夺占孤山集。次日拂晓，该军又强行夺回。因国民党军地势居高临下，态势有利，解放军又被迫退回原阵地对峙。

三 放弃徐州，陷入重围

（一）徐州撤退，狼狈不堪

二十八日，徐州“剿总”严令攻击兵团继续南攻，同时杜聿明飞南京请示，当日带回蒋介石“放弃徐州出来再打”的决定。晚间刘、杜召集各兵团司令官开会商定撤退事宜。

会后，孙元良立即回兵团部，召开参谋会议，详细研究撤退部署，决定三十日全面实施佯攻以眩惑共军。下午，孙元良到前线召开师长会议，他宣布徐州“剿总”部署决定之后又讲了第十六兵团当面共军的态势并根据“剿总”决定，做出兵团撤退部署如下：

1. 三十日，兵团各军交互派遣有力之部队配合炮兵全面佯攻，眩惑共军，主力休息整顿，准备撤退。三十日黄昏后，各军留置一个团占领宽广正面，积极佯攻，掩护兵团撤退，如遇敌袭须竭力阻止，即使全部牺牲也在所不惜。黄昏后，始由东到西按第四十七、四十一军掩护部队逐次撤下。受第四十一军掩护队长指挥，沿笔架山以北山沟大道经萧县、红庙、洪河集大道转进，三日到达永城西关归建。

2. 第一二七师于三十日入夜后即开始撤退，沿笔架山以北山沟大道，经萧县到红庙后，归还军之建制。

3. 第四十七军主力部队，于三十日黄昏开始沿第一二七师所经道路，继第一二七师之后经萧县、红庙、洪河集、永城大道向永城西关转进。

4. 第四十一军主力部队，于三十日黄昏开始沿第四十七军道路经萧县、红庙，与第一二七师会合在红庙、洪河集、永城大道右侧，选择平行大道，向永城西关转进。

5. 兵团部率直属部队三十日黄昏开始沿王庄至萧县大道，经萧县、岱山口、红庙、洪河集，向永城西关转进。

二十九日夜间，各军刚调整完部署，解放军即开始大举进攻，占领孤山集。三十日兵团为使解放军不疑我有撤退行动，命第四十一军恢复阵地，激战三小时，始夺回孤山集。

十二月一日拂晓，我们到了萧县西稍作休息，九时半到岱山口等待兵团各部队。十二时左右，第四十一、四十七军各先头部队陆续经过萧县到达岱山口。孙元良带参谋一人在岱山口了解各部队撤退情况，并通知各部队稍事休息，即继续前进，以免为解放军蹑踪。

（二）坐以待围，覆灭已定

三日上午，各部队陆续到达洪河集及其以南大小陈庄。在稍事休息后，继续向永城转进之际，孙元良忽接杜聿明电话：“接到总统空投亲笔信，据空军报告，濉溪口共军正向永城流窜，……速令各兵团转向濉溪口，向共军攻击。协同由蚌埠北上之李延年兵团南北夹击，以解黄维兵团之围。”

杜聿明即令第十六兵团各军即刻停止西进。孙元良到孟集北边王白楼之后，问我怎么办，我说：“死生之地，存亡之道，不可不察也！事到如今，将在外，君令有所不受。”孙说：“见杜再说。”我又说：“大军正向西南方向转进，突然改变方向，向东南进攻，掉转方向起码需要两天时间，在这个时间内，将不知有多少共军追赶上来。那时，就不止濉溪口三四万敌人，而将是十几万、几十万敌人跟踪追来，重新形成包围，我们自投罗网，插翅也难飞了！”孙将要旨用电话告诉各军后，即到指挥部。

不久，孙返部，传达蒋介石亲笔信，要旨为：“……坐视黄维兵团消灭，我们势将亡国亡种。望速令各兵团停止向永城前进，转向濉溪口之共军攻击。协同由蚌埠北进之李延年兵团南北夹击，以解黄维之围。万勿迂回避战，贻误歼敌良机，尚希发扬黄埔精神，以济党国之危急。”孙并传达总部调整命令如下：

1. 第二兵团在青龙集附近地区占领阵地，准备明日（四日）向铁佛寺、濉溪口方向之共军攻击前进。右与第十六兵团、左与第十三兵团联系。

2. 第十三兵团在李石林附近占领掩护阵地，右与第二兵团、左与第十六兵团联系。

3. 第十六兵团在王白楼、赵破楼、僖山集、义村、庄楼地区占领阵地，掩护军之右侧背，右与第十三兵团、左与第二兵团联系。

4. 指挥部在孟集。

接此命令，兵团决定如下部署：第四十一军在大小陈庄、赵破楼、僖山集地区占领掩护阵地；第四十七军在王白楼、义村、庄楼地区占领掩护阵地；兵团司令部在王白楼。当晚各军调整部署。

夜半，指挥部约孙元良去研究作战计划。孙不愿去，为我准备好汽车、向导、卫士，并对我说：“你代表我去和他辩论辩论。邱清泉如发脾气也不怕他，同他说理，一定要说透彻。三十六计，走为上计，停下来是死路一条。”我便驱车前往，通过了层层鹿寨，重重岗哨，才到指挥部的一间破敞大厅。邱、李两兵团受令人已先来到。参谋长将国防部命令递给我看，其大意如下：

1. 李延年兵团当面之共军已大部北撤。据空军报告，濉溪口、马庄附近西进之共军不到四万，经我轰炸，伤亡甚众。

2. 贵部应于二三日内歼灭该部，此为各个击破之唯一良机。如稍迟延，则各方面之共军必麇集于贵部周围，又将处于被动。

3. 万勿再向永城前进，迂回避战。

大家传阅命令之后，都面面相觑，一言不发，我便将孙元良的意见及各军、友军的反映情况和悲观情绪简单介绍一番。邱清泉说："无论从战略上、战术上、士气上都不应这样停下来，掉过头去钻圈套。但是，老头子这一关过不去，谁去能担保不挨惩罚！还是这样干下去吧！共军围着就让他围吧，围过十天半月，吃不了，他们会自动逃走的。"李弥接着说："不干不行，谁也负不起这个责任……"杜说："如按原计划进行，撤到淮河再解黄维之围，万一成功，还可将功抵罪，否则，沿途遭受共军截击，部队受了重大损失，又不能解黄维之围，责任将全部归咎于我，又如何得了？"我说："根据当前情况，明知不可久待，而竟待之，岂不是睁眼跳岩，自己找死？古人说，将在外，君令有所不受。必须从整个局势来考察，衡量进攻退守之计，才能立于不败之地。"杜最后说："还是照命令办吧！你回去向孙司令官讲讲。"于是会议就此结束①。

三日，各军继续构筑工事，全线无大的战斗接触。午后据报：第四十一军当面有共军先头部队到达，黄昏前后逐渐形成包围。当晚各兵团全线发生战斗。第四十一军的僖山集、大小陈庄、赵破楼，第四十七军的义村、庄楼，均在激战之中，尤以邱兵团方面之襄山庙、青龙集阵地战斗最为激烈。该兵团要求调第十六兵团境内据守陈庄之王屏南旅去补充。孙元良命第四十一军派一个团接替该庄防务。翌晨始知，王旅早被共军歼灭，第四十一军第三六五团到该村接防时，还不知该庄已被解放军占领，先遣联络军官进庄联系，解放军故意说："友军接防，欢迎进庄，休息休息再接。"该团竟毫无警惕，部队进庄后，解放军伏兵一齐插入行列，大喊"缴枪不杀"，庄圩门上的机关枪开火，不到一小时，即将该团主力全歼。

四日拂晓，第四十一军的赵破楼、朱大楼阵地被突破。总部警卫团在洪河集被击溃后，解放军跟踪追到孙元良兵团部以东之王白楼，一时形成激烈战斗。兵团被迫退到南边一个小庄。

是日闻第二兵团开始向铁佛寺方向进攻之第七十二、七十四两军，尚有进展。但半夜，解放军忽从两军接合部突入，猛烈反击，两军几乎不支，情况十分危急。

---

① 据杜聿明说，这个内容是三日午召集兵团司令官（孙元良参加了）会议的内容，没有半夜召集会议之事，确否待查。

五日拂晓，解放军击破第四十一军第三六四团之朱大楼阵地，跟踪攻到兵团部小庄。第十三兵团李石林附近的解放军也攻到孙元良兵团部。于是又迫使第四十一军南退到欧庙，第四十七军退到孟集，兵团部退到小刘庄。阵线形成了犬牙交错的状态。

第二兵团到达陈官庄、黄庄户之线后，解放军兵力剧增，反攻击更加猛烈。第十三兵团当面解放军压迫很紧，战斗也十分激烈，崔庄阵地反复争夺，难以支持。

六日，第四十一军被迫退到高楼、张楼，第四十七军仍在孟集。邱兵团继续进攻稍有进展，先头只到陈官庄以西刘楼。李兵团前线已退到李石林附近。

是日，南面攻击兵团进展不大，北面掩护部队却退缩不小，情况越来越严重。指挥部也被迫向夏砦移动。

（三）孙元良突围，大部被歼

六日午后三时许，孙元良回兵团部传达杜聿明命令。我们一边听，一边查地图、做标志，忙乱不堪。其大意如下：

1. 陈毅主力已陆续追到青龙集东南、李石林东北、欧庙、孟集西北，陈官庄西南，包围圈逐渐缩小，压力越来越大。

2. 迅速脱离共军包围，转移到淮河北岸，与共军决战。今（六日）晚开始突围，一举脱离战场，到阜阳集中。

3. 第二兵团由陈官庄、黄庄方面向西突击共军阵地。

4. 第十三兵团由李石林向东北突破。

5. 第十六兵团由孟集、欧庙向西北突破，经薛家湖、亳县向阜阳附近转进。

6. 指挥部及直属部队随第二兵团突围。

7. 各兵团组织强有力之突击队，一举突破共军包围后要迅速脱离，后方掩护部队须尽力顽强抵抗，掩护主力部队撤退安全。

孙元良又将第十六兵团的作战部署做了如下布置：

1. 当面共军正与我激战在朱大楼、欧庙、孟集、陈官庄、青龙集、李石林之线。兵团奉命由朱大楼、孟集向西北突围，经夏邑、亳州，向阜阳转进，必要时再向潢川转进。

2. 第四十一军在右，分两路纵队，黄昏突破当面共军阵地后，沿薛家湖以东，经夏邑、亳州，第一步向阜阳地区转进。

3．第四十七军在左，分两纵队，黄昏突破当面共军阵地后，沿孟集、薛家湖、夏邑、亳州，第一步向阜阳地区转进。

4．兵团部和直属部队在第一二五师之后，沿薛家湖、夏邑、亳州，向阜阳地区转进。

5．通信联系：每天早七时、午十二时、晚八时，用无线电话联系。

这次孙元良召集各军师长在李石林西边小刘庄开会，除下达命令外，还做了很多交代，大致如下。

1．检查战力：第四十一军约一万三千人（其中第一二二师四千多人，第一二四师五千多人，军直属部队三千多人）；第四十七军一万六千多人（其中第一二五师七千多人，第一二七师六千多人，军直属部队三千多人）；兵团直属部队三千五百余人。全兵团合计三万二千余人。

2．突围方案：决定以师为单位，从右至左，按第一二二师、第四十一军军部、第一二四师、兵团部、第一二五师、第四十七军军部、第一二七师顺序进行突围。

3．紧急措施：将重型武器和装甲运输车辆全部破坏，炮兵牵引骡马改为骑兵乘马。

4．特别注意事项：

（1）钻隙迂回、避免硬打。对当面村庄之共军，采取以一部包围监视或佯攻，主力从速于村间空隙钻出去。

（2）突出重围后，持续强行军，到达阜阳附近，然后视情况再定下一步行动。

（3）各级军官充分发挥机智果断的精神。要有敢作敢为的气魄，行军中途如遇共军地方部队阻挠，必须且战且走。避免迟滞，必要时以团为单位并列行进，加快速度。

（4）行进中的联络时间定为早七时、中午十二时、晚八时。

（5）限今日午后六时准备完毕待命。

十七时，兵团部向北移到第一二五师师部位置。孙元良和我们几人到第四十一军军部。十八时，各军军长汇报突围准备情况后，即令各军开始行动。兵团部和直属部队随第一二五师部队行动。不久，涉水过河，在泥河中被第四十七军炮兵马匹冲挤，人跌马踏，过河部队乱成一团。由于夜间行军，形势紧张，官兵逃跑心切，撤退的方向本来向北，结果越走越偏西。这时忽然四处响起炮声、枪声，人喊马嘶，震天动地，我想可能是突击部队与解放军接触了。我在追找兵团部中遇到第一二七师第三八〇团孟达观团长，始知我碰到的是左翼的一个纵队。我带着孟团急向前奔，夜半进到第五军阵地内部。经派人联系，始知他们兵团改变了突围计划，没有行动，使我莫名其妙。第五军北面又突然大炮声、机关枪声大作，照明弹、信号弹如同流星划破天空。我想若不设法趁此机会突出去，待在这里寄人篱下还受得了！于是我指挥第三八〇团向西突走。但在刚出第五军第二〇〇师阵地前沿时，该师各种枪炮弹片倾落在我们出去的部队头上，打得死伤枕藉，惨不忍睹！虽经一再向熊笑三交涉，但均无结果。拂晓后，我率领该团残部重返包围圈中，兵团主力一万余人被歼，孙元良只身潜逃。军长胡临聪、汪匣锋，副军长陈远湘、李家英，师长张光汉、陈玲（即陈仕俊）等均被俘。

四　收容残部，垂死挣扎

七日拂晓，第十六兵团残部重返包围圈中，官兵多被邱清泉兵团收容补充部队。上午我到总部向杜聿明汇报。杜指定我负责收容，受第七十四军军长邱维达指挥。七日我收容六千余人，八、九两日又收容一些较完整的团、营、连队七千余人。加上配属的第七十七军王长海军长以下三千余人，共一万六千余人，马骡数百头。杜任命我为第一二二师师长后，将上述部队编成一个师，并委任了副师长和团长。

八日，第一二二师派两个团受第七十四军指挥，参加战斗，在炮兵、坦克的掩护下向陈官庄以西刘集解放军阵地攻击，企图南窜。入夜前，被解放军击退，第一二二师损失三百余人。

九日，第七十军又向鲁楼进攻，虽在战车、炮兵竭尽全力支援下，激战一天，仍被英勇善战的解放军反击败退下来。

十日，指挥部调整部署，以两个兵团并列进攻，将第一二二师改属第七十二军调往张楼东边三个小庄。万余人露宿原野，特别是几百名伤病官兵，既无棉衣、棉被，又露宿风餐，还要寄人篱下，只有忍气吞声。加以溃败之后，东西都丢光了，食用极为困难。看见友邻各军都在村里挖窖、抢粮，他们也结伙去进行抢劫。

十二日，第一二二师配战车一连协力向青龙集东南小刘庄、王村的解放军攻击。在第十三兵团炮火与战车掩护下，上午侥幸攻占了三个村庄。下午解放军组织反击，反复争夺，得而复失者数次。当夜解放军正面兵力加强，并从各方面延伸堑壕，对第一二二师形成包围态势。次日再发动攻势，整天激战无进展。步兵在战车配合下反复突进，均遭受歼灭。十四日强令再攻，战车被打坏三辆，仍无进展，于是命令回原地整顿。团长以下伤亡二千余人。

连日来，各兵团每天都有攻势发起，但均以失败告终。解放军的包围圈一步一步地加紧压缩，国民党军的困难一天一天地增多，兵员、粮食、弹药三缺，成为当时最突出的问题。飞机场筑成后，开始空投粮食，但杯水车薪，加以分配不公平，互相埋怨，军心大乱。

（一）阴谋放毒，逃出重围

十九日下午，我从陈官庄前进指挥部得知蒋介石下达了空军施放毒气掩护突围的命令。是夜，天降大雪，解放军虽全线停止攻击，但第一二二师官兵露宿野地、水沟边、土坎下，一夜之间，即冻死饿死三百余人。交通壕里小河沿边、地沟洞里到处都有死尸。官兵啼泣，士气更加低落，很多人都想逃跑。我怕跑光了对不起老上司孙震，即组织军官迅速埋葬死者，劝勉残余的八千多官兵忍耐短时艰苦，等待天晴，空军掩护突围出去就好了。

二十一日，杜聿明召集部分将领开会，宣布利用空军放毒突围计划并颁发了陆军联络信号。（内容从略）

因为会后大雪仍在继续，所以放毒阴谋未能得逞。

（二）解放军的政治攻势和国民党的军心瓦解

十九日至二十八日，连续大雪十天，包围圈内的国民党军虽积极准备乘空军放毒突围，可是天气不好，飞机不能出动，粮食、弹药亦更趋紧张，形势愈加严峻。这时解放军开展强大政治攻势，喊话队挖的掩护壕延伸到国民党军阵地前二三十米。黄百韬、孙元良、黄维兵团被歼和邱、李兵团孤立无援的消息，传遍了整个战场。解放军发出的“投降是生路，再打没前途”的劝降号召和优待俘虏的政策传单，以及“没有饭吃的请来吃饭”的喊话等等，震动了饥寒交迫的国民党官兵的心。于是成群的饿得眼蓝的兵士到解放军那里去就餐，吃饱以后又回来，甚至有的还带着大饼回来给难友，有的回队一两天，又到解放军那里去了。解放军的政治攻势打乱了国民党的军心，使部队几乎涣散成一盘散沙，不能控制。兵团的高级指挥官们企图用屠杀来镇压，如第十三兵团杀了一名团长，第一二二师枪毙了一名连职干部，但是这种残酷手段并不能挽救已瓦解了的军心，反而更激起了官兵的愤怒。

（三）杜聿明幻想的破灭

一九四九年一月五日，蒋介石再电催杜突围。我们也去劝杜早日行动。但杜以低沉的语调说："兵马未动，粮草先行。现在弹粮不足，将士饥饿无力，突围形成溃散，没有益处。已电请总统继续大量空投，准备十日突围。"蒋复电："准再投三日，务必遵照命令实施。"

六日中午起，已休整了二十多天的解放军，开始发起强大攻势，包围圈四周的炮火震天动地。饥饿无力的国民党军，一击即溃。青龙集、刘集东西两面附近的阵地，顷刻土崩瓦解，包围圈子更加缩小，解放军的炮兵观测所似乎对国民党军阵地内部任何地点、任何行动都看得清清楚楚，只要部队车辆稍一行动，立刻就遭到炮兵群的轰击。

七日晚上，第十三兵团司令部所在地青龙集的碉堡、水壕和比较坚固的阵地都被解放军突破了。对此杜聿明虽不敢向下传达，但李弥兵团第八、九两军官兵的溃退，却轰动全线官兵，都感到灭亡已无日了，心情十分恐慌。我又去请示杜聿明，他只说："已电委员长，九日准备轰炸，十日投甲种弹掩护突围。国防部电告，已派一百架飞机掩护突围。"但到十日却始终未见机来。

（四）最后崩溃，全军覆没

八日、九日，解放军继续攻击，杜聿明、邱清泉、李弥组成许多督战队，不准后退。空军副总司令王叔铭也亲自飞到陈官庄上空来加强空中和地面部队的联系，企图鼓舞士气，挽救危局，但也无能为力。国民党军阵地已被突破很多。第一二二师调整到陈官庄以东洪河西岸右自大刘庄、左到洋桥之间，接第二兵团第七十军部队防务，对东作为第七十二军的第二线守备，对南作为第七十军左翼的第一线。这天官兵发现村内、村外邱兵团未拿走的面粉、饼干、大米、罐头为数不少，更激起了官兵的愤愤不平。

九日，解放军炮火逐渐集中到陈官庄总部和第二兵团附近，下午东、南、北三方解放军攻击更加猛烈，至黄昏前，东线第十三兵团阵地大部被突破，官兵纷纷由第一二二师以北、第七十二军军部附近向西溃退，麇集于第二兵团阵地内如同热锅上的蚂蚁，乱成一团。南线、北线各阵地也逐渐崩溃。

入夜后，解放军迫近洪河东岸，占领了洋桥桥头堡洪河东岸第七十二军阵地，并直接威胁到第七十二军军部。射向陈官庄的炮火愈加浓密，一时杜聿明的电话也联系不上了，派通信兵查线，才知杜黄昏前已移到第五军军部陈庄。夜九时左右，余锦源约我到军部研究问题。在一个地下指挥部里，会见了解放军第三纵队一位姓杨的同志（据说是政治委员），我把副军长谭心叫到一边询问，谭说："这个仗打不下去了，杜、邱、李三人现在拿不出主张，他们准备各自逃命，不管部队了。我们不能做无益的牺牲，与共军联系，大家不打了，都是中国人，自己拼什么？共军已答应，只要我们不打，保证我官兵生命安全。"他问我同意不同意，我说："事已至此，大势所趋，当然跟着大家走。"当时与解放军杨同志在指挥部里正式谈判，回忆其大意如下：

1. 双方立即下令停火，避免冲突。

2. 国民党军放下武器，保证安全。

3. 国民党军将武器放在各阵地后，徒手到洋桥以东集合，送到后方，愿工作的找工作，不愿工作的可以送回家乡。

十时左右，谈判结束。各师长回去处置。我回到师部后，将与解放军谈判情况告知参谋长、作战科科长，并令各团长立即停火，放下武器。这样，我就随部下一起，做了俘虏。

十一日，解放军开始对俘虏按职务分类。多数人都不敢承认自己的真正职务。以后接连两天，解放军干部虽态度和蔼，言语亲切，真正做到以理服人，不打、不骂、不侮辱、不搜腰包，但我思想不通，最终还是化装潜逃了。我途经徐州、郑州，逃到武汉，又参加了孙元良重建的第十六兵团。一九四九年十二月二十一日，在四川什邡县起义。

第四十一军攻击受挫与突围瓦解

胡临聪*

国民党第十六兵团是在淮海战役中被解放军全歼的五个兵团之一。我当时是第十六兵团第四十一军军长，兹就记忆所及，将这个军被歼的经过追述如下。

一 参加战役前的情况

第十六兵团原是在郑州方面归陆军总司令郑州指挥所指挥的一个机动部队。一九四八年十月初，蒋介石为了缩小作战区域，集中兵力，固守战略要点徐州，决心放弃郑州，将郑州指挥所撤销，第十六兵团改归徐州“剿总”指挥。兵团奉刘峙命令于十月六日离郑东开民权、柳河集一带集结。因当时认为解放军华东野战军在解放济南之后，正在滕县、邹县地区休整，南京国防部及徐州“剿总”为了不让华东野战军从事休整，拟以这个兵团配合第二兵团向济宁、兖州进出，企图在滕、邹附近会同由徐州方面北进之第七兵团及第十三兵团与华东野战军主力决战，借以确保徐州、巩固南京。继因情况变化，这个计划未能实施。十月下旬，据闻国防部及顾祝同、刘峙等知道华东野战军有进攻徐州企图并已开始调动部队，认为徐州乃四战之地，距南京远，后方补给线长，又有淮水之隔，交通、运输、补给均不安全，莫如退守淮河南岸，以淮河作为天然屏障为好，决定一面在淮河南岸做防御部署，一面准备在徐州迎击解放军，并准备于必要时放弃徐州。因而，第十六兵团的第九十九军首先奉令由柳河直

---

* 作者当时系国民党第十六兵团第四十一军中将军长。

开蚌埠。第四十一、四十七两军则东移商丘附近待命。到十一月三日，据悉解放军的中原野战军已从大别山方面向徐州前进中，刘峙命令第十六兵团（除第九十九军）开赴涡阳、蒙城两地予以阻击。所有部队于十一月六日到达蒙城。九日忽又奉命北开宿县。十日到达宿县后又接到刘峙命令，略谓“黄百韬的第七兵团已在徐州以东碾庄圩附近与南下进攻的共军发生战斗，限令第十六兵团于十一日北开徐州三堡附近集结待命”。于是，兵团司令部及第四十一、四十七两军依限于十一日分别用火车、汽车输送以及徒步北开徐州。

二 第四十一军中途被袭

兵团从宿县出发。第四十七军首先用火车输送，第四十一军第三六五团用汽车输送，均于十一日先后到达徐州以南十五公里之三堡附近集结，随即占领三堡附近山地构筑野战工事，从事作战准备。

第四十一军（欠第一二二师之第三六五团）十一日在宿县等待火车输送。日暮时，据报宿县以西约六十华里之青疃集、三塘、百善三地，各地有解放军万人以上，唯恐在此发生不必要的战斗，妨碍北进任务与招致不利，遂决心不待火车输送，立命部队出发向徐州昼夜兼程前进。当我发觉部队行进在东西两侧均系山地的隘路中时，认为万一在夜间发生情况，我将处于极为不利的地位，为此感到惴惴不安。十二日拂晓，当先头纵队第一二二师的后尾第三六四团行抵李庄车站附近时，果然遭到早已占领李庄车站及铁道的解放军豫皖苏第三军分区部队从侧面的猝然袭击。我深感情势严重，为了避免在此遭受重大损害，乃令在后跟进的第一二四师第三七二团由李庄以南向解放军的右侧背迂回攻击，一面令军属野炮兵营用火力支援第三六四团，并交相掩护前进，强行通过。军部则率同直属部队及第一二四师（欠第三七二团）登越东面山地绕道北进至夹沟。第三六四团、第三七二团、军野炮营在李庄附近经过半天的战斗始脱离战场，到达夹沟归还建制。各部稍事休息又继续向徐州前进。不料日暮后，部队正行进间，又遭到夹沟西侧大五柳方面的解放军豫皖苏第三军分区部队千余人的分段截击，使第四十一军部队陷于混乱，军通信营所乘汽车完全被切，人员器材损失过半，第一二二师损失山炮四门。其余部队经过两天始陆续到徐州附近集结完毕，奉命担任云龙山、霸王山一带第二线阵地的守备任务。

三 抢夺女娲山，掩护飞机场

十一月十七日，兵团接到徐州“剿总”的命令，略谓：“据空军报告，由于徐州东南二十里之女娲山系飞机在徐州机场进出起降所必经的航线，现在这个高地已被共军占领，对飞机的进出起降威胁很大，着立派有力部队攻占该地。”兵团司令官孙元良当即遵令派第四十一军进攻女娲山而占领之。

第四十一军在当天上午于十里铺附近将部队集结后，并作如下部署：1. 以第一二四师担任对女娲山的攻击；2. 以第一二二师为预备队，但须以一个团于二堡与杨山头之间占领阵地以掩护第一二四师的右侧翼，并防止共军的渗入；3. 军指挥所位于十里铺。

是日下午，第一二四师即向女娲山北部之杨山头进攻，随即占领了这个地点，并沿着山脊及东侧山麓各村庄向解放军阵地继续进攻。因遭受解放军强烈的阻击不能前进，乃于入暮时退守杨山头。当天夜晚，解放军大举反攻，全线发生激战，尤以据守在杨山头西侧大陈庄的第一二二师第三六四团与反攻的第三野战军第九纵队战斗非常激烈。大陈庄分为东西两部，在解放军猛攻之下，这个庄子的西部被解放军占领并据此向东部继续猛攻。被压缩到东部的第三六四团则在军野炮营及在二堡洪山口附近之第四十七军野炮营的炮火支援下拼命抵抗，激战了一个整夜，拂晓时解放军才撤退。在此次战斗中，解放军伤亡百人，被缴轻机枪数挺、步枪七十余支，被俘十余名。

十九日拂晓，第一二四师乘着第三野战军两广纵队刚刚接替第三纵队守备女娲山防务之际，予以攻击，始将这个山地占领。全军随即向三堡至四堡间以西地区的两广纵队主力进行攻击。到下午三时左右，因两广纵队退守孤山集附近山地始行停止。在这一战斗中，俘虏解放军三十余名。入夜后，兵团又命令第四十一军将女娲山交与友军，全部撤回十里铺。十九日，刘峙令原守备徐州以北荆山桥、九里山一带之第七十二军驰赴徐州以东大许家一带策应黄百韬第七兵团作战，令第四十一军并指挥第四十军之第三十九师接替第七十二军的防务。

四　策应黄维兵团向南进攻

十一月二十五日兵团奉命南攻，策应黄维兵团在宿县以南双堆集附近作战，转令第四十一、四十七两军立即由铁路西侧向南进攻，第四十七军在左，限于二十八日进至曹村车站附近。第四十一军当即遵照兵团命令以徐州西南十五公里之孤山集作为第一攻击目标，并作如下部署：1. 以第一二二师任攻击部队；2. 以第一二四师为预备队；3. 于下午三时开始攻击前进。

第一二二师开始攻击前进后，在日暮前即将解放军的警戒阵地占领。入夜后第三六五团即向孤山集北面笔架山之两广纵队主阵地进攻。由于笔架山正面相当宽广，守备这个高地的两广纵队战斗力亦较弱，所以第三六五团即从空隙中渗入一举而占领了笔架山，从而俘虏解放军官兵一百二十余名，缴获重机枪一挺、轻机枪五挺、步枪数十支。

二十六日晨，第一二四师与解放军经过短暂的战斗之后，即攻占了白虎山和孤山集两点。第一二二师乘势向占领孤山集东南之纱帽山高地的解放军进攻。因为这个山较陡，正面也不甚宽大，加以守备这个阵地的解放军抵抗坚强，担任第一线攻击的第三六四团，虽在军师火炮的协力之下，亦数次为解放军所击退。当此之际，杜聿明与孙元良均从电话上告诉我说，国防部新闻局的张六师现陪同美国记者数人，并且其中有麦克阿瑟派来考察战况的一个军官伪装成记者到前线观战。杜、孙两人对这些记者都非常重视，认为同而后能否获得美援有关，命我应特别努力，督励部队格外奋勇攻击。所以我命第一二二师对纱帽山的攻击应不惜牺牲，务求攻占，同时令军属野炮营及临时拨归指挥之第七十七军野炮营以强大炮火协同步兵作战。计发射炮弹千余发，终于在美国记者亲见之下攻占了纱帽山。我以为只要占领纱帽山，从此便可顺利地攻击前进，依线进出于曹村车站了。殊不知在二十六日至二十八日的三天中以第一二四师第三七〇团协助第一二二师继续向南进攻，被占领芦村砦和园山的第三野战军第三纵队的坚强抵抗所阻止。兵团为了能如期占领曹村车站，又见第四十一军进攻受阻，于是将担任兵团预备队的第四十七军第一二七师使用于第四十一军右侧，沿龙山攻击前进。二十七日第一二二师第三六五团在强大炮火掩护下，虽曾一度攻至芦村砦，但由于遭到据守砦墙的解放军的强烈反击，不但不能前进，反而受了很大伤亡，不得不后退。攻击园山亦不得手。在第四十一军左右两侧之第四十七军部队攻击亦无进展。这一天，国民党“立法院”的一些男女“立法委员”特由南京乘飞机到第四十一军白虎山指挥所观战。二十八日夜晚，解放军即向我孤山集附近反攻，经彻夜战斗至拂晓始行撤退。

五　败逃中途，自投罗网

二十九日昼间无战斗。下午，孙元良突然到前线集合第四十一、四十七两军的军师长开紧急会议，谓：徐州“剿总”已奉命放弃徐州退守淮河南岸之线，除刘峙已飞赴蚌埠部署外，所有各兵团定即日经萧县、永城地区向淮河南岸撤退。命令第四十一军：1. 即夜退守孤山、笔架山、白虎山之线，并须坚守至三十日夜半以掩护大军向萧永地区撤退；2. 第四十一军须于三十日夜半始能撤守经萧县永城附近向涡阳附近转进。

第四十一军奉命后即做了如下处置：1. 第一二四师除以一部留置于第一线外，主力乘夜退守孤山及笔架山，右翼应与第一二七师第三七九团密切联系；2. 第一二二师除以一小部留置于马鞍山的宽广正面上外，并以一部退守白虎山与右翼的第一二四师部队密取联系；3. 各部队退到指定地点后应派出一部于共军可以观察到的地点积极构筑工事，表示我有固守新线企图，主力应集结休息。

殊不知在二十九日入夜以后，当我各部即将开始后撤的时候，解放军即向我展开攻击，因此全线发生战斗。特别在第一二四师的正面，战斗更加激烈。追至三十日拂晓后，各部队的主力才退到笔架山一白虎山之线，同时得知孤山已在夜间被解放军占领。我顾虑解放军由此向笔架山右端与第一二七师第三七九团的衔接部进攻，万一有失，不但有碍军对于任务的完成，同时本身的退路亦将被遮断，所以严令第一二四师第三七〇团立即恢复孤山阵地。结果，第三七〇团在军的炮火掩护下向占据孤山的解放军进行反攻而重新占领之。

十二月三日上午，正当兵团司令部及第四十一、四十七两军部队到达萧县西南洪河集及其以南大小陈庄一带，准备稍事休息后继续向永城方向转进之际，孙元良忽命两军就地停止待命并构筑防御工事。据说，蒋介石因知黄维兵团在双堆集被解放军围攻，情势危殆，乃派飞机给杜聿明送来命令，要其本人同邱、李、孙三个兵团的部队向濉溪口方面攻击，以解黄维兵团之围，因而才命令各部队就地停止占领防御阵地，以备随时对追击的解放军作战。我当即命令第四十一军各部队就所在的大小陈庄、赵破楼及僖山集结，并构筑必要的工事。在薄暮时第四十一军又奉兵团命令，派第一二二师第三六五团到×村庄接替第二兵团王屏南补充旅的阵地，哪知王旅在第三六五团到达前就被消灭了。第三六五团因不明情况，进入该村后被解放军突然袭击。因猝不及防，以致在极短时间内全团被歼。此外在大小陈庄、赵破楼的部队亦被解放军的小部队所袭扰而发生战斗。

六　垂死挣扎，终被歼灭

十二月四日，孙元良率其兵团司令部由赵破楼移至朱大楼，第四十一军则由大小陈庄移到欧庙，各部队亦变换阵地。是夜无处不被解放军攻击，因而各部伤亡颇大，在欧庙附近之第三六四团则大部被歼。总之，从三日所得情况，包围圈已越来越小，情势也越来越坏。据闻第二兵团在青龙集方面向南的进击毫无进展，各部队的战斗，无非是垂死挣扎而已。

五日，第四十一军又奉命退守兵团司令部所在的朱大楼及其附近村庄。是夜，据守朱大楼西南某村庄的第一二四师曾与进攻的解放军战斗一夜，一些小据点被解放军占领。

六日下午一时，第四十一军遵照兵团命令再退到李石林附近的高楼、张楼一带，因解放军继续进攻，所以在三时左右，据守在高楼以北数百米之第一二四师第三七一团即与解放军发生战斗。下午四时左右，孙元良到高楼第四十一军指挥所，略谓："为避免各兵团在此遭受歼灭，徐州'剿总'副总司令杜聿明已命令各兵团于当晚六时突围，并规定第十六兵团应向西北方面突围，经夏邑、永城到安徽的阜阳集结；各军应以营为单位，分股突围，所有大炮、车辆及不能携行的笨重行李一律破坏，但观测和通信器材应一律携行。"

我在奉命后因考虑到如以营为单位突围，虽部队小而灵活，容易从空隙突出，但兵力过于单弱亦容易为解放军截阻歼灭，同时各师部队自参加战斗以来，尤其是被包围这几天的战斗中，损伤很大，已形残破，而且士气衰颓，为了具有相当战斗力和运动方便，所以决心做如下的处置：1. 以第一二二师为一路；2. 以第一二四师第三七一团为一路；3. 以第一二四师第三七〇团为一路；4. 军部及直属部队与第一二四师第三七二团为一路；5. 所有军师之山野炮及配属军之炮十四团的两个连的重迫击炮和汽车一律破坏，不能携行的笨重行李与不用的步枪一律破坏或埋藏。

入暮后，各部队即开始行动。唯因各部队逃窜心切，未按规定时间和方向行动，均拥向西南，以致极为混乱。同时第二、十三两兵团的部队不但没有突围，反而还阻止第十六兵团的部队由其警戒线出去。因之，当第四十一军部队的一部分出了第五军第二〇〇师的警戒线后，第五军竟开枪炮射击，而前面又为解放军所阻击，使我部处于敌我夹攻之中，于是四散奔逃，形成瓦解。尚有一部被截留在包围圈中的，后来在一九四九年一月十日亦与其他兵团的部队同被歼灭。除兵团司令官孙元良、第一二二师师长张崇文、第一二四师师长严翊逃走外，计被俘的有第四十一军军长胡临聪、副军长陈远湘、参谋长刘伯余，第四十七军军长汪匣锋、副军长李家英、参谋长李传霖、第一二五师师长陈玲、第一二七师师长张光汉等以及官兵四万余人。

第十六兵团就歼记

魏煜焜*

淮海战役第三阶段，国民党主力部队第二、十三、十六兵团，连同一些零星杂牌部队，共三十多万人，被解放军一举歼灭于河南永城地区。我当时在国民党第十六兵团任第三处代处长，亲自参加这次战役。由于事隔多年，记忆难免讹脱，书不成文，仅供参考。

一 第十六兵团概况

该兵团前身，系整编第四十七军，一九四八年八月正式改编为第十六兵团，兵团司令官孙元良，副司令官曾甦元，参谋长张益熙。兵团直辖两个军[①]：一为第四十一军，军长胡临聪，副军长杨熙宇、陈远湘，参谋长刘伯余；一为第四十七军，军长汪匣锋，副军长李家英，参谋长李传霖。每军辖两个师，每师辖两个团，后调师、团不计在内，战力中等。兵团临时配属有第九十九军，军长胡长青。第四十一军和第四十七军，均系四川军阀部队，第四十一军原系孙震所属，第四十七军原系邓锡侯所属的第四十五军和李家钰所属的第四十七军合并，取消第四十五军番号，保留其军长；取消第四十七军军长，保留其番号而成为第四十七军。一九四八年前，归孙震的第二十二集团军所辖，第二十二集团军改为第五绥靖区之后，由孙震任司令官，仍辖该两军。国民党中央察觉孙震有保存实力企图，意欲罢免孙的兵权，一方面以升任孙为郑州绥靖公署主任为诱饵，一

* 作者当时系国民党第十六兵团第三处上校代处长，后任第一二二师参谋长。

① 据查，此时第十六兵团辖三个军，即第四十一、四十七、九十九军；一九四八年十月，第九十九军调蚌埠守备，后改隶第六兵团。

方面又以不能直接兼任军队首脑为由，拟另派人统辖第四十一、四十七两军。孙震为了继续保有其残部的领导权，想在两军中遴选旧人统辖，因为在旧属高级将领中难选合格人员，孙震将其侄孙元良荐任整编第四十七军军长，统辖孙和邓锡侯的嫡系第四十一、四十七两军。孙认为这样既可迎合蒋的意图，又可暗中操纵兵权。由于这些原因，孙元良才能以一个久失兵权、郁郁不得志的人物，重新成为实力派，堂而皇之地由重庆赶赴河南郑州到职。孙元良虽系孙震之侄，毕竟和川军毫无瓜葛，摇身一变成为兵团司令官；而川军毕竟是川军，地域观念浓厚，旧属关系密切，第四十一、四十七两军头目，碍于孙震的面子，不得不和孙元良虚与委蛇，明争暗斗，各怀鬼胎，破裂瓦解，早成定局。

二 第十六兵团被歼前后

一九四八年八九月间，第十六兵团驻守于郑州。此时郑州四外都有解放军部队，已岌岌可危，势必不守。在武汉的华中“剿总”白崇禧、徐州“剿总”刘峙二人，争调第十六兵团，增加其实力，各派其参谋长来郑州和孙元良洽商拉拢。孙元良秉承其叔孙震的意旨，以到武汉为宜，乃拟就沿平汉路南下经许昌、漯河、信阳到武汉的计划。因连日天下大雨，道路泥泞，无法成行。

十月初，蒋介石决定放弃郑州。孙元良奉徐州“剿总”命令，将郑州防务交李振清军防守。第十六兵团留下暂第二十六旅在郑州归李指挥，其余各军于十月六日东开民权、柳河集一带集结。十月下旬该兵团配属之第九十九军胡长青部先到蚌埠，其余部队移商丘、朱集待命。十一月上旬，该兵团奉命开驻涡阳、蒙城，妄图阻止解放军第二野部队北上。正当此时，碾庄圩黄百韬兵团被围，徐州告急，刘峙急电孙元良，星夜沿津浦路北上到徐州增援。第十六兵团到徐州接替第七十二军防务，并扼守三堡、九里山、霸王山等地。第二兵团到徐州以东向碾庄圩攻击，解黄百韬之围，未达目的。

十二月一日，国民党军逃出徐州，经萧县向永城地区前进，企图南下解黄维兵团之围，从而据守淮河南岸，保卫南京。殊不知到达永城附近之青龙集、陈官庄、李石林地区，即开始被解放军阻击。从十二月三日起，逐步被解放军层层包围。国民党徐州“剿总”副总司令杜聿明指挥第

二、十三、十六兵团及一些游杂部队共三十多万人，龟伏于狭长二十余华里的三四十个村庄内，粮食弹药，极感缺乏。

十二月四、五两日，十六兵团防守的赵破楼、朱火楼、僖山集等阻击阵地，迅速被解放军攻占，驻地越来越小；第二兵团担任攻击前进的部队，进展非常缓慢，而第十三兵团李弥部队防守的阵地，亦为解放军所压缩。

六日，第十六兵团奉杜聿明命令，移驻李石林，殊不知到达该村时，李石林已被李弥部先占，不得已大部队停留在打麦场上，派人到第十三兵团部交涉，让出几间房子，兵团部才勉强住下。这时杜聿明已到了李弥的兵团部，召集邱清泉、李弥、孙元良开会，决定突围。孙元良开会回来，正向参谋长张益熙和各处处长谈突围决定时，李弥忽然来到，问孙："副主任，你打算怎么办呢？"孙回答说："就照决定办嘛！"李见孙颇冷淡，知道无法谈下去，就走了。孙向幕僚们说："指挥部已决定离心退却，第二兵团邱清泉部向南突围，第十三兵团李弥部向东突围，第十六兵团向西突围。本兵团决定集结地点如下：第一步到商丘的朱集，第二步到潢川、信阳，最后到达武汉会合。"[①] 部署完毕，孙即率领高级幕僚人员匆忙到达黄庄第四十七军第一二五师驻地（该师原曾配属战车编成快速纵队，装备较好，战斗力较强），立即找来该师师长陈玲，当面指示兵团部突围时，由该师掩护，同时命令通信营把所有电话线截断，电台也停止收发报，特别嘱咐指挥部发来的电报一概不收，目的是唯恐杜聿明变卦，下令不再突围。这充分证明了国民党军内部的互相钩心斗角，真是无所不用其极。

当晚八时，各军、师按预定布置，向西行进。是夜月色无光，伸手不见五指，开始行进时，还能一个接一个，互相保持联系。嗣后经过一道河沟，只有一座小桥，兵团部人员及直属部队走桥上，其余部队涉水而过。这时只见遍河黑压压一片，互相拥挤，乱作一团。过河之后，官找不到兵，兵找不到官，所谓建制就此完全打乱。第四十一军部队当中，混杂有兵团直属部队及第四十七军的官兵；第四十七军队伍中，也混杂有第四十一军的官兵。无论官和兵，都只知道向人多的地方跟着跑，也就无所谓方向和道路了。在通过第二兵团警戒线时，突然枪声四起，集中火力向第十六兵团部队射击，当场只见不少士兵被击中倒下，不知打死打

① 据查，杜聿明当时没有决定到武汉集结。

伤多少人；突围部队无法继续前进，只得伏在地面，暂时躲避。第四十七军军长汪匣锋派出军部副官处长胡锡珍到第二兵团第一线部队联系，告知是奉命突围。部队伏卧在地面，等了近两小时，才得到准许通过警戒线的通知，但这时在解放军驻守的各村庄内，口哨声四起，同时也响起了枪声，火力射向通路，阻止国民党军部队突围。解放军战士还向国民党部队喊话："国民党军弟兄们，缴枪优待……"劝告我们放下武器。第十六兵团部队这时已乱作一团，惊恐不堪。有的人慌不择路地四处乱窜，有的人选择枪声稀处夺路逃跑，究竟应向何处走，谁也说不清。当此同时，兵团部副参谋长熊顺义和我率领兵团部一部分勤杂人员，及在突围行进中陆续跟来的官兵有一百多人，被第十二军舒荣部队开枪阻止在一个村子边，不敢动弹。熊拿出自己的官衔名片，派一个名叫何廷辅的副营长向该村驻军交涉，说明是奉命突围。驻在该村的团长，请熊和我二人到团部，答应天亮后再走，并说："如这时就走，到处都在打枪，太危险。"熊和我只得留宿该团。天明后，熊和我出村子一看，四面八方都是突围被冲散了的部队。当时各个营、连、排长都跑来找熊和我，问："该怎么办？"熊和我商量后，决定收容。已突出去的部队，遇到解放军火力封锁，除极少数逃出包围圈外，绝大部分人都做了俘虏。由第一二五师师长陈玲率领的一部分人，逃至夏邑附近，向解放军缴械投诚。第十六兵团第二处处长易啸夫，第四十一军军长胡临聪、副军长陈远湘、参谋长刘伯余，第四十七军军长汪匣锋、副军长李家英、参谋长李传霖等全部被俘。孙元良异常狡诈，化装伪称中尉副官，未被解放军查出，乘混乱之际逃跑。以后他回到四川，重新组建第十六兵团，仍任司令官。兵团参谋长张益熙在随孙突围时，身负重伤，死于包围圈内竹暗楼。到此第十六兵团突围被歼基本结束。

三　第十六兵团残部彻底被歼

熊顺义和我以及兵团部参谋、副官等二三十人，先后已收容溃兵五六百人，簇拥着一道去寻觅村子作为临时驻地。适遇第三七〇团团长苟昭禄率领其残部正集合在一个坪里，等候第五军改编。苟一见到熊和我，俨如见到亲人，含泪表示不愿接受第五军军长熊笑三的改编，要求仍归属旧部。我当即叫苟率部跟着走。这时有二千七百多人。沿途中又继续收容了第四十一军炮兵营，因大炮已全部丢失或破坏，只带有三百多匹骡马。有了几千人的部队，就得找一个立足之地，筹措吃饭事情。此时熊顺义想起第七十四军邱维达的军参谋长江崇林，系过去陆军大学同学，即往投靠第七十四军。邱、江立表欢迎，指定驻地，拨发少许粮食。刚驻定后，第五军军长熊笑三派其军部副参谋长徐盛秋（此人在突围前系第四十一军军部副参谋长，突围时逃到第二兵团，被任命为兵团部第三处处长），乘车来到熊和我的驻地，气势汹汹地说：“熊军长已决定改编的队伍，公然跟着你们跑来了，这形同叛变。军长本意派队伍来消灭他们，经我劝说，现派我来，要他们随我回去。”当时我痛骂了徐一顿：“你是四川人，又是第四十一军的，为什么吃里扒外，不但不帮旧部队的忙，反而去替别的部队说话，你才是叛变哩！要打就打，叫他开队伍来吧！”徐碰了壁后，只得灰溜溜地乘车走了。以后熊笑三知道这些流散队伍已投奔第七十四军，同系第二兵团邱清泉所辖，也就不敢再派人来了。

在第七十四军指定驻地时，同住的有一位冯治安部的军长王长海。据他说，冯部起义，他带部分队伍逃了出来，部队由副军长许长林带着。他已与部队失掉联络。第二天蒋介石派来一架飞机把他接走了。住了一天，稍事休整后，熊顺义即到陈官庄指挥部进谒杜聿明，报告突围经过及收容部队情况。经杜准许编为一个师，保留孙震隶属时的一个师番号，暂归第七十二军所辖。熊回驻地后，立即册报实有人枪数，共有人数六七千人，骡马三四百匹，奉杜令正式批准改编为第七十二军第一二二师，师长为熊顺义，未突围走的团长，均名列副师长，计有第三七〇团负伤团长高先哲，第三六五团负伤团长黄伯亮，第三七一团团长王哲贤；师参谋长为魏煜焜、熊登甲。因人枪马匹超过一个正规师，以特殊编制，编为三个步兵团、一个骑兵团、一个军官队：第三六四团，团长廖作为；第三七〇团，团长苟昭禄；第三八〇团，团长孟达观；骑兵团，团长周正麟；军官队，队长袁风德[1]。编定之后，即在朱楼与朱小庄之间与解放军对峙，师部驻在邓楼。这时全师官兵，惊魂甫定，普遍惧战，每到入暮，就提心吊胆，深恐解放军发起攻击。

十二月十二日，第二兵团司令官邱清泉亲到邓楼，召见师长熊顺义和我，他指着地图对我们说：“为了扩大驻地，搜集粮食，命令你师攻占后刘园。”当晚八时，第一二二师部队即向接近后刘园的一个村子开

① 新编成的第一二二师的各团团长姓名待查。

去，做好攻击准备，并组成一支督战队，由军官队担任；第二兵团部同时派化学迫击炮一营来协助攻击。翌日拂晓，各团即向后刘庄解放军阵地发起猛攻。开始进展尚顺利，第三六四团团长廖作为率部迅速攻占后刘园以东的无名村庄。第七十二军师长徐华见此战况，立即在电话上向熊顺义说："恭喜你，攻击成功了。"担任正面攻击的部队，被解放军强大火力阻击于约二百米宽的开阔地内，无法前进。虽加强火炮轰击和督战队的叫喊威吓，冲在前面的士兵仍纷纷溃退下来，督战队军官持枪阻止，不得已又爬了上去，如此反复数次，在解放军炽盛火力射击下，伤亡很重，再也无力组织继续攻击了。

对于这次向后刘园的攻击，熊顺义接受任务后，曾和我私下议论，认为绝无把握，因为该师刚由溃散部队官兵收容拼凑起来，根本没有什么战斗力，又处隆冬之际，既没有饭吃，又没有棉衣御寒，其所以尚能勉强维持，全靠地方观念和封建意识。在这种极其艰苦的情况下，用去攻坚，无异以卵击石，但又为环境所窘，不得不驱使这批士兵去向刀尖上碰，至今思之，犹汗颜不已！十三日下午三时左右，该师部队不得不撤下来，但当即受到邱清泉在电话上的训斥，他说："我说这个部队不能作战嘛！早就该改编了。"他的用意是很清楚的，就是企图把该师编散，补充到他的兵团部队去。只因杜聿明碍于孙震的关系，才得以保留下来。

在狭长二十多华里的包围圈内，以总部所在地陈官庄为中心，各个兵团的部队无不把所驻的村庄房屋拆光修地堡，树木砍光做鹿砦，掘地三尺，把农民存粮搜刮殆尽，连古坟墓的棺木也挖出来当柴烧了。粮食弹药，全靠蒋介石由南京每天派飞机来空投，空投下来的食物，各部队都派人去争相捡抢，因抢夺而互相开枪，打死不少士兵。第一二二师新编之后，有骡马三四百头，一夜之间，被不明番号的部队抢走一百多头。剩下的骡马，以后不断宰杀充饥。即使这样，那些士兵还是挨冻受饿，一天总得死去几人或十几人，因饥饿倒地呻吟的更是数不胜数。而那些高级军官们却把空投物资多据为已有，尽情享乐。

十二月二十八日，第一二二师奉军部命令，把邓楼、朱楼、朱暗楼防务交第十三兵团部队接替，全师移驻第七十二军军部驻地胡庄附近，师部驻在一个碉堡内，三个团分驻鲁楼、吕楼、胡庄一带布防。一九四九年一月九日午后六时，军部召集师长熊顺义到胡庄去开会。熊回来后告诉我说："解放军派一位龚政委来与谭心谈投降条件，已谈妥了，军部已决定放下武器投诚，部队先到东王庄集结，听候分配。"我和熊分别用电话通知各团，停止了抵抗。解放军乘势越过第七十二军阵地，直达陈官庄附近，于十日全歼邱、李两兵团部队，杜聿明被俘，邱清泉被击毙，李弥化装逃跑。

第一二二师师长熊顺义和我以及师部一部分官兵，从胡庄附近地堡出来后，由解放军的两名干部带路，沿公路行进。天色漆黑，周围还不断打枪，我们看到解放军部队分成几路纵队，整齐地向陈官庄方向挺进。解放军战士见到我们这一行人，善意地嘲笑说："到后面去包饺子吃吧！"第十六兵团的两个军及兵团直属部队，从一九四八年十二月六日突围起到一九四九年一月九日止，全部被歼，前后共一个月零三天。

第一二四师的挣扎和溃灭

严　翊*

新中国成立前，我是国民党军第十六兵团第四十一军第一二四师师长，参加过淮海战役。现将参战的亲身经历写在下面。因为是回忆，难免有错误和遗漏，希望得到指正和补充。

一　由商丘经蒙城到宿县

一九四八年十一月三日，我部由商丘出发，六日到达蒙城附近，正在部署防务向各方警戒搜索之际，忽然奉令北上，于十日到达宿县。兵团部得到宿县县长的报告："共军中野部队大约有四五个纵队到达宿县西临涣集等地区，似有继续向东和向东北方向移动模样，尾随黄维兵团的共军仍在继续追蹑。"同时接到徐州"剿总"通报："黄百韬兵团仍在苦战中。"

兵团司令官孙元良根据上述情况，召集军长胡临聪、汪匣锋等研讨后，决定兵团暂在宿县驻扎，以待情况明朗化。并将全城分为东西两区防守（第四十七军在东，第四十一军在西），以策安全。十一日下午接到徐州"剿总"命令："第十六兵团立即北上徐州，接替守备徐州任务。"

黄昏后，按第四十七军、兵团部、第四十一军次序向徐州进发。

* 作者当时系国民党第十六兵团第四十一军第一二四师少将师长。

二 北上途中的两个战斗

（一）李庄车站战斗

解放军发现第十六兵团到达涡阳、蒙城不久即向徐州北上，为了卡断其北上去路，便在距符离集以北约三四十里的李庄车站预伏奇兵。但是这一奇招并没有为第十六兵团所察觉。而第十六兵团却于十一日晚乘夜匆忙地离开宿县按屡次行军的队形向徐州前进，毫无敌情观念。当第四十一军与直属各队走到褚庄西侧时，天已亮了。突然由李庄车站打来了激烈的机枪子弹，步兵团很快蹓过，野炮营被打得晕头转向，人喊马嘶，乱作一团。军长胡临聪即派军特务营就褚庄西侧村缘占领阵地与李庄车站的解放军对抗，同时叫我到褚庄商讨对策。

我与军长胡临聪、参谋长刘伯余见面后，共同商定：

1. 李庄车站的解放军仅系一小部分，西边山地（距车站约一千米）是否还有主力部队待查。

2. 军的任务是到徐州接防，此间不宜久留。

3. 由我派出一个步兵团向李庄车站佯攻，侦察共军兵力所在，主要掩护重武器、辎重行李通过褚庄隘路。任务完成后，该团即改为后卫，沿本队的进路跟进。

4. 军直属诸队及第一二四师各部队依照前列次序绕道褚庄以东登上北边山地再迂回到公路上向徐州前进。

按照上述计划实施，李庄车站被炮火摧毁了，车站上物资也受到一定程度的破坏，解放军也受到一定数量的伤亡。

（二）夹沟战斗

解放军利用铁道西边山地做掩护，分别在李庄车站及夹沟设置伏兵，准备袭击敌人。当第十六兵团的主力部队通过夹沟后，作为后续部队的第四十一军，因为在李庄车站受到解放军的袭击，耽误了一些时间，直到下午三四点钟才赶到夹沟，准备吃饭休息后再行进。这时解放军的伏兵已在夹沟西北角上大五柳集铁路转弯处占领阵地，构成严密火网。当第四十一军吃完饭在道路上列成行军纵队正要行动时，突然受到解放军的伏兵射击，机枪子弹嗖嗖地落到行军队伍的周围，有人应弹而倒，有的找死角藏身。情况不明，人心慌张，一时人马乱跑，辎重、炮车扔在路上，堵塞了道路，形成了一片混乱。幸亏天已黄昏，距离徐州已经不远，各部队互相喊叫："大家躲远一点，避开火力点，绕道向徐州前进！到了徐州再设法归建吧！"由于每个人都想逃命，行动很快，才算脱离险境，解放军也因入夜，目视困难，停止射击，战斗遂告结束。结果伤亡三四十人，失踪几十人，第一二二师扔掉了两门山炮。

三　守备徐州的战斗

（一）二堡战斗

二堡位置在徐州以南约二十华里，是津浦路上的一个要点。一九四八年十一月中旬，由第一二七师第三八〇团第一营（营长杨××）固守。解放军为了实现紧缩对徐州的包围圈，对该点势在必攻。某日，解放军对杨营开始攻击，勇猛异常，进展迅速，势将攻下。但是杨营官兵凭借严密火网，坚固工事，在解放军未进入有效火制地带时，绝对沉默，一枪不发，等到解放军冲入有效火网时，则枪炮齐发，挫败了解放军的勇猛攻势。解放军英勇善战，冲击果敢猛烈，一次受挫二次再攻，如是者三四次，均被杨营顽固抗拒退下来，蒙受严重损失。

杨营能够顽守二堡，除了上述阵地条件之外，就是上级督饬和鼓励造成的。当时孙元良给该营的命令是尽力死守，如擅自后退，不论官兵，一律枪毙。在打退解放军第二次攻击时，孙即从电话上宣布奖给该营金圆券一千元。事后还通令嘉奖。电文大意："杨营在二堡作战，歼敌众多，敌人在战场遗尸有七八十具，战绩辉煌，仰全体官兵以杨营为师，勇敢作战，一定能赢得最后胜利，愿与共勉为盼。"这个代电虽然有些吹牛夸大，但在二堡作战中，确实给解放军造成了一定损失。

（二）仙女山战斗

仙女山又名女娲山，是徐州以南三堡东北地区内一个孤立隆起的山地，距徐州约三十华里，是铁路旁边的一个要点，也是徐州南边的一个屏障。解放军在一九四八年十一月中旬即控制了该地，这不但控制了国民党军的徐州门户，而且瞰制着徐州飞机场，触及国民党军的痛处，因此仙女山成为两军必争之地。第十六兵团奉令夺取这座山，第一二四师是担任执行这个任务的主力部队。当时解放军有二三万人守卫着这座山，它的东南约千米有个村庄也为解放军占领，山东约千米的小王庄常有解放军出没。解放军的阵地互为掎角形成易守难攻之势。一九四八年十一月十六日，我率领全师抢夺该山时采取一举攻略战术，消灭山上敌人后，再以火力驱逐山下村庄的敌人，逐步巩固仙女山阵地，达到巩固徐州守备之目的。经过三次争夺，均被解放军打得头破血流败下阵来。最后用化学迫击炮发射燃烧弹使解放军阵地化为火海才算达到目的。解放军见到情势不利，便迅速脱离战场，横越津浦铁路向仙女山西侧高地撤退了。此役解放军有一定伤亡，被俘有三四十人，村庄被烧毁了不少房屋、人畜及其他什物。国民党军的伤亡更大。

四　南北夹击，幻想破灭

黄百韬兵团被歼后，徐州"剿总"指挥部幻想以孙元良兵团协同邱清泉兵团沿津浦路两侧并肩南下，打到宿县附近与黄维兵团会师，这就是所谓南北夹击。第十六兵团当时的部署是第四十七军向青龙砦[①]攻击，攻下青龙砦后，再继续南下，第四十一军向孤山集攻击，得手后再继续南下，两军互相协作，确保联系。但因士气低落处处仰攻，态势不利，很难完成任务。

孤山集位于徐州以南约二十华里的地方，是徐州南边的咽喉，集西约一千米处有一个孤独的小山包，就是孤山。四周山峦起伏，具有战术价值。解放军面向徐州最北一带山地是警戒阵地，以南的连绵山地是主阵地，是一个优良的防御阵地，敌军来犯全是仰攻，必遭大的损失。

十一月二十四日下午，第四十一军从徐州来到孤山集附近，做好进攻部署：第一二二师在东为主攻部队，目标是芦村砦及其以南高地，第一二四师（欠一个团）为助攻部队，目标是孤山集及其以南高地。攻击开始，进展顺利，不但将孤山集附近各警戒阵地夺占，而且还俘虏了十多名解放军战士，入夜停止攻击。二十五日晨继续进攻，很快地夺占了

① 图上无青龙砦，根据作者前后的叙述，判断系龙泉寺之误。

孤山集[①]。

第一二二师攻击芦村砦北面的一个圆包山头，三次登上去，三次被打垮下来，最后一次虽然攻上去了，但已弄得筋疲力尽，焦头烂额。时间已经是下午了，进一步再攻芦村砦，就一点也攻不动了。第一二四师从孤山向南跨进一步，即遇着烂泥地带，勉强爬过想站稳脚跟再行前进，不料刚一登上斜坡就被解放军的突击队反击下来，重陷烂泥坑而不能自拔，随后就不敢越过烂泥地带，登山抢夺解放军的阵地了。在进攻过程中，只零星俘获了解放军二十名战士。

第二天全军仍照旧进攻，第一二二师用尽了所有力量，但始终不能接近芦村砦，被解放军的猛烈火力瞰制在山的斜坡上，陷于进退维谷的困境，第一二四师因为受地形障碍限制，再加上主攻方面无大进展，也就颓丧地待在烂泥坑附近。时间一天、两天过去了，军师长们感到束手无策，上级斥责督促，不得不另想办法。我向军长建议："由第一二四师派出一个步兵团，加入主攻的第一二二师方面，把攻击部队区分为几个攻击波，一波失败，二波顶上；二波失败，三波顶上，这样连续攻击，没有攻不下的芦村砦。并先集中军、师炮火，对芦村砦施行两小时的轰击，摧毁其阵地组织，打乱其防守措施，杀伤其有生力量，这样做一定会攻击成功的。"这个建议经胡临聪同意，张宣武（第一二二师师长）赞同，孙元良批准，第四天开始实施。攻击部队编成攻击波，火炮对芦村砦炮击两小时后，芦村砦房屋着火，其他建筑夷为平地，烟雾腾腾，尘埃蔽空，攻击波逐次更迭前进。但是，解放军的阵地系统并未混乱，守备人员仍然健在，国民党军攻入有效射界内就被打得东倒西斜死伤遍地。直到夜暗来临才停止攻击。

二十九日夜，解放军发起猛烈反攻，东边打退第一二二师，西边把第一二四师赶出孤山集。靠最北的一带山地，才算稳定下来。到三十日傍晚向萧县逃窜时，这场战斗才告结束。南北会师的幻想完全破灭。

五　向徐州西南撤逃

国民党军鉴于黄百韬兵团被消灭，黄维兵团陷于苦战中，为了保存

① 据查，全面发起攻击是二十五日。

邱清泉、李弥、孙元良这三个兵团的老本，决定放弃徐州向西南撤退。十一月三十日入夜，各兵团由现地起经萧县向西南方向撤退。到了十一月六日，三个兵团成一“品”字形，邱兵团在前，李兵团在左后，孙兵团在右后，斜向东南方向攻击前进。因为军队区分不明，道路规划不清，造成了行军路上的一片混乱，加上解放军的追击紧迫，使国民党军感到随时有被包围歼灭的危险。到了十二月六日，就决定各兵团分头突围了。

六　李石林附近突围溃灭

孙元良按杜聿明的突围命令，即指示第四十一军军长胡临聪、第四十七军军长汪匣锋，立即准备突围，入夜后开始行动。当天下午三四点钟时，胡临聪同其参谋长刘伯余走到第一二四师所在地高集野地里，面令我说：“现在情况已十分严重，共军对我军有立即合围之势，‘剿总’指挥部决定于本夜起加快突围，为减轻部队累赘，所有重武器和笨重辎重行李，尽行破坏，各部队只带步兵轻武器突围，并立即准备，以便入夜实施。”我当即质询：“突围目标？各部队经路区分？部队间联系如何规划？重武器如何破坏？”胡答：“目标和经路均无规划，一个原则就是向松动方向走，脱离危险界后再向南京方向转移。部队间以互相联系为主，最要紧的是不要失掉上下联系，以便能临时规划行动就行了。所有火炮在黄昏前尽量向敌人发射，炮弹射完后即由炮兵营营长周镇麟负责破坏，只留空马由饲养兵牵着随行，所有汽车和笨重行李辎重，即在炮兵阵地附近集拢起来浇上汽油焚毁。”我再三申述，突围既无目标，道路又无区分，这样大的部队，混着行动，必然演成混乱，有不打自灭的可能，前途危险万分。这时胡才与我共同拟定了初步目标、道路，决定先向薛家湖地区逃跑，到达该地后探明情况再作第二步规划，决定第一二二师为一路，第一二四师（欠第三七〇团）为一路，军部及直属部队随第一二四师之后行进，第三七〇团为后卫部队随军直之后行进。黄昏前炮兵营开始乱打，汽车及笨重什物也开始焚毁，一时火焰四射，浓烟蔽空。不久，炮声和爆炸声俱寂，只剩下未熄火光在宣布第十六兵团的灭亡。

第四十一军对于逃跑事宜虽然有了暂时规划，但官兵心里都怕跑不出去做了俘虏。同时高集西北已有解放军活动，只有高集西南这条路可逃，于是大家都挤上这条路来。不远遇到一条烂泥沟，泥厚没脚，不能快走，各部队插花行进，部队系统混乱，真是一群乌合之众。

第十六兵团通过第二兵团部队所在地，看到他们无有动静，不像准备突围的样子。走出他们警戒线不远就受到来自四面八方的子弹射击。为了弄清情况，派了一个排长联系，这个排长一去不久就大呼“敌人”。这才知道已陷在解放军的包围中。到处喊话、打枪，辨不清敌友方位，只好躲着子弹，摸索着走。我带着几百人就这样混出包围圈，逃不出来的就被消灭了。

第十六兵团参加淮海战役经过

陈仕俊*

一九四八年九月中秋节时，全国形势紧张，济南被解放军围困告急请援，第十六兵团奉命前往支援，把郑州防务交第四十军接替。孙元良率第四十一和第四十七两军分道出发，齐头并进。为减少目标，以免当地人民惶恐不安，让第一二五师第三七三团接收的新兵先行出发，到南京北岸整训，第三七四团出郑州北门，沿黄河大堤到开封，第三七五团同师部直属部队，沿郑州到开封的公路前进①。

我兵团到达商丘时得知济南失守，王耀武被俘，各部在商丘附近停止待命。孙元良召集全体官兵讲话说："我军武器装备比共军好得多，为什么老吃败仗？这真是怪事。"他又讲了一些今后作战的注意事项，要官兵努力奋战。全兵团在商丘附近地区停止待命休息几天，又奉令开赴蚌埠部署第二线，全部转向安徽前进。我师在先头行进，第三七四团到达蒙城以东龙亢镇，距蚌埠三十多华里。孙元良又令第三七四团开回蒙城，随师转向宿县南坪集前进，准备在宿县布防。正在构筑工事的时候，第十六兵团又奉令转开徐州，接替第二兵团防务，以便邱清泉部全力向东出击，以解碾庄圩黄百韬兵团之围，目的是把黄兵团接出到徐州集中。因此使第十六兵团的行动和任务变化无常，没有作战预定方案，行军往返走了一个大圈圈，徒劳兵力，军心不满，怨言很多，孙元良有所闻，他对我们说："各师必须对有关人员讲清楚，这次曲折式的行军，官兵疲劳，是由于军事变化而产生的，不是我的责任。"他接着说，"总统电谕，转饬各部，要各级军官努力督率奋战，不然就不能生存，尤其各将领，都无家可

* 作者当时系国民党第十六兵团第四十七军第一二五师少将师长。

① 第十六兵团是十月才开商丘的。

归。”这就是说，要大家为蒋介石在徐州决战拼死命。

第十六兵团奉命由宿县出发，转赴徐州。第四十一军乘汽车、第四十七军乘火车赶到徐州，及时接替邱兵团防务，担任徐州外围守备。第一二五师在徐州以南十里堡和二十里堡部署阵地，第三七四团担任二十里堡一带防务，第三七五团一部在十里堡守备左翼与第四十一军联系，第三七四团派出便衣队向当面小山搜索侦察与解放军接触，互有伤亡，对峙到黄昏后撤回。徐州外郊都在解放军包围中，形成对峙状态，经常有战斗。到十一月二十七日，奉令把十里堡交第一二七师接防后，于二十八日晨命守备二十里堡的第三七四团派一部兵力掩护第三七五团左侧背。我率第三七五团向二十里堡以南的解放军进攻，激战了半天多，占据几个山头，推进有八九华里，控制要地，赶筑工事，与解放军对峙战斗了几天。（以后才知道，这几个山头为我兵团撤退的掩护阵地。）第二兵团解救黄百韬兵团之围，行动迟缓，决心不大，两个兵团相距三十多华里，始终未打通。经过几天激战，黄兵团被歼灭。邱兵团又转回徐州机场附近抵抗。在徐州有邱、孙、李三个兵团，集结在一个地区作战是历史上少有的。他们自认为兵力强大，但是在解放军围歼碾庄圩黄兵团后，又调动大兵团会攻，对徐州威胁更大。徐州垂危，摇摇欲坠。最高统帅部决定放弃徐州，杜聿明率各兵团撤离徐州，向蚌埠撤退。

在撤退的前一天，即十一月三十日，派部向南出击佯攻，以眩惑解放军，借此提高士气。撤退时依次在邱兵团北侧行进。当时徐州混乱不堪，烧毁笨重军用物资以及开不动的车辆和汽油库等，火光冲天，爆炸声不断，民心惶恐。沿途车辆太多，炮兵阻塞，部队混乱，行动困难，真是兵败如山崩的状况。飞机投照明弹，掩护部队前进，经过萧县向永城以南丹城集前进，与由南向北支援的黄维兵团会合作战。我部经过萧县后，两侧山上响起枪声，已知道解放军在追击包围中。次日邱兵团先头部队，与解放军阻击部队发生战斗。本师在邱兵团后到洪河集宿营，第三日到达永城以北孟集附近，暂行停止，以待邱兵团的进展。邱兵团派部向南猛攻数次，均未突破。由于解放军重重包围堵击，加以河流的阻碍，突围无进展，便就地构筑阵地展开战斗。第三七四团在李石林附近与解放军发生战斗，该团二营营长杜德有负伤，又转移以南指定地区担任守备。第三七五团在陈庄构筑阵地担任警戒，右与第三七四团连接，左与邱兵团部队联系。师部位于黄庄，军部驻在黄庄对面一个村，兵团部孙元良和参谋长张益熙有十多人住在黄庄，同师部一处。

三日晚，解放军从四面八方发动围攻，激战通夜。

四日晨，各部兵力与部署，自行调整，加强工事。解放军的包围圈缩小了，发动进攻，枪炮声很激烈。三个兵团困守在青龙集、陈官庄一带纵横约有三十华里的地区内，分段据守村庄。双方对战猛烈，尤其在村庄里的争夺战，成为拉锯式的短兵搏斗。周围炮声隆隆，机枪声不断，连续几昼夜的生死搏斗，尸横遍野。双方部队之多，火力之猛，冲锋之烈，伤亡之大，是从来没有过的。三个兵团困守一丸之地，粮食和弹药的补给成了大问题。虽然用飞机空投，有时落在解放区，空投是杯水车薪，微不足道，各部又在争夺空投的粮弹，吵闹不休，无法解决。

到十二月六日午前，杜聿明在李石林附近，召集邱清泉、孙元良、李弥等会商军事，研究突围计划，大家同意一致行动。孙元良回到黄庄，午后在第一二五师师部，召集就近的军师团长讲话，兵团部参谋长张益熙也在座。孙指着地图向我们说："今晚要突围，邱兵团向南，李兵团向东，我兵团向西，实行离心突围。对下面部队说今晚出击。把笨重的行李和迫击炮盘、重机枪脚架丢掉。突围目标先到商丘以南，转经黄泛区项城到潢川、信阳集合[①]。"大家说找不到向导，夜间行动困难。孙说："只有沿我们南撤的原路向北走，再转西行，从村庄之间空隙走，各村庄驻有共军，避免发生战斗。我和参谋长同第一二五师一道突围。"第四十一军驻地稍远些，先由电话告知做准备。胡临聪军长随即发命令交谍报员送去。事后，我就地与团长傅英道、林锺喜商议突围的行动、方向和路线，照孙元良的指示，但行军距离要缩短，夜间要多派联络员，各级部队长要确实掌握部队。行军秩序，第三七四团在先头，师部和直属部队在中间，第三七五团在后，各团以两个营并列前进，其余一个营同团直属部队并列跟进，成为团方形，缩短距离前进。军长汪匣锋、参谋长李传霖来见孙元良时稍迟些，孙对汪说："今晚突围事情要预先做好准备，第一二七师守备的那个村庄最重要，今晚我们要从那里突围。"汪说那个村太突出，守备的部队因伤亡大，昨夜已放弃了。孙元良就大发雷霆，与汪匣锋吵起来了。这表明当时指挥者的心情惶恐不安。我从中劝阻并建议在第一二七师与邱兵团部队之间警戒线突围。

黄昏时，各部到指定地集结，照规定的秩序出发。孙元良、张益熙

① 关于孙兵团突围目标，说法有二：一是阜阳附近，一是潢川、信阳、武汉。孙元良如何下达命令，待查。

由第三七四团保护突围，在半途化装商人逃到武汉。第四十七军军部同第三七五团行动。在突围通过警戒线时，解放军向我部射击。友军邱兵团部队又向我部侧击。第三七四团虽然突出警戒线了，但伤亡很大。师部和第三七五团就地停止，由军部副官处长胡锡珍到邱兵团部队联络交涉后，枪声减少了，迅速通过火线，但是解放军火力猛烈，伤亡也不少。因此第三七四团与师部及第三七五团距离拉开了，派多人去联络无着。夜间行动，方向位置不明确，我部从村庄与村庄之间空隙钻进，都遇到解放军和民兵的袭击，所以师与团之间、团与营连之间失了联络，不知各团营位置在哪里，各级对部队不能掌握，失去了战斗力。到天明时师部率有直属部队和第三七四团、第三七五团各一部，也有第一二七师和第四十一军一部，都是不完整的。到达夏邑西南附近休息整理，脱离原阵地火线，约有六七十华里，但是还在包围中。官兵疲劳饥饿，不愿再战，被迫接受解放军的和平交涉。十多天后，我部官兵便被调到菏泽编训。在菏泽住了半月，我和黄崇凯便被调到北京附近，在华北军区将校大队学习。

淮海战役

第七章

第六、第八兵团

淮海战役南线国民党军增援北线经过

李以勛*

一　徐州"勦总"蚌埠指挥所的措施

徐州"勦总"蚌埠指挥所于一九四八年十月上旬成立，由"勦总"副总司令李延年兼主任。其主要任务是负责指挥后方各绥靖区，并统一指挥南线作战。

其指挥序列如下：

1. 第九十六军，系十月间重新编成。

2. 第三绥靖区李文田部，系第三绥靖区主力起义后抵蚌埠的残部。

3. 第四绥靖区所辖第五十五军及第六十八军。

4. 原为第十六兵团建制的第九十九军。

5. 第十二军驻灵璧县的第二三八师。

6. 驻蚌埠附近地区的交警第九总队，铁道兵团、辎汽兵团、工兵团和通信兵团等。

7. 驻宿县的第二十五军的第一四八师。

蚌埠指挥所主任一面受徐州刘峙指挥，另一面又受国防部直接指挥。自成立到撤销，为时仅有二十天。它所指挥的部队情况：第一四八师只打了一天多就被解放军歼灭；第四绥靖区两个军五个师，集结在新马桥及新集地区，自张克侠起义后，蒋介石恐怕该两军靠不住，不敢使用；第九十六军整补未成，只能留在蚌埠待命；至于李文田奉命收容的第三绥靖

* 作者当时系国民党总统府少将参军，战地视察官。

区残部，也是寥寥无几；临时拨归李延年指挥的灵璧第二三八师十一月十日即被解放军包围，十一月二十六日就被歼灭了，逃回蚌埠的甚少。唯一靠得住的只是第九十九军。

第十二兵团驰援徐州，在双堆集被中原解放军包围，只有第十八军第四十九师逃出一部。十一月底解放军中野、华野先头一部占领了新桥、曹老集、新集之线，迫近淮河北岸。在李延年几次求援下，蒋介石将华中地区的第二十八军、第二十军和华北地区的第三十九军、第五十四军先后调抵蚌埠及蚌（埠）滁（县）间地区。在宿县解放军南下到达固镇附近时，李延年奉令饬第六十八军将固镇浍河大桥破坏，以阻解放军南下。由于战况变化过大，李坐镇蚌埠指挥不便，国防部下令将第九绥靖区改编为第六兵团，将第四绥靖区改编为第八兵团，重新部署。迨刘峙率领徐州总部重要成员先后于十一月二十八、二十九两日飞抵蚌埠后，该指挥所即行结束。

二　第六兵团的编成与驰援北线经过

第六兵团共指挥四个军，素质情况如下：第九十九军原是陈诚系统部队之一，一九四六年十二月在宿迁附近被歼过一次，后来在广州重建，战斗力尚强。第五十四军阙汉骞部原是陈诚系统部队之一，曾在胶东及东北葫芦岛地区作战，未被歼灭过，是较有战斗力的部队。第三十九军原是李弥的整编第八军扩编的，以第一〇三师为骨干，老底子是贵州地方部队逐渐中央化的。干部虽有较浓的地方观念，但战斗力尚强。第九十六军重建后，兵员尚未补齐，装备也差。

驰援经过：李延年任蚌埠指挥所主任时期，解放军于十一月十五日占领宿县，切断了徐蚌间交通，十二日以前占领固镇，渡过浍河、澥河，直迫新马桥并占领了铁路以东的九湾集。溃散的部队零乱南下，第八兵团部队均撤至澥河以南。此后，中原解放军第二纵队占领新桥、澥河北岸铁路东的九湾集及铁路西的唐集地区。十一月下旬，华东解放军第六纵队、渤海纵队及军区部队几个师又从宿县西南的浍河、澥河、淝河间向南直插三铺、曹老集、苏集。蚌埠、怀远第八兵团各部均集中在淮河南岸，以巩固蚌埠外围。

第五十四军、第三十九军到达蚌埠后，顾祝同令李延年迅速转移攻势。十一月下旬，该兵团各军除第九十六军守蚌埠外，第五十四军渡淮河为右路展开于铁路以东北进，第九十九军渡淮河为中路展开于铁路沿线北进，第三十九军渡淮河展开于铁路以西为左路军北进（该军最初系兵团预备队），第一步扫荡曹老集东西之线的解放军据点，以解除对蚌埠的威胁。国防部在黄百韬兵团被歼之后，原希图徐州各兵团由杜聿明率领，由北向南沿津浦路打开一条道路，因此令李延年、刘汝明两个兵团，与黄维兵团协同，由南向北打，企图收复固镇、任桥、宿县，接应北线各兵团。但部署未定解放军已在二十五日包围了第十三兵团。从十一月二十五日迄二十八日，由徐州向南攻打的北线孙元良、邱清泉两个兵团，在解放军阻击下无法进展。南线兵团占领固镇进出任桥后即告终止。二十八日徐州"剿总"南逃蚌埠，蒋介石令杜聿明放弃徐州率北线第二、十三、十六各兵团向徐州西南撤退，同时令李延年收复浍河、澥河、淝河地区各据点，解黄维兵团之围，从十二月一日开始攻击。在战车第二团（由蒋纬国率领）开抵曹老集和刘峙令第六十六军为李延年指挥（此时为李指挥的部队已达五个军）之后，全兵团主力从十二月五日起向西北进攻。在战车及空军支援掩护下，连续攻击四天，伤亡官兵千余人，始占领火星庙南北之线。第五十四军占领浍河南之陆集，第九十九军占领火星庙附近，第三十九军占领火星庙之南苏集北侧（淝河北岸）。这是十二月十日左右的位置。

李延年兵团抵达距双堆集尚有七十余华里的火星庙之线时，浍河北岸解放军据点尚未排除，而黄维兵团已面临危险阶段。杜聿明集团主力进抵陈官庄后又陷重围。蒋介石命顾祝同、刘峙分别在空中指挥李延年火速向西北进攻，而解放军阻击却步步加强，李兵团进展困难。迨十四日早在战车支援下，始攻克包家集以北之东新集，其一小部搜索部队进抵王庄附近。第三十九军攻克西新集，其一小股搜索部队进抵町集。配属指挥的第六十八军之第一四三师先头进抵任桥，没有战斗，但浍河南岸之湖沟据点解放军却未放弃。迫使李延年兵团只能在北淝河、澥河之间区域作战。

十五日上午十时李延年接到刘峙急电，要前线各军掩护黄兵团突围。但在当面解放军华东第六纵队及渤海纵队与军区地方部队的阻击下，李兵团无法前进，只得令各军构筑工事就地抵抗。十五日黄维兵团副司令官胡琏乘战车冲出包围圈，到达包家集。该兵团第十军第十八师师长尹俊率残部数百人并收容散兵千余人，突围到达前线。这时始悉黄兵团已全部被歼。十七日，李延年下令各军相互掩护后撤，并令固镇的第六十八军掩护任桥前线部队后撤。刘汝明兵团令第五十五军驻新马桥附近，掩护第六十八军南撤。十九日，第六十八军脱离第六兵团指挥，归还第八兵团建制。二十日以后，第六兵团各军逐次撤到曹老桥、苏家集之线。原担任守备蚌埠的第九十六军仍守备着淮河大桥及负责蚌埠市的治安。李延年的兵团部撤回蚌埠后，所辖部队也次第南调。

三 第八兵团的编成与驰援北线经过

刘汝明虽属冯玉祥西北军的底子，但通过军统分子李城一的牵线，加上一九四四年刘与俞济时有陆军大学甲级将官班同学的关系，和蒋介石就密切起来。但该部封建色彩很浓厚，部队人事也具有一定独立性。该兵团内部矛盾重重，有刘汝明、石友三、韩复榘三股力量互相对立。从一九四六年至一九四八年冬，长期在豫东、鲁西地区，多次和中原解放军作战，部队伤亡颇大。到了淮海战役，各军的战斗力始终未能恢复。据该兵团参谋长杨然及第五十五军副军长陈宇书在蚌埠告我，该部连年苦战，损失很重，实际已不足四个师，装备也很差，战斗力已很薄弱。但刘汝明为了保全番号，不敢将历年伤亡损失实报。

该兵团增援北线作战经过：该兵团（第四绥靖区时期）十一月上旬由砀山车运至蚌埠路经徐州时，刘峙面告刘汝明无论如何一定要留下一个师占领宿县，接替第二十五军第一四八师宿县防务，俾该师归建，以便加强第七兵团的力量。据总部参谋长李树正说，刘汝明本已答应遵办，后来竟变了卦，阳奉阴违，老是想保全实力。十二月十日我在蚌埠曾问刘为什么不接宿县之防，他说："他们老是想宰割我这点部队，如果要派一个师出击，我这个兵团还有什么作战力量？真岂有此理！我第六十八军第一一九师损失很大，无兵补充，第五十五军第一八一师未归建，在会战前一天就被歼灭了。"

该兵团到达蚌埠后，兵团部驻在宝成面粉公司。第六十八军（欠第一一九师）驻在蚌埠北的新桥（新马桥）附近，第五十五军（缺第一八一师）驻在新桥西北的新集附近地区。十一月十五日，中原解放军占领宿县，徐蚌间铁路运输中断。十五日前，解放军占领固镇，并渡过浍河，占领湖沟沿河各据点。二十日黄百韬部被歼，随后驻灵璧的第十二军第二三八师被歼，造成铁路以东空虚。李延年令第九十九军进至浍河、澥河地区，对东警备，保障侧翼安全，同时相机收复浍河南各据点，将解放军压迫至浍河北岸。二十四日以后，国防部决定北线各兵团由徐州沿铁路向南攻击，同时令南线各兵团沿津浦路北进，策应大军南下。蒋介石为表示对刘汝明的倚重，又特派政工局局长邓文仪代表前往慰劳，鼓励该兵团向北进犯。刘汝明一面令第六十八军刘汝珍部向固镇攻击，一面令第五十五军曹福林部向固镇以西浍河南岸湖沟据点攻击。由于北线南攻不得逞，遂改变作战计划：南线以第六十八军固守固镇，以一部进出任桥，将第五十五军撤回澥河南岸。当时黄维兵团被包围于双堆集，解放军为了阻击南线国民党军解围，于十一月底进抵曹老集，将固镇蚌埠间交通切断。

南线解黄维兵团之围作战中该兵团的情况：

十二月一日，刘峙令刘汝明派第五十五军掩护第六兵团前进。十二月四日，收复曹老集、新马桥之后，又令第八兵团第六十八军改归李延年指挥。当第六兵团十二月十日左右收复火星庙南北之线，继续向西北进犯时，李延年令第六十八军以一部进至任桥，担任侧后掩护，没有激烈战斗。十七日李延年令第六十八军进至任桥之第一四三师南撤至固镇。十九日该军以第八十一师坚守固镇掩护主力撤过浍河，第八十一师在固镇顽抗一夜随即撤出固镇。先是十二月十七日，刘汝明令警备淮河北岸之第五十五军开进新马桥担任澥河沿线守备，以掩护第六十八军及第六兵团后撤。十二月二十一日，该军第七十四师凭河对战竟日，随后将新桥炸坏，阻止解放军南下。十二月下旬，该兵团南逃至凤阳，随后撤至合肥，沿途强拉壮丁数千人。

四　蒋纬国率战车部队驰援经过

一九四八年十二月三日，蒋介石为了解双堆集第十二兵团之围，特派其次子蒋纬国率领战车第二团配属第六兵团，加入南线作战。现在将该团作战任务与经过情况记述如下：

蒋纬国率领战车二团抵蚌埠次日，即渡过淮河大桥，十二月四日以一部支援第五十四军进占新桥，一部支援第九十九军攻占曹老集。邓文仪令随他的国防部新闻记者捏造战果，进行宣传。十二月五日以后，战车第二团分别支援第九十九军和第五十四军进攻。各军进展甚慢，迨九日左右才占领火星庙南北之线，十四日始占领包家集南北之线。而后虽在炮兵、战车、空军火力的支援下，也无法再前进一步。黄维兵团被歼后，战车二团即南撤。蒋纬国曾说："我们是尽人力以听天命。这样的大战，关系国家存亡，绝非少数人勇敢牺牲能挽回战局的。"据蒋纬国说，他从南京出发前一日向蒋辞行时，蒋表示徐淮之战就和晋朝淝水之战一样，谢安以八万之众可破秦苻坚百万雄师，自古以来，以少击众乃是常事，问题在于将帅，等等。

五　南线国民党军的重重矛盾见闻

徐州战场上有五个军是原冯玉祥的西北军残部改编的，即蒋介石对这些部队的高级将领均多方进行收买，使之中央化，以为己用，同时也防范甚严。淮海战役前，冯玉祥夫人李德全曾向旧西北军将领广播，号召他们弃暗投明。蒋介石知道后，立召冯治安、刘汝明、孙良诚三人到南京盘问，要他们表示"忠党报国"的决心，冯、刘、孙三人随即联名发出拥蒋通电。虽然如此，蒋仍不放心，密饬军务局俞济时、政工局邓文仪特加注意。

一九四八年十一月八日张克侠、何基沣起义后，蒋介石进一步加强了对刘汝明的控制。下面列举出种种事实为证：

（一）蚌埠地区原来只有刘汝明任司令官的第四绥靖区司令部。后来徐州"剿总"在蚌埠设立指挥所，蒋介石派李延年以副总司令身份前往兼任指挥所主任，压在刘的头上，以便于控制。

（二）刘汝明的司令部驻在蚌埠市，李延年司令部则驻在蚌埠外围，但刘峙不把蚌埠市警备交给刘汝明部担任，却交由李延年指挥下的第九十六军担任。刘一再要求将于部归其就近指挥，"剿总"概未答应。于兆龙在十二月二十日曾公开表示"中央军绝不愿受杂牌军指挥"。刘汝明很想抢夺蚌埠市税捐，套运蚌埠粮食和经营淮南煤运生意，不能达到目的，对刘峙与李延年也很不满。

（三）为了防范刘部"叛变"，刘峙经常把他的两个军分割使用。蒋介石要李延年率第六兵团增援双堆集时，刘峙令刘部第六十八军坚守固镇，并令该军归李兵团指挥，这也使刘汝明非常难堪。刘汝明曾说："蒋总统指挥我刘某这么多年，无役不从，现在还把我当杂牌来看，能不令人灰心！我部死伤这么多人，我何以对之。"

（四）总统府军务局（第三局）在蚌埠设有总统特派战场视察第十二小组，由覃异之和潘华国先后任组长，负责对南线各部督战。自张克侠、何基沣起义后，国防部政工局邓文仪系统下的第八兵团政工处处长罗春波及各军、师政工人员对刘部监视甚严。邓文仪曾陪同刘汝明到固镇督战，并在蚌埠对刘部进行慰问，骨子里则是防止刘部的变化。刘部的副参谋长李城一原是军统的设计委员。该部第二处处长陶纪元是保密局派充的。陶本人过去曾充军统局华北站站长之职。

六　孙良诚军被歼及其被刘汝明出卖的经过

刘汝明在蚌埠出卖孙良诚，也是南线一件突出的事情。这个事件经过，我在一九四九年十二月曾听孙良诚及刘汝明的儿子刘铁钧等亲口谈过，现在追述如下。

自孙被收编后，在苏北扬州、宿迁、睢宁地区作战相当卖力，因此得到蒋介石的信任。他是抗日胜利后收编的伪军高级军官中唯一能升到副司令官兼军长的人。据孙说，他曾派代表到过香港和李济深联络过。一九四六年春他让周镐任该军的参议，负责和解放军接洽。抗战时期周镐是国民党军统局南京站站长，胜利后因贪污被通缉，逃到苏北投降新四军。他为了立功自赎，奔走于新四军与国民党第一〇七军之间达两年以上。在淮海战役前，孙良诚脚踏两条船，一方面在南京与冯治安、刘汝明共同向蒋介石立誓表示忠诚，另一方面又答应周镐在适当时机举行战场起义。淮海战役爆发时，周镐赴解放军联系未回。张克侠起义的当天（十一月八日）下午，蒋介石派飞机投亲笔信给孙表示“慰勉”。孙内心动摇，不但不在睢宁响应起义，且竟遵蒋命派部队向窑湾镇驰援黄百韬兵团所辖的第六十三军陈章部。迨十一月十一日第六十三军被歼，孙部又奉刘峙之命率部开徐州。据孙自述，由于周镐未回来，又怕投共之后，当过汉奸伪军的事会被共军清算，所以对起义之事迟迟未决。十四日孙部行抵邢圩子附近时，被解放军追截。其先头一个师由孙良诚之弟孙玉田率领已通过夹沟直奔徐州，而孙自率张雨亭（希锋）师[①]，则在邢圩子附近和解放军接战。

① 据查，第二六〇师师长是王清瀚，张希锋是副师长。

孙部行将被歼之际，周镐赶回，周认为此时起义已失良机，唯有接洽投降一途。孙在此情况下，不得不接受周镐的劝告，被迫同意向解放军韦国清部投降。

孙良诚投降后，解放军对孙很优待，与周镐一起调至灵璧。解放军为了早日解放蚌埠，以孙与刘汝明同出身于西北军，私交甚厚，要孙动员和争取刘弃暗投明。孙即于十二月中旬由灵璧微服和周镐一道到达蚌埠，秘密进行工作。

据孙回忆，经过磋商，刘汝明指定他的儿子刘铁钧在田家庵接他潜入蚌埠。刘汝明在夜间派亲随副官接孙到面粉公司内一小房中见面，孙即将来意告刘，说明投诚经过，并希望刘弃暗投明。刘当时表示愿意考虑，并说所属各军情况复杂，且在前线，事关重大，非商量不可。是夜，刘又来问，随行的解放军代表是何军职，孙据实说了周镐投共三年的情况，并告以周过去曾任军统局南京站站长。刘闻之愕然，面带惧色地问了一句："周先生靠得住吗？"未谈其他即离去。此后刘和孙见面即东拉西扯，一味敷衍，一面将孙来蚌活动情况电报蒋介石，并令该部军统分子第二处处长陶纪元电告保密局说明周镐情况，将周镐拘禁在特务营。十二月下旬的一天，刘汝明和孙见面说："蒋总统来电召见你，请放心，我保证你的安全，乘此脱离虎口，向总统表白心迹。周镐是逃犯，你上了他的当，现在要他归案，保密局早侦知这件事情了，实在爱莫能助。"

孙良诚被刘汝明出卖后，保密局派专员及特务来蚌将孙等押解至南京保密局监狱，与周镐隔离关押，不准与外界通信，并由毛人凤亲自审问。一周之后，孙被移至军法局寄押时才准许通知家属来见。孙乃转托其西北军老同事、国防部次长秦德纯力保。经秦在蒋介石面前力保，孙始得保释。周镐则在南京被枪决了。

在淮海南线的第五十四军

施有仁*

一九四八年十一月下旬，黄维兵团在双堆集附近遭到解放军包围。蒋介石令徐州“剿总”蚌埠指挥所主任兼第六兵团司令官李延年指挥第六、八两个兵团共五个军增援黄维兵团。增援部队包括属于第六兵团的第三十九、九十六、九十九军，属于第八兵团的第五十五、六十八军。其中第八兵团刘汝明指挥的两个军，都是国民党的杂牌军队，他们警惕蒋介石一贯排斥异己的做法，因而在解放战争中，一直是避战保存实力。隶属于第六兵团的三个军，虽然均是国民党的嫡系部队，但都是遭到解放军全部或大部歼灭后重建的，不但训练不够，而且士气低落。虽经蒋介石一再严令督催，限期渡淮解围，但是时过一旬，第六、八两兵团部队，仍然集中于淮河南岸，假报情况，制造借口，未敢过淮河一步。到十二月二日，乃决定改变部署，将指挥所直接指挥的机动部队第五十四军，改隶第六兵团建制，参加增援部队序列。当时国民党当权者认为蚌埠地区的六个军，以第五十四军战斗力为最强。事实上第五十四军所辖的暂编第五十七师在锦西战幕初揭即遭击溃，已毫无战斗力；第八师在锦西战役中，伤亡官兵达五千余，也是元气大伤；第一九八师也缺员很大。将这样的部队视作战斗主力，真是“山中无老虎，猴子称大王”了。

全军于十二月二日在临淮关集结完毕。当时指挥所解围部队总的部署是：第六兵团在右，第八兵团在左。第六兵团的部署是：第五十四军在右，第九十九军在左，第三十九军为总预备队。第五十四军渡河点指定在临淮关，第九十九军和第三十九军的渡河点均在蚌埠附近。第五十四军的部署是：暂编第五十七师在临淮关集结整补，机动支援各方。其余部队

* 作者当时系国民党第六兵团第五十四军第八师少将师长。

于三日拂晓，在临淮关北侧渡河。渡河顺序是：第八师、第一九八师、军司令部及直属部队。由于渡河工具准备得充分，淮河北岸又无敌情，因而部队渡河极为顺利。约在上午八时开始渡河，不到正午十二时，全军渡河完毕。军当即令各师渡过淮河后，协同左翼第九十九军，先驱逐津浦路（不含）以东淮河迄浍河间的解放军。到达浍河南岸后，右翼依托浍河，向左旋回；左翼联系第九十九军，向双堆集方向迅速攻击前进。第八师为右翼队，第一九八师（欠第五九四团）为左翼队，从王庄、园宅向新马桥攻击前进，并确实占领之。军司令部、直属部队及第五九四团随战况之进展，在左翼队后方跟进。空军对攻击前进道路上的所有村庄，不管有无敌情，均给以轰炸和扫射。部队前进中，并未遭遇到解放军的阻击与抵抗，只看到沿途村庄内农民的扶伤哭喊和救火的悲惨情状。我部在黄昏前，即顺利地到达了浍河南岸的攻击线，全军整日一枪未发，推进了四十华里。但同时行动的各友军，尚未前进一步。对比之下，第五十四军等于创造了奇迹，获得了传令嘉奖的荣誉。而后其余各军在指挥所的严令督迫下，才次第渡过了淮河。指挥所并指派第九十六军组织了一个加强团，在我军的掩护下渡过浍河，确实占领固镇，做攻击部队右侧后的掩护。当晚军完成了改变攻击部署。第八师在右，第一九八师在左，于四日天亮后，继续向西攻击前进。

在越过津浦铁路以后，解放军以村庄做依托，进行英勇顽强的阻击。同时，作战地区的大部分村庄，均有积水环绕，形成天然的外壕，更增强了守备阵地的抗力。第八师因位于最外翼，随时要应付浍河北岸的侧击，越向西进，顾虑越大。经常是以一个团做预备队，一个团保障侧翼安全，实际用于正面进攻的只有一个团。同军的第一九八师一个团经常由军直接指挥，归师指挥的只有两个团，而用于第一线攻击的，也只有一个团。再去掉逐级控制的预备队，用于直接进攻的兵力就极少了。这就是当时流行于增援部队的“尖端指向敌人的宝塔式进攻部署”。同时参加这次增援的所有部队，士气均极度低落。在攻击前进中，完全依赖空军和炮兵火力开道，只要敌人阵地内还有一点枪声，就不敢突入，因而攻击前进的速度极为缓慢。第五十四军每日多则推进上十里，少则二三里，甚至还有几天不能推进一步的。而位于我们左翼的第九十九军和第八兵团的部队，更是每况愈下。第五十四军呈蜗牛式地前进，他们还感觉突出了。任凭蒋介石连电责骂，总统府派员督战，始终没有改变这种状态。

当我们军对湖沟集进行攻击时，蒋介石为了增强我军的攻击力量，曾派他的次子蒋纬国带战车部队前来助战。当时我军以第一九八师担任正面主攻，第八师在北侧担任助攻，战车部队全力支援第一九八师方面作战。因有战车做前导，官兵的胆子也比较壮了一些，一开始战斗进展颇为顺利，待战车进至村边积水的外壕前沿，解放军守备部队全线英勇出击。第一九八师随伴战车攻击的步兵部队，马上动摇溃退，使战车部队陷入解放军出击部队的包围之中。其中排长乘坐的一辆指挥战车，被解放军用集束手榴弹将履带炸坏，无法行动。坐在车内的排长和士兵，企图凭借铁壳进行顽抗，解放军爬上战车从瞭望孔内开枪将其射杀。蒋纬国得悉以上情况后，马上到第五十四军司令部，对军长阙汉骞大发脾气。要求马上组织攻击，将被击毁的战车和被击毙的排长尸体夺回，并表示要严厉惩办第一九八师在这次进攻中失职的主要官长。阙汉骞反复解释，并答应马上组织攻击。阙汉骞在应付过蒋纬国的争吵以后，将军控制的第五九四团归还建制，增强第一九八师进攻兵力，并严令第一九八师和第八师重兴攻势，务必于黄昏前攻占湖沟集。由于蒋纬国的逼迫，各师团长顾虑到自己的前途，都硬着头皮亲上前线督战，态势较前略有改善。湖沟集的解放军守备部队乃自动撤退，第五十四军遂攻占湖沟集。这次攻击作战中，第一九八师一个副团长阵亡，近五百名官兵伤亡，第八师也有百余官兵的伤亡，这是第五十四军在增援作战中最激烈的一次战斗。战斗结束后，军长阙汉骞认为部队作战地区多系河湖沼泽地，战车部队活动困难，无从发挥威力，乃报准统帅部，将战车部队送走。我见到他们开走时，还将被击毁的战车用卡车载走了。当时的指挥官，都恐怕蒋纬国在跟前，对自己避战谎报军情不利，也都愿意把战车部队调走。

自湖沟集攻击战以后，我部的前进速度更缓慢了，也没有发生什么激烈的战斗。约在十二月十五日，部队进抵瓦疃集。黄昏后，听到西北方向炮声既响亮又密集。午夜后接军长电话，说黄维兵团已经突围了。此时，副司令官胡琏率领着突围出来的官兵约两千人（包括第十八军在包围圈外的骑兵团）已经到达我们军司令部，并说突围的情形很坏，嘱我部随时准备接受新任务，并即派小分队，加强对周围情况的搜索，顺便接引突围部队。事实上我师正面不仅没有突围出来的部队，就连零散官兵也很少见。天明后，接到军司令部紧急命令，其要旨是，军奉兵团转奉参谋总长电令，着第五十四军即解除第六兵团序列，迅速撤过淮河，在蚌埠、临淮关两处，以火车输送至南京东郊集结待命。军分配暂编第五十七师及军部直属部队暨各师留置临淮关的后方部队和人员，统由临淮关上车起运。军指挥所及军炮兵营、第一九八师、第八师按顺序经曹老集沿津浦铁路两侧，徒步撤至蚌埠车站附近集结，候令车运南京集结待命。至此第五十四军淮海南线作战结束。

第八兵团在淮海南线作战纪要

孟恒昌*

一九四八年十一月四日，刘汝明的第八兵团司令部由临淮关移驻蚌埠后，徐州“剿总”副总司令李延年以“剿总”蚌埠指挥所主任的名义，给第八兵团下了一个命令，指示第八兵团的部队应在宿县一带亘固镇之间布防守备，阻止解放军南进，确保蚌埠之安全，以利而后进出徐州，策应主力兵团之作战。刘汝明一向倔强自大，不甘居人下。他见李延年来电指挥，便气愤不满。因为刘汝明也是徐州“剿总”的副总司令，与李延年职位相同，只是没有担任蚌埠指挥所主任的职务。当时刘汝明召集其幕僚人员研究如何对待李延年来的命令，最后决定复一份代电，说第五十五军、第六十八军已部署在津浦路固镇到临淮关一带维护交通，容后再行调动。文末署名为副总司令刘汝明。自此以后，李延年再也不来什么指示了。国民党军内部的派别矛盾，高级将领的相互倾轧、争权夺势，是十分严重的。在整个淮海战役中，第六、八两兵团同处于南线作战，但是各自行动，从不协调。

第一阶段——守备浍河淮河地区

徐州“剿总”总司令刘峙及其正副参谋长李树正、章毓金和各处科幕僚人员乘飞机逃至蚌埠，统一指挥淮海地区各部队。刘峙到蚌埠后，即命令第六兵团李延年部、第八兵团刘汝明部分别守备淮河、浍河，并维护宿县至明光一带津浦路的交通。第八兵团遵照刘峙的命令，决定守备淮河地区之作战计划概要如下：

* 作者当时系国民党第八兵团司令部第三（作战）处少将处长。

（一）战役方针

为确保淮河地区和控制津浦路中段交通，策应徐州方面主力兵团作战，兵团以主力控制于浍河、淮河地区固守河防。对南渡之共军，予以歼灭性打击。

（二）指导要领

1. 当共军准备渡过浍河、淮河南进时，各渡河点守备部队以火力阻止其渡河，严密封锁监视各渡河点。

2. 如共军大部队施行强渡时，各部队应乘其半渡，集中火力，打破其渡河企图，确保河防要点。

3. 如共军一部偷渡，守备部队应沉着作战使用控制之预备队，集中力量包围于阵地内聚歼之。

4. 如共军从翼侧迂回或地方武装部队从河南岸发起攻击时，守备河防部队应注意监视北岸情况，不可轻离阵地。可使用预备队应付上述情况。

（三）军队部署

第五十五军守备津浦路（不含）以西浍河、北淝河地区之河防。主力控制于新马桥、曹老集以西（包集、新集地区），严密警戒左翼，并派小部队渡河北上搜索侦察情况。第六十八军守备津浦路（含）以东浍河、北淝河地区之河防。主力控制于王庄、五铺、曹老集地区。以有力部队守备固镇车站及固镇大桥，并担任固镇至临淮关段之交通维护；配属之铁甲车队，应不分昼夜在津浦路蚌埠至明光段往返巡逻，确保铁路畅通及安全。

上项计划要旨下达后，第六十八军以第一四三师之一部守备固镇及车站。在该方面，每于深夜常有人民地方武装部队扰袭，与第一四三师部队不时发生小的战斗，该师亦不时派遣小部队沿津浦路北上搜索情况。

第二阶段——渡河北上增援双堆集

十一月中旬，黄百韬兵团与人民解放军鏖战于碾庄圩。蒋介石为了营救黄百韬兵团，争取徐州会战的胜利，从平汉路调来黄维兵团北上驰援。但是人民解放军已摆下口袋阵地。十一月二十四日，在宿县西南双堆集地区，将黄维兵团团团包围。十一月下旬，“剿总”总司令刘峙命令第六兵团李延年部、第八兵团刘汝明部沿津浦路北上，解黄维兵团之围，以利徐州之作战①。

第八兵团司令官刘汝明奉令后，认为徐州地区是一团烈火，投入的军队等于干柴，放进多少烧多少，无可幸免。他的部队既已脱离徐州主战场，得到保全的机会，再不能轻易进入这个圈套里。但上级的命令又不得不执行，刘汝明内心忐忑，踌躇不安，于是召集我和参谋长杨然、副参谋长李诚一研究。最后决定，看第六兵团李延年是否行动。李如果按照命令去做，第八兵团在其右侧行动，沿津浦路北进，可以减少左侧的威胁。如第六兵团不动，第八兵团亦不行动。到万不得已必须北上增援时，则取道浍河与北淝河中间地区，两侧依托河川，可避免被解放军从侧翼包围，亦可到达双堆集地区。方案确定后，即令第五十五军及第六十八军左与第六兵团联系，沿津浦路东侧北进，解双堆集之围②。

十一月二十五（六）日，第六兵团之第九十九军胡长青部抵曹老集以西地区，与解放军一部发生战斗。第五十五军在新集附近地区亦与解放军小部队发生战斗，由于解放军转移即告结束。此时，第六、八兵团均慑于人民解放军力量强大，不敢贸然北进，相互观望，迟延时日。

十一月二十七日，解放军一部沿津浦路南下，于夜间向固镇发起攻击。守备该地之第六十八军第一四三师部队，仓促应战，掩护主力部队从固镇大桥南逃，固镇及车站均为解放军攻占。消息传到后方，以为解放军

① 十一月下旬（即二十四日起），徐州“剿总”的计划是用黄维、李延年、刘汝明兵团从南向北，邱清泉、孙元良兵团由北向南打通津浦线的蚌埠段，不是解黄维之围。

② 据查，解第十二兵团双堆集之围是十二月上旬的事，此时第八兵团之第六十八军归李延年指挥。

主力南攻淮河，第五十五军、第六十八军均逃至淮河北岸。但解放军占领固镇后，并未南进，只是凭借固镇及车站封锁固镇大桥，阻止第六、八两兵团北进增援。当夜，国防部参谋总长顾祝同从南京来到蚌埠[①]，视察战场情况，并亲笔下令委任第六兵团第九十六军军长于兆龙为蚌埠警备司令，负责维持蚌埠治安。此时第八兵团刘汝明的司令部就驻蚌埠淮河之滨的宝兴面粉公司，所属之两个军，均至淮河以北，擅自放弃固镇的情况，顾祝同还不知道。但当时淮河以北溃乱的情况，上面恐亦有所闻。又加上刘汝明部原是旧西北军，李德全劝告其起义的广播，以及前第四绥靖区起义的少将高参李慕春等人从解放区到蚌埠进行劝降等，引起国防部的注意，顾祝同才采取上述措施。

翌日，刘汝明令副参谋长李诚一和我随同他去见顾祝同。事先约定，见顾祝同就说津浦路两侧全是稻田，没有道路，不能行动，马匹、车辆更无法行走，部队无法沿津浦路北进。及见到顾后，他果然指示部队应沿铁路前进。李诚一和我即按照预先准备好的一套话，反复陈述，顾亦无法。最后顾祝同即乘飞机赴双堆集上空视察，离开了蚌埠。

第三阶段——反攻固镇车站，抢占固镇大桥

十一月底，国防部政工局局长邓文仪以视察战场为名从南京来到蚌埠，与刘汝明晤谈很久。此时他对于固镇被解放军攻占的情况已经了解。邓文仪亲赴前线督战，令第六十八军抢夺固镇。十二月一日正午以前，刘汝明已布置第一四三师第四二八团反攻固镇，做个样子给邓文仪看。是日午刻，刘汝明陪同邓文仪，乘巡逻列车由蚌埠出发，随同刘汝明去的，有其正副参谋长杨然、李诚一，作战科科长元之桐和我等人。当到达固镇以南两公里处时，邓、刘诸人下车。此时第四二八团已展开于浍河以南之坟地，横跨津浦路，开始攻击前进，其重机枪、迫击炮均已开始射击。在浍河北岸固镇车站，有人民解放军守备，并在车站给水塔上设有机关枪阵地，不时以猛烈火力阻击国民党军。随战况之进展，距离逐渐接近，战况亦愈激烈。解放军的步机枪弹不时超越第一线步兵，飞到后方。邓文仪见到火力猛烈，第四二八团被击伤的官兵陆续后退，不敢再站

① 据查，顾祝同是十一月二十五日到蚌埠的。

在阵地后方督战，而钻到距浍河约一千米的铁路桥下边躲起，频频探头窥视战斗情况。而刘汝明为邀功争名誉，竟挺身在阵地上指挥，其随行之幕僚人员亦只好冒生命危险，亦步亦趋。担任反攻之第四二八团团长杨功臣，则东奔西窜，指挥官兵勇猛进攻。历经三小时战斗，北岸阵地屹立不动，水塔上的机关枪阵地威胁最大，压制国民党军无法前进。时将入暮，而战斗尚无结果。最后刘汝明采纳其幕僚人员建议，令巡逻列车上的小炮，轰击水塔上的机关枪阵地。经过炮击，北岸枪声沉寂，国民党军乘巡逻列车过了固镇大桥，占领了固镇车站。刘汝明对邓文仪说，已攻占了固镇，夺回了这个交通要点，可以顺利北上增援，策应徐州方面之作战。邓文仪当面夸奖第八兵团作战“英勇”，表示回南京后要向总统报告，请求嘉奖，并当场拿出金圆券两千元赏给第四二八团官兵。傍晚，在浍河北岸东侧发现人民解放军部队从固镇以东绕道渡河南进。刘汝明怕占领固镇之部队夜间被歼，乃密令该部偷偷撤回浍河以南地区。同时，却又令其幕僚下一书面命令，规定第四二八团要确保固镇，严密警戒，在任何情况下，不准后退一步。刘汝明将这一命令给邓文仪看过后，发给了第四二八团。这是为应付钦差大臣邓文仪的。

由于邓文仪亲至蚌埠视察，对第八兵团不战而放弃固镇，蒋介石和国防部均未再查究，但是蒋对刘仍不十分放心。刘汝明有老母在堂，又侍母极孝。蒋为了拉住刘汝明为他卖命，于十二月上旬，派人给刘汝明母亲送去手杖、被面等礼物。刘汝明在蚌埠打电报向蒋介石谢恩，内容为“总统日理万机，尚顾及慈母，赏赐锦衾手杖，恩德重如泰山，职忠贞不二，效命国家，衔环结草，以报厚恩”。

第四阶段——密调淮南，准备撤逃

十二月十五日，黄维兵团于双堆集全部就歼，增援解围之任务已告结束。第五十五军及第六十八军仍在浍河、淮河之间地区机动守备。杜聿明所率领之主力兵团，在永城地区处于被包围之中，刘汝明乃密调第六十八军第一一九师第三五五团到淮河以南田家庵渡口担任守备，确保淮河以北部队的退路。

十二月下旬，杜聿明部在永城地区陷于绝境，蚌埠地区悲观失望情绪与日俱增，南京亦为之震惊。刘峙坐卧不安，无可奈何。刘汝明则筹划南逃，于十二月下旬及一月初，将其第六十八军分批向淮南路调动，又调第五十五军到蚌埠以南地区，仅留一部在淮河以北机动守备。

一九四九年一月十日，刘峙召集第六兵团司令官李延年和第八兵团司令官刘汝明开会，跟随李延年的是其第三处处长罗祖良，跟随刘汝明的是我。“剿总”第三处处长罗文浩报告徐州方面的情况后，刘峙便决定放弃蚌埠，令第六兵团沿津浦路南渡长江，第八兵团沿淮南路经合肥、巢县、裕溪口渡江，十二日开始行动，十四日撤完，由第九十六军于兆龙部担任掩护，并处理一切善后事宜。会后，刘汝明即令第五十五军、第六十八军全部集结于淮南路两侧地区，准备南逃。淮海战役南线兵团行动，至此结束。

中國紀

淮海战役

第八章

第十二兵团

第十二兵团被歼纪要

黄　维[*]

一　第十二兵团的编成和企图

一九四六年六月底，蒋介石发动全面内战，受到解放军的反击，其兵力消耗甚大，形势步步恶化，因而由全面进攻，改变为重点进攻，再由重点进攻，转变为全面防御。随着解放军之转入战略进攻，把战争推向国民党统治区，国民党军在继续遭受失败的情况下，被迫放弃全面防御而采取重点防御，企图集中兵力固守战略要点，使解放军“啃不动”，以苟延残喘。

一九四八年八月，国民党政府国防部在南京召开军事会议，关于重点防御的部署，曾有所研讨，关于确保华中曾有所规划和准备。其决定的措施之一，是就现有部队加以调整编配，组成若干兵团，以准备即将来临的防御战。

第十二兵团是在以上的决策下编成的，该兵团所属部队情况是：（一）第十二兵团系国民党主力兵团之一，由第十八军（兵团骨干部队）、第十军（整编第三师被歼后，交由整编第十八军胡琏重新成立整编第三师，该师悉由第十八军的建制部队和官兵拨编调整而成）、第十四军（该军前任军长罗广文是陈诚系分子，曾任第十八军第十八师师长，并曾一度任第十八军军长。该军曾有相当时期和第十八军在一起行动，所以虽然不是第十八军的部队，但与第十八军作风大体相同，极为融洽。此时罗广文虽已在四川升任新兵训练司令而去职，继任军长的熊绶春与我是黄埔先后同学和同乡，第十四和第十八军是很一致的）、第八十五军（军长吴

* 作者当时系国民党第十二兵团中将司令官。

绍周及其部队均系汤恩伯系，而吴此时的主要靠山是何应钦，这个军的作风不同，与第十八军不一致）编成。（二）这个兵团的编成是在一九四八年九月，当时各军都还是用整编师的番号，到编为兵团以后，才恢复军的番号。当时整编第十八军（等于兵团的组织）军长胡琏兼任整编第十一师师长，该军则下辖整编第十一师（即第十八军）和整编第三师（即第十军），另外整编第十师（即第十四军）也归胡琏指挥。以上述部队编成兵团，理应以胡琏任司令官。但是，因为整编第十八军在华中"剿总"白崇禧指挥之下，人事派系矛盾的一方面是第十八军所属部队是华中有力部队之一，白对胡是拉拢的；另一方面白对陈诚和第十八军有成见，对胡琏屡有攻击，蒋介石不得不另外派人任第十二兵团司令官。在此情况下，蒋介石叫林蔚向在上海养病的陈诚征询第十二兵团司令官人选的意见，陈诚举我出任。我是陈诚系的骨干分子之一，自一九三二年至一九四三年一直任陈诚第十八军系统的旅长、师长（第十一师）和军长（第十八军和第五十四军）。我由新制军官学校校长兼陆军第三训练处处长调任第十二兵团司令官，仍兼新制军官学校校长。这样，才使得胡琏和各军干部不致不服。又因何应钦与陈诚之间和白崇禧与陈诚之间人事派系的矛盾，何应钦向来对我不满，因此何、白曾一度表示反对以我出任。由于参谋总长顾祝同的支持，所以才决定由我任司令官，胡琏任副司令官。又整编第二十三军军长兼第九绥靖区（在苏北新安镇）司令官李良荣，因为他的基本部队整编第二十八师（即第二十八军）在华中"剿总"未归还建制，第九绥靖区部队虽归其指挥，但指挥上很感困难。李良荣和我私交很好，于是他自告奋勇，愿调为第十二兵团的副司令官，并把他的基本部队整编第二十八师（是李良荣任师、军长时所带的部队）编入第十二兵团，经我们二人亲向蒋介石报告，并已命令发表。但几天之后，蒋介石又调李良荣为福建省政府主席，更因整编第二十八师被白崇禧扣住不放，于是国防部又以整编第八十五师师长吴绍周部（即第八十五军）编入第十二兵团，并由何应钦提出，以吴绍周升任第十二兵团副司令官仍兼该整编第八十五师师长，得到蒋介石的核准。可是白崇禧另有打算，把第八十五军抓在手里，并把它编入第三兵团（张淦兵团），还把这个军派到广水、应山方面去了。由于我的力争和国防部的坚持，其间几费周折，白崇禧才把这个军吐出来。直到第十二兵团已在蒙城与解放军展开作战，大约是十一月二十日，第八十五军才赶到蒙城，归入兵团建制和参加作战。从以上第十二兵团的组建过程，可以看到国民党军内部人事派系的矛盾及部队关系的情况。

第十二兵团司令部于九月下旬在汉口大体组织完成，二十六日，兵团部移至确山，其所属部队除第八十五军如前述没有归入兵团建制外，第十八、十、十四三个军均集结于确山、驻马店、遂平间地区休整，准备行动。十月初，白崇禧到驻马店召集军长以上人员举行会议。他认为济南失守后，解放军势必南下，但对中原解放军将采取如何行动及其目前主力所在，没有提供可资依据的情报，只是盲目地说是要以攻为守，策划以第十二兵团为主力向襄城、鲁山方面进犯解放区，企图把中原解放军吸引在豫西方面，以牵制其向津浦路东进与华东解放军会合。

十月中下旬，白崇禧以第十二兵团（在第三兵团配合下）由驻马店附近地区出发，向泌阳、唐河、南阳间进行扫荡。但是该方面的解放军都转移了，兵团一无所获，不得已于十月底回师驻马店附近，于十一月四日、五日在该地区集结完毕。

二 第十二兵团赴援徐州和被歼纪要

第十二兵团（欠第八十五军）甫到达驻马店附近，即奉命向徐州进发，并奉严令“不得以任何借口迟延行动”。兵团即于十一月八日由驻马店地区出发，遵照指定路线经正阳、新蔡、阜阳、蒙城、宿县向徐州东进。因为部队有战车营、榴弹炮营等重武器和汽车营及大量胶轮大车，且道路不良，沿途又需渡过南汝河、洪河、颍河、西淝河、涡河、北淝河、浍河，以致部队行动迟缓，受到解放军的拦截和追蹑。由正阳以东沿途排除解放军的小部队及地方武装的袭击，依次渡过南汝河、洪河、颍河、西淝河，于十八日先头到达蒙城。是时解放军扼守涡河北岸，第十二兵团的先头部队第十八军在蒙城正面展开攻击，经过激烈战斗，击破扼河防守的解放军。第十八军的一个师当即渡过涡河，以掩护后续部队的行动。解放军则撤退到北淝河北岸，同时在涡阳方面解放军的强大部队向兵团左翼威胁。当时摆在第十二兵团面前的问题是解放军主力部队已在当面，如我由蒙城正面渡河向宿县进攻，则面对北淝河、浍河的障碍，如解放军据以节节顽强阻击，并从涡阳方面对我左侧威胁，就会使我前进困难，陷于不利。因而当时曾拟利用涡河的掩护，由蒙城以主力转到怀远附近渡河，与铁路正面的友军联系，再向宿县进攻，如此或可出解放军之意外，前进可较为安全。这一意见，曾电国防部请示，未得同意，仍限令照原定计划攻击前进，以击破当面解放军，迅速赶赴徐州。

第十二兵团约于二十一日开始由蒙城附近分渡涡河，向据守北淝河的解放军展开全面攻击。是时，第八十五军亦由后方来到蒙城，经过激烈战斗，攻占板桥、鸟集。该线的解放军被迫撤退，再据守蕲县集亘孙疃集浍河北岸之线，继续顽强阻击。国民党军则渡过北淝河，继续展开攻击。又解放军之有力一部在浍河南岸南坪集凭阵地死守，拒止国民党军攻击。全线激战竟日，攻占南坪集。国民党军主力渡过浍河，对浍河北岸的解放军阵地继续攻击，逐渐突入解放军之袋形阵地，其战斗焦点在南坪集以北之朱集方面。

至二十五日，战斗胶着在上述之线，未获进展，解放军则不断反攻。在上述情况下，我认为难以击破当面的解放军，即使攻击再有进展，解放军仍然是节节阻击，而我军则处于解放军的袋形阵地之内，态势不利，特别是北淝河和涡河，成为我军背后的障碍和威胁。此时，兵团后方联络早已全被遮断，如仍坚持战斗，将会被解放军困死。因此，决心终止战斗，脱离当面的解放军，向铁路线固镇方向转移，以与铁路正面的友军联系，并力由该方面进攻宿县，赶赴徐州。

二十五日夜间[①]，兵团在浍河北岸的攻击部队撤退至南岸，而后逐次交互掩护向东转移。在朱集方面之第十八军是夜撤退至双堆集附近集结。第十军在浍河北岸及攻击孙疃集的部队撤回浍河南岸，并在南坪集及其以西之浍河南岸掩护第十八军撤过浍河后，即向双堆集以西地区集结。第十四军在浍河南岸构成阵地，掩护兵团而后之转移。另外以第八十五军之一部位置于南坪集以南，掩护第十军转移。各军上述行动，为解放军发觉。二十六日，解放军尾随迫近进击，担任掩护的第八十五军受到猛烈攻击，另有由西而来的解放军小部队钻到双堆集附近地区骚扰袭击，虽被驱逐，但使国民党军受到一些妨害。此时，由于部队密集，各军间微有混乱现象。

国民党军当时已处于中原野战军的包围压迫之下，如就地防守，势将困毙，仍然只有乘解放军的包围阵地尚未巩固之时，向东转移之一途，二十七日拂晓，向东南方向攻击，企图各军交互掩护转移，以达到向东逃窜之目的。这时的部署是：（一）第十四军就浍河南岸原已构成的阵地防守掩护，并尽可能集结兵力与第十军协力攻击；（二）在双堆集附近

---

① 据查，第十二兵团是二十五日被合围于双堆集附近的。

的第十八军向西、向南掩护，并俟第十军、第八十五军攻击进展后，再向东转移；（三）第十军、第八十五军拼力向东南攻击。第十军、第八十五军发动攻击以后，进展顺利，不断前进，战斗激烈。但在浍河南岸担任掩护之第十四军部队战斗力脆弱，受到解放军的猛攻而溃退到杨围子方面混战。这一情况，未为兵团部和第十军所知。上午十一时前后，该方面的解放军渡过浍河，向南直冲正在攻击前进中的第十军左翼侧。第十军即以预备队向之反冲，双方经过极其激烈的肉搏战后，才把战况稳定下来。第十军的攻击也被迫停顿。第八十五军的攻击部队廖运周师（第一一〇师）攻击进展以后，因后续部队迟缓，以致被解放军截断联络，该军其余部队的攻击，也因之停顿。这时，国民党军的攻击已告失败，窜逃无望，只得把当时的战线稳定下来，加以调整，就地固守待援。至此，解放军在双堆集地区对第十二兵团完成了四面包围。

第十二兵团在双堆集附近地区被解放军四面包围，压缩于狭小地区。各军位置概略如下：（一）第十八军（欠第四十九师，该师被包围时在包围圈外，逃向蚌埠方面去了）在双堆集附近地区，该军已有相当伤亡，但建制完整。（二）第十军在双堆集西北之大小王村附近地区，伤亡亦大，部队相当残破。（三）第十四军因伤亡、被俘和溃散过多已不成军。（四）第八十五军除廖运周师如前述撤至罗集为解放军所包围并相机起义外，其余部队伤亡不大，建制尚完整。（五）兵团部在双堆集的北端马庄。直到这时，兵团部对于徐州地区的战况一直没有得到国防部及其他上级的指示，兵团部的无线电通信始终没有和刘峙、杜聿明取得联络，只不过推断徐州在大战而已。至于双堆集战场，是秋收后毫无隐蔽物的广阔平原，所占据的村落都是土墙茅草盖的小房子，老百姓已逃跑光了，当地几乎毫无可以利用的物资，不仅无法征集粮食，就连燃料、饮水和骡马饲料，都极为困难。

参谋总长顾祝同于二十八日乘飞机来到阵地上空，视察了当时的敌我位置和战况，还和我通了电话，嘱我站稳脚，就地固守，并把所占地区加以扩大。顾还说将空投粮弹补给。我遵照指示，尽一切可能督饬各军固守待援。在开始的几天中，每天都抽调一至三个有力团配以战车和炮兵的火力，向解放军的阵地据点突击。如第十八军的部队屡次向双堆集以南解放军所占的村庄突击，第八十五军的部队也一再向双堆集以东解放军所占的村庄突击，有的被攻占了，有的并未攻下。当时的企图是以攻为守，想扩大所占地区和阵地据点，借以振作士气和俘虏解放军人员以取得情报，并抢掠一些可以吃的东西，并妄图用这种不断对有限目标的小规模突击的蹂躏办法，给解放军造成损害。但是，军、师长们宁愿把兵力麇集于狭小地区之内，不敢疏散兵力，扩大阵地。因此，对于一些村庄，有的攻下后又把部队撤回，有的白天攻下，晚上又被解放军反攻夺走，以致形成拉锯战。这样几天之后，解放军的阵地工事和攻击准备逐渐完成。

国民党军在整个战役中曾先后发现中原解放军七个纵队和华东解放军两个纵队的番号，当时认为解放军是以几倍的兵力，在深沟高垒对我长围坐困，开始紧缩包围圈，采取逐点蚕食的攻击法，即依次选定国民党军防守脆弱部分，作为蚕食和攻击的对象，有如对要塞的攻击法，先用近迫作业，迫近阵地，并用各种火炮于黄昏时实施攻击。其炮兵火力之集中和猛烈，使国民党军的野战工事基本上被摧毁，人员遭到很大的杀伤，然后在炸药包爆破之下，攻击部队一举发起突进，以攻占阵地，歼灭守军。由于国民党军士气低落，各级部队长对所属部队指挥困难，未能针对解放军的战法积极采取适当的对策和灵活的战斗，以相对抗。例如破坏解放军的突击准备和移动部队，以避免或减少炮击所受的损害，以及进行有力的反突击等等。而这些部队只是各图自保，打到自已身上就听天由命，把兵力摆在工事里，等待挨打。如第十四军残部防守杨围子及其邻近的几个小村庄，就是这样。当解放军对杨围子进行蚕食攻击时，军长熊绶春要求兵团部给予增援，我曾指定第十军抽调一个营增援，归熊绥春指挥。始则该军军长以抽调不出部队多方推托，继而被迫派出一个营到达杨围子，但并未积极投入战斗，而是在解放军突击时，不战而溃，逃回原处去了。结果熊绶春阵亡。这说明国民党军务部队当时没有战斗意志，只希望自已苟延一时，对于共同作战的友军将被攻击歼灭时，并不积极策应，更说不上勇于赴援，视同一体了。

就是这样，解放军对国民党军用依次逐点蚕食攻击的战法，从十二月二三日开始，至十五日完全歼灭第十二兵团为止的期间，逐次由各个边缘据点，伸展到核心据点。如第一一四师之第三四一团被全歼，该师其余部队被打残了；又如，第十八师在大王庄争夺数次，屡被攻歼；再如，第十八军在双堆集以北之野堡阵地被攻歼，又该军在双堆集东侧之大土堆制高点阵地及其邻接几个小村子阵地被攻歼，团长陆志家阵亡，等等。在这样零敲碎打之下，迫使第十二兵团残部仅保有愈为狭小地区的核心阵地，以致无法挣扎下去。

第十二兵团被围于双堆集狭小地区，粮弹俱缺，大量伤员只能收容于地下壕坑；兼之日夜战斗，伤亡枕藉，每当空投补给时，一部分补给品落于解放军驻地，其降落于国民党军空投场附近地区者，各军自行抢收，甚至因抢收而互相开枪威吓。其幸由兵站分监部收集到的补给品，分配时则又争多争少，吵闹不休，陷于一片紊乱，维持正常秩序已感万分困难。至于使用这样的部队去战斗，则其狼狈之状不问可知。加之先有廖运周率师起义，继之黄子华率第二十三师投诚，特别是黄师投诚，使第十二兵团整个阵地体系破裂，第十八军和第十军残部愈陷于悲观绝望气氛。

当徐州国民党军于十二月一日向永城方面突围时，国防部第一次给第十二兵团通报徐州国民党军的战况，说是杜聿明大军南下和第十二兵团会师。嗣后，便每隔两三天由飞机空投一份杜聿明方面的敌我位置略图，借以知道杜聿明军的概略位置。国防部曾指示说，李延年兵团由蚌埠方面来援。以上消息，曾一时使第十二兵团有了希望。但是，这种希望不过是昙花一现，旋即知道杜聿明大军在永城东北青龙集附近被解放军四面包围于狭小地区，陷于同样命运，而李延年兵团则在蚌埠西北之包集附近，受到解放军的阻击，寸步不前。

还在十月底，第十二兵团尚在唐河附近正奉命由该处开回驻马店时，兵团副司令官胡琏以其父病危（旋即病故）和自己牙病，请假赴汉口。兵团被围后，胡琏立即到南京请求蒋介石派飞机送他回前方（他回到前方大约是十二月一日）。在他离南京之前，蒋介石曾对他说："要固守下去，死斗必生，已叫联勤总部尽量空投补给，并正在抽调部队救你们，你们好好打下去。"并嘱胡琏好好帮助我安定军心，鼓励士气，坚持战斗。又据胡获悉，黄百韬兵团损失极大，徐州战况紧张，南京紊乱起来了，等等。

自从胡琏来到双堆集以后，我和他所计议的就是如何持续固守下去，以免徐州方面受我们的影响而愈为不利。但是，情况一天天恶化，我有一次对胡说："如果你不回前方，而留在南京联络和催运空投补给，可能作用还大些。"但是胡说："被共军四面包围，已是家常便饭。我们现在只要打下去，共军还是一下吞不了我们的。"

当时的空投补给有减无增，为了要撑持下去，就必须催运补给。另外考虑到杜聿明集团被围，蒋介石不能不有新的决策，应该把第十二兵团的实际状况报告蒋介石。我把这些问题和胡琏商讨之后，决定派他到南京去。并嘱他留在南京不要回来。我以为第十二兵团残部大数已定，胡琏留在南京比在双堆集的作用要大些。特别是觉得"千兵易得，一将难求”，要使胡琏留在南京保全下来，为第十二兵团料理善后。可是胡琏到南京过了三四天，又乘飞机回到双堆集来了。胡琏转告蒋介石的指示：“你们可以突围，不要管杜聿明，也不要指望李延年。”蒋并要胡琏立即回双堆集维持部队。我们对于蒋的以上指示，感到莫名其妙，以为蒋方寸已乱，已经没有整个部署，而是零碎应付了。我们认为如果只是自行突围，将会不可收拾，至少要空军有力的掩护，否则宁可坚持下去，打一天算一天，以免杜聿明立即跟着垮台。我把上述意见一面电报蒋介石，一面督饬部队继续坚持固守。但是，解放军逐点蚕食攻击，国民党军状况天天恶化。

大约十二月十日前，我要求蒋介石派大量空军用凝固汽油弹大规模轰炸，在规定的时间和区域造成火海，以掩护兵团残部突围。随即收到空投的蒋介石亲笔复信，信中说：“决用空军全力拯救你的突围，可径行同空军总部联络。”同时又空投下关于空军用毒瓦斯弹轰炸和使用毒气的说明（油印品共三百多份），其中详细说明甲弹（糜烂性毒瓦斯炸弹）和乙弹（窒息性毒瓦斯炸弹）的性能，使用防护和注意事项，并规定了空地日夜各种联络和地上各种标示办法。又规定把战场地区的日夜气象情况（晴、雨、风向、风速等等）按时报告空军总部。兵团部秘密拟定在空军大规模使用毒气弹轰炸掩护下的突围计划，并秘密地立即进行各种准备，以待空军确定开始轰炸的时间实施。当时因为这是违背国际公法来屠杀同胞的罪恶计划，没有予以公开，在兵团部只有我、胡琏、正副参谋长和第三处处长以及各军军长知道。至于由各部队准备的事项，则只是规定其做某项准备而已。连说明的油印品，均悉数由我亲自保管，准备开始行动之前，临时发给各部队（在突围时，连同其他机密文件都由我亲自焚毁了）。与此同时，还陆续空投下催泪性瓦斯投掷弹和催泪性迫击炮弹，共二三十箱，据说每箱十二颗，可能悉数分配给第十八军了。当时是分配给各部自行掌握，其使用情形不明。

到了十三四日，由于解放军继续攻占了双堆集东侧大土堆制高点阵地和双堆集北端野堡阵地，使得国民党军的残存阵地破碎不堪，被压缩到双堆集及其邻近几个村的弹丸之地。此时和解放军错杂对战，受到解放军四面轰击的制压，难以接收空投的补给。在这种情况下，只要解放军一发起全面攻击，国民党军势必立即悉数被歼。我和胡琏认为在双堆集已到了末日，或则再抵抗一两天，坐待歼灭也毫无意义，毫无裨益，如果立即突围逃命，还可以侥幸保存一部分残兵败将，好重整旗鼓。于是决定突围。一面电蒋介石和空军总部，要求务必于十五日实施计划，并命各军秘密做好行动的准备。

十五日上午九点多钟，空军副总司令王叔铭飞到阵地上空，与我通话。他说：“不能照计划实施。”我回答说：“你不能照计划实施，我只好自己断然处置了。”于是召来第十军军长覃道善和第十八军军长杨伯涛，当面决定目标，分别突围。规定第一集合地为蚌埠之南，第二集合地为滁县。并规定各部队于黄昏后同时开始突围。当突围的命令下达后，各部争先恐后地逃命，有的提前就开始突围，特别是战车营，在将近黄昏时，因其停车场受到解放军的激烈炮击，以致战车纷纷移动，引起其他部队的误会，各自乱跑，而为解放军立即发觉，层层截击。所谓突围，实际上是乱跑。至此，计四个军十个师十几万人的第十二兵团，除少数漏网者外，悉数被歼。至于国民党军师长以上干部，除副司令官胡琏，副军长谷炳奎，师长尹俊、王靖之、张用斌等逃跑之外，我和军长吴绍周、覃道善、杨伯涛，副军长王岳，师长王元直、尹钟岳、夏建勋、潘琦等均被解放军生俘，在人民的宽大下，走上新生之路。

第十军由进攻到被围就歼

覃道善*

一

一九四八年十一月五日，黄维奉蒋介石电令，亲率第十二兵团第十八军（欠第四十九师）、快速纵队和第十四军于十一月八日由确山出发，经正阳、新蔡向阜阳前进；第十军由驻马店经汝南向阜阳前进，十二日到达阜阳。沙河北岸有少数解放军防守，阻止兵团前进。

十三日，黄维命我派第十八师第五十三团强渡沙河，解放军没有抵抗，撤往他处。兵团为了架桥，在阜阳停了两天，十四日继续前进。第十八军在右，循蒙阜公路向蒙城前进；第十军在左，在第十八军西侧向蒙城西北的牛王铺、酉阳集地区前进。当到达时，发现沙河北岸有解放军据既设阵地沿河防守，其西北后方各高地亦有解放军大部队构筑阵地工事。黄维为执行蒋介石向徐州前进的命令，命令第十八军进攻涡河北岸解放军，搜索情报。我派第十八师的便衣队于深夜到达酉阳集附近时，截获了解放军的辎重六箱，其中有中原军区发行的钞票约数百万元，箱上写有"运送第二野第六纵队收"字样。我判断第二野主力可能集结在蒙城西北地区，当即向兵团报告，并将全部钞票上缴兵团部处理。第十八军方面经一昼夜的激烈战斗，并使用火焰发射器等武器，才占领沙河以北一些村庄。在蒙城停留两天后，第八十五军及第十八军第四十九师亦到达阜阳，兵团部队可望全部会合。这时又奉命令，兵团主力经板桥、南坪集向宿县攻击前进。第十军则沿公路的左侧小路前进，掩护兵团主力侧背。兵团主力先头第十四军在板桥曾遇到解放军阻击，激战半日，始克占领。黄

---

* 作者当时系国民党第十二兵团第十军少将军长。

维改令第十八军为先头继续前进，二十日上午到达南坪集附近，与据守南坪集的解放军发生激烈战斗；二十一日解放军撤走，第十八军进出浍河以北。第十军方面，我令第一一四师在第十八军左翼齐头并进，沿途没有激烈战斗，与第十八军同时渡过浍河，击退解放军防守部队，占领一些村庄；另令第七十五师向浍河南岸的孙疃集前进，该师的一个团向据守孙疃集的解放军攻击，激战半日，侵占市集的大部。入夜，解放军奋起反击，形成夜间争夺村庄的拉锯战。这时兵团的东、西、北三面都发现解放军的大部队，三面包围之势已成。因此，兵团决心向固镇方面转移。

十一月二十二日[A]，兵团命令第十四军占领南坪集东浍河之线，掩护第十八军撤退；第八十五军占领南坪集西南阵地，掩护第十军撤退后再向南撤。由于互相掩护撤退，动作迟缓，贻误时机。迨第八十五军到达双堆集时，各路部队云集，以致秩序紊乱，当晚解放军各路大军即已接近双堆集附近。

十一月二十三日[B]，兵团命驻双堆集的第十八军及凭浍河占领阵地向北警戒的第十四军不动，而以第八十五军之一部及第十军向东南攻击前进，以到达固镇附近为目标。但是，由于攻击计划不周，准备不完善，加之行动不一致，第八十五军第一一〇师单独行动，前进至罗集附近被解放军包围，师长廖运周乘机率部起义。第十军方面，以第十八师和第一一四师为第一线攻击部队，军部指挥所在双堆集东北之小陈庄；以第七十五师为预备队，也在军部附近。军的攻击部署是以第一一四师为右翼队，以第十八师为左翼队。正在攻击前进之时，防守北面浍河阵地的第十四军在解放军的猛烈攻击下全线崩溃。溃散的部队纷纷向东南逃跑，直冲进第十军攻击部队第七十五师和第一一四师的阵地内，无法制止[C]。解放军紧跟追击，第七十五师某团团长刁秉魁被击毙，第一一四师第五十四团[D]损失很大，一个营被全部消灭。第十军陷于危险境地。我为挽救局面，令第一一四师第三四〇团向紧逼的解放军反击，将冲入第十军阵地的解放军击退，使第十四军部队得到喘息收容的机会。兵团部看到态势不妙，命令第

① 据查，黄维兵团是十一月二十三日向南坪集进攻，二十四日决定向固镇方向转移的。

② 黄维说是二十七日组织这次进攻的，见本书黄文。

③ 据查，这段叙述是第十四军在掩护第十二兵团从浍河撤退被击溃的情况。

④ 一九四六年整编时，将第十八师的第五十四团拨归整编第一一四旅，后来没有重新调整，故第一一四师有第五十四团的番号。

十军停止攻击。我遂将第十八师收缩到小王庄东北第十四军阵地以南几个村庄固守。

二十四日以后，整个兵团都拥挤在双堆集附近地区，一面构筑工事防守，一面向蒋介石告急求援，演成二十一天的阵地争夺浴血战。在这二十一天中，解放军层层包围，采取对壕作业战术，逐渐接近我阵地，逐点攻击，包围圈日益缩小。十万人以上的第十二兵团，麇集于一狭小地区，时值寒冷的冬季，又复粮弹断绝，士气非常低落。兵团虽数次派部队附战车出击，但解放军的攻势不仅未能遏止，而且日益猛烈。第十军对解放军的攻略，一面依据村庄工事顽强抵抗，一面组织部队进行逆袭，一庄一庄地反复争夺，直至守备部队打光了才罢。第一一四师虽然残破，仍竭尽全力固守。顽抗至十二月四日，该师第三四一团全部被歼灭。师长夏建勣手中已无完整的部队，所驻村庄无力防守。十二月六日，我令第七十五师派部队接替。这时，部队的粮弹补充虽有少数空投，但维持战争的消耗甚感困难，而且官兵伤亡日益增多，援兵不见。我对战争的前途，异常焦虑，情绪十分悲观。

二

十一月二十八日，黄维接到南京通知，副司令官胡琏即将乘飞机遄返双堆集兵团部，嘱即开辟一小型飞机场，以便降落。第十军和其他各军的工兵部队迅即施工，很快建成并设置标记。

十二月一日，胡琏与第十军副军长工岳乘飞机回到双堆集。胡到后，竭力给我们打气，虽然起了一些刺激作用，但仍无济于事，形势更加恶化。后来，黄维又派胡琏到南京向蒋介石告急。蒋决定第十二兵团突围逃跑，并计划先用飞机对解放军阵地投掷大批汽油弹及毒瓦斯弹，瘫痪解放军的活动。但此计划未能实行。突围前数日，兵团司令部发给各部队催泪性和喷嚏性混合毒瓦斯弹，听说发给第十八军三十多箱，内装毒瓦斯筒十二具，命令必要时使用。第十军的阵地位置在双堆集北面，面向东北和西北的解放军作战。时值寒冬，又常刮东北风和西北风，因而不适宜施放毒瓦斯；加以没有技术人员，所以没有使用，突围时都抛弃了[1]。

① 杨伯涛说使用了两次，见本书杨文。

第十二兵团自陷入解放军的重重包围后，后方联络断绝，所需粮弹俱赖南京空投。因空投数量甚少，再加上分配不均（第十八军分的量多），以致引起第十军和第十四军官兵对兵团部的不满。当飞机空投时，各部队自行派人前往空投场拾取，兵站人员无法制止，秩序混乱，各部队为抢夺粮弹，甚至发生互相残杀的情况。

三

第十军在被围后虽然士气低落，但对解放军的攻击仍然拼死反抗。我曾下令所属各部在所占领的村庄内死守，不得后退一步。第一一四师第三四一团营长苏某，因所据村庄被解放军攻占而逃回军部。我曾报请兵团部将其枪决，以警诫全军。第七十五师团长刘次杰接替第一一四师小杨庄的守备，经过几天激烈战斗，官兵伤亡殆尽，刘率团部人员及残余部队据一房屋顽抗，最后仅剩数十人，始突围逃回。我报告黄维、胡琏，也将其判处死刑。官兵慑于残酷的军法，多不敢擅自后退，被迫顽强抵抗。由于粮弹两缺，被围日久，援兵无望，官兵精神体力俱感不支，战斗力日益衰减。实际能继续战斗的人员，以第十八师最多的一个团，也不过三四百人，其他各团有的已被全部消灭，有的只残存百余人，情况已到非常严重的地步。

十二月十四日，第一一四师所属第五十四团守备兵团部南面的野堡阵地，在解放军炮火的猛烈轰击和步兵的猛冲下，仅两小时即被全歼，团长孟述美负重伤逃回。兵团部与第十八军第十一师师部驻地马庄已处在解放军的直接攻略之下。

十二月十五日正早，黄维、胡琏决定了突围部署，没有下达笔记命令，径自召我亲到兵团面授。命令规定于当日全部突围，黄昏开始行动：第十八军向双堆集西北突围，突出后再转向蒙城方向逃跑；第十军向双堆集东北突围，突出后沿津浦路向怀远县逃跑；其余向双堆集以东突围；各军集合地为安徽滁县。我决定第十军的突围部署是：第十八师、第一一四师和军部人员由小王庄向东北突围；第七十五师向双堆集东面突围；并令将所有重武器破坏，抛弃辎重行李，只携带轻武器轻装突围。

突围命令下达后，各部队顿时引起骚乱，到处都在破坏武器和烧毁文件，呈现一片惶恐狼狈状态。有的为了保命，竟不顾规定时间而提前逃走。在这种混乱不堪的情况下，根本就不能形成有组织的突围战斗。第十八师师长尹俊在小王庄东北打开了一个缺口逃出重围，第七十五师师长王靖之向东逃脱。我率第一一四师残部在第十八师后跟进时，解放军已将缺口堵上，官兵全无斗志，纷纷缴枪就俘。我与第一一四师师长夏建一同被俘。

第十四军被歼纪实

梁　岱*

一　驰援徐州前的第十四军

第十四军是蒋介石的嫡系部队，军长熊绶春、副军长谷炳奎均是黄埔学生。在一九四八年九月间编入第十二兵团时，驻在确山一带，归华中“剿总”白崇禧指挥。我在那时就任该军参谋长。

一九四八年十月间，华中“剿总”总司令白崇禧决定围歼集结在桐柏山地区的解放军刘（伯承）邓（小平）部，命令第十二兵团协同张淦等兵团向豫西平原进军。当时第十四军和第十军编为一个纵队，归第十四军军长熊绶春指挥，由驻马店出发，直趋泌阳、唐河之线，沿途未遭遇解放军主力的阻击，只受到解放军地方武装伏击，稍一接触解放军即退走了。后侦知刘邓已作战略转移，开到陇海路方面去了。这一来，白崇禧妄图歼灭刘邓大军的计划未能实现。这一幕捉迷藏的进军，拖得部队筋疲力尽，不得不命令各军回防驻地，以静观局势变化。

第十四军回到驻马店之线后，进行休整。军长熊绶春想趁机扩编一个师（按编制，每军辖三个师，当时第十四军只有第十和第八十五两个师），编成后拟由我兼师长，以充实本军力量。他随即命我飞南京见蒋介石，请求补充兵额和装备。蒋这时有求必应，立即批交国防部照发，人员除以该军的补充团为基础外，另饬师管区尽速拨补。蒋还让我回部队后，传谕大家不要因为时局有局部变动，便失去信心，但对第十四军今后动向，却只字不提。十月底，我完成任务后回到汉口，打电话向熊绶春

* 作者当时系国民党第十二兵团第十四军少将参谋长。

复命时，才晓得蒋已急电第十二兵团即日兼程驰援徐州[①]。当时我问熊："我是回前方随军出发，还是留在后方加紧扩编一个师？"他听了颇为犹豫，最后还是认为前方战事紧迫，决定要我随军驰援徐州。

第十二兵团的东调，白崇禧很不高兴，但他抗不了蒋介石的命令。第十四军还未及休整，忽又奉命整装远征，连装备都来不及补充。大批军官眷属都留在武汉后方，不能随军东行，人们没有思想准备，军心动荡不安。而蒋介石又一再电催黄维立刻向徐州进军。事机如此紧迫，使黄维连召开一个军事会议的时间都来不及，就匆匆开拔，参加徐州作战。

二　走向死亡的进军

第十二兵团于一九四八年十一月初自确山、驻马店一带向徐州进军，这时陇海路东段已为解放军截断，不能通车。兵团以第十、十四两军为左纵队，以第十八军、快速纵队和兵团司令部为右纵队；第一目标向阜阳进发；并以第八十五军附第十八军之第四十九师归另一副司令官吴绍周指挥，为第二梯队，沿兵团司令部行进道路跟进。因部队大，战车和车辆甚多，又没有一条完整的公路，行军速度很慢。在通往阜阳的道路上，未与解放军遭遇。再由阜阳续进，在渡过沙河时始遭解放军阻击。这次受阻，发现是解放军的地方武装，他们完成了阻击任务即后退。兵团渡过沙河后继续北进，至蒙城附近之涡河。左纵队第十军，右纵队第十八军，均受到解放军的顽强阻击。以后越前进越觉得不对头了。根据截获文件证明，刘邓大军已先我们到达涡河北岸。复接国防部来电说，刘邓、陈粟两支部队有会师徐州决战的企图。综合各军情报人员报告，获悉解放军在涡河东北方向调动频繁，并且构筑坚固工事，同时有大量民夫输送军需东去。因此我们判断解放军确已向徐州外围集中，准备决战，情势顿觉严重起来。到蒙城遇到解放军的坚强抵抗，大家开始觉得这是打硬仗了。此时兵团遂决定暂不前进，准备在蒙城采取攻势防御，等候吴绍周所率第二梯队到达后再作打算。

第二梯队还没有赶上来，蒋介石的火急电报却赶来了。蒋来电说，黄百韬兵团在碾庄圩被围，令黄维火速向宿县急进。黄不敢抗命，遂放弃

---

① 第十二兵团是十一月初才奉命东进的。

了守蒙城的计划，继续前进。至蒙城北板桥东西河流之线，发现解放军沿河据守，阻挡兵团前进。黄维命第十四军击退当面之敌，扫除前进障碍。经激战后，解放军即主动撤走。兵团继续沿蒙宿公路向宿县前进。及至全线到达浍河以南地区，发现解放军沿浍河占领阵地，兵力强大，工事坚固，兵团前进已不容易。此时据报宿县已被解放军攻陷，而吴绍周所率第二梯队才由蒙城赶了上来，但吴刚刚离开蒙城，蒙城也被解放军占领了。至此，整个兵团已经前后受敌。

在形势不利的情况下，兵团决定不再向宿县前进，准备在解放军大合围没有完成前，向东南津浦线上的固镇转进，以求脱离战场，企图与自津浦路南段北援徐州的李延年兵团在固镇会合，然后向北进攻，夺回宿县。得蒋电准后①，才下达转进命令，但时机已延误了大半天。兵团命令以未经接战的第十四军、第八十五军分别在浍河南岸南坪集附近占领阵地，掩护正在激战中的第十和第十八两军脱离战场。这一来，所有四个军，谁的头上都着了火，要脱的未能脱，要走的不能走，几乎全兵团都与解放军胶着在一起了。第十四军本来是可以先走的，但此时却奉令担任掩护，仓促布防，阵地未稳，解放军已涌进，先我一步，渡过浍河南岸，抄袭了第十四军的右翼。当时我在浍河南岸前线指挥所，看见解放军由后边包抄过来，前线部队不支，纷纷向后溃退，顿时乱作一团。当前线的第十、第十八两军撤退至第十四军指挥所附近时，解放军也跟踪追击来了，形成前后受敌。经拼死向前冲击，才得以击退抄袭第十四军指挥所的解放军，阵脚得到暂时的稳定。本来第十四军是掩护第十军和第十八军后撤的，这时被解放军打得七零八落，反而要依靠他们来掩护和收容了。我在这次混战中，被解放军俘虏了，这是我在淮海战役中第一次被俘。

浍河这一仗，解放军虽然“撤退”了，但事实上仅是放松一下袋口，形成了更大的包围圈，第十二兵团企图向固镇转移，已经不可能了。

三　第十四军的覆灭

（一）拒绝劝降

第十二兵团奉蒋命集结在双堆集附近“固守待援”。双堆集周围十

① 黄维未提到向固镇转移的决心经蒋介石批准。

多华里，是一片平原，仅有稀稀疏疏十几个小村庄，四个军集结在这小块地区，真是首望相见，喊话相闻，这个地区中心有个小土岗，就是双堆集，登岗一望，整个兵团的动静尽收眼底。

这里要先叙述我第一次被俘后的经过。十一月二十三日，我于浍河南岸指挥所被俘后，伪装士兵，被送到解放军后方。因为我到差未久，第十四军的官兵很少人认识我。我在被问话时，伪称是第十四军的书记，没有被解放军识破。当天下午又有一位解放军干部来问我敢不敢回到第十四军去，还说如果敢回，可以放我回去，但要替解放军带几封信。我想：放不放我，反正都是完蛋。放了呢，冒炮火危险，但还有一线希望，万一能够突围，还是有前途的。因此我答应带信回第十四军去。解放军招待我吃了晚饭，有酒有肉，吃罢嘱我早睡候命。半夜，有人叫醒我，给了我三封信，一封给黄维，一封给熊绶春，一封给张用斌。他把信缝进我的棉底襟下，嘱我想尽办法送到，只要送到算我有功，后果如何，不关我的事。解放军把我送至前沿阵地，命我蹲下，用手指前方一小村庄说："你看，那里就是第十四军军部；你再看，那就是你们部队的前哨，到了那里，你说是自己人，他们就会让你过去的。"我照着他指的方向，在地里爬行，前面第十四军的哨兵果然喝问起来了。我答说："我是参谋长。"对方不信，喝道："不许动！什么参谋长？参谋长早就阵亡了。"我说："我是梁参谋长，没有阵亡，现在逃回来了。你不信就把我俘虏回去吧！"过了一些时候，有两个哨兵把我带回哨所。哨兵还说："我们认不得你是不是参谋长，纵然我们让你走，前面也不让你过，不如等天亮再说吧。"我就在稻草堆里蹲至天明，哨兵带我至连哨打电话报告军长熊绶春。熊立即通知前线一位团长接我回军部。

我一进门，熊绶春立即抱住我哭了起来。熊说："当时在战场上拾到你的皮包，以为你阵亡了，我出过奖金，叫士兵寻找你的尸体，还打电话给汉口后方送抚恤金给你的太太呢！"接着又问我怎得生还，我如实报告，并在棉衣里取出信交给他看。信的大意说，如放下武器，就有生路，否则死路一条。我问他怎么办，他说："不要理它！"说罢把给他自己的那封信撕毁了。我问他其余两封怎么办，他说："不要送去！"就这样把信都撕毁了。他之所以这样做，据我推测是因为怕黄维、胡琏和谷炳奎等见信生疑，所以后来他叫我不要向兵团部报告是被释放回来的，仅报是乘机逃回，借以瞒过黄维、胡琏和谷炳奎。这样做，不但维护了我，也是为了他自己。

（二）欲降不能

我被释放回到第十四军后，情况急转直下，包围圈日益缩小。解放军采取近迫作业掘壕前进的壕沟战术，每晚前进几十米，壕沟挖到一村，就消灭一村。面对这种情况，谁也想不出对付的方法来。各级指挥官只好蜷缩在掩蔽部里，面面相觑。军部所在地杨围子，也已成了前线，村前不远就是解放军掘进的壕沟，夜间咳嗽声都可相闻，村内仅驻有残破不全的第八十五师的一团兵力。村的右前方某村子，是第十师残部驻守，情况也是一样。整个兵团蜷缩在方圆不到十华里的圈子里，与其说是"待援"，不如说是等死。不但弹药得不到补充，连粮食也没有了。南京的飞机天天来空投，投下了弹药，士兵就因没有粮食而破口大骂。偶尔投下粮食，大家就抢。起初，各部队还把空投的粮食送到兵团部的兵站去集中分配，以后越分越少，就索性谁抢谁吃。每当空投飞机在村子上空盘旋时，官兵一拥而出，一物坠地，四面八方争先抢夺，有时争夺不下，就互相开枪打起来，谁也无法制止。解放军看见这种情况，也不开枪射击。军马饿得站不起，走不动，只好宰了吃。无处觅得柴火，便拆房子烧，房子拆光了，士兵只好睡在壕沟和掩蔽部里。时当隆冬，无法御寒，蜷成一堆，靠自己身上热气取暖。伤病官兵的情况更惨，无医无药，无处安顿，躺卧在壕沟里，听其自生自灭，看了令人酸鼻。一次我到兵团部去，伤兵哭着，爬着，挡住我的去路，向我哀告："可怜可怜呀！长官！"垂死哀吟，不忍卒听。

有一天，第十四军一个被俘的排长被放回来了，带回来几封劝降信，其中有一封是给熊绶春的。熊看了信，不像上一次那样把信撕掉，而是交给我看，问我："你看怎么办？"我看了信，也同样问他："军长的意思怎么办？"两人在掩蔽部里相对无言，静默良久。我心里却盘算着：共军的信限二十四小时答复，过期如不复，除全部被歼外，还有什么路可走呢？再一想熊这个人对我还算好，他上次因作战不力，受了处分[①]，对兵团部也有芥蒂，不妨试试他的态度，然后再提自己的看法。沉默过后，他终于向我说："你的意见呢？"我仍不敢直言，只就我上次被

---

① 指前述向固镇转进时，第十四军被解放军打得七零八落，兵团给熊绶春记大过一次。

俘时的见闻向他谈了一些。我说："上次被俘时，共军对我尚好。"他望着我，吐出一句："像我们这样的人，会不会被杀？"后来我又分析了全军当时的情况，对他说："总统要我们固守待援，待谁来援呢？待李延年，可是共军顺津浦路南下，李延年正面的压力大得很，他能够把我们援出去吗？我们不是原来打算赴援徐州吗？可是援不了人家，自己却被困待援了。赴援的人变成了待援的，怎会有人能够来援呢？事到如今，士无斗志，弟兄们看见伤病员的情况，都说打下去自己也是那个命运；靠空投，你见过了，官兵争食，叫谁肯卖命呢？就算有那么一天可以突围，部队也已七零八落，带得了几个人突出去呢？到那时，你我都负不了这个责任！在这里僵持下去固然是死，就算能冲出去，也还是死。我这番话不过是介绍情况，拿主意还是看你的。"其实这种情况，熊绶春哪有不知之理，不过谁都不肯先讲罢了。他听了我的话，反问了我一句："照你的意思，是接受劝告吗？"听了这话，我脑子里立刻闪起一个念头：这个人是黄维的心腹，莫不是来试探我的态度？再一想，说就说吧，反正迟早还是要说的，如果大家闷在心里，总无了日。最后，我答复了两个字："接受！"他听了不作声，只笑了笑。这一笑，把我和他两人当中的疑云扫开了。我问他："你同意吗？"他沉吟久之，低声说了一句："不知谷副军长会不会同意？"我回答说："很难讲，是不是请副座来商量商量？"他扯住我说："我们先谈好了再说。"他的意思我已明白，因为这种举动非同小可，稍一走漏风声，就有危险。我乘机向他献策："老谷如果同意，就大家干；不同意，就立刻监视他。监视他就靠你了。"谈至此，他说："对，他同不同意我们都要干，就这样办。"我钻出掩蔽部，到另一处掩蔽部里把副军长谷炳奎请了来，拿信给他看。他看毕，默默无语，他望了望熊绶春，问熊是不是同意，熊不出声。他又望了望我，我说："外面官兵的情况你是了解的……"我话未说完，谷炳奎放声大哭起来，边哭边说："大家都同意，我何能独异？不过我们追随校长（黄埔系在军中称蒋介石为校长）几十年，怎能对得起他！"我心里想，这家伙虽不表示反对，可话里有骨，不容易说服他的心。最后还是熊开了腔："既然大家都不表示反对，那就复共军一封信吧。"我立即起草复信，接受投降，信稿末署军长、副军长两人名字，先交给谷炳奎看，谷说："军长一个人署名好了，用不着我副署，来信也不是写给我的。"熊绶春一听，也不高兴了，可又找不出什么理由来反驳谷，便说："这样吧，两个人都不署名，就用参谋长的名义写明奉谕函复便是了。"因此我写了一封“奉谕”接受投降的复信，并请示如何行动，当天夜里交给释放回来的那位排长送给解放军。

信发出后，我觉得谷炳奎这个人必有蹊跷，很不安心。因此等谷去后，我又向熊绶春说：“老谷不肯署名，怕靠不住，你如不监视他，我们就有危险！他一个电话告诉兵团部，我们还有命吗？”熊照我的话，步步监视谷炳奎，连他去大小便也都看住他。我和熊还商定：这件事情如果有什么走漏，就先把谷炳奎干掉再说。

当天半夜，二十四小时的期限已经过了一半，解放军还没有复信，我心里很着急。又向熊绶春建议说：“事宜速不宜迟，迟会生变，不如由我亲自拖一条电话线到共军那边去，架起电话后让共军与我们直接通话，事情就快得多。”熊不接纳我的建议，表面上劝我不要冒这个危险，实际上是不愿我离开他，使他更难应付以后不可知的事变。我们的命运如何，就只有等待那位排长回来才能决定了。我们一个小时一个小时地等待着，在没有等到复信前，解放军的最后总攻就开始了。

（三）军长熊绶春之死和我二次被俘

信送出去后的第二天中午时分，解放军的大炮向第十四军所在地轰击，一刻也没有停息。第十二兵团的阵地到处都是弹坑。第十师的阵地首先被突破，师长张用斌负重伤，被救出后送到伤兵集中地去了，电话机被震翻了，头上的泥沙像水一样倒下来。熊绶春这时神态有点异常，面色惨白，伏在地上翻翻自己的皮包，把皮包里的一些信件烧掉了，又拿出妻子的相片，边看边流泪。当时我想不出什么话来安慰他，只说：“现在还不至绝望，何用这样悲观！”他这回真是垂泣而道了：“我没有什么怨恨，只是连累了你，你接任这个参谋长，不到三个月便到了今天这个地步，是我连累了你啊！”说毕，眼泪夺眶而出。

解放军的大炮一直打个不停，简直是弹如雨下，使人没有喘息的机会。黄昏时分，解放军冲入了村子，哨子声，喊话声，冲锋和脚步声，震动了掩蔽部。熊绶春这时不言不语，竟独自一个人向掩蔽部门外冲出去，我和他的卫士拉他不及。他刚一出门，一颗炮弹正落在掩蔽部的门口，把他炸死了。跟他后边冲出去的卫士退回掩蔽部，我叫他不要再向外冲，要他站在掩蔽部门口喊叫：“参谋长在这里！”不多一会儿有人叫我出来，我走出去后，对方问我还有什么行李要带，要我的卫士检点收拾，从速离开这里，以免危险。从此我跟着解放军走上了新生光明的道路。

我被送往后方俘虏收容所的路上，碰见一位骑马的解放军军官，戴着眼镜，后边跟着几个卫士。他高声问我："你们是哪个部队的？"我说是第十四军参谋长。他又问道："你们军长呢？"我说已经阵亡。他又问："尸体在哪里？"我告诉他在后边杨围子村里。他叫我留下熊军长的卫士，并吩咐那个卫士说："我派人协同你去找，一定要找出来，好好埋葬，立个牌，让他家人好查。"熊绶春的尸体找回来后，埋在南坪集附近一个土堆上，立了个木牌，写有"第十四军军长熊绶春之墓"几个字。解放军的人道主义精神，感动了所有被俘官兵。后来据说我碰到的那位骑马的军官，就是陈赓将军。

当我到达后方俘虏收容所时，发现即是我第一次被俘收容的地方。那里的工作人员还认得我，他们说："原来又是你，你怎么变成参谋长了？"我说："上一次不敢承认，骗了你们，这次算坦白了吧。"大家都不约而同地笑了起来。这一次解放军是按照"参谋长"的身份优待我，每餐食白米饭，也有肉，每天还有香烟供给，还留下我原来的一个卫士为我服务。过了一些时候，那个留下来为我服务的卫士对我说："我现在参军去了，不能照顾你了，请你自己保重！"我当时觉得他的思想突然转变，有些惊奇。后来才明白，原来解放军将俘虏的国民党军士兵，在战场上进行短期思想教育，启发他们的阶级觉悟，分清敌我界限之后，他们就马上要求参军去反对自己的敌人。这是解放军必胜、国民党军必败的重要因素之一。

第十八军从进攻到被歼

杨伯涛*

一 确山出发，一团慌乱

一九四八年十一月初，第十二兵团所属第十八、十、十四三个军由豫西撤至确山、驻马店间地区集结。这次往返奔波、雨雪载途，人马俱感疲惫。特别是快速纵队因道路不良，机械和燃料损耗甚大，都急需休养整顿。但处在人民解放军对蒋介石展开的全面攻势下，不可能得到喘息的机会。一进入十一月份，淮海战役的序幕就揭开了。徐海蚌淮解放军大军云集，黄百韬兵团东援海州，首先陷入罗网。在此决定国民党军生死存亡的关键时刻，蒋介石决定把第十二兵团投入，作孤注一掷之举。第十二兵团司令官黄维因蒋介石催促东进甚急，准备工作仓仓促促。除将染病官兵及笨重行李辎重送武汉留守和补充一部分粮弹外，主要的人员装备俱未获调整，只就近召我及战车营龙营长询问一下部队情况，说明了他第一步的行军计划，并令龙营长将在汉口修理好的两辆坦克赶运前方。当时的情况如下：

（一）国防部的情况通报：共军陈毅部调动频繁，集结于鲁南、苏北地区，积极准备对徐州、海州的攻略，有截断津浦路中段徐蚌交通之势，宿县、灵璧间已有共军活动。另刘伯承部主力正沿陇海路经郑汴东进，直薄徐海，参与该方面作战，大战一触即发。

（二）蒋介石决心收缩兵力，集结于徐海淮蚌地区，令黄维兵团当即参加该方面的作战，形成对解放军决战兵力的优势，迅速进出淮北地区。

（三）黄维当时的考虑和决心：认为豫西南当面的敌人主力已转移

* 作者当时系国民党第十二兵团第十八军少将军长。

陇海方面，只残置正规军一部配合地方武装部队，四处游弋，无积极企图；在沙河以南淮阳、阜阳、颍上间敌情顾虑不大，由各军适当部署自整战备；沙河以北可能遭遇人民解放军的阻滞，则须严整战备；预计在阜阳附近由兵团统一调整各军的行动，第二步进出蚌埠附近靠拢交通线，以蚌埠为作战的后方，再根据蒋介石意图，策定尔后的作战行动。

（四）一九四八年十一月上旬，第十二兵团的行军部署如下。

右纵队为第十八军（欠第四十九师）、快速纵队及兵团司令部，由确山出发，经正阳、新蔡至阜阳；左纵队为第十军、第十四军，由驻马店附近出发，经汝南、项城、临泉至阜阳；第八十五军附第四十九师（在汉口整训后归第八十五军指挥）为第二梯团，该军于广水集结迅速车运确山，循兵团部行进路线至阜阳。

第十二兵团的行动由于蒋介石严电催促，即匆匆东进，军师长以下各级干部，对作战方针不明，兵团组合不久，各军干部没有互相往来的机会，彼此隔阂；加之各军干部家属多在武汉，一时变换作战地区，很多为家室所累，情绪不安；兼之兵团部也根本没有做政治鼓动工作，因此士气低沉。

第十二兵团对补给的安排：以确山至蚌埠间大部属解放区，一部是游击区，完全没有补给机关，兵团部令汽车及辎重部队尽量携带粮弹随军行动。兵团兵站司令部指挥人员，由武汉先遣至蚌埠开设补给基地，准备粮弹燃料及必要器材，待兵团进入徐海地区即迅速进行补给。

二　沙河遭遇地方武装的阻击

第十二兵团开拔后，在汝河流域未遭遇严重障碍，其先头部队第十八军，于十一月中旬到达阜阳。前面横流着一道沙河，河面约五百米，深不能徒涉。沿河两岸静悄无人，仅北岸有几只小船停泊。第十八军前卫部队即拥至河岸，寻找渡河材料，企图渡登彼岸。但不意北岸林荫深处，枪声突鸣，有人应声倒地，始发觉北岸有武装部队凭河据守。据谍报知是少数解放军地方武装部队，竟使几万大军无法渡河。黄维跟着到了阜阳，我将情况报告。以后打听得沙河下游回溜集附近停泊大批船只，即令第十八军连夜向回溜集前进。在这里渡河北进，未遭遇抵抗，工兵营搭了一座浮桥即全部迅速通过。主力继续北进，以一部向阜阳北岸的解放军地方武装部队抄袭。但该部队于完成阻击数万大军的光辉战斗后，即已离开。兵团主力以快速纵队的架桥材料连架成纵队桥，部队陆续通过沙河。

三 涡河渡河战

第十二兵团继续北进，右纵队第十八军先头部队到达蒙城，左纵队第十军先头到涡阳以东的西阳集附近。当时得知一般情况如下。

第十八军方面，先头第十一师到达蒙城涡河之线时，发现蒙城及涡河南岸无敌踪，但涡河北岸有解放军沿河占领阵地，阻止第十一师的渡河。观测结果，其中很多是坚固堡垒工事。该师在蒙城渡口企图渡河时，受到北岸猛烈的射击，双方沿涡河对峙。

第十军方面，主力到达西阳集附近，发现涡河北小涧集附近各独立高地各村庄有解放军大部队集结，并就各独立高地构筑工事。另该军所属第十八师之一部到达涡阳附近，遭遇解放军一部，即向之袭击，夺取辎重车数辆，其上满载解放军发行的纸币数百万元。黄维命令将一批纸币发给各军师便衣搜索部队及情报人员，其余大部分销毁。截获文件证明为中原野战军第六纵队，这个纵队在豫西担任牵制第十二兵团的任务，以后在第十二兵团西侧齐头并进，通过周家口先期越过涡河北岸。

黄维得知上述情况后，认为涡河北岸之敌只是第六纵队一个纵队的兵力，即命令第十八军迅速驱逐蒙城当面涡河北岸之敌，进出涡河，以便于而后兵团的行动。

第十八军的攻击部署以第十一师为右翼攻击队担任主攻，渡河点选定于蒙城东十余里处，地形居高临下，便于掩护。以第一二八师一个团配属师炮兵为左翼攻击队，渡河点选定于蒙城西十余里处，这里地形平坦，双方条件相等。蒙城正面则采取佯渡以牵制解放军。十五日晚步兵俱已展开[1]，炮兵阵地亦推进到河岸之后，乘夜开始行动，全线遭到解放军的坚强抵抗。第十一师方面经激战后渡过涡河，拂晓主力陆续渡河，向西北攻击前进，与解放军逐村争夺，迄下午五时，进展仅数公里。左翼

① 据查第十二兵团是十一月十八日抵蒙城的。

第一一八师方面担任攻击者为第三十三团[①]，战斗最为激烈。该团在渡河时，因涡河水深，徒涉场选择不适当，淹死了一些人。登上北岸即被解放军发现并予以迎头痛击。后续部队继续前进，占领了北岸两个村庄。午夜解放军主力部队到达，对该团展开猛烈的痛击，该团几于不支，有一部分被赶回到河岸沙滩上，亏得炮兵部队以炽盛炮火向北岸解放军轰击，才使这个团稳定下来。但解放军攻势迄未少衰，前仆后继，猛勇冲击。由于该团携带美械火焰放射器，向解放军密集部队进行残酷的喷射，解放军的逆袭才停顿下来，拂晓时主动撤离战场。十六日，第十八军强渡涡河的计划获逞。第十军方面主力集结西阳集，一部进出涡河北岸，搜索部队与距西阳集十余里各独立高处的解放军对峙，未发生激烈战斗。

四 决而未行的蒙城作战计划

黄维根据第三十三团在战场上所获文件及尸体证明，向该团作河川防御猛烈逆袭的解放军为两个旅又一个团的番号，超过了原所估计当面之敌仅第六纵队的判断。在战场上另拾到解放军的大批传单，整个篇幅充满鼓舞动员的文字，宣示这一次是打垮蒋介石、解放全中国决定性的一战，号召全军指战员发扬革命精神，光辉地完成这一神圣战斗任务；并指出解放军在这里布置了天罗地网，有“活捉黄维”“看你黄维哪里逃”等响亮的口号。当我向黄维报告战况时，把文件传单交给黄并以极其紧张的态度向黄申述意见，认为第十二兵团这次进入徐海地区作战，发现解放军几点异乎寻常的迹象，截然改变了解放军过去一贯的作战方式，大堪注意：第一，过去刘邓大军和陈粟大军是各自为战，现在两大兵团靠拢在一起，很明显企图一定不小，大战迫在眉睫。第二，过去解放军一贯采取侧击、尾击、不意袭击、变化多端的运动战方式，这次则采取迎头堵击，利用河川有利地形，设置整然的防御阵地，涡河以北俱发现解放军在构筑工事，堡垒式的坚固掩体星罗棋布，为前所未有，似乎有大打硬仗之势。第三，这次解放军动员军队和人民群众的工作，规模空前广泛，过去很少看

---

① 一九四六年整编时，整编第十一师把原第十一师所属的第三十三团拨归整编第一一八旅，后未重新调整而沿用下来，故第一一八师有第三十三团的番号，而第十一师有第三五二团的番号。

到大批公开的宣传文件，这次则如火如荼，形成狂热。另据情报所知，各地人民地方武装部队都云集到徐海地区来了，如桐柏山区的王老汉游击队就跟着来了。从以上情况可以看出，第十二兵团已处在非常严重的阶段。我向黄建议，兵团应迅速调整部署，站稳脚跟，以应付当前的严重情况。黄维经过考虑遂策定了以蒙城为核心的作战计划。黄维的决心和部署概要如下：

1. 向蒋介石报告当前情况的严重，要求蒋介石准第十二兵团在蒙城集结，等候吴绍周后续梯团的到达，并于此时就近向蚌埠补给充分的粮弹燃料，兵团暂缓北进。

2. 蒙城作战计划采取了胡琏一贯对付解放军作战的所谓“核心机动”战法：以蒙城为核心，构筑坚固工事，囤积粮弹，把触角远远伸出去，同解放军保持接触，把拳头抱起来瞧准目标再打下去；前进时先占领前方有利地形，作为新的核心。如此逐次跃进，稳扎稳打。

根据上述方针，黄维命令第十八军占领蒙城，一部进出涡河北岸，第十军由西阳集渡河向蒙城靠拢，联系第十八军占领阵地；一部向涡阳及涡河以北活动。第十四军位置于蒙城东南十余里处，成掎角之势。并令吴绍周向蒙城急进。

十一月十七日各军按上述部署转移，进入指定位置，并积极构筑工事，准备大战。这天我召集第三十三团班长以上人员及战斗有功的士兵、全军连长以上干部开“涡河渡河作战检讨会”。黄维也亲自到会讲话。一部分班排连长作了战斗情况的报告，介绍经验。我作了总结讲话，并宣布一批人升官，一批人发给奖金，最后会餐而散。

兵团司令部对交通通信及有关战备作了必要的措施，如征集大批船只担任伤病兵的后送、构设通信网等。还有由蚌埠补给的军需品，各部队分别领用。这时兵团参谋长萧锐突患急性盲肠炎，黄维将萧送蚌埠医治。萧历任第十八军参谋长、第十八师师长，跟胡琏很久，熟谙胡琏一套战法及解放军情况。萧走后兵团副参谋长韦镇福等都是初临战场的。

第十二兵团在蒙城蹲了几天。这时北线黄百韬兵团在碾庄圩被解放军围困，情况万分危急，蒋介石催促黄维进军打到徐州去，黄等不及吴绍周的到达，下令向北攻击前进。本来是严阵以待，突然变为倾巢出击，这样大的变更计划，黄维不仅没有召集各军长研究一下，就连对同驻蒙城内近在咫尺的我事前也没有通知。当我接到行动的命令时感到非常诧异，明知其不可为，但以命令既下，不敢违抗，只好照命令办事。因此蒙城作战计划决而不行[1]。

五 浍河渡河战

蒙城北板桥集东西河流之线，有解放军沿河据守。黄维令第十四军攻击，第十八军在后策应。稍经激战，解放军即主动撤走。黄维即以第十八军及快速纵队为右纵队，沿蒙宿公路经板桥赵集直趋宿县；以第十军为左纵队由小涧集经张家集、孙疃集进出宿县以西；兵团司令部及第十四军则沿蒙宿公路在第十八军后跟进。又令吴绍周梯团在蒙城补给后赶至南坪集与兵团主力会合。当日兵团进到赵集东西之线宿营。仅第十军先头第一一四师在唐家河遭遇一部解放军，稍经战斗即脱离战场。二十日上午，全线到达浍河以南地区，得知当时的情况如下：

解放军在东自东平、经南坪集迄孙疃集之线依浍河占领阵地。前卫部队战斗搜索的结果，发现解放军兵力强大，工事构筑亦相当坚强。另据第十军报告，西阳集西北的曹市、檀城集有解放军大军集结，并有小部队向该军左右侧扰袭。

吴绍周梯团已到达蒙城，并正接收蚌埠的补给。

蒋介石严令兵团进驻宿县打通徐蚌铁路交通，以便于而后的作战[2]。

黄维根据以上情况和任务，命令第十八军、第十军迅速击破当面之敌，继续向宿县挺进。

第十八军以第一一八师为主攻，配属快速纵队全部战车及军榴弹炮营，攻击目标为南坪集。第十一师为助攻，担任对东平以西沿浍河北岸占领阵地的解放军攻击，强渡浍河；得手后向南坪集以北迂回，协助第一一八师战斗。两个师于正午准备完毕，开始攻击。第一一八师主攻方面遭到据守南坪集解放军的坚强抵抗，不能渡河。我亲至前方的战车“攻击发起位置”指挥进攻，二十余辆战车分批向解放军阵地猛冲，一〇五榴弹炮及七五山炮、重迫击炮等亦以炽盛火力集中猛轰，步兵一再发起冲锋，俱被解放军击退。激战至黄昏，仍胶着在解放军阵地前数十米处，

---

① 黄维说他当时是企图向蚌埠转移，经报国防部，未获准，故于二十一日按原计划继续向宿县前进。见本书黄文。

② 蒋介石是十一月二十三日才决心打通徐蚌段（在徐州的部队于十一月二十五日才向南进攻），本文所叙的时间，都较此提前了。

被击毙营长一名，伤亡官兵百余名。第十一师方面，数处强渡浍河俱被解放军击退，隔河对战。入夜后我命令第十一师利用夜暗强渡浍河。该师工兵营营长在指挥架桥中被击毙。有数处偷渡成功，占领桥头堡阵地，主力继续渡过，准备拂晓大举攻击。是夜解放军主动放弃南坪集。迄二十一日午，第十八军全部进出浍河北岸。

二十一日，黄维兵团司令部进驻南坪集，第十四军集结南坪集以南地区。吴绍周率领的第八十五军及第十八军所属第四十九师由蒙城到达赵集，距南坪集三十余华里。

六 迟疑不决的南坪集转移计划

兵团于通过浍河后，准备向宿县攻击前进，各军积极调整部署，侦察敌情。第十八军的便衣情报人员发现至宿县（该城早已被解放军占领）公路有解放军大部队运动。第十一师威力搜索部队在蒙宿公路两侧，遭受解放军的阻击，发现解放军构筑鱼鳞式大纵深阵地，兵力雄厚，严阵以待。第十军方面发现强大解放军由西而东直捣该军侧背，一部与其后卫部队发生战斗。入晚，黄维召集吴绍周和我两人到兵团部研究作战应采取的行动，吴并向黄报告蒙城已被解放军占领（吴临走时留下一批病兵，准备顺涡河乘船送蚌埠，解放军一到俱为所俘，内中有几个轻病兵逃了出来，报告了这个消息）。黄维这时意识到情况严重，必须采取对策。他对吴和我说：“兵团的任务是要打到宿县和徐州杜聿明会师。看现在的情况，我们应该怎样打法，才能完成任务？”吴绍周因初到前方，对情况还不甚了解，没有发言，只是聚精会神看地图。我发言认为兵团所处环境非常严重，解放军大军云集，布置了天罗地网，有意识地放弃涡河、浍河，诱敌深入，现在我们已经陷入圈套，但还没有被四面包围，还有相当的主动权。如果继续执行蒋介石的任务，打向宿县，那就是越陷越深，死路一条。对于解放军大纵深阵地的攻击，没有把握打得动，尤其大兵团作战，不能没有后方。我们现在是不着边际的孤军，这样的仗怎么打下去？我向黄维建议：“趁东南面还未发现情况的时候，兵团星夜向固镇西南的铁路线靠拢，南坪集到固镇只八十多华里，一气就可赶到，一方面取得后方的补给，一方面和李延年兵团合股，再沿津浦线向北打。这样可以立于不败之地。”吴绍周表示同意。黄维紧锁双眉，在房子里踱来踱去，焦急地考虑着。一直拖到半夜十二点，始决定兵团即刻向固镇转移。

其转移部署为：

1. 以集结在南坪集东南的第十四军，迅即向东子集以西浍河之线前进，沿浍河南岸占领阵地，向北警戒阻止解放军的南下，以掩护兵团的转移。

2. 第八十五军以主力于南坪集附近占领阵地，向西北警戒，以掩护第十八军和第十军的转移，待两军通过后即经罗集向固镇以西瓦疃集附近前进。

3. 第十军迅即脱离敌人，沿浍河南岸依靠第八十五军和第十四军的掩护向固镇以西前进。

4. 第十八军迅即脱离敌人，连同快速纵队经双堆集向固镇西北湖沟前进。

5. 兵团司令部在第十八军后跟进。

第十八军军部在南坪集东北三华里，我回到军部，即下达转移命令。恰好这时第四十九师师长何竹本派其副师长张定国，到军部请示行动，我即命令该师不必到南坪集，径由赵集驻地出发，经罗集向湖沟前进，到达后即担任对东北方面的警戒，与固镇李延年兵团联络，侦察附近地形，引导军主力进入驻地。其次命令骑兵团团长翟连运，即刻向固镇西北前进，担任该方面敌情的搜索和友军的联络。对第十一师、第一一八师规定了行动的准则，令其派出小部队主动攻击，以资眩惑，使撤退容易。规定拂晓开始行动。我部署完毕后又到兵团部向黄维报告部队行动措施。黄这时神态万分焦急，对我说："要等我的命令才能开始行动。"我吃惊地问黄维是什么原因改变了决心。黄维说："兵团转移的命令叫一个参谋给吴绍周送去，但是这个参谋和所乘的吉普车都失踪了，正派人寻找，等一等再说。"我听了不便再问，认为可能是兵团大转移，黄维责任攸关，以此委决不下。我在兵团部坐等，黄维既不叫退也不叫进，整个兵团部队整装待发。到正午十二时，南坪集到赵集公路的西侧，有少数解放军渗入，破坏通信，第十八军和第十军正面的解放军渐形活跃有逼近之势。我几次向黄请示行动，未得要领。黄维最后才下了决心，命令各军按计划开始行动，这时已经是下午四点钟了。如果以早上五点钟开始行动算起，则耽误了十一个钟头之久，按急行军速度至少走了六十华里的路了。

七 合围势成，插翅难逃

十一月二十二日下午四时①，第十二兵团开始行动。动作最快的是第十八军，因老早把军队摆成行军纵队，只前方留置少数的掩护部队。该军走到双堆集时，已是六点多钟，本来还可以继续夜间行军，但以战车和几百辆汽车都是野地行驶，在白天可以横冲直撞，一到夜间，堑尺之水成为障碍，就动弹不得。因此黄维决定在双堆集以北地区宿营。兵团态势如下：

1. 第十八军主力及快速纵队在双堆集附近，所属第四十九师及骑兵团，到达罗集东南地区。

2. 第十军到达南坪集东南地区。

3. 第十四军到达东平集以西浍河南岸地区，北岸有强大解放军运动。

4. 第八十五军主力在南坪集以南与解放军对战，所属第一一〇师两个团到达双堆集东北。

5. 兵团司令部到达双堆集东北三华里处村庄。

十一月二十三日，黄维命令各军继续向固镇前进，但在这天情况急遽变化。第八十五军遭受解放军攻击，有一个团长被击毙，部队一度陷于混乱，经吴绍周指挥部队增援才稳定下来。当时解放军攻势有增无减。第十四军到达浍河南岸后未能按照兵团命令沿浍河占领阵地，解放军以排山倒海之势渡过浍河，展开猛烈攻击。第十四军仓促应战，被解放军冲得七零八落，纷纷向南溃逃。这时第十军各师的队伍正在各个村庄集合准备出发，所属第一一四师适位于第十四军毗邻，溃兵直向这个师冲来，追击的解放军衔尾而至。师长夏建勣见情况混乱，即命令部队就地抵抗，经过敌我不分的一场混战，勉强把队伍集结到几个村庄，占领阵地。该师一个团被解放军截断，团长朱达失踪，只零星逃回了一些官兵。该师的炮兵部队及辎重部队全部为解放军所俘。第十军军长覃道善看到态势不利，即令第十八师和第七十五师各派部队收容，全军正面俱遭受北面解放

① 据查，第十二兵团是十一月二十三日深夜决定向固镇方向转进，二十五日被围于双堆集附近的。

军的攻击。第十四军部队失去掌握，在第十军的协助下，才收容部队，重整态势，虽然在第十军东北占了几个村庄，但战力损失大半。黄维在这种情况下，命令第十八军派第十一师占领双堆集以北一带村庄掩护吴绍周第八十五军撤退。到下午五时许，吴才率领第二十三师及第一一〇师一个团、后方师新成立的一个团到达双堆集附近。第一一〇师师长廖运周带两个团进出双堆集以南地区后，被切断联络。第十二兵团经过这一天的严重混乱，寸步未移，解放军各路大军则潮涌般赶到战场，团团包围，黄维兵团已插翅难逃。

八 廖运周起义

当黄维决定向蚌埠以北转移时，命令第八十五军主力，于南坪集附近掩护第十八军和第十军，而以廖运周第一一〇师（欠一个团）担任对东南方向敌情的搜索掩护。二十二日廖到达双堆集附近[①]，第十八军从旁经过，看见廖部分散在各村庄里，占领阵地，像准备战斗的样子，气氛相当紧张。我到双堆集后，即令通信营向廖的师部架通电话，请廖讲话，问廖当面发现什么情况和他部队的位置，廖说双堆集东发现解放军小部队活动，还和他们打了一下。我和廖是初次打交道，感到廖颇为健谈。廖问第十八军的行动，我告以在双堆集宿营。廖说："我的部队在双堆集以北，准备即刻行动，到双堆集南边村庄宿营。"于是相约切取联络。我对廖不疑有他。

次日一早，黄维命令第十八军暂不行动，我即令通信营向双堆集以南村庄找廖的师部，架通电话。几次催促通信营营长，又派了一批人去，发现村庄是解放军占领着，才引起我的注意，迅速命令部队向南警戒[②]。次日吴绍周率领第八十五军主力到达双堆集以北，所有村庄都住满了人，几万人挤进来非常混乱，不利作战。黄维命令第十八军将双堆集东南几个小村庄让出来，请吴带第二十三师驻进去。匆匆构筑工事，占领阵地，但因为村庄太小，第八十五军的直属部队及第一一〇师和新编师各一个团俱在空地上露营。于是黄维令第十八军向双堆集西解放军占领的村

① 廖运周说他们是二十四日到达赵集，二十五日拂晓准备向湖沟集前进的。

② 据查，廖运周是十一月二十七日率第一一〇师起义的。

庄，进行攻击，夺回了一个村庄，把第一一〇师姜团驻进去占领阵地，归第十八军指挥。以上的处置显然对第八十五军是极其不利的：位置在第十八军前方，担当了替第十八军正面承受解放军的攻击；部队被分割使用。第八十五军过去作战，士气高涨，战斗相当顽强，这次作战意志非常消沉，主要是受廖运周师起义的影响。廖师起义的影响还远不止此，按当时的态势，如果廖不起义，整个第八十五军集结到双堆集东南，则又是一种情况，战役会更残酷。廖师的起义也影响了第十二兵团军心，一般军师长无不泄气。接着第二十三师黄子华在阵地上向解放军投降，虽有种种原因，但主要是廖运周师起义的连锁反应。

九 “敞着走”和“滚着走”

第十二兵团被围后，黄维最初的决心是贯彻原计划，继续向蚌埠前进，但鉴于第十、十四、八十五三个军都遭到巨大损失，只有第十八军两个师完整，其第四十九师在赴固镇时被解放军袭击，撤至蚌埠，骑兵团只能无线电联络，要硬打过去不行，但是绝不可不走。黄对我说：“我们敞着走不行，就滚着走吧。”他命我赶快准备行动。我也妄想打开一个缺口，夺口而出，直奔蚌埠。但因解放军坚强阻击，滚也滚不动，于是黄又改为就地固守，其原因据副参谋长韦镇福事后透露，是蒋介石不许黄维走，认为第十二兵团可以顶得住解放军的攻击，到时候解放军会自动撤走。蒋严令黄维死守待援，不得轻动。各军师奉到死守待援的命令莫不相顾失色。黄百韬被打死，整个兵团覆灭的消息，早已传遍。大家意识到第十二兵团可能和黄百韬的下场一样，“死守”也就是“守死”。

十 所谓双堆集周边战的“蹂躏战术”

解放军完成合围的态势后，经过几天的侦察和准备发动全面攻势，如蚕食桑叶，一步步逼迫。这里的地形平坦开阔，只有双堆集东南有一座十几米高的土堆，西面有一条南北向的小河，此外尽是分散的村庄，树木也很少。双方战斗没有很多的地形地物可资利用，因此解放军采取掘壕前进、近迫作业的沟壕战术，一道道的交通壕如长龙似的直伸向国民党军阵地前沿，形成无数绳索，紧紧捆缚。解放军利用夜暗调集兵力，进入冲锋准备位置，和强大的炮兵火力相配合，发起猛烈的冲锋，挡者很难幸免。首先感到危急的是遭受解放军沉重打击、部队已残破的熊绶春第十四军和第十军第一一四师。他们守备的村庄一个接着一个丢掉了，守备的部队一营一团地被消灭，成一面倒之势。特别是熊绶春不断向黄维告急，黄维几次命令第十八军抽出兵力，去帮助把突入村庄内隔着一道墙一条沟威胁最大的解放军打出去，以恢复原来的阵地，稍微缓和一下。可是解放军的攻势勇猛坚强，这里刚稳定下来那里又危急万分了。因此从十一月二十三日兵团被围起到十二月五日，第十八军担任策应各军的任务，配合战车和炮兵，不断向解放军反扑，二十几辆战车轮番出动，隆隆之声不绝。蒋纬国曾飞双堆集上空，和战车营营长谈话，给战车官兵打气，要他们勇敢战斗为党国立功，并造谣说各路增援大军即将到达，必须坚持下去。空军飞机也是川流不息，成天在双堆集上空盘旋。国民党军反扑行动，都由拂晓开始，到黄昏停止。入夜以后则完全是解放军的世界，战场由解放军主宰。黄维还实行了两次规模较大的出击战斗。他看到阵地前面的村庄被解放军利用作为攻击据点，企图破坏解放军的攻击准备，曾抽调了几个团，令我指挥，向双堆集以西几个村庄猛扑，所有的战车和炮兵都用上了，并通知空军协助，付出很大伤亡，夺了几个村庄，加以彻底破坏，使解放军不能利用。各军师的后方勤杂人员成群结队进入村庄，凡是可吃可用的东西，甚至屋顶上的茅草也搬得精光。为寻觅人民埋藏在地下的粮食器物，到处乱挖，连地皮都翻转来了。但一次在向双堆集西南马庄的攻击中，解放军凭围墙沟壕坚守，逐屋争夺，国民党军伤亡颇大，迄无进展。黄维在解放军四面环攻、包围圈日益缩小的情况下，不能不做困兽之斗，组织一点力量，频频向解放军反扑，实质上是垂死的挣扎。可是蒋介石国防部却据此大吹大擂，誉为第十二兵团在双堆集周边实行了所谓“蹂躏战术”，并夸大战果，诡称解放军遭受毁灭性的打击。

十一　大举增援，徒成画饼

第十二兵团被围后，蒋介石如坐针毡，命令宋希濂兵团赶快北上增援，并把宋希濂、王凌云召到南京，面授机宜。但宋希濂兵团是归华中“剿总”白崇禧指挥的，蒋、白历来矛盾很深。白认为这是倒蒋的大好机会，公然抗命不准宋兵团移动。队伍到了汉口，上了轮船，将要启碇东下的时候，白崇禧命令不得开航。蒋、白在电话中竟对骂起来。白坚不承命，结果宋希濂兵团的主力只好折返宜沙。十二月一日，徐州杜聿明带邱清泉、李弥、孙元良三个兵团由徐州南下，对黄维及所有军师长起了一股刺激的作用，幻想这几个兵团能够抄解放军的侧背打过来，双方夹击，可以打开这个局面。但是这个幻想也破灭了，杜聿明走到永城东北的陈官庄，就被解放军重重包围，陷于同样的命运。在大举增援、徒成画饼的情况下，内部充满了悲观情绪，不少人意识到这回完了。如覃道善问我还有什么办法没有，见面时相对苦笑，他连声说："我们完了，完了。"另一种是死里求生，拉队伍逃跑的想法。如第十一师师长王元直，有一天到双堆集来，问我在这样危急情况下采取什么行动。他认为待在这里只有死路一条，估计当时的力量，第十八军还有冲个缺口突围逃出的可能。我早有这样想法，但顾虑撇开黄维和几个友军单独打出去，事体太大，这个责任可负不起，因此没有表示意见，只说："我们服从命令，活一天干一天罢。"还有一种是表面隐藏、内心非常想向解放军投降，第一保全生命，第二相机讨价还价，要求解放军给个名誉地位。如第一一八师师长尹钟岳，在十二月八日左右，亲自给我一封信看，这封信是解放军派了一个军使送来的。我接信看了，是解放军一位前线指挥员发出的，信中陈说形势利害，劝说投降，保证生命安全，要求架设电话，接洽投降一切手续。尹接待了解放军军使，可见已经动摇。我的态度顽固，煽动尹说："第十八军从江西起和红军打了几十年的仗，结成了血海深仇，共产党一见眼红，绝无饶恕之理。"尹听了一句话没有吭。

十二　胡琏出马，一再见蒋介石

第十二兵团被围后，蒋介石听到胡琏没有在部队，立刻电胡到南京召见。蒋介石问胡有什么办法导致第十二兵团转于有利的态势。胡认为这次作战，共产党倾其全力，规模空前，是国共两党最后的大决战；如这一仗打胜了，可以凭江淮之阻拱卫南京，与共产党平分天下，再图反攻。建议蒋介石放弃北方，固守南方，集中全力打胜这一仗。胡认为第十二兵团能够坚守一段时间，等待援兵的到达，请蒋赶快抽调援军，并慨然自愿飞赴双堆集重围，协助黄维鼓舞士气调整态势。蒋介石极为嘉许，答应调动兵力，兼程驰援。即令空军总司令周至柔、副总司令王叔铭为胡准备飞机，并通知黄维开辟一小型飞机场。胡琏到了双堆集后，分批召集各军师长到兵团部见面，传达了蒋介石调集大军增援作战的决心，要求大家固守待援，并听取了各军师长意见，了解部队情况，接着到各军师阵地视察了一遍，做了局部调整，注射了一剂强心针。但是几天以后，局势越来越糟，解放军的攻势更加猛烈，国民党军阵地每晚都要丢掉几处。

在解放军紧缩包围圈纵横扫荡、重点强袭的攻势下，第十二兵团的处境，已陷于瘫痪状态，凡是勉能作战的部队如工炮兵等，都摆上阵地，一连一排的机动兵力抽调都有困难。军师长各在所驻的村庄直接指挥战斗，阵地一旦瓦解，无处可逃，不是被打死打伤，就是俯首就俘。黄维、胡琏眼看风色险恶，决定胡琏再到南京去一趟，敦促救兵。如援兵有望，即与之规定协同作战的动作。如果援兵无望或时间有问题，为保存第十二兵团一部分力量，建议突围。十二月七日胡飞抵南京见蒋，把双堆集的情况如实报告。蒋说："我调的援兵已到达浦口，即开赴蚌埠参加李延年兵团，后续部队可源源到达，希望你们继续坚持一个时期。"以后了解，所谓援军，只杨干才第二十军和李勃第二十八军两部，力量不够解围。后来第十二兵团情况危急，蒋介石态度始改变，准予突围。胡请求加派空军轰炸和空投足够的弹药粮食。蒋满口应承，并说他亲自督促执行。实际自从黄维被围后，杜聿明接着便投入罗网。空军总司令周至柔、副总司令王叔铭、联勤总司令郭忏，及有关人员俱昼夜不息从各方面调动飞机和粮弹支援，凡是可供作战和运输的飞机都调到南京，甚至储存在重庆、昆明的一部分美械弹药，都扫数动用，已到了罗掘俱穷的地步。

八日晚，蒋介石邀宋希濂、胡琏、蒋经国等同进晚餐，餐后放映电影《文天祥》。蒋与宋、胡看完后，说"这个片子很好"，无非对宋、胡二人灌输对他尽忠的封建思想。九日胡飞返双堆集，临行蒋介石令侍从室送了一大批烟酒水果之类，给黄维及各军师长享用。这次胡琏到南京，黄维和各军师长都主张胡就蹲在南京，不要再回双堆集和大家同归于尽，为所谓"党国"保存人才，并望胡收拾残局，处理善后事宜。胡琏回到双堆集将蒋介石准第十二兵团突围的决定告知黄维，但两人研究结果，认为突围必须有强大空军协助和固镇方面的策应，否则是兵团单独行动，殊不可能；还认为第十二兵团突围后杜聿明更为危险，决定等南京空军布置就绪后再作行动，没有把突围企图告知各军长。因此覃道善和我等还认为是蒋介石不准突围，非常怨恨。

十三　黄子华投降

第八十五军所属第二十三师及第一一〇师一个团，后方师一个团，塞在双堆集东南角落里，军部挤在一间小茅屋里，所属炮兵营和勤杂部队，都在双堆集东北空地上露营。这当然引起该军的官兵极大不满。第二十三师接替第十八军双堆集东南几个小村庄，进入阵地后，即遭受解放军的攻击。这个师原来是湖南部队，富有地方封建色彩，官兵相当团结。但其后方是第十八军阵地，戒备森严，出出进进要得到第十八军的许可，极为不便，他们认为第十八军是对他们监视。两个军初次靠在一起作战，彼此没有信心，再加以空投的粮弹有限，给予这个师数目极少，总怀疑第十八军会比它分得多些。师长黄子华几次因弹药打光了，要求补充，但各兵站是平均分配，没有存余。黄维命令第十八军抽出一部分给他。因第十八军的汽车营载的弹药较多，比其他各军富裕，我为维持该师继续作战，也愿意分给他。空投的弹药其中凡是美械用的，如美造榴弹炮、山炮的炮弹都交给第十八军，第十八军对于日械、国械都用不着，这样显得我们确是分多了。第二十三师官兵遭受种种困难，在十二月五日以前，对解放军的抵抗是勉强支撑，曾数度阻止解放军的攻势。但五日以后即急转直下，处于弹尽粮绝、饥寒交迫的窘境，解放军已冲入阵地，犬牙相错，情况危急。吴绍周的军部和黄子华师部只一箭之地，感到严重的威胁。吴派参谋长陈振威与我交涉，要求给吴让出一个军部的位置，我请吴带军部必要人员搬到第十八军军部同住，合组指挥所。吴乃带副军长张文心、参谋长陈振威及必要参谋人员与我同住一室，通信系统完全利用第十八军的，不再另设。吴绍周这一转移，使第八十五军很多人发生猜疑，认为是黄维命令第十八军将吴监视了。在廖运周起义后，产生这样怀疑是很自然的。实际上我没有收到黄维任何指示。黄子华这时离开了吴绍周，完全可以采取自由行动。十二月十日晚黄率领该师残余部队，向解放军投降。当晚十一时许，吴绍周和我正在研究情况，忽然听到双堆集东南突然发生一片喧哗声，十几分钟后就沉静下来。不久，第十八军阵地守兵报告说："第二十三师副师长周卓铭要进双堆集，有要事面报吴军长。"周进入后向吴说，第二十三师阵地被解放军攻破，他一个人逃了出来。我当时虽怀疑第二十三师被解放军攻破，为什么一点枪声都没有，但也不便追问。事后了解，黄子华向解放军接洽投降时，周亦参与其事，周不同黄一道走是想继黄当师长，照顾后方家属，并有下一次向解放军通款之意。黄子华投降，第十八军阵地一角去了一块挡箭牌，全部阵地敞开，遭受解放军重点攻击。

十四　穷凶极恶的“放毒计划”

胡琏第二次回双堆集，除对黄维及一二亲信把南京的混乱情况告知外，对一般军师长则讳莫如深，唯恐更因而泄气。黄维、胡琏在即将陆沉的前夕，并不甘心束手待毙，还是千方百计做垂死的挣扎。大约是十二月十日，胡琏叫我到兵团部，对我说：“南京有一个极端秘密的计划，决定使用毒气大规模地歼灭解放军。计划用飞机在兵团阵地周围施放窒息性和糜烂性毒瓦斯，你回去秘密布置一下，把陆空联络的布板信号准备齐全，围着我们的阵地标示出来，并研究我们自己防护的处置，一切尽快准备好。空军什么时候来，听候通知。”我听了胡的话后为之一惊，害怕放毒时不能很好控制，难免和解放军同归于尽。因此向胡表示，这样办并不能消灭敌人、保全自己。胡沉吟很久，未予作答。我烦恼地回到双堆集。因事关秘密，未向任何人说出。过了两天兵站参谋长陈志轩来对我说，南京方面空投了一批毒瓦斯弹，他们已经在投掷场收集了几百颗，黄维命令大部分发给第十八军，一部分发给第十军使用，请我派军械官前去领取。我即派了一个军械官同去，不久这个军械官领了二百多颗回来。我过去没有见过毒瓦斯弹，不知道它的性能和用法，因即叫军械官送来看看。随即扛来一箱，当面打开，一箱约装十颗，内中有性能及使用的说明书，注明这种毒瓦斯弹是催泪性和喷嚏性混合剂，有效持续时间约五分钟，每一颗都装置有放射器，其外形和构造很像日本军队使用的掷弹筒，对正目标取四十五度高低角，拉火发射，最大射程是三百米左右。我同第一一八师师长尹钟岳还看着军械官取出其中的一具，将弹体装置在放射器上演练了一番。我令大部分发给第一一八师，一部发给第十一师，告知他们领到后，秘密使用。

双堆集东南的尖谷堆是一座十几米高的山堆子，形成阵地的制高点，由于这座制高点的依托，居高临下，数度阻遏了解放军的攻击。另外炮兵部队的观测所也设置在上面，敌情观测和步炮协同都极为有利，因此为双方所必争，解放军的主攻就指向这个制高点。十二月十二日黄昏后，解放军的壕沟已逼近这个制高点的脚下，一举发动攻势，密集部队潮涌冲锋。第一一八师守军即猛烈发射毒瓦斯弹，旋见解放军即刻停止冲锋，声息全无。这一夜解放军没有继续攻击。另一次使用毒瓦斯弹，是在双堆集西边的一座山庙前，这座山庙被解放军攻破，我企图夺回，令尹钟岳组织兵力配合毒瓦斯弹攻击，先发射毒瓦斯弹，步兵跟着冲锋，但解放军方面似乎没有受到什么影响，仍然有炽盛的火力猛烈射击，攻击未能成功。毒瓦斯弹并没有挽救国民党军的覆亡，而蒋介石以及使用毒瓦斯弹的人，则犯了滔天的罪行。

十五　蒋介石的催命符——亲笔信和嘉慰令

第十二兵团被解放军包围了十几天之后，官兵极度疲惫，对解放军的夜间攻击非常恐惧。各个阵地守军与友军通电话时，互相道别，未卜明朝能否相见。当晨星荧荧、东方放明的时候，我们都两眼望天，看天气好不好，盼望从天上掉下粮食和弹药来。但是这天南京飞机投下的粮弹微不足道，却投下了一袋文件，其中是蒋介石给黄维和各军军长的亲笔信，另外从飞机上撒下了一张张传单，是蒋介石对第十二兵团全体官兵所颁发的嘉慰令。亲笔信和嘉慰令的内容，无非是为国民党军官兵打气，说这次战役官兵如何英勇，解放军已遭到严重打击，伤亡惨重，崩溃在即，只要再坚持下去，就一定取得最后胜利，对官兵的忠勇表示无比的欣慰关怀，党国前途实深利赖等等。这些不仅没有收到预期的效果，相反地激起了所有官兵对蒋介石的怨愤，大家要的是粮食弹药援军，开空头支票抵什么用，实际是一道催命符。大家意识到催命符一到我们就快完了。

十六　临死涕泣的熊绶春

第八十五军以黄子华的投降而全军覆没，紧接着是熊绶春第十四军的全部被消灭。该军残余占领双堆集东北四公里处杨围子附近几个村庄。在解放军一步紧一步的攻击下，阵地被蚕食殆尽，最后只剩下他所在的一个村庄。熊焦急万分，不断向黄维告急。本来第十四军也是蒋介石的嫡系部队，熊又是江西人，与黄维同乡，在被围之初，黄曾给予各方面的照顾，但此时对熊实在爱莫能助。因这时包围圈已缩得很小，几百米的小型飞机场都不能保持安全，飞机已不能降落，兵团司令部也直接受到解放军炮火的轰击，所有的后方部队和伤兵溃兵都拥挤到比较安全的空地上，到处是人。熊部还有几千人，无处容纳。因此熊坐在掩蔽部几次掩面饮泣，悲不能抑。他的参谋长梁岱在十一月二十四日曾被解放军俘虏，冒称是军部的书记官，解放军给了梁一封劝降信，要他交与熊绶春，梁被释放回到军部后，曾将信给熊看，熊顽固执迷不悟。在情况紧张时，梁劝熊考虑投降的问题，熊一则对解放军疑惧太深，又背着家庭包袱，还存在种种侥幸的幻想，没有接受劝告。当解放军攻进村庄冲到他的掩蔽部附近时，熊张皇失措，梁劝熊说："外面枪炮打得很乱，出去很危险，不如就蹲在这里，当俘虏也没有什么了不起。"熊不听，起身夺门而出企图逃跑，但跑到几十米，就被乱枪打死。梁岱蹲在掩蔽部，解放军一到，举手就俘。

十七　双堆集阵地的瓦解

十二月十日以后，仅残存第十八军、第十军继续做毫无希望的抵抗。

第十军方面：所属第一一四师的第五十四团（原属第十八师）[1]，因伤亡惨重，胡琏命将所守村庄放弃，整顿了两天，再令在双堆集东侧的开阔地建立了一个野堡阵地，以掩护北面的兵团司令部，师长夏建勣则仍坚守兵团部东面一个村庄。十四日，第五十四团在解放军强大炮兵火力的猛轰和精锐部队的突击下，全部被歼。该军所属第七十五师的一个团长刁秉魁被击毙，另一个团长刘次杰被迫放弃阵地，被胡琏宣布死刑；师长王靖之守备双堆集东北三公里处的一个村庄，在解放军进攻时负重伤，该军第十八师在兵团北面几个村庄，亦残破不堪，与解放军犬牙交错，逐屋争

---

① 一九四六年整编时将整编第十八旅的第五十四团拨为第一一四师所属，后未重新调整而沿用下来，故第一一四师有第五十四团的番号，而第十八师则有第三四〇团的番号。

夺。整个第十军气息奄奄，不绝如缕。

第十八军方面：从十二月九日起防御体系开始瓦解。第一一八师双堆集阵地是解放军攻击的重点。双堆集北面的大王庄为该师第三十三团守备，解放军日夜进行迫近作业，无数条交通壕像长龙般蜿蜒曲折向阵地逼近。师长尹钟岳曾妄想打破解放军的沟壕战术，每晚挑选精壮官兵，五六人为一组，更番向迫近作业的解放军袭击，但迅即被解放军预伏的掩护部队所截击，无法阻止解放军的施工，长龙依然昂首前进。以后又采取对壕作业的方法，即同样在阵地前构筑交通壕，向解放军的交通壕对进，迎头阻截，以迟滞解放军向阵地接近。但士兵因饥寒交迫，体力羸弱，作业进度极为缓慢，有的甚至挖了几锹就罢手了。伸出的交通壕很近，而且条数过少，往往为解放军多条交通壕所包围。我和尹钟岳等想尽千方百计，俱未能阻遏解放军的攻势。因此在九日黄昏后，解放军发动猛烈强袭，第三十三团大部被歼，团长孙竹筠逃出，胡琏将之撤职查办。黄维、胡琏俱认为第十八军阵地不能失守，必须夺回，以贯彻顽强的作风，命令我抽调兵力积极反扑。我连夜部署，从第十一师方面抽调一个团，连第一一八师能用的兵力，扫数用上，集中所有榴弹炮、山炮，连同第八十五军的野炮营俱在内，一齐倾所有弹药轰击。整个大王庄淹没在硝烟尘土之中，两军在迷蒙重雾中冲来扑去，逐房逐屋、一墙一沟地反复争夺，死伤枕藉。直至下午五时，解放军仍据守一角，屹然不动。反扑部队则精疲力竭，无力再行攻势，入夜撤返原阵地。我为掩盖失败，夸大说这次反扑消灭了解放军四个团。黄维、胡琏一面嘉奖反扑部队，一面向蒋介石报捷。

双堆集东南的尖谷堆制高点是整个阵地的骨干，其上构筑坚固的堡垒工事，企图确保，曾使用毒瓦斯作战，一度阻止解放军的攻势。这个高地成为解放军炮火集中轰击的弹巢。几天之内换了三个团长，在解放军再次大举的攻势下，这个制高点终于粉碎，团长廖汉庭以下俱被俘。我感到这是致命的打击，不顾一切地调集兵力，特务营、炮兵营、工兵营的官兵都使用上了，经过半天的准备，进入冲锋位置，一声令下，向尖谷堆冲去。经解放军迎头痛击，未能夺回。制高点的失守，使整个双堆集处在解放军瞰制之下。不仅军部受到直接威胁，特别是快速纵队的战车、油车、弹药车、修理车及炮兵放列阵地都在这个制高点的西北面三百多米处，不仅不能活动，只要解放军一个冲锋就会全部垮台。黄维、胡琏决定将快速纵队这一摊子转移到兵团部附近，由第十一师掩护。所有的大炮因炮弹都已打光，已成废铁，又无处转移，我令将炮推到一堆，以防解放军夺取。炮兵部队的官兵，俱携带轻机关枪、冲锋枪、步枪等武器，分配一段阵地，参加步兵战斗。双堆集西边小河土庙，是第一一八师和第十一师的接合部。此地一丢，就有被截断的危险，特配属一个加强连，坚固守备，也被解放军歼灭了。解放军如继续过河，则双堆集四面受敌。当守备的连长逃回来时，尹钟岳向我报告，我令将这个连长枪毙，并通令全军官兵死守，不得放弃一寸阵地。黄维为维持第十八军战斗力，曾命令逃出的第十四军副军长谷炳奎，收容第十四军零散官兵千余人，拨第十八军补充，并毅然将兵团部的特务营也拨归第十八军，编入第一一八师团队建制，凡是可以拿枪战斗的人员都给使用上了。第十一师因和黄维兵团司令部驻在一起，形成核心内廓，仅西边受到解放军的攻击，但西面地形很好，小河西岸也有一座土堆制高点，成为西面的屏障，凭制高点顽抗，一直保有原来的阵地。因此这个师还有一点战斗力。但到十二月十四日下午五时，兵团部南面的第五十四团野堡阵地被解放军捣毁后，第十一师的东南角直接受到攻击，兵团部和双堆集第十八军的交通被火力遮断，仅两道交通壕维持联络。此时兵团部直接受到解放军的攻击，枪弹裂帛似的在黄维头上呼啸而过，炮弹打在掩蔽部附近爆炸，硝烟弥漫，死伤枕藉。黄维、胡琏瑟缩在掩蔽部里一筹莫展，第十二兵团已到了最后弥留的阶段。

十八　黄维的突围计划

十二月十五日午黄维、胡琏决定突围，召我到兵团部与胡琏见面，胡在指示突围计划后，特别叮咛我说："安徽合肥是桂系军阀李品仙的势力，须告知所有干部，千万不要向那个方向去，李对我们的态度不好，会收缴我们的枪械，到达集合地后可即向蚌埠或南京直接联络。"

黄维的突围计划是采取"四面开弓，全线反扑，觅缝钻隙，冲出重围"的方针，实际也就是四散逃命。他判断解放军围攻的重点是保持在双堆集南面和东南角，主要是挡住通往蚌埠的去路，双堆集的西面和北面则是解放军的后方，除直接围攻的兵力外，第二线梯形配备的兵力必然不多。主要突围方向则放在西、北、东三面。第十军方面：覃道善命所属第七十五师和第一一四师的残余向东突围，突出后再向南奔蚌埠。第十八师向东北角突围，向东北绕个圈子再奔蚌埠。第十八军方面，第十一师向正西突围，由黄维、胡琏亲自指挥配属战车向前开路，步兵跟着猛冲。黄维、胡琏、吴绍周各分配一辆战车，只要前面打开一个缺口，他们就不顾一切闯出去。双堆集方面则由我率第一一八师及所有炮兵、工兵残余部队向西北角突围，突出后向西绕个圈子，再向南循蒙城、蚌埠间方向逃跑。第十二兵团突出后的集合目标是凤台县，规定十五日黄昏开始行动。

黄维、胡琏命令各部队将能够携带的武器，如轻重机关枪、冲锋枪、六〇炮、步枪等，无论官兵俱人手一支，尽量带走，至不能携带的重兵器如迫击炮、山炮、野炮、榴弹炮等则一律破坏，有的施行膛炸，有的将炮闩折毁，不能打碎的重要部件则四处埋藏。炮兵的剪形镜，通信兵的总机、分机无线电台一律砸碎。特别是陆空联络电台，是美国移交的重要通信工具，装置在一部中型吉普车上，我还命令一个参谋去监督破坏。第十八军的几百辆汽车，多数是利用作了工事，车上装满泥土，一辆接一辆排列成行，构成城墙式的防御工事，车上司机早已逃散一空，没有人去破坏，只有少数机动车辆及军师长指挥用座车被破坏。

第十二兵团的负伤官兵估计近万，最初负伤的尚有卫生部队收容医治，工兵部队还给在露营地上挖了一道道掩盖壕让他们居住。以后伤得多了，无法收容，就任他们在野地上露营，无医无食又值严冬，轻伤者转成重伤，重伤者很快死亡。

黄维的突围命令下达后，各残余部队都积极准备，大家的心情非常紧张，明知这次突围凶多吉少。黄维、胡琏临走时曾向医务人员要了大包安眠药，准备不能脱身时即仰药自杀，黄、胡并互约谁突围出去后，谁就照料家属，担任一切善后事宜，但实际上胡琏以后并没履行诺言。

突围命令虽然大体上分配了各部队突围的方向和集合的目标，但具体行动并没有认真规定。还不到下午四点钟，就把电话线拆断了，彼此就不通消息，形成各自为战、各自逃生的局面。特别是胡琏规定各部队于黄昏开始行动，这一点事关秘密，非常重要。我在双堆集下达突围命令处理一切后，等待时间，按照命令到黄昏行动。但黄维、胡琏怕坐战车在夜间行动不了，逃不了命，下午四点多钟就命令第十一师和战车部队开始突围，他俩跟着在后面冲出，根本没通知覃道善和我。直到我等得不耐烦，出外瞭望的时候，才发现西北乱成一片。派人联络，才知道黄维、胡琏已经走了。这时天已黄昏，赶紧开始行动，但是企图已经暴露，解放军已做准备。我和尹钟岳亲自督队冲杀，解放军阵地如铜墙铁壁，碰来碰去连一个漏缝都找不到。我事前曾与尹钟岳选定一个最勇敢的营长，命令他打冲锋开路，但这个营长一上去不久就被打死了。部队无人指挥，乱成一团，一步也不能前进。同时后面的解放军已经冲进双堆集，没有人敢再鸣枪抵抗，只听到响起一片“缴枪不杀”之声。我和尹见势不妙，即亲自带头率领一群乱兵折向西北第十一师方面，想跟着后尾逃出去。但这时第十一师早被打散，迎头遭到解放军的阻击，只得折回。我知突围无望，过小河投身水中。随行的副官卫士因后面追得紧，四散逃去。我在没有没顶的水中感到水寒彻骨，便急忙挣扎上岸，走不到一百米，冲出一队解放军，上来两个战士将我左右挟住，急走十余里，到一个指挥部给我烧火烤衣。我不加隐讳，自报姓名军职。第二天转送后方。解放军第十三纵队司令员廖海光曾往视察，告我不要恐惧，解放军执行宽大政策。

第十一师方面：在战车的配合下打开了一个缺口，黄维、胡琏的战车跟着冲了出去，只胡琏逃脱，黄维则因战车发生故障下车杂在溃兵中奔跑，为解放军所俘。吴绍周临突围时，黄维分配他一辆战车，吴没有乘坐，在兵团部附近坐以待俘。第十一师师长王元直，逃出重围十余里，但四面是解放军及民兵活动，无处可逃，走到一小河边掬水吞安眠药十余片，晕倒在地，经解放军发觉救治复苏。尹钟岳在乱兵中为华东野战军所俘。

第十军方面：第十八师师长尹俊率残部数百人突出东北角侥幸漏网。第七十五师师长王靖之因负重伤，解放军派担架将他和所有伤兵送至蚌埠附近。军长覃道善及第一一四师师长夏建勳在突围时被俘。

至此，蒋介石王牌军之一的黄维第十二兵团被人民解放军彻底歼灭。

第八十五军的分化与瓦解

吴绍周 *

一 第八十五军编入第十二兵团的过程

第八十五军辖第二十三师、第一一〇师、第二一六师和军直属部队山炮营、重迫击炮连、工兵营、搜索营、特务连、卫生大队，总计全军官兵约三万五千人；原在广水、应山、随县、安陆间地区维护交通，归华中“剿总”直接指挥。十月初，接白崇禧转来国防部电话：第八十五军编入第十二兵团序列，并将我原职第四兵团副司令官改调为第十二兵团副司令官，仍兼第八十五军军长；并令将广水、确山防务交与张淦兵团接替后，准备东开。当接到这一电令后，我的内心起了极大的震动，考虑我军被编入第十二兵团，有种种困难，对我个人前途和第八十五军都不利。因此，接到国防部电令后，我曾在电话中向白崇禧委婉陈述，请他转电国防部准第八十五军仍担任护路，归张轸指挥，或编入第三兵团建制。但我的要求被白崇禧拒绝了。他说：“这是总统的军令，不易收回，我不能当家，也不能帮忙。”要求既不能达到，只得匆忙准备东开。十一月上旬，由广水出发，经正阳、新蔡、阜阳、蒙城，循兵团经过路线，向宿县急进。

二 盲目进军

根据兵团的行军命令，第八十五军附第十八军的第四十九师为第二

* 作者当时系第十二兵团中将副司令官兼第八十五军军长。

梯团，在广水集结后，迅速车运确山，循兵团进军路线向阜阳急进。当部队开拔的时候，除了得到兵团如上述的简单指示外，对当面敌情和以后的具体任务毫无所知，以为只是一般的归还建制。因此，在匆忙出发时，全军携带的粮秣弹药不足三天之用；并且行军的路线要横过洪河、涡河和浍河，都是在解放军的凭险阻击之下，因之行程迟缓，部队疲劳，平均每天行进不超过六十华里；尤其使人头痛的是走在兵团后尾，沿途老百姓受到兵团先头部队的骚扰，都已相率逃避，我军追踪所过之地，都已十室九空，如入无人之境。这样，更增加了进军的困难。

十一月中旬，全军进到阜阳，稍事休息，并补充粮秣。某晚，接到张轸的电报，说第八十五军有开回广水原防的消息。我很高兴，乃向张轸联系，方知他并未接到正式命令。可是黄维电促速行，不敢违误，只好继续向蒙城前进。到达蒙城后，又接到国防部电令，我被升任第四兵团司令官，第八十五军军长则以第一一〇师师长廖运周升充，所遗师长缺以该师副师长杨柳营升充。接到这一电报后，我想部队已经接近战场，而且又在第十二兵团战斗序列之内，并无明令脱离其建制，中途来这一出“升官”的把戏，真是滑稽之至。我考虑此一命令如果立即公布，可能会使部队更加混乱。为了安定军心，我即将此电报交由人事科保存，准备等战役结束后再公布。

我部由蒙城继续行军，于十一月二十三日到达南坪集兵团集中地区。

三　兵团部的军事会议

我率军直属部队及第二十三师到达南坪集的当晚，黄维即召集我和第十八军军长杨伯涛等到兵团部研究军事部署。黄维首先讲了当面的敌情：“据侦察，宿县已为共军占领，在通往宿县的公路上发现共军的大部队运动；又据空军通报，泗阳大道上发现共军大部队南下；第十军发现共军强大部队由西而东，攻击该军侧背，共军的先头部队已与第十军的后卫部队发生接触……”接着我将军部留置蒙城的病兵逃出后所说的“蒙城已为共军所占领，兵团后路已断绝”的情况向黄维报告。这时，黄维已经意识到情况确实严重。杨伯涛说：“兵团目前所处环境非常严重，共军大军云集，布下了天罗地网，我军已经陷入圈套，必须采取稳妥行动，才能解脱。”我在详细查看地图以后，对黄说：“我们是大兵团作战，必须有后方源源补充粮弹，才有胜利把握，最好是把兵团重点摆在第十四军右翼，向固镇西南的铁路线靠拢，一方面取得后方的补给，一方面与刘汝明、李延年两兵团合股，再沿津浦铁路线向北打，这样，可立于不败之地。”黄维紧锁双眉，焦急无计，会议并未做出最后决定，因夜已深，只得散会。一直等到半夜以后，才接到兵团向固镇转移的命令。

兵团规定的转移部署如下：

1. 第十四军迅即向东坪集以西浍河之线前进，沿浍河南岸向北警戒，阻止共军南下，以掩护兵团的转移。

2. 第八十五军以主力于南坪集附近占领阵地，向西北警戒，以掩护第十八军和第十军的转移，待两军通过后，即经罗集向固镇以西瓦疃集附近前进。

3. 第十军迅速脱离共军，向浍河南岸依靠第八十五军、第十四军的掩护，向固镇以西前进。

4. 第十八军迅速脱离共军，连同快速纵队经双堆集向固镇西北湖沟集前进。

5. 兵团司令部在第十八军后跟进。

四 第八十五军的掩护战斗

兵团的转移命令传达到团，已经是二十四日上午九时了。在临涣集的解放军由北向南压迫，与第二十三师发生激烈战斗。第一一〇师廖运周部（欠第三二八团）依照兵团命令，于二十二日先于赵集东进，担任对东南方向的搜索，掩护兵团主力转移。该师单独行动，与军部已经隔离，当天下午，南坪集以东的解放军亦向第二十三师掩护阵地猛攻，第十四军正面河东的解放军也展开全面的攻击。

二十五日晚，解放军已在几处强行渡河，战斗仍继续进行，部队的大部都在阵地彻夜战斗。廖运周师则随同兵团部已到达双堆集宿营[①]。第十军与第十八军亦陆续撤出阵地，集中双堆集，准备二十六日按兵团转移计划行动，因解放军包围形势已成，部队不能行动，只得就地停止。

---

① 廖运周说，第一一〇师二十五日拂晓准备出发时，接军的命令停止前进，就地待命。

二十七日晨，黄维命令廖运周师先头出发，兵团部、第十军、第十八军在廖师后跟进，第八十五军（欠廖师）在后跟进[①]。

各军正开始行动时，北面、东面的解放军跟踪追迫，全面展开战斗。当我率第八十五军（欠廖师）到达双堆集时，兵团部、第十军及第十八军均云集双堆集各村庄。因房少人多，部队多在田野露宿。第十八军还在双堆集西面夺回解放军占领的小村一处，兵团令廖师姜团进驻，并就近归第十八军指挥。这样一来，姜团又从我的直接指挥之下调去替第十八军做挡箭牌了。

五　廖运周阵前起义

当第八十五军直属部队及第二十三师到达双堆集时，廖运周率师部及两个步兵团已进出于双堆集以南，中间经解放军截击，与我失去联系。以后我率姜团前进，但出双堆集不到五华里，即为解放军阻击，不能越雷池一步。当我军已陷入包围时，曾经用报话机向廖师联络，仅一度听到该师参谋长洪炉青在报话机上说出“我们到了安全地带，请你放心”几句简短的话，以后就再也联系不上了。这时，我以为廖师只是被解放军截断联络线，被迫向外围转移了，并没有意识到廖运周会率部起义。

二十八日，各方面战斗继续进行，前沿村庄据点纷纷失掉，已经形成了被包围的态势。二十九日，包围圈逐步缩小。当日，兵团副司令官胡琏由南京乘飞机到双堆集降落，带来了蒋介石的指示，大意是：

1. 刘峙由徐州飞蚌埠指挥。

2. 杜聿明率邱清泉、李弥、孙元良等三个兵团放弃徐州，先向西撤，以后再向南转到蚌埠集中。

3. 黄维兵团在双堆集牵制共军，掩护杜聿明部的左侧背，以便该部迅速向蚌埠集中。

4. 由南京、汉口抽调部队到蚌埠，北进增援。

胡琏传达指示后，各军师即开始构筑据点工事，企图固守现有村庄。

① 黄维说这是一次部署攻击，企图突破重围的战斗行动。

六 在包围圈里挣扎

十二月初，解放军占据了沿双堆集的四周村落，构筑纵深阵地，将第十二兵团围困在一个方圆不到十里的狭窄地区内，十几万人马辎重拥挤一团。在激烈的战斗中，粮弹日少，伤亡日多，士兵斗志消沉，战斗力逐渐削弱；各级指挥官也都一筹莫展，只是挨打而已。特别是廖运周师起义消息传播后，又在无线电中听到黄百韬兵团在碾庄圩被解放军歼灭，杜聿明所率解围的三个兵团到达陈官庄附近后，也被解放军包围，再加上第十二兵团当面的解放军除了夜间进行猛攻渗入、占领周围村庄、紧缩包围圈外，白天则在阵地前展开宣传攻势，这就削弱了国民党部队死守待援的决心。最使指挥部头痛的是，解放军陆续放回的俘虏，纷纷传播解放军的宽大政策，则更进一步瓦解了官兵的战斗意志。兵团部及各军、师、团长以上指挥官虽采取了一些措施，如禁止收听解放军电台广播，隔离被俘官兵，但并未起到什么作用。

十二月十日，本军黄子华率第二十三师、第二一六师的一个团及军部卫生大队向解放军投诚，敞开了第十八军的大门，更加速了整个兵团的覆灭。

七 从突围到被俘

十二月十五日，黄维、胡琏召集杨伯涛、覃道善及副参谋长韦镇福等到兵团部署突围计划。其要点是：四面开弓，全线反扑，觅缝钻隙，冲出重围。这个突围计划实际上是要所属各部自行逃命。他们判断解放军围攻堵截的重点是双堆集南面和东南角，挡住国民党军逃向蚌埠，所以兵团决定各军分向东、西、北三个方向突围。由于联络第八十五军的电话早已撤除，韦镇福无法向第八十五军残余部队（当时由副军长张文心指挥）直接传达这个决定，只好就近告诉我。是日黄昏时开始突围，黄维派卫士指定我乘坐第三号战车，紧跟黄维、胡琏所乘战车之后行动。当行至玉皇庙渡河时，黄、胡所坐的战车将浮桥压坏，我所坐的战车不能通过。这正合我的心意：与其到南京去送死（因我所带的第八十五军战斗部队均已先后投向解放军，剩下的只我这个光杆军长了），倒不如待在这里被俘。于是我当即和两个随从卫士下了战车，走到玉皇庙门口，坐待解放军的到来。约四小时后，解放军第一纵队的搜索部队到达。解放军叫我和两个随从卫士到公路上集合。我们缴出枪支后，即被带到一个小村庄休息。次日（十七日），黄维、杨伯涛、覃道善和一些师长、团长等都一起被送来了。从此，我们都在共产党的宽大和教育之下，走上了新生的道路。

第八十五军的覆灭

张文心*

一 在东进途中

一九四八年十一月初，徐州吃紧，蒋介石决定把黄维兵团投入淮海战场。这时，第八十五军则由河南撤至湖北境内，人马疲惫，急需休整，但因蒋介石催促东进甚急，并限令第十二兵团于十一月十日在皖北太和、阜阳地区集结完毕，因而兵团严令各军务须按期到达集中地点。第八十五军因时间仓促，行军准备工作极为草促，部队由广水车运确山（染病官兵及笨重行李辎重向武汉留守处运送），连粮食弹药都没有补足，就匆匆出发。加之，很多家属住在武汉，一时变换作战地区，造成干部思想负担，以致身在部队，心在武汉，军心不安，士气低落。

当第八十五军到达阜阳境内时，白崇禧电令该军折回河南上蔡待命。我是晚上接到命令的，当时吴绍周在阜阳开会没有回来。吴得到消息后，第二天急忙回到部队，吴的态度犹豫，但最后还是率第八十五军向阜阳前进。

第八十五军在向蒙城急进途中，对于东线情况极为关心，军搜索队曾搜集一批解放军发行的纸币送到军部。又据说第十军所属的第十八师在涡阳附近拦截中原野战军六纵队几辆辎重车，车上满载解放军发行的纸币。当时我们觉得涡河附近情况不甚严重。十一月十五日或十六日[①]，第十八军发起全线攻击，受到解放军的坚强抵抗。经激战后，有一个师渡过涡河，与解放军逐村争夺，一日之间进展仅几公里。另一个师渡过涡河

* 作者当时系国民党第十二兵团第八十五军少将副军长。

① 据黄维说，在蒙城附近第十二兵团与解放军全面接触是十一月十八日。

后，又遭到解放军的痛击。由于第十八军携带有美制火焰发射器，向解放军密集喷射，因此解放军的逆袭才停止，主动撤离战场，第十八军强渡涡河获逞。

十一月二十日，第八十五军到达蒙城，得知兵团全线已到达涡河以南地区。黄维为了实现蒋介石打通徐蚌铁路交通的企图，命令第十八军、第十军继续向宿县挺进。第十八军以各种炮火向南坪集解放军阵地集中猛轰，步兵一再发起冲锋，都被解放军击退，激战半日，毫无进展。其第十一师强渡浍河，遭解放军阻击，只得隔河对战。入夜，解放军主动放弃南坪集。

十一月二十一日午后，第十八军始全部进到浍河北岸。（第十军有一个团于十九日晚渡过浍河北岸，占领掩护阵地，准备军主力渡河。）是夜，因受到解放军的袭击，激战通宵，拂晓始停，双方成为对峙状态。

二十一日①第八十五军由蒙城到达距南坪集三十余里的赵集。军部到达赵集不久，即得知蒙城被解放军占领的消息。我们感觉到解放军是有意识地放弃涡河、浍河，诱我深入，而不是力量不足被迫放弃。因此，我们都感到兵团处境危险，局势严重。

二 被歼经过

兵团司令部于十一月二十一日到达南坪集，当晚吴绍周到兵团部开会②，决定行动计划。入夜，吴回军部即宣布兵团决定，即刻向固镇转移。军的任务是以主力于南坪集附近占领阵地，向西北警戒，掩护第十八军和第十军转移，待两军通过以后，即经罗集向固镇以西瓦疃集附近前进。

各部队于拂晓前准备完毕，等待兵团命令。天明后一等再等，命令迟迟未到，一直到下午四时，才接到按计划行动的命令。

二十二日下午，第八十五军为了掩护第十八军和第十军的转移，军主力在南坪集以南占领阵地，黄昏时仍在该地与解放军对战，所属第一一

---

① 据吴绍周说，第八十五军于十一月二十三日到达南坪集兵团集中地，廖运周说是十一月二十四日到达赵集。

② 吴绍周说他是十一月二十三日晚在兵团部开会的，本文以下时间都较此提前了。

〇师（缺一个团）由师长廖运周率领到达双堆集。二十三日情况急遽变化，解放军向第八十五军方面攻击，战况很激烈，团长李逢润被打伤，该团一度陷于混乱，经吴绍周指挥部队增援才稳定下来。二十四日下午五时许，吴率领第二十三师、第一一〇师一个团、第二一六师一个团到达双堆集以北兵团部附近，所有村庄都驻满了部队，再前进便是解放军驻的村庄，步枪可直接瞄准，威胁很大。而且几万人挤在一起，秩序混乱，不利作战。这时，兵团部命令第十八军将双堆集东南几个小村庄让出（这几个小村庄是第十八军一个连的前进阵地）。吴率军部和第二十三师进驻该村，便匆匆构筑工事，占领阵地。但因村庄太小，军直属部队、第一一〇师和第二一六师各一个团都在野地上露营。不久，兵团又命令第十八军将双堆集西边新夺回的一个村庄让出，要第一一〇师姜团驻进去，占领阵地，归第十八军指挥。这时，第一一〇师师长廖运周带两个团进出双堆集以南。不久联络被截断。至此，整个兵团均被包围。

廖运周的起义，对吴绍周是个沉重打击，对第二十三师后来的投诚也有着很大的影响。

二十三日，兵团部到达双堆集后，即被解放军四面包围，寸步难行。这个包围圈周围不到二十里，战斗一开始即被解放军炮火所控制。第八十五军在阵地前沿，首当其冲，处境危险，军心涣散，士无斗志，唯一的希望寄托在友军的增援上。

十二月一日，杜聿明率领邱清泉、李弥、孙元良三个兵团南下，声势浩大，好像大有可能抄解放军的侧背、双方夹击来解开这个局面，这对第八十五军确是打了一支吗啡针。随着杜聿明在永城附近被围的消息传来，这支兴奋剂又完全失去了作用，胡琏从南京乘飞机到双堆集，传达了蒋介石调集大军增援作战的决心，要兵团固守待援，这对第八十五军又注射了一支强心针。但几天之后，解放军攻势更加猛烈，处境越来越糟。所谓蒋派增援大军，原是一个骗局。在死守待援、终成泡影的情况下，第八十五军官兵更加充满了悲观失望的情绪。

第八十五军在廖师起义后，军部挤在一间小茅草屋里，军的直属部队和勤杂人员都在双堆集东北空地上露营。而第二十三师官兵感到孤单，十分惶恐，意志消沉。当二十三日该师到达双堆集时，附近村庄住满了人，即与第一一〇师姜继鑫团、第二一六师王铁山团共同挤在双堆集东南角落里。又该师接替第十八军双堆集东南几个小村，位置处在第十八军前方，直接替第十八军正面承受解放军的攻击。

十一月底，黄子华曾邀我到该师去住几天，我亦感到在军部寂寞，也愿意到师里去聊聊。我到该师时，正是解放军对我完成合围准备发动全面攻势的时候。这里的地形平坦开阔，双方战斗都没有很多的地形、地物可以利用。师部在一个掩蔽部里，解放军采取攻势时，步、机枪子弹在头上乱飞。白天，黄子华比较安闲，大谈养生之道，他带了许多补品，吃了西药又吃丸药。入夜是解放军的世界，战场由解放军主宰。通常解放军利用夜暗，调集兵力，进入冲锋准备位置；夜半前后，发起猛烈冲锋。解放军最初是一两夜一次冲锋，未成即罢；继而一次未成，又发起第二次冲锋，甚至一夜之间连续冲锋三四次。第二十三师虽然数日来阻止了解放军的猛烈攻击，但困难越来越多。士兵吃不饱，饿得发慌，弹药打光了得不到补充。军部又搬到第十八军军部，黄为了我的安全，让我回军部，并要我到军部后迅速设法请拨弹药。在离开前夕，我对黄说："你最好打电话给第十八军，请杨伯涛拨给你们弹药，我相信他会给你们的。"后来听说第十八军曾拨给部分弹药，维持该师继续撑持。十二月十日夜，黄子华即率第二十三师残部向解放军投诚。

十二月十日上午，我派副官王春阳给黄子华送去火腿和白糖。王到第二十三师阵地内看到死尸很多，觉得沉寂可怕。副师长周卓铭说黄师长的掩蔽部有客（后得知客人是解放军政委），招呼王到他的掩蔽部去坐，并详细问王从哪条交通沟来的，沿途有什么情况，王都据实相告。王未多坐即回军部。当夜十一时许，听到第二十三师阵地方面打了两排朝天枪，随后，该师副师长周卓铭来到军部。我问他为何深夜来此，他说该师阵地被解放军攻破了，他是只身逃出来的。我说，怎么只听到两排枪声阵地就被攻破了呢？他却含糊其词。我要他去报告吴军长，他说已报告过了。我当时想：周卓铭同黄子华和第二十三师干部封建关系很深，周逃出必得黄的同意。事后了解，黄子华向解放军接洽投诚时，周亦参与其事。当时第二十三师已与解放军架通电话，周详细问王从哪条沟来是有用意的，晚间周即从王所说的那条沟来军部。后据周卓铭说，黄子华当时看到第十八军对第二十三师不好，又加之第一一〇师已起义，所以决心投诚。派他到军部去的目的是想把我和吴骗去一同投诚，待他到第十八军军部后，见戒备很严，形势不妙，故未提及此事。

第八十五军以黄子华的投诚而告瓦解。黄维兵团因黄子华的投诚而失去了一块挡箭牌，全部阵地敞开，导致兵团很快被歼灭。

第八十五军自廖师起义、黄师投诚后，军部已成光杆，毫无作用。

黄维请吴绍周到兵团司令部去住，我因一向未任实职，这时更不愿插手，因而搬到一个伤兵掩蔽部里去住。同我到掩蔽部去住的除我的随从副官、卫士外，还有第二十三师副师长周卓铭、军部副官处长杜忠甲。双堆集形势一天比一天紧张，眼看待援无望，兵团覆灭在即。约在十二月十日晚上九点钟左右，周卓铭以关心的态度对我表示：现在情况很危险，副军长又不指挥部队，没有责任在身，可以想办法化装出去，如果愿意的话，一切由他负责准备。他又说，曾派人出去两次，都是安全回来，没有出岔子，不过到蚌埠附近，国民党前方警戒部队乱放枪，有些麻烦。我听到这番话后对他说："出去有危险，蹲在这里比较安全。"周即表示："副军长既然不愿意出去，我也不出去了，决心与副军长同行止。"我对他的这种好意很为感动。

十二月十五日下午，听说兵团决定黄昏突围，但未下达突围计划。下午四时许，第二一六师团长王铁山来报告说，黄维和吴绍周各乘一辆战车已经突围出去了。五时许，双堆集阵地已无守兵，我们感到如果翌日蒋介石派飞机来轰炸，虽在伤兵区域亦是难免，因而转移到阵地前沿一个掩蔽部，以等待解放。这时天已薄暮，四周沉寂，我等得不耐烦，遂命副官刘祥林到附近村庄寻找解放军。不久，刘随解放军巡逻班回来，我告以职位，巡逻班长即领我到解放军的一个纵队司令部。司令员说话很客气，似乎对我很熟悉。后来听说，他原在国民党第四师当参谋，做党的地下工作。

第二十三师弃暗投明经过

黄子华 *

一 加入第十二兵团战斗序列和行军经过

第二十三师原属第八十五军建制，由三个步兵团、一个炮兵营、一个辎重营以及特务连、工兵连、通信连、搜索连、卫生大队等编成。一九四八年秋，第二十三师驻在广水、确山一带整补，并担任平汉铁路的护路任务。同年十月，蒋介石编组兵团。第二十三师奉命将护路任务交替后，随同第八十五军列入第十二兵团战斗序列，开往淮海地区作战。

十一月中旬，第二十三师在广水集结完毕，乘火车至明港。此时，兵团后卫通过明港已一星期了，第二十三师对敌情、任务还不明了，盲目地循着兵团行军路线，在本军的先头采取强行军的速度，经过正阳、新蔡、阜阳等地向皖北前进，沿途曾遇到解放军游击部队，发生过多次小战斗。因上级命令催促甚急，师部决定采取一面掩护、一面通过的方法，以期迅速赶上兵团主力。第二十三师官兵对这次列入第十二兵团多不愿意，仓促开拔，完全没有动员准备便长途强行军，因而士气非常低落。行至阜阳附近，忽接军部命令，要我师就地停止待命。一时传闻第八十五军将要返回原防，官兵十分兴奋。停了半天，吴绍周赶到，对我说："兵团电令我军速进，严限如期赶到，违则以军法从事。"我师不敢违抗，官兵们垂头丧气地继续前进，于十一月二十日前后到达蒙城附近。吴绍周乘吉普车超过部队先头，去兵团报到。黄昏时，吴回到部队，作如下指示：兵团在蒙城稍事整补后，现已渡过涡河，向宿县方向前进；第二十三师暂在蒙城停止，尽快补给，等候第一一〇师到达（该师在我师后面，相距约两

* 作者当时系国民党第十二兵团第八十五军第二十三师少将师长。

天行程）。次晨，军部转来兵团部命令要旨，大意谓：兵团与共军接战在浍河以北，第八十五军迅速前进，我师渡过涡河后行进十五至二十里宿营。二十一日，推进到南坪集[①]，担任该地及浍河沿线对西北的警戒和对孙疃集方面严密侦察。二十二日，兵团向东南转移。次晨，我派小部队到河北岸侦察，才发觉兵团主力——第十八军之大部原在浍河北岸的业已开始撤退。于是，我师就在浍河南岸阻挡解放军，掩护兵团主力转移。

二 在包围圈里挣扎

十一月二十二日兵团主力转移后，解放军将我派到浍河北岸的小部队驱逐回南岸，乘势步步逼近。我师与解放军隔河作战，相持至二十三日中午。据对孙疃集方面侦察的部队报称：该方面共军大部向南运动。另据浍河沿线左翼搜索部队报称：共军已超过我左侧，仍在不断南进中。根据上述情况判断，我师如果退却迟延，就有受到包围的危险。于是当即做出处置：先将控制部队转移到公路以东、浍河以南的三角地带，将距南坪集五至七里的几个村庄占领，布成预备阵地，与军部所在地形成纵深，为第一线撤退做好准备。当日黄昏前布置完毕后，即令南坪集和沿河一线的部队撤退。解放军乘势渡河，向我新阵地猛力冲击，战斗颇为激烈，一度冲入我师占领的村庄内，发生肉搏战。经过反复冲突，才将阵地稳定。当晚，各个村庄都有战斗，时紧时松。军部在我师后面，也受到侧击，战斗一度激烈。二十四日天明时，虽然来了几架国民党军飞机，解放军攻击稍有放松，但仍在原地对抗。

在从南坪集撤退的时候，蒙宿公路西边的解放军仍不断向南推进，包围的形势已将告成，并步步逼近。不久，解放军连续猛攻，我师很难支持。但因上面严令将已占领的村庄做好阵地，不得动摇，我们只好勉强固守。直到下午四时许，才得到向双堆集撤退的指示。当军直属队和第二十三师抵达双堆集附近时已近黄昏，兵团主力第十八军已在该处布置好驻地和阵地。因地小人多，拥挤不堪，我师正准备在野地露营时，兵团又指示我师通过双堆集宿营，并担任兵团外围警戒。我师即占领一个叫小王庄的村庄，进行阵地布防。由于部队连日强行军和经过多次战斗，官兵已

① 吴绍周说二十三日该军到达南坪集。本文以下的时间都提前了。

很疲累，情绪十分低沉，加以我们对地形和敌情不清楚，解放军通宵达旦地攻击不止，所以我师已完全处于兵团主力外围阵地的最前线，处境相当困难。

三 内部矛盾日益尖锐

第一一〇师起义后，兵团在解放军强大压力下调整部署。第二十三师被分割使用，第六十九团调去填充其他部队空隙，另调新兵一团（代团长何企）归我指挥。该团新兵多，战斗力不强，官兵之间矛盾甚多。由于阵地重叠，上下失去联络，师通往军部之电话和文件都必须经过第十八军转接，我师对空联络电台被禁止使用，连无线电收音机也被封闭，对空联络信号更换了，也不发给我师，以致国民党军飞机向我阵地投弹和扫射，第六十七团副团长陈乃光被炸成重伤而死。在内部矛盾日益尖锐的情况下，我的心情虽极端愤懑，但仍尽量压抑，勉强支撑。第二十三师阵地处于平坦地，无地形和地物可利用，白天只能依赖飞机掩护才能活动，一到晚上，就害怕解放军夜袭，显得特别紧张，只得组成小部队到解放军阵地游巡和夜袭，以阻碍解放军进攻。解放军窥破了我们的企图和弱点，起初则设伏阻击，使我们不敢深入，以后摸清了我们的规律，则把路敞开，不仅对我游巡部队不加阻拦，反而在必经道路的要点上，放置食物和信件。其信内容大意是：朋友们，你们肚饥吗？面饼、白馍尝一点吧，这封信请带交你们上级……这种情况在官兵中互相传告后，战斗情绪更加低落。但村庄阵地的争夺战仍然很激烈，甚至一墙一沟的争夺，都要付出很大的伤亡。白天偶然夺回一个阵地，往往到夜晚又失掉了。伤病官兵逐渐增多，无处收容，起初尚利用掩蔽部，到后来，就只好将伤病官兵放置在阵地附近的寒冬露天下，情景很惨。同时，从解放军方面释放回来的士兵，讲述解放军怎样优待俘虏，治伤医病。两相对比，官兵普遍发生动摇，人人产生我们究竟在为谁拼命的疑问。

国民党部队中友军之间的协作是很差的，甚至是谈不到的。例如，解放军用在我阵地右前方的村子马庄的村舍墙壁和村沟做掩体，而且处于第十八军阵地正面，威胁很大。兵团为解除这一威胁，决定集中步、炮、空各种火力联合进攻，将该村庄摧毁。如果从全局着想，本可在攻克马庄之后，趁势转向迂回我师阵地正面的解放军，以解除解放军对我师的威胁，但第十八军只顾自己并没有这样做。又如，与我师对阵的解放军利用夜间进行对壕作业，挖掘纵深壕沟，逐渐逼近我部，使我阵地侧翼受到极大的威胁。我一再请兵团部派战车掩护我部出击，破坏解放军的对壕作业，但都未得允许，直到我说“这种威胁如不能解除，逼得我只有缴械了”的时候，兵团部才勉强派了三辆战车，但绕了几圈就回去了。后来，我部拼死冲击，夺取了一段壕沟，并俘获了解放军百余名。因为没有战车配合，也就不能继续推进，扩大战果。过了两天，由我指挥的新兵团代团长何企，在我左侧的一个村庄里，因与解放军的对壕逼近，被解放军俘虏。

由于第二十三师与兵团部和友军之间矛盾越来越尖锐，而解放军对我师的包围也越来越紧迫。这时我们意识到不能再为腐朽透顶的国民党政权送命，必须另找出路。

四　下定决心，弃暗投明

我自率部队加入第十二兵团战斗序列参加淮海战役起，至决定向人民解放军投诚，这中间曾经过一段复杂激烈的思想斗争。在接受作战任务时，我虽有反感，但基于军人以服从为天职的思想，还是认真执行命令，没有任何动摇；对行军计划和作战部署虽有怀疑，特别是对兵团部的会议始终没有机会参加甚为不满，但仍极力容忍。除了想在打完仗之后另谋出路外，并无其他打算。进入双堆集后，因战况日见恶劣，内部矛盾日益尖锐，加以第一一〇师起义的影响，我的思想才开始动摇，自我斗争逐步激烈。当时，第二十三师乃至第八十五军在兵团中是受歧视和排挤的，特别使官兵灰心并且怨愤的是粮食补给问题。在兵团被解放军紧紧包围中，粮弹日见短缺，完全依靠空投接济。起初没有粮食，还可宰杀牲口，勉强充饥，以后罗掘俱穷，逐渐陷于绝境。同时，燃料也大成问题。我部驻在一个很小的庄子上，由于怕炮弹着火，曾将民房上的茅草拆下，连同家具用来构筑工事，后来又作为烧饭的柴火。这些都用尽时，就挖坟掘墓烧棺木。以后，唯一的希望只有仰望天空，等候空投接济了。

在处境维艰的情况下，我的思想产生了动摇，感到困守待毙，实在太蠢，在我思想斗争的过程中，解放军的政治工作对我也起了一定的推动作用。解放军的政治攻势越来越频繁有力。当部队缺粮时，解放军竟将煮得热腾腾的米粥送到我前沿阵地，士兵吃后，有人将碗钵摔破，解放军却只笑一笑便走开了。这怎能不使人感动？解放军在他们阵地前沿竖立的斗大字标语（贴在门板上）“优待俘虏，不杀不辱”“欢迎起义投诚”等等，都很能打动人心，对我也不无影响。

在第一一〇师起义后，我思想上虽已动摇，但还有顾虑，主要是怕解放军追究既往。每次接到劝降信，我都不愿看而将信撕碎。有一次，接到廖运周来信，说“起义是光荣的，解放军不咎既往”。我从被俘放回来的士兵的谈话中，印证了廖信所说是有些可信之处的。同时想到，共产党要革命胜利，决不会失信于人。但仔细阅看来信，发现不像廖的亲笔，而且盖了私章（原来通信不盖私章），又引起了我的怀疑。另一次，接到被俘去的代团长何企的来信。何企是第二十三师的老人，与中级以上的军官都是旧同事，感情很好。信是亲笔，内容多能打中我的心思，他着重提到不咎既往一点，很能解除我的顾虑。这信送到时，已被周卓铭（副师长）先拆看了。当周将信交我时，和我耳语：“我们不能坐以待毙，第一一〇师能起义，为什么我们不能？”我仍未置可否，只说：“不要多说，恐被人听见。”同时，考虑到部属的态度问题，我虽深知主要军官的思想倾向，并且他们大都早已有所表示，但仍不能不格外慎重。这时，我召集团以上人员的紧急会议，将何企来信给大家看，并征询意见。全体一致决定以我的意见为主，决不反对，并先派人去解放军处找廖运周了解情况，再做研究。派去的副官杨耀华回来说：“共军确实很好，热情诚恳，并已派人同来。”我与来人谈了话，随即释放一批被俘的解放军随同来人回去，并约定次日再谈。当晚，仍各自戒备，并有小的战斗。

次日，解放军送来一信，要我派代表去接洽。经研究，派了第六十七团团长杨正堂随另一批俘虏去解放军军部谈谈。杨正堂午后回来，说解放军态度诚恳，无论在哪方面都看不出半点虚假，并派了几位负责人员同来。我与解放军的同志见面后，彼此都能推诚谈话。至此，我们一致决定投诚。我提出四点要求：

1. 我们有很多伤病官兵不能同走，要请解放军设法安置。

2. 我们的后方在武汉，请暂勿将消息宣布。

3. 事后，官兵的去留要根据个人的志愿。

4. 在行动前，我部人员、武器和解放军进入我阵地时的安全，由我负责。

这些要求得到了解放军方面的圆满答复，我部伤病官兵由解放军接收，其余三点也都同意，并确定了行动时间。我们迅即采取了相应的措施：

1. 密令后方将各留守人员和眷属立即给资遣散。

2. 即刻将与阵地后方联系的通信设施破坏，并派可靠人员率部队进行警戒。

3. 对阵地重新部署。

4. 立即接通和解放军联系的电话。

5. 对少数不可靠的军官进行监视。

一切准备就绪，决定当晚（十二月九日或十日，日期记不确切了）九时半开始行动，在十一时前完全脱离阵地。在行动前约一小时，我想起吴绍周尚留在第十八军军部，恐遭迫害，应设法使他出来，一同过去。我与周卓铭商量，周主张由我写一报告，由他亲自送去。报告大意说：共军攻击紧急，难以支持，请增援（已知道无援兵可派），详情由周卓铭面陈。我同意这样办并叮嘱周坚决请吴回来，并约定转来信号，打算待吴回后再向他说明一切；还与周约定，必须在部队行动前返回。但周去后，未能按时返回来，而部队又不能再等，只好先行动了。

这次参加投诚的部队计有：第二十三师直属部队和所属的第六十七、六十八、六十九三个团之部，第二一六师第六四八团残部，以及军直属部队辎重团、卫生大队各一部分，共约一万人。

一九五二年我在长沙见到周卓铭谈及此事，始知周去见吴时，被第十八军步哨阻止，经过一再交涉，仍不能通过，时间已过，只好转回来。他回到师部时，师部人已走光了，只好转回去，经过一番交涉，才通过步哨见到吴绍周。因当时情况已有变化，接吴出来已无用了，只好住在第十八军，以后又移住第八十五军，与尚留在阵地后方的人员住在一起，随兵团突围时被俘。

第一一〇师战场起义始末

廖运周*

一九四八年十一月下旬，当淮海战役进入决战的关键时刻，原国民党第十二兵团第八十五军第一一〇师，在共产党的领导和解放军的大力协助下，有组织、有计划、有准备地举行了战场起义，打乱了国民党第十二兵团的突围计划，为淮海战役的最后胜利做出了贡献。

一　第一一〇师的基本情况

第一一〇师的前身是冯玉祥西北军的第二师，是察哈尔抗日同盟军的基本主力之一。抗日同盟军失败后被编为国民党独立第四十六旅。一九三八年一月，与国民党豫北师管区的部队和东北军的骑兵旅合并为第一一〇师，由师管区司令张轸任师长。该师辖两个旅四个团，我当时任团长。同年三月，该师在河南巩县孝义镇集训，第三十一集团军总司令汤恩伯开始对这个杂牌部队进行整编。他把自己的亲信吴绍周派到该师任副师长，不久又提升为师长。

这支队伍抗战时曾参加台儿庄、瑞武路、鄂北、豫南中原各战役，屡立战功，的确有个爱国的好传统，具有一定的进步思想基础。尽管汤恩伯对这个杂牌部队进行了整编和吞并，多次撤换和调动了大批原来比较进步的和异己军官，让其亲信接替，并继续对进步力量进行监督和打击，但很多进步力量还是保存下来了。真是"野火烧不尽，春风吹又生"。

一九三九年秋，我曾受嫌被他们调到第三十一集团军干部训练班

* 作者当时系国民党第十二兵团第八十五军第一一〇师少将师长。

（胡宗南的七分校独立大队）当大队长，实际上是在剥夺我的兵权。一九四一年，我又重新得到汤恩伯的赏识，被调回该师当副师长。一九四二年吴绍周被调任第八十五军军长，我便接任了第一一〇师师长职务。

一九四六年春，中共中央中原局（晋冀鲁豫）又派了李俊成、徐仁、刘扬、刘浩等同志来到第一一〇师，加强了我们在该师的地下活动。为了方便工作，我们把这些同志都安排在师副官处，广泛接触广大官兵，积极地筹划起义的准备工作。我们还利用和国民党上层人物的关系，把有碍我们开展工作的副师长李达、王昌藩向胡宗南、王仲廉“推荐”让他们“升”了官。陈振威（师参谋长）在我面前曾说过当参谋长清苦，想锻炼锻炼，其实他是觉得当参谋长没有实权，我就顺水推舟动员他到河南去带补充团，他也高高兴兴地去了。我把他们调开了，怕吴绍周对我产生疑心，就把第三二八团团长杨柳营提升为副师长，把该团一营营长姜继鑫提为团长。虽然吴绍周对这两个人都很信任，但这两个人比起其他顽固分子来又显得有进步的方面，把他们放在这样的位置，估计也不会出现大的问题，还可以相机争取。

另外，我们还利用矛盾开展工作，争取和团结进步力量，把与吴绍周有矛盾、思想比较进步的团长刘协侯和师政训处主任汪月涛等争取过来，并通过他们团结了一批军官。再则，我们还在郑州、开封等地以师留守处的名义设置了专用电台和情报转递站，加强了情报联络工作。

二　仓促起义还是等待时机

一九四七年夏，我们成立了中共地下师党委。由于领导力量的不断加强，我们的工作开展得就更为顺利了。原来的老人劲头很足，新来的同志工作热情更高，他们对国民党军队的生活习惯逐渐熟悉了，对它的规章制度也基本上掌握了。他们利用副官身份的掩护，到处活动，和官兵们谈心叙家常，为他们照相，代买手表、钢笔，等等，交了很多朋友，就连很难接近的政训处和参谋处，他们都可以随便出入，甚至可以翻阅参谋处密藏的军官登记表，了解了每个军官的出身经历等情况。

同志们的干劲是足的，但也逐渐流露出了一些急躁情绪，对长期在敌人内部工作缺乏耐心，急于回到党的怀抱，有“大干不如小干，晚干不如早干”的议论。他们常常对我说：“还等什么，干了算了！”其实，我的心情何尝不与他们一样呢？

同志们产生这种情绪也是可以理解的。因为大干，就需要长时间的准备，我们回去的时间就晚了。小干就不存在这个问题，可以很容易找到一个机会把部队带走。当时的战争形势又是这样，共产党节节胜利，国民党天天失败，他们不少的师部、旅部被解放军用挖心战术给挖掉了。有的同志说：“子弹不长眼，我们如果在这里战死了，死得也不明。”我们只好派李俊成同志到上级汇报我们的想法，要求早点行动，小点行动；不能放任军纪涣散；要求上级继续派干部来加强我们的领导力量。不久，李俊成同志从邯郸回来，传达了邓小平政委对我们工作的指示，要求我们要积极准备，耐心等待，在最有利的时机起最大的作用；要大胆发展组织，不要依赖上级派人；对军纪不要要求得太严，不要用解放军管理部队的办法去管理国民党的队伍。听了这些指示，大家的急躁情绪就更为突出了。有的同志还对这三项指示产生了模糊认识，说等待什么最有利的时机？我们整天是在跟谁打仗？我们到底算什么人？有的对上级关于军纪问题的指示也想不通，一方面觉得放松对部队的管理对党和人民不利，另一方面也担心把军纪搞坏将来没法向人民交代。在一段时间里，同志们的情绪都很低沉，没有办法，我们只好再次派李俊成同志去向邓小平政委请示，这才搞清了领导做出这一决定的真正目的。邓政委说：组织上没有忘记你们，只是目前还不到时机，不能起义。起义要在军事上、政治上起最大的作用，不光是万把人、千把枪的问题。你们要考虑到全局，不应计较局部的得失。他对军纪问题的指示也做了解释：我们天天宣传国民党坏，你们却要把军纪搞好，那不是为国民党争了光，打了我们自己的嘴巴吗？这是个原则问题，决不能含糊。邓政委的这番解释，使我们茅塞顿开，大家一致表示按照上级的指示耐心地、积极地继续工作。

这段时间里，我们没有放松起义的准备工作，只是工作得更隐蔽了。尽管第一一〇师有些好的传统，但它毕竟是国民党的队伍，只要一撒手，就闹出了很多花样。部队进入大别山时，正赶上雨季，交通阻断，兵站补给供不上，官兵们缺吃少穿，主副食和胶鞋雨具都很少，走到哪儿吃到哪儿，抢买抢购，给群众带来了一定痛苦。我们表面上放松对部队的要求，暗地里还是掌握了一定的分寸，不允许官兵们过分地伤害老百姓。因此，动手打人、抢男霸女的现象始终没有发生。后来在行军作战中，我们也还是走到哪里吃到哪里，但吃了老百姓的粮，用了老百姓的东西，一律记下一笔账，待将来让人民政府补还。对地主豪绅，我们却让官兵们放开了手脚，得到机会，无论是金银细软，还是柴米油盐概拿不留。这些家伙吃不消了，联合起来写了很多上告信，告到了吴绍周、白崇禧甚至蒋介石那里。蒋介石、白崇禧大骂吴绍周，吴绍周就骂我“纵兵殃民”。他们还怀疑是共产党在这个师里活动，有意败坏他们的名声。于是，蒋介石亲自把他的特务组织“人民服务队”派到我们师，以整顿军纪为名监督我们的活动。

来者的确不善。这帮家伙可以和蒋介石直接联系，可以自行决定处理或枪毙人。曾仅仅因为打麻将就绑了一个连长，还枪毙过一个班长。他们很多整饬军纪的条文不过是借口，主要是监视我们的行动。我们也觉察到了这一点，暗地里就发动官兵与他们对抗。如不让他们随便进入我们的驻地，不给他们解决住处等等。也注意整顿了军纪，使他们很难再抓到我们的把柄，只能干生气。

“人民服务队”的到来给我们敲起了警钟，感到敌人始终没有放松对我们的监视。在后来的工作中，我们更注意策略了，表面上尽量把自己装成国民党的样子，暗地里却不停地干着共产党的事业。

三　秣马厉兵

一九四八年七月，我们在汉口璇宫饭店召开了中共师地下党委扩大会议。会上，李俊成同志传达了他刚带回来的刘邓首长的指示：要做好一切准备，迎接战斗。当时，中国人民解放军已进入了同国民党反动派进行战略决战的关键时刻，在全国各个战场都取得了辉煌的胜利。中原野战军已在大别山站稳了脚跟，像一把利剑插进了蒋介石的胸膛。到会的同志都觉得中央首长这次下达的指示非同寻常，估计一定会有大仗可打。解放军可能进出桐柏山区，长驱江汉；或者截断大别山直捣汉口，也可能在徐州会战。准备的时间不会太长，也不会太短，估计三个月左右。通过这样分析，使我们认清了肩上担子的分量、任务的紧迫，都表示决不辜负中央首长的希望，完成党交给的光荣任务。从那天起，我们着手研究并落实了下列三项工作。

（一）进一步发展中共地下党组织。两年来，徐仁同志对刘协侯做了大量耐心细致的思想工作，使他在政治上有了很大进步，能积极完成党交给的各项任务。当他提出申请后，考虑他的条件基本成熟，就批准他为中共预备党员，并设法把他由师代理参谋长提为第三二九团团长。从此，他工作更积极了，坚持暗地收听解放军的广播，并在官兵中秘密传播。副团长金汉章贫农成分，对日作战时表现得非常勇敢，对中央军的消极抗战和国民党的现政都颇为不满，羡慕解放军，暗地里说共产党好。我们把他列为发展对象，并让他接任了第三三〇团团长职务。另外，我们还培养了不少党外积极分子，这些同志在我师的起义中都发挥了积极的作用。

（二）团结进步力量，孤立和排挤顽固分子。我们又一次分析了全师的基本情况，采取依靠进步力量，争取中间势力，孤立顽固分子的原则，积极开展了工作。觉得第三二九团团长唐奎甫思想顽固，不易争取；第三三〇团（补充团）团长陈振威掌握了兵权后，反动气焰更为嚣张，党委决定由我负责把他们“推荐”出去。后来，经过我的“介绍”，唐奎甫到第八十二师当了师长，陈振威到军里当了副参谋长。这样，他们高兴，我们更是高兴。我们在第三二八团的工作一直很难开展，营连长除个别靠近我们外，其余都忠实于吴绍周，是我们将来行动的绊脚石。我们一方面不放弃对这个团开展工作，但决定，如果实在无法争取，就在适当的时机把它甩出去。另外，我们还借口成立慰问团到各地医院慰问伤员，把政训处和“人民服务队”支了出去。还让国防部派来的副师长欧阳春圃组织休养所，将师部军士教导队调到汉口训练并担任后方的警卫工作，把这些累赘一一甩掉了。

我们对原先的进步力量的争取、团结工作也没放松。第三二九团除团长唐奎甫外，其余的军官基本上是听我们的。我在这个团待了八年之久，与官兵们的感情较深，现在还有倒蒋时入伍的连排班长十多人，是我们的主要力量。刘协侯同志到这个团当团长后，经过我们的宣传教育，这个团的进步力量得到了进一步的发展壮大。考虑第三三〇团的营连长多是刘协侯的部下，很多人（包括从军校来的学生）都对吴绍周有不满情绪。基础不错，我就让刘协侯同志协助金汉章负责做这个团的工作，使这个团的官兵更加靠近了我们。

（三）加强情报工作。前两年在郑庄砦、汝南埠战斗中，由于缺乏联系使解放军受了不少损失；相反，在豫北山东战场上由于我们联络及时，使蒋介石奔袭新四军某纵队的计划落了空。这一正一反的经验给我们的教育太深了。另外，觉得作战时情报工作更为重要，于是我们加强了情报工作的力量。派杨振海同志到侦察连当副连长，仍保留副官名义，以利于行动。让徐仁同志负责汉口留守处工作，以收集国民党军事情报，及时掌握其动向。我和李俊成同志负责前方工作。李俊成同志主要负责同中央首长的联系，我负责作战和情报工作，廖宜民同志则负责师里党内外的联系。同志们个个摩拳擦掌，积极行动，急切地盼望着行动时机的到来。

四　把队伍拉到前线去

十一月上旬，我们得知第八十五军要参加第十二兵团增援徐州了，同志们都说我们行动的时机到了。可是，第八十五军差点没走成，大家都捏了一把汗。

第八十五军是汤恩伯系统的主力，这两年来编为华中“剿总”序列。白崇禧对吴绍周很信任，计划让这个军防守汉口的大门，让第十八军、十四军、十军做外线机动兵力，把桂系主力控制于内线策应。白崇禧很清楚，第十二兵团成立后，指挥大权就要落到蒋介石之手，不能再听他华中“剿总”指挥了。所以，他不愿让第八十五军编入黄维第十二兵团的序列。吴绍周也不愿意脱离华中“剿总”的系统。所以，黄维刚刚接任第十二兵团司令官，吴绍周就称病回武昌休养，直到兵团向徐州出发前夕，才勉强回军。他曾哀叹说：“人到弯腰处，不得不低头。”看来实出无奈了。不过，第十二兵团第一梯团十一月上旬已从确山出发了，第八十五军还在随县等待交防，黄维迭电催促才动身。可当第八十五军赶到阜阳的前一天，白崇禧又向第八十五军发来了电报，让该军暂停待命。那时，我师是全军的后卫，我担心吴绍周见到电报后又要变卦，于是就把这封电报压了下去。

一路上，第八十五军走走停停，行动十分迟缓。部队在阜阳休息了一天，吴绍周召集会议，研究如何应付白崇禧又不得罪黄维的办法，分析了当时的形势。当时，第八十五军的确面临一些困难：部队带的粮食快吃光了，原计划在阜阳、太和县征补粮食，可是政府人员无处可找；黄维在阜阳渡沙河时架过桥，但他带部队过河后又未留兵守护，等第八十五军到了，桥已被当地民兵拆了，我们还要重新架桥；我们还从收音机中得到了一些国共双方战场情况，黄百韬兵团已被包围，宿县被解放军占领，张绩武被俘，等等。面对这种局面，吴绍周显得垂头丧气，只好再向黄维请示。黄维回电同意第八十五军在阜阳待命，并说兵团主力正在蒙城调整部署。可是第二天，黄维又急电令第八十五军兼程前进，到蒙城补给。第八十五军只好兵分两路，赶往蒙城，随后又渡河跟进。吴绍周就是这样把部队拉到了前线。

这次行动，在第一一〇师内部也有很大阻力。白崇禧和张轸都打算把这个师留在他们手里，师里的很多官兵对这次行动也有埋怨情绪。有的公开骂蒋介石是催命鬼，说："蒋介石的部队是听刘伯承指挥的。"也有的说："过去听刘伯承的，现在听蒋介石的，白崇禧的话也不灵了。"实际上他们是留恋湖北，不愿开往徐州。按说这些情绪是与蒋介石的计划相抵触的，但对我们的计划的实行也极为不利。部队带不出去，我们起义的计划就要落空。于是，十一月六日、七日，我们召开了中共地下党员紧急会议，觉得从各个方面考虑，这次"增援"徐州都是我们发挥"最大作用"的"最有利时机"，一定要把部队带出去，带到革命大家庭中。我们要求同志们加强政治宣传，广泛结交朋友。同时，也对官兵的生活进行了妥善的安排。决定发给军官家属三个月的大米和薪金；允许大家出发前到广水和汉口探一次亲，等等，逐步稳定了官兵的思想，把他们带了出去。

五　不能让第十二兵团跑了

十一月二十四日，第八十五军由蒙城到达赵集附近。那时，解放军已自动放弃了南坪集。黄维错误地认为解放军已被击败，让第十八军全部进入浍河北岸，第十四军在南坪集东南地区集结，第十军在孙疃集附近与解放军交战，把他自己的司令部安到了南坪集，命令各军积极侦察当地敌情，还准备继续向宿县攻击前进。可他哪里知道，他的部队已自动进入了解放军既设的袋形阵地了。当时，我们发现赵集西北方面有大批的解放军在向南移动，蒙城已被解放军占领，黄维兵团的后方补给线已被切断，整个战局的态势对黄维很不利，如果他发觉了解放军的企图，可能改变进攻宿县的决心，后来果然如此。

当天深夜，吴绍周从兵团开会回来后，我见到他神态焦急，面带难色，并听他低声对黄子华说："情况很糟糕，敌人有纵深配备，正在向我军两侧迂回。我军将被包围，必须向固镇转移、靠拢，只怕委座（指蒋介石）不答应呀！我们是进退两难，真是难啊！现在，黄维还是下了转移的决心。”接着，他在地图上比画着：“第八十五军的主力放在南坪集附近，占领阵地，向西北方面警戒，掩护第十八军和第十军的转移；待两军通过后，我军就经罗集向固镇以西地区集结；第十四军沿浍河南岸占领阵地，向北警戒，阻敌南犯，掩护兵团转移；第十军迅速脱离敌人，沿浍河南岸，依靠第八十五军掩护，向固镇以西前进。第十八军脱离敌人后，经双堆集向固镇西北湖沟集前进，兵团司令部在第十八军后跟进。”吴还通知我，第一一〇师暂归黄维直接指挥，明日向湖沟集方向威力搜索敌情。

听了吴绍周的话，我心里既高兴又着急。高兴的是解放军已经把黄维包围了，黄维就要完了。着急的是解放军自动放弃南坪集以诱敌深入的企图被黄维察觉了，并打算向南转移。如果解放军不能迅速出击合围，就有让黄维逃脱的危险。这是关系着整个战局成败的关键。我们必须立即把这一重要情报向刘邓首长报告，否则就要贻误战机。当时我心里很着急，可又不便马上离开，就用话搪塞吴绍周，我说：“为什么把我师归黄维直接指挥？这样分割使用诸多不便。为什么要第八十五军掩护第十八军、第十军转移？他们各自掩护直接转移不是更好吗？第八十五军由赵集直接开往固镇西北地区与友军取得联系不是更好吗？”我的话在吴听来可能很在理，其实我不过是用了个缓兵之计，挑拨吴与黄的关系，拖延一下时间罢了。吴好长时间没作声，看来我的话他是听进去了。停了一会儿他说：“你们师的任务是搜索敌情，兵力可大可小。你把第三二八团留给我做预备队好吗？”我毫不迟疑地说：“完全可以，我带两个团就够了。”当时，第三二八团团长姜继鑫是吴绍周的亲戚，思想顽固。该团其他军官也大都与共产党对立。我们地下党委多次研究过，将来起义，就怕这个团找麻烦，现在吴绍周要把它调走，正合了我们的心愿。

回到师部后，我马上召集李俊成、廖宜民、张士瑞同志进行研究，立即派张士瑞同志把黄维兵团的转移计划送出，并向刘邓首长请示我们今后的任务。又发电报给在汉口留守处的徐仁同志，让他迅速在留守处安排相应的措施。

张士瑞同志走后，我们的心一直悬在半空，担心情报是否能准时送到。二十五日拂晓，我们正在集合部队准备向湖沟集方向进发，吴绍周派参谋找我，说作战处处长郑家璵乘吉普车送命令给我，在师部附近被解放军连人带车捉了去。让我们暂停前进原地待命。原来郑家玙要送来的就是黄维兵团转移计划的部署，这时我的心才落了地。我低声对李俊成同志说："郑家璵的情报要比张士瑞的快些，解放军得到情报的时间更提前了，我们可以放心了。"李会心地笑了一笑。

午时，吴绍周到南坪集附近占领阵地，掩护其他部队转移。入夜，黄维队伍还没全部拉开，解放军就开始了全面出击，把黄维部队打得焦头烂额，黄维的转移部署全乱套了。这一天，他的部队没有一支到达预定的目的地，我们也跟着跑了不少冤枉路。黄维让我师一会儿向东南搜索，一会儿向东北掩护，而吴绍周又让我们去南坪集增援他。报话机不间断地呼叫，行动的目标不时转变。向导说你们这个部队到底往哪里去？官兵也七嘴八舌埋怨说我们从来没有这样混乱过。

六 箭在弦上

黄维这个人很自信。在他的第一次转移的部署被解放军打乱后，他并没有泄气。加上他的部队的军事素质和武器装备普遍不错，号称蒋介石的五大主力之一，所以他并没有把解放军放在眼里。当然，他也不是一个没有头脑的人，也不得不考虑一下现实的处境。

当时，我的师部和黄维兵团的司令部同驻在双堆集附近的一个村子里。二十六日午后五时许，我刚从前方回来，他就派人把我找了去。他看了看我，很镇静地说："刚才空军侦察报告说，今天午后三时敌人对我兵团的包围圈已经形成，他们正在构筑工事。你有什么主张？"我反问了他一句："司令官有何决策尽管下命令，我师保证完成任务。"我料到黄维已经有了新的打算，他果然说："我想乘敌立足未稳，打他个措手不及。决定挑选四个主力师，齐头并进，迅猛突围。"我马上意识到，黄维这一招的确厉害，同时也觉得这是我们可以利用的好机会。于是对他说："好！司令官的决策真英明。我们师请求打头阵，愿当开路先锋！我们既然能攻占敌人堡垒式工事和河川阵地，现在突破他们临时构筑的掩体，当然不在话下了。我请求立即回去准备行动。"黄维见我这样支持他的意见，对我又是夸奖又是鼓励。在回去的路上我反复地琢磨着：黄维的部队尽管近来有些消耗，但装备仍然完好。且军官们受法西斯熏染较深，士气未退，战斗力仍然很强。现在解放军的确是立足未稳，黄维四个师并力突围还真有让他跑出去的危险。我又记起了刘邓首长要我们在最有利的时机发挥最大的作用的指示，觉得现在是火候了！必须立即举行战场起义，打乱黄维的突围部署。

我马上到了刘协侯的团指挥所，把黄维新的突围计划和我破坏这一计划的设想跟李俊成、廖宜民、刘协侯、杨振海等同志谈了。于是作出决定，派杨振海同志去见解放军前线最高指挥员，把黄维准备在二十七日上午采取的突围行动和我师决定趁此机会举行起义的计划一并上报。为了避免误会，请求解放军前沿部队在突围处的左翼闪开一个口子，让开一条路，等我师过去后再把口子封上。杨振海同志走了以后，我们又进一步进行了研究，考虑到四个师齐头并进，让我师居中，两翼都是敌人，与我师很不利，于是又决定想尽办法“调整”一下黄维的部署。

我又去见了黄维，向他建议：“四个师齐头并进不如用三个师好。把第十八军的主力师留在兵团做预备队，可随时策应第一线作战。控制预备队以备不时之需，这是一个常规了。让我师先行动，如果进展得手，其他师可迅速跟进，扩大战果。”黄维见我敢于挑重担，又替他着想，照顾兵团的机动权，很是高兴，对我进行了一番赞扬，连声说：“好同学、好同志，你要什么我就给你什么，坦克、榴弹炮随你要。”他还让在一边的兵团副参谋长韦镇福通知空军调飞机配合我们行动。我心里暗笑，说：“我已派了几个便衣深入敌后，进行侦察，如果发现有空隙的接合部，我们就利用夜间提前行动。”黄维又把我赞扬了一番，非常轻松地说：“有机会就前进，要当机立断。”他对我的言行没有一点怀疑，我心里踏实了许多，向韦镇福要了两份地图拿回了师部，很正经地与副师长杨柳营、参谋长洪炉青一起研究了突围计划。他们对我也没有任何怀疑，于是决定：师直队在黄昏前做好准备，午夜开始行动。

七　拂晓前出发

二十六日那个晚上，同志们的心情都很激动，急切地盼望着杨振海同志回来。第二天凌晨三时，他终于回来了。他一进屋就对我们高兴地说：“这次任务完成得非常顺利，真凑巧，值班参谋是我的熟人武英同志，一见面他就喊：‘老伙计，原来是你呀！’说着就领我去见了解放军南线总指挥王近山司令员、杜义德政委和作战处贺光华处长。他们听说我们决定在这个时候举行起义，都非常高兴，表示要给我们大力协助。”还说，他们对我们把黄维以四个师一起突围的计划及时送到，表示非常感谢，认为这是一件大事，并马上向刘邓首长作了汇报。王司令员还为我们规定了行军路线，准备沿途为我们放上高粱秆作为路标，让我们官兵左臂一律扎白布条或毛巾，规定在两军接触时，打三发枪榴弹作为联络信号，让我们从解放军第十七师和第六纵队的阵地通过，到达罗集附近的大吴庄、西张庄。时间要提前，最好在天明以前全部通过。杨振海同志还拿出一张王近山司令员亲自为我们画的行军路线图。我们都争相看着，激动得心都快要跳出来了。是啊，我们盼了多少年，等了多少日，终于盼到了这一天。同志们都说，这哪只是一张行军路线图，这是我们回到大家庭的通行证，是胜利的保证书！我们将沿着这条路线走向光明。我接过了那张图，感到它是那样的沉重，很小心地把它珍藏了起来，一直保存到现在。

与上级联系上了，起义的准备工作也基本上就绪了，可离规定六点钟出发的时间还有两个小时。这两小时对我们来说比两年还难熬。为了预防万一，我决定把这段时间也充分利用上，又一次跑到黄维那里，再给他送去了一颗定心丸。他见到了我，首先询问了我派出去的人侦察的情况，了解了我师准备的情况。我说："我正要向你报告。我们发现敌军阵地接合部有空隙可钻，在拂晓前行动最为有利，特来请示。"黄维大概觉得自己的决策很英明，也觉得他选准了突围的先锋，哈哈大笑起来，顺手拿出了一瓶酒，对我说："老同学，这瓶白兰地藏之久矣，一直没舍得喝，现在我特敬你一杯，预祝你取得胜利。"又转身对韦镇福说，"来，你们是同期同班同学，也要敬一杯。"我暗暗高兴，心里说，智者千虑，必有一失，黄维你算失算了。看看出发的时间快要到了，不便久留，我回敬了他们一杯酒后，向他们敬了个正规的军礼，就告辞了。黄维一直把我送到门口，紧紧地握了握我的手，才回去。

我回到师里不久，解放军南线最高司令部派武英同志穿着便服来到师部，为我们做向导。他建议我们用四路行军纵队，以正常速度前进。他同杨振海和刘协侯同志带第三二九团为前卫，第三三〇团为后卫，后边放个加强连收容落伍的官兵，师部及直属队（炮兵营、运输营、特务连、化学炮连、通信连、工兵连）为本队，时间一到马上出发。

在这之前，尽管我们在全师官兵中做了不少工作，也曾派两位团长刘协侯和金汉章同志分别跟洪炉青参谋长、杨柳营副师长透露过我们将要起义的消息，他们都比较正直，在当时的特殊处境下，同意了我们的决定，但我们对他们还是有所提防的；下面的大部分军官也都认为这是个好办法，但我们一直没在他们中间公布我们的计划。临行前，我们觉得有必要公布了。于是，就让刘协侯同志把一些比较可靠的营连长召集到一起，四周布置了警戒，就站在露天地里对他们进行了起义动员。觉得当时的把握性已经很大，我就开门见山地说："现在，我们已被解放军全部包围，蚌埠的李延年、孙元良的救兵打不过来，徐州被围，黄百韬被消灭，蒙城、宿县被占，我们是援兵没有，退路已无，弹粮即尽，解放军却在不断增援。这样下去我们只能坐以待毙。蒋介石对人民犯下了滔天罪行，我们为什么还要为他卖命呢？共产党、解放军的所作所为大家都很清楚。很多人都要求我利用朋友的关系（当时还不能公开我们的身份）给解放军写封信，为我们提供方便，使我们脱离战场。现在，我们已派杨振海与解放军联系上了，见到了他们南线司令员。解放军对我们将采取的行动非常欢迎，你们赞不赞成这样做？"大家异口同声地说："我们赞成！！"我向大家提出了下列要求：（1）用行军纵队按解放军规定的路线走。解放军保证不向我们开枪，也不允许任何人向解放军开枪。还公布了与解放军的联络信号和我们官兵左臂上的标志。（2）任何人不准掉队，走不动的就用车拉。（3）要严守秘密。（4）不愿意走的现在可以提出来（其实这不过是给每个人的心上加一个砝码，估计他们就是不愿走，谁也不敢提出来）。大家都说："愿意跟师长走！！"我环视了一下周围，见到他们的表情都十分严肃，十分诚恳，心里很是激动。

这时，东方已经破晓，笼罩在周围村庄、田野、道路上的浓雾渐渐散开，出发的时间到了。

八　踏上光明的坦途

二十七日早晨六点钟，第一一〇师准时开出了双堆集附近的周庄、赵庄，在通向解放军阵地的道路上向前进发。

由于我们的动员和保密工作做得较好，在从双堆集到达大吴庄、西张庄的三十华里的行军中，尽管营部都有报话机，却没有出现泄密的情况，也没有开小差和落伍的。黄维对我们十分放心，不时地询问我们进展的情况。可是，两小时后（我们的部队已全部通过了解放军阵地，解放军为我们放开的口子又重新封了起来）话报机中传出他的呼唤却有些异样："长江、长江，你们到了哪里？"我赶紧回答："武昌、武昌，我们到了赵庄，沿途畅行无阻。"他又说："跟你师走的第十八军那个师，遭到了密集火力的袭击，伤亡很大。"他的话音把我的耳朵震得嗡嗡直响。按常规军事用语中是不允许出现这类字眼的，可见黄维已经顾不得了。

上午九点多钟，四架国民党飞机飞到我们头上来回盘旋，估计黄维对我们是产生了疑心，考虑我们还没有完全脱离危险地带，还要继续迷惑敌人，各连都按照预先规定的联络信号，把布板架好，告诉他们一切"正常"。这几架飞机发现了信号后，一颗炸弹也没扔，俯冲下来几次就飞走了。我们的部队继续沿着解放军为我们修好的道路、布置的高粱秆标志向前进发。

下午一点半钟，我到达了指定的地点大吴庄。黄维和吴绍周还在报话机里询问我们情况。我下令把全师的报话机统统关掉，一律上缴，师部的电台也停止使用，中断了与黄维、吴绍周的联系。

不久，在解放军六纵队司令部我见到了王进山司令员和杜文德政委，他们请我吃了饭。还在大吴庄与袁血卒、卢耀武同志接上了头。几双手握在一起久久没有放开，是啊，这回可真是到家了。我们又接到通知去领粮，可粮在哪儿呢？光见房前屋后树林草丛有一堆堆用草盖的小布袋，掀开一看，大米、白面、猪肉、食盐、白菜、粉条，等等，真是应有尽有，士兵们高兴得跳了起来，都说：这些天在国民党部队里饿得要死，到这里，解放军老百姓把我们当作一家人。这步棋我们算走对了。黄昏后，大批国民党飞机飞了过来，在我们宿营地附近扔下了大量炸弹，可是他们知道得太晚了。

晚上八点钟，解放军第二纵队政委王维纲同志又亲自到我们的驻地看望大家，代表刘邓首长在连以上军官会议上讲了话，他说："你们的师长廖运周是中国共产党党员，他率领你们举行了光荣的战场起义，参加了中国人民解放军，我代表中野首长向你们全体官兵表示热烈欢迎。"他还介绍了人民解放战争的大好形势，鼓励大家在人民的队伍中为革命事业做出更大的贡献。听了王政委的话，大家无不十分激动。

那天晚上，我们就在原地宿营，官兵们睡得很香很香。第二天，炮兵们全部参加了进攻黄维兵团的战斗，不少人还在这次战斗中荣立了战功。

由于我们举行了这次起义，党中央毛主席和全国人民给了我们很高的荣誉。十二月二十四日，毛主席、朱总司令亲自给我们发来了贺电，赞扬了全师官兵的义举，鼓励我们逐渐把这支队伍锻炼成真正的人民军队。在这之前，刘伯承司令员还专门抽出时间给派到我师工作的鲁子敬、赵有守等三十多名干部讲了话，对我们寄予了莫大的希望。另外，中共中央中原局、中原军区、豫皖苏军区政治部、豫皖苏区行政公署以及邓子恢、李达、吴芝圃等单位和个人，也纷纷给我们来电来函，对全师官兵进行了慰问。解放区的人民群众，还载歌载舞来到我师驻地慰问大家，使官兵们受到了极大的鼓舞和教育，真正感到了大家庭的温暖。

淮海战役胜利后，第一一〇师被编为中国人民解放军第四兵团第十四军第四十二师，我仍任该师师长，李俊成同志任副政委，廖宜民同志任参谋主任，刘协侯同志任第一二六团团长。还有很多老人在这个师中担任了重要职务。整编后，我们遵照上级的指示，利用过去的关系，写信给仍在国民党军队中的朋友和同事们，规劝他们弃暗投明，使不少人离开了国民党的部队，站到了人民的一边。以后，我们师又接连参加了渡江作战，进军江西、广东、云南和西藏等地，在人民解放战争中，逐步把这支队伍锻炼成了一支真正的人民军队。

中國紀

淮海战役

第九章

其他各军

第二十军参加淮海战役最后阶段纪实

李介立*

一九四八年冬，第二十军从襄阳、樊城被调到津浦线上来参加淮海战役。当时我任第二十军第一三四师师长，现在把当时我所了解的一些情况写出来，供历史研究参考。

一 白崇禧与蒋介石争夺第二十军

一九四八年十一月下旬，正当国民党军在淮海战场上接连遭到失败的时候，蒋介石打电报给华中“剿总”白崇禧，指调驻在襄阳、樊城的第二十军迅速开到津浦线上参加作战。据说当时蒋的用意是，时间上如来得及，即令第二十军参加淮海战役作战；如来不及，即以之作为保卫南京的一部分力量。命令下达后，引起了白崇禧很大的不满。据第二十军军长杨干才对我说，白崇禧不愿调走第二十军，是因为：第一，他看到淮海战役失败之势已成，蒋家王朝快要由李宗仁取而代之，应该掌握一些实力在自己手中，作为李宗仁上台后的资本；第二，襄樊是武汉的重要门户，第二十军调走了就显得空虚，对自己不利；第三，第二十军归到华中“剿总”的战斗序列以来，已经有一年多的时间，还能听他指挥，同时在确山、柳林、薛家集的几次反人民作战中也为他卖了些力气，因此他不想放走这个部队。于是白一面不断打电报给蒋请求免调，一面尽量想方设法拖延时间。但蒋介石坚持命令已下，不允更改。杨干才也不愿将部队调走，原因是他替白崇禧卖了些力气，得到过几次嘉奖。而且这时整编第

* 作者当时系国民党第二十军第一三四师少将师长。

二十师已恢复了军的番号，并由白保委他为第十四兵团副司令官，如再出点力，可能当上兵团司令官。同时他也看到淮海战役被消灭的部队，大都是美械装备的，第二十军开去也免不了被消灭。但是，既然蒋介石坚决要调，第二十军终于不得不遵令调走。当第二十军出发到钟祥的汪家集时，第十四兵团司令官宋希濂还特地从荆门赶来，代表白崇禧慰问全军，并表示本来不愿把第二十军调走，但迫于蒋总统的命令，虽然现在分离了，相信后会有期。部队到了汉口时，白崇禧又召集了全军团长以上军官到他的总部讲了一次话，表示不愿同大家分离，还说了些勉励的话。

二 杨干才向蒋介石讨价还价

当第二十军开到汉口，我们去见了白崇禧后，杨干才同我们几个人说："这几年老是要第二十军开这开那，干的尽是硬活。打来打去还是这两个队伍，武器还是原来那些。现在既然坚决要第二十军开到津浦线上去卖力，就不应该再当傻瓜了。这回到了南京，老头子（指蒋介石）要召见我的话，首先应该向他提出两个要求：第一，要求补充第二十军一个师的番号，师长要以杨森的儿子杨汉烈充当，由杨森负责在重庆成立训练；第二，要求补充第二十军一部分美械装备。如果这两个要求达不到的话，休想再为他卖力。"我们都说："这两点要求是应该的，而且老头子一定会答应的。因为正是他要用我们的时候，应该抓住这个难得的机会。不过经济方面也很重要，应当想法提出要求来。"杨说："应当一步一步来，部队编制扩大了，武器装备充实了，经济预算必然会增加的。"

部队船运抵达南京下关时，蒋介石早就派人到江边等杨干才。杨一到，即同乘车直到蒋的住所，蒋立即召见。杨回到浦口军部时同我谈到见蒋经过，表现出很得意的样子。据他说，蒋问他需要什么，他把原来打算提的两点要求提了出来。蒋立即答应了，并嘱杨立即报来作专案办理。后来部队车运到蚌埠，杨干才即派他的经理处处长刘雨光任第二十军南京办事处处长。不久国防部即委杨汉烈为第二十军第七十九师师长，在重庆成立训练，并指定在浦口补充第二十军一部分美械装备。这就是杨干才向蒋介石进行讨价还价所得的结果。

三　淮河战线的放弃

一九四八年十二月中旬，第二十军开到蚌埠，受徐州“剿总”刘峙指挥。开始，第二十军开到双堆集去解第十二兵团之围。不料部队刚从蚌埠出发，走过大桥前头不远的地方，就遇着第十二兵团副司令官胡琏坐着一架破牛车，很狼狈地单独逃下来了。他听说我们是去解他的围，就对我们说：“部队都搞光了，你们不要去了。”当即这个情况转报给“剿总”，刘峙就令第二十军停止前进，暂驻蚌埠附近的铁道两侧乡村一带。从这时起，只看见从前面逃下来的残兵败将饥疲不堪地往后走。这种败亡的惨相对刚开到的部队士气影响很大，当即下令禁止部队官兵同前面下来的人接谈。不两天国防部提出了“守江必先守淮”的计划，决定以第九十九军和第九十六军为守淮河部队，第二十军调到蚌埠后方的临淮关和明光，作为第二线部队。

第二十军开到明光后，蒋介石特别召重庆市市长杨森到南京面授机宜，并要杨赶到明光来为第二十军的官兵打气。杨来到明光，集合了全军的军官军士在明光大戏院内讲了两个小时的话。杨说他代表蒋总统来慰问大家。然后从国际形势谈到国内形势以及第二十军几年来的情况，要大家为杨氏效忠，为蒋家王朝卖命。这次杨的打气，在一般军官特别在中上级军官中是起了一定的欺骗、麻痹作用的。就以我来说，在听杨的讲话后，认为尽管淮海战役失败了，还有比共产党为优的海空军力量和长江天险。同时认为战线越缩短，兵力越集中，打到结底，不过是以长江为界分疆而治，国民党与共产党谁也消灭不了谁。

一九四九年一月上旬，第二十军从明光调到滁县受江北指挥所主任覃异之指挥，专负保护铁道交通责任。因这时沿线铁道常受到淮南人民游击纵队的破坏，使运输发生很大的困难。第二十军的两个师就被调到张八岭、黄泥岗、自来桥、古城、半塔集，向淮南人民游击纵队进行“扫荡”。两个师在古城会合后，派队破坏其附近人民游击纵队的粮仓和一切有关生产的设备。后来人民游击纵队乘铁道沿线空虚，对铁道进行了大量破坏，交通几至中断。这样第二十军的两个师不得不仍调回滁县。后来决定放弃淮河防线，第二十军被派在滁县担任最后掩护部队。

一月下旬某天早上，杨干才约我同他一齐去欢迎刘峙，并招待他吃早饭。刘峙对杨干才和我说：“昨天为了准备放弃淮河防线，对蚌埠大桥进行了彻底破坏。据工程人员计算，至少需要十八个月时间才能修复通车。”刘峙在说话时，表现出很得意的样子。

第二十军在滁县掩护第九十九军胡长青部由淮河撤退后，开到浦口受第六兵团司令官李延年指挥，在附近构筑工事。几天后又开到京沪线上的龙潭、下蜀。

第一〇七军在邢围子被迫投诚经过

武之棻*

国民党第一〇七军孙良诚部原为暂编第二十五师（由汪伪军收编），辖第十二、十三两个旅。一九四八年十一月改编为第一〇七军，辖第二六〇、二六一两个师。军部及第二六〇师（师长为副军长王清翰兼，副师长张西铎）驻苏北睢宁城内及南关；第二六一师（师长孙玉田系孙良诚堂弟）驻双沟（徐州睢宁中间）。淮海战役开始前，该部归徐州“剿总”指挥。

一九四八年十一月四日，国民党军参谋总长顾祝同，衔蒋介石之命，莅徐州召开军事会议。孙良诚被召前往徐州参加。会后孙对我说：“徐州保卫战就要开始了。东海第九绥靖区李延年部要撤回徐州，新安镇的第七兵团黄百韬部，要撤到运河以西。第一〇七军归黄指挥。”又说，“顾祝同在会上只是述说了一般作战态势，并鼓励大家努力‘戡乱’。会后，我去黄百韬处（孙与黄是陆大特三期同学）请示任务，他不在屋，据说黄又被召去开会了。我和冯治安、刘汝明都未被召去开会，这些‘杂牌’对整个的作战计划还是不了解。我很不痛快，就早些回来了。我派个参谋向第七兵团联络，他从徐州来电报告说，徐州至碾庄圩的铁路拥挤混乱，火车不能开。现在尚未联络上。”

十一月十日，该军第二六一师孙玉田率部突然开到睢宁，师部驻城内天主堂，部队在城外。当时国民党军都往徐州方向撤，为什么孙良诚把第二六一师调到睢宁呢？我曾问过孙良诚，孙良诚说：“孙玉田与军部分割两地，时日已久，我想集中一处整顿整顿。”当天中午，黄百韬电令孙良诚主力进攻宿迁，解第六十三军陈章部在窑湾镇被围之急。孙良诚拿电

---

* 作者当时系国民党总统府少将战地视察官。

报给我看，并说："黄百韬要往西撤，却要我向东打宿迁，这不是明明要牺牲我的部队吗？我的军编制小，人枪少，哪比得上整编师？一百多里去打宿迁，孤军深入解围，我没有这么大的力量，去也无济于事。"我说："你不去解围，怎样回复黄百韬呢？"他说："我先派一部出发，做准备吧！"他说先派第二六一师一个团前往睢宁东北二十五里的魏庄。十一日孙良诚对我说："我和黄百韬的电话接不通，就电话请示了刘总司令，刘峙要我开回徐州，我先叫孙玉田师开到双沟，是因为军部将来可能带一个师开到徐州东郊，保卫徐州。我觉得王清翰一个师留在睢宁靠不住，我得留下带他一同后撤，否则这个部队可能就没有了（指可能单独起义）。"孙玉田是十日上午到睢宁的，晚上还宴请军部各处长，王清翰和我也被邀请。十一日上午，他就率部回双沟了。来得突然，去得匆匆，既没有东进打宿迁，一天两天也谈不上整顿。我当时不明白孙良诚要什么花招。直到我被俘后，听第一〇七军政工处处长綦岱锋说明了当时情况，才明白孙将第二六一师调睢宁，是准备待机起义的。后来变了决心，准备逃往徐州，才又令该师返回双沟。

十一月十一日，孙良诚准备撤往徐州。向"剿总"要来十辆大卡车，当晚装满弹药。原定夜十二时或下半夜二时偷偷撤离睢宁。先派了第二六〇师一个营掩护和加强公路桥梁（离睢宁西十余里有一桥梁损坏，不能通过载重车辆）。夜半该营营长报告说公路两侧发现有解放军活动，并有小接触，同时城外不断有零星枪声。孙良诚通宵犹豫不定，直到十二日上午九时才由睢宁撤退。中午，因车辆随部队行进速度太慢，于是先派副官处处长郭士茂，坐一辆卡车向双沟方向试道，准备先把汽车驶往徐州。不料中途遭解放军伏击，匆匆将车开回。约下午三时，军前卫与解放军二纵队小部队发生战斗，并发现西面有解放军部队向公路以北急进，有对国民党军包围的模样。孙良诚感到当天无法赶到双沟，同时感到把部队和车辆长时间摆在公路上也不是办法，便召副军长王清翰来商量。决定军部及第二六〇师第七七八团（团长系副师长张西铎兼）在公路南侧邢围子宿营，第二六〇师也就地休息。准备与双沟第二六一师孙玉田联络后，要他派部队接应，再向双沟突进。

黄昏时，军部被解放军包围在邢围子宿营地。副军长王清翰由另一村（该师宿营地，距军部四五里路）来邢围子向孙良诚报告情况。二人密谈半小时，周围不时有步、机枪声，但不激烈。半夜，解放军联络专员周镐偕朱科长和一司机前来邢围子，要孙良诚到解放军二纵队司令部，亲谈

“起义”事宜。于是孙乘吉普车（解放军的司机开车），至公路以北某村（相距七八里路）解放军二纵队司令部。二纵队方政委和解放军联络专员兼宿迁县县长周镐等，要孙起义，孙支吾搪塞，毫无诚意。最后方政委说：“原来你同意在睢宁不动，全军集中后通电起义，后来你又背信弃义向徐州跑。现在你的部队已被包围，你仍无起义的诚意，无法对你宽容下去，你只有放下武器。你留在这里，快给你的部队下命令吧！”孙无言回答，被迫在手条上写下“放下武器”四字并签了名。但他又密告他的随从副官说：“这个条子是被迫写的，不作数。你告诉杜参谋长（辅廷），赶快率部突往徐州，不要管我了。”周镐看破他的诡计，把条子交另一个副官（孙带去两个随从副官），并在条子的后面详细写明将武器集中在一块，不准破坏，官兵分别集合等语。周陪同解放军接收人员回到邢围子，将条子交第一〇七军参谋长杜辅廷，宣布“放下武器”，将枪架在村内，部队官兵分别到村外集合。士兵约两千人，集合后被分配到解放军部队去了，被俘的官佐三百余人（我在十二日夜亲见孙良诚坐汽车出村，但不知他因何出去，上述经过是孙良诚一九四九年一月在南京对我说的）。

我见解放军人员前来接收，自感身为蒋介石特派驻该军的战地视察官，恐暴露身份有生命危险，就冒充该军军部政工处少校科员，改名吴仲芳，混入被俘官佐队伍中，到村外集合。解放军二纵队方政委和联络专员周镐先后向被俘官佐讲了话。周镐讲话时说：“孙良诚不够朋友。我和他多次接洽起义，他犹豫不定，毫无诚意。这次他同意在睢宁起义，后来又失信，把部队开往徐州。昨晚最后商谈，他仍不肯起义，所以不能不要他放下武器……”我听了这些讲话后，才明白了孙良诚从睢宁撤退前，通宵犹豫不定的原因。至于该军第二六〇师孙玉田部，在孙良诚被迫投降时驻在双沟，得悉情况后即径开徐州，奉刘峙之命拨归第二兵团邱清泉指挥。该师由于孙良诚的投降而受到牵连、怀疑，不久即被肢解消灭。

中國紀

淮海战役

附录

附录一

淮海战役国民党军大事记

一九四八年

十月下旬 国民党军统帅部已感到徐州蚌埠间大战在即，由于各种原因，特别是对解放军华东野战军和中原野战军的行动企图始终不能判明，对徐蚌会战的决心和计划犹疑未决。

十一月三日 南京政府国防部第三厅副厅长许朗轩飞葫芦岛向杜聿明传达蒋介石"放弃徐州，固守淮河"的方案，并令杜如同意该方案即赴蚌埠指挥。杜同意，但表示要待葫芦岛撤退完毕后才赴蚌。

四日 参谋总长顾祝同及国防部第三厅厅长郭汝瑰奉蒋介石命到徐州会晤徐州"剿总"所辖军以上指挥官。

刘峙令第十六兵团（欠第九十九军）由商丘开涡阳、蒙城。

五日 顾祝同、郭汝瑰带着蒋介石的作战意图和刘峙、邱清泉、黄百韬、李弥、孙元良等共同研究并决定徐蚌会战的计划，将部队集结于津浦路两侧地区。命令第二兵团集结于砀山、黄口、永城地域，第七兵团撤退至运河西岸、徐州间地域，第十三兵团集结于泗县、灵璧间地域，第十六兵团集结于蒙城附近地域，放弃海州，第四十四军受黄百韬指挥向徐州转移，第一〇〇军仍归第七兵团建制，第四绥靖区集结于蚌埠附近地域。

顾祝同、郭汝瑰当晚飞返南京向蒋介石复命。

李延年接刘峙电，决定放弃海州、连云港地区。

六日 发现解放军华东野战军主力迫近郯城、邳县以北，费县以南。

第十六兵团（欠第九十九军）到达蒙城附近。

七日 郯城为解放军占领，王洪九部被歼。第一八一师在马牧集、牛王崮被歼，师长米文和被俘。

第七兵团按第一〇〇军、第六十四军、兵团部、第二十五军、第四十四军的顺序向运河西岸撤退，第六十三军经窑湾镇渡河向运河西岸撤退。

八日 何基沣、张克侠率第三绥靖区主力部队在枣庄、贾汪起义。解放军乘势南下，向曹八集（即八义集）方向前进，占领阻击阵地，截断第七兵团西撤的退路。

刘峙令第二、十三兵团向徐州收缩。杜聿明自葫芦岛飞抵北平。

第十二兵团离确山、驻马店东进。

第六十三军在窑湾镇被围，军长陈章战死。

九日 杜聿明与傅作义会晤，当晚飞抵南京即往谒顾祝同。第二兵团之一部与解放军在黄口附近发生战斗。

第七兵团（欠第六十三军）退过运河。

第十六兵团（欠第九十九军）奉令开宿县。

十日 杜聿明上午会见何应钦，下午会见张治中，之后参加蒋介石的官邸会议，接受东援第七兵团的任务，当晚飞徐州，夜半到达。

蒋介石电令：第七兵团固守待援；第二兵团主力及第十三兵团的一个军协同东进，解第七兵团之围。（刘峙并未执行此命令）

由贾汪南下之解放军在曹八集附近歼灭第四十四师残部，完全截断第七兵团的退路。

第十六兵团（欠第九十九军）奉令开徐州。

十一日 刘峙、杜聿明下达东援第七兵团的命令。第七兵团与徐州的陆路交通中断。

第十六兵团先头到达三堡（徐州南）。

第六十三军在窑湾镇被歼。

李延年飞抵蚌埠。

顾祝同飞临碾庄圩上空，要黄百韬固守待援。

十二日 东援部队在徐州以东集结完毕，第二、十三兵团正面均发生战斗。

十三日 第二、十三兵团于九时开始发动攻击。

第三十九师司元恺部由安阳空运徐州。

第一〇七军孙良诚部（欠第二六一师）向解放军投诚。

第八十五军从明港、确山东进。

十四日 刘峙、杜聿明决定以第七十四军经潘塘镇、双沟向大许家迂回。

十五日 顾祝同、郭汝瑰等到徐州督战。

宿县被解放军攻占，第一四八师被歼，徐蚌间陆路交通被遮断。

第四绥靖区改编为第八兵团。

第六、第八兵团沿津浦路向宿县攻击前进。

第十二兵团到达阜阳。

十六日 解放军攻击潘塘镇、三堡之线，被第四十一、七十四军及第十二军之第一一二师击退，邱清泉令第九十六师主力及第三十二师前往增援。

第十八军强渡涡河成功。

十七日 东援部队继续攻击。九时空中侦察发现解放军有若干个纵队后撤，刘峙、杜聿明、邱清泉等均判断解放军全线退却，下令追击。

第一〇〇军主力被歼，军长周志道负伤逃脱。

十八日 刘峙发布“徐东大捷”的战报。

第十二兵团到达蒙城，与解放军发生全面战斗。

第四十四军全军覆没，赵壁光率第一五〇师残部向解放军投诚。

杜聿明令第七十二军东援。

十九日 第四十一军接替第七十二军九里山防务，第七十二军东开。

第十二兵团接到向宿县前进的命令。

二十日 第十二兵团先头部队到达浍河南岸地区。

空军副总司令王叔铭飞徐，与刘峙、杜聿明共商突破大许家防线之策。

晚间，碾庄圩阵地被突破，黄百韬率少数直属部队逃至大院上。

二十一日 第十二兵团到达南坪集并向浍河北岸搜索。

东援部队被阻于大许家以西南北之线。

黄昏，解放军对大院上等处发起攻击。

二十二日 第七兵团在碾庄圩地区被全歼，黄百韬战死。

二十三日 蒋介石令刘峙、杜聿明到南京开会，决定打通徐蚌段：徐州方面向符离集攻击，第六、八、十二兵团向宿县攻击。

刘峙、杜聿明飞返徐州，部署以第十三兵团守徐州，以第二、十六兵团向南攻击。

第十二兵团向浍河北岸攻击。

二十四日 第十二兵团决心向湖沟、固镇方向转移。

二十五日 第二、十六兵团开始向南攻击，第十六兵团占领白虎山、孤山集、纱帽山，第二兵团前进约五华里。

第十二兵团被围于双堆集附近地域。顾祝同到达蚌埠，令第六、八兵团沿津浦路向北攻击。

二十六日 第六、八兵团到达任桥集附近，灵璧失守（第二三八师被歼），向浍河南岸撤退。

二十七日　第十二兵团向东南攻击，企图突围。

廖运周率第一一〇师主力起义。

第六、八兵团退至浍河南岸。

二十八日　第二、十六兵团向南进至孤山集、褚兰地区受阻。

蒋介石令杜聿明到南京开会。蒋决定停止南攻，放弃徐州，向涡阳、蒙城附近转进，尔后解第十二兵团之围。

晚，杜聿明飞返徐州，向邱清泉、李弥、孙元良等传达蒋介石的命令；拟具撤退计划，下达预备命令。

徐州“剿总”总部向蚌埠转移（该总部先头早已离徐）。

蒋介石令第六、八兵团撤回淝河以南布防，确保蚌埠。

第六兵团退至澥河南岸，第八兵团守怀远及淮南铁路。

顾祝同飞双堆集上空视察，令黄维兵团就地固守。

二十九日　刘峙离徐到蚌埠。

第十三兵团第九军的四个团依令占领萧县地区，掩护主力退却。

杜聿明下达退却命令。

第十八军向双堆集西北许庄、前后周庄攻击。

第六兵团退至淝河南岸。

三十日　杜聿明集团开始退却。（按照命令第二、十六兵团白天发动佯攻，入夜后开始撤退，第十三兵团主力应在阵地上掩护至十二月一日夜撤退。但实际上有些部队于白天即开始退却，第十三兵团主力也开始退却。）

十二月一日　前进指挥部撤离徐州，杜聿明率少数主要幕僚到达大吴集，该部其他人员到达红庙。

杜聿明与第十三、十六兵团失去联络。

在萧县占领掩护阵地的第九军部队奉李弥命令撤退。

第十二兵团组织七个团向西南方攻击。

第十二兵团副司令官胡琏飞抵双堆集。

二日　前进指挥部全部到达王白楼。

第二兵团司令部到达李石林。

第十三兵团司令部到达袁圩。

第十六兵团司令部到达洪河集。

各部队的先头到达薛家湖、永城。

空军侦察：解放军大部队由濉溪口南北地区向永城方向急进。

杜聿明命令各部队在原地整顿一天。

第二兵团派部队接出在襄山庙之第四十五师。

第六、八兵团奉命向西进攻，救援第十二兵团。

三日 空军空投蒋介石给杜聿明的亲笔信，蒋令杜停止向永城前进，转向濉溪口方向攻击前进，与第六、八兵团协同解第十二兵团之围。

杜聿明遵蒋命下达攻击命令：第二兵团向濉溪口方向攻击，第十三、十六两兵团担任侧后掩护。

前进指挥部到达孟集。

四日 杜聿明集团开始向濉溪口方向攻击前进。

第二兵团抵青龙集、刘楼、黄庄附近。

第十六、十三两兵团的掩护阵地相继为解放军攻破。

五日 第八兵团到达仁和集（津浦路东侧）附近。

六日 解放军从北、东、西三面攻击杜聿明集团，第十六、十三两兵团的掩护阵地多处被突破，情况危急；第二兵团向东南的攻击进展迟缓。

杜聿明、邱清泉、李弥、孙元良在李石林第十三兵团司令部开会，决定入夜后分头突围。杜聿明旋即根据邱清泉的建议（李弥亦同意），改变决心。

夜晚，孙元良兵团单独突围，被全歼。孙元良只身脱逃，退回包围圈的约万人。

杜聿明到达夏砦。

第八兵团到达界沟站（津浦路西侧）附近。

邱清泉兵团部由孟集撤到陈官庄。

七日 胡琏飞南京向蒋介石汇报并请示，蒋介石准第十二兵团突围。

第七十、七十四军向东南攻击，经数日战斗，占领鲁楼、窦凹。

八日 杜聿明到达陈官庄。

九日 第七十军在陈官庄以南攻击失败。

胡琏飞返双堆集。

十日 杜聿明集团调整部署。

解放军对杜集团发动攻势，青龙集外围据点被攻占。

黄子华率第二十三师及第二一六师残部投诚。

第十八军四个团向大王庄攻击。

第六兵团到达松林子、豆腐店（均在津浦路西侧约五六公里）附近。

十一日　第十四军军长熊绶春战死。

十二日　黄昏后，解放军逼近尖谷堆制高点。

十三日　双堆集方面战斗惨烈。

十四日　下午，第十二兵团司令部受到直接威胁。

第六兵团到达高王集、包集（津浦路西约八公里）。

十五日　黄维、胡琏决心率部突围，黄昏后开始行动，结果黄维、吴绍周等被俘，胡琏逃出。

十六日　第十二兵团除少数人员外被全歼。蒋介石决心部署长江江防，令第六兵团主力由包集退守淮河。

杜聿明电蒋介石，决心固守到底。

十七日　蒋介石电令杜聿明派人飞南京，面授机宜。

杜聿明接到毛泽东主席给他的劝降信，杜给邱清泉看，邱当即烧毁。

十八日　杜聿明派参谋长舒适存携带其“三策建议”飞南京，接受命令。

十九日　舒适存偕空军总部第三署副署长董明德飞返陈官庄，传达蒋介石“集中力量，在空军投掷甲种弹（即毒气弹）及轰炸掩护下，突破一方，实行突围”的命令。

杜聿明与舒适存、董明德等决定突围并协商陆空协同计划，准备派舒、董于次日回京向蒋介石复命后即实施。

夜晚，风雪大作，舒、董未能回京。

二十日　蒋介石令：第九十九、九十六、五十五、六十八军守备淮河，第二十八军于浦口占领桥头堡，第五十四、三十九军调江南归京沪卫戍总司令部指挥。

二十日至二十八日　连降大雪，空投停止，饥寒交迫，小队纷纷向解放军投诚。

二十七日　蒋介石电令杜聿明突出重围，易地决战。

二十九日　风雪停止，恢复空投。

舒适存、董明德飞京复命。

三十日　蒋介石电杜聿明，拟派机将杜接回南京，杜未接受。

蒋介石令第六、八兵团守淮河，其余在长江以北的部队退守长江以南。

一九四九年

一月一日　蒋介石发表和谈讲话。

三日　蒋介石电令杜聿明实行第三案（即突围）。

杜聿明决定待空投足粮、弹后实施。

六日　解放军发动全面攻势。

七日　青龙集阵地被突破。

杜聿明决定十日开始突围。

九日　解放军向陈官庄攻击。

下午，杜聿明与邱清泉转移至陈庄第五军司令部，继续指挥。

深夜，杜聿明得悉部队已失去掌握，下令突围。

十日　杜聿明被俘，邱清泉战死，李弥逃脱，杜聿明集团全部被歼。

附录二

淮海战役国民党徐州“剿总”参战部队战斗序列表

总司令	刘峙
副总司令	杜聿明 孙震 刘汝明 冯治安 韩德勤 李延年
参谋长	李树正
副参谋长	章毓金 冯巖
秘书长	刘子清
办公室主任	郭一予
第一处处长	吴剑秋
第二处处长	何辑生 谭讷
第三处处长	章毓金（兼） 罗文浩
第四处处长	邓翼鹏
总务处处长	胡佛
政工处处长	吴一舟
（其他从略）	

├── 前进指挥郎　　主　任　　杜聿明（兼）

副主任　　孙元良　赵家骧（未到职）

参谋长　　舒适存

副参谋长　　文强　　刘伯仲（未到职）吴宝云（未到职）

第一处处长　　叶　敬

第二处处长　　李剑虹

第三处处长　　邓锡洸

第四处处长　　冯　恺

总务处处长　　施华威（振疆）　黄铁民

政工处处长　　简　洁

（其他从略）

├── 指挥部队详见后列各表

兵团（CA）			军（A）			师（D）			团（R）			备注
2CA	司令官	邱清泉		军长	熊笑三		师长	郭吉谦 崔贤文	133R	团长	姜铁志	一、黄宗颜是豫东保安总认张岚峰部的支队长，张部被歼后残部编为暂编第二十四师，以黄宗颜为师长拨归邱清泉指挥，邱将其与第五军的第四十六师合并，取消暂二十四师番号，将黄宗调为第五军副军长。 二、第七十军第九十六师曾配属战车等部队为快速纵队，以师长邓军林兼纵队司令，刘志道为副
							副师长	崔贤文	134R	团长		
							参谋长	李焕文 屈自珍	135R	团长	屈自珍 周中梁	
				副军长	黄宗颜 郭吉谦		师长	黄宗颜 陈辅宗 汉 祁方子	136R	团长		
	副司令官	舒适存 谭辅烈 王长海 高吉人					副师长	郭方平	137R	团长		
							参谋长	夏　鼎	138R	团长		
				参谋长	陈毓秀		师长	周　朗	598R	团长		
							副师长	麻心全	599R	团长		
							参谋长		600R	团长		
	参谋长	李汉萍		军长	高吉人 邓军林		师长	龚时英	94R	团长	华心权 肖佛南	
							副师长	贺知诗	95R	团长	刘绍邦 袁子浚	
							参谋长	张葛天	96R	团长	高毓民 叶佛佑	
				副	邓军林		师长	邓军林 刘志道	286R	团长	钟斐章	

	副参谋长	董　熙	70A	军长		96D	副师长	田生瑞	287R	团长	马安澜 李镇龙（代）	司令。 三、第一八一师米文和部是刘汝明系统第五十五军的建制，后在马牧集、牛王崮附近被歼。 四、济南战役开始时，第七十四军奉命空运到济南增援，九月十九日济南机场已被解放军炮火控制，该军的第五十七师只运去七个连即被迫停运，已运去的部分在济南战役中一并被歼。
							参谋长	何瑞德	288R	团长	周德宣	
				参谋长		139D	师　长	唐化南	415R	团长		
							副师长	华心权	416R	团长		
							参谋长	牛如江	417R	团长		
2CA			72A	军长		34D	师　长	陈渔浦	100R	团长		
							副师长	陈元良	101R	团长		
							参谋长	杜钟儒	102R	团长		
				副军长		122D	师　长	熊顺义	364R	团长	廖作为 周砚青 孟达现	
							副师长	高先哲 黄伯亮	365R	团长		
							参谋长	魏煜棍 熊登甲	366R	团长		
				参谋长		233D	师　长	李　芝 徐　华	697R	团长		
							副师长	杜永鑫	698R	团长		
							参谋长	余国勋	699R	团长		

（承上表）

兵团（CA）			军（A）			师（D）			团（R）			备注
			74A	军长	邱维达	51D	师长	王梦庚	151R	团长	王克已	五、第一二二师原是第十六兵团第四十一军的建制，该兵团单独突围时被歼。本表所列第一二二师系当时被歼后收容的残部编成，当时收容有七个团的番号，组编时该师只有三个团，其他团长或升副师长或调他职。 六、第十二军的二三八师驻灵璧附近地区整训，在解放军攻占灵璧时被歼。
							副师长	谢恺堂	152R	团长	毛如德	
							参谋长	聂之忱	153R	团长	傅本务	
				副军长	贺执圭 杜　鼎	57D	师长	冯寄异	169R	团长	张海啸	
							副师长	姚　平	170R	团长	胡国强	
							参谋长	王重之	171R	团长	方承荷	
				参谋长	李人俊 江崇林	58D	师长	王奎昌	172R	团长	蔡亚鄂	
							副师长	林铸年	173R	团长	王爱民	
							参谋长	陶富林	174R	团长	刘炳均	
2CA			12A	军长	舒　荣	112D	师长	于一凡	334R	团长	曹家和	
							副师长	金克才	335R	团长	韩福山	
				副军长	张树喻 于一凡		参谋长	蒋兆麟 文　新	336R	团长	苏显扬 杨英华	
							师长	徐有成	712R	团长		

				参谋长		238D	副师长		713R	团长		七、第一一六军是在包围圈内编成，实际上是个空番号，余锦源想另搞一个兵团，即拟以第七十二军、一一六军编成之，故所有人员均由第七十二军抽调，但未建好就被歼灭了。
							参谋长		714R	团长		
			116A	军长	谭　心	287D	师　长	李　芝	859R	团长		
							副师长		860R	团长		
				副军长			参谋长		861R	团长	刘衍智	
						288D	师　长	陈元良	862R	团长		
				参谋长	肖德宣		副师长	肖德宣	863R	团长		
							参谋长		864R	团长		
						独立旅（SB）后改为新四十四师	旅　长	王屏南 耿文哲				
							副师长					
							参谋长					
						骑　兵第一旅（K1B）	旅　长	陈　陶 张荣甲				
							副师长	吕雅堂				
							参谋长					

（承上表）

兵团（CA）			军（A）			师（D）			团（R）			备注
6CA	司令官	李延年	39A	军长	王伯勋	103D	师长	曾元三	307R	团长		一、第六兵司令官司李延年原在海州任第九绥靖区司令官，因战略要求奉命放弃海州西撤，将所辖之第四十四军点拨归黄百韬第七兵团，李本人率司令部人员撤回之有关人员改编为第六兵团司令部，指挥第三十九、五十四、九十六、九十九军四个军。 二、第三十九军原属第十三兵团建制，驻河北昌黎，战役前未赶到徐州，后调蚌埠归第六兵团指挥。该军序列原有第九十一师的番号，不在淮海战场，故未列入此表。
							副师长		308R	团长		
				副军长	程　鹏		参谋长		309R	团长		
						147D	师　长	张家宝	439R	团长		
	副司令官			参谋长			副师长		440R	团长		
							参谋长		441R	团长		
			54A	军长	阙汉骞	8D	师　长	周文韬 施有仁	22R	团长		
	参谋长	梁栋新					副师长		23R	团长		
							参谋长		24R	团长		
				副军长	周文韬	198D	师　长	张　纯	592R	团长		
							副师长		593R	团长		
	副参谋长						参谋长		594R	团长		
				参谋长	杨中藩	暂57D（291D）	师　长	廖定藩	871R	团长		
							副师长		872R	团长		
							参谋长		873R	团长		

			96A	军长	于兆龙	141D（212D）	师长	甫绍武	421R	团长	
							副师长		422R	团长	
				副军长			参谋长		423R	团长	
						282D（281D）	师长	肖续武 章毓金	844R	团长	
							副师长		845R	团长	
				参谋长			参谋长		846R	团长	
						92D	师长	艾 叆	274R	团长	
			99A	军长	胡长青		副师长		275R	团长	
							参谋长		276R	团长	
				副军长	刘建修	99D	师长	杨 达	295R	团长	赖典职
							副师长		296R	团长	李 蛟
							参谋长		297R	团长	黄 植
				参谋长		268D	师长	李慎言	802R	团长	
							副师长		803R	团长	
							参谋长		804R	团长	

三、第九十六军原在蚌埠驻扎，刘汝明第四绥靖区移驻蚌埠时，该军曾一度受刘指挥，时间很短，后仍归第六兵团序列。

四、第九十六军序列中第一四一师原写为第二一二师，第二八二师原写为第二八一师，是否番号更改或另有原因待查。

五、第九十九军原属第十六兵团建制，一九四八年十月底调至蚌埠，未随兵团北上，遂改归第六兵团指挥。

（承上表）

兵团（CA）			军（A）			师（D）			团（R）			备注
7CA	司令官	黄百韬	25A	军长	陈士章	40D	师长	曾正我	118R	团长		一、第二十年序列中的第一四八师在宿县被歼。 二、第一〇〇军的第十九师在济南战役中被歼。 三、第四十四军的第一六十师的第四八六团在杨州未归建。
							副师长	杜聚政	119R	团长		
							参谋长		120R	团长		
	副司令官	黄国梁 唐云山		副军长	杨廷宴	108D	师长	李世镜	322R	团长		
							副师长		323R	团长		
							参谋长		324R	团长		
				参谋长	陶修	148D	师长	刘清昶	542R	团长		
							副师长		543R	团长		
	参谋长	魏翱					参谋长		544R	团长		
			44A	军长	王泽浚	150D	师长	赵壁光	448R	团长	何亚颜	
							副师长	杨自立 林文波	449R	团长	肖德宣	
	副参			副军长	孙黻		参谋长	李鼎	450R	团长	杨南邮	
							师长	杨自力 何葆恒	484R	团长	冯国典	

	参谋长	田伟然	162D	副师长	李　秾	485R	团长	康即戎
				参谋长	邱正民	486R	团长	鲁策三 皇甫超
63A	军　长	林　湛 陈　章	152D	师　长	雷秀民	454R	团长	涂致远
				副师长	黎天荣 李友庄	455R	团长	戴　旭
	副军长	刘栋材		参谋长	梁明中	456R	团长	李友庄（兼）
			186D	师　长	张泽琛	556R	团长	黎安福 苏文光（代）
				副师长	伍少武	557R	团长	叶伯刚
	参谋长	宁建人 陈之瑞（代）		参谋长	卢德辉	558R	团长	张麟骏
64A	军　长	刘镇湘	156D	师　长	刘镇湘（兼） 陈庆斌（代）	468R	团长	张越秀
				参谋长	徐瑞亨	468R	团长	何彰明
				副师长	柳亚人 陈庆斌	467R	团长	张　彪
	副军长	韦　德	159D	师　长	刘绍武 钟世谦	475R	团长	

（承上表）

兵团（CA）			军（A）			师（D）			团（R）			备注
7CA			64A	参谋长	项金洪 黄觉	159D	副师长	李振中	476R	团长		
							参谋长	谢丽文	477R	团长		
			100A	军长	周志道	19D	师长	赵尧	55R	团长		
							副师长		56R	团长		
							参谋长		57R	团长		
				副军长	杨荫 杨诗云	44D	师长	刘声鹤	130R	团长	卢庆贵	
							副师长		131R	团长	彭恒	
							参谋长	毛锻吾	132R	团长	赵直如	
				参谋长	崔广深（森）	63D	师长	盛超	187R	团长		
							副师长	程玉裁	188R	团长		
							参谋长		189R	团长		

兵团（CA）			军（A）			师（D）			团（R）			备注
8 CA	司令官	刘汝明	55A	军长	曹福林		师长	荣光兴	85R	团长	乜云卿	第八兵团前身是第四绥靖区。
							副师长	郭沛藻	86R	团长	张澜珊 侯青云	
							参谋长	王亚伯	87R	团长	郭沛荣 梁廷琛	
				副军长	许文耀 陈宇书	74D	师长	李益智	220R	团长	钟文庆 张天胜 曹敬堂	
							副师长	黄芳俊 张天胜	221R	团长	马伏勋	
							参谋长	陈昭庭 许文庆	222R	团长	刘光甲 周　斌	
	副司令官	田镇南 曹福林 米文和 刘汝珍		参谋长	白耀先	181D	师长	米文和 刘兴远	541R	团长	刘兴远	
							副师长	宋西箴 王　琛	542R	团长	王义善	
							参谋长	董汝桂	543R	团长	宋铁林 王辉尘 宋慎志	

（承上表）

兵团（CA）			军（A）			师（D）			团（R）			备注
8CA	参谋长	朱秀德 杨 然	68A	军长	刘汝珍	81D	师长	葛开祥	241R	团长	丁世选	
							副师长	蒋葑滋 张世哲	242R	团长	韩莲台 张世哲	
							参谋长	谢用霖	243R	团长	张全忠	
				副军长	陈新起 王振声	119D	师长	刘广信 张勋亭 刘铁钧	345R	团长	阙孝君 刘铁钧 黄笑斌	
							副师长	陈禄德	356R	团长	张传焘 张文彬 张公干 徐振业 高起林	
							参谋长	王天铎 白英振 董绍良	357R	团长	马光宇	
	副参谋长	杨 然 李诚一		参谋长	张勋亭 杜大中 张星伯 孟恒昌	143D	师长	崔贡琛 阎尚元 王保谦 李金玉	427R	团长	路可金	
							副师长	阎尚元 蒋葑滋	428R	团长	王保谦 庞铭绪 杨功臣	
							参谋长	邹桂五 刘树楠 杨云鹤	429R	团长	刘云生 胡运来 王永禄	

兵团（CA）			军（A）			师（D）			团（R）			备注
12CA	司令官	黄维	10A	军长	覃道善	18D	师长	尹俊	52R	团长	唐铁冰	一、第十二兵团是归国防部指挥，未明令归徐州“剿总”指挥。
							副师长	杨焕庭	53R	团长	邱仁汉	
							参谋长	段昌义	342R	团长	黄煜轩	
				副军长	王岳	75D	师长	王靖之	223R	团长	刁秉魁	
	副司令官	胡琏 吴绍周					副师长	李树兰	224R	团长	刘次杰	
							参谋长		225R	团长		
				参谋长	周穆深	114D	师长	夏建勣	54R	团长	孟述美	
							副师长	孟树本	340R	团长	陈仲泉	
							参谋长	曾昭鹏	341R	团长	朱达	
	参谋长	肖锐	14A	军长	熊绶春	110D	师长	潘琦（骥）	28R	团长	张治平	
							副师长		29R	团长		
							参谋长		30R	团长		

（承上表）

兵团（CA）			军（A）			师（D）			团（R）			备注
12CA	副参谋长	韦镇福 文文修	14A	副军长	谷炳奎	83D	师长	张用斌	247R	团长	何玉林	二、第一一八师曾配属战车等部队纵编成快速纵队，师长尹钟岳兼快速纵队司令。
							副师长	吴宗远	248R	团长		
							参谋长		249R	团长		
				参谋长	梁岱	85D	师长		253R	团长		
							副师长		254R	团长		
							参谋长		255R	团长		
			18A	军长	杨伯涛	11D	师长	王元直	31R	团长	甘慕良	
							副师长	张慕贤	32R	团长	王兴诚	
							参谋长	李惠平	35R	团长	韩正礼	
				副军长	王元直	49D	师长	何竹本	145R	团长		
							副师长	张定国	146R	团长		
							参谋长		147R	团长		

				参谋长	吴庭玺	118D	师长	尹钟岳	33R	团长	孙竹筠 陆志完 廖汉升	
							副师长	李果然	353R	团长	陆秀山	
							参谋长	路羽飞	354R	团长	陈家珍	
			85A	军长	吴绍周（兼）	23D	师长	黄子华	67R	团长	杨正堂	
							副师长	周卓铭	68R	团长	张振坤	
							参谋长	张均铸	69R	团长	夏蓬洲	
				副军长	张文心	110D	师长	廖运周	328R	团长	姜继鑫	
							副师长	杨柳营	329R	团长	唐奎甫 陈振威	
							参谋长	洪炉青	330R	团长	刘协侯 金汉章	
				参谋长	郑家玙 陈振威	216D	师长	谷允怀	646R	团长	王铁山 乐光厚	
							副师长	朱安民　李逢运	647R	团长	庞乃仲	
							参谋长		648R	团长	唐孝植	

（承上表）

兵团（CA）			军（A）			师（D）			团（R）			备注
13CA	司令官	李弥	8A	军长	李弥（兼） 周开成	42D	师长	石建中 伍子敬	124R	团长	李芳馨	一、李弥兵团原辖第八、九、三十九三个军，淮海战役前第三十九军在葫芦岛，后调至蚌埠归入第六兵团战斗序列。淮海战役后期，又将第六十四军（空番号）及第一一五军编入序列，这两个军乃是仓促成立，没有多大战斗力。 二、第六十四军原系第七兵团建制，在碾庄圩战斗中被歼。表中所列是在包围圈中新建立的，兵员仅由王洪九部改编的独立旅和收容的一些散兵游勇共约四千人组成，所谓师长均在兵团部并未到差，又宣布了
							副师长	李彬甫 伍子敬	125R	团长	袁剑飞 陈纯武	
							参谋长	刘之正 盛钟泰	126R	团长	陈贵延 李心恺	
				副军长	曹天戈	170D	师长	杨绪钊	508R	团长	庞铮	
	副司令官	赵季平 陈冰 李九思					副师长	程夏雷	509R	团长	姚轻耘 黄健（兼）	
							参谋长	黄健	510R	团长	杨京 杨德崇	
				参谋长	袁剑飞	237D	师长	孙进贤	709R	团长	陈载经 张锡进	
							副师长	杨荣升	170R	团长	杨荣升	
							参谋长	易灏	711R	团长	岑政仁 田兴翔	
	参谋长	吴家钰	9A	军长	黄淑	3D	师长	周藩	7R	团长	周毓宽 高树楷	
							副师长	田仲达	8R	团长	彭剑明 翁羽	
							参谋长	张炳其	9R	团长	刘核 甫青云	
					李荩宣		师长	肖超伍（兼）	496R	团长	陈志刚 苏定中	

		周羽皋		副军长	肖超伍	166D	副师长	刘君立 陈志刚	497R	团长	王德然	一些团长，还未就绪就被歼灭了。
							参谋长	刘潜修	498R	团长	刘君立 陈健生	
				参谋长	顾隆药	253D	师　长	王青云	757R	团长	胡树中	三、第三十九师司元恺部原由安阳空运到徐州增援，后来由师扩编成第一一五军，其中第一八〇师原系第三级绥靖区第五十九军的建制，因该军在贾汪起义，由来参加起义的一些官兵收容拼凑约三千人编为第一八〇师，由陈芳芝任师长，这种从前的第一八〇师是不同的。
							副师长	黄志圣 袁剑飞	758R	团长	郭振江	
							参谋长	马　旭	759R	团长	孔志坚 石渭崇	
			64A	军长	李荩宣	156D	师　长	吴家钰	466R	团长		
							副师长	顾隆药	467R	团长		
				副军长	周　藩		参谋长		468R	团长		
						159D	师　长	黄志圣	475R	团长		
				参谋长	项金洪		副师长	姚轻耘	476R	团长		
							参谋长		477R	团长		
			115A	军长	司元恺	39D	师　长	韩肇琏	115R	团长	宋程铎	
							副师长		116R	团长		
				副军长	刘顺佳		参谋长	杨国桢	117R	团长		
						180D	师　长	陈芳芝	538R	团长	瞿静齐	
				参谋长			副师长		539R	团长	陈芳芝（兼）	
							参谋长	何觉哉	540R	团长	张宾如	

兵团（CA）			军（A）			师（D）			团（R）			备注
16CA	司令官	孙元良	41A	军长	胡临聪	122D	师长	张宣武（张崇文）	364R	团长	杜庸	第一二五师曾配属战车等部队编为快速纵队，由该师师长陈玲兼备纵队司令，副司令为吴文艺（战车第二团团长）。
							副师长	熊顺义	365R	团长	黄柏亮	
				副军长	陈远湘 杨熙宁		参谋长	罗杰 魏煜烷 翟绍先	366R	团长	刘景索	
	副司令官	曾建元				124D	师长	严翊	370R	团长	高先哲 苟昭禄	
				参谋长	刘伯余		副师长	蔡铮 过郑尊	371R	团长	王哲贤 赵洪轩	
							参谋长	周克棠	372R	团长	李卓夫	
	参谋长	张益熙	47A	军长	江匣锋	125D	师长	陈玲（陈仕俊）	373R	团长	江虞书 裴元俊 向解	
							副师长	黄崇凯	374R	团长	胡锡珍	
				副军长	李家英		参谋长	李又松	375R	团长	傅道英 林钟喜	
	副参谋长	高健 熊顺义				127D	师长	李家英（兼） 张光汉	379R	团长		
				参谋长	李传霖		副师长	袁国纯	380R	团长	孟达观	
							参谋长	尹续臣	381R	团长	袁国训	

兵团（CA）			军（A）			师（D）			团（R）			备注
3PA（三绥区）	司令官	冯治安	69A	军长	刘振主	38D	师长	杨千三	112R	团长	郭建协	
							副师长	于麟章	113R	团长	栾升堂	
				副军长	孟绍濂 李九思		参谋长	钟道昆	114R	团长	赵海风 许朝东（代）	
	副司令官	张克侠 何基沣 李文田				150D	师长	崔振伦	538R	团长	段佳源	
				参谋长	刘景岳		副师长	刑炳南	539R	团长	陈芳芝	
							参谋长	霍敬之	540R	团长	杨　光	
	参谋长	陈继淹	77A	军长	王长海	37D	师长	李宝善	109R	团长	程立志	
							副师长	孙儒鑫	110R	团长	田雨村	
				副军长	许长林		参谋长	杨国桢	111R	团长	张兆英	
	副参谋长					132D	师长	过家芳	394R	团长	王仲元	
				参谋长	李延昭		副师长	张照甫	395R	团长	马秉正	
							参谋长	陈酒昌	396R	团长	王　刚	

（承上表）

总部直辖	军（A）			师（D）			团（R）			备注
	20A	军长	杨干才	135D	师长	景嘉模	397R	团长	陈德邵	第二十军杨干才部于淮海战役后期始由华中调到时津浦铁路南段。
					副师长	肖传伦	398R	团长	熊慕岳	
		副军长	伍仲严		参谋长	席应信	399R	团长	何学植	
				134D	师长	李介立	400R	团长	陈志远	
		参谋长	明显荣 任敬修		副师长	朱泰安	401R	团长	蒋国钦	
					参谋长	吴文光	402R	团长	杨德儒	
	107A	军长	孙良诚	260D	师长	王清瀚（兼）	778R	团长	张希锋（兼）	
					副师长	张希锋	779R	团长		
		副军长	王清瀚		参谋长	孙玉田	780R	团长		
				261D	师长		781R	团长		
		参谋长	杜辅廷		副师长		782R	团长		
					参谋长		783R	团长		

附录三

国民党徐州“剿总”直辖部队及有关单位表

番号	昵称	姓名	番号	昵称	姓名	备注
炮兵第八团	团长	邱书砚	空军第二军区	司令	罗机	
炮兵第十三团	团长	廖馥如	第一补给区	司令	刘永煜	
装甲炮兵团	团长	曾荫槐	补给指挥所	主任	耿文哲	
重迫炮兵团	团长	苏北师营区		司令	谢铮	
工兵第一团	团长	周价	铜山团管区	司令	苗瑞体	
工兵第二团	团长	周鑫	徐州警备部	司令	赵复汉 谭辅烈	
工兵第九团	团长	裘树凯	战地服务队	总队长	郭仲容	

（承上表）

番号	职称	姓名	番号	职称	姓名	备注
工兵第十八团×营	营长		尉官收训队	大队长	韩德考	
通信兵第二团	团长		士兵补训队	大队长	韩德考	
通信兵第三团	团长		青训三大队	大队长	赵承璧	
通信兵第八团	团长	傅翔	军官训练班	主任	彭璧生	
铁道兵第二团	团长	杨植	干部训练班	主任 教育长	刘峙 朱岳	
战车第二团	团长	蒋纬国 赵志华	荣管处	处长	冯巍	
空军第三大队	大队长	杨孤帆	政委会	主任	刘峙	
高射炮团	团长	杨××	联秘处	主任 主任秘书	刘峙 滕杰、刘子清	

宪兵第二十七团	团　长	黄祥烈	徐州收支处	处　长	盛汉恢
总部特务团	团　长	干　城	监　察　组	组　长	王尊五
辎汽第二十四团	团　长	蔡乐沛	津浦铁路 运输指挥部	司　令	陈绍平
辎汽第二十六团	团　长	柳鸿濮			
辎汽第一营	营　长	刘奇杰			

附录四

师淮海战役国民党参战和被歼部队军、师番号表

被歼的军和师

兵团番号	军番号	军数	师番号	师数	注
2CA	5A	5	45D 46D 200D	15	新成立的122D不列入
	12A		112D 238D		
	70A		32D 96D 139D		
	72A		34D 233D		
	74A		51D 57D 58D		
			SB(N44D) K18		
7CA	25A	5	40D 108D 148D	11	19D在济南战役被歼不列入
	44A		150D 162D		
	63A		152D 186D		
	64A		156D 159D		
	100A		44D 63D		

参战的军和师

除左表被歼的军和师外，另加下列；

兵团番号	军番号	军数	师番号	师数	注
6CA	39A	4	103D 147D	10	96A两个师的番号待查
	54A		8D T57D 198D (291D)		
	96A		282D 141D (281D) (212D)		
	99A		92D 99D 268D		
8CA	55A	2	29D 74D 181D	5	181D已计在被歼中
	68A		81D 119D 143D		
	29A	1	133D 134D	2	刚到战场
2CA	116A	1	287D 288D	2	空番号
合计		8		19	

12CA	10A	4	18D 75D 114D	12	
	14A		10D 83D 850		
	18A		11D 49D 118D		
	85A		23D 110D 216D		
13CA	8A	3	42D 170D 237D	7	新成正的64A的军、师及180D都不列入
	9A		3D 166D 253D		
	115A		39D		
16CA	41A	2	122D 124D	4	
	47A		125D 127D		
3PA	59A	2	38D 180D	4	
	77A		37D 132D		
	107A	1	260D 261D	2	
4PA			181D	1	
合 计		22		56	内有四个半师起义

总计：

参战军数 22+8=30

参战师数 56+19=75

附注：

一、徐州“剿总”所有直属部队都未计算在内。。

二、王洪九部不属正规军，未计算。

图书在版编目（CIP）数据

原国民党高级将领的战场记忆．淮海战役/全国政协文化文史和学习委员会编．—北京：中国文史出版社，2018.6

ISBN 978-7-5205-0479-9

Ⅰ.①原…　Ⅱ.①全…　Ⅲ.①淮海战役（1948—1949）—史料
Ⅳ.①K266.606

中国版本图书馆 CIP 数据核字（2018）第 195201 号

责任编辑： 窦忠如

出版发行：**中国文史出版社**
社　　址：北京市海淀区西八里庄路 69 号院　　邮编：100142
电　　话：010-81136606　81136602　81136603　81136605（发行部）
传　　真：010-81136655
印　　装：廊坊市海涛印刷有限公司
经　　销：全国新华书店
开　　本：16　　　　插页：32 页
印　　张：34.75　　　字数：587 千字
版　　次：2019 年 2 月北京第 1 版
印　　次：2025 年 1 月第 5 次印刷
定　　价：99.00 元

淮海战役开始前的态势要图

1948年11月6日以前

图1-1

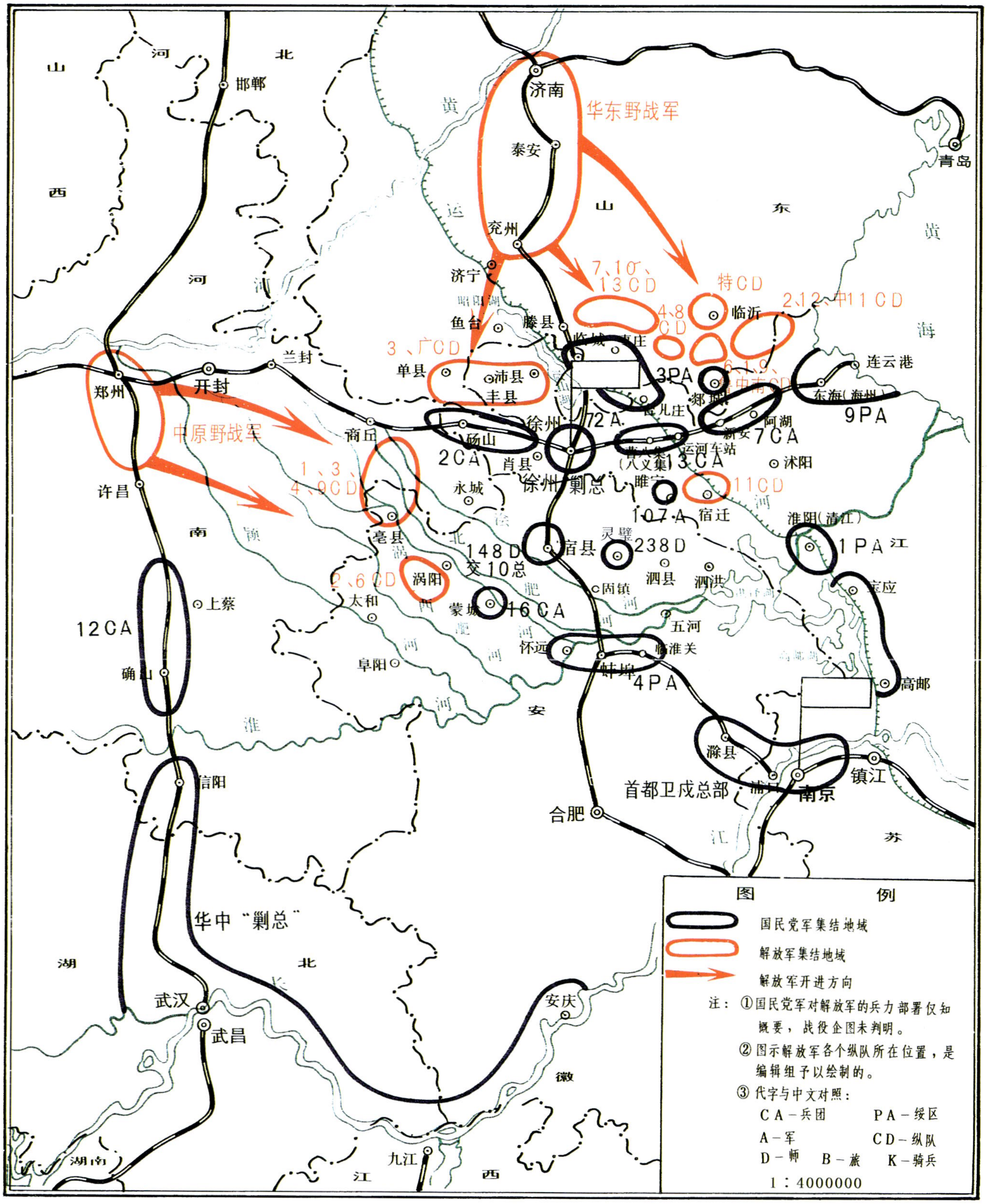

徐州"剿总""守江必守淮"计划及东援黄百韬兵团战斗要图

1948年11月6日—22日

图2-1

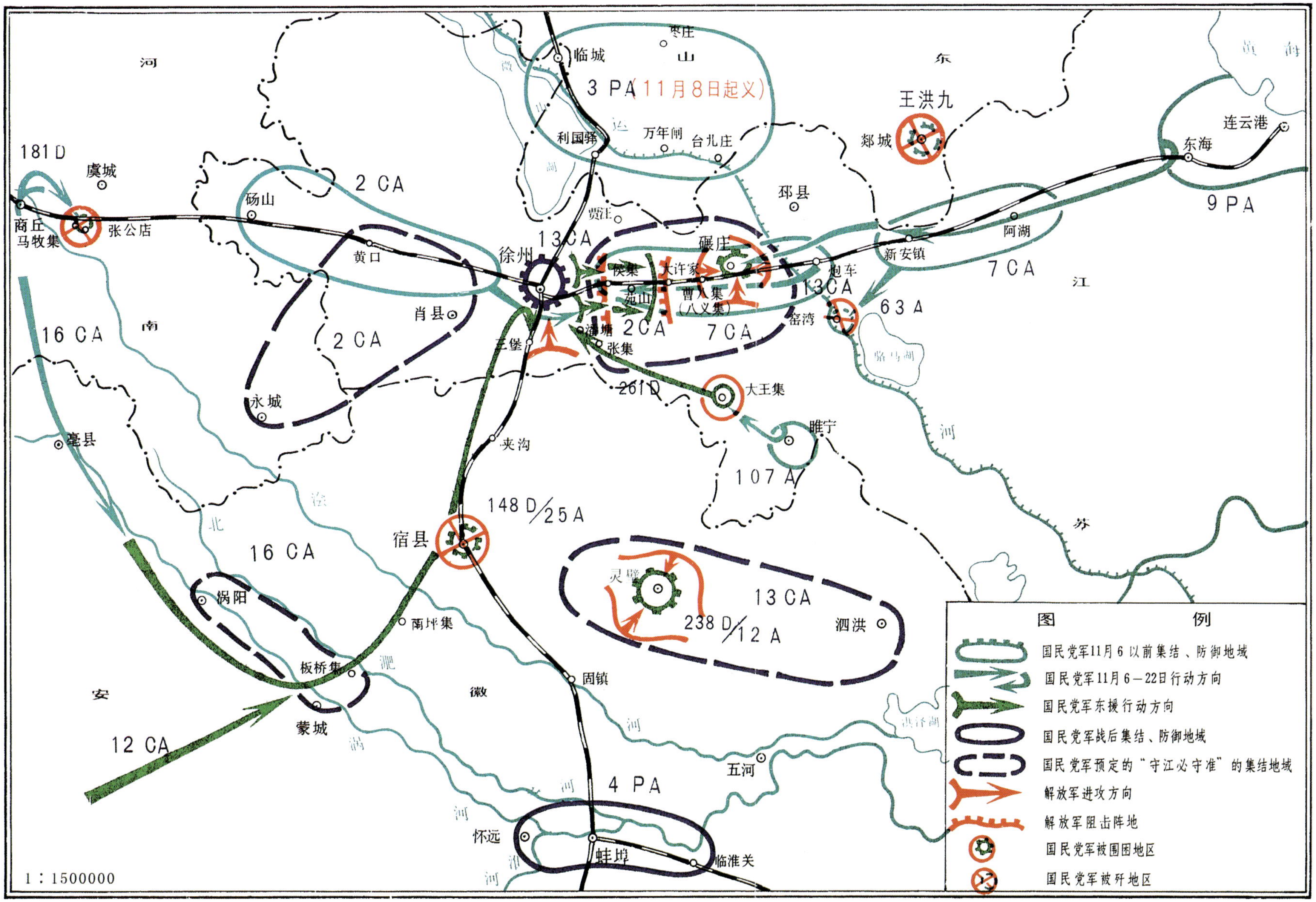

徐州“剿总”救援黄百韬兵团战斗要图

1948年11月13—22日

图2-2

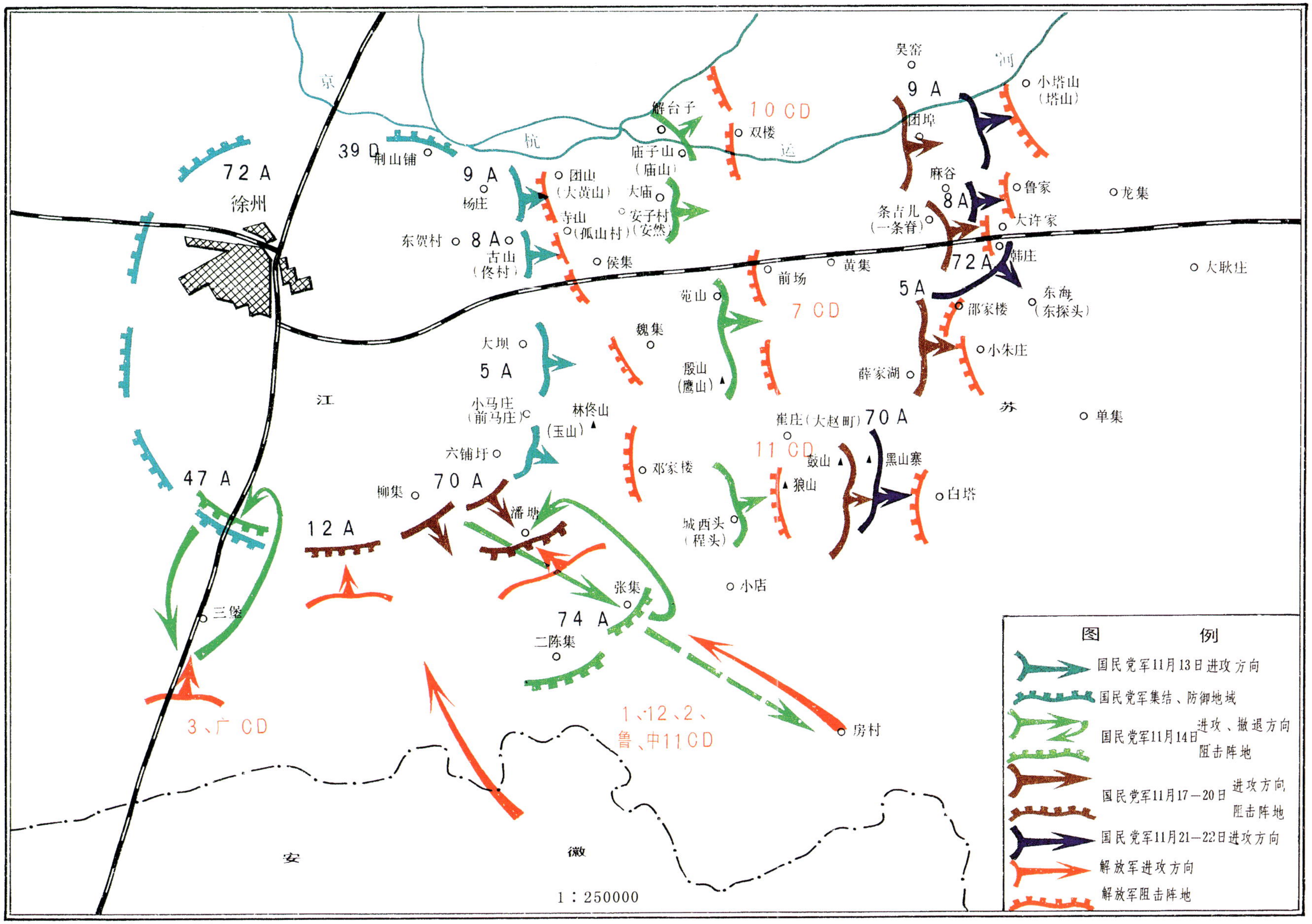

黄百韬兵团固守碾庄战斗要图

1948年11月9—22日

图2-3

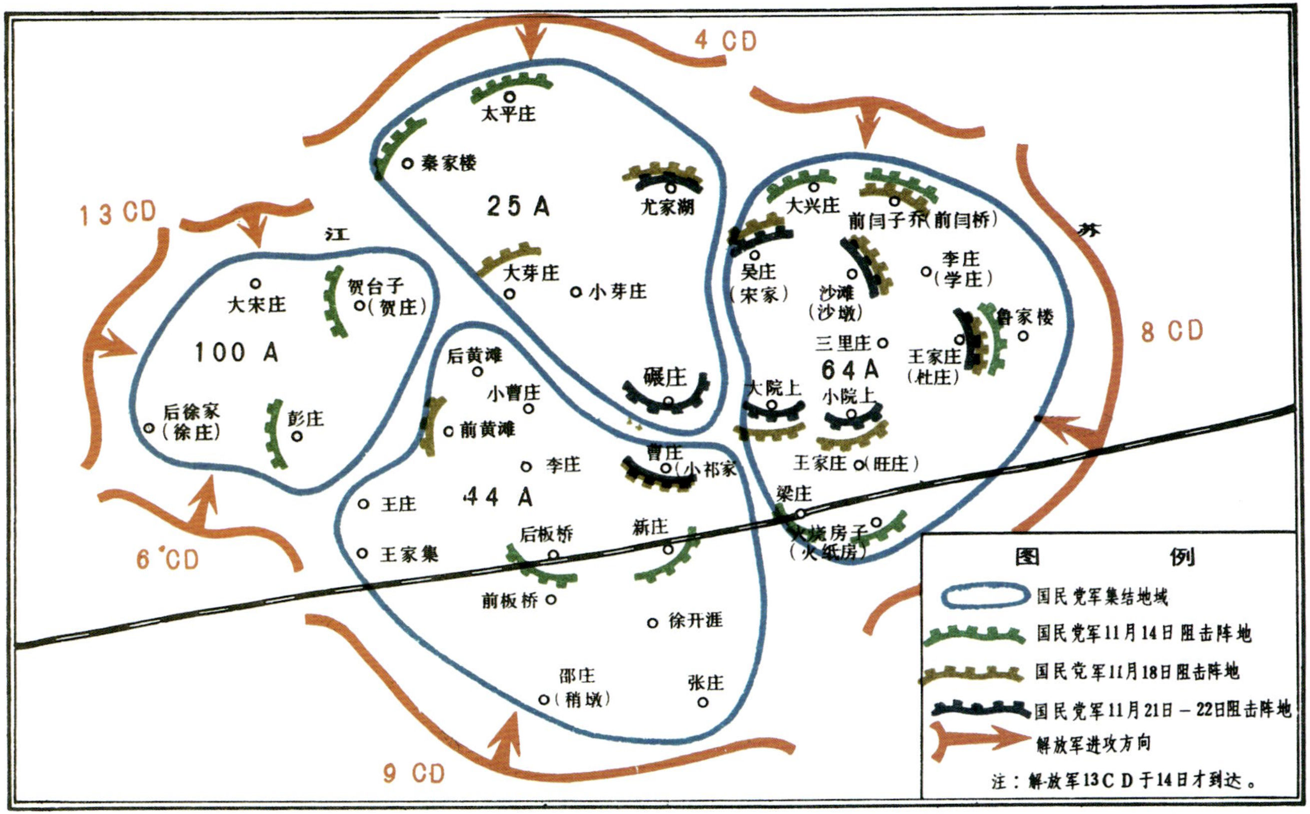

徐州“剿总”打通津浦路徐蚌段战斗要图

1948年11月25日—28日

图3-1

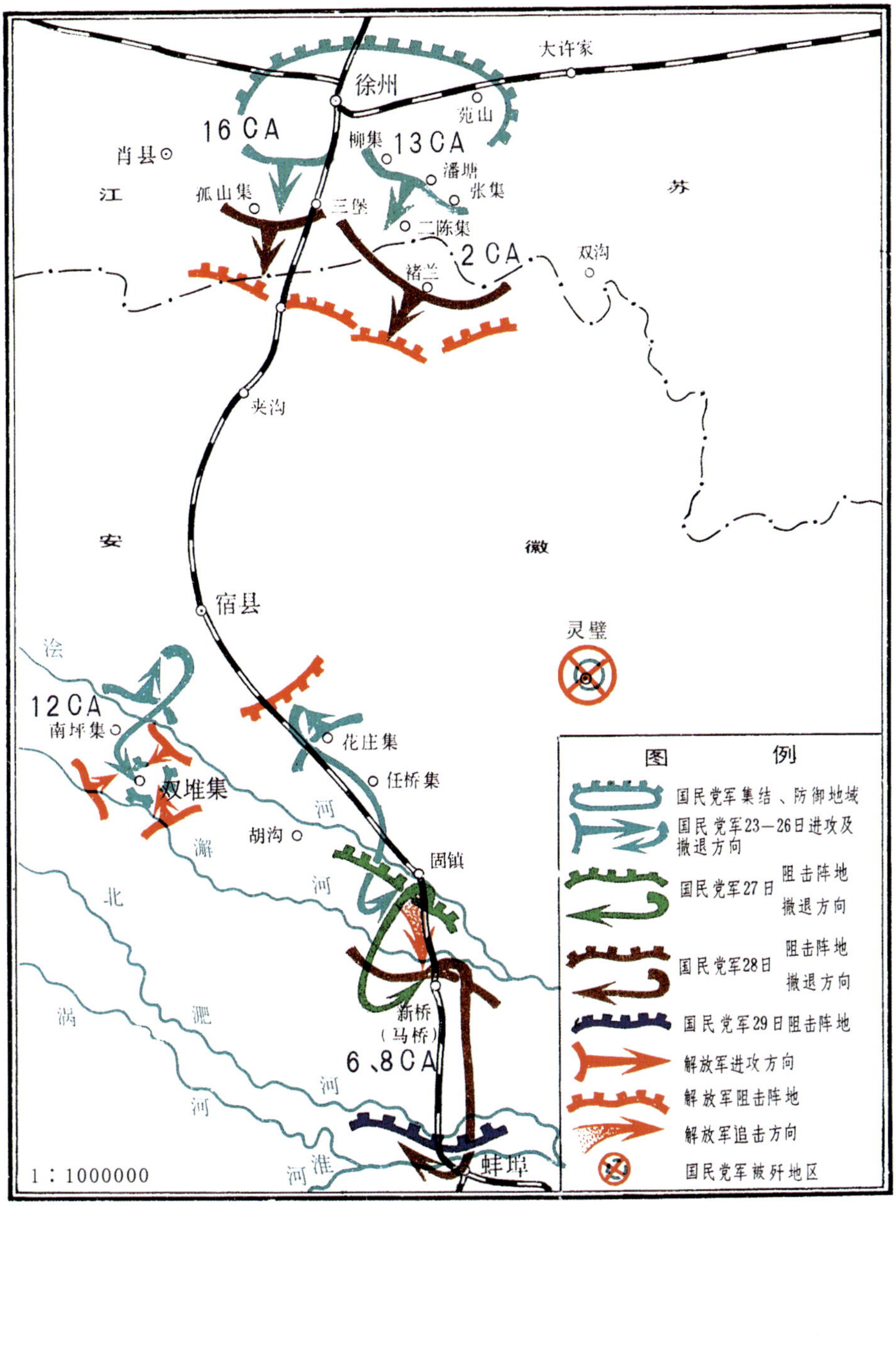

第二、十六兵团打通徐蚌段战斗要图

1948年11月25日—28日

图3-2

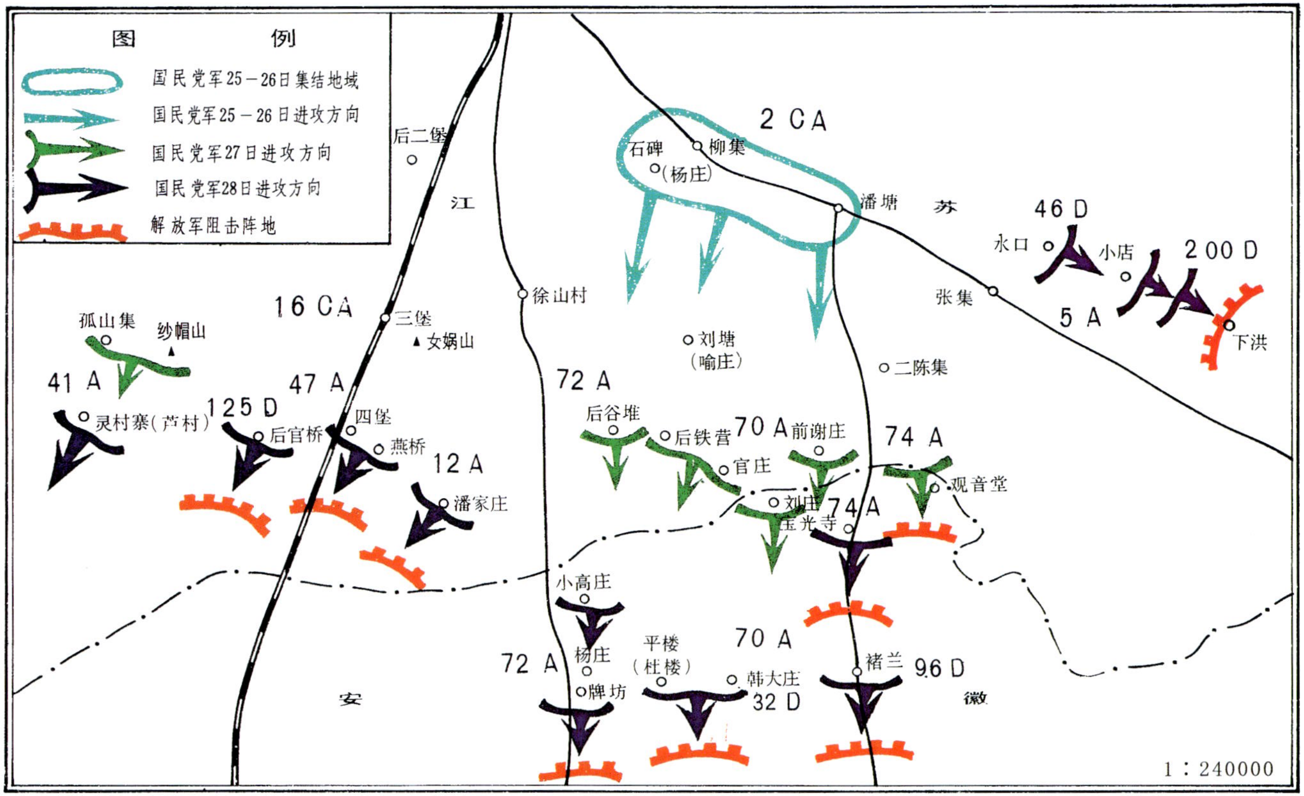

徐州“剿总”救援第十二兵团战斗计划及战斗经过要图

1948年12月1日—16日

图4-1

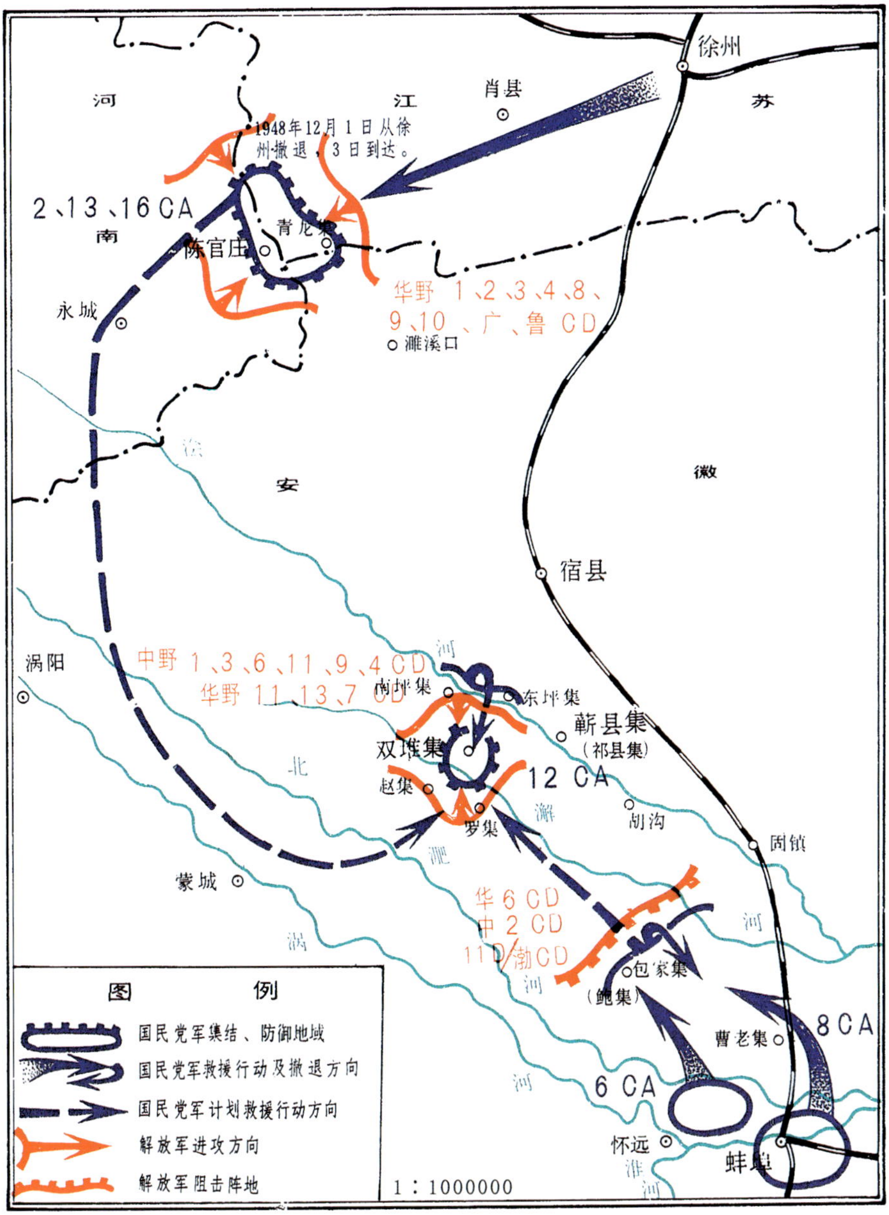

第十二兵团被围战斗经过要图

1948年11月25日至12月15日

图4-2

第六、八兵团西援十二兵团战斗要图

1948年12月2日—16日

图4-3

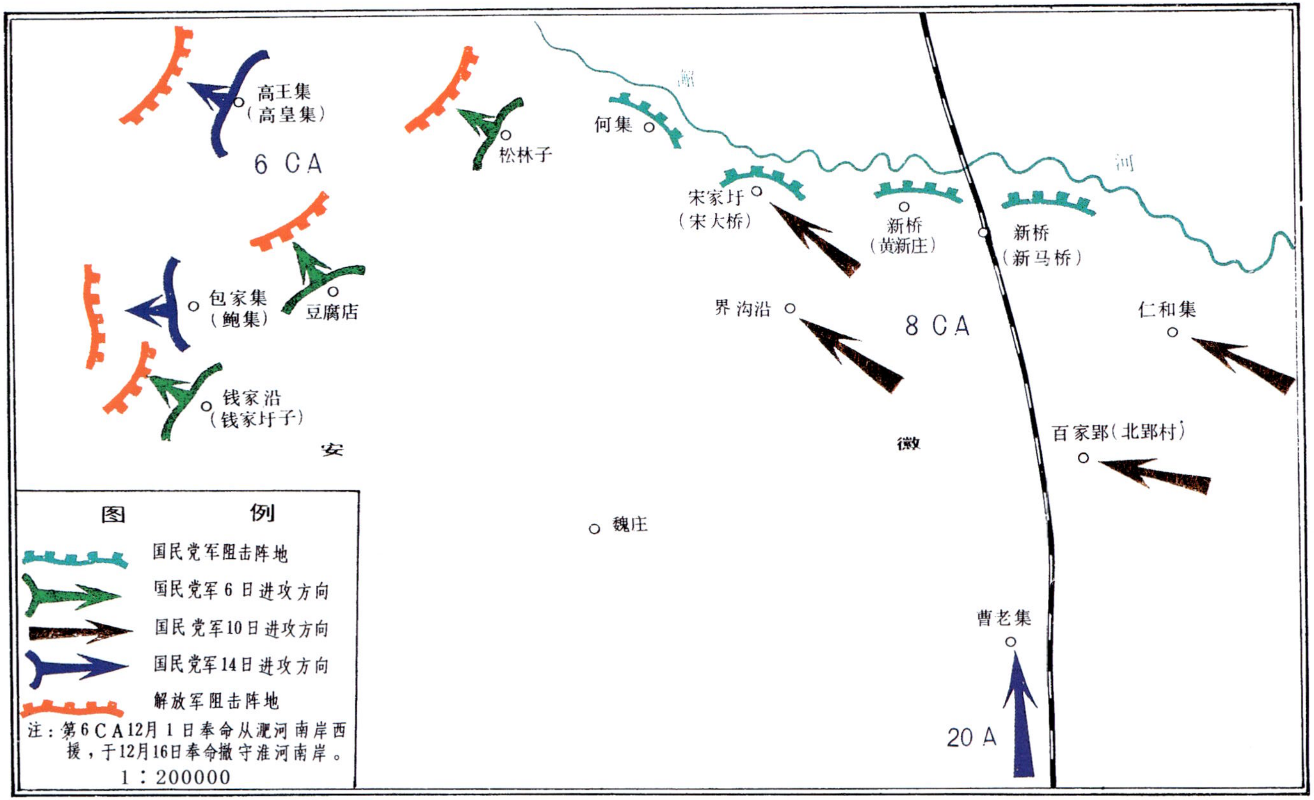

徐州“剿总”退却计划要图

1948年12月1日

图5-1

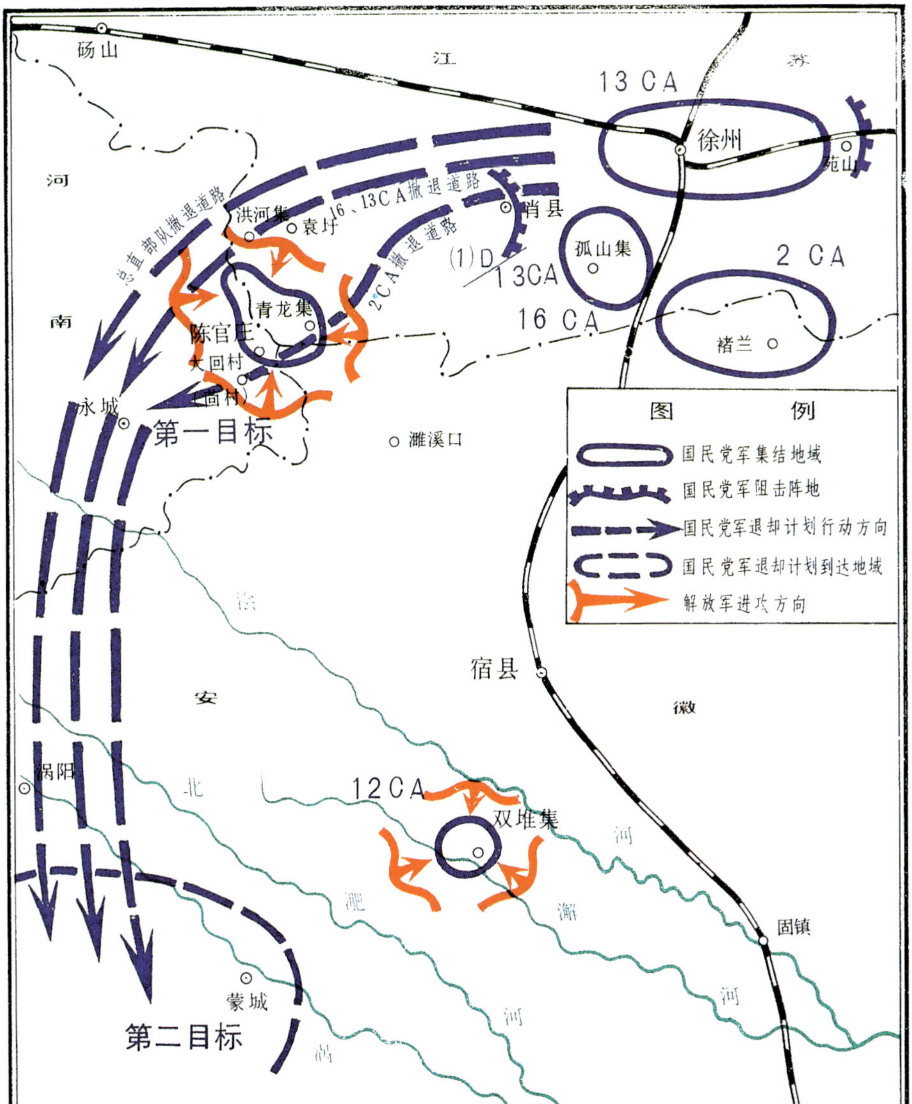

第二、十三、十六兵团被围战斗要图

1948年12月2日至1949年1月10日

图5-2

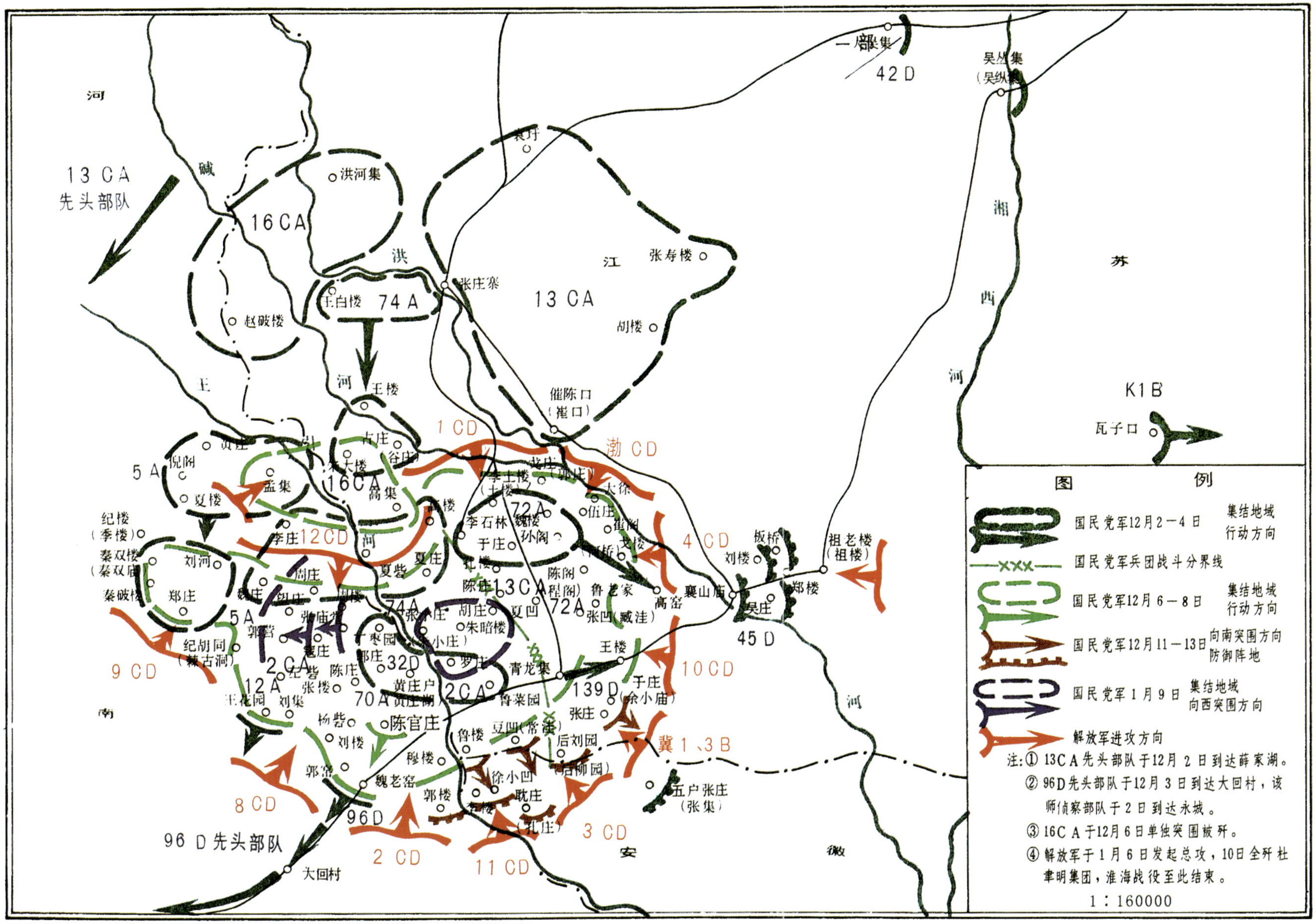